# 新譯論衡讀本（上）

蔡鎮楚　注譯
周鳳五　校閱

三民書局

國家圖書館出版品預行編目資料

新譯論衡讀本／蔡鎮楚注譯;周鳳五校閱.——二版三刷.——臺北市：三民，2023
面；　公分.——(古籍今注新譯叢書)

ISBN 978-957-14-5202-9 （上冊:平裝）
ISBN 978-957-14-5203-6 （下冊:平裝）
1.論衡 2.注釋

122.61　　98010112

古籍今注新譯叢書

# 新譯論衡讀本（上）

注 譯 者　蔡鎮楚
校 閱 者　周鳳五

發 行 人　劉振強
出 版 者　三民書局股份有限公司
地　　址　臺北市復興北路 386 號 ( 復北門市 )
　　　　　臺北市重慶南路一段 61 號 ( 重南門市 )
電　　話　(02)25006600
網　　址　三民網路書店 https://www.sanmin.com.tw

出版日期　初版一刷 1997 年 10 月
　　　　　二版一刷 2009 年 7 月
　　　　　二版三刷 2023 年 3 月
書籍編號　S031320
I S B N　978-957-14-5202-9



三民書局

# 刊印古籍今注新譯叢書緣起

劉振強

人類歷史發展，每至偏執一端，往而不返的關頭，總有一股新興的反本運動繼起，要求回顧過往的源頭，從中汲取新生的創造力量。孔子所謂的述而不作，溫故知新，以及西方文藝復興所強調的再生精神，都體現了創造源頭這股日新不竭的力量。古典之所以重要，古籍之所以不可不讀，正在這層尋本與啟示的意義上。處於現代世界而倡言讀古書，並不是迷信傳統，更不是故步自封；而是當我們愈懂得聆聽來自根源的聲音，我們就愈懂得如何向歷史追問，也就愈能夠清醒正對當世的苦厄。要擴大心量，冥契古今心靈，會通宇宙精神，不能不由學會讀古書這一層根本的工夫做起。

基於這樣的想法，本局自草創以來，即懷著注譯傳統重要典籍的理想，由第一部的四書做起，希望藉由文字障礙的掃除，幫助有心的讀者，打開禁錮於古老話語中的豐沛寶藏。我們工作的原則是「兼取諸家，直注明解」。一方面熔鑄眾說，擇善而從；一方面也力求明白可喻，達到學術普及化的要求。叢書自陸續出刊以來，頗受各界的喜愛，使我們得到很大的鼓勵，也有信心繼續推廣這項工作。隨著海峽兩岸的交流，我們注譯的成員，也由臺灣各大學的教授，擴及大陸各有專長的學者。陣容的充實，使我們有更多的資源，整理更多樣化的古籍。兼採經、史、子、集四部的要典，重拾對通才器識的重視，將是我們進一步工作的目標。

古籍的注譯，固然是一件繁難的工作，但其實也只是整個工作的開端而已，最後的完成與意義的賦予，全賴讀者的閱讀與自得自證。我們期望這項工作能有助於為世界文化的未來匯流，注入一股源頭活水；也希望各界博雅君子不吝指正，讓我們的步伐能夠更堅穩地走下去。

# 新譯論衡讀本　目次



上冊

卷一



卷二

卷三



卷四



卷五



卷六



卷七



卷八



卷九

卷三〇



附錄

# 導讀

《論衡》是一部難讀的書。這並非因為它文字艱深，難以卒讀——恰恰相反，《論衡》一書，平易淺近，明白如話，連王充自己也承認它「形露易觀」，以致引起時人非議（〈自紀篇〉）——而是因為《論衡》是一部重要的學術著作，作者的筆觸涉及到哲學社會科學和自然科學的許多領域。其內容之廣博，思想之宏深，體制之龐大，在先秦兩漢諸子中並不多見，若浮光掠影，或淺嘗輒止，則很難把握其中真諦。此次著述，我逐字逐句地研讀再三，倍感此書之恢宏博大。現在奉獻於讀者面前的，僅僅是鄙人研讀《論衡》的點滴心得而已。名為「導讀」，實乃引玉之磚也。

## 一

《論衡》的作者王充，是東漢初年一位著名的學者。王充在世時，同郡謝夷吾上書漢章帝，稱「充之天才，非學所加，雖前世孟軻、孫卿，近世揚雄、劉向、司馬遷，不能過也。」（謝承《後漢書》）雖為溢美、引薦之辭，但王充在兩漢學術史上與揚雄、劉向、司馬遷、桓譚並列的地位，則一直為千年學苑所肯定，以致古往今來的中國哲學史、思想史、美學史、文學史、文學理論批評史，乃至中國通史、文化史等，都無法迴避他的歷史地位。

王充，字仲任，東漢會稽郡上虞縣（今屬浙江省）人。生於漢光武帝建武三年（西元二七年），約卒於漢和帝永元九年（西元九七年），終年七十歲左右。王充出身於「細族孤門」，據〈自紀篇〉和《後漢書》本傳載，祖籍魏郡元城（今河北大名），先世以軍功封會稽陽亭，後來因變亂而失爵，遂在封地落戶。祖父王汎遷居會稽，至父親王誦居住錢塘（今杭州）以賈販為業，因與豪門丁伯等結怨，舉家遷居上虞。王充自幼聰明好學，後到京城，入太學，拜扶風班彪為師。家貧無書，常遊於洛陽書市，所閱之書，過目能誦，遂博通眾流百家之言。隨後屏居家鄉教書，亦曾任當地縣、郡功曹及州府從事，因與長官意見不合，於是辭官回家，閉門潛思，絕慶弔之禮，著書立說。漢章帝元和三年（西元八六年）起，先後攜家於丹陽、九江、廬江郡任屬官，後被揚州刺史董勤辟為從事，轉遷治中。章帝章和二年（西元八八年）「罷州家居」，繼而續書。同郡友人謝夷吾慕其才學，上書引薦王充，漢章帝亦「特詔公車徵之，王充託病不行。晚年窮困潦倒，處境相當悲涼。永元中，病卒於家。

王充出身細族孤門，而祖、父任俠使氣，勇勢淩人，家風慓悍。受其影響，王充為人清高，矜莊寂寥，好傑友雅徒。從小有巨人之志，才高而不尚苟作，口辯而不好談對，不是與自己意氣相投的人，他整天可以不說話。出仕之後，他不喜歡沽名釣譽，不為個人利益去拜見長官。從不炫耀自己，眾人聚會在一起，不問則不言；晉見上司，不問則不答，努力把修養德行作為自己為人處世的根本，而羞於依靠才能去追求個人名利。在縣、郡、州擔任功曹、從事、治中期間，他尊重人才，常言人之長，少說人之短，專門引薦未做官的讀書人，為已做官的人才開脫過錯。對於自己不滿意的人，也不去稱贊他，有過錯時，也不去落井下石，「能釋人之大過，亦悲夫人之細非」（〈自紀篇〉）。這就是王充為人處世的準則，也是王充作為人事幹部最可貴的品質。他心性澹泊，不慕富貴，「在鄉里慕蘧伯玉之節，在朝廷貪史子魚之行。見污傷不肯自明，位不進亦不懷恨。貧無一畝庇身，志佚於王公；賤無斗石之秩，意若食萬鍾。得官不欣，失位不恨。處逸樂而欲不放，居貧苦而志不倦」，只求「處卑與尊齊操，位賤與貴比德」即可矣（〈自紀篇〉）。這固然是一些自我安慰、自我解脫的話，但也道出了王充的人生哲學。他說：「憂德之不豐，不患爵之不尊；恥名之不白，不惡位之不遷。垂棘與瓦同櫝，明月與礫同囊，苟有二寶之質，不害為世所同。世能知善，雖賤猶顯；不能別白，雖尊猶辱。」心地磊落，志行高潔，但字裡行間，亦流露出懷才不遇之情。

王充一生，著述甚豐，有《譏俗節義》、《政務》、《論衡》、《養性》等。現存《論衡》三十卷，八十五篇（其中〈招致篇〉有目無文，實存八十四篇），凡二十餘萬言。其餘三書已佚。

## 二

何謂《論衡》？王充自己解釋說：「《論衡》者，論之平也。」（〈自紀篇〉）《書・舜典》：「同律度量衡。」偽孔傳云：「衡，秤也。」《漢書・律曆志》：「衡，平也，所以任權而均物，平輕重也。」由此可見，「平」即「衡」，秤也，引申而為衡量標準。「論衡」者，論之衡，或論之平也。王充以此為書名，意在衡量言論是非真偽之標準。其內涵十分深刻。

王充曾以〈對作篇〉來闡述《論衡》一書的寫作緣起、目的和動機。他說：

是故《論衡》之造也，起眾書並失實，虛妄之言勝真美也。故《論衡》者，所以銓輕重之言，立真偽之平，非苟調文飾辭，為奇偉之觀也。其本皆起人間有非，故盡思極心，以譏世俗。

孟子曰：「予豈好辯哉？予不得已！」今吾不得已也！虛妄顯於真，實誠亂於偽，世人不悟，是非不定，紫朱雜廁，瓦玉集糅，以情言之，豈吾心所能忍哉！

「虛妄顯於真，實誠亂於偽」，以至於「虛妄之言勝真美」者，乃是漢代社會普遍存在的弊病，聞見之者莫不感到痛心。一種「閔世憂俗」的社會責任感和科學精神，使王充「心濆湧，筆手擾」，「不得已，故為《論衡》」（〈對作篇〉）。王充指出，《論衡》的寫作目的，在於通過「解釋世俗之疑，辯照是非之理」，而「冀悟迷惑之心，使知虛實之分」（〈對作篇〉），以「沒華虛之文，存敦厖之樸，撥流失之風，反宓戲之俗」(〈自紀篇〉)。

《論衡》是一部「不得已」而為之的憤世嫉俗之作。其寫作宗旨,就是王充〈佚文篇〉所說:

「《詩三百》,一言以蔽之,曰:思無邪。」《論衡》篇以十數,亦一言也,曰:「疾虛妄。」

疾,惡也。厭惡、憎惡、反對之意。虛妄,虛假不實。疾虛妄,就是反對虛假不實之辭。王充以「疾虛妄」三個字來高度概括《論衡》的宗旨,鞭辟入裡,切中時弊。

在中國五千年學術發展史上,大凡每一部鴻篇巨製的學術專著,應該是那個特定的歷史階段的學術思想和著作者個人才華的合璧。一部《論衡》,凡三十卷八十五篇,洋洋二十萬字,乃是王充所處的那個時代的政治、哲學、文學、社會風尚所體現的理性思想與王充睿智深邃的學識、膽略、才華相結合的產物。

漢代是一個英雄的時代,它以其恢宏雄渾的氣魄、千古卓絕的業績,巍巍然矗立於中國歷史的長河之中。殊途同歸,百川匯海,受時代潮流之趨,漢代哲學以其雄渾的氣魄和闊大的模式,融先秦諸子百家之說於一爐,建立了一個適應於鞏固大一統的皇權之需、符合中國宗法社會和民族文化性格的新的思想體系:天人體系。這個體系的核心,便是「人」。在漢人思想中,人是天地的寧馨兒,是天之驕子,是真、善、美的完滿的統一。人之為「真」,因為它有智慧,能知天,認識自然,是真理和知識的主宰者;人之為「善」,因為它有道德,明詩書,知禮義,懂人倫;人之為「美」,因為它由天地中和之氣而生,而「中和」乃是美的最本質的特徵。人在宇宙中的突出地位,所反映的正是漢代哲學的根本特徵和時代風貌。著名思想家董仲舒說:「天、地、陰、陽、木、火、土、金、水九,與人而十者,天之數畢也。」(《春秋繁露·天地陰陽》)這「天」,就是宇宙,包涵萬物,廣袤無極,是萬物之祖。又說:「天地之氣，合而為一，分為陰陽，判為四時，列為五行。」（同上〈五行相生〉）漢人的哲學大廈，建築在陰陽五行說的基礎之上。陰陽調和，五行相生，天人合一，天人相與，人神不分。漢人以「陰陽五行」為思維模式，對一切社會現象進行推演、運算，引出現實性的政治結論，這就使漢代哲學蒙上了一層富有時代特色的神秘色彩，決定了哲學社會科學作為神權——王權附庸之物的特質。

整個漢代，前後四百多年輝煌歷程，牢籠整個社會的一是經學，二是神學。所謂「經學」，就是訓解或闡述儒家經典之學。漢代的經學，由於有今古文之爭，而一分為二，即有「今文經學」和「古文經學」兩大派別。今文經，以漢代通行的隸書記錄而成。如《書》出於伏生，《禮》出於高堂生，《春秋公羊傳》出於公羊氏和胡母生。漢武帝採納董仲舒、公孫弘的建議，「罷黜百家，獨尊儒術」，設立五經博士，確立了今文經學唯我獨尊的官方學術和政治指導思想地位，從此經學成為鞏固皇權的工具，直接影響和支配著漢代政權和社會政治命運的巨大力量。古文經，是指秦以前用古文書寫而由漢儒訓釋的儒家經典。相傳為漢武帝末期因魯共王劉餘拆毀孔子教授堂時得之於壁中，故又名「壁中書」。今文經學盛於西漢，強調「師法」、「家法」，追求「微言大義」，主天人相與之學，重陰陽災異之說。根據董仲舒「名號以達天意」的理論，儒家經典特別是《春秋公羊傳》的字字句句，都是聖人表達天意的符號。這樣一來，漢代的經學哲學便與神學合流，使經學神學化，導致了今文經學哲學的衰亡。其主要表現有以下三點：一是神化聖王和孔子，給皇權塗飾一層神聖的光環，以適應大一統政治局面的需要；二是神化儒家經典，使經學研究日趨官僚化、神秘化、教條化，排斥異端邪說，以維護唯我獨尊的漢代儒學的權威；三是神化一切自然現象和社會現象，不僅任何問題都以陰陽五行的思維模式去解答，而且因襲原始神話和巫術，把經歷著一個哲學化過程的神話資料裝配到宗教神學的建構之中去，使遠古蒙昧表現出一種新的形態，加強其影響社會的力度，使之與讖緯神學接軌。所以，從學術上來說，以董仲舒《春秋繁露》為標誌，經學神學的確立，就宣告今文經學作為學術和哲學的生命之樹的枯萎，而讖緯之學的氾濫和古文經學的崛起，乃是勢所必然。

兩漢之際，儒生與方士混合，成為一代風氣。哀平之世，讖緯之學氾濫，大有取代今文經學的一統天下之勢。讖，是巫師、方士製作的隱語或預言，作為吉凶的符驗或徵兆。《後漢書‧光武帝紀》注云：「讖，符命之書。讖，驗也；言為王者受命之徵驗也。」《釋名‧釋典藝》：「讖，纖也；其義纖微而有效驗也。」《四庫提要》云：「讖者，詭為隱語，預決吉凶。」這都是廣義的解釋；狹義的是指所謂「河圖」、「洛書」而言。《文選‧思玄賦》注引《蒼頡》：「讖書，河洛書也。」故有「圖讖」之名。緯，對「經」而言，是對經書的解說。漢儒治經，多撰緯書，據王應麟的《困學紀聞》等載，漢代緯書多達三十五種，其中《易》緯六，《書》緯五，《詩》、《禮》、《樂》緯各三，《春秋》緯十三，《孝經》緯二。緯的特點，是以神學解釋經書，並且把這種解釋託名於孔子。既神化經書，又神化孔子。中元元年，光武宣布「圖讖於天下」，使讖緯成了國憲，享有神聖至尊的地位。讖緯之學是今文經學神學化的產物，而讖緯氾濫，更加速了經學的神學化。

東漢初年，讖緯之學、今文經學、古文經學三足鼎立。為統一學術思想，重振經學權威，漢章帝建初四年（西元七九年）召開了白虎觀會議。這是漢代哲學思想史上的一次重要會議，會議的學術成果就是班固寫的會議綜述《白虎通義》。全書以陰陽五行為世界觀和方法論的基礎，對四十三條名詞術語予以解釋和說明。由於皇帝親臨裁決而成為一部經學法典式學術名詞彙編。

漢代，是中國歷史上國威遠被的輝煌帝國，也是一個被經學神學的濃重陰影籠罩著的神秘王國。在以陰陽五行、天人感應為世界觀和方法論為基石而建造的帝國大廈之中，皇權的神化，儒學的神化，神話傳說的神化，形成了漢代社會中天國、人間、地獄聯成一片以及神話、歷史、現實交匯融合的時代特點。受讖緯神學思想的鉗制，漢人所追求的，乃是皇權之尊，天人之與，厚葬之祭，虛妄之美，神靈之祐。這就是王充所生活的時代，這就是《論衡》一書問世之際的時代風貌。這是一個蓬勃向上的時代，以宏闊豪壯的氣勢，促進了生產力的發展和科學文化的繁榮，造就了一代名垂青史的帝王將相和偉大的哲學家、文學家、科學家、史學家和學者，國威顯赫，功業卓著，中華民族賴以自立於世界民族之林；但同時這又是一個蒙昧黑暗的哲學時代，天地山川神祇之祀、驕奢淫靡之習、神仙羽化之俗、虛妄怪誕之文，風靡整個社會。誠然如此，但是哲學作為人類智慧的結晶，理性思辨精神的昇華，是不可能長期沈淪於神學的牛溲馬勃之中的。即使在天人感應、讖緯神學甚囂塵上之際，人類理智的清醒的光輝在漢人心靈深處也並沒有熄滅，許多思想家能會通古今之學，博採百家之長，經過創造思辨，創立了自己的哲學體系。特別是偉大的思想家王充，作為讖緯神學的偉大批判者，他高舉「疾虛妄」的旗幟，以《論衡》為標誌，完成了對讖緯神學的思想批判。在中國哲學史上，其理論價值和歷史意義，無異於一次「壯麗的日出」（黑格爾語）。

## 三

《論衡》一書的撰寫，歷時三十餘年，浸透了王充畢生的精力和心血。這部巨著博大宏深，涵蓋完闊，涉及自然科學和社會科學的很多學術領域，諸如天文學、氣象學、醫學、地理學、病理學、心理學、神學、社會學、災害學、倫理學、民俗學、史學、禮學、神話學、人類學、民族學、哲學、政治學、人才學、教育學、文藝學、美學、文藝心理學、語言學、邏輯學、文獻學、書評文化學以及生命科學等，不啻是漢代學術發展史上一部集大成之作。從宏觀與微觀相結合的角度，全面審視這部巨著，其理論體系之構成大致包括以下幾個學術觀點：自然論，性命論，社會論，無神論，知識論，人才論，文章論等，構成了王充「疾虛妄」的思想體系，而體系之建立又是以其哲學思想為理論基礎的。

### (一) 自然論

系。王充是一位哲學家，他的《論衡》一書，以「元氣自然論」為邏輯起點，來構建自己的哲學思想體系。

所謂「元氣」，其一是指產生和構成人與天地萬物的物質元素。其二是指陰陽二氣渾沌未開的物質實體。天是自然物質，還是天神上帝？這是漢代思想界爭論的焦點。漢儒說「天，氣也，故其去人不遠，人有是非，陰為德害，天輒知之，又輒應之」。認為天是有意志、主賞罰的天神上帝。王充反對把天神秘化，他說：

如實論之，天，體；非氣也。人生於天，何嫌天無氣？猶有體在上，與人相遠。(〈談天篇〉)

含氣之類，無有不長。天地，含氣之自然也。(〈談天篇〉)

王充認為，天地是物質實體，是一種客觀存在，不是有意志、主賞罰的天神上帝。其〈說日篇〉更圍繞著太陽運行諸問題同漢儒反科學之論展開論爭，比較集中地反映了王充的宇宙觀念。他說：

天之行也，施氣自然。施氣則物自生，非故施氣以生物也。

日月五星之行，皆施氣焉。

王充認為，天體和日月星辰之所以運行不止，是因為它們作為物質實體在自然施氣的緣故，是沒有目的，沒有意識的。又說：「夫日者，天之火也，與地之火無以異也。」認為太陽是一團烈火，駁斥了太陽中有「三足烏鴉」的說法。而日蝕與月蝕一樣，是由於太陽、月亮在一定的週期內「光自損」而產生的，是「氣自然」造成的。他認為雲、雨的出現，是自然之道。指出：

雲霧，雨之徵也，夏則為露，冬則為霜，溫則為雨，寒則為雪。雨露凍凝者，皆由地發，不從天降也。

王充不是科學家，只能以感性體驗和邏輯推理去認識宇宙，所以尚落後於漢代的天文科學，但他強調天地日月星辰的客觀實在性，主要在於批評神秘化的天人感應論。

王充哲學思想以元氣自然論為核心，認為天地間的一切，如天上的日月星辰，地上的人和萬物，都是由元氣（即氣）構成的，「物隨氣變」（〈講瑞篇〉），各種物類之別，是由於稟承的元氣不同所致。基於這種認識，他認為「人稟元氣於天」（〈無形篇〉），人胚胎於母體時承受「氣」而形成生命。「形、氣、性，天也」（同上），認為人的形體、氣和生命，都是由天施氣決定的。在〈辨祟篇〉中，他說：

人，物也，萬物之中有智慧者也。其受命於天，稟氣於元，與物無異。

王充認為人同萬物一樣，都是由氣構成的，所不同者在於人是有智慧的。人的智慧來源於精氣，他說：

夫人所以生者，陰、陽氣也。陰氣主為骨肉，陽氣主為精神。人之生也，陰、陽氣具，故骨肉堅，精氣盛；精氣為知，骨肉為強，故精神言談，形體固守。（〈訂鬼篇〉）

所謂「精氣」，又名「元精」（〈超奇篇〉），是元氣中最精微的部分，物質屬性與一般元氣相同。王充把構成人和萬物的「氣」分為陰氣和陽氣，陰氣構成人的形體（骨肉），陽氣構成人的精神，所以「精氣」就是「陽氣」。有時又稱之為「神氣」（〈論死篇〉）。王充認為，陽氣導致人和萬物的生長，使之獲得生命，〈論死篇〉說「陽氣導物而生，故謂之神」，又說「人用神氣生，其死復歸神氣」，認為精氣在自然界是無知的，構成人的精神後才是有知的，人死後又回歸到自然界中，如此循環往復。所以他說：「能為精氣者，血脈也。」又說：「人之所以聰明智惠者，以含五常之氣也；五常之氣所以在人者，以五藏在形中也。」（〈論死篇〉）這些論述都說明精氣必須依賴形體而後才能變成人的知覺，精神不能離開人的形體而存在，從而正確地處理了形、神關係。

王充《論衡》所建構的元氣自然論哲學體系，具有一個明顯的特點，就是哲學與自然科學的相互影響和滲透，一方面以元氣構成論來分析宇宙中人和萬物的產生和構成，一方面又以自然論去解釋世間所出現的許多物理現象、生理現象和心理現象，使其哲學體系具有自然科學的某些特徵。

目的、自然，必然、偶然，是一直支配人類哲學思想的重大問題，被人稱之為「斯芬克斯之謎」。王充繼承了黃老學派「道法自然」、「天道無為」的自然觀念，以反對董仲舒所建立的神學目的論思想體系。從〈自然篇〉、〈譴告篇〉、〈感類篇〉、〈感虛篇〉、〈變虛篇〉、〈異虛篇〉、〈龍虛篇〉、〈雷虛篇〉、〈寒溫篇〉、〈變動篇〉、〈招致篇〉、〈明雩篇〉、〈亂龍篇〉等看來，王充哲學主「天道自然無為」之論。他指出：

> 夫天道，自然也，無為。如譴告人，是有為，非自然也。黃老之家，論說天道，得其實矣。（〈譴告篇〉）

王充認為，天是自然無為的實體，天的活動既無意識，亦無目的。「寒溫，天地節氣，非人所為」（〈寒溫篇〉），而「春溫夏暑，秋涼冬寒」，這是四季自然變化所致。「人、物繫於天，天為人、物主也」（〈變動篇〉），自然的變化可以影響於人和物，但「人不能動地，而亦不能動天」，因為「寒暑有節，不為人變改也」（同上），說明天氣的變化，自然災害的出現，是自然現象，不以人的主觀意志為轉移。

漢代儒學神學目的論說「天故生人」又「故生萬物」，王充批評說：

儒者論曰：「天地故生人。」此言妄也。夫天地合氣，人偶自生也，猶夫婦合氣，子則自生也。（〈物勢篇〉）

這就是說，天地不能有意識地創造人，人是天地之氣相互交合的產物，如同夫婦交合，陰氣與陽氣互相結合而生孩子一樣。天不能有意識地生人，也不能生物。所以王充又說：

夫天不能故生人，則其生萬物亦不能故也。天地合氣，物偶自生矣。夫耕耘播種，故為之也，及其成與不熟，偶自然也。（同上）

王充認為，人和萬物不是天有意識地生成的，而是天地星宿在運行中施放出的「恬淡無欲，無為無事」（〈自然篇〉）的「自然之氣」（〈初稟篇〉）自然形成的，「天地合氣，萬物自生」（〈自然篇〉）。他進而指出：

天之動行也，施氣也；體動氣乃出，物乃生矣。由人動氣也，體動氣乃出，子亦生也。夫人之施氣也，非欲以生子，氣施而子自生矣。天動不欲以生物，而物自生，此則自然也；施氣不欲為物，而物自為，此則無為也。（〈自然篇〉）

天運動不是有意識去產生萬物，而萬物卻自己產生出來了，這就是「自然」；天施氣不是想要創造萬物，而萬物稟受了自然之氣卻自己形成了，這就是「無為」。所以，王充的自然無為思想，綜上所述，包含有三個主要含義：一是自然界的物質性、客觀性；二是自然現象和社會現象的必然性；三是元氣運動的自發性，認為事物的發展演變的源泉和動力在於元氣自身，而不在於外力的作用。這就從根本上否定了漢代神學目的論思想體系。

## (二) 性命論

性命論，是中國哲學思想體系中一個重大命題。它包括人性之善惡和命之吉凶兩個方面的內涵。王充的性命論，建立在元氣自然論之哲學基礎上。

關於人性之論，孟子主性善論，荀子主性惡論，告子主性無善惡論，揚雄主性善惡混論，王充則主性有善有惡論。在《論衡》之〈本性篇〉中，王充全面分析了從周人世碩、孟子到漢人劉向以來的各種人性論，認為只有世子、公孫尼子的性有善有惡論是正確的。他說：

> 實者人性有善有惡，猶人才有高有下也。高不可下，下不可高。謂性無善惡，是謂人才無高下也。稟性受命，同一實也。命有貴賤，性有善惡。謂性無善惡，是謂人命無貴賤也。（〈本性篇〉）

他把人性分為三等：人性善者為上（中人以上者），人性惡者為下（中人以下者），人性善惡混者為中（中人也）。王充從元氣自然論出發，認為人性的上中下之差是很自然出現的，如同「九州田土之性，善惡不均，故有黃赤黑之別，上中下之差；水潦不同，故有清濁之流，東西南北之趨」一樣。王充指出：

> 人之善惡，共一元氣。氣有少多，故有賢愚。（〈率性篇〉）

王充認為，人性是稟受元氣自然生成的，稟氣之厚薄決定了人性之善惡，所謂「稟氣有厚泊，故性有善惡也」（〈率性篇〉）。他批評孟子的性善論，認為「性本自然，善惡有質」（〈本性篇〉）；他批評荀子的性惡論，認為天氣有陰陽之分，人性有善惡之別，這才是正常現象，如果性只有惡而無善，就如同天氣只有陰而無晴一樣；他批評告子的人性無善惡之論，認為它違背了教化的原則，惟「中人之性，在所習焉。習善而為善，習惡而為惡也」（〈本性篇〉）。他強調後天的環境教育之功，認為教育可以改造人性，以「蓬生麻間，不扶自直；白紗入緇，不練自黑」為喻，論證人性之可塑性，說：「夫人之性，猶蓬紗也，在所漸染而善惡變矣」（〈率性篇〉）。因此，《論衡》以〈率性〉一篇引論事例，來論述教育對人性形成的重要意義。「率」者，引導也。「率性」，就是通過教育引導而改變人的本性之意。他說：

論人之性，定有善有惡。其善者，固自善矣；其惡者，故可教告率勉，使之為善。（〈率性篇〉）

王充認為「人之性，善可變為惡，惡可變為善」，實現這種轉化，關鍵在於「教告率勉」，即通過教育、勸告、引導、勉勵而使人變為善的。他特別重視學校教育和法制的力量，認為「凡含血氣者，教之所以異化也」（〈率性篇〉），要求「學校勉其前，法禁防其後」，從而達到教育改變人性之目的。這就是王充人性論的可取之處。

王充不同意墨子的無命之說，認為人生有命，把人性與命聯繫在一起。從《論衡》開篇，作者就以〈逢遇篇〉、〈命祿篇〉、〈氣壽篇〉、〈幸偶篇〉、〈命義篇〉、〈無形篇〉、〈率性篇〉、〈吉驗篇〉、〈偶會篇〉、〈骨相篇〉、〈初稟篇〉、〈本性篇〉等十多篇的龐大篇幅，來論述有關人的性命之學。王充認為，一個人的一生遭遇，儘管多種多樣，歸根到底是由「命」所決定的，也就是說，人的死生壽夭，貧富貴賤，吉凶禍福，性善性惡，都取決於「命」，而命是人胚胎於母體時最初所承受的天體星宿施放出來的元氣形成的，由於承受的氣有厚薄貴賤的不同，所以就出現了形體大小、壽命長短、貧賤富貴、吉凶禍福、性善性惡的差異。王充指出：

人稟元氣於天，各受壽夭之命，以立長短之形，猶陶者用埴為簋廡，冶者用銅為柈杅矣。器形已成，不可小大；人體已定，不可減增。（〈無形篇〉）

死生者，無象在天，以性為主。稟得堅強之性，則氣渥厚而體堅強，堅強則壽命長，壽命長則不夭死。稟性軟弱者，氣少泊而體羸窳，羸窳則壽命短，短則蚤死。（〈命義篇〉）

王充認為，人的形體和壽命都是承受天施放的氣同時形成的，由於稟氣之厚薄多少不同，因而出現了形體高矮大小和壽命長短之差異。人體內所具備的氣與形體互相依存，人的生死是和命中注定的壽限是一致的。人的生命一旦形成，從生至死，形體不可變化，壽命不可減增，從而批判了人可以通過修道吃藥而長生不老的謊言。

王充把人的「命」分為二種：一為「壽命」，一為「祿命」。所謂「祿命」，就是富貴貧賤之命。他說：

凡人遇偶及遭累害，皆由命也。有死生壽夭之命，亦有貴賤貧富之命。自王公逮庶人，聖賢及下愚，凡有首目之類，含血之屬，莫不有命。命當貧賤，雖富貴之，猶涉禍患矣；命當富貴，雖貧賤之，猶逢福善矣。（〈命祿篇〉）

王充認為，一個人的進退升遷、富貴貧賤、成敗功過，都取決於「命」，上至王公聖賢，下逮平民百姓，都擺脫不了命運的主宰。在〈命義篇〉中，他又說：「凡人受命，在父母施氣之時，已得吉凶矣。夫性與命異，或性善而命凶，或性惡而命吉。操行善惡者，性也；禍福吉凶者，命也。或行善而得禍，是性善而命凶；或行惡而得福，是性惡而命吉也。」這裡王充又認為「性」與「命」沒有必然的聯繫，目的在於否定漢儒宣揚「行善得福，行惡得禍」的隨命說（〈命義篇〉）。王充認為人的遭遇、吉凶、貧富、貴賤，都與品行、才學、出身等沒有直接關係，也不是上天有意安排的。在〈骨相篇〉中，王充又從人的相貌、骨節、聲氣等方面所表現的某些特徵，來論述其自然命定論。他認為，一個人的性和命體現在身體上就是骨相。骨相不同，所表現的富貴貧賤、壽命長短和品行善惡也就有所不同。並列舉古往今來大量事實，以說明「性命繫於形體」，以為「知命之人，見富貴於貧賤，睹貧賤於富貴。案骨節之法，察皮膚之理，以審人之性命，無不應者」（〈骨相篇〉）。這種察相知命之說，由來已久，早在先秦時代就受到荀子的批評（《荀子•非相篇》）。王充《論衡》一書重提，一則在於說明人的骨相（形體）反映人的性命，二則反映王充的性命之學也有許多疏漏不當，前後矛盾，不能自圓其說者，亦常有之。

## ㈢ 社會論

漢代大一統的政治局面，強化了漢人的國家觀念和社會意識。受其思想影響，漢代的著述特別注重於社會人生和治國之術，如陸賈的《新語》、賈誼的《新書》、桓寬的《鹽鐵論》、劉向的《新序》、揚雄的《法言》、桓譚的《新論》、鄒伯奇的《檢論》等。王充的《論衡》也是其中的優秀之作。

王充一生，仕途舛厄，晚年窮困潦倒，「儔倫彌索，鮮所恃賴，貧無供養，志不娛快」（〈自紀篇〉），因憤世嫉俗，而著書不倦。正如他在〈自紀篇〉所說：「充既疾俗情，作《譏俗》之書；又閔人君之政，徒欲治人，不得其宜，不曉其務，愁精苦思，不睹所趨，故作《政務》之書；又傷偽書俗文多不實誠，故為《論衡》之書。」可見王充一生著述，都是針對社會現實而發的，所以社會論是其思想體系中的重要內容之一。

其一，治國之道。王充以元氣自然論為哲學基礎，來觀察國家和整個社會。他在〈命義篇〉中說：

國命繫於眾星。列宿吉凶，國有禍福；眾星推移，人有盛衰。

王充認為，國家的命運直接取決於天上星宿的變化。「國命勝人命」，當一場大的自然災害或戰亂之禍降臨時，眾多百姓同赴災難，如「歷陽之都男女俱沒，長平之坑老少並陷」，就是由於「國禍陵之」（〈命義篇〉）的緣故。基於這種國命觀念，王充認為「王者稟氣而生」，說：

夫王者，天下之翁也，稟命定於身中，猶鳥之別雄雌於卵殼之中也。夫王者，天下之雄也，其命當王。王命定於懷妊，猶富貴骨生有，鳥雄卵成也。（以上俱見於〈初稟篇〉）

他反對「君權神授」之說，認為帝王與一般人一樣，稟氣而生，「上天壹命，王者乃興，不復更命也。得富貴大命，自起王矣」（〈初稟篇〉）。在〈刺孟篇〉，王充批判了孟子「五百年必有王者興」的觀點，認為這是宣揚「天故（有意）生聖人」之論。

關於治國之道，王充指出：

治國之道，所養有二：一曰養德，二曰養力。養德者，養名高之人，以示能敬賢；養力者，養氣力之士，以明能用兵。此所謂文武張設，德力具足者也。（〈非韓篇〉）

這段話是針對韓非而發的。韓非主張「明法尚功」，強調「耕戰」，把儒生「比之於一蠹」（《韓非子・五蠹》)。王充認為「韓子之術不養德，偃王之操不任力，二者偏駁，各有不足」，因而主張君王治國必須採用文武兩手、德力並重，不可偏廢，「夫德不可獨任以治國，力不可直任以禦敵也」，只有「外以德自立，內以力自備」，方能使「慕德者不戰而服，犯德者畏兵而卻」，永遠立於不敗之地。

王充認為，禮義是治國的綱紀。他說：

國之所以存者，禮義也。民無禮義，傾國危主。今儒者之操，重禮愛義，率無禮之士，激無義之人，人民為善，愛其主上，此亦有益也。(〈非韓篇〉)

王充主張以「禮義」為治國之本，民無禮義，國家就要滅亡，君主就要遭殃。韓非主張「貴耕戰而賤儒生」，王充說他是舍本逐末，因為「夫儒生，禮義也；耕戰，飲食也。貴耕戰而賤儒生，是棄禮義求飲食也。使禮義廢，綱紀敗，上下亂而陰陽繆，水旱失時，五穀不登，萬民饑死，農不得耕，士不能戰也」(〈非韓篇〉)。因此，王充認為治國之君至少要注意以下三點：

一是要「任德」於民。因為「治國猶治身也。治一身，省恩德之行，多傷害之操，則交黨疏絕，恥辱至身」(〈非韓篇〉)。用修養個人品德的道理來推論治理國家之術，那麼治國的方法就應該任德於民。王充打了個比方，說：

人君治一國，猶天地生萬物。天地不為亂歲去春，人君不以衰世屏德。孔子曰：「斯民也，三代所以直道而行也。」(〈非韓篇〉)

強調君主應像夏、商、周三代那樣，以道德治理百姓。「治人不能舍恩，治國不能廢德」，如同「治物不能去春」一樣。

二是「足食」於民。王充繼承《管子》「倉廩實，民知禮節；衣食足，民知榮辱」和桓譚《新論》「足其衣食然後教以禮義」的思想，而否定孔子「去食」的說法，認為「讓生於有餘，爭起於不足。穀足食多，禮義之心生；禮豐義重，平安之基立矣」（〈治期篇〉等）。王充指出：

夫世之所以為亂者，不以賊盜眾多，兵革并起，民棄禮義，負畔其上乎？若此者，由穀食乏絕，不能忍饑寒。夫饑寒并至而能無為非者寡，然則溫飽并至而能不為善者希。（〈治期篇〉）

飢寒交迫，是社會動亂的根源；豐衣足食，人民安居樂業，國家安定的基礎就奠定了。「春秋之時，戰國饑餓，易子而食，析骸而炊，口饑不食，不暇顧恩義也」（〈問孔篇〉）。所以王充說：「由此言之，禮義之行，在穀足也」（〈治期篇〉）。

三是「防姦」於臣。在談到君臣關係時，王充指出：「臣子之性欲姦君父，猶水之性溺人也。」（〈非韓篇〉）王充認為君臣、父子之間生來就是相互「姦劫」的利害關係，因此，君主要防備君子的威逼劫持，但不要「求臣之罪」。因為人君被臣子劫持，是由於自己喪失了護身的法度，好像人被水淹了，不責怪自己，難道能責備水嗎？（〈非韓篇〉）

王充的治國之術還表現出自然命定論的特點。他認為，國家的治亂是由自然條件決定的，自然條件的變化有一定的週期性，所以國家的治或亂亦具有一定的期數，而與治國者的德行才能沒有很大關係。他說：

國當衰亂，賢聖不能盛；時當治，惡人不能亂。世之治亂，在時不在政；國之安危，在數不在教。（〈治

期篇〉）

他認為社會的治亂、國家的安危是由一種自然力量決定的，取決於「命期自然」。「世亂民逆，國之危殆災害，繫於上天」，即使賢君之德也不可能消除。因為這是一種時運，一種社會發展的必然趨勢，是不以人的主觀意志為轉移的規律。所以，凡是治國有術的人，只「能因時以立功，不能逆時以致安」（〈定賢篇〉），好比良醫能治不當死的人命，如果病人命窮壽盡，再好的藥方也無濟於事了。歸根到底是時勢所致：「陰陽和，百姓安者，時也。時和，不肖遭其安；不和，雖聖逢其危。」（同上）王充認為，陰陽之氣調和，風調雨順，百姓安居樂業，即使不肖之君也會碰上太平盛世；陰陽失調，時運舛厄，就是聖賢之主也會遇到亂世。很明顯，王充以為國家的興衰治亂，完全受到「自然」、「偶適」命運的支配，非人力所能改變其「常數」。

其二，「周不如漢」之論。漢代儒生崇尚三代，頌揚三王五帝的功德，認為社會風俗乃至古人的體格、壽命都勝過後代。尊古卑今、頌古非今之風，風靡整個社會。這種社會思潮，與漢代大一統的政治局面和光照千秋的英雄功業，是很不協調的。王充在〈齊世篇〉中批駁了漢儒的觀念，他認為「人，物也；物，亦物也」，人和物都是承受天體施放出來的元氣自然而然產生的。「上世之天，下世之天也，天不變易，氣不改更。上世之民，下世之民也，俱稟元氣」，所以古今之人的體格、年壽、本性，古今帝王的事業、功德，古今社會的風俗習氣，都沒有什麼不同的。這就是王充社會歷史觀念中的「齊世論」。王充認為當今之世不比古代差，從這個意義來說，「齊世論」是對漢儒尊古卑今論的一種否定。但社會是發展的，歷史也是前進的，不可能永遠停留在一個水平線上，所以王充又犯了齊同古今的毛病。

王充所以提出「齊世」之論，關鍵在於替漢朝立說。在《論衡》中，他以〈齊世〉、〈宣漢〉、〈恢國〉、〈驗符〉、〈須頌〉以及〈治期〉、〈順鼓〉、〈明雩〉等篇章，不遺餘力地為漢朝說法、張目，以「彰漢德於百代，使帝名如日月」（〈須頌篇〉）。王充坦率地承認自己欲步司馬相如、司馬遷、揚雄、陳平仲、班固之後，頌揚聖國大漢功德，故有〈齊世〉、〈宣漢〉、〈恢國〉、〈驗符〉之篇。他又說，聖王的功德教化已「為漢激發」，故有〈治期〉之篇；如果出現「無妄之變」，君主不應該輕易改變過去的道德和功德，而要多做一些救災備荒、安撫民心的工作，「為漢應變」，故有〈順鼓〉、〈明雩〉之篇（〈須頌篇〉）、〈明雩篇〉）；其〈宣漢〉之篇，在於「論漢已有聖帝，治已太平」；其〈恢國〉之篇，旨在「極論漢德非常，實然乃在百代之上」（〈須頌篇〉）。為此，王充毫不隱諱地說：「今上（漢章帝）即命（即位），未有褒載，《論衡》之人，為此畢精」，以鴻筆之論，頌大漢之德（同上）。所以，王充《論衡》之寫作目的，並非僅僅在於「疾虛妄」，「疾虛妄」之旨是針對漢儒而論的，而對「聖國大漢」來說，其政治目的則在「為漢平說」，公正地評論漢朝的是非曲直，真實地歌頌漢代的功德。他說：「是故《春秋》為漢制法，《論衡》為漢平說」（〈須頌篇〉）。王充為漢朝歌功頌德是不遺餘力的。他為「漢在百代之末，上與百代料德，湖池相與比也；無鴻筆之論，不免庸庸之名」而感到遺憾，更希望自己能在皇帝身邊效力，以免「褒功失丘山之積，頌德遺膏腴之美」，要像班固、賈逵那樣，「論功德之實，不失毫釐之微」（同上）。其獻媚邀寵之意，溢於言表；其虔誠忠君之心，亦日月可鑑矣。

王充就是以「褒功頌德」為思想基礎而建立自己的「周不如漢」的社會歷史觀的。他在〈宣漢篇〉中指出：

> 「殷監不遠，在夏后之世。」且舍唐、虞、夏、殷，近與周家斷量功德。實商優劣，周不如漢。

王充認為，實事求是地評定優劣，周朝的功德遠遠不如漢朝。何以驗之？王充在《論衡》中以大量的篇幅來加以論證，從文章的篇目（如〈宣漢〉者，宣揚漢朝之功德也；〈恢國〉者，恢論漢國也；〈須頌〉

者，歌功頌德之作也）到文章的內容，字裡行間都充溢著作者對「聖國」「天朝」「大漢」的敬仰、崇拜、頌揚之情。概而言之，王充關於「周不如漢」的立論依據，一是太平盛世以社會安定、百姓安居樂業為標準。他認為天下太平以社會安定為吉祥之兆，百姓以安居樂業為吉祥之兆，說：

百姓安者，太平之驗也。夫治人，以人為主。百姓安，而陰陽和；陰陽和，則萬物育；萬物育，則奇瑞出。（〈宣漢篇〉）

天之稟氣，豈為前世者渥，後世者泊哉？周有三聖，文王、武王、周公，並時猥出。漢亦一代也，何以當少於周？（同上）

由此可見，元氣自然，陰陽調和的宇宙觀，乃是王充「周不如漢」的哲學基點。二是「三教循環論」和「五德終始論」。王充根據歷史在「忠、敬、文」三教循環中發展的理論，認為「文質之復，三教之重，正朔相緣，損益相因」（〈實知篇〉）乃是歷史之必然。所謂「三教」，就是「忠、敬、文」三種教化。《史記・高祖本紀》謂「夏后氏之王教以忠」，「殷之王教以敬」，「周之王教以文」，所以王充以為「承周而王者，當教以忠」，且「帝王治世，百代同道」也（〈齊世篇〉）。在〈驗符篇〉中，王充又依據陰陽五行「五德終始論」，說：「漢，土德也，故金化出。金有三品，黃比見者，黃為瑞也。」按照陰陽五行說，木、火、土、金、水，秦朝為水德，漢朝為土德，朝廷的更替是以五行相生相剋的原理循環的，土可剋水生金，故漢朝以黃色為祥瑞的標誌，其代秦而興，勢在必然矣。三是歷史類比之法。王充首先從古代文明演進的歷史，指出漢代物質文明的進步遠遠超過周代：「彼見上世之民，飲血茹毛，無五穀之食；後世穿地為井，耕土種穀，飲井食粟，有水火之調。又見上古岩居穴處，衣禽獸之皮；後世易以宮室，有布帛之飾。」（〈齊世篇〉）從「飲血茹毛」到「飲井食粟」，從「岩居穴處」到「宮室」、「布帛」，這是文明的進步，歷史的發展。王充認為漢朝的隆盛聖明，遠遠勝過周朝，並且列舉了漢盛於周的四條證據：(1)疆域之寬廣：「周時僅治五千里內，漢氏廓土，牧荒服之外。」（〈宣漢篇〉）(2)社會之安定：「今上即命，奉成持滿，四海混一，天下安寧，物瑞已極，人應訂隆。唐世黎民雍熙，今亦天下修仁，歲遭運氣，穀頗不登，迥路無絕道之憂，深幽無屯聚之姦。」（同上）(3)生產之發展，國勢之強大：「以盤石為沃田」，「周家越常獻白雉，方今匈奴、鄯善、哀牢貢獻牛馬」，「古之戎狄，今為中國；古之裸人，今被朝服；古之露首，今冠章甫；古之跣跗，今履高舄。」（同上）(4)祥瑞之美盛：「周之受命者文、武也，漢則高祖、光武也。文、武受命之降怪，不及高祖、光武初起之祐；孝宣、孝明之瑞，美於周之成、康、宣王。孝宣、孝明符瑞，唐、虞以來，可謂盛矣。」（同上）作者在〈恢國篇〉中又就事論事地對比周、漢帝王的功德，認為「天命於漢厚」，故能於王莽篡漢之後，使「漢統絕而復屬」，死而復生。王充運用這種簡單的歷史類比法，言之有理，論之有據，故能得出「周不如漢」的結論，這對「一代不如一代」的頌古非今的歷史退化論，無疑是一種否定。但他又相信符瑞，宣揚符瑞之驗，表現出明顯的思想局限性，說明漢代讖緯神學對社會影響之深。

其三是災異之說。漢儒以「天人感應論」來解釋自然災害與自然異象，認為天氣寒溫取決於君王的喜怒，而自然災害乃是上天用以告誡和懲罰君主失政的一種手段。王充根據「天道自然無為」的宇宙觀，對此「譴告」之說予以批駁。漢儒認為君主喜怒決定天氣的寒溫，喜則溫，怒則寒。王充認為：「寒溫，天地節氣，非人所為」（〈寒溫篇〉），並質問說：君主喜怒時，連自己體內和屋內的溫度都不受影響，怎麼能影響整個自然界的寒溫呢？王充指出，「春溫夏暑，秋涼冬寒」，這是一年四季的自然變化；「水旱之至，自有期節」，與君主的喜怒和政治的好壞毫無關係。在〈譴告篇〉中，王充又針對漢儒「人君為政失道，天用災異譴告之」的說法，指出：

夫國之有災異也，猶家人之有變怪也。有災異，謂天譴人君；有變怪，天復譴告家人乎？

王充認為，災異是一種自然現象，有它自身的期節，「風氣不和，歲生災異」，也就是說陰陽失調就會發生自然災害，如同人生疾病是因為「血脈不調」一樣。

王充的災害學說，建立在「天道自然無為」之論的哲學基礎之上。他在〈變動篇〉中認為，自然的變化可以影響人和物，如「天且雨，螻蟻徙，丘蚓出，琴弦緩，固疾發」，這裡涉及到現代「生物氣象學」與「氣象醫學」之命題，但他否定了君主的政治和人的至誠能感動天地的天人感應論，「人不能動地，而亦不能動天」，因為「寒暑有節，不為人變改也」（〈變動篇〉）。這無疑是正確的。

## 四　無神論

如前所述，漢代是一個由「神」主宰著的神秘王國。神學的迷霧籠罩著整個漢代社會，風靡一時的讖緯之學和經學神學，滲透到兩漢社會現實生活的各個角落。受其影響，祭祀、信鬼、厚葬、求仙之風甚盛，已成為漢代一大公害，一個積重難返的社會問題。

王充《論衡》以「譏世俗」、「疾虛妄」為宗旨，故以最大的篇幅來批駁漢代以天人譴告為中心的各種神學迷信，以正愚昧、衰敗的社會習俗。雖然有些學者認為王充並未擺脫讖緯神學的思想束縛，仍然主王充有神論之說（如錢鍾書《管錐編》），但絕大多數學者認為，從《論衡》一書的主體而言，王充在中國思想史的思想體系中，當屬於無神論之列。王充對漢代讖緯神學的否定，正是《論衡》一書的思想光輝和理論價值的體現，如同黑夜中閃爍的燈光，照亮了漢人以理性思辨探求真知的道路，為中國古代思想史樹立了一座豐碑。

王充對漢代神學的批判，幾乎遍及到《論衡》一書中的大部分篇章，內容主要集中在三個方面：一是對天神迷信的批判，二是對經學神學的批判，三是對鬼神和迷信禁忌的批判，從而形成了王充思想中的神學批判體系。

〈物勢篇〉：批判「天地故生人」之神學目的論，認為人和萬物都是天地之間的陰陽二氣交會的產物。王充從生物社會學角度，把動物世界的生存競爭引入人類社會，實難能可貴。

〈奇怪篇〉：批判「天生聖人」的各種奇談怪論，反對漢儒神化帝王，否定「君權神授」之說。

〈書虛篇〉：批判「傳書」（解釋儒家經書之作）中的虛妄之言，反對神化儒學和神化孔子。

〈變虛篇〉：批判傳書所謂宋景公三句善言而消災延壽的虛妄之言。

〈異虛篇〉：批判天用災異懲罰君主，君主行善可以消除災異的虛妄之言。

〈感虛篇〉：列舉十五例，批判漢儒所謂人的精誠可以感動上天鬼神的虛妄之言。

〈福虛篇〉：批判漢儒所謂「行善者福至」的虛妄之言。

〈禍虛篇〉：批判漢儒所謂天地鬼神以災禍罰惡的虛妄之言。

〈龍虛篇〉：批判所謂「龍神升天」的虛妄之言。

〈雷虛篇〉：批判所謂打雷是天發怒、有意懲罰「陰過」的虛妄之言。

〈道虛篇〉：批判儒書所謂人修道成仙、長生不老的虛妄之言。

以上九篇論文，皆以「虛」名篇，旨在批駁傳書中的「虛妄之言」，王充稱之為「九虛」。「九虛」與「三增」是王充的得意之作，從形式到內容，自成一組，構成了《論衡》批判體系中的主幹。

鬼神之論，是中國哲學思想中的重要命題，也是漢人最為關注的一個社會現象。在讖緯神學統治下的漢人，不論朝野上下，大都相信鬼神，認為「死人為鬼，有知，能害人」，以致整個社會祭祀、厚葬、禁忌迷信之風盛行。王充從〈論死篇〉到〈薄葬篇〉，再從〈四諱篇〉到〈祭意篇〉，集中論述了「人死不為鬼」的無神論思想，對漢代世俗社會風行的祭祀、厚葬、禁忌迷信予以批判，極大地豐富了王充的哲學思想體系。

〈論死篇〉：批判世謂「死人為鬼，有知，能害人」的無稽之談。

〈死偽篇〉：批駁史傳記載和流傳中的鬼神之說。

〈紀妖篇〉：批駁史傳記載的八種離奇古怪的迷信傳說。

〈訂鬼篇〉：批駁世俗社會流傳的各種鬼神之說。

〈言毒篇〉：認為凡是能害人的「毒」，從毒蟲、毒藥到巫魔、鬼怪、讒言、童謠等，都來源於「太陽之熱氣」。

〈薄葬篇〉：批判社會上的厚葬之風，主張薄葬，認為墨家提倡「薄葬而又右鬼」，是自相矛盾。

〈四諱篇〉：批判漢代世俗社會氾濫成災的四大忌諱：一是忌諱在住宅西邊擴建房屋；二是忌諱受過刑的人去上墳；三是忌諱看到婦女生孩子，更有甚者要產婦搬到墓側道旁去，孩子滿月後方能回家；四是忌諱養育正月、五月出生的孩子。王充認為，講究禁忌，不過是為了「教人重慎，勉人為善」而已。

〈調時篇〉：批駁世俗關於歲、月蝕的濫言，指出歲、月只是記時的名稱而已，「積日為月，積月為時，積時為歲」，怎麼能有鬼神之怪、禍福之驗呢？

〈譏日篇〉：批駁世俗社會流行的日禁之書，指出下葬、祭祀、洗頭、裁衣、寫字等都要擇吉日、避凶日，都是迷信禁忌。

〈卜筮篇〉：批判占卜算卦方面的迷信活動。

〈辨祟篇〉：批判所謂違反禁忌、觸犯鬼神會招致禍害的謊言。

〈難歲篇〉：批判所謂搬家要忌諱太歲之神的謊言。

〈詰術篇〉：批判當時流行的關於推算住宅吉凶的方術。

〈解除篇〉：批判設祭驅鬼以消除災禍的迷信活動。

〈祀義篇〉：批判祭祀鬼神可以得福的習俗。

〈祭意篇〉：引經據典，指明祭祀的意義在於「重恩尊功」。王充說：「凡祭祀之義有二：一曰報功，二曰修先。報功以勉力，修先以崇恩；力勉恩崇，功立化通，聖王之務也。」

王充對神學特別是鬼神、禁忌、祭祀、厚葬之風的批判，表現出一個時代的理性思辨精神，凝聚著漢人要求擺脫神的束縛、主宰自身命運的理性追求的思想成果。相對而言，王充在《論衡》中建構的神學批判體系，具有三個明顯的理論特色：一是它所論及的每一個大大小小的命題，都是漢代的社會現實生活中的實際問題，如皇權神授、信鬼、祭祀、厚葬、求仙等，具有現實的針對性；二是它繼承和發揚了先秦以來中國古典哲學、天文、曆法、數法、醫學諸方面的理論成果，把批判的筆觸指向漢代讖緯神學所涉及的各種思想領域和社會生活的各個方面，具有內容的廣泛性；三是《論衡》對漢代讖緯神學的批判，始終站在其元氣自然論的哲學角度，注重理性分析、事實論證和邏輯推理，揭露神學的邏輯矛盾和社會根源：「衰世好信鬼，愚人好求福。」因而具有批判的深刻性。處在讖緯神學的時代氛圍之中的王充，在對漢代神學的批判過程中，有時也難免不走極端，由片面地強調自然無為而陷入自然命定論，又由自然命定論而陷入變相的有神論，始終擺脫不了神學幽靈的控制，但王充這種勇於向讖緯神學挑戰、批判和否定的精神，是難能可貴的。他的《論衡》作為中國無神論史上的優秀理論成果之一，也是值得我們予以肯定的。

## (五) 知識論

王充一生治學，貴實誠，重知識，尚科學，疾虛妄。他在漢代學術思想發展演進的歷史過程中，以「實知」、「知實」的理性精神，對漢代經學神學予以全面而系統的批判，從而建立了自己的《論衡》一書之知識論和治學方法體系。

出：

其一，知識的重要性。王充十分推崇知識，把知識與道德並重，作為人比萬物更高貴的標誌。他指

倮蟲三百，人為之長。天地之性，人為貴，貴其識知也。（〈別通篇〉）

在〈辨祟篇〉中，他又說：

夫倮蟲三百六十，人為之長。人，物也，萬物之中有知慧者也。

那麼，何謂知識？王充認為，就是人通過理性思辨對於自然現象和社會現象進行考察、分析和綜合的結晶。他重視知識的力量，說：「人有知學，則有力矣。」（〈效力篇〉）認為知識就是力量，而人的力量則在於博覽群書，融會貫通。

其二，知識的來源。王充認為，知識源於學問；不學不問，則難以獲得廣博的知識。他說：

人才有高下，知物由學。學之乃知，不問不識。（〈實知篇〉）

王充認為，認識事物要通過學習，人的知識和才能必須通過學習才能獲得。他的〈實知篇〉和〈知實篇〉，皆論列知識的來源問題，反覆指出：知識之源在於實際生活，不學不成，不問不知。他說：

以今論之，故夫可知之事者，思慮所能見也；不可知之事，不學不問不能知也。不學自知，不問自曉，

古今行事，未之有也。(〈實知篇〉)

所謂「可知之事」，是指通過自己思考則可知之事；「不可知之事」者，是指光憑自己思考而不能知道的事。這「可知」與「不可知」，其過渡之中介，王充認為是「學」、「問」，而不是「思慮」。他打了一個比方，說：「骨曰切，象曰瑳，玉曰琢，石曰磨；切瑳琢磨，乃成寶器。人之學問知能成就，猶骨象玉石切瑳琢磨也。」(〈量知篇〉) 他認為，人的知識才能的形成，就如同骨、象、玉、石等寶器是必須經過切瑳琢磨一樣，「人之不學，猶穀未成粟，米未為飯也」(同上)。

其三，強調求實，反對「先知」。王充治學，講求實事求是，堅持「事有證驗，以效實然」(〈知實篇〉) 的務實態度，注重「耳聞目見」、「推原事類」、「案兆察跡」，強調一切結論都要用事實和效果加以檢驗。一切從實際出發，所以王充極力反對漢儒的「先知先覺」之說。他指出：

所謂神者，不學而知；所謂聖者，須學以聖。以聖人學，知其非神。天地之間，含血之類，無性知者。(〈實知篇〉)

性者，生也。宋人陳淳曰：「性字，從生從心，是人生來具是理於心，方名曰性也。」(《北溪大全集》) 王充認為，人生於天地之間，稟自然之氣，從來沒有「生而知之」者，因為聖人需要學習，所以聖人不是「神」。在讖緯神學的主宰之下，漢儒將孔子神化，將經書神化。王充在〈知實篇〉中以孔子等為例，列舉了十六條，以批駁漢儒所謂聖人「先知」之論，認為聖人「耳目聞見，與人無別；遭事睹物，與人無異，差賢一等爾，何以謂神而卓絕」！有人說王充反孔，其實王充並不反孔，而是尊孔，一部《論衡》，對孔子的評價始終堅持實事求是、一分為二的科學態度，王充贊頌孔子，在〈定賢篇〉中說：「孔子，聖人也。」在〈辨祟篇〉中稱孔子是知識、智慧的寶庫，說：「孔子聖人，知府也。」府者，庫也。知府，形容智慧非常豐富，猶如一座智慧寶庫。他稱許孔子的道德文章，認為「孔子，道德之祖，諸子之中最卓者也」（〈本性篇〉），一生作為學習的榜樣，說：「可效放者，莫過孔子。」（〈自紀篇〉，效放，效法；學習。放，通「仿」。）王充稱贊孔子的才能，肯定孔子的歷史功績，認為「材鴻莫過於孔子」（〈自紀篇〉），「孔子，周世多力之人也，作《春秋》，刪五經，秘書微文，無所不定」（〈效力篇〉），因此他同情孔子一生懷才不遇的悲苦命運，並在《論衡》中以「素王」尊稱孔子。然而，王充反對漢儒神化孔子，〈知實篇〉列舉十六條例證中，孔子就佔了十三條；且以「問孔」、「刺孟」為篇名，公開追難孔子、孟子，以《論語》和《孟子》為靶子，批評孔子、孟子之言的失實，而王充的主要矛頭仍然指向漢儒所宣揚的「聖人先知」之說。兩漢時代，百家罷黜而儒術獨尊。隨著孔子的神化，儒家五經也被奉為圭臬，恪守儒家經書、替聖人立言的章句之學，蔚為一代學風。王充反對信守一學，鄙視那些死記硬背儒家經書的章句之徒。他把漢儒分為四類：儒生、通人、文人、鴻儒，認為「儒生過俗人，通人勝儒生，文人逾通人，鴻儒超文人」（〈超奇篇〉）。儒生只知「守信經文」、「守信師法」，卻自以為是，故步自封，其實不過是充當「門者」和「郵人」而已（〈定賢篇〉）。其〈語增篇〉對流傳於社會上的七種「虛增之語」進行批評；〈儒增篇〉列舉十六個典型事例，揭露和批評「儒書」中歪曲歷史、誇大事實的惡劣風氣；〈藝增篇〉通過八個事例來披露儒家經書的增益失實之病。他贊美「百家之言」，認為是「奇異」的知識寶庫，說「知屋漏者在宇下，知政失者在草野，知經誤者在諸子」，主張博採各家之長，以補儒學之短，猶如「海懷百川之流」也（〈別通篇〉）。王充反對儒學的神化、僵化，鄙棄章句之徒生吞活剝的煩瑣學風，但對儒學本身，依然持維護態度。他之所以「非韓」，是因為韓非非儒，把儒生「比之於一蠹」（《韓非子・五蠹》）。王充認為，禮義是治國的綱紀，而儒生是維護禮義的堤防，說：

夫儒生，禮義也；耕戰，飲食也。貴耕戰而賤儒生，是棄禮義求飲食也。（〈非韓篇〉）

王充認為，禮義比耕戰要重要得多，「國之所以存者，禮義也。民無禮義，傾國危主」（同上）。而「儒者在世，禮義之舊防也」（同上），所以，王充並不反對儒學，就是對待董仲舒，亦能充分肯定其建立儒學的重大貢獻，認為董仲舒與揚雄一樣，是「文之烏獲」（〈效力篇〉），他指出：「孔子生周，始其本；仲舒在漢，終其末。」（〈案書篇〉）將仲舒與孔子並列，說明他們一前一後，對建立儒家學說所做的貢獻之大。這種實事求是的治學態度，確實難能可貴。

其四，五經正說。漢武帝時代，儒術獨尊，設五經博士，於是一門以儒家經書為研究對象的經學應運而生。經學，乃是訓解或闡述儒家經典之學。漢代經學有今古文之分。所謂「今文」，是指漢代通行的文字——隸書。以隸書抄寫的儒家經典，時稱「今文經」；研究今文經的專門學問，稱之為「今文經學」。所謂「古文」，是指先秦通行的古籀文字。相傳漢武帝末，魯共王劉餘壞孔子宅，於壁中得《尚書》等經書數十篇，因以古籀文字書寫而成，故稱之為「古文經」；以古文經為研究對象者，稱之為「古文經學」。今文經學於武帝時代奉為官學，凡十四博士，計《詩》分齊、魯、韓三家，《書》分歐陽、大夏侯、小夏侯三家，《禮》分大戴、小戴兩家，《易》分施、孟、梁丘、京氏四家，《春秋》分嚴、顏二家；強調「師法」和「家法」，講求「微言大義」，主天人相與之學，重陰陽災異之說，遂開兩漢一代讖緯神學之風。今文經學盛於西漢；西漢末年崛起的古文經學，至東漢而鼎盛。

在漢代曠日持久的今古文經學之爭中，王充站在古文經學一邊。在中國經學史上，王充《論衡》的主要貢獻在於兩個方面：第一，漢儒神化儒家經典，認為經書的字字句句都是聖人表達天意的符號，使經學走上教條化、煩瑣化和神秘化的路子。王充《論衡》以「疾虛妄」為旗幟，對漢代經學神學的系統批判，使經學從神學的桎梏中解脫出來，從而結束了以董仲舒的天人感應為核心的漢代神學經學體系的統治。標誌著一個新的經學哲學時代的開端。第二，五經原委之考察。漢儒說五經，多失其實，牽強附會，空生虛說，如漢儒對五經篇目的解說更是荒誕離奇，在經學史研究方面造成很多混亂。王充〈正說篇〉，重在訓詁和史實的考證，對漢儒有關五經篇目方面的虛妄之言予以糾正，有利於經學史之研究。如漢儒謂《尚書》原有一百零二篇，王充指出這百兩之篇係漢成帝時東海張霸之偽作，原本《尚書》共一百篇，秦始皇焚五經，濟南伏生抱百篇藏於山中。漢景帝時，始設博士，教授《尚書》，後鼂錯從伏生學，適得二十餘篇，伏生死，故二十九篇獨傳，而其餘七十一篇失傳矣。王充駁斥了漢儒關於今文《尚書》二十九篇是取法天上北斗星與二十八宿的荒誕說法，認為這是「失聖人之意，違古今之實」者。《春秋》按魯國十二公（隱、桓、莊、閔、僖、文、宣、成、襄、昭、定、哀）編年紀事，漢儒說這種體例，一是效法每年十二個月，二是十二公享國凡二百四十二年，係孔子為漢朝預先制定的享國年數的一半，象徵著人道之周全、王道之完備。對此，王充一一予以撥正、澄清。漢儒說《易》，都謂「伏羲作八卦，文王演為六十四」，王充認真考察了八卦的原委，指出《周易》的八卦出於河圖，所謂伏羲、周文王「演作之言，生於俗傳」；如果不考究《易》之本源，就會誤以為真。王充對五經原委、篇目之考證和說明，雖多承前輩古文經學家之說，但他對今文經學好「空生虛說」、「校古隨舊」之風的批評精神，確有可取之處，於經籍源流之研究，亦有參考價值。

其五，書評。兩漢時代，經學成為官學，一家獨尊，而諸子百家倍受冷遇，以為「古今作書者非一，各穿鑿失經傳之實」。王充深為不滿，撰〈書解〉一篇，為儒家經籍之外的諸子之學進行辯解。又作〈案書〉之篇，對先秦至東漢的一些著作予以評論。〈案書〉者，書之案語也。用今天的話來說，就是書評。中國的圖書評論，源遠流長，一般以為書評之起當與古代書籍的出現同步。但可稽考者，則首推《論語》所錄孔子論《詩》之語。戰國時代，百家爭鳴，各家均有所評。漢代今古文經學論爭，於今古文經亦有評論，而淮南王劉安之《離騷傳》，佚名之《詩大序》，劉向校書之《別錄》，劉歆圖書分類目錄之《七略》等，書評之風日盛。王充《論衡》列專篇而以〈案書〉之名作書評，標誌中國書評之學已趨成熟。這正是〈案書篇〉的學術價值之所在。

王充評論歷代作家作品，以〈案書篇〉觀之，大致堅持以下評論標準：一是內容必須「得實」，反映實際，反對「率多侈縱，無實是之驗；華虛誇誕，無審察之實」之作；二是有益於「富民豐國，強主弱敵」，反對「無道理之較，無益於治」之作；三是反對「珍古而不貴今」，不以「古今變心易意」，即不根據作品產生時間之早晚而改變評價的標準，也不因為是同時代的人而認為經歷平凡而瞧不起人家，要實事求是，凡是好的都仰慕之。據此，王充粗略地評價了古今著作的優劣得失，認為《左傳》和《國語》雖夾雜有怪誕之語，仍不失為「世儒之實書」；陸賈《新語》被服董仲舒，言君臣政治之得失，其「言可采行，事美足觀」；孔子作《春秋》，「采毫毛之善，貶纖介之惡」，褒貶是非，旗幟鮮明；而桓譚《新論》與孔子《春秋》之旨一致，「可褒，則明其善以義其行；可貶，則明其惡以譏其操」。王充高度贊許同時代作家作品，認為鄒伯奇、袁太伯、袁文術、吳君高、周長生之輩，雖官位低下，卻是「能知之囊橐，文雅之英雄」，其著作如伯奇之《元思》、太伯之《易章句》、文術之《咸銘》、君高之《越紐錄》、長生之《洞歷》，就是劉子政、揚子雲也不能超過。而對於司馬遷的《史記》，因其同時記載公孫龍、鄒衍、管子、商鞅之書，〈三代世表〉與〈殷本紀〉、〈周本紀〉所述前後矛盾，使「世人疑惑，不知所從」，而以為不妥。王充認為，圖書評論的效果，往往出現二端：或相輔相成，或相反相成。他指出：

> 揚子雲反〈離騷〉之經，非能盡反；一篇文往往見非，反而奪之。（〈案書篇〉）

據《漢書・揚雄傳》載，揚雄撰文弔屈原，往往採用〈離騷〉之語，反其意而用之，取名曰〈反離騷〉。

王充總結了歷代圖書評論的經驗，認為一篇作品往往因為被人駁難，反而使它更加耀眼奪目。這也許是個帶有規律性的問題。

## ㈥ 人才論

王充一生，懷才不遇，又曾做過縣、郡功曹和州從事，主管人事獎懲，故特別注重人才問題。一部《論衡》，論及古今人物凡七百四十一人，集古今人物論之大成。其人才之論主要集中在〈程材〉、〈答佞〉、〈謝短〉、〈超奇〉、〈狀留〉、〈定賢〉、〈逢遇〉、〈累害〉、〈命祿〉、〈幸偶〉、〈量知〉、〈效力〉、〈別通〉、〈問孔〉、〈刺孟〉、〈非韓〉等篇目之中，於人才問題研究的廣度和深度，是空前的，卓有建樹的。

其一，人才之重要。賢才是君主、官吏治國立業的根本。歷史證明，用賢則興，嫉賢則衰，失賢則亡。王充充分認識到人才的重要性，他在〈效力篇〉中說：

六國之時，賢才之臣，入楚楚重，出齊齊輕，為趙趙完，畔魏魏亡。韓用申不害，行其〈三符〉，兵不侵境，蓋十五年；不能用之，又不察其書，兵挫軍破，國併於秦。

王充以申不害和韓非為例，說明戰國七雄爭霸，各國能否任用賢才，乃是成敗興衰之關鍵，人才進入楚國則楚國強，離開齊國則齊國衰弱，幫助趙國則趙國保全，背叛魏國則魏國削弱而滅亡。人才的得失對國家的興衰至關重要，因而君主和各級官吏必須善於發現和使用各種人才。他說：「材不自能則須助，須助則待勁。官之立佐，為力不足也；吏之取能，為材不及也。」（〈程材篇〉）而「良醫服百病之方，治百人之疾；大才懷百家之言，故能治百族之亂」（〈別通篇〉），至於「能致太平者，聖人也」（〈宣漢篇〉），故人君必須正視和解決人才問題。王充在〈效力篇〉中把人才比作鑿、錘之類鋒刃之器，說：「鑿所以入木者，槌叩之也；鍤所以能撅地者，跖蹈之也。諸有鋒刃之器，所以能斷斬割削者，手能把持之也，力能推引之也。」這些銳器只有依靠人的推進之力，才能發揮其作用。君主和官吏如果「能用其善，能安其身，則能量其力，能別其功矣」（〈效力篇〉）。楚漢之爭，樊噲、酈商有攻城野戰之功，蕭何安坐後方，運籌帷幄。劉邦行封，先及蕭何，眾臣不服，劉邦則比喻蕭何為「獵人」，而樊、酈為「獵犬」也，充分肯定了蕭何「以知為力」，在組織人才、使用人才方面的領導決策之功。

其二，人才之識別。人才難得，王充〈佚文篇〉說：「孔子曰：『才難。』能推精思，作經百篇，才高卓邇，希有之人也。」漢朝選材，有舉孝廉，薦賢良方正，結果弊偽叢生，魚龍混雜，名不符實。所以，選賢授能，關鍵在於識別人才。首先，王充在〈定賢篇〉中逐一批駁了世俗十九種所謂識別賢人的觀點：

(1)「以仕宦得高官身富貴為賢乎？」王充認為，富貴屬天命，賢不肖屬才性；高官者未必有德，位卑者未必無才。「將以官課材，材以官為驗」（〈程材篇〉），是不妥的，衡量人才不能以得志與否、重用與否為標準（〈自紀篇〉）。

(2)「以事君調合寡過為賢乎？」王充說：阿諛奉承，是佞幸之徒，未可謂之賢。並撰有〈答佞〉一篇，專門論述官場上諂媚逢迎、損人利己的「佞人」，認為「夫賢者，君子也；佞人，小人也。」

(3)「以朝庭選舉皆歸善為賢乎？」王充以虞舜等為例，認為「清直不容鄉黨，志潔不交非徒」，一個人的名聲之好壞往往得之於能否籠絡、討好眾人，所以「選舉多少，未可以知實」。

(4)「以人眾所歸附、賓客雲合者為賢乎？」王充以信陵、孟嘗、平原、春申四君子為例，禮賢下士，食客數千，堪稱「賢君」；而大將軍衛青、霍去病，門無一客，卻為「名將」，故不能以眾望所歸、賓客盈門為定賢之標準。

(5)「以居位治人，得民心歌詠之為賢乎？」王充認為此種「得民心」者，與賓客滿堂者無異。

(6)「以居職有成功見效為賢乎?」王充認為「功不可以效賢」,理由有三:一是功效的檢驗標準難以統一,二是治國之道取決於時勢;三是以荊軻為例說明動機與效果有時並不統一。

(7)「以孝於父、弟於兄為賢乎?」王充以事實為依據,說明忠、孝難以兩全,而「龍逢、比干忠著夏、殷,桀、紂惡也;稷、契、臯陶忠暗唐、虞,堯、舜賢也」。

(8)「以全身免害、不被刑戮,若南容懼『白圭』者為賢乎?」王充認為人的災難取決於命祿。「非才智所能禁,操行所能卻」,故不能以「命窮」、「時厄」為定賢標準。

(9)「以委國去位,棄富貴就貧賤為賢乎?」王充認為,委國去位者,皆屬某種逼迫。且有國位而去之者謂之賢,無國位者又放棄什麼呢?

(10)「以避世離俗,清身潔行為賢乎?」王充認為這與委國去位者同類。

(11)「以恬憺無欲,志不在於仕,苟欲全身養性為賢乎?」王充認為,清靜無欲,不志於仕,苟欲保全性命,修養情性者,是老聃之徒,非賢人也。

(12)「以舉義千里,師將朋友無廢禮為賢乎?」漢人重「名節」,講「義氣」,師長、朋友、長官死亡、判刑、流放,都要遠道奔喪、護送,稱之「舉義千里」或「千里赴義」。王充認為,千里赴義要有條件,「匱乏無以舉禮,羸弱不能奔遠」,就難以承擔。

(13)「以經明帶徒聚眾為賢乎?」王充認為,精通經書、帶徒講學者,就是儒生。儒生「傳先師之業,習口說以教,無胸中之造,思定然否之論」,不過是郵差、守門人之類而已,非賢者也。

(14)「以通覽古今,秘隱傳記無所不記為賢乎?」王充認為這種人與儒者同類。

(15)「以權詐卓譎,能將兵御眾為賢乎?」王充認為,這是韓信之徒,戰時能將兵御眾,稱一代名將,而和平時代其才無所施展,反而陷入災禍之中了。

(16)「以辯於口,言甘辭巧為賢乎?」王充以「虎圈嗇夫」為例,說明不能以利嘴快舌來衡量人。

(17)「以敏於筆，文墨雨集為賢乎？」王充認為，「口辯，才未必高；然則筆敏，知未必多」。

(18)「以敏於賦、頌，為弘麗之文為賢乎？」王充認為，司馬相如、揚雄之類辭賦作家，能為「弘麗之文」，但無益於使民分清是非，制止弄虛作假而崇尚實際的教化，故不能以敏於賦頌、能為弘麗之文為賢才之標準。

(19)「以清節自守，不降志辱身為賢乎？」王充認為，這種人像長沮、桀溺一樣，避世離俗，「清其身而不輔其主，守其節而不勞其民」，孔子謂之非，故難以為賢人之標準。

其次，王充提出「定賢」的標準在於「善心」。怎樣識別真正的賢人？識別賢人究竟根據什麼標準？王充說：

然而必欲知之，觀善心也。夫賢者，才能未必高也而心明，智力未必多也而舉是。何以觀心？必以言。有善心，則有善言。以言而察行，有善言則有善行矣。言行無非，治家親戚有倫，治國則尊卑有序。無善心者，白黑不分，善惡同倫，政治錯亂，法度失平。故心善，無不善也；心不善，無能善。心善，則能辯然否；然否之義定，心善之效明，雖貧賤困窮，功不成而效不立，猶為賢矣。（〈定賢篇〉）

王充的這段話，包含三個基本內容：一是提出以「善心」為考察賢人標準，一反漢代定賢的世俗之論；二是以言觀心，以言察行；三是比較「心善」與「心不善」二者之差別，說明人的價值在於人的自身，而不在於外在的事功、名節、榮譽、地位等。

再次，根據這個定賢標準，王充主張「以九德檢其行，以事效考其言」。他指出：

庸庸之君，不能知賢；不能知賢，不能知佞。唯聖賢之人，以九德檢其行，以事效考其言；行不合於

九德，言不驗於事效，人非賢則佞矣。（〈答佞篇〉）

九德，是考察一個人性情真偽的九項道德標準。語出《尚書・皐陶謨》：「行有九德……寬而栗，柔而立，願而恭，亂而敬，擾而毅，直而溫，簡而廉，剛而塞，強而義。」九德之述很多，尚有《逸周書・寶典》、《左傳・昭公二十八年》、《國語・周語下》等，內容隨文而異。如《逸周書・常訓》云：「九德：忠，信，敬，剛，柔，和，固，貞，順。」即與〈寶典〉迥異。王充論九德，以何為本，未能確知。但他重視人才的道德準則，這是不錯的。在事效方面，王充的定賢標準，強調「著書表文」（〈超奇篇〉），以能精思著文、連結篇章者為「鴻儒」，認為鴻儒是超奇的「世之金玉」。據此，王充稱頌作《春秋》的孔子為「素王」，撰《新論》的桓譚為「素丞相」，稱許作《樂經》的陽成子長、作《太玄經》的揚雄、作《洞歷》的周樹等人為「大才智鴻懿之俊」，可卓爾蹈孔子之跡的「鴻茂參貳聖之才」（〈超奇篇〉）。

其三，人才之任用。識別人才，挑選人才，目的在於使用人才。王充〈程材篇〉說：「夫論善謀材，施用累能，期於有益。」因此，有了人才，就要合理任用，使之人盡其才。王充認為，用人要用其長處，因為「人有所優，固有所劣；人有所工，固有所拙」（〈書解篇〉），如同「牛刀可以割雞，雞刀難以屠牛。刺繡之師，能縫帷裳；納縷之工，不能織錦」（〈程材篇〉）一樣。即使是千里馬，若讓牠拉裝載重物的車子，也會像駑馬一樣，「垂頭落汗，行不能進」（〈狀留篇〉）。王充說：「韓信去楚入漢，項羽不能安，高祖能持之也。」（〈效力篇〉）認為凡是各種為人所用的東西，必須讓人使用它，它的功力才能發揮出來（同上）。

人才可貴在於「孤興」。王充認為：「士貴故孤興，物貴故獨產。」物以稀為貴，人才高貴，因此單獨出現，卓爾不凡。王充說：「五帝不一世而起，伊、望不同家而出。千里殊迹，百載異發。」（〈自紀篇〉）王充清楚地看到人才崛起的時代性和地域性特點，認為五帝不是在同一個時代興起的，像伊尹、呂望之類傑出的輔佐之才，不是在同一個家庭出現的，時代不同，地域不同，產生的人才也不一樣。王充針對世俗鄙視自己出身於細族孤門的情況，提出人才的興起沒有遺傳性的觀點，說：「鳥無世鳳凰，獸無種騏驎，人無祖聖賢，物無常嘉珍。」（〈自紀篇〉）這是對家庭出身、宗族門第人才決定論的挑戰。他理直氣壯地駁斥血統論：「母驪犢騂，無害犧牲；祖濁裔清，不牓奇人。鯀惡禹聖，叟頑舜神。伯牛寢疾，仲弓潔全。顏路庸固，回傑超倫。孔、墨祖愚，丘、翟聖賢。揚家不通，卓有子雲；桓氏稽古，適出君山。」（同上）

人才被壓抑，這是一種極普遍的社會現象。究其原因，王充認為：一是「不清不見塵，不高不見危，不廣不見削，不盈不見虧。士茲多口，為人所陷，蓋亦其宜」（〈自紀篇〉）。王充以自己的切身經歷，感到有學問有才能的人被陷害，遭受來自各方面的攻擊誹謗，這是毫不足怪的。二是「才高見屈，遭時而然」（〈自紀篇〉）。王充認為，人才被壓抑，這是時運造成的。關於「人才與時運」問題，縱觀王充所論，大凡有三個方面：第一，生不逢時。王充以許由、伯夷為例，認為「許由、伯夷操達者，生非其世，出非其時也」，因為「許由，皇者之輔也，生於帝者之時；伯夷，帝者之佐也，出於王者之世」（〈逢遇篇〉）。第二，君主才下知淺。王充以孔、孟為例，指出「孔子絕糧陳、蔡，孟軻困於齊、梁，非時君主不用善也，才下知淺，不能用大才也」。他說，能駕馭千里馬的人，一定是王良；能任用禹、稷、皐陶之類大才的君主，必定是堯、舜。只能駕馭一天跑百里的馬的人，而任用他去駕馭千里馬，必定有摧衡折軛的危險；只具備使用備位充數之臣的才能的君主，而讓他去駕御具有大臣才智的賢人，必然會出現使賢人的才智受到壓抑的現象。王充認為：「以大才干小才，小才不能受，不遇固宜。」（〈逢遇篇〉）第三，三累三害。王充以〈累害〉一篇，集中論述了當時社會壓抑人才、埋沒人才的情況，指出：「夫鄉里有三累，朝廷有三害。累生於鄉里，害發於朝廷，古今才洪行淑之人，遇此多矣。」何謂「三累三害」？王充指出：

> 凡人操行，不能慎擇友。友同心恩篤，異心疏薄；疏薄怨恨，毀傷其行，一累也。人才高下，不能鈞同。同時並進，高者得榮，下者慚恚，毀傷其行，二累也。人之交游，不能常歡。歡則相親，忿則疏遠，疏遠怨恨，毀傷其行，三累也。位少人眾，仕者爭進；進者爭位。見將相毀，增加傳致；將昧不明，然納其言，一害也。將吏異好，清濁殊操。清吏增鬱鬱之白，舉涓涓之言；濁吏懷恚恨，徐求其過，因纖微之謗，被以罪罰，二害也。將或幸佐吏之身，納信其言。佐吏非清節；必拔人越次，迕失其意，毀之過度。清正之仕，抗行伸志，遂為所憎，毀傷於將，三害也。（〈累害篇〉）

凡是人才，未當官時身被三累，當官後身蒙三害，即使是孔子、墨子也不能自免。王充深切地認識到，這三累三害來源於「嫉妒」二字。他憤慨地說：「動百行，作萬事，嫉妒之人，隨而雲起」，就像枳棘鉤掛人體一樣，像成群的蜂蠆咬傷人一樣，豈止是三累三害啊！「嫉妒」，是中國國民的劣根性。王充對社會壓抑埋沒人才的綜合分析，至今仍有現實意義。

其四，人才之培養。人才在於培養。王充認為，人才的成長，重要的是教育，所謂「在化不在性」，「在於教，不獨在性」（〈率性篇〉）。因此，他強調優化育人環境，因為社會環境對人才的成長影響極大：「蓬生麻間，不扶自直；白紗入緇，不染自黑。此言所習善惡，變易質性也。」（〈程材篇〉）他認為儒生的本性，不可能都很美好，若能長期接受聖人的教誨，就能得聖人的情操。王充肯定教育對於人才成長的決定作用，既以人性之可塑性來說明教育的可能性，又強調「學士簡練於學，成熟於師，身之有益，猶穀成飯，食之生肌腴也」（〈量知篇〉），以說明教育的必要性。他十分肯定地說：「凡含血氣者，教之所以異化也。」（〈率性篇〉）這是對教育功能和教育目的的高度概括。

王充認為，人才之培養，應以「鴻儒」為理想目標。何謂「鴻儒」？王充在〈超奇篇〉中把儒分為四類：

故夫能說一經者為儒生，博覽古今者為通人，采掇傳書以上書奏記者為文人，能精思著文、連結篇章者為鴻儒。

王充認為，鴻儒之長在於能「著書表文」，能著書表文者，乃是「大才智鴻懿之俊」，知識淵博而又善於運用的人才。這種人才，舉世希有，而文人比比皆是，故鴻儒被視之為「超而又超」、「奇而又奇」的金玉之才。

王充認為，人才的成長，要經過磨鍊。他說，銅錫未採，在眾石之間，工師鑿掘，經過鼓風爐的冶煉和鑄造，才能成為器具。竹木，本來是很粗糙的東西，經過雕琢刻削，才能成為器用（〈量知篇〉）。王充指出：「材鴻莫過於孔子。孔子才不容，斥逐，伐樹，接淅，見圍，削迹，困餓陳、蔡，門徒菜色。」（〈自紀篇〉）那麼，不逮孔子之才的人，在成長過程中所經受的磨難，也就更不足怪了。在中國人才史上，有「人才早成，亦有晚就」（〈實知篇〉），但王充強調的卻是「大器晚成，寶貨難售」（〈狀留篇〉）的觀點。這既概括了中國歷史上人才成長的某種規律性，又對一生懷才不遇的王充來說，寄託了一種「呂望之徒，白首乃顯；百里奚之知，明於黃髮」的進身之望。因此，王充主張評論各種人才，都要實事求是，「優者為高，明者為上」（〈超奇篇〉），反對是古非今。

## (七) 文章論

《論衡》重文。所謂「文」，涵義極廣，包括文學、文章，以至經注、史書、箴、銘、賦、頌、奏記、論說之類，屬於雜文學即文章學的範疇，故此以「文章論」為題，而不取故常之所謂「文藝觀」或「美學觀」者，因為《論衡》畢竟是部學術著作，所體現的是漢代思想家、理論家的雜文學觀念。王充之重文，是重在學術論文，要求「受天之文，文人宜遵。五經、六藝為文，諸子傳書為文，造論著說為文，上書奏記為文，文德之操為文」（〈佚文篇〉）。站在這個角度來立論，也許更切合《論衡》之實際一些。

綜觀《論衡》一書，我以為王充論文，具有三個明顯的特色：一曰主真，二曰重質，三曰尚用。下面逐一論述這三大特色：

其一，主真。

王充論文主真，出自於對兩漢一代學風、文風乃至整個社會風尚的批判。王充〈對作篇〉談到《論衡》之寫作動機時說：

> 是故《論衡》之造也，起眾書並失實，虛妄之言勝真美也。故虛妄之語不黜，則華文不見息；華文放流，則實事不見用。故《論衡》者，所以銓輕重之言，立真偽之平，非苟調文飾辭，為奇偉之觀也。

在《論衡》中，王充以「九虛三增」十二篇論文來批判世俗風傳的「虛妄之言」、「虛妄之美」、「虛增之語」、「虛妄之書」，因為「虛妄顯於真，實誠亂於偽，世人不悟，是非不定，紫朱雜廁，瓦玉集糅，以情言之，豈吾心所能忍哉！」（同上）

王充對「虛妄之美」的批判，引發出對「真美」這種新的美學情趣的熱烈追求。所謂「真美」，是對「虛妄之美」而言的。王充的「真美」觀，概而言之，以「真」為實，以「美」為華，以「實誠」為根，構成了《論衡》一書「疾虛妄」的美學思想體系，從而宣告一個新的美學時代的開始。

王充論文「主真」，我以為包含以下內容：第一，文章務求「真」。這種「真」，一是對審美真實性的強調，要求著書撰文必須反映社會生活的真實，即「事實」之「真」。其〈語增〉、〈儒增〉、〈藝增〉三篇，以實事求是的態度，逐一批駁了《詩經》、《尚書》、《周易》、《論語》等儒家經書，《呂氏春秋》、

《淮南子》、《左傳》等其他儒書中歪曲歷史，誇大事實以及社會流傳甚廣的「虛增之語」。〈藝增篇〉指出：「世俗所患，患言事增其實；著文垂辭，辭出溢其真，稱美過其善，進惡沒其罪。」究其原因，在於「俗人好奇，不奇，言不用也。故譽人不增其美，則聞者不快其意；毀人不益其惡，則聽者不愜於心」（同上）。二是對人類認識真理性的強調，要求著書撰文必須「褒貶是非」，「辨然否之實」，反對「為虛妄之傳」。顯然，這裡包含的是一種「銓輕重之言，立真偽之平」的是非之「真」。三是對作者主觀情感真切性的強調。王充認為：「文由胸中而出，心以文為表」（〈超奇篇〉），因為「精誠由中，故其文語感動人深」（同上）。王充論文主真，則特別注重作者主觀感情之「真」，反對讖緯神學對於審美主體和客體的虛化、妄化。

第二，對「真美」的美學追求。王充論文，不僅強調其「真」，同時追求其「美」。「真」、「善」、「美」的和諧統一，才是王充「真美」觀追求的最高境界。王充之所謂「美」，一是指文彩之美，如〈案書篇〉稱班固、楊終、傅毅、屈原、賈誼、谷永的賦頌記奏，文辭斐炳，「並比以觀好，其美一也」。〈佚文篇〉說：「文辭美惡，足以觀才」，認為文章辭彩之美，體現了作者的才氣。二是指內容之「善」，如〈書虛篇〉言《春秋》「采毫毛之美，貶纖芥之惡」；而〈問孔篇〉又謂：「《春秋》之義，采毫毛之善，貶纖介之惡。」可見《論衡》中「美」、「善」二字相通。在王充筆下，「美」與「善」連用，互訓之例，俯拾皆是，說明王充在「真實」的基礎上，注重對「真美」藝術境界的追求和對「真」、「善」、「美」相統一的理想完美人格的嚮往。

第三，「真美」出於「實誠」。王充認為，真美出於「實誠之美」，他在〈超奇篇〉中說：「實誠在胸臆，文墨著竹帛，外內表裏，自相副稱。意奮而筆縱，故文見而實露也。人之有文也，猶禽之有毛也。毛有五色，皆生於體。苟有文無實，是則五色之禽，毛妄生也。」王充在這裡強調的有兩點：一是「實誠」與「文墨」互為表裡，內外相符；二是文章是真情實意的流露，即「心以文為表」（同上）。一切優秀的作品，都是以「實誠」為根基的。他指出：「《易》據事象，《詩》采民以為篇，《樂》須民歡，《禮》待民平。四經有據，篇章乃成。《尚書》、《春秋》，采掇史記。」（〈書解篇〉）王充深切地感到，《詩》作民間，有如一面鏡子，具有「實誠」之美，故得以千古流傳（〈對作篇〉）。同時，王充以為，求「實誠」，必斥虛妄之言，「沒華虛之文，存敦龐之樸，撥流失之風，反宓戲之俗」（〈自紀篇〉）。而對於王充自己來說，他因「疾俗情」而作《譏俗》之書；因「傷偽書俗文多不實誠，故為《論衡》之書」（〈自紀篇〉）。如果將王充的「真美」觀以一句話概括起來，我以為《先秦兩漢文學批評史》最為精到：「疾虛妄而立實誠，斥華偽以求真美」。

其二，重質。

王充論文「重質」，是對漢代虛妄的神學審美觀及其靡麗文風的反動。如前所論，受陰陽五行、天人合一的漢代哲學思想的鉗制和讖緯神學的影響，以祥瑞象徵王者天命為主要內容，以「虛妄之美」為基本特徵的神學審美觀，成為一代漢人從事文藝創作和審美活動的主體，遂使「虛妄之語」、「華虛之文」、「姦偽之說」、「虛妄之書」一時充斥於整個社會。王充痛感時風之淫妄和文風之虛美，於是便高舉《論衡》「實事疾妄」的批判旗幟，把「疾虛妄」的矛頭指向讖緯神學籠罩下的漢代社會的各個角落。可以說，王充論文之主「真」重「質」，出自於王充「實事疾妄」（〈對作篇〉）的審美觀念，而這種富於理性精神的、以「疾虛妄」為核心的審美觀，又是王充同漢代神學審美觀鬥爭的產物。

王充論文之「重質」，一是提倡文風之質樸，反對「華虛之文」。王充認為，寫文章如同說話一樣，執筆著述，應該力求通俗易懂，而不要晦澀難讀。他批評漢代賦、頌兩種文體「深覆典雅，指意難睹」（〈自紀篇〉）。當時有人批評他的著作「不能純美」，無美麗之文，乏巧辯之辭，王充理直氣壯地予以批駁，認為自己作《論衡》，旨在「實事疾妄」，追求「真美」，並非故意「調墨弄筆，為美麗之辭」。他說：「《論衡》者，論之平也。口則務在明言，筆則務在露文。」（〈自紀篇〉）這說明王充所追求的，乃是一種「文露而旨直，辭姦（注：通『干』。犯；直率。）而情實」（〈對作篇〉）的文風。二是注重文意之質實。王充指出：「察文，以義可曉。」（〈自紀篇〉）又說：「論貴是而不務華，事尚然而不高合。」王充強調文章的思想內容之正確性，認為考察文章的好壞，要以思想內容的正確、明白與否為標準，而不去追求辭句的華麗；要講求文意之質實，而不去迎合眾人之心意。他認為「書疏文義，奪於肝心」（〈超奇篇〉），就是說文章的內容是由內心深處迸發出來的。因此，必須先「質」而後「文」，寫作時也要因「質」而敷「文」，如同「有根株於下，有榮葉於上；有實核於內，有皮殼於外」（同上）一樣。王充主張「文質相稱，華實相副」。其所以批判「五經」，是因為「五經皆多失實之說」（〈正說篇〉）；其所以反對賦、頌，是因為這種弘麗之文「不能處定是非，辯然否之實；雖文如錦繡，深如河、漢，民不覺知是非之分，無益於彌為崇實之化」（〈定賢篇〉）。王充並不反對文彩之美，認為「物以文為表，人以文為基」，人要具備「文」與「質」兩個方面才算完美。王充並不反對長篇大論，相反，他認為「繁文之人，人之傑也」（〈超奇篇〉）。因此，當有人批評王充的文章篇幅大時，他說：「蓋實言無多，而華文無寡。」認為文章篇幅的多少取決於內容，內容充實的文章，再多也不嫌多；華而不實的文章，再少也不算好（〈自紀篇〉）。可見，王充論文注重的是「實文」，反對的是「華而不實」之文。他贊揚《左傳》和《國語》為「世儒之實書」（〈案書篇〉），就是有鑑於此。三是提倡文章語言之平易樸實。王充十分注重語言的交際功能和行業性特點，他把語言分為兩類：俗言和雅言。俗言，就是通俗的語言；雅言，就通行於文人貴族之間的典雅的語言。王充著書表文，旨在「冀俗人觀書而自覺，故直露其文，集以俗言」（〈自紀篇〉）。他的文章，語言通俗易懂，平易樸實，雅俗共賞，一反時文「鴻麗深懿」風格。時人批評他的文章淺薄，他從言語交際學和行業語言學的角度，深刻地說明了語言的交際功能，指出：「以聖典而示小雅，以雅言而說丘野，不得所曉，無不逆者。」他認為，把深奧的著作拿給小孩去看，用典雅的語言去勸說山野之民，他們不知道你講什麼，沒有不格格不入的。王充舉例說，蘇秦曾以精深的道理遊說趙國大臣李兌，但遭到拒絕；商鞅曾以推行先王之道來勸說秦孝公，但並沒有被採納。孔子的馬吃了道旁莊稼，農夫把馬扣留起來。子貢用漂亮的言辭去勸說農夫反而使對方更加發火；養馬人用幾句幽默詼諧的話去勸說，對方認為說得好，高興地把馬送還給孔子。所以，王充認為，語言交際功能的實現，一要合心意，二要看對象：「不得心意所欲，雖盡堯、舜之言，猶飲牛以酒，啖馬以脯也」，而「鴻麗深懿之言，關於大而不通於小」，一般人只懂得直率淺露的話，勉強要他們去聽鴻麗深懿之言，去讀深鴻之文，就好比用仙藥給人治療傷風感冒，做貂皮、狐皮大衣給人穿著去砍柴、挖野菜一樣。王充說：「何以為辯？喻深以淺；何以為智？喻難以易。」（〈自紀篇〉）強調著書表文，必須用淺顯通俗的語言去說明深奧的道理，用生動易懂的事例去說明難懂的問題。王充還認識到語言的時代性和地域性特點，認為經傳上的文字和聖賢的語言之所以不容易讀懂，不是古人竭力要讓人難懂，而是由於古今的語言不一樣，各地的方言不同啊！（〈自紀篇〉：「經傳之文，賢聖之語，古今言殊，四方談異也。」）正因為如此，所以不同的語言交際時必須翻譯，如「四夷入諸夏，因譯而通」（〈變虛篇〉）一樣。兩漢時代，在讖緯神學迷霧的籠罩之下，漢代文藝以繁富靡麗為審美特徵，整個文壇養成了一種「好奇怪之語，說虛妄之文」的習俗，華文巧言飛濺，虛辭濫說充斥。王充出汙泥而不染，大力提倡樸素、質實、平易的文風，追求語言的通俗、樸實、自然之美，這是很可貴的。

其三，尚用。

王充論文，繼承和發展了揚雄、桓譚等前人「尚用」的觀點，認為自己的著書表文與《詩經》的現實主義傳統一脈相承，說：「《論衡》、《政務》，其猶《詩》也。」（〈對作篇〉）在〈佚文篇〉中，王充承孔子關於「《詩三百》，一言以蔽之，曰：思無邪」（《論語・為政》）之論，指明《論衡》的寫作宗旨，說：「《論衡》篇以十數，亦一言也，曰：『疾虛妄。』」這些都說明《論衡》本身的寫作意圖，就帶有強烈的現實性。它面向社會，正視現實，論述的每一個問題，都緊密聯繫實際，注意解決現實問題，針對性、指導性極強，實用價值很高，是論文「尚用」的典範之作。

王充認為，文章的社會功能，就在於「勸善懲惡」。他說：「夫文人文章豈徒調墨弄筆，為美麗之觀哉？載人之行，傳人之名也！善人願載，思勉為善；邪人惡載，力自禁裁。然則文人之筆，勸善懲惡也。」（〈佚文篇〉）王充指出，自古以來，聖賢的寫作都有明確的目的性和功利性，說：「夫賢聖之興文也，起事不空為，因因不妄作；作有益於化，化有補於正。」（〈對作篇〉）寫文章以有益於政治教化為目的，即有補於世，為世所用。凡是「為世用者，百篇無害；不為用者，一章無補」（〈自紀篇〉）。王充指出：「文儒為華淫之說，於世無補。」（〈書解篇〉）所以，王充《論衡》評論文章，始終堅持以社會之「用」為標準。〈政務〉以「令全民立化」（保全百姓，樹立教化）；《論衡》九虛、三增以「使俗務實誠」；〈論死〉、〈訂鬼〉以「使俗薄喪葬」。這些都證明《論衡》一書有益於世；王充認為，著書表文如果沒有益處，即使無害，又有何用呢？（〈對作篇〉：「故夫有益也，雖作無害也。雖無害，何補？」）

王充論文「尚用」，主張著書表文要「有補於世」，也就必然會把自己的目光投向當代作家作品，注視當代文學思潮，反對貴古賤今和是古非今的傾向；主張文章的個性化，反對因襲前人。他批評俗儒「好長古而短今」（〈須頌篇〉），述事者「好高古而下今」（〈齊世篇〉）；批評世俗之性「好褒古而毀今」（同上），「好珍古不貴今」（〈案書篇〉），指出「才有深淺，無有古今；文有偽真，無有故新」（同上）。他在《論衡》中列出〈齊世〉、〈宣漢〉、〈恢國〉、〈須頌〉以及〈問孔〉、〈非韓〉、〈刺孟〉諸篇，實際上就是作者今勝於古的歷史發展觀和文學發展觀的體現，是作者對貴古賤今的傳統觀念的批判。王充要求文人努力歌頌當代現實生活，給文人及其文章以至高的政治地位，說「文人之休，國之符也」，認為文人的卓越，乃是國家的祥兆，而「鴻文在國，聖世之驗也」（〈佚文篇〉）。他高度贊揚漢代文化的繁榮昌盛，認為周代之所以有繁榮昌盛的文化，是因為它處在百代之末；漢代處在百代之後，文論辭說，怎能不繁茂發達！他滿懷激情地贊道：「文章之人滋茂漢朝者，乃夫漢家熾盛之瑞也。」（〈超奇篇〉）意思是說，漢朝文人輩出，這是漢家王朝興旺發達的吉祥之兆。縱觀數千年中國古代文化史，王充的判斷和贊頌，是頗有預見性的。

## 四

任何一部自成體系的學術專著，都有自身的方法論體系，如同一篇文章，王充說：「文字有意以立句，句有數以連章，章有體以成篇，篇則章句之大者也。」（〈正說篇〉）

前人評《論衡》，或以為「博雜」，或以為「博而不雜」等等。評說不一，這是很自然的。只要堅持王充所提倡的實事求是態度即可。王充自己也說「充書不能純美」（〈自紀篇〉），通觀《論衡》一書，立論失當者有之，前後思想矛盾者有之，前後事例重複者有之，王充本人的世俗之見有之，作者都難以解釋的命題有之。但瑕不掩瑜，《論衡》畢竟是一部具有劃時代意義的理論著作。它在哲學、經學、社會學、宗教學、文章學、文藝理論批評等人文科學的各個領域所產生的深遠影響，是有目共睹的。

《論衡》一書的最大特點，可以用一個字來概括，就是「博」。一是作者才學之博，二是作品內容之博，三是論證方法之博。這種以「博」為特色的學術風範，實際上仍然是漢代社會生活領域的汪濊博富，現實世界的紛紜繁複，社會風氣的侈靡奢華，審美觀念的富麗鋪陳，在學術領域的一種反映。關於作者才學和作品內容之博大已如前述，這裡著重談談其論證方法問題，以探討《論衡》獨具特色的方法論體系。

其一，實證性。王充立論，強調實證，力求一切結論都要用事實和效果加以驗證。他說「事莫明於有效，論莫定於有證」（〈薄葬篇〉），認為「凡論事者，違實不引效驗，則雖甘義繁說，眾不見信。」「事有證驗，以效實然」（〈知實篇〉），這就是王充的「效驗」之說。在《論衡》一書中，他曾數以百計地使用「何以驗之?」這一口頭禪，正是王充建立在驗證方法之上的求實的思想方法論的生動表述，而這種建立在求實和驗證方法上的認識論和方法論，則是對漢代自然科學特別是天文學、醫學驗證方法在哲學上的理論概括和經驗總結。以〈雷虛篇〉為例，王充認為「雷者，火也」，何以驗之?王充隨之列舉了五個「驗證」：「以人中雷而死，即詢其身，中頭則鬚髮燒燋，中身則皮膚灼焚，臨其屍上聞火氣，一驗也；道術之家以為雷，燒石色赤，投於井中，石燋井寒，激聲大鳴，若雷之狀，二驗也；人傷於寒，寒氣入腹，腹中素溫，溫寒分爭，激氣雷鳴，三驗也；當雷之時，電光時見，大若火之耀，四驗也；當雷之擊，時或燔人室屋及地草木，五驗也。」然後得出一個有力的結論，說：「夫論雷之為火有五驗，言雷為天怒無一效。然則雷為天怒，虛妄之言。」(〈雷虛篇〉)〈說日篇〉論述天體運行，較集中地反映了王充的宇宙觀。在中國天文學史上，漢代的天體學說有三：一是「蓋天說」，認為天如蓋，日月星辰隨天蓋運行；二是「渾天說」，認為天地渾圓如鳥蛋，天為蛋殼，地為蛋黃，其間充溢水和氣，日月星辰運行其間；三是「宣夜說」，認為天無形體，日月星辰浮生虛空，因氣而行。王充對它們的批評，始終停留在感性認識和邏輯推理上，運行的仍然是其驗證方法，說：「夫日月不圓，視若圓者，去人遠也。」何以證明呢?他舉例說：「春秋之時，星隕宋都，就而視之，石也，不圓。以星不圓，知日月五星亦不圓也。」(〈說日篇〉)實證主義的論證方法，在《論衡》中得到廣泛的運用，如〈知實篇〉以孔子等為議論對象，列舉了十六個事例，來證明「聖人不能先知」，認為一切真知都必須以感性體驗和耳聞目見為基礎，強調「方比物類」(對各種事物進行比較研究，〈薄葬篇〉)、「揆端推類」(估量事物的苗頭而加以類推)、「原始見終」(考察事物的開端以推測它的結果)、「案兆察跡」、「推原事類」(〈實知篇〉)，就是指理性思維要在感性認識的基礎之上進行比較、分析、歸納、綜合，不斷排除虛假的表象，才能揭示事物的本質。雖然，王充當時並未真正懂得理性認識和感性認識的本質區別，但他注重實證，堅持從事實出發的「求實」精神和方法論，力圖擺脫神學經學的思維模式，無疑是王充對漢代哲學史的一大傑出貢獻。

其二，邏輯性。重邏輯分析推理，這是王充哲學的特色之一。古代中國，是邏輯學的發祥地之一，早在春秋戰國時代，墨子首開論辯之風，重視文章的邏輯推理。王充亦然，《論衡》一書，自成體系，邏輯嚴密。

在中國哲學思想史上，無神論者對有神論的批判，最基本也是最有效的方法，就是從邏輯上揭露神學的自相矛盾，以否定神鬼的存在。金春峰曾把王充《論衡》運用的無神論的基本方法歸納為六點，其中有三點就是邏輯方面的：一是揭露有神論的前提——神的超人性邏輯上的矛盾；二是揭露種種迷信說法的具體的邏輯矛盾；三是以否認神的超人性的存在為前提而作出邏輯的推論（《漢代思想史》）。在〈雷虛〉、〈禍虛〉、〈感虛〉、〈論死〉、〈訂鬼〉、〈四諱〉、〈讕時〉、〈譏日〉、〈難歲〉等篇目之中，王充對龍神升天、雷公發怒、天罰有過、死人為鬼之說的批判，對漢代四諱、日禁之書、卜筮算卦、祭祀去凶等迷信活動的批判，都採用揭露其邏輯矛盾的方法，運用理性思維對神學目的論的前提——神的超人性及其結論之間的邏輯矛盾，進行周密的分析和邏輯推論。

中外哲學史上，對於自然現象的考察，從來就存在著目的論與自然論的矛盾對立。漢代神學宣揚「天地故生人」、「故生萬物」。這種目的論的前提，就是神的超人性。只有揭露其不可避免的邏輯矛盾，才能否定神的存在。所以在〈物勢篇〉中，王充抓住天生人和萬物時「當令其相親愛，不當令之相賊害」進行邏輯推理，指出目的論與萬物之間互相賊害的事實的矛盾，以說明「天地故生人」、「故生萬物」之說是何等荒謬。《論衡》一書的邏輯結構和理論體系，就是以「疾虛妄」為邏輯起點，依據傳統的思維形式，如概念、判斷、推理等，在形式邏輯的基礎上建立起來的。例如，漢代流行的《圖宅術》宣揚「宅有五音，姓有五聲」，住宅的方位必須符合「五行相生」原則，否則宅主就會受到「甲乙之神」的懲罰。王充在〈詰術篇〉中一一予以批駁，運用的就是形式邏輯的推理方式。他說：

日，火也，在天為日，在地為火。何以驗之？陽燧鄉日，火從天來。由此言之，火，日氣也。日有甲乙，火無甲乙何？日十而辰十二，日辰相配，故甲與子連。所謂日十者，何等也？端端之日有十邪？而將一有十名也？如端端之日有十，甲乙是其名，何以不從言甲乙，必言子丑何？

眾所周知，任何概念都是通過詞來表達的。在漢語中，概念和詞並不是一一對應的。一個詞在不同的語言環境中，可以用來表達幾個不同的概念，多義詞就是這樣。王充在批駁中，利用「日」這個詞可以表達「太陽」和「日子」兩個不同概念的特點，首先指出作為「太陽」的「日」就是「火」，然後通過形式邏輯推理來責問：既然作為「日子」的「日」有甲乙，那麼為什麼「火」沒有甲乙呢？以天干地支相配來紀日，天干從甲到癸，每一輪迴為十日，這「日十」是指什麼呢？王充又根據「日」作為「太陽」的概念加以批駁，揭露五行之家在邏輯上的矛盾，從而增強了駁論的邏輯力量。〈死偽〉一篇，作者著重批駁了史籍中記載和社會上流傳的「人死為鬼」的迷信傳說。在批駁過程中，王充運用大量的事實進行類比推論，舉一反三，觸類旁通，大大提高了批判的說服力。值得一提的，是王充在《論衡》中還採用了三段論來展開邏輯推理，如〈論死篇〉、〈變虛篇〉等等，所論有大前提、小前提和結論，通過推理，否定神鬼的超人性。

其三，論辯性。王充好辯，他說：「孟子曰：『予豈好辯哉？予不得已也！』今吾不得已也！」（〈對作篇〉）何以「不得已」？他又說：「俗傳蔽惑，偽書放流，賢通之人，疾之無已。孔子曰：『詩人疾之不能默，丘疾之不能伏。』是以論也。玉亂於石，人不能別；或若楚之玉尹以玉為石，卒使卞和受刖足之誅。是反為非，虛轉為實，安能不言？」（同上）王充以「疾虛妄」為己任，具有一種強烈的社會責任心和使命感，所以不得不辯。同誰辯？同俗儒論辯，同世俗社會論辯。因此，王充在《論衡》中除十分重視實證和論辯的邏輯性以外，還特別注重多種論辯手法的綜合運用。一是寓理於事。一部《論衡》，凡八十五篇，每篇均以二字立名，如「逢遇」、「累害」、「實知」、「定賢」之類，題旨鮮明，中心突出。各篇之論證，多以夾敘夾議，徵引廣博，讓事實說話，巧妙地寓深刻的道理於具體的事例之中，以事明理。為確保事實的可信性，王充既注意引進天文、地理、醫學、心理學諸方面的科學成果，又特別重視事物溯源和考證，以古文經學的重訓詁、考據的治學態度來對待每一個論題。在論辯過程中，王充一般採用演繹、歸納、逐一批駁、邊破邊立等方法，皆長於事實論證，依古今實例說理，不尚空泛之論。二是大量運用問難答辯體式。從篇目來看，王充以論辯之詞名之者，如〈問孔篇〉之「問」，〈非韓篇〉之「非」，〈刺孟篇〉之「刺」，〈答佞篇〉之「答」，〈譏日篇〉之「譏」，〈辨祟篇〉之「辨」，〈難歲篇〉之「難」，〈詰術篇〉之「詰」等，帶有濃厚的論辯色彩；從體制結構來看，《論衡》一書採用的有問難體、問答體、設問體，論辯雙方或互相問難，或一問一答，或自問自答，如〈感類篇〉、〈實知篇〉、〈自然篇〉、〈答佞篇〉、〈正說篇〉、〈物勢篇〉、〈死偽篇〉、〈紀妖篇〉、〈言毒篇〉、〈對作篇〉、〈自紀篇〉等等，或通篇問答，或部分問答，如面對面展開辯論，短兵相接，舌戰群儒。例如〈答佞篇〉，旨在回答何謂「佞人」，王充通篇採用問答形式，連用十四次一問一答，淋漓盡致地揭露了佞人的醜惡面目，指出佞人的欺騙性和危險性。〈定賢篇〉採用設問的形式，對漢代十九種辨別「賢人」的論調逐一予以批駁，然後提出自己的「定賢」標準。〈書解篇〉也是通篇採用對答的形式，為儒家經典以外的諸子百家之書進行辯解，故名之曰〈書解〉，一問一答，論題集中，富有針對性和論辯色彩。

## 五

王充生前自白：「身與草木俱朽，聲與日月並彰，行與孔子比窮，文與揚雄為雙，吾榮之。」（〈自紀篇〉）這就是王充一生的追求之所在。在中國幾千年學術發展史上，王充以其鴻篇巨著《論衡》及其「疾虛妄」、「務實誠」的思想批判體系，而卓然屹立於中國古代學術之林，「體列於一世，名傳於千載」，實現了王充平生的宿願。

《論衡》一書，係王充以竹簡書寫而成。袁山松《後漢書》謂其流傳得力於蔡邕與王朗（參見本書末附錄），說東漢末年，蔡邕入吳而得之。其後王朗為會稽太守，又得其書，矜為珍秘，遂得秘密流傳於士人之間，皆以為「異書」。《論衡》之著錄，始於《隋書・經籍志・雜家》，著為二十九卷，《舊唐書》又著錄為三十卷，遂大體定型。《論衡》之版本，北京大學歷史系《論衡注釋》本附錄中介紹甚詳，稱北宋慶曆五年（西元一〇四五年）進士楊文昌之校刻本為最早，北京圖書館現存之宋本《論衡》三十卷，係南宋乾道三年洪适重刊楊刻本，並經元、明遞修的版本，八冊，有清錢謙益批點、黃丕烈跋、葉昌熾題識，是最早刊印的全本。中華書局西元一九七九年出版的由北大歷史系注釋的《論衡》，以明刻通津草堂本為底本，參校宋本和元明遞修本，在校勘、標點、分段、注釋等方面，是較為完善的，因而成為本書行文的重要依據；唯其注釋和說明深深地打上了那個特定歷史時期「儒法鬥爭」的思想印記，錯謬不實之辭充斥全書，故不可取。

《四庫全書總目》評論《論衡》一書時稱：「充書大旨詳於〈自紀〉一篇：蓋內傷時命之坎坷，外疾世俗之虛偽，故發憤著書。其言多激，〈刺孟〉、〈問孔〉二篇，至於奮其筆端，以與聖賢相軋，可謂詩矣。」（卷一二〇）這種結論代表著一個時代對王充《論衡》的定評。從東晉之葛洪、唐之劉知幾，到北宋之楊文昌、元之韓性，對王充《論衡》之整理研究者，大多以評介為主。楊文昌〈論衡序〉稱其文「取譬連類，雄辯宏博」；韓性序《論衡》譬之「三代鼎彝之器，宜乎為世之所寶」；後人評介，褒貶不一，毀譽參半。《論衡》之評注，始於明代，以劉光斗評，明天啟六年本為端緒，西元一九二四年上海掃葉山房石印本、陳益《評注論衡》三十卷為詳盡，後有許德厚詳注《論衡》、劉盼遂《論衡集解》、蔣祖怡注《論衡選》、北大歷史系《論衡注釋》等。《論衡》之系統研究，集中於中國哲學史、思想史、文學史、文學批評史、美學史、美學思想史以及其他學術著作之中。它們各自從不同的角度，對《論衡》

所涉及的學術領域中的有關問題，做出過較為全面而系統的總結和論述，發掘了《論衡》一書的思想寶庫，充分肯定了王充《論衡》的學術價值和歷史地位。但從整體研究而言，中國大陸的《論衡》研究還相當薄弱，主要缺陷有三點：一是《論衡》研究蛻變為階級鬥爭的工具，王充本人也被貼上各種政治標籤，被人當作棍子、石頭來打擊別人，這是《論衡》研究的不足之處；二是《論衡》研究始終被禁錮在某種單一化的理論模式之中，學術眼界不開闊，人們把注意力集中在《論衡》一書的唯物論思想體系方面，牽強附會之論、為我所用之述、議論失實之辭，充斥於字裡行間，嚴重地影響《論衡》研究視野之開拓和研究質量之提高；三是全面而系統的《論衡》研究尚無新的突破，可以作為專門學問的「論衡之學」尚未誕生，說明《論衡》研究的科學性尚待努力加強。本書的導讀，限於篇幅，許多內容尚未涉及，在如此博大宏闊的《論衡》面前，頗有言猶未盡、滄海遺珠之感。但我們努力吸取了前此《論衡》研究的經驗和教訓，博採眾家之長，力求從學術研究的時代角度和方法論方面，以宏觀審視與微觀考察相結合的態勢，對王充《論衡》進行客觀的科學的研究，開創《論衡》研究的新局面，以告慰前人，啟迪來者。

由於筆者才疏學淺，又如同王充一樣出身低微，「宗祖無淑懿之基，文墨無篇籍之遺，雖著鴻麗之論，無所稟價，終不為高」（〈自紀篇〉），且於王充及其《論衡》亦少真知灼見。因此，本書所述所論，錯訛難免，誠望方家與讀者朋友不吝賜教。本書注譯凡百二十萬字，其中從〈明雩篇〉至〈薄葬篇〉，凡二十三篇釋文，係饒東原先生幫助我撰寫的，對他的辛勤勞作，在此表示由衷的謝意。

蔡　鎮　楚

一九九七年八月識於嶽麓山

# 卷一

## 逢遇篇第一

【題解】本篇否定富貴貧賤與操行賢愚之間的聯繫，認為「進者未必賢，退者未必愚」，反對以富貴貧賤為區別好壞的標準，抨擊「就遇而譽之，因不遇而毀之」的社會惡習。

操行有常賢❶，仕宦❷無常遇❸。賢不賢，才❹也；遇不遇，時❺也。才高行絜，不可保❻以必❼尊貴；能薄操濁❽，不可保以必卑賤。或❾高才絜行，不遇，退而下流❿；薄能濁操，遇，在眾上⓫。世各自有以取士⓬，士亦各自得以進⓭。進在遇，退在不遇。處尊居顯⓮，未必賢，遇也；位卑在下，未必愚，不遇也。故遇，或抱⓯洿⓰行，尊於桀⓱之朝；不遇，或持絜節，卑於堯⓲之廷。所以遇不遇非一⓳也：或時賢而輔惡；或以大才從於小才；或俱大才，道有清濁⓴；或無道德，而以技合；或無技能，而以色幸㉑。

【章　旨】此章言人之德才與機遇，指出一個人被賞識重用或遭厭惡斥退原因的多樣性。

【注　釋】❶常賢　一貫優良。❷仕宦　做官。❸常遇　經常受到賞識和重用。❹才　此指才能和品操。❺時　時運；機遇。❻保　保證。❼必　一定。❽能薄操濁　才能低下，操行惡劣。❾或　有人。❿下流　河的下游。比喻低微的地位。⓫在眾上　指居崇高的地位。⓬取士　選拔讀書人。⓭進　指當官或被重用。⓮居顯　處於顯赫地位。⓯抱　持有。⓰洿　通「汙」。⓱桀　中國古代夏朝的最後一個君主。與商紂同為暴君的典型。⓲堯　中國遠古帝王的號。曾封於唐，史稱唐堯，後讓位於虞舜，皆有德政，被奉為聖君的代表。⓳非一　不止一樣；多種多樣。⓴清濁　指天地陰陽二氣。比喻差別很大。㉑幸　寵愛。

【語　譯】操行有一貫優良的，而當官則不能經常受到上司的賞識和重用。官當得好不好，這是才能和品德問題；而能不能受到賞識和重用，這是時運和機遇問題。才德高潔，不能保證他一定有尊貴的地位；才能低下，操行惡劣，不能保證他一定處在卑賤的地位。有的人具備高超的才能和美好的情操，卻得不到重用，退而處於低微的地位；有的人才能低下，品行惡劣，反而被重用，位居眾人之上。不同的時代各有選拔人才的標準，讀書人也各有進身的途徑。能當官，由於投合君主或上司的心意；而仕途失意，由於沒有投合君主或上司的歡心。因此，身處尊貴顯赫地位的人，不一定是有才能有道德，而是能夠迎合君主或上司的心意；地位卑微低下的人，不一定很愚笨，而是不能得到君主或上司的賞識。所以，有的人品行惡劣，則在夏桀這類暴君的朝廷上受到器重；有的人品行高潔，則情願在唐堯這樣聖王的朝廷，當一名地位卑下的臣民。這樣看來，能不能被賞識重用的原因，是多種多樣的：有時賢達的人卻輔佐惡劣的君主，有匡世大才的人卻從屬才德微薄的國君；有時君臣都才氣縱橫，而道術卻差別很大；有人雖然沒有德行，卻以一技之長取悅君主或上司；有人無德無才，卻以容貌姿色而受到君主的寵愛。

伍員❶、帛喜❷，俱事❸夫差❹；帛喜尊重，伍員誅死，此異操❺而同主也。

或操同而主異，亦有遇不遇，伊尹❻、箕子❼是也。伊尹、箕子，才俱也。伊尹為相，箕子為奴；伊尹遇成湯❽，箕子遇商紂❾也。夫❿以賢事賢君，君欲為治，臣以賢才輔之，趨舍⓫偶合⓬，其遇固宜⓭。以賢事惡君，君不欲為治，臣以忠行佐之，操志乖忤⓮，不遇固宜。

【章　旨】此章以歷史人物為證，說明以賢事賢君與惡君的兩種不同遭遇。

【注　釋】❶伍員　字子胥，春秋末楚國人。因父兄被楚平王殺害而奔吳，後受伯嚭陷害，吳王夫差賜劍命其自殺。見《國語‧吳語》、《史記‧伍子胥列傳》。❷帛喜　即伯嚭。吳國太宰。❸俱事　一起事奉。❹夫差　吳國君主。後被越王句踐所敗，自殺。❺異操　操行不同。❻伊尹　名摯。曾輔佐商湯消滅夏桀，湯以為阿衡（官名）。見《孫子‧用間》、《史記‧殷本紀》、《詩‧商頌‧長發‧疏》。❼箕子　商紂的叔父。官太師，封於箕地，後屢諫紂王，不聽，裝瘋為奴，被囚禁。及武王滅商，獲釋。❽成湯　商朝開國君主之號。姓子，名履。❾紂　商朝最後一個君主的號。名受。❿夫　文言發語詞。⓫趨舍　取捨；好惡。⓬偶合　兩合；俱合。⓭固宜　理所當然。固，通「故」。本來。⓮乖忤　違背；抵觸。

【語　譯】伍子胥、伯嚭一起事奉吳王夫差，而伯嚭備受尊重，伍子胥被殺而死，這是兩個不同操守的人共同事奉一個君主。有的操守相同而事奉的國君又各自不同，也有受賞識重用和不被賞識重用的，伊尹、箕子就是一例。伊尹、箕子的才德相同，而伊尹為相，箕子竟成囚奴；由於伊尹遇上賢主成湯，箕子遇上暴君商紂的緣故。以賢臣事奉賢明的君主，君主想把國家治理好，臣子以賢才輔佐他，好惡完全一致，受到重用，是理所當然的；而以賢臣事奉惡劣的君主，君主並不想把國家治理好，臣子以忠行輔助他，操守和志向正好相反，他不能受重用，也是勢在必然。

或以❶賢聖之臣，遭❷欲為治之君，而終有不遇，孔子❸、孟軻❹是也。孔子絕糧陳、蔡❺，孟軻困於齊、梁❻，非時❼君主不用善也；才下知❽淺，不能用大才也。夫能御❾驥騄❿者，必王良⓫也；能臣⓬禹⓭、稷⓮、皋陶⓯者，必堯、舜⓰也。御百里⓱之手⓲，而以調⓳千里之足⓴，必有摧㉑衡㉒折軛㉓之患；有接㉔具臣㉕之才，而以御大臣之知㉖，必有閉心塞意㉗之變。故至言㉘棄捐㉙，聖賢距㉚逆㉛，非憎聖賢，不甘㉜至言也。聖賢務㉝高，至言難行㉞也。夫以大才干㉟小才，小才不能受，不遇固宜。

【章　旨】此章言大才難用、至言難行的原因。

【注　釋】❶以　為；作為。❷遭　遇到。「遭」上省「欲」字。❸孔子　（西元前五五一～前四七九年）春秋末期著名的政治家、思想家、教育家，儒家學派的創始人。名丘，字仲尼，魯國陬邑（今山東曲阜東南）人。主要言論收集在《論語》一書中。❹孟軻　儒家學派的又一代表人物。戰國時著名思想家、教育家，鄒（今山東鄒縣）人，主要言論收集在《孟子》一書中。❺陳蔡　春秋時的兩個小國。地處今河南淮陽、新蔡一帶，周敬王三十一年，西元前四八九年，孔丘從陳國到蔡國去，途中被阻，斷炊七日。見《荀子・宥坐》。❻孟軻困於齊梁　孟軻曾在齊、魏兩國遊說，均遭受冷遇，故有「困於齊、梁」之說。見《孟子・公孫丑下》、《孟子・梁惠王上》。困，受困；遭受艱難窘迫。齊梁，戰國時二國名。齊，在今山東北部地區。梁，本為魏國，在今山西夏縣西北，後魏惠王遷都於大梁（今開封），故又稱魏國為「梁」。❼時　當時。❽知　通「智」。智慧。❾御　駕御。❿驥騄　均是千里馬名。⓫王良　人名。春秋時晉國著名的駕御車馬的能手。見《孟子・滕文公下》。⓬臣　使之為臣之意。⓭禹　夏朝開國君主。原為堯、舜的賢臣，因治水有功，舜傳位於禹。⓮稷　名棄。周朝的始祖，堯的賢臣。舜時掌管農業，號稱「后稷」。⓯皋陶　堯的賢臣。舜時掌管刑罰。⓰舜　中國遠古聖王的號。受堯禪讓而有天下。⓱百里指一天只能行百里的馬。⑱手　技能。⑲調　調理；駕御。⑳千里之足　即千里馬。㉑摧　折斷。㉒衡　車轅前端的橫木。㉓軛　設置在衡上人字形的曲木。駕車時叉在馬頸上。㉔接　接納；使用。㉕具臣　備位充數之臣。㉖知　同❽。㉗閉心塞意　使思想閉塞。㉘至言　深切中肯的言論；高明的見解。㉙棄捐　拋棄；丟棄不用。㉚距　通「拒」。拒絕。㉛逆　違背；排斥。㉜甘　喜歡；愛聽。㉝務　追求；勉力從事。㉞難行　難以實行。㉟干　求。

【語　譯】有人身為賢良聖明的臣子，想遇到希望把國家治理好的君主，卻終究得不到君主的賞識和重用，孔子和孟軻就是這樣。孔子在陳、蔡之間被圍而糧絕，孟軻在齊、梁兩國遊說而受困，並不是當時各國君主不願重用優秀人才，而是君主的才智淺陋，不能夠使用孔、孟一類的大才。能夠駕御驥騄之類千里馬的人，必定是王良；能夠使禹、稷、皋陶為臣的人，必定是堯、舜。只有駕御日行百里駑馬的技能，而使他去駕御千里馬，一定會招致折衡斷軛的禍患；君主只有使用備位充數之臣的才華，卻要讓他去駕御具有大臣才智的人，必然會發生使人的思想受到閉塞的不正常現象。因此，高明的意見被棄而不用，聖明賢良的人才被拒之門外，並不是憎惡聖賢，不愛聽高明意見，而是因為聖賢所極力追求的理想太高，高明的意見難以實行啊。由此看來，才能大的人去求才能小的人任用，才能小的人就不可能接受，有才能的人不被賞識重用，就是很自然的現象了。

以大才之臣，遇大才之主，乃❶有遇不遇，虞舜❷、許由❸、太公❹、伯夷❺是也。虞舜、許由俱聖人也，並生唐世❻，俱面❼於堯，虞舜紹❽帝統❾，許由入山林。太公、伯夷俱賢人也，並出❿周國，皆見武王⓫。太公受封，伯夷餓死。夫賢聖道同、志合、趨⓬齊，虞舜、太公行耦⓭，許由、伯夷操違⓮者，生非其世，出非其時也。道雖同，同中有異；志雖合，合⓯中有離⓰。何則？道有精麤⓱，志有清濁⑱也。許由，皇者⑲之輔也，生於帝者⑳之時；伯夷，帝者之佐也，出於王者㉑之世。並由㉒道德，俱發㉓仁義。主行道德，不清不留；主為仁義，不高不止，此其所以不遇也。堯溷㉔，舜濁；武王誅㉕殘㉖，太公討暴。同濁皆粗，舉措鈞㉗齊，此其所以為遇者也。故舜王㉘天下，皋陶佐政，北人無擇㉙深隱不見；禹王天下，伯益㉚輔治，伯成子高㉛委位㉜而耕。非皋陶才愈㉝無擇，伯益能㉞出㉟子高也。然而，皋陶、伯益進用，無擇、子高退隱。進用，行耦；退隱，操違也。退隱勢異㊱，身雖屈，不願進；人主不須其言，廢之，意亦不恨；是兩不相慕㊲也。

【章　旨】此章言大才之進退在於是否與君主志同道合。

【注　釋】❶乃　卻。❷虞舜　即舜。❸許由　堯時人。堯欲讓位給他，他拒不接受，逃至箕山，農耕而食。見《史記・伯夷列傳》。❹太公　姜姓，呂氏，名尚。商朝末年隱居渭水之濱，受周文王賞識和重用，後佐武王誅紂，受封於齊。見《史記・齊太公世家》。❺伯夷　商末人。反對周武王伐紂，商亡後，不食周粟，餓死在首陽山下。見《史記・伯夷列傳》。❻唐世　堯當政之世。❼面　面對；見。❽紹　繼承。❾帝統　帝王世代相繼的系統。指帝位。❿出　居處。⓫武王　周武王姬發。西周第一位君主。⓬趨　趨向；目標。⓭行耦　指舜與堯、呂尚與周武王操行一致。耦，合。⓮操違　操行不一致。⓯合　一致。⓰離　差異。⓱精麤　精密和雄渾。⓲清濁　高明和沈潛。⓳皇者　指三皇。關於三皇說法不一，比較普遍的說法是指伏羲、神農、燧人。⓴帝者　指五帝。《史記・五帝本紀》說是黃帝、顓頊、帝嚳、堯、舜。這裡指其中的堯。㉑王者　指夏、商、周三代的夏禹、商湯、周文王和周武王。這裡指其中的周武王。㉒由　遵循。㉓發　發揚。㉔溷　濁。㉕誅　討伐。㉖殘　殘暴的人。指紂。㉗鈞　通「均」。指行動和措施都一樣。㉘王　君臨；統治。㉙北人無擇　人名。與舜同時，舜欲讓位給他，他以為恥辱，投水而死。見《莊子・讓王》。㉚伯益　古代嬴姓各族的祖先。善於畜牧和狩獵，為禹所重用，助禹治水有功，被選為繼承者。禹崩，益避禹之子於箕山之北。見《尚書・舜典》、《孟子》〈滕文公上〉、〈萬章上〉。㉛伯成子高　人名。相傳是堯、舜時的諸侯，禹治天下，對禹不滿，辭官務農。見《莊子・天地》、《呂氏春秋・長利》。㉜委位　拋棄職位。㉝愈　勝過。㉞能　才能。㉟出　超出。㊱勢異　地位不同。此指地位低下。㊲慕　思慕；追求。

【語譯】身為具有大才的臣子，又遇上雄才大略的君主，卻有能不能被賞識和重用的問題，如虞舜、許由、太公、伯夷就是。虞舜、許由都是聖人，又都生活在唐堯時代，都面見過堯，可是虞舜繼承了帝位，許由卻隱居山林。姜太公、伯夷都是賢才，都住在西周京城，又都拜見過武王，而姜太公被封為諸侯，伯夷卻活活餓死。古聖先賢思想相同，志趣投合，目標一致，可是虞舜與唐堯、呂尚與周武王操行相契合，而許由與唐堯、伯夷與周武王操行相違背的原因，就在於許由、伯夷出生在不適合他們所生長的時代。思想雖然相同，相同中卻存有差異；志向雖然投合，投合中又存有違離。這是為什麼呢？思想有精密和雄渾之分，志向有高明和沈潛之別。許由是上古三皇的輔佐之才，卻生在五帝的時代；伯夷是上古五帝的輔佐之才，卻處於三皇的時代。他們都遵守道德，發揚仁義。可是君主推行道德，如果表現不夠明確，他們就不會留在君主身邊；君主實行仁義，如果意志不夠高亢，他們也不會留下來輔佐；這就是他們不被君主所賞識和重用的原因。堯的性格雄渾，舜的性格沈潛，都是含蓄不露型的。武王討伐商紂，姜太公就跟著他除暴。思想同樣的含蓄疏略，行動必然也整齊劃一；這是舜、太公之所以受到君主賞識和重用的原因。因此，舜統治天下，皋陶助理施政，而北人無擇卻深藏隱居，不見蹤影；禹統治天下，伯益輔佐治國，而伯成子高卻棄官歸田。這不是皋陶的才能勝過無擇，也不是伯益的能力超出伯成子高。然而，皋陶、伯益被重用，無擇、子高則退隱。被重用，由於操守與君主一致；而退隱，因為品行與君主相背。退隱與進用的情勢不同，由於與君主不合，雖然受到這種委屈，也不願當官；君主不需要聽取他們的意見，不任用他們，心裡也不憤恨；這是雙方不互相思慕的結果。

商鞅❶三說秦孝公，前二說❷不聽，後一說用者：前二，帝王之論❸；後一，霸者之議❹也。夫持帝王之論，說霸者之主，雖精見距❺；更調❻霸說，雖麤見受❼。何則？精，遇孝公所不得❽；麤，遇孝公所欲行也。故說者不在善，在所說者善之；才不待賢，在所事者賢之❾。馬圄之說無方❿，而野人⓫說⓬之；子貢⓭之說有義，野人不聽。吹籟工⓮為⓯善聲⓰，因越王不喜，更為野聲⓱，越王大說⓲。故為善於不欲得善之主，雖善不見愛；為不善於欲得不善之主，雖不善不見憎。此以曲伎⓳合，合則遇，不合則不遇。

【章旨】此章說明賢者之遇與不遇，關鍵在於君主之賢不賢。

【注釋】❶商鞅　又稱公孫鞅、衛鞅。戰國中期衛國庶公子，後去秦國輔佐秦孝公，變法有功，被封在商，號為商君，又叫商鞅，今有《商君書》傳世，《史記》有傳。❷說　勸別人聽從自己的意見。❸帝王之論　完成帝王之業的理論見解。指儒家的「王道」。❹霸者之議　完成霸業的理論。即「霸道」。❺見距　被拒絕。見，被。距，通「拒」。❻更調　調換；改換。❼見受　被接受。❽得　取。❾賢之　以之為賢。賢，高明。❿馬圄之說無方　據《淮南子．人間》載，孔子的馬走失了，吃了人家的莊稼，被扣留。子貢去要，說了一大堆文雅客氣的話，莊稼人不予理睬。孔子再派養馬的人去要，只講幾句通俗的道理，就把馬牽了回來。馬圄，養馬的人。方，道理。⓫野人　一作鄙人。指農民。古時稱四郊以外地區為「野」或「鄙」。⓬說　同「悅」。喜歡；高興。⓭子貢　姓端木，名賜。春秋末衛國人，孔子的弟子。⓮吹籟工　吹籟的樂師。籟，古代一種管樂器，三孔。⓯為　演奏。⓰善聲　優美的樂曲。⓱野聲　民間樂曲。⓲說　同「悅」。高興；喜歡。⓳曲伎　小技。伎，通「技」。

【語譯】商鞅遊說秦孝公三次，前兩次秦孝公不聽，後一次被採納的原因是：前二次陳述成就帝王之業的理論；後一次則陳述成就霸業的理論。用成就帝王之業的理論，去勸導一心只想建立霸業的君主，見解雖然精闢，也會被拒絕的；而改用完成霸業的說辭，見解即使粗淺，也會被接受。為什麼呢？理論精闢，正好是秦孝公不肯接受的；理論粗淺，卻正好是秦孝公想要實行的。所以，不在於勸說的人說得多麼好，而在於被勸說的人認為好；才能不需要多麼高明，而在於所事奉的君主認為高明。養馬的人所說的並沒有什麼大道理，可是扣留孔子馬的農民聽了很高興；子貢的話合情合理，農民根本不予理睬。吹籟的樂師演奏典雅的樂曲，因為越國的君主不喜歡，而改奏民間樂曲，越國君主聽了非常高興。因此，演奏典雅的樂曲，對於不願聽的君主來說，即使優美也不會討他喜愛；演奏流行的樂曲，對於喜歡聽的君主來說，即使不好，也不會被他憎惡。這是用小技來迎合，符合君主心意的就被賞識和重用，不符合就不會了。

或無伎，妄以奸巧❶合上❷志❸，亦有以遇者：竊簪之臣❹，雞鳴之客❺是也。竊簪之臣，親於子反❻；雞鳴之客，幸於孟嘗❼。子反好偷臣，孟嘗愛偽客❽也。以有補❾於人君❿，人君賴之，其遇固宜。或無補益，為上所好，閎孺⓫、鄧通⓬是也。閎孺幸於孝惠⓭，鄧通愛於孝文⓮，無細簡⓯之才、微薄之能，偶⓰以形佳骨嫺⓱，皮媚色稱⓲。夫好容，人所好⓳也，其遇固宜。或以醜面惡色稱媚於上⓴，嫫母㉑、無鹽㉒是也。嫫母進於黃帝㉓，無鹽納㉔於齊王㉕。故賢不肖㉖可豫㉗知，遇難先圖㉘。何則？人主好惡無常，人臣所進無豫；偶合為是，適可為上。進者未必賢，退者未必愚，合幸得進，不幸失之。

【章　旨】此章言得寵於人君的幾種情況，說明「進者未必賢，退者未必愚」的道理。

【注　釋】❶奸巧　不正當的手段。❷上　指君主和上司。❸志　意圖。❹竊簪之臣　指春秋時楚將子反的一個部下。此人善盜，有一次齊楚交戰，楚軍三戰三敗，群臣束手無策，他就趁夜偷了齊國將軍的簪子，子反又派人送還，齊將非常害怕，便立即撤軍。見《淮南子・道應》。簪，古人用於插定髮髻或連冠於髮的一種長針。後專指婦女插髻的首飾。❺雞鳴之客　指戰國時齊國孟嘗君門下一位善學雞叫的食客。孟嘗君出使秦國，被秦昭王扣留，他帶領一批食客潛逃，半夜到達邊關。按秦法，邊塞關卡要等天明雞叫才能開關放人出進，這個食客便學雞叫，附近的雞聞聲而鳴，孟嘗君一行才得以脫險。見《史記・孟嘗君列傳》。❻子反　《淮南子・道應》作「子發」。❼孟嘗　姓田，名文。齊國貴族田嬰之子，封於薛，號孟嘗君，養食客數千。❽偽客　弄虛作假的食客。指那些雞鳴狗盜之徒。❾補　益；好處。❿人君　人主；君主。⓫閎孺　漢惠帝的寵臣。據說是由於容貌好看而受到寵幸。⓬鄧通　漢文帝的寵臣。因善於討好文帝而得寵。⓭孝惠　即漢惠帝劉盈。⓮孝文　即漢文帝劉恆。⓯細簡　些少；少許。⓰偶　雙方一致。指符合君主的心意。⓱骨媚　體型優美。媚，美。⓲稱　美好。⓳好　喜歡。⓴稱媚於上　指被君主所贊美。㉑嫫母　古代的醜婦。相傳為黃帝的妃子。㉒無鹽　人名。姓鍾離，名春，因係齊國無鹽邑人而得名，為齊宣王的王后，相貌很醜，但有德行。㉓進於黃帝　被黃帝選為妃子。黃帝，上古帝號。姓公孫，生於軒轅之丘，故稱軒轅氏。得土德而王，土色黃，故稱黃帝。㉔納　娶之為妻。㉕齊王　指齊宣王。戰國初齊國君主。㉖不肖　不賢；不成材。㉗豫　預先；事先。㉘圖　謀取。

【語　譯】有的人沒有技能，就胡亂地用不正當的技巧去迎合君主和上司的意願，也有因此而受到寵幸的，子反手下的竊簪者、孟嘗君門下的雞鳴之徒，就是這樣受到賞識的。竊簪的人，受到子反的親信；學雞叫的人，受到孟嘗君的寵幸。那是子反喜歡會偷竊的臣子，孟嘗君喜愛善於弄虛作假的食客啊。因為對主上有好處，主上要依賴他，他受到的賞識和重用，也就理所當然了。可是有的人對主上並沒有好處，卻為主上所歡喜，閎孺、鄧通就是。閎孺受漢惠帝寵幸，鄧通得漢文帝喜愛，他們並沒有少許的才幹與微薄的能力，只是由於外表漂亮、體型優美，皮膚細緻、臉色紅潤而博得君主的歡心。美好的容貌，是人人都喜歡的，他們受到賞識，也就理所當然了。有的人還因為容貌醜惡得到君主的贊美，嫫母、無鹽就是。嫫母被黃帝選為妃子，無鹽被齊宣王娶為妻子。所以，才德的好壞可以預先知道，但得到君主的賞識和重用，就難以事先謀取。為什麼呢？君主好惡無常，為人臣子的究竟要進獻什麼意見或技藝才符合他的心意，是無法預先知道的；所以偶然有一部分相合就不錯，恰巧與君主的心意一致就最好了。得進用的人未必高明，被斥退的人未必愚蠢；幸運就被重用，不幸就被斥退。

世俗之議曰：「賢人可遇❶，不遇，亦自其咎❷也。生而希世❸准主❹，觀鑒❺治內❻，調能❼定說❽，審司❾際會❿，能進有補贍⓫主，何不遇之有？今則不然，作無益之能，納無補之說，以夏進爐，以冬奏⓬扇，為所不欲得之事，獻所不欲聞之語，其不遇禍，幸矣，何福祐⓭之有乎？」進能⓮有益，納說有補，人之所知也；或以不補而得祐，或以有益而獲罪。且夏時爐以炙濕⓯，冬時扇以翣火⓰。世可希，主不可准也⓱；說可轉，能不可易⓲也。世主好文，己為文則遇；主好武，己則不遇。主好辯，有口則遇；主不好辯，己則不遇。文主⓳不好武，武主不好文；辯主不好行，行主不好辯。文與言，尚可暴習；行與能，不可卒⓴成。學不宿習㉑，無以明名。名不素著㉒，無以遇主。倉猝之業，須臾之名，日力不足，不預聞，何以准主而納其說，進身㉓而託其能㉔哉？

【章　旨】此章從駁斥「賢人不遇，亦自其咎」的世俗之論入手，進一步說明賢人不遇在於君主之意難以揣測。但無真才實學，更是進身無門。

【注　釋】❶可遇　謂應當被賞識重用。❷咎　過錯。❸希世　迎合世俗。希，望。❹准主　揣摩君主的意圖。准，同「準」。窺測；估量。❺觀鑒　觀察。❻治內　指君主所管轄範圍內的情況。❼調能　指為適應君主需要而調整、改變自己的專長。❽定說　確定自己的主張。❾審司　仔細偵察。司，通「伺」。諸本偽作「詞」，從劉盼遂《集解》改。❿際會　時機。⓫補贍　補助。這裡指能補益幫助君主的良策。⓬奏　獻上。⓭祐　通「佑」。福。多係天神保佑而得。⓮進能　貢獻技能、才能。⓯炙濕　烘烤潮濕之物。⓰爨火　煽火。⓱世可希二句　世俗的風氣可以迎合，君主的意圖則無法猜測。⓲能不可易　才能、本領一下難以改換。⓳文主　諸本作「文王」，從《集解》改。⓴卒　通「猝」。立刻；突然。㉑宿習　長久的學習和積累。㉒素著　一向很顯著。㉓進身　使自己得到重用。㉔託其能　發揮自己的才能。託，寄託。

【語　譯】社會上一般人認為：「凡有才能的人都應當受到重用，如果沒有被重用，也是他自己的過錯造成的。生存在世界上，如果能迎合社會上的習俗風氣，揣摩君主的意圖，觀察君主所轄境內的情況，為適應君主的需要而調整或改變自己的專長，確定自己的理論主張，仔細地偵察時機，能進獻有益的謀略給君主，哪有不受賞識和重用的呢？現在卻不是這樣，養成無益於君主的才能，提供無補於君主的意見，在夏天送火爐，在冬天獻扇子，做些君主所不想做的事情，呈獻君主所不想聽的話語，他不遭惹災禍已是萬幸了，哪裡還能得到福佑呢？」貢獻才能應有利益，提供意見該有補助，是人人都知道的；但有的人卻因無益而得福，有的人又因有補而獲罪。況且夏天可以用火爐來烘烤濕物，冬天也可以用扇子來煽火。世俗的風氣可以迎合，君主的意圖卻無法猜測；言論可以更改，而人的才能卻不能轉變。當時的君主喜好文德，自己善於文治就會受到賞識和重用；君主喜好武功，自己就不可能被重用。君主好辯，有口才的臣子就會受到重用，君主不好辯，自己就不會被重用。崇尚文治的君主不喜愛武功，崇尚武功的君主不喜愛文治；重視口辯的君主不喜愛力行，而重視力行的君主自然不喜愛口辯。文治與言語，還可以迅速地練習；行為與才能，就不可能一下子有成就。學問不經過持久的學習和積累，就無法顯露自己的名聲。如果你的名氣一向不顯著，也就難以受到君主的重用。匆匆忙忙學到的本事，短時間內樹立的個人名望，時間和功夫都不夠，事先又沒有使君主對自己有所了解，憑什麼去揣摩君主的意圖而提出自己的政治主張，從而獲得重用並發揮自己的才能呢？

昔周人有仕數❶不遇，年老白首❷，泣涕於塗❸者。人或問之：「何為泣乎？」對曰：「吾仕數不遇，自傷年老失時❹，是以泣也。」人曰：「仕奈何不一遇也？」對曰：「吾年少之時，學為文❺。文德❻成就，始欲仕宦，人君好用老。用老主亡，後主又用武。吾更為武。武節始就，武主又亡。少主始立，好用少年，吾年又老。是以未嘗一遇。」仕宦有時，不可求也。夫希世准主，尚不可為❼。況節高志妙❽，不為利動；性定質成，不為主顧❾者乎？

【章　旨】此章通過仕數不遇的周人的一番對話，指出「希世准主」之不可為。

【注　釋】❶數　屢次。❷白首　頭髮白了。❸塗　同「途」。道路。❹失時　錯過當官的時機。❺為文　以文教施政治民。❻文德　文治之德。指禮樂教化。❼為　達到目的。❽節高志妙　氣節高尚，志向遠大。❾不為主顧　不被君主重視。

【語　譯】從前，周朝有一個準備當官而屢次不被君主賞識和重用的人，年老頭髮白了，坐在路旁哭泣。有人問他：「您為什麼哭呢？」他回答道：「我屢次準備當官，始終不被君主賞識和重用，自己悲痛年已衰老，錯過了當官的時機，所以哭泣啊。」那人又問：「為什麼一次也沒有被任用呢？」他說：「我年少的時候，學習用文教治民。推行禮樂教化的才德養成了，開始想去當官，而君主喜歡任用年老的人。等到喜歡任用老人的君主去世，後主又喜歡任用擅長武功的人。我於是改學武功。武德剛練好，喜歡武功的君主又去世了。年少的君主初立，喜歡任用年輕人，我年紀又老了。所以一次也不曾被任用。」當官有時運機遇，不可以強求。逢迎世俗的風氣，揣摩君主的意圖，投君主所好，尚且不能達到目的。何況那些氣節高尚、志向遠大、不被利祿所引誘，性格品質已經固定、不被君主重視的人呢？

且夫❶遇也，能不預設，說不宿具❷，邂逅❸逢喜，遭觸❹上意，故謂之「遇」。如准主調說，以取尊貴，是名為「揣」❺，不名曰「遇」。春種穀生，秋刈❻穀收，求物得物，作事事成，不名為「遇」。不求自至，不作自成，是名為「遇」。猶拾遺於塗，摭❼棄於野，若天授地生，鬼助神輔，禽息❽之精陰薦❾，鮑叔❿之魂默舉⓫。若是者，乃「遇」耳。今俗人既不能定遇不遇之論，又就⓬遇而譽⓭之，因⓮不遇而毀⓯之。是據見效⓰，案⓱成事⓲，不能量操審才能也。

【章　旨】此章作小結，闡明不能以遇不遇作為衡量一個人的操行和才能的標準，並抨擊當時社會上「就遇而譽之，因不遇而毀之」的惡劣風氣。

【注　釋】❶且夫　文言發語詞。❷宿具　早就準備好。❸邂逅　偶然碰上。❹遭觸　恰好符合。❺揣　揣摩。❻刈　收割莊稼。❼摭　拾起。❽禽息　春秋時代秦國大夫。曾推薦百里奚，秦穆公不受，他以頭撞門而死，穆公感悟，任用百里奚。見《後漢書・循吏列傳》注引《韓詩外傳》。❾陰薦　暗中推薦。薦，各本偽作「慶」，不可通。❿鮑叔　即鮑叔牙。春秋時代齊國大夫，齊桓公任命他為宰，他辭謝，而薦舉管仲。見《史記・管晏列傳》。⓫默舉　暗中推薦。⓬就　根據。⓭譽　稱贊。⓮因　根據。⓯毀　詆毀；講壞話。⓰見效　已經出現的效果。指是否當官或被重用。見，同「現」。⓱案　考查；根據。⓲成事　已經形成的事實。指是否當官或被重用。

【語　譯】所謂「遇」，才能不是預先按君主的需要安排的，意見不是根據君主的意願老早準備的，碰巧遇到君主滿意，符合他的心意，所以叫做「遇」。假如去揣摩君主的意圖，調整或改變自己的主張，用以取得尊貴地位，這叫做「揣」，不叫做「遇」。春天種植，讓穀物能生長；秋天收割，使穀物有收成，求物而得物，做事而事成，不叫做「遇」。不去追求，自然到來，不去工作，自然成功，這才叫做「遇」。好像在路上拾到別人丟失的東西，在郊外撿到別人拋棄的物品，如同上天授予或大地生出，如鬼神輔助，如禽息的精靈暗中薦舉百里奚、鮑叔牙的英魂暗中推薦管仲，像這種情況，才算是「遇」呢。現在一般的世俗之人，既不能對遇與不遇做出正確的論斷，又單憑被重用就加以稱贊，根據不被重用就進行詆毀。這種根據現有效果和既成事實評論是非的做法，顯然是不可能衡量一個人的操行和才能的。

# 累害篇第二

【題解】本篇認為才洪行淑的人之所以不得意，並非因為品行惡劣、才智低下，而是由於社會上的「三累三害」，使他們無法施展自己的才能。

凡人仕宦有稽留❶不進，行節有毀傷不全❷，罪過有累積不除❸，聲名有暗昧不明❹。才非下，行非悖❺也；又知❻非昏❼，策非昧也。逢遭外禍，累害❽之也。非唯人行❾，凡物皆然。生動之類❿，咸⓫被累害。累害自外，不由其內。夫不本⓬累害所從生起，而徒⓭歸責被累害者，智不明，暗塞於理者也。物以春生，人保之；以秋成，人必不能保之。卒⓮然牛馬踐⓯根，刀鐮割莖，生者不育，至秋不成。不成之類，遇害不遂⓰，不得生也。夫鼠涉⓱飯中，捐⓲而不食。捐飯之味，與彼不汙者鈞⓳，以鼠為害，棄而不御⓴。君子之累害，與彼不育之物、不御之飯，同一實也。俱由外來，故為㉑累害。

【章旨】此章闡明君子不遇是由於外禍累害的論點。

【注釋】❶稽留　停留。❷全　完美。❸不除　不能免除。❹暗昧不明　不清不白。❺悖　違反情理；胡作非為。❻知通「智」。❼昏　糊塗。❽累害　毀傷；損害。❾人行　猶言人類中間。❿生動之類　凡是有生命活動之物。⓫咸　全都。⓬本　根本原因。⓭徒　僅僅。⓮卒　通「猝」。突然；不知何時。⓯踐　踐踏。⓰不遂　這裡指不能正常生長發育。⓱涉人。這裡指爬進。⓲捐　拋棄；扔掉。⓳鈞　通「均」。⓴御　進用。指吃。㉑為　謂；稱為。

【語　譯】凡是當官的人長期不被任用或提升，品行節操有遭受毀謗而被視為不完美的，罪過有累積不能免除的，聲名有不清白的，這不是由於他們的才能低下，行為違反常理，又不是因為他們頭腦愚笨，計謀不高明，而是碰上外來災禍，受到毀傷損害的緣故。這種情況不僅在人類社會中存在，天下萬物莫不如此。凡是有生命能活動的東西，全都被毀傷損害。這種毀傷損害來自外界，不是從他們自身產生的。不去追究這種毀傷和損害產生的根本原因，而僅僅把責任歸之於被毀傷損害的人，這是一些頭腦糊塗、不明事理的人啊。使莊稼在春天萌芽生長，這是人力可以保證的；到秋季莊稼成熟收割時，人力就不一定能夠保證了。不知什麼時候，牛馬踐踏莊稼的根，人們用刀鐮割莊稼的莖，生長的莊稼不能正常發育，到秋天也沒有好收成。沒有好收成的一類莊稼，是碰上了外來的災害，得不到正常發育，未能成長起來。一隻老鼠爬進飯裡面，人就會扔掉這些飯而不再吃它。被扔掉的飯，與那些並沒有被弄髒的飯相比，味道本來都是一樣的，就因為老鼠為害，這些飯就被拋棄了，沒人再吃。一個德才兼備的君子遭受外來的毀傷損害，與那不能發育的莊稼、不再被人吃的弄髒的飯，屬於同一種實際類型。都是由於外來的毀傷和損害，因此稱為「累害」。

修身❶正行❷，不能來❸福；戰栗❹戒慎❺，不能避禍。禍福之至，幸❻不幸也。故曰：得非己力，故謂之福；來不由我，故謂之禍。不由我者，謂之何由？由鄉里與朝廷也。夫鄉里有三累，朝廷有三害。累生於鄉里，害發於朝廷，古今才洪❼行淑❽之人，遇此多矣。

【章　旨】此章說明才洪行淑之人的「累害」，來自鄉里與朝廷。

【注　釋】❶修身　加強自己的品德修養。❷正行　端正自己的行為。❸來　招來；得到。❹戰栗　戰戰兢兢。❺戒慎　小心謹慎。❻幸　幸運；僥倖。王充認為，禍福與操行無關，禍福的降臨是偶然的現象，遇福為幸，遇禍為不幸。❼洪　大。❽淑　賢。

【語　譯】努力加強自身的品德修養，端正自己的行為，並不能招來福運；戰戰兢兢，小心謹慎，並不能逃避災禍。禍福的到來本是偶然的，遇到福運是幸，碰到災禍是不幸。因此說：不靠自己努力而獲得好處，所以稱作「福」；不由我自己而招來災難，所以說它是「禍」。災禍不由自身而招來，那麼又由什麼而來呢？由鄉里與朝廷兩方面而來。鄉里有「三累」，朝廷有「三害」。累從鄉里產生，害在朝廷上發生，古往今來，凡是才能宏大、品行高尚的人碰到這種累害的太多了。

何謂三累三害？凡人操行，不能慎擇友；友同心恩篤❶，異心疏薄❷，疏薄怨恨，毀傷其行，一累也。人才高下，不能鈞同；同時並進❸，高者得榮，下者慚恚❹，毀傷其行，二累也。人之交遊❺，不能常歡❻；歡則相親，忿則疏遠，疏遠怨恨，毀傷其行，三累也。位少人眾，仕者爭進，進者爭位。見將❼相毀，增加傅致❽，將昧不明，然❾納其言，一害也。將吏❿異好，清⓫濁⓬殊操。清吏增鬱鬱⓭之白，舉涓涓⓮之言；濁吏懷恚恨，徐⓯求其過，因纖微之謗，被⓰以罪罰，二害也。將或幸⓱佐吏之身，納信其言。佐吏非清節，必拔人越次⓲，迕⓳失其意，毀之過度。清正之仕⑳，抗行㉑伸志㉒，遂為所憎，毀傷於將，三害也。夫未進㉓也，身被㉔三累；已用也，身蒙三害，雖孔丘、墨翟㉕不能自免，顏回、曾參㉖不能全身㉗也。

【章旨】此章言「三累三害」之具體內容。

【注釋】❶恩篤　感情深厚。❷疏薄　疏遠；冷淡。❸並進　一起去當官。❹恚　怨恨。❺交遊　交往；互相往來。❻歡　指感情融洽。❼將　指太守。東漢郡一級的最高行政長官太守，因同時兼管軍事，故當時習慣上也稱「將」。❽傅致　指誇大已極。傅，通「附」。附益。致，盡；極。❾然　是。引申為相信。❿將吏　將的下級官吏。⓫清　清白。指品德高尚。⓬濁　汙濁。指品行壞。⓭鬱鬱　茂密貌。形容品行清白。⓮涓涓　細水慢流貌。此指純潔而高明的言論。⓯徐　慢慢地。⓰被　施加。⓱幸　寵愛；信任。⓲越次　超越次第。不按常規和標準，任意提拔官吏。⓳迕　違背；不順從。⓴仕　通「士」。指官吏。㉑抗行　指品行高尚。抗，通「亢」。高。㉒伸志　志向遠大。㉓未進　尚未當官。㉔被　遭受。㉕墨翟　戰國時魯國人。曾做宋國大夫，墨家學派的創始人，有《墨子》一書傳世。㉖顏回曾參　二人皆為孔子的學生。顏回，即顏淵。㉗全身　保全自身。

【語譯】什麼叫做「三累三害」？大凡在人的操行方面，往往不能謹慎地選擇朋友。朋友之間思想一致，感情就深厚，思想不一致，感情就會疏遠淡薄，一疏遠冷淡就會產生怨恨，以致詆毀損傷自己的行為，這是第一累。人的才能有高下之分，不可能等同劃一。如果一起去做官，才能高的獲得榮譽，才能低下的就會因慚愧而生怨恨，以致詆毀損傷自己的行為，這是第二累。人的交往，不可能經常感情融洽。融洽時就相親相愛，忿恨時就會互相疏遠，一疏遠就產生怨恨，以致詆毀損傷自己的行為，這是第三累。官位少，人又多，求官的人爭著要當官，當官的人又爭奪高位。一見郡守，就說對方的壞話，誇大和捏造事實，郡守不明是非，聽信別人的謠言，這就是第一害啊。將吏的愛好不一樣，操行的好壞也不同。操行高尚的官吏，清白的名聲與日俱增，不斷提出高明的建議，而昏官則懷恨在心，慢慢地等待時機，尋找他的過錯，利用一些細小的流言蜚語，便施加罪名予以懲罰，這是第二害。有的郡守寵愛輔佐自己的官吏，偏信並採納他的意見。佐吏操行不清白，就一定會任意提拔自己的親信，凡是不順從不符合他的心意的，他就大肆進行攻擊誹謗。清廉正直的官吏，品德高尚，志向遠大，就遭到他們的憎恨，在郡守面前詆毀中傷他，這是第三害。有才能的人在未進入官場的時候，一身就遭受三種毀傷，當官之後，又蒙受三種損害，即使是孔丘、墨翟也不能自免，而顏回、曾參更不能保全自己了。

動百行，作萬事，嫉妒之人，隨而雲起❶，枳❷棘❸鉤掛容體❹，蜂蠆❺之黨❻啄❼螫❽懷操，豈徒六❾哉！六者章章❿，世曾⓫不見。夫不原⓬士⓭之操行有三累，仕宦有三害，身完全⓮者謂之潔⓯，被毀謗者謂之辱⓰，官升進者謂之善，位廢退者謂之惡。完全升進，幸也，而稱⓱之；毀謗廢退，不遇也，而訾⓲之。用心若此，必為⓳三累三害也。

【章　旨】此章言世俗之論助長了「三累三害」。

【注　釋】❶雲起　像雲一樣湧起。❷枳　一種常綠灌木。枝多刺。❸棘　荊棘。枝多芒刺。❹容體　面容、身體。❺蠆　蝎類毒蟲。❻黨　族類。❼啄　叮；咬。❽螫　用尾針刺人畜的有毒腺的蟲子。❾六　指三累三害。❿章　通「彰」。明顯；顯著。⓫曾　乃；卻。⓬原　分析；考察。⓭士　泛指舊時的讀書人。⓮完全　完美無缺。指未受到毀傷。⓯潔　清白；純潔。⓰辱　汙；髒。⓱稱　贊美。⓲訾　詆毀。⓳為　助長。

【語　譯】修各種善行，做萬件好事，嫉妒的人就會隨之大量出現，像枳荊鉤掛人體一樣。那些像蜂、蝎一類毒蟲一樣的人對有操行的人的誹謗攻擊，豈止三累三害這樣明顯，世人卻視而不見。不分析讀書人的操行會受到三累，做官又會遭到三害，見到未受毀傷、完美無缺的就說他操行清白純潔，被毀傷遭誹謗的就說他操行汙濁骯髒，見到官職晉升的就說他品德高尚，被罷官退位的就說他品德惡劣。完美無缺，沒有受到毀傷，步步高升的人，是幸運的，人們就贊美他；遭毀傷誹謗，被罷官退位的人，是不會被君主賞識和重用的，人們就詆毀他。用心如此，一定會助長三累三害啊！

論者既不知累害所從生，又不知被累害者行賢潔也，以涂❶摶❷泥，以黑點❸繒❹，孰❺有❻知之？清受塵，白取垢，青蠅所汙，常在練❼素❽。處顛❾者危，勢豐❿者虧，頹⓫墜之類，常在懸⓬垂。屈平⓭潔白⓮，邑犬群吠⓯，吠所怪也，非俊疑傑⓰，固⓱庸能⓲也。偉士坐以⓳俊傑之才，招致群吠之聲。夫如是，豈宜更勉⓴奴下㉑，循㉒不肖哉？不肖奴下，非所勉也。豈宜更偶俗全身以弭㉓謗哉？偶俗全身，則鄉原㉔也。鄉原之人，行全無闕㉕，非之無舉，刺之無刺也㉖。此又孔子之所罪㉗，孟軻之所愆㉘也。

【章　旨】此章指出賢能俊傑之才招致群吠乃是一種必然現象。

【注　釋】❶涂　稀泥。❷摶　拍打。此指附著、抹上去。❸點　點汙。❹繒　絲織品。❺孰　誰。❻有　通「又」。❼練　潔白的熟絹。❽素　潔白的生絹。❾巔　頂端；高處。❿豐　肥大；豐滿。這裡指處於飽滿狀態。⓫頹　傾；倒塌。⓬懸　掛；吊在空中。⓭屈平　即屈原。名平，戰國時楚國大夫，因遭讒毀而被逐於沅湘，後含憤自投汨羅江而死。代表作有〈離騷〉、〈九歌〉，是中國最早的大詩人。⑭潔白　形容品德高尚。⑮邑犬群吠　村裡的狗成群地狂叫。比喻賢人受到小人的誹謗。邑，京城。此指鄉村。⑯非俊疑傑　非難和懷疑有才能的人。⑰固　本來。⑱能　通「態」。⑲坐以　正由於。坐，正；恰好。⑳勉　勉勵；勸告。㉑奴下　猶言蠢才。奴，通「駑」。愚笨。㉒循　撫循；慰問。此有說服之意。㉓弭　停止；消除。㉔鄉原　指鄉里言行不一、偽善欺世的人。這裡指那識見淺陋、是非不分、同流合汙的人。原，通「愿」。㉕闕　通「缺」。過錯；缺點。㉖非之無舉二句　指鄉愿善於掩蓋自己的過失，使人難以認清他的本來面目。刺，譏刺；批評。㉗罪　譴責。《論語・陽貨》：「鄉愿，德之賊也。」孔子認為，「鄉愿」是危害道德的人。㉘愆　過失。

【語　譯】議論的人既不懂得禍害產生的原因，又不知道遭受毀傷損害的人操行是何等優良純潔，究竟是用稀泥塗抹在泥上，還是用黑顏色玷汙了潔白的絲織品，又有誰知道呢？清潔的東西容易被灰塵汙染，潔白的東西容易弄髒，被蒼蠅玷汙的常常是潔白的絲絹。居於高處的最危險，處於飽滿狀態的容易虧損，容易倒塌墜落的總是高高懸掛的物體。屈原品德高尚，卻遭到一班群醜小人的誹謗，誹謗的全是被看成為奇怪的東西。非難和懷疑具有卓越才能的人，本來就是庸人的一種本能啊。偉岸高潔的人士正是由於具有赫赫俊傑一樣的才能，才招致許多小人的誹謗。既然是如此，難道還應該去勸告那些蠢才、去說服那些不肖之徒不再對自己進行毀傷嗎？那些不中用的蠢才，是不可能接受勸告的。難道還應該再去和庸俗之輩同流合汙，保全自身，以求消除壞人的毀謗嗎？與世俗同流合汙，保全自身，是那識見淺陋、是非不分的人所為。這種人的行為似乎完美無缺，要想批評他又似乎找不出毛病，要想譏刺他又似乎無可指責。這又是孔子所譴責的「德之賊」，也是孟軻所批評的那種見風使舵、膽小無能的人。

古賢美極❶，無以衛身❷。故循❸性行以俟❹累害者，果賢潔之人也。極累害之謗，而賢潔之實見❺焉❻。立賢潔之蹟，毀謗之塵安得❼不生？弦者❽思折伯牙❾

之指，御者願⑩摧⑪王良之手，何則？欲專⑫良善之名，惡⑬彼之勝己也。是故魏女色艷，鄭袖⑭劓⑮之；朝吳⑯忠貞，無忌⑰逐之。戚施⑱彌⑲妒，蘧除⑳多佞。是故濕堂不灑塵，卑㉑屋不蔽風；風衝㉒之物不得育㉓，水湍㉔之岸不得峭㉕。如是，牖里㉖、陳蔡可得知，而沈江㉗、蹈河㉘也。以軼才㉙取㉚容㉛媚㉜於俗，求全功名於將，不遭鄧析㉝之禍，取㉞子胥㉟之誅，幸矣。孟賁㊱之尸，人不刃㊲者，氣絕也。死灰百斛㊳，人不沃㊴者，光滅也。動身章智㊵，顯光氣㊶於世，奮志敖黨㊷，立卓異於俗，固常通人所讒嫉也。以方心㊸偶㊹俗之累，求益反損。蓋孔子所以憂心，孟軻所以惆悵㊺也。

【章　旨】此章論毀謗之害，說明只有「循性行以俟累害」的人才是真正賢潔之人。

【注　釋】❶美極　品行極其高尚。極，頂點。❷衛身　保全自己。❸循　遵循；按照。❹俟　等待。❺見　同「現」。❻焉　表示肯定的語氣助詞。❼安得　怎能。❽弦者　彈琴的人。❾伯牙　春秋時楚國人。善彈琴，相傳琴曲〈水仙操〉、〈高山流水〉為他所作。❿願　希望。⓫摧　摧殘。⓬專　專有；獨佔。⓭惡　憎恨。⓮鄭袖　戰國時楚懷王的寵姬。據《戰國策・楚策四》載，楚懷王得一魏國美女，鄭袖十分嫉妒，便在懷王面前說她的壞話。懷王聽信讒言，盛怒之下命部下割去魏女的鼻子。⓯劓　古代一種割掉鼻子的刑罰。⓰朝吳　春秋時蔡國大夫。⓱無忌　即費無忌。春秋時楚國大夫。據《左傳・昭公十五年》載，朝吳曾為楚平王立功，因而受到費無忌的猜忌讒害，被楚國驅逐，後出奔鄭國。⓲戚施　指諂諛之徒。《爾雅・釋訓》：「戚施，面柔也。」陸德明《釋文》：「舍人曰：『令色誘人。』李曰：『和顏悅色以誘人，是謂面柔也。』」這裡指心懷嫉妒的小人。⓳彌　遍；多；充滿。⓴蘧除　同「籧篨」。指諂佞之徒，善於低聲下氣討好別人。這裡指看人臉色行事，善於阿諛奉承的小人。㉑卑　低矮的。㉒衝　衝擊。㉓不得育　不能正常生長發育。㉔湍　水勢急。㉕峭　坡度陡峭。㉖牖里　即羑里。古地名，故址在今河南湯陰北。《史記·殷本紀》說商紂王曾囚周文王於此。㉗沈江　指屈原懷石自沈汨羅江。㉘蹈河　傳說殷代末年申徒狄因諫紂王不受，憤然抱石投河自盡。見《莊子·盜跖》、《淮南子·說山》。㉙軼才　也作「逸材」。超人之才。㉚取　求得。㉛容　容納。㉜媚　喜愛。㉝鄧析　春秋時鄭國大夫。辨私學，撰《竹刑》（一部寫在竹簡上的刑書），為鄭國所用，而他本人亦被處死了。見《左傳·定公九年》。㉞取　得到。㉟子胥　即伍子胥。春秋末吳國大臣，因遭伯嚭陷害，被迫自殺。㊱孟賁　戰國時一勇士。《孟子·公孫丑上》正義引《帝王世紀》：「秦武王好多力之士，齊孟賁之徒並歸焉。孟賁生拔牛角，是謂之勇士也。」㊲刃　用刀砍殺。㊳斛　古代容量單位。漢代以十斗為一斛。㊴沃　用水澆灌。㊵章智　顯露智慧。章，通「彰」。明顯；表露。㊶光氣　形容才智超人。㊷敖黨　傲視同類。敖，通「傲」。黨，同類。㊸方心　心地正直。方，直。㊹偶　通「遇」。㊺惆悵　傷感。

**【語譯】**古代的賢人操行高尚到達極點，也沒有辦法保全自己。因此，遵循自己的稟性行事去等待毀謗到來的人，才真正是賢良純潔的人。遭受的累害毀謗達到極點，而操守的賢良純潔也就更加明顯了。人一旦建立起賢良純潔的業績，毀謗的塵埃怎能不隨之而生？彈琴的人想折斷伯牙的手指，駕車馬的人希望摧殘王良那雙善於駕車的手。為什麼呢？想獨佔美好的名聲，憎恨別人勝過自己啊。因為這個緣故，魏國一女子容貌艷麗，鄭袖妒嫉，使她被割了鼻子；朝吳對楚平王忠貞不二，受費無忌讒毀而被楚國驅逐出境。戚施多嫉妒之心，蘧除多花言巧語。所以，潮濕的堂屋不需灑水除塵，低矮的小屋用不著擋風設備。風經常衝擊的植物不能正常地生長發育，經常被激流沖洗的堤岸不會地勢陡峭。這樣，周文王被囚禁在羑里、孔子被困在陳蔡之間，也就可以理解了；而屈原自投汨羅江、申徒狄抱石投河而死，也就不足為怪了。以超人絕世之才去求得世俗的寬容和喜愛，在郡守面前去求全功名，不遭受鄧析被處死的禍害，不得到伍子胥被迫自殺的下場，就算幸運了。孟賁的屍體，不被人用刀子砍殺，是因為他已經斷氣了。燃燒後的灰燼有萬斛之多，人也不去用水澆，是因為燃燒的光焰已經熄滅了。在行動中顯示自己的智慧，在世人面前表現自己的才華出眾，在同類人當中顯得鬥志奮發，傲視一切，卓然自立，不同於流俗，本來就會被一般的人所嫉妒讒毀。以心地正直去逢遇世俗的毀傷，求取好處，反被損害，這大概是孔子之所以憂心忡忡、孟軻之所以神志傷感的原因吧！

德鴻[1]者招謗，為士[2]者多口[3]。以休[4]熾[5]之聲，彌[6]口舌之患，求無危傾[7]之害，遠矣。臧倉[8]之毀未嘗絕也，公伯寮[9]之訴[10]未嘗滅也，垤[11]成丘山，汙[12]為江河矣。夫如是，市虎之訛[13]，投杼[14]之誤，不足怪，則玉變為石，珠化為礫[15]，不足詭[16]也。何則？昧心冥冥[17]之知使之然也。文王[18]所以為糞土，而惡來[19]所以為金玉也，非紂憎聖而好惡也，心知[20]惑蔽[21]。蔽惑不能審[22]，則微子[23]十去，比干[24]五剖，未足痛也。故三監[25]讒聖人[26]，周公[27]奔楚；後母毀孝子，伯奇[28]放流。當時周世孰有不惑乎？後〈鴟鴞〉[29]作而〈黍離〉[30]興，諷詠[31]之者，乃悲傷之[32]。故無雷風之變[33]，周公之惡不滅[34]；當夏不隕霜，鄒衍[35]之罪不除。德不能感天，誠[36]不能動變[37]，君子篤信[38]審己[39]也，安能遏[40]累害於人？聖賢不治名[41]，害至不免辟[42]，形章[43]墨[44]短，掩匿白[45]長，不理身冤[46]，不弭流言，受垢[47]取毀，不求潔完，故惡見而善不彰，行缺而蹟不顯。邪偽之人，治身[48]以巧[49]俗，修詐以偶眾，猶漆盤盂之工，穿[50]牆[51]不見；弄丸劍之倡[52]，手指不知也。世不見短，故共稱之；將不聞惡，故顯用之。夫如是，世俗之所謂賢潔者，未必非惡；所謂邪汙者，未必非善也。

【章旨】此章論述德高招謗、才高多毀，並通過聖賢與邪偽兩種人的對比，進而得出「世俗之所謂賢潔者，未必非惡；所謂邪汙者，未必非善也」的結論。

【注釋】❶鴻 大；高。❷士 此指才學高深的人。❸多口 口舌多。指遭受各方面的攻擊。❹休 美好。《詩・商頌・長發》：「何天之休。」鄭玄箋：「休，美也。」❺熾 盛。❻彌 通「弭」。停止。❼危傾 形容災禍之嚴重。傾，倒塌。❽臧倉 戰國時魯國人。曾在魯平公面前詆毀孟軻。見《孟子・梁惠王下》。❾公伯寮 字子周，春秋時魯國人。孔子門徒，曾在季桓子面前說子路的壞話，使孔丘十分惱火。見《論語・憲問》。❿訴 控告；誹謗。⓫垤 小土堆。⓬汙 汙水池。⓭市虎之訛 《戰國策・魏策二》載：「夫市之無虎明矣，然而三人言而成虎。」《淮南子・說山》：「三人成市虎。」謂有三個人謊報市上有虎，聽者就會信以為真。見《韓非子・內儲說上》。訛，謠言。⓮杼 織布機上的梭子。據《戰國策・秦策二》載：「費人有與曾子同名族者而殺人。人告曾子母曰：『曾參殺人。』曾子之母曰：『吾子不殺人。』織自若。有頃焉，人又曰：『曾參殺人。』其母尚織自若也。頃之，一人又告之曰：『曾參殺人。』其母懼，投杼踰牆而走。」這個故事說明流言之可畏。⓯礫 碎石；瓦片。⓰詭 怪異。⓱冥冥 形容昏庸無知。⓲文王 指周文王姬昌。⓳惡來 商紂王的大臣。據說他以長於進讒言而得寵。⓴知 通「智」。㉑惑蔽 欺騙；蒙蔽。㉒審 明辨是非。㉓微子 周代宋國的始祖。名啟，紂王的庶兄，封於微（今山東梁山西北）。傳說他見商朝將亡，曾數諫紂王，紂王不聽，便棄官出走。㉔比干 商紂王的叔父。官少師，相傳因多次規勸紂王，被剖心而死。㉕三監 周武王滅商後，以商舊都封給紂子武庚，並以殷都以東為衛，由武王弟管叔監之，殷都以西為鄘，由武王弟蔡叔監之，殷都以北為邶，由武王弟霍叔監之，總稱三監。㉖聖人 指武王之弟周公旦。㉗周公 姬旦。武王之弟，封於周地，傳說武王死後，周公輔佐幼主周成王，管叔、蔡叔散布流言，成王懷疑周公謀反，周公於是逃亡到楚國。㉘伯奇 西周大夫尹吉甫之子。因後母進讒言，而被父親放逐。見《太平御覽・卷五一一》引〈琴操〉。㉙鴟鴞 《詩・豳風》中一首詩的篇名。傳說是周公遭讒後為表白自己的忠誠而作。㉚黍離 《詩・王風》中一首詩的篇名。傳說是伯奇被放逐後，其弟伯封想念兄長而寫的。㉛諷詠 朗誦；閱讀。㉜之 指代周公、伯奇二人。㉝雷風之變 傳說周成王生病，周公求神祈禱，願替成王去死，並把禱詞收藏起來。成王聽信讒言，使周公不得已而奔楚，出走時，上天為之風雷交加。成王後發現周公的一片忠心，知道周公的禱詞，於是又把他迎回。這裡是藉以說明遭受誹謗是很難洗刷清白的。㉞滅　消除；洗清。㉟鄒衍　戰國時齊國人。創立陰陽五行學說，傳說他曾為燕惠王效忠盡力，卻受到讒害而入獄。他為此仰天長歎，感動上天，盛夏五月為之降霜。㊱誠　赤誠之心。㊲變　變異。指自然界出現奇異現象。㊳篤信　深信。篤，忠實。㊴審己　嚴格要求自己。㊵遏　制止。㊶治名　追求名聲。㊷辟　通「避」。㊸形章　顯露；宣揚。㊹墨　墨跡；汙點。㊺白　清白。此指優點。㊻身冤　自己的冤屈。㊼垢　汙垢；塵土。㊽治身　修飾自身。指喬裝打扮。㊾巧　取巧；迎合。㊿穿　洞。(51)牆　牆壁。這是指器皿的邊壁。(52)倡　藝人。

【語　譯】操行高尚的人容易招來誹謗，才學高深的人容易遭到各方面的攻擊。憑著非常美好的聲譽，想要消除別人的誹謗，希望不要遭受更嚴重的禍害，這是辦不到的。臧倉的毀謗還沒有窮絕，公伯寮的誹謗還沒有滅跡，長此以往，積小土堆可以成高山，匯小池水而成江河。像這樣，三人成虎的謠言，曾參殺人的誤傳，不足為怪；那麼，把美玉當頑石、把珠寶當碎石，也就不足為奇了。為什麼呢？這是頭腦糊塗、昏庸無知造成的結果啊。周文王之所以被視為糞土，而惡來之所以被奉為金玉，不是商紂王憎恨聖賢而喜歡邪惡的人，而是他的心智被迷惑、蒙蔽了。受蒙蔽、被迷惑，就不能明辨是非。於是微子棄官而去，比干被剖心而死，就不足痛惜了。因此，三監讒毀聖人，周公逃往楚國；後母詆毀孝子，伯奇被父親放逐。當時周代的人又有誰不受迷惑呢？之後周公作〈鴟鴞〉詩以表白忠心，伯封寫〈黍離〉詩以寄託思念伯奇的情感，讀過這兩首詩的人，都為周公、伯奇而悲傷。所以，沒有風雷之變，周公的壞名聲就不會被消除；如果正當夏日不降霜，鄒衍的罪過就不會洗除。德高不可能感動蒼天，誠心不可能使自然界出現奇異現象，有道德修養的人深信一切都是命中注定，嚴格要求自己，怎能把制止毀傷、損害的希望寄託於別人呢？聖潔賢良的人不追求虛名，禍害到來不迴避，從不隱瞞自己的缺點和短處，而把自己的優點和長處掩蓋起來，不計較自己的冤屈，不願去制止別人的流言蜚語，經常遭受汙蔑和誹謗，不力求恢復自己完美純潔的聲譽，因此只顯露出自己操行中的缺陷和不足，而不見品行中最高尚的事蹟。然而那些邪惡虛偽的小人，經常喬裝打扮自己來迎合世俗，玩弄欺騙狡詐手段去討好眾人，好像油漆器皿的工人，盤盂的邊壁上原有的小洞，一經漆好就不見了；又像耍弄小球和劍術的藝人，手指的動作，別人就看不出來。世人不見這人的短處，所以一同稱贊他；郡守不見這人的醜惡靈魂，所以重用他。既然是如此，世俗所說的「賢良純潔」的人，他的操行不一定不惡劣；而所說的「奸邪汙穢」的人，他的品德不一定不美好。

或曰：「言有招❶患❷，行有召❸恥，所在常由小人。」夫小人性患恥者也，含邪而生，懷偽而遊，沫浴❹累害之中，何招召之有？故夫火生者不傷❺燥，水居者無溺患。火不苦熱，水不痛寒，氣性自然，焉招之？君子也，以忠言招患，以高行招恥，何世不然！然而太山之惡❻，君子不得名❼；毛髮之善，小人不得有也。以玷汙言之，清受塵，而白取垢。以毀謗言之，貞良見❽妒，高奇見噪❾。以遇罪言之，忠言招患，高行招恥。以不純言之，玉有瑕❿，而珠有毀⓫。陳留⓬焦君貺⓭，名稱⓮兗州⓯，行完跡潔，無纖芥⓰之毀，及其當為從事⓱，刺史⓲焦康⓳絀⓴而不用。夫未進也，被三累；已用也，蒙三害，雖孔丘、墨翟不能自免，顏回、曾參不能全身也。何則？眾好純譽之人，非真賢也。公侯已㉑下，玉石雜糅㉒，賢士之行，善惡相苞㉓。夫采玉者破石拔玉，選士者棄惡取善。夫如是，累害之人負世以行㉔，指擊之者從何往哉？

【章　旨】此章指出忠言招患、高行招恥是一種最普遍的社會現象，強調真正的賢人應該「負世以行」。

【注　釋】❶招　招致；招惹。❷患　禍。❸召　引來；喚取。❹沫浴　洗面；洗澡。這裡指浸透。❺不傷　不怕。❻太山之惡　古人以泰山為五嶽之尊，故「太山之惡」形容罪惡之大。太山，即泰山。❼不得名　不能佔有其名。❽見　被；遭到。❾噪　叫罵。❿瑕　玉石上的斑點。⓫毀　殘缺。⓬陳留　古郡名。在今河南東北部。⓭焦君貺　東漢人。當過博士和太守。⓮名稱　名字被稱誦。⓯兗州　古九州之一。漢武帝所置十三刺史部之一，在今山東省西南部、河南省東部一帶。⓰纖芥　形容相當細微。芥，小草。⓱從事　官名。漢以後三公及州郡長官皆自辟僚屬，多以從事為稱。⓲刺史　官名。漢武帝時，分全國為十三部（州），部置刺史，對地方進行監察。⓳焦康　人名。時任兗州刺史。⓴絀　通「黜」。罷免；斥退。㉑已　通「以」。㉒雜糅　混雜。㉓苞　通「包」。㉔負世以行　不顧世俗的非難，恪守操行，堅持走自己的路。負，背棄；違反。

【語　譯】有人說：「有的講話招致禍害，行為引來恥辱，原因往往是由於他們是小人。」小人的本性就帶有禍害和恥辱，包藏著邪念而生活，心懷著奸詐而交遊，沈浸在累害之中，怎麼能說是惹禍招恥呢？因此，從烈火裡出來的東西不怕乾燥，處在水中的東西不怕水淹。火不以熱為苦，水不以寒冷為痛，這是物體的自然本性，怎麼是招惹的結果呢？只有品德高尚的君子，常因忠言而招致禍患，因高尚的情操而引來恥辱，哪個朝代不是這樣！然而像泰山那樣巨大的罪惡，有道德的君子不應該佔有；像毛髮一樣細小的好事，卑鄙的小人不能佔有。從被玷汙這方面來說，乾淨、清白的東西容易被灰塵汙染。從毀謗這一點來說，忠貞善良的人容易被人嫉妒，才華高超奇絕的人容易遭到別人的咒罵。從遭遇罪過方面來說，忠誠正直之言容易招致禍害，志行高尚之士容易招惹恥辱。從事物並不完美這點來說，美玉也被視為有小斑點，珠寶也被說成有殘缺。陳留焦君貺，英名著稱於兗州，操行完美，心跡純潔，沒有絲毫損毀汙染，而等到他該任從事的時候，刺史焦康卻斥退而不任用。還沒有當官，就身遭三累；當官之後，又蒙受三害，即使孔丘、墨翟都不能自免，顏回、曾參更不能保全自己了。為什麼呢？大家都喜歡具有完美聲譽的人，但他們並不是真正的賢人。公侯以下，玉石混雜；賢士之列，善惡相包。採玉的人破開石頭取出美玉，選士的人拋棄邪惡而尋求良善，如果能做到這一點，那些遭受毀傷損害的人不顧世俗非難，恪守操行，堅持走自己的路，指責和攻擊他們的人又到哪裡去施展自己的手段呢？

# 命祿篇第三

【題解】本篇從理論上探討一個人「逢遇」或「累害」的根本原因，指出一個人的貴賤貧富歸根到底是由「命」與「祿」決定的。

凡人遇偶[1]及遭累害，皆由命[2]也。有死生壽夭之命，亦有貴賤貧富之命。自王公[3]逮[4]庶人[5]，聖賢及下愚，凡有首目之類、含血之屬，莫不有命。命當貧賤，雖富貴之，猶涉[6]禍患矣；命當富貴，雖貧賤之，猶逢福善矣。故命貴，從賤地[7]自達[8]；命賤，從富位自危[9]。故夫富貴若有神助，貧賤若有鬼禍。命貴之人，俱學獨達，並仕獨遷[10]；命富之人，俱求獨得，並為獨成[11]。貧賤反此，難達，難遷，難得，難成，獲過[12]受罪，疾病亡遺，失其富貴，貧賤矣。是故才高行厚[13]，未可保其必富貴；智寡德薄，未可信[14]其必貧賤。或時才高行厚，命惡，廢[15]而不進；知[16]寡德薄，命善，興而超逾[17]。故夫臨事[18]知愚，操行清濁，性與才也；仕宦貴賤，治產[19]貧富，命與時[20]也。命則不可勉[21]，時則不可力，知者歸之於天[22]，故坦蕩[23]恬忽[24]。雖其貧賤，使[25]富貴若鑿[26]溝伐薪[27]，加[28]勉力之趨，致㉙強健之勢，鑿不休則溝深，斧不止則薪多。無命之人，皆得所願，安得貧賤凶危之患哉？然則，或時溝未通而遇湛㉚，薪未多而遇虎。仕宦不貴，治產不富，鑿溝遇湛，伐薪逢虎之類也。

【章　旨】此章論富貴貧賤在於「命」。

【注　釋】❶遇偶　指碰巧迎合了君主或上司的心意而受到賞識和重用。偶，合；雙方完全合拍。❷命　指吉凶禍福、壽夭貴賤等命運。即人對之以為無可奈何的某種必然性。王充認為它是一種決定人的生死壽夭、貧富貴賤的神秘力量，具體又分為「壽命」、「祿命」兩種，都是人胚胎於母體時，由於各自承受的氣有所不同而形成的。❸王公　指君主貴族。❹逮　至；到。❺庶人　老百姓。❻涉　牽連；遭受。❼賤地　貧賤境地。❽達　顯貴。這裡指當官發財，富貴榮華。❾危　衰敗；危急。這裡指喪失榮華富貴。❿遷　古時調動官職曰遷。一般指升職。⓫成　成功。⓬過　過錯。⓭行厚　品行很高尚。⓮信　相信；斷定。⓯廢　斥退。⓰知　通「智」。⓱超逾　超過。這裡指越級提升官職。⓲臨事　處理事情。⓳治產　經營管理某種產業以積蓄財富。⓴時　時運；時勢。㉑勉　強求。㉒天　王充所說的「天」，乃是一種物質實體，與漢儒所說的有意志能賞罰的「天」不同。㉓坦蕩　心胸坦然；毫不在乎。㉔恬忽　安然；不注意；不重視。㉕使　如果。㉖鑿　挖掘。㉗伐薪　砍柴。㉘加　施加。㉙致　給予；施加。㉚湛　大水。

【語　譯】大凡人在仕途上碰巧迎合了君主或上司的心意而被賞識和重用，以及遭受到來自鄉里和朝廷的毀傷和損害，都是命中注定的。這種命，有死生壽夭的命，也有貴賤貧富的命。從君主貴族到一般老百姓，從聖賢至極愚蠢的人，凡是有頭腦有眼睛以及體內含有血液的動物之類，沒有不擁有命的。命當貧賤，即使讓他富貴，還會遭受禍患；命當富貴，即使讓他貧賤，還會適逢福分和善事的。因此，命該富貴的人，即使一時居於貧困低賤的境地，也一定會得到富貴；命該貧賤的人，即使一時居於富貴的地位，也自然會喪失富貴的。所以，富貴好像有神靈的幫助，貧賤好像有鬼怪的禍害。命中注定尊貴的人，和別人一起學習，唯獨他能當官，和別人一起做官，又只有他能得到提升官職；命中注定要發財的人，和別人一起求富，唯獨他能發財致富，和別人一起從事某種營利工作，只有他能獲得成功。命中注定貧賤的人，就和這種情況正好相反，難當官，難提升，難發財，難成功，經常犯錯誤遭罪過，疾病纏身，丟失財產，喪失原有的富貴地位，最終陷入貧賤境地。因此，才華高超、操行高尚，未必可以保證他一定富貴；才智低微、品德低劣，未必能夠斷定他一定貧賤。或許才能很高、操行很好的人，命不好，仕途被斥退，並不被重用；而才智低劣、品德不高的人，命好，反而被舉用，被越級提升。所以處理事情的聰明和愚笨，操行的好壞，這是一個人的道德屬性和才幹所致；而官位的貴賤，經營管理某種事業時積累財產的貧富差別，則是一個人的命運和時勢決定的。命運注定的就不可以強求，時勢決定的就不要拼命去追求，聰明的人都把它歸於先天的賦予，因而心胸坦然，毫不在乎，處之安然。即使他貧賤，如果得到富貴就像挖溝砍柴那樣，憑著自己加倍努力的追求，給予強健有力的氣勢，挖掘不止，溝就會愈挖愈深，刀釜不停地砍，柴就會越積越多，那麼，沒有富貴之命的人，就都能夠得到自己所嚮往的富貴，怎麼還會碰到貧賤、凶危之類的禍害呢？然而有時溝尚未挖通，卻碰到了大水；柴砍得還不多，卻碰到了老虎。做官而沒有高貴的地位，經營管理某種產業而不發財致富，就屬於挖溝遇水、砍柴逢虎之類啊。

有才不得施，有智不得行，或施而功不立，或行而事不成，雖才智如孔子，猶無成立之功❶。世俗見人節行高，則曰：「賢哲❷如此，何不貴？」見人謀慮深，則曰：「辯慧❸如此，何不富？」貴富有命祿❹，不在賢哲與辯慧。故曰：富不可以籌策❺得，貴不可以才能成。智慮深而無財，才能高而無官。懷銀紆紫❻，未必稷⑦、契⑧之才；積金累玉，未必陶朱⑨之智。或時下愚而千金，頑魯⑩而典城⑪。故官御⑫同才，其貴殊命；治生⑬鈞⑭知，其富異祿。祿有貧富，知不能豐⑮殺⑯；命有貴賤，才不能進退。成王⑰之才不如周公，桓公之知不若管仲⑱，然成、桓受尊命⑲，而周、管稟卑秩⑳也。案㉑古人君稀有㉒不學於人臣，知博稀有不為父師㉓。然而人君猶以無能處主位，人臣猶以鴻才為廝役㉔。故貴賤在命，不在智愚；貧富在祿，不在頑慧。世之論事者，以才高當為將相，能下者宜為農商。見智能之士官位不至，怪而訾㉕之曰：「是必毀㉖於行操。」行操之士亦怪毀㉗之曰：「是必乏於才知。」殊不知才知行操雖高，官位富祿有命。才智之人，以吉盛㉘時舉事而福至，人謂才智明審㉙；凶衰禍來，謂愚暗。不知吉凶之命，盛衰之祿也。

【章　旨】此章指出「貴賤在命，貧富在祿」。

【注　釋】❶成立之功　成就事業的功績。❷賢哲　德才兼備、識見卓越的人。❸辯慧　機智善辯的人。❹命祿　指祿命。❺籌策　謀劃。❻懷銀紆紫　指當了大官。銀，指銀製的印章。漢代御史大夫及俸祿在二千石以上的官員用這種印章。紆，繫。紫，指印章上所繫的紫色絲帶。漢代的相國、丞相、太尉、將軍、列侯所用的金印上都繫有紫色絲帶。❼稷　傳說是堯、舜的賢臣，主管農事。❽契　傳說是商朝之始祖。帝嚳之子，因助禹治水有功，被舜任為司徒，掌管教化。❾陶朱　即范蠡。春秋時越國大夫，後遊齊國，稱鴟夷子皮，到陶，以經商致富，號陶朱公。見《史記・越王句踐世家》。❿頑魯　頑劣；無知；

頭腦遲鈍。⑪典城　主管一個行政地區。指當上了地方行政長官。⑫宦御　做官。⑬治生　即治產。⑭鈞　通「均」。⑮豐　增多。⑯殺　減少。⑰成王　周成王姬誦。武王之子。⑱管仲　即管夷吾。春秋時齊國大夫，輔佐齊桓公稱霸諸侯。⑲受尊命　承受尊貴之命；治國。⑳稟卑秩　稟承的是卑賤的祿命。這是與周成王、齊桓公的王命相對而言的。㉑案　考察。㉒稀有　少有。㉓父師　也作「太師」。古代君主的輔臣。㉔廝役　執勞役供使喚的人。這裡指被君主使喚的臣子。㉕訾　指責。㉖毀　壞；缺陷。㉗怪毀　責怪詆毀。㉘吉盛　祿命興旺。吉，指命運吉祥如意。盛，指俸祿豐盛。㉙明審　高明。

【語譯】有才能不能施展，有智謀不能發揮；有的施展了才能，卻沒有建立功績；有的發揮了智謀，而事業卻不能成功，雖然才智如孔子，還是沒有成就事業的功績。一般人見人的節操品行高尚，就說：「這樣賢良聖哲的人，為什麼當不上大官？」見人智謀深慮，就說：「這樣機智聰明有辯才的人，為什麼還不能發財致富？」其實，富貴有命，不在於賢良聖哲與機智善辯。所以說：富不可憑謀劃而獲得，貴不可靠才能而成就。智慮深遠卻無財，才能高超卻無官。懷銀紆紫的大官，未必有稷、契那樣的才華；積金堆玉的大富豪，未必有陶朱公那樣的智謀。有時愚蠢卑下的人，卻擁有千金的財富；頑劣無知的人，卻當上了地方行政長官。因此，當官的才能雖然相同，但是不同的命又使各自的地位的高低有所不同；經營產業的智慧雖然相同，但是不同的利祿又使各自積蓄的財富有所不同。祿有貧富，人的智慧不能使它增加或減少；命有貴賤，人的才能不能使他當官或貶官。周成王的才能不如周公，齊桓公的智慧不如管仲，然而成王、桓公承受的是尊貴的王命，而周公、管仲承受的是卑賤的臣命。考察古代君主很少有不向臣子學習的，知識淵博的臣子很少有不為君王之師的。但是君主還以無能處於主人地位，而臣子卻以大才而為君主所使喚。因此，貴賤取決於命，不在於聰明與愚蠢；貧富取決於祿，而不在於頑劣與機智。世上評論事理的人，認為才高就應當做將相，才能低下的人應該當農民和商人。見到聰明能幹的人得不到官位，就責怪他，批評他說：「這一定是在道德方面有缺陷。」見到有道德情操的人得不到官位，也責怪詆毀他說：「這一定是在才智方面有不足。」殊不知人的才智操行雖然都很高，而官位的高低，財富、俸祿的多少，都是由命決定的。才智很高的人，在祿命吉祥興旺之時辦事而得福，人們就說他才智高明；在祿命凶險衰退之際辦事而遭禍，人們就說他才智愚昧。這是不懂得命有吉凶、祿有盛衰啊！

白圭❶、子貢❷轉貨❸致富，積累金玉，人謂術善❹學明❺，非也！主父偃❻辱賤於齊，排擯❼不用，赴闕❽舉疏❾，遂用於漢，官至齊相。趙人徐樂❿亦上書，與偃章⓫會⓬，上善其言，徵⓭拜⓮為郎⓯。人謂偃之才，樂之慧，非也。儒者明說⓰一經⓱，習之京師，明⓲如匡稚圭⓳，深⓴如鮑子都㉑，初階㉒甲乙之科㉓，遷轉㉔至郎、博士㉕，人謂經明才高所得，非也。而說㉖若范雎㉗之干㉘秦昭㉙，封為應侯；蔡澤㉚之說范雎，拜為客卿㉛。人謂雎、澤美善所致，非也。皆命祿貴富善至㉜之時也。

【章旨】此章說明人的富貴在於時運。

【注釋】❶白圭　戰國時周人。大商人，提出貿易致富理論，認為經商必須運用智謀，把握時機，猶如孫吳用兵，商鞅行法。見《史記・貨殖列傳》。❷子貢　姓端木，名賜。孔子弟子，因善於經商而致富。❸轉貨　輾轉販賣；做生意。❹術善　辦法好。❺學明　這裡指懂得做生意的訣竅。❻主父偃　西漢臨淄（今山東淄博東北）人。曾在漢初分封的齊國任職，受排擠，地位低賤。後上書漢武帝，被任命為郎中，官至齊相。見《史記・平津侯主父列傳》。❼排擯　排斥；擯棄。❽闕　古代宮殿、寺廟、陵墓前的高建築物，通常左右各一，建成高臺，臺上起樓觀，因為兩闕之間有空缺，故名闕。後泛指宮殿和朝廷。❾舉疏　呈遞奏章。❿徐樂　西漢初諸侯王國趙國人。曾因上書漢武帝而被任用為郎中。見《史記・平津侯主父列傳》。⓫章　奏章。⓬會　碰在一起。⓭徵　召用。⓮拜　任命。⓯郎　皇帝近臣的通稱。⓰明說　熟悉並能講解。⓱一經　一部經書。漢武帝時以《詩》、《書》、《易》、《禮》、《春秋》為儒家五部經典，並設五經博士。⓲明　精通。⓳匡稚圭　即匡衡。字稚圭，西漢東海承人，善說《詩》，曾任郎中、博士，元帝時為宰相，封樂安侯。見《漢書．匡衡傳》。⓴深　精深。㉑鮑子都　即鮑宣。字子都，西漢渤海高城人，哀帝時為諫議大夫，後任司隸，王莽執政時，被迫自殺。㉒階　通過；經過。㉓甲乙之科　漢代選拔官吏的一種考試制度，分為甲乙丙三科，考中甲科者任為郎中，乙科任太子舍人，丙科任文學掌故。㉔遷轉　提升；調用官吏。㉕博士　古代學官名。源於戰國，秦至漢初，博士為掌古今史事待問及書籍典守之職。漢武帝時，始設五經博士，以教授儒家經書。㉖說　勸說別人接受自己的主張。此指善於遊說。㉗范雎　戰國時魏人。後入秦，遊說秦昭王，任秦相，封應侯。見《史記．范雎蔡澤列傳》。㉘干　求取官位。這裡指通過遊說希望得到重用。㉙秦昭　即秦昭襄王。戰國時秦國君主。㉚蔡澤　戰國時燕國人。曾遊說范雎，范雎薦之於秦昭襄王，被任用為客卿，秦昭王五十五年，秦相以攻趙不勝失意，他遊說范雎辭退，被任為相國。㉛客卿　戰國時諸侯各國封給在本國做官的外國人的一種官名。㉜善至　好到極點。

**【語　譯】**白圭、子貢因善於做生意而致富，積累財富，人們說他們辦法好，懂得做買賣的訣竅。這種說法不對。主父偃在齊國受屈辱，遭排斥，地位低賤，後來給漢武帝上書，被任用為郎中，官至齊相。趙國人徐樂也曾上書給漢武帝，與主父偃上書恰巧內容一致，漢武帝非常重視他們的建議，召見任命為郎。人們說這是由於主父偃有才能、徐樂有智慧。這種看法是不對的。儒生精通並能講解一部經書，學習後去京城，像匡衡一樣精通，像鮑宣一樣理解得精深透闢，通過甲乙科考試，就被提升為郎中、博士。人們說這是因為他們精通經書、才能高所得到的，我以為這種說法不對。而善於遊說的，如范雎通過遊說秦昭襄王，被任用，封為應侯；蔡澤遊說范雎，范雎把他推薦給秦昭襄王，被任用為客卿。人們就說這是范雎、蔡澤操行美好所得到的，我認為這種說法是不對的。所有這一切，都是他們遇到了命貴、祿富的大好時運啊！

孔子曰：「死生有命，富貴在天❶。」魯平公欲見孟子，嬖人❷臧倉毀孟子而止。孟子曰：「天也❸！」孔子聖人，孟子賢者，誨❹人安❺道，不失❻是非，稱言命者，有命審❼也。《淮南書》❽曰：「仁鄙❾在時不在行，利害❿在命不在智。」賈生⓫曰：「天不可與⓬期⓭，道⓮不可與謀⓯。遲速有命，焉⓰識⓱其時？」高祖⓲擊黥布⓳，為流矢所中，疾甚。呂后⓴迎良醫，醫曰：「可治。」高祖罵之曰：「吾以布衣㉑提三尺劍取㉒天下，此非天命乎！命乃在天，雖扁鵲㉓何益！」韓信㉔與帝論兵，謂高祖曰：「陛下㉕所謂天授，非智力所得。」揚子雲㉖曰：「遇不遇，命也㉗。」太史公㉘曰：「富貴不違㉙貧賤，貧賤不違富貴。」是謂從富貴為貧賤，從貧賤為富貴也。夫富貴不欲為貧賤，貧賤自至；貧賤不求為富貴，富貴自得也。春夏囚死，秋冬王相㉚，非能為之也；日朝出而暮入，非求之也，天道自然。代王㉛自代入為文帝，周亞夫㉜以庶子㉝為條侯。此時代王非太子，周亞夫非適㉞嗣㉟，逢時遇會㊱，卓然㊲卒㊳至。命貧以力勤致富，富至而死；命賤以才能取貴，貴至而免㊴。才力而致富貴，命祿不能奉持㊵，猶器之盈量，手之持重也。器受一升，以一升則平，受之如過一升，則滿溢也；手舉一鈞㊶，以一鈞則平，舉之過一鈞，則躓仆㊷矣。前世明是非，歸之於命也，命審然也。信命者，則可幽居㊸俟時㊹，不須勞精㊺苦形㊻求索㊼之也，猶珠玉之在山澤，不求貴價於人，人自貴之。

【章　旨】此章旨在說明「富貴在天」，不須勞精苦形追求之。

【注　釋】❶死生有命二句　見《論語・顏淵》。❷嬖人　受寵愛的人。❸天也　見《孟子・梁惠王下》。❹誨　教育；教訓。❺安　遵守；安於。❻失　違背。❼審　明白；清晰。❽淮南書　即《淮南子》。西漢初淮南王劉安召集門客編成。❾仁鄙　這裡指尊貴與低賤。❿利害　利益和害處。⓫賈生　即賈誼。洛陽人，通《詩》、《書》，曾上書漢文帝，任為博士，遷太中大夫。後遭讒貶為長沙王太傅。見《史記・屈原賈生列傳》。⓬與　參與。⓭期　預測。⓮道　指天道。⓯謀　謀劃。⓰焉　怎麼。⓱識　知道。⓲高祖　漢高祖劉邦。⓳黥布　即英布。因受黥刑，故又稱黥布。漢初被封為淮南王，後起兵作亂，被劉邦擊敗處死。⓴呂后　即呂雉。劉邦之妻，封為皇后。㉑布衣　普通百姓。㉒取　奪取。㉓扁鵲　古代名醫。見《史記・高祖本紀》。㉔韓信　劉邦的大將。㉕陛下　古代對帝王的尊稱。㉖揚子雲　即揚雄。字子雲，西漢末大文學家，蜀郡成都人。主要著作有《法言》、《方言》、《太玄》等。㉗遇不遇二句　見《漢書・揚雄傳》。㉘太史公　指司馬遷。西漢大歷史學家，曾任太史令，著有《史記》一書。㉙違　指排斥。㉚春夏囚死二句　漢代陰陽五行家使用的特定概念。他們認為金、木、水、火、土五行，在不同的季節則表現出興旺衰敗的不同情況，以王、相、死、囚、休五字來描述。「王」指君王，引申為旺盛。「相」指宰相，是君王最得力的輔佐，故引申為強壯。「死」指君王所反對的人，引申為喪失生命力。「囚」指君王所囚禁的人，引申為生命力極弱。「休」指君王之父告老退休，引申為生命力衰退。因此，春天是木王、火相、土死、金囚、水休。秋天是金王、水相、土休、火囚、木死等。王充以五行交替興衰作比喻，說明貴賤貧富乃是由「命」與「祿」決定的，不以人的個人意志為轉移的。㉛代王　漢文帝曾被惠帝封於代，稱為代王。惠帝、呂后死後，大臣擁立他入京城為帝。㉜周亞夫　西漢初大臣周勃之子，被封為條侯。㉝庶子　指妾所生的兒子。這種人按規定不能封侯，因周勃的嫡子犯罪，故周亞夫被破例封侯。㉞適　通「嫡」。㉟嗣　後裔。指繼承人。㊱遇會　碰上機遇。㊲卓然　異乎尋常地。㊳卒　通「猝」。㊴免　罷官。㊵奉持　保持；保住。㊶鈞　古代重量單位。三十斤為一鈞。㊷蹎仆　跌倒。㊸幽居　隱居。㊹俟時　等待時機。㊺勞精　損傷精神。㊻苦形　勞累身體。使精神勞損，使身體感到勞苦。㊼求索　追求。

【語　譯】孔子說：「人的死生是由天命安排的，富貴則決定於上天。」魯平公想見孟子，近臣臧倉卻詆毀孟子，於是沒有實現這個願望。孟子說：「這是天意！」孔子是聖人，孟子是賢人，都教導別人遵守天道，不要違背是非，他們都說有命，那麼有命也就更清楚了。《淮南子》說：「一個人地位的尊貴與低賤，在於時運而不在於操行；利益與禍害在於命運的安排而不在於才智。」賈誼說：「天的變化是不可預測的，天道的安排是不能事先謀劃的。生命的長短是由命來支配的，怎能知道它的時間呢？」漢高祖帶兵攻打黥布，被流箭射中，病得很厲害。呂后請來良醫給高祖看病，醫生說：「可以醫治。」高祖罵他說：「我作為一個普通百姓，手持三尺劍而奪取了天下，這不是天命嗎？命是由天定的，即使是扁鵲來給我治病，又有什麼益處！」韓信和高祖皇帝談論兵事，對高祖說：「陛下的軍事才能正如一般人所說的那樣，是天給予的，不是靠智慧能力取得的。」揚子雲說：「遇不遇，是由命決定的。」司馬遷說：「富貴也不排斥以後還會貧賤，貧賤也不排斥以後還會富貴。」這是說命該貧賤，則從富貴而變為貧賤，命該富貴，就會從貧賤而變為富貴。富貴不想變為貧賤，貧賤就會自己到來；貧賤而不強求變為富貴，富貴就會自然得到。春夏時節生命力極弱甚至喪失生命力的東西，到秋冬季節就會旺盛、強壯起來，這不是人的才能可以做到的；太陽早晨從東方出來，而傍晚又從西方落下，這是不可強求的，是天道自身的規律使它這樣。代王劉恆自代入宮而為文帝，周亞夫以庶子身分而被封為條侯。這時代王並非太子，亞夫並非嫡親繼承人，而是碰上時機，當皇帝、封條侯之類好事便異乎尋常地突然到來了。命中注定貧窮，靠勤奮努力致富，富到就死了；命中注定低賤，憑才學能力而獲得高貴地位，一旦尊貴地位到來時，就罷官了。即使靠才智和力量得到富貴，而注定的命、祿卻保不住富貴，就好比器皿裝得過量、手提的東西過重一樣。器皿能容納一升，給它裝上一升就正好平起，裝的如果超過一升，就因裝得太滿而溢出來；手只能提舉三十斤，給他提一鈞就正好合適，如果超過一鈞，他就會跌倒在地。前人是善於明辨是非的，他們把人生的一切都歸之於命，可是命就是這樣明白地擺在我們面前。相信命的人，就可以隱居起來，等待時機的到來，而不須勞神傷體去苦苦追求它，好像珠玉藏在深山大湖，不求向別人討昂貴的價格，人們自然會把它視為貴重珍寶的。

天命難知，人不耐❶審，雖有厚命，猶不自信，故必求之也。如自知，雖逃富避貴，終不得離❷。故曰：力勝貧，慎勝禍。勉力勤事以致富，砥❸才明操❹以取貴，廢❺時失務❻，欲望富貴，不可得也。雖云有命，當須索之。如信命不求，謂當自至，可不假❼而自得，不作而自成，不行而自至？夫命富之人，筋力自強，命貴之人，才智自高，若千里之馬，頭目蹄足自相副❽也。有求而不得者矣，未必不求而得之者也。精學❾不求貴，貴自至矣。力作❿不求富，富自到矣。

【章　旨】此章言富貴自當精學力作而求之，以論證「天命難知，人不耐審」的觀點。

【注　釋】❶耐　通「能」。能夠。❷離　擺脫。❸砥　砥礪；磨練。❹明操　使德操顯明。即培養德操。❺廢　浪費。❻失務　不務正業。❼假　借助。❽副　相稱；相符。❾精學　專心致志地學習。❿力作　努力經營。

【語　譯】天命難以知道，人不可能洞察清楚它，雖然有富貴命，還是不能自信的，所以一定會努力去追求富貴的。假如自己知道會富貴，即使逃避富貴，富貴終究不能擺脫。因此可以說：勤勞能夠克服貧賤，謹慎能夠避免災禍。勤勉努力而得富，磨練才能、培養德操而求得尊貴地位；如果浪費時間，虛度光陰，不務正業，而希望富貴，是不可能得到的。雖然說富貴有命，還是應當努力去追求才能得到的。如果只信命而不去追求，說富貴會自己到來，那是不切實際的幻想，難道它可以不借外力就能得到，不作就能成功，不行動就能達到目的嗎？那些命富的人，體力原本就是強健的；命貴的人，才智原本就是高明的。好像千里馬，牠的頭、眼、蹄、足都是與千里馬的美名相稱的。既然有努力追求富貴而不能得到的，那麼未必不追求富貴而能得到富貴的啊。只有專心致志地學習，即使不求尊貴，尊貴自然會到來；只有努力去經營產業，即使不追求財富，財富也會自動來臨。

富貴之福，不可求致；貧賤之禍，不可苟除❶也。由此言之，有富貴之命，不求自得。信命者曰：「自知吉，不待求也。天命吉厚❷，不求自得；天命凶厚，求之無益。」夫物不求而自生，則人亦有不求貴而貴者矣。人情❸有不教而自善者，有教而終不善者矣。天性❹，猶命也。越王翳❺逃山中，至誠❻不願，自冀❼得代。越人熏其穴，遂不得免，強立為君❽。而❾天命當然❿，雖逃避之，終不得離。故夫不求自得之貴歟⓫？

【章　旨】此章論富貴之命不求自得。

【注　釋】❶苟除　隨意免掉。❷吉厚　大吉大利；非常吉利。❸人情　人的性情；稟賦天性。❹天性　人在母體內承受不同的氣而形成的本性。❺越王翳　指春秋時越國的太子翳。他不願繼承王位，逃至山洞之中，越人用火燻洞，逼迫他出洞，立他為王。❻至誠　真心誠意。❼冀　希望。❽強立為君　事見《淮南子・原道》。❾而　如果。❿當然　應該如此。⓫歟　句末語氣詞。啊；嗎。

【語　譯】富貴的福運，不可以追求而得到；貧賤的禍害，是不可能隨意免掉的。由此說來，有的人具有富貴的命，不要強求就自動到來。相信命運的人說：「自己知道吉祥富貴會自動來臨，就不必追求了。天命非常吉利，不去追求自然會到來；天命凶惡，追求它也是沒有用處的。」物不求而自己生長，那麼人也有不追求尊貴而獲得尊貴地位的。人的性情有不經過教育而自己變得完善美好的，也有教育而始終不好的。人的本性，好像命一樣。越王翳逃到山洞中，真心誠意地不願意當國王，自己希望能有人代替他為王。越人用火焰燻他躲身的洞穴，終於不能免掉，被越人強行立為君主。如果天命理當如此，即使逃避它，終究不能夠擺脫當君王的命運。所以說這是不去拼命追求而自然得到的尊貴啊！

# 氣壽篇第四

【題解】本篇論述人的壽命與稟氣的關係，認為人的壽命之長短取決於胚胎於母體時所承受的「氣」之厚薄多少，氣厚則命長，氣薄則命短。王充以婦女生育過多、過密，致使小孩夭折的事例加以論證，具有一定的科學性。

凡人稟❶命有二品❷：一曰所當觸值之命❸，二曰強弱❹壽❺夭❻之命。所當觸值，謂兵、燒、壓、溺也。強弱壽夭，謂稟氣❼渥❽薄也。兵、燒、壓、溺，遭以所稟為命，未必有審期❾也。若夫強弱夭壽，以百為數，不至百者，氣自不足也。夫稟氣渥則其體強，體強則其命長；氣薄則其體弱，體弱則命短。命短則多病壽短。始生❿而死，未產⓫而傷⓬，稟之薄弱也。渥強之人，必卒⓭其壽。若夫無所遭遇，虛居⓮困劣⓯，短氣而死，此稟之薄，用之竭⓰也。此與始生而死，未產而傷，一命也，皆由稟氣不足，不自致⓱於百也。

【章旨】此章總論人的壽命有兩種，其壽命長短都取決於稟氣之厚薄。

【注釋】❶稟　承受。❷品　種類。❸觸值之命　指偶然遭受外來災禍而傷亡的命。觸，遭受。值，碰上。❹強弱　指體質的強弱。❺壽　長命。❻夭　未成年而死。即短命。❼氣　指元氣。王充認為，氣是構成人和萬物的物質元素，是天地星宿在運動中自然而然施放出來的。見〈談天篇〉、〈言毒篇〉。❽渥　濃厚。❾審期　明確日期。❿始生　剛生；初生。⓫產出生。⓬傷　死亡。⓭卒　終；盡。⓮虛居　閑居。⓯困劣　身體疲倦虛弱。⓰竭　盡。⓱致　達到。

【語譯】大凡人的壽命有兩類：一是偶然遭受外來災禍而死的命，二是因體質強弱而造成長壽或夭折的命。前一類是指被兵器殺死、火燒死、土壓死、水淹死；後一類是指在母體內所承受的元氣的厚薄而造成壽命的長短。殺死、燒死、壓死、溺死，是人在母體內承受元氣時遇到兇惡環境的影響而造成的一種命運，這種命運的到來不一定有確定的日期。至於因體質強弱而造成的壽命長短，則是以一百歲為標準的，活不到一百歲的，是自己所承受的元氣不足的緣故。人在母體內承受的氣厚，則他的體質就強壯，體質強壯，他的壽命就長；氣薄，則他的體質就虛弱，體質虛弱，就會多病，年壽就短。剛剛出生就死了，尚未出生就死亡了，這是他所稟承的氣太薄弱所造成的。氣厚體質強壯的人，一定能活滿他的年壽的。如果待在家裡不做事，體質虛弱無力，氣短而死，這是稟承的氣太薄，氣用完的緣故。這種情況與剛出生而死、未出生而死亡的人，屬於同一種命，都是由於在母體內承受氣不充足，本身活不到一百歲啊。

人之稟氣，或充實而堅強，或虛劣而軟弱。充實堅強，其年壽；虛劣軟弱，失棄❶其身。天地生物，物有不遂❷；父母生子，子有不就❸。物有為實❹，枯死而墮；人有為兒，夭命而傷。使實不枯，亦至滿歲；使兒不傷，亦至百年。然為實、兒而死枯者，稟氣薄，則雖形體完❺，其虛劣氣少，不能充也。兒生，號啼之聲鴻朗❻高暢者壽，嘶喝❼濕下❽者夭。何則？稟壽夭之命，以氣多少為主性❾也。婦人疏字❿者子活，數乳⓫者子死。何則？疏而氣渥，子堅強；數而氣薄，子軟弱也。懷子，而前已產子死，則謂所懷不活，名之曰懷⑫。其意以為，已產之子死，故感傷之子⑬失其性矣。所產子死，所懷子凶⑭者，字乳亟數⑮，氣薄不能成也。雖成人形體，則⑯易感傷⑰，獨先疾病，病獨不治。

【章旨】此章以婦女生育為例，論證壽命之長短取決於稟氣之厚薄。

【注釋】❶失棄　喪失。❷遂　完成；長成。❸不就　成長不大。❹為實　結成果實。❺形體完　形體完整無缺。❻鴻朗　宏亮。❼嘶喝　聲音沙啞。❽濕下　這裡指聲音低小。❾主性　決定性命的長短。主，主宰；決定。❿疏字　孩子生得稀少。疏，稀少。字，懷孕。⓫數乳　指孩子生得多。數，多次。乳，生育。⓬懷　傷。⓭感傷之子　母親情緒傷感之時所懷的胎兒。⓮凶　不吉利。這裡指夭亡。⓯字乳亟數　懷孕和生育很頻繁。亟，多次。⓰則　然而。⓱感傷　感染疾病。

【語譯】人的胚胎於母體時所承受的氣，有的充實因而體質健壯有力，有的虛劣以致體質軟弱無力。充實而堅強的，他的年壽就長；虛劣而軟弱的，就會喪失生命。自然界中具有生命的物體，其中有的物體也長不成；父母生育子女，有的子女也長不大。植物有的結成果實，枯死的就墜落了；有的嬰兒已經出生，卻生命夭折而死亡了。假如果實不枯死，也可以到一年；假如嬰兒不夭亡，也可以到一百年。然而已經形成為果實、嬰兒卻枯死、夭折的，原因就在於他所承受的氣太薄，就是說雖然形體完整無缺，但它虛劣、氣少，不能充滿整個果實和嬰兒身體。嬰兒一出生，哭喊聲宏亮高揚暢通的長壽，而聲音嘶啞低小的夭亡。這是為什麼？承受氣而導致壽夭的命，是以氣的多少來決定生命的長短的。婦女生育子女，凡孩子生得少的，孩子就活，生得多的，孩子就會死。這是為什麼呢？因為生育稀少的氣厚，孩子就會體質健壯有力；生育多的氣薄，孩子就會體質軟弱無力。母親懷孕時，如果先前出生的孩子死了，人們就認為自己所懷的胎兒也不會活，這就叫做「傷懷」。他們以為，已出生的孩子死了，母親一定很悲傷，而母親傷感時所懷的胎兒是會失去他的正常壽命的。所出生的孩子死了，所懷的胎兒又不吉利的母親，懷孕和生育過於頻繁，孩子所承受的氣太薄就不可能長大了。即使變成人的完整體形，但也因體質虛弱，容易感染上疾病，而且唯獨這種人比別人先得病，唯獨他的病又治不好。

百歲之命，是其正❶也。不能滿百者，雖非正，猶為命也。譬猶人形一丈，正形也。名男子為丈夫，尊公嫗為丈人。不滿丈者，失其正也。雖失其正，猶乃為形也。夫形不可以不滿丈之故謂之非形，猶命不可以不滿百之故謂之非命也。非天有長短之命，而人各有稟受也。由此言之，人受氣命於天，卒與不卒❷，同也。語❸曰：「圖❹王❺不成，其弊可以霸❻。」霸者，王之弊也。霸本當至於王，猶壽當至於百也。不能成王，退而為霸；不能至百，消❼而為夭。王霸同一業❽，優劣異名；壽夭同一氣，長短殊❾數。

【章旨】此章認為長短之命不是天給人的，而是人各自稟受的氣有所差異。

【注釋】❶正　這裡指正命。即正常的年壽。❷卒　死。這裡指活滿百歲。❸語　俗話。❹圖　圖謀；打算實行。❺王　王業。指夏禹、商湯、周文王、武王所建立的功業。❻霸　霸業。指春秋五霸所建立的功業。漢人一般認為「王業」比「霸業」得人心，高一等。❼消　削減；縮短。❽同一業　同是治國之業。❾殊　不同。

【語譯】百歲的命，是人的正常的壽限。不能滿百歲的，雖然不算正命，也是命啊。比如人的身高為一丈，是正常的身高，所以稱男子為丈夫，尊稱老翁老婦為丈人。不滿一丈的，喪失了人正常的身高。雖然喪失了人正常的身高，也仍舊是人體啊。不可因為身高不滿一丈的緣故而稱之為不是人體，好像不可因為命不足一百歲的緣故就認為不是命一樣。不是天給人的壽命有長有短，而是人所承受的氣各有不同。由此說來，人承受氣、命本於天，壽限滿不滿百歲，都是相同的。俗話說：「打算實行王業而不能成功，退一步還可以建立霸業。」霸業比王業次一等。霸業本應當達到王業的，好比人的壽命應當達到百歲一樣。不能完成王業，退而建立霸業；不能達到百歲，縮短而夭亡。王業、霸業同是治國之業，只是優劣不同，名稱各異；年壽與夭亡同是人在母體內承受的氣形成的，只是壽命的長短不同而已。

何以❶知不滿百歲為夭者？百歲之命也，以其形體小大長短同一等也。百歲之身，五十之體，無以異也。身體不異，血氣不殊。鳥獸與人異形，故其年壽與人殊數。何以明❷人年以百為壽❸也？世間有矣。儒者說曰：太平之時，人民侗長❹，百歲左右，氣和❺之所生也。〈堯典〉❻曰：「朕❼在位七十載。」求禪❽得舜，舜徵❾二十歲在位。堯退而老，八歲而終❿，至殂落⓫九十八歲。未在位之時，必已成人，今計數⓬百有餘矣。又曰：「舜生三十，徵用二十，在位五十載，陟方⓭乃死。」適百歲矣。文王謂武王曰：「我百，爾⓮九十，吾與爾三焉。」文王九十七而薨⓯，武王九十三而崩⓰。周公，武王之弟也，兄弟相差不過十年。武王崩，周公居攝⓱七年，復⓲政退老，出入百歲矣。邵公⓳，周公之兄也，至康王⓴之時，尚為太保㉑，出入百有餘歲矣。聖人稟和氣㉒，故年命得正數。氣和為㉓

治平㉔，故太平之世多長壽人。百歲之壽，蓋人年之正數也。猶物至秋而死，物命之正期㉕也。物先秋後秋，則亦如人死或增百歲或減百也。先秋後秋為期，增百減百為數。物或出地而死，猶人始生而夭也。物或逾秋不死，亦如人年多度㉖百至於三百也。傳稱老子㉗二百餘歲，邵公百八十。高宗㉘享國㉙百年，周穆王㉚享國百年，並㉛未享國之時，皆出百三十、四十歲矣。

【章旨】此章舉例說明人年以百為壽。

【注釋】❶以 由於。❷明 證明。❸壽 這裡指正常的壽限。❹侗長 無憂無慮地成長。❺和 協調。❻堯典 《尚書》中的一篇。❼朕 我。這是堯的自稱，從秦始皇開始，則專用於皇帝的自稱。❽禪 即禪讓。指古代君主讓位於別人。這是原始部落聯盟推選首領的制度，相傳堯為部落聯盟首領時，四嶽推舉舜為堯的繼承人。❾徵 召用。❿終 死。⓫殂落 死亡。⓬計數 計算歲數。⓭陟方 巡遊各地。傳說舜巡遊南方時，死於蒼梧。⓮爾 你。⓯薨 王侯之死稱薨。⓰崩 帝、后之死稱崩。⓱居攝 代替未成年的君主執政。此指周武王死後，周成王繼位，因成王年幼，周公代為執政。攝，代理。⓲復 還。⓳邵公 即召公。周文王之子姬奭。⓴康王 周成王之子姬釗。㉑太保 輔導太子的官。㉒和氣 這裡是指陰陽協調和諧之氣。王充認為人承受這種氣，則可以長壽。㉓為 形成；造成。㉔治平 政治安定，天下太平。㉕正期 正常期限。㉖度 超過。㉗老子 即老聃。姓李名耳，楚國苦縣（今河南鹿邑）人。曾任周朝王室的柱下史，掌管王室圖書典籍。孔子遊周，曾向他問禮。後退隱，有《老子》（亦稱《道德經》）一書傳世。㉘高宗 商朝君主武丁。㉙享國 在位。㉚周穆王 即姬滿。西周君主。㉛並 加上。

【語譯】怎麼知道活不到一百歲而死的人為夭亡呢？以百歲為人的正常壽命，這是由於人的身體大小、高矮都彼此差不多。一百歲的身體，與五十歲的身體，沒有什麼不同。身體相同，血氣相同。鳥獸與人不同體形，因此鳥獸的生命長短就和人的壽數不同。怎麼證明人的年齡以百歲為正常壽限呢？人世間就有啊。儒家認為：天下太平的時世，人民無憂無慮地成長，身體高大，年齡都在百歲左右，這是由於陰陽二氣協調和諧而生成的啊。《尚書・堯典》所載堯的話說：「我在位七十年。」堯選中舜為繼承人，讓位給他。舜被堯召用二十年後即位。堯退位後而老，八年後死去，終年九十八歲。堯未在位的時候，必定已經成人，現在計算他的歲數是一百有餘了。〈堯典〉又說：「舜生活三十年後，被堯召用二十年，在位五十年，巡遊各地時才死於南方。」舜正好一百歲了。周文王對武王說：「我活一百歲，你活九十歲，我給你三歲吧。」文王九十七歲死，武王九十三歲去世。周公，是武王的弟弟，兄弟的年齡相差不過十歲。武王死後，周公又代替周成王執政七年，還政給成王後告老退位，差不多活到一百歲上下。召公是周公的兄長，到周康王執政時，還做過太保，活到一百多歲。聖人稟承的一種陰陽調和之氣，因此年歲為正常壽限。氣和諧協調就造成政治安定、天下太平，所以太平盛世多長壽的人。一百歲的年壽，大體是人的年齡的正常壽限，好像植物到秋天而死，為植物生命的正常期限一樣。植物有在秋前秋後死的，也就和人的死有超過百歲有不滿百歲是同一道理。植物在秋前死和秋後死，都可算作正常的期限；人超過百歲死或不滿百歲死，也都算是正常的壽限。植物有的長出地面就死了，好像人剛出生就夭折一樣。有的植物超過秋天而死亡，也如人的年壽多超過一百歲甚至達到三百歲一樣。相傳老子活到二百多歲，召公活到一百八十歲。高宗武丁在位百年，周穆王在位百年，加上沒有在位的時間，都超出了一百三十、四十歲了。

# 卷二

## 幸偶篇第五

【題　解】本篇論述人和萬物遭受禍福，都是因為「有幸有不幸」、「有偶有不偶」；自然界和人類社會的一切差異，都是由偶然的稟氣不同而出現的。

凡人操行有賢有愚，及遭禍福，有幸有不幸❶；舉事❷有是有非，及觸賞罰，有偶有不偶❸。並時❹遭兵❺，隱者不中；同日被霜，蔽者不傷。中傷未必惡，隱蔽未必善；隱蔽幸，中傷不幸。俱欲納忠❻，或賞或罰；並欲有益，或信或疑。賞而信者未必真，罰而疑者未必偽，賞信者偶，罰疑不偶也。

【章　旨】此章認為人的禍福遭際，都是因為「有幸有不幸」、「有偶有不偶」，都具有偶然性。

【注　釋】❶幸　幸運；僥倖。這裡指得福或免禍的偶然性。❷舉事　做事；行動。❸偶　偶合；雙方一致；一拍即合。這裡指個人遭遇，由於某種機遇，自己的言行偶然符合君主或上司的心意，因而受到賞識和重用，意思與「遇」相彷。❹並時同時。❺兵　兵器。指打仗。❻納忠　進獻忠心。猶言效忠。

【語譯】大凡人的操行有賢明有愚笨，等到碰上禍福，有幸運有不幸運；做事有是有非，至於遭受賞罰，有的是偶然符合君主或上司心意而被獎賞，有的不合心意反而受到處罰，都具有偶然性。比方同時遇到打仗，隱藏身子的人就不會中箭；同日遇到冰霜，被遮蔽的植物就不會受損傷。當然，被中傷的未必兇惡，隱蔽的未必良善，但隱蔽未受損害的是幸運，被中傷的是一種不幸。人都想對君主效忠出力，有的受賞，有的卻被處罰；都想對國家有益，有人備受信賴，有人卻被猜疑。當然，被賞識而重用的人未必真正可靠，而受到猜疑甚至懲罰的人未必偽善虛假，但被信任獎賞的人顯然是君主或上司所賞識和重用的，而被猜疑懲罰的人則是君主或上司所不喜歡的。

孔子門徒七十有餘，顏回蚤夭❶。孔子曰：「不幸短命死矣❷！」短命稱不幸，則知長命者幸也，短命者不幸也。服❸聖賢之道，講仁義之業，宜蒙福祐。伯牛❹有疾，亦復顏回之類，俱不幸也。螻蟻行於地，人舉足而涉之，足所履，螻蟻笮死❺，足所不蹈，全活不傷。火燔❻野草，車轢所致，火所不燔，俗或喜之，名曰幸草。夫足所不蹈，火所不及，未必善也，舉火行道❼，適然❽也。由是以論，癰疽❾之發❿，亦一實也。氣結⓫閼積⓬，聚為癰，潰⓭為疽創，流血出膿。豈癰疽所發，非身之善穴哉？營衛⓮之行，遇不通也。蜘蛛結網，蜚⓯蟲過之，或脫或獲；獵者張羅⓰，百獸群擾⓱，或得或失。漁者罾⓲江湖之魚，或存或亡。或奸盜大辟⑲而不知，或罰贖⑳小罪而發覺。災氣㉑加人，亦此類也，不幸遭觸而死，幸者免脫而生。不幸者，不徼幸也。孔子曰：「人之生也直，罔㉒之生也幸。」則夫順道而觸者為不幸矣。立崖牆㉓之下，為壞所壓；蹈圻岸㉔之上，為崩所墜。輕㉕遇無端㉖，故為不幸。魯城門久朽欲頓㉗，孔子過之，趨㉘而疾行。左右曰：「久矣。」孔子曰：「惡㉙其久也。」孔子戒慎㉚已甚㉛，如過遭壞㉜，可謂不幸也。故孔子曰：「君子有不幸而無有幸，小人有幸而無不幸。」又曰：「君子處易㉝以俟命㉞，小人行險㉟以徼幸。」

【章旨】此章以事例論述「幸」與「不幸」。

【注釋】❶蚤夭　短命。蚤，通「早」。❷不幸短命死矣　見《論語・雍也》。❸服　奉行。❹伯牛　即冉耕。字伯牛，孔子弟子，據說得了痲瘋病。❺笮死　指被人踩死。笮，踏；踩。❻燔　燒。❼行道　指人在道路上行走。❽適然　恰好這樣。❾癰疽　膿腫；毒瘡。❿發　生病；發作。⑪結　鬱結。⑫鬲積　指血氣不通暢。鬲，阻塞。⑬潰　潰爛。⑭營衛　中醫學術語。指人體中的營氣、衛氣。營氣是在血管中主血液循環的氣，衛氣是在血管外主氣運行全身的氣，二氣通貫全身，內外相濟，運動不止，對人體起著營養和保衛作用。⑮蜚　通「飛」。⑯張羅　張開羅網。⑰擾　擾亂。⑱罟　漁人用的一種魚網。這裡用作動詞，是用網捕魚之意。⑲奸盜大辟　泛指罪行嚴重。大辟，死刑。⑳罰贖　指小罪。可以錢贖罪。㉑災氣　給人帶來災難的氣。㉒罔　通「枉」。不直。此指不正直的人。㉓崖牆　高牆。㉔圻岸　裂開的堤岸。㉕輕　輕易；突然。㉖無端　意外的災禍。㉗頓　壞；倒塌。㉘趨　快走。㉙惡　厭惡；害怕。㉚戒慎　謹慎。㉛甚　極。㉜壞　倒塌。㉝處易　處於平坦境地。指走正道。㉞俟命　聽候天命。㉟行險　走險道。指邪門歪道。見《禮記・中庸》。

【語　譯】孔子學生七十多人，顏回早死。孔子歎息地說：「顏回不幸短命死啊！」短命稱不幸，那就知道長命的是幸運，短命的人是不幸的。奉行聖賢之道，講習仁義之業，應該蒙受幸福之神的保佑吧。然而，伯牛有病，也還是同顏回一樣，都是不幸的。螻蛄、螞蟻在地上爬行，人們抬腳走過，被腳所踏的螻蟻就死了，腳未踩到的，卻完整地活著。火燒野草，被車輪軋過的，火就燒不著，一般人見了很高興，稱之為「幸草」。那些腳沒有踐踏到的、火沒有燒著的，不一定是好草，然而把火燒起來、人在道路上走，總有些草恰好是這樣燒不著、踩不到的。由此而論，膿腫和毒瘡的發作，也是同一種情況。氣被鬱結，血氣堵塞不通，聚積而為癰，潰爛就變成疽瘡，流血出膿。難道發生癰疽的地方不是人體上的良好部位嗎？原來是人身體中的營氣、衛氣碰巧不通了。蜘蛛結網，飛蟲從蜘蛛網中飛過，有的脫身了，有的被蜘蛛擒獲了；打獵的人張開羅網，百獸亂奔亂撞，有的野獸被獵人捕獲了，有的野獸從網中逃跑了。打漁人用罾在江湖中捕魚，有的魚被網住死了，有的魚沒有被網住而倖存下來。有的人犯了嚴重罪行而不被知道，有的人犯了一點小罪過就被發覺了。給人帶來災害的氣施加於人，也是這類情況，不幸的人遇上災氣而死去，幸運的人免脫了災氣的侵擾而活下來了。所謂不幸，就是不能僥倖免禍得福啊！孔子說：「一個人能夠生存，是由於正直；不正直的人能夠生存，是在於他僥倖地避免了災禍。」那麼，按照正道辦事反而遭受災禍的人就是不幸了。站立在高牆之下，被正在倒塌的牆壓死；站在已經開裂了的堤岸之上，從崩潰的堤岸上摔下來而死。突然碰到意外的災禍，因此稱為不幸。魯國城門朽爛已久，快要倒塌了，孔子從門口經過，迅速地快步走過。孔子的弟子們說：「這城門朽壞很久了，不見得馬上會倒塌的。」孔子說：「我正是害怕它朽壞的時間太久，有可能馬上會倒塌。」孔子小心謹慎已極，如果他經過時碰上城門倒塌，可以說是不幸了。所以孔子說：「君子可能有不幸，卻無所謂有幸，因為他的行為合乎正道，理應得福；小人可能有幸運之時，卻無所謂不幸，因為小人的行為背離正道，理應遭禍。」孔子又說：「君子走正道而聽候天命的安排，小人走邪門歪道而僥倖免禍。」

佞幸之徒❶，閎❷、藉孺❸之輩，無德薄才，以色❹稱媚，不宜愛而受寵，不當親而得附❺，非道理之宜，故太史公❻為之作傳❼。邪人反道❽而受恩寵，與此同科❾，故合其名謂之〈佞幸〉❿。無德受恩，無過遇禍，同一實也。俱稟元氣⓫，或獨為人，或為禽獸。並為人，或貴或賤，或貧或富。富或累金，貧或乞食；貴至封侯，賤至奴僕。非天⓬稟⓭施有左右⓮也，人物受性⓯有厚薄也。

【章旨】此章指斥佞幸之徒，說明貴賤貧富之殊在於受性有厚薄之分。

【注釋】❶佞幸之徒　指靠花言巧語、獻媚取寵的人。佞，花言巧語，諂媚奉承。❷閎　閎孺。指漢惠帝寵幸的侍童。❸藉孺　漢高祖寵幸的侍童。藉，通「籍」。❹色　容貌。❺附　依附。❻太史公　指司馬遷。❼傳　傳記。❽反道　違反正道。❾科　類。❿佞幸　指《史記‧佞幸列傳》。⓫元氣　指產生和構成人和天地萬物的原始實體，它是各種物質元素在不停的運動中產生而施放出來的一種氣。⓬天　一種物質實體。王充認為，「天」在運動中施放出一種氣，各自承受這種氣就產生構成人和萬物。⓭稟　給予。⓮左右　偏袒。⓯性　性命；生命。王充認為，人一旦具有生命，同時也就具有壽命和祿命。

【語譯】靠花言巧語、獻媚取寵的人，如閎孺、藉孺之輩，既無德又少才，憑容貌漂亮博得君主歡心，不該被親愛的卻受到君主的寵愛，不當親近的卻得到君主的信任，這不是正常事理所應該允許的，所以司馬遷特替他們作傳記。邪惡之徒違反正道反而蒙受君主的恩惠和寵愛，正與這種情況同類，因此司馬遷把他們的名稱合起來叫做〈佞幸列傳〉。沒有功德而蒙受君主恩惠，沒有罪過反而碰上災禍，也同屬一種情況。一起承受元氣，唯獨有的變成人，有的變為禽獸。同時變成人，有的尊貴有的卑賤，有的貧困有的富足。富裕的有人累金積玉、家財萬貫，貧窮的有人沿街討飯；尊貴的至於被封侯，卑賤的至於為奴僕。這並不是天給予他們氣時有什麼偏袒，而是由於人和物所承受的構成自身生命的氣有厚薄之分啊。

俱行道德，禍福不均；並行仁義，利害不同。晉文❶修文德，徐偃❷行仁義，文公以賞賜❸，偃王以破滅。魯人為父報讎❹，安行不走，追者舍之；牛缺❺為盜所奪，和意不恐，盜還殺之。文德與仁義同，不走與不恐等，然文公、魯人得福，偃王、牛缺得禍者，文公、魯人幸，而偃王、牛缺不幸也。韓昭侯❻醉臥而寒，典冠❼加之以衣，覺而問之，知典冠愛己也，以越職之故，加之以罪❽。衛之驂乘❾者見御者之過，從後呼車，有救危之意，不被其罪。夫驂乘之呼車，典冠之加衣，同一意也。加衣恐主之寒，呼車恐君之危，仁惠之情，俱發於心。然而於韓有罪，於衛為忠，驂乘偶，典冠不偶也。

【章　旨】此章通過對比，說明人的不同遭遇出於「有幸有不幸」、「有偶有不偶」。

【注　釋】❶晉文　晉文公重耳。晉國君主，春秋五霸之一。❷徐偃　徐偃王。西周時徐國君主，他廣施「仁義」，後為楚國所滅。見《韓非子・五蠹》。❸文公以賞賜　指晉文公為周襄王平定內亂，周襄王把弓箭、美酒、土地、三百名侍衛賞賜給他。見《左傳・僖公二十八年》。❹魯人為父報讎　據《淮南子・人間》，有一個魯國人，為父報仇，將仇人殺死，然後戴正帽子，換好衣服，從容離去。追殺的人以為他是「有節行之人」，就把他放了。❺牛缺　戰國時秦國人。大儒。據《呂氏春秋・必己》，牛缺至邯鄲遇盜，搶奪他的車馬、衣物和其他財物，他順從地給了，毫無憂吝之色，盜賊都認為他是賢人。但等他從容走後，搶竊的人懷疑他去報告官府，又追趕三十里將牛缺殺了。❻韓昭侯　戰國時韓國君主。以申不害為相，修術行道，國內安定，諸侯不敢侵伐，在位二十六年卒。❼典冠　主管君主冠冕的小官。❽加之以罪　見《韓非子・二柄》。❾驂乘　古代乘車在車右陪乘的人。據《說苑・善說》，西周時衛國將軍桓司馬一次上朝時急於趕路，趕車人慌張，幾乎使馬受驚，驂乘連忙幫助他，趕車人反而指責他越職。但鑑於他出於救危，故並未受到處罰。

【語　譯】同是行道修德，有的得福，有的反而惹禍；都是施行仁義，有的得利，有的受害。晉文公注重修明文德，徐偃王提倡廣行仁義，然而，文公因此受到周襄王的賞賜，徐偃王卻導致國破家亡。一個魯國人替父報仇，殺了仇人以後，心地安然地走了，並不逃跑，追殺的人以為他有節行，反而放了他；牛缺的財物被盜賊搶奪，他態度和順鎮定，並不感到害怕，等他走後，盜賊怕他去報告官府，反而追趕到把他殺死。文德與仁義同等，不逃跑與不害怕一樣，但是文公、魯人得福，偃王、牛缺遭禍的原因，就是文公、魯人幸運，而偃王、牛缺不幸啊。韓昭侯有次喝醉酒而睡，典冠怕他受寒，就把衣服蓋在他身上，醒來時問及這件事，知道典冠是愛護自己，但由於典冠踰越了自己的職責，而根據越職罪名處罰。衛國的驂乘見到趕車人慌忙之中幾乎使馬受驚出事，趕忙從後叫喊趕車，趕車人說他越職，但由於驂乘出於救危之心，沒有受到處罰。驂乘呼喊趕車，典冠給君主蓋上衣服，同屬一種心意啊。蓋上衣服是擔心君主受寒，呼喊趕車是恐怕君主有危難，仁慈惠愛之情，都發自於內心。然而對於韓國來說是犯罪，而對於衛國來說則是忠於君主，驂乘符合君主的心意，而典冠不符合君主的心意啊。

非唯人行，物亦有之。長數仞之竹，大連抱❶之木，工技之人❷裁而用之，或成器而見舉持❸，或遺材而遭廢棄。非工技之人有愛憎也，刀斧之加有偶然也。蒸穀為飯，釀飯為酒。酒之成也，甘苦異味；飯之熟也，剛柔殊和❹。非庖廚❺酒人有意異也，手指之調有偶適也。調飯❻也殊筐而居，甘酒也異器而處。蟲墮一器，酒棄不飲；鼠涉一筐，飯捐❼不食。夫百草之類，皆有補益。遭醫人采掇❽，成為良藥；或遺枯澤，為火所燎。等之金❾也，或為❿劍戟⓫，或為鋒銛⓬。同之木也，或梁於宮，或柱於橋。俱之火也，或爍脂⓭燭，或燔枯草。均之土也，或基⓮殿堂，或塗⓯軒戶⓰。皆之水也，或溉⓱鼎⓲釜⓳，或澡⓴腐臭㉑。物善惡同，遭為人用，其不幸偶，猶可傷痛，況含精氣之徒㉒乎！

【章　旨】此章認為自然界萬物均有「幸」、「偶」的問題：「非唯人行，物亦有之」。

【注　釋】❶連抱　兩人合抱。形容樹幹粗大。❷工技之人　指工匠。❸見舉持　被使用。❹剛柔殊和　指夾生飯，有的熟了，有的夾生。和，恰當；適中。❺庖廚　廚師。❻調飯　指軟硬適合的飯。❼捐　扔掉。❽采掇　採集；採擇。❾等之金　同樣的金屬。之，句中助詞。無義。❿為　造成。⓫戟　古代一種長柄兵器。⓬鋒銛　古代兩種農具。⓭脂　油類燃料。⓮基　做……基礎。⓯塗　抹。⓰軒戶　小室單扇門。⓱溉　洗滌。⓲鼎　古代一種烹煮食物的器物。⓳釜　鍋。⓴澡　洗。㉑腐臭　指腐臭之物。㉒含精氣之徒　指有思想有精神的人。精氣，精神之氣。

【語　譯】幸、偶的問題，不僅適用於人類社會，自然界萬物也有這種情況。數仞長的竹，合抱粗大的樹木，工匠砍下來用，有的做成器皿而被人使用，有些剩餘的材而遭人廢棄。這不是工匠有愛憎，而是刀斧的使用有偶然性啊。蒸穀為飯，把飯釀成酒。酒成後，味甜、味苦，完全不同；飯熟後，有的熟了，有的夾生。這不是廚師和釀酒的人有意使它們不同，而是在做飯釀酒時手的動作有偶然性啊。軟硬適度的飯，盛在不同的竹筐裡，甘甜的酒用不同的器具裝起來。如果蟲掉進一器具中，酒就被拋棄，人不再喝它；老鼠爬過一筐飯，這筐飯就被扔掉，人不再吃它。自然界的各種草類，對人都有補益。被醫生採擇的野草，就變成了良藥；而有的草被遺棄在乾涸的沼澤地裡，被火燒掉。同樣的金屬，有的被做成劍、戟一類兵器，有的被做成鋒、銛一類農具。同樣的樹木，有的成為宮殿的大梁，有的成為橋下的支柱。同樣的火，有的在蠟燭火把上閃耀，有的被用來焚燒野草。同樣的土，有的做宮殿的地基，有的被用來塗抹矮小房屋的門窗。同樣的水，有的被用來洗滌鼎鍋，有的被用來沖洗腐臭的穢物。凡物的好壞優劣相同，被人所用，它們各自都有如此不同的幸與偶，尚且令人傷痛，更何況有思想精神的人啊！

虞舜，聖人也，在世宜蒙全安之福。父頑❶母嚚❷，弟象❸敖❹狂，無過見憎❺，不惡而得罪，不幸甚矣。孔子，舜之次❻也，生無尺土❼，周流❽應聘，削跡❾絕糧❿。俱以聖才，並不幸偶。舜尚遭堯受禪，孔子已死於闕里⓫。以聖人之才，猶不幸偶，庸人之中，被不幸偶，禍必眾多矣。

【章　旨】此章說明聖人也有不幸偶，何況庸人。

【注　釋】❶頑　頑劣。❷嚚　愚蠢。❸象　傳說是舜的弟弟。❹敖　通「傲」。❺見憎　被憎恨。❻次　居其次；差一等。❼尺土　尺寸之地。指孔子一生未得到尺寸土地的封賜。❽周流　到處流浪奔走。❾削跡　衛人厭惡孔子，孔子離開衛地時，衛人把孔子車輪留下的痕跡都鏟平了。見《莊子・天運》。❿絕糧　見《荀子・宥坐》。⓫闕里　孔子居住、講學之地。在今山東曲阜城內闕里街。

【語　譯】虞舜是聖人，在世時應該蒙受完美平安的福運。然而，他的父親頑劣，母親愚蠢，弟弟象傲慢狂妄，舜沒有過失卻被憎恨，沒做壞事卻受到責罰，太不幸了。孔子僅次於舜，一生沒有得到尺寸土地的封賜，為做官而周遊列國，在衛國受到削除車跡的冷遇，在陳、蔡之間被當地的百姓圍困，斷糧七天。他們都有聖賢的才能，卻都沒有得到幸偶。舜還承受了堯的禪讓，而孔子卻沒沒無聞地死在闕里。以聖人的才能，尚且有如此不幸偶，庸人之中，遭受不幸偶，蒙受災禍的一定更多了。

# 命義篇第六

【題解】本篇論述「命」的含義和內容，較系統的闡明了人的死生壽夭和貴賤貧富及禍福的成因，指出人的死生壽夭和貴賤貧富是命中注定的，而命是人胚胎於母體時所承受天和星宿施放出的氣形成的。天和星宿在運動的過程中放氣，本是自然而然的，無意識的，而天上星象的貴賤貧富的差別和人稟承氣時偶然有厚薄貴賤之分，因而就形成了決定死生壽夭和貴賤貧富的各自不同的命。

墨家[1]之論，以為人死無命；儒家之議，以為人死有命。言有命者，見子夏[2]言：「死生有命，富貴在天。」言無命者，聞歷陽[3]之都[4]一宿[5]沉而為湖；秦將白起[6]坑趙降卒於長平[7]之下，四十萬眾同時皆死。春秋之時，敗績[8]之軍，死者蔽草，尸且萬數。饑饉之歲，餓者滿道，溫[9]氣疫癘[10]，千戶滅門，如必有命，何其秦、齊[11]也？言有命者曰：「夫天下之大，人民之眾，一歷陽之都，一長平之坑，同命俱死，未可怪也。命當溺死，故相聚於歷陽；命當壓死，故相積於長平。」猶高祖初起，相工[12]入豐、沛之邦[13]，多封侯之人矣，未必老少男女俱貴而有相[14]也，卓礫[15]時見[16]，往往皆然。而歷陽之都，男女俱沒，長平之坑，老少並陷，萬數之中，必有長命未當死之人，遭時衰微，兵革[17]並起，不得終其壽。

人命有長短，時有盛衰，衰則疾病，被災蒙禍之驗也。宋、衛、陳、鄭⓲同日並災，四國之民必有祿⓳盛未當衰之人，然而俱滅，國禍陵⓴之也。故國命勝人命，壽命勝祿命。

【章旨】此章從儒墨兩家有命與無命之爭，引出關於「國命勝人命，壽命勝祿命」的論點。

【注釋】❶墨家　戰國時代的一大學派。因創始人墨翟而得名。見《墨子・非命》。❷子夏　即卜商之字。春秋時衛國人，孔子學生。❸歷陽　古縣名。在今安徽和縣。❹都　城。❺宿　夜。事見《淮南子・俶真》。❻白起　戰國時秦國大將。據《史記・白起王翦列傳》，白起率秦軍在長平大敗趙軍，四十萬趙軍投降後被白起活埋。❼長平　古地名。在今山西高平西北。❽敗績　打了大敗仗。❾溫　通「瘟」。❿疫癘　急性傳染病；瘟疫。⓫秦齊　這裡泛指相距遙遠、不同國家的人。⓬相工　以相面為業的人。⓭豐沛之邦　指豐邑、沛縣一帶。即漢高祖劉邦出生、早年活動及開始從事反秦活動的地方，在今江蘇沛縣。⓮相　指貴相。認為人的壽夭貴賤貧富都可以從骨相上看出來。⓯卓礫　即「卓躒」。卓越傑出。⓰見　同「現」。指傑出人物同時湧現出來。⓱兵革　此指戰爭。兵，武器。革，鎧甲。⓲宋衛陳鄭　春秋時四個諸侯國。在今河南商丘、滑縣、淮陽等地帶。據《左傳・昭公十八年》記載和王韜《春秋朔閏表》推算，這四國於西元前五二四年周曆五月十三日同時發生大火災。⓳祿　指祿命。⓴陵　通「凌」。凌駕；高出其上。

【語譯】墨家的意見，認為人的死不是由命決定的。而儒家的觀點，認為人的死是由命注定的。說由命決定的，見子夏所說的：「死生有命，富貴在天。」說不是由命決定的，聽說歷陽城一夜之間就沈落下去而變為湖泊；秦將白起在長平活埋了趙軍的投降士兵，四十萬人同時都死了。春秋時代，大敗的軍隊，死者蔽野，屍體將以萬計。饑荒之年，挨餓的人充滿道路，瘟疫流行，千戶滅門，如果是由命注定的，為什麼相距遙遠的秦國、齊國等不同國家的人，他們的命完全相同呢？說由命注定的人說：「天下廣大，人民眾多，一座歷陽城沈落，一次長平活埋趙軍事件發生，都遭受同一命運而死，不足奇怪啊。命中注定應當被水淹死，所以相聚在歷陽等死；命中注定應當被土壓死，所以相積在長平等著活埋。」如漢高祖劉邦最初起事的時候，看相的人進入豐邑、沛縣一帶，認為這一帶必有許多封侯的人。後來劉邦家鄉父老兄弟隨劉邦起事，果然有許多人立功封侯。這一些男女老少未必都有一副貴相，傑出人物同時出現，往往都是同樣的命使他們這樣。而歷陽城，男女都被淹沒，長平土坑，老少一同活埋，這數以萬計的人當中，必定有長命不當死的人，然而，他們遇上時世衰微，戰爭四起，不能最終達到他們的年壽。人的生命有長短，時世有盛衰，時世衰亂，人就容易得疾病，這是遭受災禍的驗證啊。宋、衛、陳、鄭四國曾同一天發生大火災，這四國災民中肯定有祿命旺盛而不當衰亡的人，但是一同遭災，這是因為國家的災禍淩駕在他們頭上的緣故啊。所以，由於國命超過人命，個人的壽命不能活滿，於是他的祿命也就中止了。這就是所謂「國命勝人命，壽命勝祿命」。

人有壽夭之相，亦有貧富貴賤之法❶，俱見❷於體。故壽命修短皆稟❸於天，骨法善惡皆見於體。命當夭折，雖稟異行，終不得長；祿當貧賤，雖有善性，終不得遂❹。項羽❺且❻死，顧謂其徒曰：「吾敗乃命，非用兵之過。」此言實也。實者，項羽用兵過於高祖，高祖之起有天命焉。

**【章　旨】**此章言劉項成敗在於「天命」。

**【注　釋】**❶法　指骨法。即骨相。❷見　同「現」。❸稟　具有。❹遂　成功；如願。指得到富貴。❺項羽　名籍，字羽，下相（今江蘇宿遷西南）人。楚國舊貴族出身，秦末與劉邦起兵反秦，後自稱西楚霸王，在長期的楚漢戰爭中失敗，自刎於烏江。❻且　將要。

**【語　譯】**人有長壽與短命的相，也有貧富貴賤的骨相，都在人的身體面貌上表現出來。因此可以說，人的壽命的長短都承受於天所施放出來的氣的厚薄，而骨相的好壞都在人的體面上表現出來。命當夭折，即使具有與眾不同的良好操行，終究不能長命；祿命當貧賤，雖然有美好的品性，終究不會得到富貴的。項羽快要死以前，對自己的隨從說：「我的失敗是命中注定的，不是因為指揮打仗犯有什麼過錯。」項羽這句話是符合實際的。符合實際，是指項羽的軍事才能超過了高祖劉邦，而高祖之所以成功，正是由天命決定的啊。

國命繫❶於眾星。列宿❷吉凶，國有禍福；眾星推移❸，人有盛衰。人之有吉凶，猶歲之有豐耗❹。命有衰盛，物有貴賤。一歲之中，一❺貴一賤；一壽之間，一衰一盛。物之貴賤，不在豐耗；人之衰盛，不在賢愚。子夏曰：「死生有命，富貴在天」，而不曰：「死生在天，富貴有命」者，何則？死生者，無象❻在天，以性❼為主。稟得堅強之性，則氣渥厚而體堅強，堅強則壽命長，壽命長則不夭死。稟性軟弱者，氣少泊❽而體羸窳❾，羸窳則壽命短，短則蚤❿死。故言「有命」，命則性也。至於富貴所稟，猶性所稟之氣，得眾星之精⓫。眾星在天，天有其⓬象。得富貴象則富貴，得貧賤象則貧賤，故曰「在天」。在天如何？天有百官⓭，有眾星。天施氣而眾星布精，天所施氣，眾星之氣在其中矣。人稟氣而生，含氣而長，得貴則貴，得賤則賤。貴或秩⓮有高下，富或貲有多少，皆星位尊卑小大之所授也。故天有百官，天有眾星，地有萬民、五帝⓯、三王⓰之精。天有王梁、造父⑰，人⑱亦有之⑲，稟受其氣，故巧於御⑳。

【章旨】此章指出人的死生壽夭和貧富貴賤的形成原因，進而論證「死生有命，富貴在天」。

【注釋】❶繫　維繫；決定。❷列宿　眾星。❸推移　運轉；移動。❹豐耗　豐收和歉收。❺一　有的。❻象　星象。❼性　性命；生命。❽泊　通「薄」。稀薄。❾羸窳　瘦弱；體質差。❿蚤　通「早」。⓫精　精氣。⓬其　指貧賤富貴。⓭天有百官　指天上的星宿有尊卑小大的等級差別，好像地上有帝王將相各級官吏一樣。⓮秩　品秩；職位等級。⓯五帝　指傳說中的黃帝、顓頊、帝嚳、堯、舜。⓰三王　指夏禹、商湯、周文王和周武王。⓱王梁造父　天上兩個星座名稱。⓲人　人世間。⓳之　指王梁和造父。其實，王梁（良）、造父本為春秋時代兩位著名的駕車能手，天上有兩個星座以之命名。⓴御　駕車馬。王充以為天上的王梁、造父星是善於駕馭車馬的，所以地上稟受其施放的「氣」而生的王梁、造父亦善於駕馭車馬。

【語譯】國家的命運決定於天上的眾星。星宿出現的異常變化，就預示國家有禍福；眾星的運轉，就意味著人有盛衰。人有吉凶，猶如年歲有豐收和歉收。命有衰盛，物有貴賤。同在一年，有的物品貴，有的物品賤；同是一生，有的人很不得意，有的人飛黃騰達。物品的貴賤，不決定於年成的豐收或歉收；人的一生是否得意，也不決定於他自己是賢能還是愚蠢。子夏說「死生有命，富貴在天」，而不說「死生在天，富貴有命」，這是為什麼？因為人的生死，不是天上的星象決定的，而是由胚胎在母體內承受氣形成的生命力是否旺盛決定的。稟承氣而變得堅實強壯的生命，因氣濃厚而使體質變得堅強健壯，體質堅強健壯的壽命就長，壽命長就不會夭折而死。承受氣而生命軟弱的，因為氣少薄而體質瘦弱，瘦弱則壽命短，壽命短就會早死。所以說「有命」，命就是生命，由胚胎在母體內承受氣而形成的。至於人的富貴所稟承的，就像人的生命形成時所承受的氣一樣，是承受了星宿施放出來的氣。眾星在天上，天上有富貴貧賤的星象。承受富貴的星象施放出來的氣就得富貴，承受貧賤的星象施放出來的氣就得貧賤，所以說「在天」。在天又怎樣呢？天上有百官，有眾星。天施放氣，眾星散布精氣，天所放的氣，眾星的精氣就在其中了。人承受這種氣而出生，吸收氣而成長，這樣，承受尊貴氣的就得尊貴，承受卑賤氣的就得卑賤。同屬於尊貴而等級又有高下，同是富裕而資產又有多少，都是天上星宿本身的地位有尊貴、卑賤、小大之分而授予給人的。因此，天上有百官，有眾星，地上就有稟承眾星精氣的萬民和稟承星官精氣的五帝三王。天上有王梁、造父星座，人間也有王梁、造父這樣的人，因為稟承二星施放的精氣，所以也善於駕馭車馬。

傳曰：「說命有三：一曰正命，二曰隨命，三曰遭命❶。」正命，謂本稟之自得吉也。性然❷骨善，故不假操行以求福而吉自至，故曰正命。隨命者，戮力❸操行而吉福至，縱情施欲❹而凶禍到，故曰隨命。遭命者，行善得惡，非所冀望❺，逢遭❻於外，而得凶禍，故曰遭命。

【章　旨】此章論述所謂「三命說」。

【注　釋】❶說命有三四句　見《白虎通．壽命》。❷性然　本性就是這樣。指一生下來骨相就好。❸戮力　努力。❹縱情施欲　放縱自己的情欲。❺冀望　希望。❻逢遭　偶然碰上。

【語　譯】書上說：「論述命有三種：第一種是正命，第二種是隨命，第三種是遭命。」正命，是說本來承受的就是好命，不需行善，自然會得到富貴。生下來骨相就好，所以不要憑藉努力加強操行修養去追求福運，而吉祥富貴自然就會到來，因此叫做「正命」。隨命，是努力端正操行，吉祥富貴才會到來，如果放縱自己的情欲，災禍必然降臨到頭上，因此叫做「隨命」。遭命，是做善事反而得到惡報，不希望得到，偶然碰上外來的事件，而遭受災禍，因此叫做「遭命」。

凡人受命，在父母施氣❶之時，已得吉凶矣。夫性❷與命異，或性善而命凶，或性惡而命吉。操行善惡者，性也；禍福吉凶者，命也。或行善而得禍，是性善而命凶；或行惡而得福，是性惡而命吉也。性自有善惡，命自有吉凶。使命吉之人，雖不行善，未必無福；凶命之人，雖勉❸操行，未必無禍。孟子曰：「求之有道，得之有命❹。」性善乃能求之，命善乃能得之。性善命凶，求之不能得也。行惡者禍隨而至，而盜跖❺、莊蹻❻橫行天下，聚黨數千，攻奪人物，斷斬人身，無道甚矣❼，宜遇其禍，乃以壽終。夫如是，隨命之說，安❽所驗❾乎？遭命者，行善於內，遭凶於外也。若顏淵、伯牛之徒，如何遭凶？顏淵、伯牛，行善者也，當得隨命，福祐隨至，何故遭凶？顏淵困於學，以才自殺；伯牛空居❿，而遭惡疾。及屈平、伍員之徒，盡忠輔上，竭王臣之節，而楚放其身，吳烹其尸⓫。行善當得隨命之福，乃觸遭命之禍，何哉？言隨命則無遭命，言遭命則無隨命，儒者三命之說，竟何所定？且命在初生，骨表著見⓬。今言隨操行而至，此命在末⓭，不在本⓮也。則富貴貧賤皆在初稟之時，不在長大之後隨操行而至也。正命者至百而死；隨命者五十而死；遭命者初稟氣時遭凶惡也，謂妊娠⓯之時遭得惡也，或遭雷雨之變⓰，長大夭死。此謂三命。

【章　旨】此章批駁儒者三命說，並對三命進行新的解釋。

【注　釋】❶施氣　指交合。❷性　這裡指先天具備的德性。❸勉　指努力修養。❹求之有道二句　《孟子·盡心上》：「求則得之，舍則失之，是求有益於得也，求在我者也；求之有道，得之有命，是求無益於得也，求在外者也。」之，指富貴。道，途徑；方法。❺盜跖　人名。春秋末人，名跖，舊稱「盜跖」，說他率「從卒九千人，橫行天下，侵暴諸侯」（《莊子·盜跖》）。❻莊蹻　人名。戰國時楚人，後世多以蹻與跖並稱。❼無道甚矣　殘暴已極。❽安　怎麼。❾驗　證實。❿空居　猶言閑居。⓫吳烹其尸　指吳王把伍子胥的屍體放在鍋中烹煮。⓬見　同「現」。⓭末　末尾。指出生以後。⓮本　本來。指胚胎在母體內承受氣之時。⓯妊娠　懷孕。⓰變　指突發性的事件。參見卷一〈累害篇〉注釋「雷風之變」條。

【語　譯】凡人的生命，在父母交合的時刻，吉凶就已經獲得了。人的先天具備的道德屬性，與在母體內胚胎所承受的氣而形成的生命是不同的。有的人天生就性善，而命不一定好，有的人天生就性惡，而命不一定壞。操行的好壞，是先天具有的道德屬性；而後天的禍福吉凶，是胚胎於母體時承受不同的氣而形成的命。有人操行高尚而遭禍害，這是性善而命惡；有人操行惡劣而得福運，這是性惡而命吉。人的道德品性生來就有善惡，而人的命運也生來就有吉凶。假如是命運吉祥的人，即使不去從事道德修養，也未必沒有福運；而命運凶惡的人，雖然努力進行操行修養，也未必沒有災禍。孟子說：「富貴是身外之物，人們可以通過一定的途徑和方法去追求，然而能否得到富貴，則是由命決定的。」富貴這東西，道德修養好的人是能夠追求的，但只有命好的人才能得到它。品性好而命不好，追求富貴而不能得到它。操行惡劣的人，如果作了壞事，災禍就會隨著到來，而盜跖、莊蹻橫行天下，聚積數千黨徒，攻擊搶奪人和財物，到處殺人，殘暴到了極點，應當碰上自己招來的災禍，卻按照他們各自的壽命而終。既然是這樣，「隨命」之說，又怎麼能夠驗證呢？遭命，是內在的操行很好，而遭受外來的災禍。如顏淵、伯牛這樣的人，為什麼又會遭到凶禍呢？顏淵、伯牛都是操行高尚的人，理當得到「隨命」，福祐隨之降臨，為什麼會遭遇凶禍呢？顏淵拼命追求知識學問，因勞累過度而喪失自己的生命；伯牛閑居在家，卻招致疾病纏身。及至屈原、伍子胥這樣的人，忠心耿耿地輔佐君主，竭盡君臣的節操，但是楚王放逐屈原，吳王把伍子胥的屍體放在鍋裡煮。操行美好的人應當得到隨命的福運，卻碰上遭命的災禍，這是為什麼呢？講隨命就不會有遭命，講遭命的就應該沒有隨命，儒家三命之說，究竟是根據什麼提出來的呢？況且命決定於初生，從人的骨相體貌就明顯地表現出來了。現在說可以隨著人的操行而到來，那就是說，命是在人出生以後才有的，而不是在母體中最初承受氣的時候。然而，富貴貧賤都在最初承受氣的時候就決定了的，而不在人長大之後隨著操行的好壞而到來的。我認為，正命是指人活到一百歲而死；隨命是指人活到五十歲左右而死；遭命是最初稟承氣時遭到外界兇惡環境的不良影響形成的一種命，也就是說懷孕的時候碰到惡劣的環境，或碰到打雷下雨這樣的氣候突變，長大就夭折而死了。這就是「三命」。

亦有三性：有正，有隨，有遭。正者，稟五常❶之性也；隨者，隨父母之性；遭❷者，遭得惡物象之故也。故娠婦食兔，子生缺脣。〈月令〉❸曰：「是月也，雷將發聲，有不戒其容者，生子不備，必有大凶。」瘖❹聾跛盲，氣遭❺胎傷，故受性狂悖❻。羊舌似我❼初生之時，聲似豺狼，長大性惡，被禍而死。在母身時遭受此性，丹朱、商均❽之類是也。性命在本，故《禮》❾有胎教之法❿：子在身時，席不正不坐，割⓫不正不食⓬，非正色目不視，非正聲耳不聽。及長，置⓭以賢師良傅⓮，教君臣父子之道。賢不肖在此時矣。受氣時，母不謹慎，心妄慮邪，則子長大，狂悖不善，形體醜惡。素女⓯對黃帝陳⓰五女之法⓱，非徒傷父母之身，乃⓲又賊⓳男女⓴之性。

【章　旨】此章提出「三性」說。

【注　釋】❶五常　指儒家宣傳的仁、義、禮、智、信五種倫理道德規範。❷遭　碰到；遇上。❸月令　是《禮記》中的一篇。❹瘖　啞巴。❺遭　指遭到惡物的摧殘。❻悖　亂。❼羊舌似我　又作「羊舌食我」。人名，姓羊舌，名食我，春秋時晉國大夫羊舌肸之子。❽丹朱商均　人名。丹朱，堯之子。商均，舜之子。皆品德惡劣，未繼承帝位。❾禮　指《禮記》。❿胎教之法　指婦女孕期教育。是中國古代提倡優生的一種方法。⓫割　宰割牛羊等。⓬食　吃。⓭置　設置；安排。⓮傅　師。⓯素女　古代神話傳說中的神女。善弦歌。⓰陳　陳述。⓱五女之法　疑為「御女之法」。指男女交合的方法。這裡是指淫亂的行為。⓲乃　而且。⓳賊　傷害。⓴男女　此指子女。

【語　譯】也有三性：有正，有隨，有遭。正，是指稟承仁、義、禮、智、信五種倫理道德規範的性；隨，是因隨遺傳父母的性；遭，是由於遭受而得到兇惡事物的形象的緣故造成的一種性。因此，孕婦如果吃了兔子，孩子一生下來就會兔唇。《禮記・月令》說：「這個月（夏曆二月），雷將要發聲，有行動不謹慎，夫妻同房的，生的孩子形體有缺陷，一定有大的凶禍發生。」啞巴、聾子、瘸子、瞎子，都是因為氣碰上惡物，使胎兒受到損傷，所以受性狂亂。羊舌食我初生時，啼哭聲似豺狼，長大後品性惡劣，遭受禍害而死。在母體中遭受這種性的，丹朱、商均這類人就是。性和命都是在最初承受氣的時候形成的，因此《禮記》有胎教的方法，規定婦女懷孕時，座席不正不坐，不按禮的規定宰割牲畜的肉不吃，不是正色不看，不是正聲不聽。等孩子長大了，就把他送到賢師良師門下，用君臣、父子之道去教育他。孩子長大以後是賢能還是不賢能，就決定於這個時候啊。父母交合時，如果母親不謹慎，心中產生邪念，生出來的孩子長大以後，就會狂亂不善，形體醜惡。傳說素女曾向黃帝陳述男女交合的方法，不僅傷害了父母的身體，而且又傷害了子女的心性。

人有命❶，有祿，有遭遇，有幸偶。命者，貧富貴賤也；祿者，盛衰興廢❷也。以命當富貴，遭當盛之祿，常安不危；以命當貧賤，遇當衰之祿，則禍殃乃至，常苦不樂。遭者，遭逢非常之變❸。若成湯❹囚夏臺❺，文王厄❻牖里矣。以聖明之德，而有囚厄之變，可謂遭矣。變雖甚大，命善祿盛，變不為害，故稱遭逢之禍。晏子❼所遭，可謂大矣，直兵❽指胸，白刃加頸，蹈死亡之地❾，當❿劍戟⓫之鋒，執⓬死得生還。命善祿盛，遭逢之禍，不能害也。歷陽之都，長平之坑，其中必有命善祿盛之人，一宿同填⓭而死，遭逢之禍大，命善祿盛不能卻⓮也。譬猶水火相更⓯也，水盛勝火，火盛勝水。遇者，遇其主而用也。雖有善命盛祿，不遇知己之主，不得效驗⓰。幸者，謂所遭觸得善惡也⓱。獲罪得脫，幸也；無罪見⓲拘，不幸也。執拘未久，蒙令⓳得出，命善⓴祿盛，天災之禍不能傷也。偶者，謂事君也。以道事君，君善其言，遂用其身，偶也；行與主乖㉑，退㉒而遠㉓，不偶也。退遠未久，上官錄召㉔，命善祿盛，不偶之害不能留㉕也。故夫遭、遇、幸、偶，或與命祿並，或與命祿離㉖。遭遇幸偶，遂以成完㉗，是與命祿並者也；遭遇不幸偶，遂以敗傷，中㉘不遂成，善㉙轉為惡㉚，是與命祿離者也。

【章　旨】此章解釋遭、遇、幸、偶，指出其與命、祿之關係。

【注　釋】❶命　與下句「祿」字，皆指「祿命」。❷盛衰興廢　指與富貴貧賤相適應的政治經濟地位的高低好壞。❸非常之變　意想不到的災禍。❹成湯　商代的開國君主。❺夏臺　古獄名。又名鈞臺，在今河南禹縣南，相傳成湯被夏桀囚禁於此監獄之中。❻厄　被困；被囚禁。❼晏子　即晏嬰。字平仲，春秋時齊國大夫。據《晏子春秋》載，齊大夫崔杼殺死齊莊公，另立齊景公，曾以武力脅迫晏嬰等卿大夫屈從。❽直兵　指劍之類兵器。❾蹈死亡之地　指處於生死存亡的危險境地。蹈，腳踩。❿當　面對。⓫戟　古代一種長柄兵器。⓬執　處。⓭填　埋入。這裡指埋入地下，陷入水中。⓮卻　推卻；避免。⓯相更　相革。⓰效驗　驗證。⓱幸者二句　幸或不幸，指的是碰巧得到善惡兩種不同的結果。⓲見　被。⓳令　指赦免令。⓴善　贊賞；喜歡。㉑乖　不合。㉒退　被斥退。㉓遠　被疏遠。㉔錄召　被任用。㉕留　滯留。㉖離　相反；不一致。㉗成完　完全實現。成，成功。完，完好無缺。㉘中　中途；半途。㉙善　指富貴。㉚惡　指貧賤。

【語　譯】人都有命，有祿，有遭遇，有幸偶。所謂命，是指貧富貴賤；祿，是指與貧富貴賤相適應的政治經濟地位之好壞高低。因為命中注定應當富貴，而又承受相當豐盛的俸祿，就會經常平安無事，不會有危險；因為命中注定應當貧賤，而又碰到相當衰微的俸祿，禍殃仍然到來，經常苦悶不樂。所謂遭，是指碰上意想不到的災禍。好像成湯被夏桀囚禁在夏臺，周文王被商紂王囚禁在羑里。以聖明崇高的德操，卻招來被人囚禁的災禍，可以稱之為「遭」了。災禍雖然很大，命祿美好興盛的人，災禍並不能傷害他，因此稱作遭逢到的災禍。晏子碰到的禍害，可以說很大了，長劍直指他的胸脯，白刃架在他的脖子上，處在生死存亡的危險境地，但他面對著鋒利的劍戟一類兵器，身處死地而活下來了。這說明命祿美好興盛的人，即使碰上災禍，災禍也不能傷害他。歷陽城，長平坑，其中一定有命祿美好興盛的人，一夜之間都被埋入土坑，葬於水底，碰上的災禍如此之大，連命好俸祿興盛的人也不能倖免。譬如水與火相革，要麼是水大可以戰勝烈火，要麼是火大可以戰勝大水。所謂遇，是指碰上君主或上司而被賞識重用。雖然有好命和豐盛的俸祿，如果不碰到知己的君主或上司，好的命祿還是不能實現。所謂幸與不幸，指的是碰巧得到好壞不同的結果。犯了罪過而能夠擺脫懲罰，這是幸；沒有罪過反而被囚禁，這是不幸。被囚禁不久，蒙受赦免令而獲得釋放，命好俸祿豐盛，天災人禍都不能傷害他，這也是幸啊！偶或不偶，是指事奉君主能不能受到賞識和重用。根據正道事奉君主，君主贊賞他的意見，於是就重用他這個人，這就是偶；行動與君主不合，被君主斥退，被君主疏遠，這就是不偶。被君主疏遠斥退不久，又被上司召回任用，命祿好，不能使他滯留在被斥退被疏遠的境地，這也是偶啊。因此，遭、遇、幸、偶，有的與命祿一致，有的與命祿相反。碰到幸偶，於是能完好無缺地實現由命中注定的貧富貴賤，這是與命祿一致的；碰到不幸和不偶，於是以失敗而傷害，半途而廢，使富貴轉化成為貧賤，這是與命祿不一致的情況。

故人之在世，有吉凶之性命，有盛衰之禍福，重❶以遭遇幸偶之逢，獲從❷生死❸而卒❹其善惡之行❺，得其胸中之志，稀❻矣！

【章　旨】此章為本篇作結論，慨歎人生之艱難。

【注　釋】❶重　加上。❷從　順從。❸生死　指正常的壽命。❹卒　完成。❺善惡之行　指操行。❻稀　少。

【語　譯】因此，人生在世，有吉祥凶惡的性命，有政治經濟地位的好壞，再加上可能碰到的遭、遇、幸、偶各種情況，能夠得以正常地度過一生，而始終保持自己操行，實現自己心中的志向和抱負，實在太少了！

# 無形篇第七

【題　解】本篇論述人的形體和壽命之關係，認為人的形體和壽命都是稟承天施放的氣同時形成的，由於所承受的氣有厚薄之分，因而有形體大小和壽命長短之別，但是形體與壽命總是互為表裡，相互依存的。

人稟❶元氣❷於天，各受壽夭之命❸，以立❹長短❺之形❻，猶陶者用埴❼為簋❽廡❾，冶者用銅為柈❿杅⓫矣。器形已成，不可小⓬大⓭；人體已定，不可減增。用⓮氣為性，性⓯成命定。體氣與形骸⓰相抱，生死與期節⓱相須⓲。形不可變化，命不可減加。以陶冶言之，人命短長，可得論也。

【章　旨】此章論人的形體與壽命相互依存之關係。

【注　釋】❶稟　承受。❷元氣　構成人和萬物的物質元素。是天地星宿在運動中施放出來的。❸壽夭之命　長短不同的生命。王充認為人的死生壽夭是胚胎於母體時，由於承受了不同的氣決定的。❹立　形成。❺長短　高矮。❻形　形體。❼埴　黏土。《釋名・釋地》：「土黃而細密曰埴。」❽簋　古代盛食物的器具。❾廡　通「甒」。古代盛酒的陶器。❿柈　同「盤」。盤子。⓫杅　同「盂」。盛水的器皿。⓬小　縮小。⓭大　擴大。⓮用　因；憑藉。⓯性　生命。⓰形骸　形體。⓱期節　期限。指命中注定的壽限。⓲須　等待。此指一致。

【語　譯】人稟承天地星宿在運動中施放出來的氣，由於承受氣的厚薄多少不同，形成各自長短不同壽限的生命，也因此而形成各自高矮不同的形體，好像製陶的人用黏土製成各種式樣的器具，鑄造金屬器的工人用銅鑄造各種式樣的器皿一樣。器皿的形狀已經成型，就不可以縮小或擴大；人的形體已經確定以後，就不可能減少或增加某種部位。人承受氣而形成生命，生命一旦形成就意味著決定壽限長短的命也已形成。人體內所承受的氣與形體是相互依存的，人的生死與命中注定的壽限是一致的。形體不可能變化，命中注定的壽限不可能減少或增加。根據製陶和冶金的道理來推論，就可以說明人的壽命為什麼有長短之別了。

或難❶曰：「陶者用埴為簋廡，簋廡壹成❷，遂至❸毀敗❹，不可復變。若夫冶者用銅為柈杅，柈杅雖已成器，猶可復爍❺，柈可得為尊❻，尊亦可為簋。人稟氣於天，雖各受壽夭之命，立以形體，如得善道❼神藥❽，形可變化，命可加增。」

曰：冶者變更成器，須先以火燔爍，乃可大小短長。人冀延年，欲比於銅器，宜有若爐炭之化，乃易形❾；形易，壽亦可增。人何由變易其形，便如火爍銅器乎？《禮》曰：「水潦❿降，不獻魚鼈。」何則？雨水暴下，蟲蛇變化，化為魚鼈。離本真⓫暫⓬變之蟲，臣子謹慎，故不敢獻。人願身之變，冀若蟲蛇之化乎？夫蟲蛇之化者，不若不化者。蟲蛇未化，人不食也；化為魚鼈，人則食之。食則壽命乃短，非所冀也。歲月推移，氣⓭變物類，蝦蟆⓮為鶉⓯，雀為蜄⓰蛤⓱。人願身之變，冀若鶉與蜄蛤魚鼈之類也？人設⓲捕蜄蛤，得者食之，雖身之不化，壽命不得長，非所冀也。魯公牛哀⑲寢疾七日，變而成虎。鯀⑳殛㉑羽山㉒，化為黃能㉓。願身變者，冀若牛哀之為虎，鯀之為能乎？則夫虎、能之壽，不能過人。天地之性，人最為貴。變人之形，更為禽獸，非所冀也。凡可冀者，以老翁變為嬰兒，其次，白髮復黑，齒落復生，身氣丁㉔強，超乘㉕不衰，乃可貴也。徒變其形，壽命不延，其何益哉？

【章　旨】此章論人的形體之不可變。

【注　釋】❶難　責難；反駁。❷壹成　一旦製成。❸遂至　直到。❹敗　壞。❺爍　熔化。❻尊　酒器。❼善道　指所謂能使人延年益壽、長生不老的道術。❽神藥　仙丹。❾易形　改變形體。❿潦　雨水大。見《禮記・曲禮上》。⓫本真　本來面貌。⓬暫　猝；突然。⓭氣　指節氣。⓮蝦蟆　蛤蟆。⓯鶉　鵪鶉。⓰蜄　大蚌。⓱蛤　蛤蜊。⓲設　若；假如。⓳公牛哀　姓公牛，名哀，春秋時魯國人。《淮南子・俶真》載：「昔公牛哀轉病也，七日化為虎，其兄掩戶而入，覘之，則虎搏而殺之。」⑳鯀　亦作「鮌」。相傳是大禹之父，因治水無功，被舜殺死在羽山，後化作黃能。見《左傳・昭公七年》。㉑殛　殺死。㉒羽山　古山名。傳說在今山東郯城東北。㉓黃能　古神話傳說中的動物。像熊，呈黃色。㉔丁　壯丁。強壯為丁。㉕超乘　跳躍上車。這裡形容壯丁勇猛敏捷。

【語　譯】有人反駁說：「製陶的人用黏土做各種式樣的器具，器具一旦製成，直到毀壞，不能再變化。至於鑄造金屬器皿的工人用銅製成盤子等器皿，盤盂即使已經做成，還可以再熔化，盤子就可以再做成酒尊，酒尊也可以製成簋器。人稟承天地星宿在運動中施放出來的氣，各自形成長短不同壽限的生命，建立自身的形體。如果能夠得到使人延年益壽、長生不死的道術和仙丹，形體就可以變化，壽命就可以增加。」

我認為：鑄造金屬器皿的工人改變已經成型的器具，必須首先用烈火燒煅，使原有的金屬器皿熔化，才可以改變它的大小長短。人希望延年益壽，要想同銅器相比，就應該像銅器經過爐火的熔化，才能改變形體；形體改變，壽命也可以增加。人通過什麼方法來改變自己的形體，就像爐火熔化銅器一樣呢？《禮記・曲禮》說：「降雨太多，就不用向君主進獻魚鱉。」為什麼？因為雨水暴下，蟲蛇變化，化作魚鱉。由蟲蛇突然變形而化成的魚鱉，臣子對牠特別小心謹慎，因此不敢進獻給君主。人願意身體發生變化，是希望像蟲蛇一樣化作魚鱉嗎？蟲蛇變化為魚鱉的，還不如不變化的。因為蟲蛇未變化時，人不會吃掉牠；一旦變化為魚鱉，人就會吃掉牠。被人吃掉，蟲蛇的壽命就短了，這樣的變化並不是人所希望的。歲月的推移，節氣的變化，使某些物類也隨之發生變化，蛤蟆變為鶉鴽，鳥雀變為大蚌和蛤蜊。人希望身體發生變化，是希望變成像鶉鴽與大蚌、蛤蜊、魚鱉之類的動物嗎？人們如果捕捉大蚌、蛤蜊，捕捉到的大蚌、蛤蜊之類就被人吃掉，即使身體不變化作動物，牠們的壽命也不會長，這顯然不是人所希望的。魯國人公牛哀臥病七天，變成了老虎。鯀因治水無功，被舜殺死在羽山，化作為一種像熊一樣的野獸。希望自己身體變化的人，是希望像公牛哀那樣變為老虎，像鯀那樣變為黃熊嗎？然而，那些虎、熊的壽命，遠遠不能超過人的壽命。天地間的生命，人最為寶貴。使人的形體發生變化，改變為禽獸，這不是人們所希望的。大凡人所希望的，是把老翁變為嬰兒，其次，就是使白髮再變黑，使牙齒脫落了再長出來，身體和氣血強壯旺盛，勇猛敏捷，這才是最可貴的。只改變人的形體，壽命不能延長，這種改變又有什麼益處呢？

且物之變隨氣，若應政治❶，有所象❷為。非天所欲壽長之故，變易其形也，又非得神草珍藥，食之而變化也。人恆❸服藥固❹壽，能增加本性❺，益其身年也。遭時❻變化，非天之正氣❼，人所受之真性也。天地不變，日月不易，星辰不沒，正也。人受正氣，故體不變。時或❽男化為女，女化為男，由❾高岸為谷，深谷為陵❿也，應政為變。為政變，非常性也。漢興，老父⓫授張良⓬書，已化為石⓭，是以石之精為漢興之瑞⓮也，猶河精為人持璧與秦使者⓯，秦亡之徵也。蠶食桑老，績⓰而為繭，繭又化而為娥⓱，娥有兩翼，變去蠶形。蠐螬⓲化為復育⓳，復育轉而為蟬，蟬生兩翼，不類蠐螬。凡諸命⓴蠕蜚㉑之類，多變其形，易其體；至人獨不變者，稟得正也。生為嬰兒，長為丈夫，老為父翁，從生至死，未嘗變更者，天性然也。天性不變者，不可令復變；變者，不可不變。若夫變者之壽，不若不變者。人欲變其形，輒㉒增益其年，可也。如徒變其形而年不增，則蟬之類也，何謂人願之？龍之為蟲，一㉓存一亡，一短一長；龍之為性也，變化斯須㉔，輒㉕復㉖非常㉗。由此言之，人，物也，受不變之形，形不可變更，年不可增減。

【章旨】此章論證人之形不可變，年亦不可增減。

【注釋】❶若應政治　王充認為，萬物的變化有時或許是應和著國家政治形勢的好壞而發生的。若，或。應，應和。❷象　徵兆；預兆。❸恆　長久；長期。❹固　增強。❺本性　指人胚胎於母體時承受氣而形成的生命。本，原來的。❻遭時　碰巧。❼正氣　指天地星宿在運動中正常施放出來的氣。❽時或　有時。❾由　通「猶」。如同。❿陵　丘陵。⓫老父　老人。⓬張良　漢初大臣。字子房，傳為城父（今安徽亳縣）人，曾刺秦始皇未遂，逃至下邳時，遇黃石公，黃石公授以《太公兵法》，後助劉邦得天下，被封為留侯。見《史記・留侯世家》。⓭已化為石　傳說黃石公是石頭變的，後又復原為石頭。已，已而；後來。⓮瑞　祥瑞；吉祥的徵兆。⓯猶河精句　據《史記・秦始皇本紀》，秦始皇三十六年秋，河精曾手捧玉璧攔阻秦的使臣，說：「今年祖龍死。」⓰績　指吐絲。⓱娥　同「蛾」。⓲蠐螬　金龜子的幼蟲。⓳復育　蟬的幼蟲。古人分不清蠐螬、復育是兩種昆蟲的幼蟲，以為復育是蠐螬變的。⑳諸命　各種有生命的。㉑蜚　通「飛」。㉒輒　則；就能。㉓一有時；或。㉔斯須　須臾；片刻。㉕輒　總是。㉖復　反覆；變化。㉗非常　無常。

【語　譯】況且萬物的變化，有的是隨著節氣的變化而發生的，有的是應和著國家政治形勢的好壞而發生的，是作為某種吉凶的預兆而出現的。並非因為上天想使它延年益壽，才使它變換自己的形體，又不是能夠得到神奇珍貴的草藥，吃了這種神丹妙藥而引起形體變化的。人如果長期服藥，固然能增強壽年，能增加原來的生命，延長自己的壽命，但這只是碰巧發生的變化，不是天地星宿在運動中正常施放出來的氣，人所稟承而形成的真正的生命啊。天地不變，日月不會改換，星辰不會沈沒，這就是正。人承受天地、日月、星辰在運動中施放出來的正氣，因此形體不會改變。有時或許男人變為女人，女人變為男人，如同高山變成深谷，深谷變成丘陵，這是應和政治形勢而變化的。作為應和政治形勢而發生的變化，這不是正常的生命現象。漢朝興起之前，有位老人傳授給張良一部兵書，而後這位老人變成了石頭，這是把石頭精靈的出現當作漢朝興起的徵兆，如同江河的精靈替人手持玉璧攔住秦朝的使臣，是秦始皇滅亡的徵兆一樣。蠶吃桑葉逐漸變老，吐絲而變成繭，繭又孵化而變成飛蛾，飛蛾有兩張翅膀，完全變去了蠶的形態。蠐螬變為復育，復育轉變成蟬，蟬生長著兩張翅膀，完全不像蠐螬。凡是能夠蠕動和飛翔的各種有生命的蟲類，大多數能改變自己的形體；至於人唯獨不會改變自己的形體，原因是人所承受的是天地的正氣。出生為嬰兒，長大為丈夫，年老為父親，從出生到死亡，從未有變換形體，天生的本性就是這樣。天生的本性不會改變，就不可以使形體再改變；變，是不可不變。至於改變形體的壽命，還不如不改變的壽命長。人想改變自己的形體，如果能夠延長壽命，那是值得的。如果僅僅改變自己的形體而不能增加年壽，那只是蟬之類的昆蟲而已，怎能說是人所希望的呢？龍作為爬蟲的一種，時而出現，時而隱沒，形體也時短時長；龍的本性，使牠變化很快，總是反覆無常。由此看來，人，作為一種高級動物，從天地星宿那裡承受了不變的形體，形體不可改變，年壽也不可能增減。

傳稱高宗有桑穀之異❶，悔過反政❷，享福百年，是虛也。傳言宋景公❸出三善言，熒惑❹卻三舍❺，延年二十一載❻，是又虛也。又言秦繆公❼有明德，上帝賜之十九年，是又虛也。稱赤松❽、王喬❾好道為仙，度世❿不死，是又虛也。假令人生立形謂之甲，終老至死，常守甲形。如好道為仙，未有使甲變為乙者也。夫形不可變更，年不可減增。何則？形、氣、性，天也。形為春，氣為夏。人以氣為壽，形隨氣而動⓫。氣性不均，則於體不同。牛壽半馬，馬壽半人，然則牛馬之形與人異矣。稟牛馬之形，當自得牛馬之壽，牛馬之不變為人，則年壽亦短於人。世稱高宗之徒⓬，不言其身形變異，而徒言其增延年壽，故不信矣。

【章旨】此章論高宗之徒的延年益壽之不足可信。

【注釋】❶傳稱句　傳說武丁當政時，宮廷裡突然長出桑樹、構樹，以為上天要懲罰於武丁，商朝將亡，武丁害怕已極，於是悔過自新，桑、構二樹即刻消失。高宗，商朝君主武丁。桑，桑樹。穀，構樹。❷反政　改良政治。❸宋景公　春秋時宋國君主。傳說景公當政時，火星侵犯心宿，後來景公說了三句憐惜臣民的話，火星當晚就離開了心宿，解除了宋國的災禍，又使宋景公延長壽命二十一年。❹熒惑　即火星。由於火星呈紅色，亮度和運行軌道常有變化，令人困惑，所以古代稱之「熒惑」。❺卻三舍　指火星離開心宿時共移動了三次，挪動了三個位置。據說每挪動一個位置經過七個星宿，卻三舍便經過了二十一個星宿。卻，退避；移開。舍，古人認為二十八宿是日、月、五星運行中停留休息之地，所以每一星宿叫一舍。❻延年二十一載　火星每經過一個星宿，就意味著宋景公延長一年壽命。經過二十一個星宿，所以共延壽二十一年。❼秦繆公　即秦穆公。據《墨子·明鬼》載，傳說他在祖廟祭祀時，一個神賜他延長壽命十九年。❽赤松　即赤松子。傳說中的仙人，曾為神農時雨師，一說為帝嚳之師。❾王喬　又稱王子喬。神話中的仙人。❿度世　超度人世。即成仙。度，超度。⓫動　變動。此指發育、成長。⓬高宗之徒　指殷高宗、宋景公、秦穆公這一類人。徒，類。

【語譯】傳說殷高宗當政時，有一種在宮廷裡突然長出桑樹和構樹的怪異現象，高宗悔過，改良政治之後，不僅桑、構樹消失了，而且高宗享福百年。顯然，這是妄言。傳說宋景公當政時，火星侵犯心宿，景公說了三句憐惜臣民的好話，火星竟退避三舍，免除了災禍，還使宋景公延長壽命二十一年。這又是妄言。又說秦穆公有美德，祭祀祖廟時，先帝賜他延壽十九年。這又是妄言。人們稱頌赤松子、王子喬愛好道術，變為仙人，超度人世，長生不死。這又是虛妄之言。假如把一個人生下來的形象叫做甲形，終老到死，常常保持甲形，即使掌握道術而變成仙人，也無法使甲形變成乙形的。人的形體不可能改變，人的壽命也不可能減少或增長。這是為什麼？因為人的形體、氣、生命，都是由天地星宿運行中施放的氣所決定的。形是人的外表，氣是生命的動因，好像春天使萬物萌芽生長，具備外形，而夏天則促使萬物發育成長一樣。人以氣為壽，承受氣的厚薄決定人的壽命的長短；人的形體是隨著各人承受氣的不同而發育成長的。氣性不同，表現在形體上也不一樣。牛的壽命是馬的一半，馬的壽命是人的一半，即使這樣，牛馬的形體與人還是不同的。領受牛馬的形體，應當自然而然地獲得牛馬的壽命，牛馬不能變成人，就是年壽也比人要短。世人稱頌殷高宗、宋景公、秦穆公這一類人，不講他們身體的形態是否變異，而僅僅講他們如何延年益壽，因此是不可信的。

形之血氣也，猶囊❶之貯粟米也。粟米一石，囊之高大，亦適一石。如損益❷粟米，囊亦增減。人以氣為壽，氣猶粟米，形猶囊也。增減其壽，亦當增減其身，形安得如故？如以人形與囊異，氣與粟米殊，更以苞瓜❸喻之。苞瓜之汁，猶人之血也；其肌，猶肉也。試令人損益苞瓜之汁，令其形如故，耐❹為之乎？人不耐損益苞瓜之汁，天安耐增減人之年？人年不可增減，高宗之徒，誰益之者，而云❺增加？如言高宗之徒，形體變易，其年亦增，乃可信也。今言年增，不言其體變，未可信也。何則？人稟氣於天，氣成而形立，形命相須❻，以至終死。形不可變化，年亦不可增加。以何驗之？人生能行，死則僵仆❼，死則氣滅，形消而壞。稟氣生人，形不可得變，其年安可增？人生至老，身變者，髮與膚也。人少則髮黑，老則髮白，白久則黃。髮之變，形非變也。人少則膚白，老則膚黑，黑久則黯❽，若有垢❾矣。髮黃而膚為垢，故《禮》曰：「黃耇無疆❿。」髮膚變異，故人老壽遲死，骨肉不可變更，壽極則死矣。五行⓫之物，可變改者，唯土也。埏⓬以為馬，變以為人，是謂未入陶竈更⓭火者也。如使成器，入竈更火，牢堅不可復變。今人以⓮為天地所陶冶矣，形已成定，何可復更也？

【章　旨】此章言人體可以變化的只是毛髮和皮膚而已。

【注　釋】❶囊　口袋。❷損益　增減。❸苞瓜　匏瓜。❹耐　通「能」。❺云　說。❻須　等待；依存。❼僵仆　僵硬地倒下。❽黯　深黑。指皮膚乾枯不光潤。❾垢　汙垢。❿黃耇無疆　見《儀禮．士冠禮》。黃耇，泛指老人。耇，指老人臉色暗黑。無疆，廣大；長久。⓫五行　木、火、土、金、水。⓬埏　和土成泥。⓭更　經歷；經過。⓮以　通「已」。已經。

【語　譯】人的形體中有血氣，如同口袋中裝有粟米一樣。粟米一石，口袋高大的，也正好裝一石。如果增減粟米，口袋也要增減。人的壽命長短是由承受氣的厚薄多少決定的，氣如同粟米，形體如同口袋。增減人的壽命，也應當增減人的身體，形體怎能和原先一樣呢？如果因為人的形體與口袋不同，氣與粟米不同，那麼，再更換一下用匏瓜來作比喻。匏瓜的汁液，如同人的血液；匏瓜的瓜肉，如同人的肌肉。試一試讓人增減匏瓜的汁液，使匏瓜的形體和原來一樣，能夠辦到嗎？人不能增減匏瓜的汁液，天怎能增減人的年壽？人的年壽不可能增減，殷高宗、宋景公、秦穆公這類人，誰又能使他們延年益壽，而說增加呢？如果說高宗這類人的形體改變，他們的年壽也隨之增加，才是可信的。現在說他們年壽增加，不說他們形體有什麼改變，就不可信了。這是為什麼呢？人稟承於天地星宿運行所施放出來的氣，氣承受足了就形成形體，形體和壽命相互依存，直到壽終而死。形體不可能變化，年壽也不能增加。用什麼來證明呢？人活著就能行走，人死就會直挺挺地倒下，人一死，氣就散滅了，形體逐漸損壞消失。承受氣而出生的人，形體不可能改變，他的年壽又怎麼可以增加？人從出生到老死，身體上發生變化的，只有頭髮和皮膚。人年少時毛髮呈黑色，年老時毛髮就變白了，白的時間久了就又變成黃色。毛髮的變化，並不是形體的改變。人年輕時皮膚白，年老時皮膚變黑，久而久之，皮膚乾枯，失去了光澤，如同有一層汙垢似的。毛髮變黃而皮膚乾枯，如同有一層汙垢，所以《儀禮》說：「老人長壽。」毛髮皮膚的變異，因此人長壽遲死，骨肉不可改變，壽終而死。五行中的物質，可以改變的，只有土啊。和土成泥而作成馬，又可以改變馬的形態而捏成人的樣子，這是指還沒有放進製陶的爐竈裡經過火的煅燒啊。如果要讓它成為陶器，放進爐竈裡經過燒煉，就變得牢固堅實，不可再改變它的形狀。現在人體已經被天地陶冶過了，形體已經固定，怎麼還可以再改變呢？

圖❶仙人之形，體生毛，臂變為翼，行於雲，則年增矣，千歲不死。此虛圖也。世有虛語，亦有虛圖。假使之然，蟬娥之類，非真正人也。海外三十五國❷，有毛民、羽民，羽則翼矣。毛羽之民，土形❸所出，非言為道❹身生毛羽也。禹、益❺見西王母❻，不言有毛羽。不死之民❼，亦在外國，不言有毛羽。毛羽之民，不言不死；不死之民，不言毛羽。毛羽未可以效❽不死，仙人之有翼，安足以驗長壽乎？

【章　旨】此章駁斥長生不死的謊言。

【注　釋】❶圖　畫。❷海外三十五國　這是古代的傳說，並不符合實際情況。❸土形　指地理環境。❹為道　修道；修行道術。❺益　伯益。傳說是舜的大臣，曾與禹同治洪水。見《孟子．滕文公下》。❻西王母　傳說為西方一女仙人，長生不老。王充以為《山海經》是禹、益編著的，此書說西王母是普通婦人，所以這樣說。❼不死之民　古代神話傳說中說海外有長生不死的人。❽效　證明。

【語　譯】畫仙人的形狀，常常是身體上長毛，雙臂變成翅膀，行走在雲端。都是年壽增加，千歲不死。這是妄圖。世上有謊言，也有妄畫。假如是這樣，只不過是蟬蛾一類的蟲子，而不是真正的人。傳說海外有三十五國，有毛人、羽人，羽就是翅膀。其實，身上長毛、有翅膀的人，是由地理環境造成的，不是說修道而身上生毛長翅膀的。大禹、伯益拜見西王母時，並未說西王母身上長有毛羽。長生不死的人，也在外國，並沒有說長生不死的人身上長有毛羽。身上長毛羽的人，並不說不死；長生不死的人，並不說長有毛羽。所以，毛羽並不能證明這種人可以長生不死，仙人長有翅膀，怎麼足以證明他可以長壽不死呢？

# 率性篇第八

【題解】本篇論述人的本性，強調後天的社會環境對人性的改造作用，認為人性之善惡是可以相互轉化的，「善可變為惡，惡可變為善」，實現這種轉化之關鍵在於「教告率勉」。因而，王充特別重視教育和法制的力量，要求「學校勉其前，法禁防其後」。

論人之性❶，定有善有惡。其善者，固❷自善矣；其惡者，故❸可教告率❹勉，使之為善。凡人君父，審觀❺臣子之性，善則養育勸❻率，無❼令近惡；惡則輔保❽禁防❾，令漸❿於善。善漸於惡，惡化於善，成為性行⓫。

【章　旨】此章論人的本性有善惡之分。

【注　釋】❶性　這裡是指人先天具有的道德屬性。❷固　固然；本來。❸故　本來。❹率　引導。❺審觀　仔細觀察。❻勸　勉勵。❼無　通「毋」。不要。❽輔保　輔導。❾防　約束。❿漸　浸染。這裡指逐漸轉化。⓫性行　天性一樣的品行。

【語　譯】論述人的本性，一定有善有惡。那些天生性善的人，固然自己會善；那些天生性惡的人，本來也可以通過教育、勸告、引導、勉勵，使他變成善。凡是為人君父的人，應該仔細觀察臣子的本性，性善的就繼續培養、教育、勉勵、引導，不要使他接近於惡；性惡的就要加強輔導、禁止、約束，使他逐漸轉化為善。善逐漸轉化到惡，惡逐漸轉化到善，就成了與天生一樣的品行。

召公❶戒❷成王曰：「今王初服厥命，於戲！若生子，罔不在厥初生❸。」「生子」謂十五子❹，初生意❺於善，終以善；初生意於惡，終以惡。《詩》❻曰：「彼姝者子，何以與之❼？」傳❽言：「譬猶練絲❾，染之藍❿則青，染之丹⓫則赤。」十五之子，其猶絲也。其有所漸化為善惡，猶藍丹之染練絲，使之為青赤也。青赤一成，真色無異。是故楊子哭歧道⓬，墨子哭練絲⓭也，蓋傷離本，不可復變也。人之性，善可變為惡，惡可變為善，猶此類也。蓬⓮生麻間，不扶自直；白紗入緇⓯，不練⓰自黑。彼蓬之性不直，紗之質不黑，麻扶緇染，使之直黑。夫人之性，猶蓬紗也，在所漸染而善惡變矣。

【章旨】此章指出善惡可以相互轉化。

【注釋】❶召公　周成王的叔叔。❷戒　告誡。❸今王初服厥命四句　見《尚書・召誥》。服，擔負；接受。厥，其。指剛繼承王位。於戲，同「嗚呼」。歎詞。罔，無；沒有。❹十五子　古代禮儀規定，君主十二歲行冠禮，十五歲生孩子。見《左傳・襄公九年》。❺意　立志。❻詩　即《詩經》的簡稱。❼彼姝者子二句　見《詩・鄘風・干旄》。彼，那個人。姝，美好。與，幫助。❽傳　泛指儒家經書以外或解釋經書的書籍。此指《詩經》的注釋。❾練絲　白色的絲織品。❿藍　青色染料。⓫丹　紅色染料。⓬楊子哭歧道　據《荀子・王霸》載，楊朱走到岔路口說：「如果走錯半步路，誤入歧途，發展下去就會和正道相差千里。」於是傷心地哭了。楊朱，戰國時代哲學家，魏國人。主張「貴生」、「重己」，反對「兼愛」。歧道，岔路。⓭墨子哭練絲　據《墨子・所染》，墨子見人染絲，感歎說：「染什麼顏色，就成什麼顏色，染東西不能不謹慎小心啊！」他認為人的操行也是這樣，近朱者赤，近墨者黑。因而傷心地哭了。墨子，墨翟。⓮蓬　一種容易倒伏的草本植物。⓯緇　黑色。⑯練　染。

【語　譯】周召公告誡周成王說：「現在大王剛剛繼承王位，啊！好像初生的孩子，沒有一件大事不在剛開始的時候就奠定了基礎的。」所謂「生子」，就是十五子，剛開始就要立志往好的方向發展，這樣堅持下去，就會有好的結果；如果一開始立志往壞的方向發展，就沒有好的結果。《詩經》說：「那個美好的人，我用什麼幫助他呢？」有人注釋說：「譬如白絲，用青染料染它就變成青色，用紅染料染它就變成紅色。」剛開始獨立生活的十五歲的君主，他就如同這白色的絲一樣。他受到外界的浸染就會逐漸轉化，變成善或惡，如同用青、紅色顏料去染白絲，使它變成青色或紅色。青色或紅色一旦染成，與天然的顏色就沒有區別。因此，楊朱之所以在岔路口痛哭，墨子之所以為白色的絲哭泣，都是耽心一旦離開了正道或本色，就不可能再復原啊。人的本性，善可以變成惡，惡可以變成善，同屬這一類情況。蓬草生長在麻中間，不扶持自然會直；白紗放進黑色水缸之中，不染自然會變黑。那蓬草的本性並不是筆直的，白紗的本質也並不是黑色的，由於麻的扶持、黑顏色的浸染，使它們變直或變黑。人的本性如同這蓬草和白紗一樣，在受到外界浸染的情況下，就會使天生的善與惡相互轉化的。

王良、造父稱為善御，能使不良❶為良也。如徒能御良，其不良者不能馴服，此則驅工庸師❷服馴技能❸，何奇而世稱之？故曰：王良登車，馬不罷❹駑❺；堯舜為政❻，民無狂愚。傳曰：「堯舜之民，可比屋而封；桀紂之民，可比屋而誅❼。」「斯民也，三代所以直道而行也❽。」聖主之民如彼，惡主之民如此，竟❾在化不在性也。聞伯夷❿之風⓫者，貪夫廉⓬而懦夫有立志⓭；聞柳下惠⓮之風者，薄夫⑮敦⑯而鄙夫⑰寬⑱。徒聞風名，猶⑲或⑳變節㉑，況親接形，面相敦告㉒乎？孔門弟子七十之徒㉓，皆任卿相之用，被服㉔聖教，文才雕琢，知㉕能十倍，教訓之功而漸漬㉖之力也。未入孔子之門時，閭巷㉗常庸㉘無奇。其尤甚不率㉙者，唯子路也。世稱子路無恆㉚之庸人，未入孔門時，戴雞佩豚㉛，勇猛無禮。聞誦讀之聲，搖雞奮㉜豚，揚唇吻之音，聒㉝賢聖之耳，惡至甚矣。孔子引而教之，漸漬磨礪㉞，闓㉟導牖㊱進，猛氣消損，驕節屈折，卒㊲能政事㊳，序㊴在四科㊵。斯蓋變性使惡為善之明效也。

【章旨】此章言教訓之功可變性惡而為善。

【注釋】❶不良　指不馴服的野馬。❷駔工庸師　指平庸普通的馬夫。駔，粗。❸服馴技能　駕馭車馬的本領。❹罷　通「疲」。❺駑　劣馬。❻為政　治理國家。❼堯舜之民四句　見陸賈《新語·無為》。比，靠近；挨著。❽斯民也二句　見《論語·衛靈公》。斯民，這樣的百姓。三代，指夏、商、周三個朝代。❾竟　終；歸根到底。❿伯夷　商代末年孤竹君之長子。初孤竹君以次子叔齊為繼承人，孤竹君死後，叔齊讓位，伯夷不受，二人投奔到周，反對武王伐紂，商朝滅亡後，二人逃至首陽山，不食周粟而死。⓫風　風範；風格。⓬廉　廉潔。⓭立志　堅定的志向。⓮柳下惠　春秋時魯國大夫。展禽，名荻，字禽，食邑在柳下，諡惠，以善於講究貴族禮節見稱於世。⓯薄夫　刻薄的人。⓰敦　厚道。⓱鄙夫　器量狹窄的小人。⓲寬　心胸廣大。⓳猶　尚且。⓴或　有人。㉑節　操行。㉒敦告　諄諄教導。㉓七十之徒　這是孔子弟子的概數，實為七十二賢弟子。㉔被服　蒙受。㉕知　通「智」。㉖漸漬　浸染；逐漸感化。㉗閭巷　指民間。㉘常庸　平凡。㉙不率　不馴服。㉚無恆　沒有堅定的志向。㉛戴雞佩豚　戴著雞冠帽，佩帶著豬尾巴。豚，豬。㉜奮　震動；抖動。㉝聒　吵鬧。㉞磨礪　鍛煉。礪，磨刀石。㉟闓　開；啟發。㊱牖　通「誘」。誘導。㊲卒　終於。㊳政事　孔子認為子路擅長處理行政事務。㊴序　列人。㊵四科　孔子把學生的能力特長分為四類：德行，言語，政事，文學，這就是「四科」。

【語譯】王良、造父都以擅長駕馭車馬而著稱，能使不馴服的野馬變成馴服的好馬。如果只能駕馭馴服的好馬，其他不馴服的劣馬不能馴服和駕馭，這是普通馬夫駕馭車馬的本領，有什麼奇特的技能值得世人稱贊呢？因此說：王良登車，馬不會疲累而跑不快；堯、舜治理國家，老百姓不會狂野愚昧。傳說：「堯、舜時代的百姓，挨家挨戶都可以封侯；而桀、紂統治的百姓，挨家挨戶都可以殺掉。」「因為有這種本性可以改變的百姓，所以三代能夠按正道進行教化。」聖賢的君主教育下的百姓如那樣，兇惡的君主統治下的百姓像這樣，歸根到底在於教化而不在於本性。聽說伯夷的風範，可以使貪婪的人變得廉潔，使軟弱的人樹立堅定的志向；聽說柳下惠的風格，可以使刻薄的人變得敦厚，使器量狹窄的人變得心胸廣大。僅聽到這樣高尚的風範和名聲，尚且有人就會改變自己的操行，何況親自接近本人，面對面地接受他的諄諄教導呢？孔門弟子七十二人，都有勝任卿相的才能，蒙受聖賢教誨，修飾文辭，智慧和才能超過常人十倍，這都是教育訓導的功績，是逐漸感化的力量所致。未入孔門的時候，他們都是街頭巷尾一些平凡無奇的人。其中最不馴服的就是子路。世上都說子路是沒有堅定志向的庸人，未入孔門的時候，戴著雞冠似的帽子，佩帶著豬尾巴，性情勇猛，不講禮節。聽到誦讀《詩》、《書》的聲音，就搖晃著雞冠似的帽子，抖動著所佩的豬尾巴，噘起嘴唇發出怪叫聲，吵鬧孔子和他的學生的耳朵，本性兇惡到了極點。後來，孔子把他收入門下，引導教育他，逐漸感化磨煉，啟發誘導，驕橫之氣收斂了，勇猛之氣消失了，終於能擅長政事，被列入「四科」。這大概是改變本性，使性惡變成性善的明證吧！

夫肥沃墝埆❶，土地之本性也。肥而沃者性美，樹❷稼豐茂。墝而埆者性惡，深耕細鋤，厚❸加糞壤，勉❹致人功，以助地力，其樹稼與彼肥沃者相似類也。

地之高下，亦如此焉。以钁、鍤❺鑿地，以埤❻增下❼，則其下與高者齊。如復增钁、鍤，則夫下者不徒齊者也，反更為高，而其高者反為下。使人之性有善有惡，彼地有高有下，勉致其教令❽之善，則將善者同之矣。善以❾化❿渥⓫，釀⓬其教令，變更⓭為善，善則且更宜反過於往善⓮，猶下地增加钁、鍤，更崇⓯於高地也。

【章　旨】此章以土地為喻，說明人性的塑造在於教令之善。

【注　釋】❶墝埆　貧瘠、不肥沃的土地。❷樹　種下。❸厚　多。❹勉　努力。❺钁鍤　古代兩種挖土的工具。❻埤　矮牆。這裡指高處的土地。❼下　低處。❽教令　教化。❾以　通「已」。已經。❿化　變成。⓫渥　厚。⓬釀　醞釀；培養。⓭更　更加。⓮往善　原先性善的人。往，以前。⓯崇　高。

【語　譯】肥沃與貧瘠，是土地的本性。肥沃的土地，本性是美的，種下的莊稼一定長得茂盛豐滿。貧瘠的土地，本性是惡的，但如果深耕細鋤，多加糞肥土壤，努力加上人功，來幫助改良土地的效力，那麼，它種下的莊稼與肥沃的土地種下的莊稼，就相類似了。地勢的高低，也是這樣。用钁、鍤開鑿土地，用高處的土地去填補低處，那低處與高處就齊平了。如果用钁、鍤再繼續挖下去，那麼它的低處不僅與原來的高處齊平，反而變得更高了，而原來的高處反而變成低處了。假如人的本性有善有惡，就如同那地勢有高有低一樣，努力用好的教育感化開導他，就會使性惡的人變得和性善的人相同了。善已經變得很厚，再繼續培養他，教育感化他，讓他變得更加善美，那麼他的善將更超過原先性善的人，如同低處的地方不斷用钁、鍤挖土去填補，最後反而比原先的高處更高一樣。

「賜❶不受命而貨殖❷焉」。賜本不受天之富命所加，貨財積聚，為世富人者，得貨殖之術❸也。夫得其術，雖不受命，猶自益饒富❹。性惡之人，亦不稟天善性，得聖人之教，志行變化。世稱利劍有千金之價。棠谿❺、魚腸❻之屬❼，龍泉、太阿❽之輩❾，其本鋌❿，山中之恆⓫鐵也，冶工鍛鍊，成為銛利⓬。豈利劍之鍛與鍊乃異質⓭哉？工良師巧，鍊一⓮數至也。試取東⓯下直⓰一金之劍⓱，更熟鍛鍊，足其火，齊⓲其銛⓳，猶千金之劍也。夫鐵石天然，尚為鍛鍊者變易故質，況人含五常之性，賢聖未之熟鍛鍊耳，奚⓴患性之不善哉？古貴良醫者，能知篤劇㉑之病所從生起，而以針藥治而已之㉒。如徒知病之名而坐觀之，何以為奇？夫人有不善，則乃性命之疾也，無其教治㉓而欲令變更，豈不難哉？

【章　旨】此章以子貢貨殖、冶工鍛劍作比，說明性惡之變在於教治。

【注　釋】❶賜　端木賜。字子貢，孔子弟子。❷貨殖　做生意增殖財富。❸術　方法。❹饒富　富裕。❺棠谿　古代名劍。出於棠谿而得名。《戰國策．韓策》：「韓之劍戟，出於棠谿。」❻魚腸　古代名劍。《越絕書．外傳記寶劍》：「歐冶乃因天之精神，悉其伎巧，造為大刑三，小刑二：一曰湛盧，二曰純鈞，三曰勝邪，四曰魚腸，五曰巨闕。」❼屬　類。❽龍泉太阿　古代名劍。相傳晉代張華見斗、牛二星之間有紫氣，後使人於豐城獄中挖地得二劍：一曰龍泉，二曰太阿。見《晉書．張華傳》。❾輩　類。❿鋌　未冶煉的銅鐵。⓫恆　普通。⓬銛利　鋒利。⓭異質　特殊材料。⓮鍊一　全心全意地冶煉。⓯東　東帶；腰帶。⓰直　通「值」。⓱一金之劍　價值低的劍。指普通劍。⓲齊　整治。⓳銛　鋒。⓴奚　何。疑問代詞。㉑篤劇　嚴重。㉒已之　治好它。已，止。㉓教治　管教。

【語　譯】「端木賜沒有承受發財的天命，卻去做生意發財致富。」端木賜本來沒有承受天交給他的發財致富的命，而積聚財貨，成為當時最富的人，原因是他掌握了增殖財富的一套方法。掌握了做生意的方法，即使沒有承受發財的天命，還能更加富裕。天生性惡的人，也沒有承受天給他的善的本性，如果能得到聖人的教誨，他的志趣和操行一定會發生變化的。世人說鋒利的寶劍有千金的價值。棠谿、魚腸、龍泉、太阿之類寶劍，它們本來也是未經冶煉的銅鐵，山中的一般銅鐵，經過冶煉工人的鍛造冶煉，變成鋒利的寶劍。難道利劍的鍛造與冶煉用的是一種特殊材料嗎？是工匠技術高明，又經過多次全心全意的冶煉而成的。假如取下腰帶上佩帶的價值僅一金的普通劍，再反覆加以鍛造冶煉，使煉劍的火保持足夠的溫度，把它的劍刃磨得相當鋒利，就如同價值千金的寶劍啊。鐵石是自然生成的，尚且能為鍛造冶煉的人改變原來的特質，何況人含有仁、義、禮、智、信五種道德規範的本質特性，只是聖賢尚未對他反覆進行鍛造冶煉而已，何必耽心他天性不善呢？古代最高明的醫生，能夠懂得嚴重的病是從哪兒產生的，而且用針灸和藥物治好它。如果僅僅知道病的名稱而坐著觀看它，這樣的醫生有什麼稀奇？人的本性有不善，就如同性命中的疾病，不對人進行管教，而想使他的本性改變，難道不是太難了嗎？

夫道❶有真❷偽❸，真者❹固自❺與天❻相應❼，偽者人加知巧❽，亦與真者無以異也。何以驗之？〈禹貢〉❾曰「璆、琳、琅、玕❿」者，此則土地所生，真玉珠也。然而道人⓫消爍⓬五石⓭，作五色之玉，比之真玉，光不殊別。兼⓮魚蚌之珠，與〈禹貢〉璆、琳，皆真玉珠也。然而隨侯⓯以藥作珠，精耀如真，道士之教⓰至，知巧之意加也。陽燧⓱取火於天，五月⓲丙午⓳日中之時，消鍊五石⓴，鑄以為器，磨礪生光，仰以嚮日，則火來至，此真取火之道也。今妄㉑以刀劍之鉤月㉒，摩拭㉓朗白㉔，仰以嚮日，亦得火焉。夫鉤月非陽燧也，所以耐㉕取火者，摩拭之所致也。今夫性惡之人，使與性善者同類乎，可率勉之，令其為善。使之異類乎，亦可令與道人之所鑄玉，隨侯之所作珠，人之所摩刀劍鉤月焉，教導以學，漸漬以德，亦將日㉖有仁義之操㉗。

【章　旨】此章以珠玉作比，說明「教導以學，漸漬以德」，人則有仁義之操。

【注　釋】❶道　這裡指事物產生的原理和方法。❷真　天然生成的。❸偽　人工雕琢的。❹真者　真道。❺固自　固然。❻天　自然。❼相應　相稱；相符合。❽巧　技巧。❾禹貢　《尚書》中的一篇。❿璆琳琅玕　四種美玉之名。⓫道人　也稱道士。指以求仙、煉丹、卜筮為業的人。⓬消爍　熔化。⓭五石　據《抱朴子》，指丹砂、雄黃、白礬、曾青、磁石。⓮兼　並；還有。⓯隨侯　周代隨國君主。《淮南子・覽冥》：「譬如隨侯之珠，和氏之璧，得之者富，失之者貧。」高誘注云：「隨侯，漢東之國，姬姓諸侯也。隨侯見大蛇傷斷，以藥傅之。後蛇於江中銜大珠以報之，因曰隨侯之珠，蓋明月珠也。」⓰教　法術。⓱陽燧　古人利用陽光取火的凹面銅鏡。《淮南子・天文》：「故陽燧見日，則燃而為火。」高誘注：「陽燧，金也。取金杯無緣者，熟摩令熱，日中時，以當日下，以艾承之，則燃得火也。」崔豹《古今注・雜注》：「陽燧，以銅為之，形如鏡。照物則影倒，向日則火生，以艾炷之則得火。」⓲五月　夏曆五月。古代以為一年之中五月陽氣最旺。⓳丙午　干支名。古代以干支紀日，按陰陽五行說，丙和午都屬火，故稱五月丙午這一天是一年中陽氣最旺、火氣最盛的一天。⓴消鍊五石　據《抱朴子・登涉篇》，古人煉銅鑄器也加入五石。㉑妄　任意；隨便。㉒鉤月　新月；月牙。㉓摩拭　擦拭。㉔朗白　雪亮。㉕耐　通「能」。㉖日　一天天；逐步。㉗操　操行；品德。

【語　譯】萬事萬物產生的原理和方法，有天然生成的，也有人工製作的。自然生成的固然與自然相符合，人工製作的是人施用了智慧和技巧，也與天然生成的東西沒有差異。怎麼證明呢？《尚書・禹貢》說的「璆、琳、琅、玕」四種美玉，這是土地中生出來的，是真正的珠玉。然而以求仙、煉丹、卜筮為業的道士熔化丹砂、雄黃、白礬、曾青、磁石等五石，製作五色的珠玉，同真玉相比，它的光澤並沒有什麼差別。還有魚蚌之珠，與〈禹貢〉中說的璆、琳，都是自然生成的珠玉。然而，隨侯用藥換取到的珠玉，精光閃耀，如同自然生成的美玉，卻是道士施以法術，依靠人的智慧和技巧製作而成的。陽燧用來向天上的太陽取火，五月丙午這一天中午時分，熔化五石，鑄造器具，經過磨礪，使它發光，面向太陽，火就來了，這是自然取火的方法。現在有人隨意把刀劍彎曲得像月牙一樣，把它擦拭得雪亮，再把它面向太陽，也同樣可以取火。像一輪新月似的刀劍，並不是陽燧，之所以能夠取火，是因為把它摩擦得雪亮了的緣故。現在那些天生性惡的人，假如要使他與天生性善的人同類，可以引導勉勵他，使他變為善的。假如他不同類，也可以使他同道士那樣熔化五石鑄造珠玉，同隨侯那樣以藥作珠玉，或像人擦拭刀劍成為新月形取火一樣，只要用學問去教育開導，用聖賢的道德去逐漸感化，也將會一天天地具有仁義的品德情操的。

黃帝與炎帝❶爭為天子，教熊、羆、貔、虎❷以戰於阪泉之野，三戰得志，炎帝敗績❸。堯以天下讓舜，鯀❹為諸侯，欲得三公❺，而堯不聽，怒❻其猛獸，欲以為亂，比❼獸之角可以為城，舉尾以為旌，奮心盛氣，阻❽戰為強❾。夫禽獸與人殊形，猶可命戰，況人同類乎？推此以論，百獸率舞❿，潭⓫魚出聽，六馬仰秣⓬，不復疑矣。異類以殊為同，同類以鈞⓭為異，所由不在於物，在於人也。

【章　旨】此章以動物為例，說明事物的轉化之關鍵不在於物而在於人。

【注　釋】❶黃帝與炎帝　傳說黃帝是中原各族的共同祖先，姓姬，號軒轅氏，少典之子。炎帝本是上古姜姓部族的首領，號烈山氏，相傳少典娶於有蟜氏而生。黃帝曾與炎帝戰於阪泉（今河北涿鹿東南），炎帝大敗。見《史記．五帝本紀》。❷熊

羆貔虎　四種野獸。這裡可能是指以這四種野獸為圖騰的原始部落。❸敗績　大敗。❹鯀　禹之父。❺三公　周代有二說：一說是司馬、司徒、司空，二說是太師、太傅、太保。這裡指最高官位。❻怒　激怒。❼比　排列。❽阻　倚仗。❾為強　逞強。❿率舞　一同起舞。據《尚書・堯典》，傳說舜命他的臣子夔掌管音樂，演奏時百獸起舞。⓫潭　深淵。據《荀子・勸學》，傳說瓠巴彈瑟時，潭中游魚也跳出水面傾聽。⓬六馬仰秣　見《荀子・勸學》。傳說伯牙彈琴時，正在吃飼料的馬都抬起頭來聽。秣，牲口飼料。⓭鈞　通「均」。

【語　譯】相傳黃帝與炎帝爭做帝王，教令熊、羆、貔、虎四種野獸在阪泉之野大戰，黃帝三戰得勝，炎帝大敗。堯把天下讓給舜，鯀為諸侯王，想得三公之位，但是堯不聽鯀的意見，鯀就激怒自己餵養的猛獸，想以此來作亂，排列猛獸的角用以做城，舉起猛獸的尾巴用以做旌旗，抖擻精神，氣勢驕橫，倚仗猛獸，作戰逞強。禽獸與人不同形體，還可以受命打仗，何況屬於同類的人呢？由此推論，夔奏樂而百獸一同起舞，瓠巴彈瑟而潭魚躍出水面來聽，伯牙彈琴而正在吃飼料的馬都抬起頭來聽，不再有疑問的了。異類可以由不同轉化為相同，同類可以由相同轉化為不同，這種變化關鍵不在於事物本身，而在於人的作用。

凡含血氣者❶，教之所以異化也。三苗❷之民，或賢或不肖，堯舜齊之❸，恩教加也。楚越之人，處莊、嶽❹之間，經歷歲月，變為舒緩❺，風俗移也。故曰：「齊舒緩，秦慢易❻，楚促急❼，燕戇投❽。」以莊、嶽言之，四國❾之民，更相❿出入，久居單處，性必變易。夫性惡者，心比木石，木石猶為人用，況非木石！在君子之蹟⓫，庶幾⓬可見。

【章　旨】此章以風俗之變，說明性惡之易在於君子的教化。

【注釋】❶含血氣者　有血氣有生命的動物。這裡指人。❷三苗　古族名。也稱有苗、苗民。❸齊之　使之齊整。此指使不肖變賢。❹莊嶽　齊國都城臨淄的兩條街道。❺舒緩　和緩。❻慢易　傲慢。❼促急　急躁。❽戇投　魯莽。❾四國　指齊、秦、楚、燕。❿更相　輪番。⓫蹟　功績。此指教化。⓬庶幾　差不多；將近。

【語譯】凡是有血氣的人，都要通過教育使他們有所變化。苗民百姓，有的賢有的不賢，堯、舜使他們當中不賢的人變賢了。這是對他們進行教育的結果。楚國、越國的人，居住在莊、嶽之間，經歷的年月久了，性情就變得和緩了，這是社會風俗陶冶改變了他們的性情啊。所以說：「齊人和緩，秦人傲慢，楚人急躁，燕人魯莽。」從楚、越之民久居在莊、嶽之間而改變了性情這個例子看來，齊、秦、楚、燕四國的老百姓，如果輪番往來，長期單獨居住在異國他鄉，他們各自的性情一定會發生變化。那些天生性惡的人，他們的心好比木石，木石還為人所用，何況不是木石的人！關鍵就在於君子的教化，由此大致可以清楚知道了。

有癡狂❶之疾，歌啼於路，不曉東西，不睹燥濕，不覺疾病，不知飢飽，性已毀傷，不可如何，前無所觀❷，卻❸無所畏也。是故王法不廢學校之官，不除獄理之吏❹，欲令凡眾❺見❻禮義之教。學校勉其前，法禁防其後，使丹朱❼之志亦將可勉。何以驗之？三軍之士，非能制也，勇將率勉，視死如歸。且闔廬嘗試其士於五湖之側，皆加刃於肩，血流至地❽。句踐❾亦試其士於寢宮之庭，赴火死者，不可勝數❿。夫刃、火，非人性之所貪也，二主激率⓫，念不顧生。是故軍之法輕刺血，孟賁勇也，聞軍令懼。是故叔孫通⓬制定禮儀，拔劍爭功之臣，奉禮拜伏，初驕倨⑬而後遜順⑭，聖教威德，變易性也。不患性惡，患其不服聖教，自遇⑮而以生禍也。

【章　旨】此章論述教育和法制的作用，要求「學校勉其前，法禁防其後」。

【注　釋】❶癡狂　神經錯亂。❷觀　「勸」之訛。勸勉；鼓勵。❸卻　後退。❹獄理之吏　司法官吏。❺凡眾　大眾；一般人。❻見　受。❼丹朱　傳說中的堯之子。名朱，因居丹水，名為丹朱，傲慢荒淫，堯因此禪位於舜。❽闔廬嘗試其士於五湖之側三句　事見《呂氏春秋・上德》。闔廬，又作「闔閭」。春秋末期吳國君主。試，訓練。五湖，太湖之別名。❾句踐　春秋末期越國君主。❿赴火死者二句　事見《韓非子・內儲說上》。⓫激率　激勵引導。⓬叔孫通　姓叔孫，名通。西漢初任太子太傅、太常，曾根據秦法替漢高祖劉邦制定朝儀，整頓了朝廷秩序。見《史記・劉敬叔孫通列傳》。⓭驕倨　驕傲。⓮遜順　恭順。⓯自遇　自負；自以為是。

【語　譯】有精神病的人，在道路上又唱歌又哭泣，不明白東西方向，分不清乾濕，感覺不到疾病，不知飢飽，性情已被毀損，對他就沒有辦法了。因為他向前得不到勉勵，後退也沒有什麼畏懼的。因此，先王之法不廢負責學校教育的官吏，不免除司法官吏，就是要讓普通的人民大眾接受禮義方面的教育。學校教育在於勉勵他們向前，刑法禁令在於防範他們無所畏懼的犯罪行為，使丹朱那種品性惡劣的人也可以通過教育和勉勵而改惡從善。怎麼檢驗這種教育效果呢？軍隊不是容易統帥、控制的，勇猛的將領去引導勉勵，戰士們就會視死如歸。而且闔廬曾經在太湖之濱訓練他的士兵，命令士兵把刀刃架在自己的脖子上，鮮血流到地上。句踐也在寢宮之中訓練他的士兵，命令下達後，士兵奮不顧身地向烈火撲去，死的士兵不可勝數。上刀山、下火海並不是人的本性所貪戀的，二位君主的激勵和引導，使士兵們在思想上並不顧惜自己的生命。所以軍法中最輕的處罰是用刀刺血，即使像孟賁那樣勇猛的大力士，一聽到軍令就感到恐懼。正是因為這樣，叔孫通替劉邦制定了朝廷禮儀，使拔劍爭功的臣子們，都奉行禮儀，一個個拜伏在皇帝面前，起初驕縱傲慢，而後態度謙遜恭順。這是由於聖人的教化和皇帝的威嚴，使他們改變了性情。不怕性情惡劣，就怕他不肯接受聖人的教化，自以為是而惹上災禍啊。

豆麥之種❶與稻粱❷殊❸，然食能去飢。小人君子，稟性異類乎？譬諸五穀❹皆為用，實不異❺而效❻殊者，稟氣有厚泊❼，故性有善惡也。殘❽則受仁之氣❾泊，而怒則稟勇❿渥也。仁泊則戾⓫而少慈，勇渥則猛而無義，而又和氣⓬不足，喜怒失時，計慮輕愚。妄行之人，非故為惡，人受五常⓭，銜五臟，皆具於身。稟之泊少，故其操行不及善人，猶酒或厚或泊也，非厚與泊殊其釀也，麴蘗⓮多少使之然也。是故酒之泊厚，同一麴蘗；人之善惡，共一元氣。氣有少多，故性有賢愚。西門豹⓯急⓰，佩韋⓱以自緩；董安于⓲緩，帶弦以自促⓳。急之與緩，俱失中和，然而韋弦附身，成為完具⓴之人。能納韋弦之教，補接不足，則豹、安于之名可得參㉑也。貧劣宅屋，不具牆壁宇㉒達㉓，人指訾㉔之。如財貨富愈，起屋築牆，以自蔽鄣㉕，為之具宅㉖，人弗復非㉗。

【章　旨】此章言性之善惡賢愚在於稟氣之厚薄。

【注　釋】❶種　果實。❷粱　粟；穀子。古人認為豆麥不如稻粱好吃。❸殊　不同。這裡指味道不同。❹五穀　五種穀物。古代有多種說法：《周禮・天官・疾醫》鄭玄注：「五穀，麻、黍、稷、麥、豆也。」《孟子・滕文公上》趙岐注：「五穀，謂稻、黍、稷、麥、菽也。」《楚辭・大招》王逸注：「五穀，稻、稷、麥、豆、麻也。」《素問・藏氣法時論》王冰注以為是粳米、小豆、麥、大豆、黃黍。佛教五穀之說又不同。❺實不異　指豆麥和稻粱在充飢方面的實際功能並沒有差別。❻效　效果。這裡指味道。❼泊　通「薄」。❽殘　指本性兇殘的人。❾仁之氣　指具有「仁」這種道德屬性的氣。❿勇　指勇之氣。⓫戾　兇狠。⓬和氣　指陰陽調和的氣。⓭五常　指五常之氣。即具有仁、義、禮、智、信這些道德屬性的五種氣。⓮麴糵　酒麴。⓯西門豹　戰國時魏國人。⓰急　指性情急躁。⓱韋　有韌性的皮帶。據《韓非子・觀行》，西門豹性情急躁，便佩用有韌性的皮帶，以提醒自己變得緩慢些。⓲董安于　春秋時晉國大夫趙鞅的家臣。⓳促　急。據《韓非子・觀行》，董安于性格緩慢拖沓，便佩帶弓弦，以提醒自己變得緊張一些。⓴完具　完備。這裡指性格完美。㉑參　同「三」。㉒宇　屋檐。㉓達　窗戶。㉔指訾　指責詆毀。㉕蔽鄣　遮蓋。鄣，同「障」。㉖具宅　完備的住宅。㉗非　指責；非難。

【語　譯】豆麥的果實與稻粟的果實不同，但吃了都能充飢。小人與君子，是天性有所不同嗎？比之於五穀，對人都有用處，它們的果實在充飢方面沒有差別，但味道卻完全不同，這是因為承受的氣有厚薄，因此品性有好壞啊。兇殘的人就是承受具有「仁」這種道德屬性的氣太薄，而易怒的人是承受具有「勇」這種道德屬性的氣太厚的緣故。仁氣薄則兇狠而缺少仁慈之心，勇氣厚則兇猛而沒有仁義之心，而且又缺乏一種陰陽調和之氣，這種人喜怒無常，考慮問題輕率愚鈍。行為狂妄的人，並非有意作惡，而是出於天性，人分別承受具有仁、義、禮、智、信這些道德屬性的五種氣，包含在五臟之中，都體現在人的身上。承受的氣太薄太少，因此他的操行就不如性善的人，如同酒味有濃有淡，它的味濃或淡，並不是釀造的方法有所不同，是用的酒麴多少使它這樣啊。所以酒味的濃淡，都是用酒麴這同一種物質釀造的；人性的善惡，都是承受氣這一同樣的物質元素形成的。承受的氣有少有多，因此人性有賢有愚。西門豹性情急躁，佩上柔韌的皮帶，以提醒自己變得緩慢平和些；董安于性情和緩拖沓，就佩上弓弦，以提醒自己變得緊張些。性情急躁與和緩拖沓，都失之中和，然而柔韌的皮帶和弓弦一隨身攜帶，就變成性情完美的人了。能夠接受韋、弦的教化，補充自己性情的不足之處，這就可以成為與西門豹、董安于齊名的第三個人了。貧窮低劣的房屋，牆壁、屋檐、窗戶都不完備，人們一定會詆毀它。如果財富充裕的人，起屋築牆，用來自己居住，使它變成完備的住宅，人們就不會再去指責非難它。

魏之行田❶百畝，鄴❷獨二百，西門豹灌❸以漳❹水，成為膏腴❺，則畝收一鍾❻。夫人之質猶鄴田，道❼教猶漳水也，患不能化，不患人性之難率也。雒陽❽城中之道❾無水，水工激上❿洛⓫中之水，日夜馳流，水工之功也。由此言之，迫近君子，而仁義之道數加於身，孟母⓬之徙⓭宅，蓋得其驗。人間⓮之水汙濁，在野外者清潔。俱為一水，源從天涯，或濁或清，所在之勢⓯使之然也。南越王趙他⓰，本漢賢人也，化南夷⓱之俗，背畔⓲王制，椎髻⓳箕坐⓴，好之若性。陸賈㉑說㉒以漢德，懼㉓以聖威，蹶然㉔起坐，心覺改悔，奉制㉕稱蕃㉖。其於椎髻箕坐也，惡㉗之若性。前則若彼，後則若此。由此言之，亦在於教，不獨在性也。

【章旨】此章言人的習性之改變在於教化。

【注釋】❶行田　分配田地。魏國曾把全國無主荒地分配給農民，每個成年男子各得一百畝，國家收租稅。❷鄴　古地名。在今河北臨漳西南，此地土地貧瘠，每個成年男子可分得二百畝。❸灌　灌溉。❹漳　漳河。❺膏腴　肥沃的土地。❻鍾　古容量單位。六十四斗為一鍾。❼道　指仁義之道。❽雒陽　即洛陽。東漢都城。❾道　水道；河道。❿激上　通過截斷水流來提高水位。⓫洛　洛河。⓬孟母　指孟子的母親。⓭徙　搬遷住處。據《列女傳・母儀》載，孟子幼年家近墓地，嬉戲時常為墓間之事，孟母就遷家到街市附近，孟子又學為商人衒賣之事，於是再遷至學宮附近，「乃設俎豆揖讓進退，孟母曰：『真可以居吾子矣。』遂居之」。孟母三遷，才為孟子的成長找到適合的環境。⓮人間　指人群聚集之地。⓯勢　地勢。這裡指環境。⑯趙他　又作趙佗。真定（今河北正定）人，秦時為南海龍川縣令，後為南海尉。秦末，兼併桂林、南海和象郡，建立南越國。劉邦統一後，派陸賈出使，封他為南越王，後因呂后禁輸鐵器，又叛漢自稱為南越武帝，文帝時陸賈再度出使，趙佗又以藩臣歸順於漢。⑰南夷　古代通稱南方各少數民族為南夷。⑱畔　通「叛」。⑲椎髻　像椎形的髮髻。⑳箕坐　坐時兩腿張開，形似簸箕。這是當時越人風俗習慣。㉑陸賈　漢初政論家、辭賦家。楚人，從劉邦定天下，任太中大夫，著有《新語》。㉒說　勸說。㉓懼　恐嚇。㉔蹶然　猛然。㉕奉制　遵守漢制。㉖蕃　屬國。㉗惡　厭惡。

【語　譯】魏國給每個成年男子分配無主土地一百畝，唯獨鄴這個地方每人分得二百畝，西門豹引漳河水灌溉這裡的土地，使鄴地本來貧瘠的土地變成了肥沃的土地，每畝地就能收一鍾糧食。人的品質如同鄴的田地，仁義之道的教化就如同漳河水，怕就怕不能教化，不怕人性難引導啊。洛陽城中的河道沒有水，水利工人通過提高水位的方法，使洛河中的水日夜奔流，這是水利工人的功績。由此說來，靠近君子，仁義之道就會經常施及到自己的身上，孟軻的母親三次遷居，為孟子的教育尋找合適的環境，就證明了這一點。人群聚集之地的水比較汙濁，在野外的水就比較清潔。同樣是水，來自很遠的地方，有的汙濁有的清潔，這是水所處的環境造成的。南越王趙佗，本來是漢族中的賢人，被南方少數民族的風俗習慣所同化，背叛了漢朝的制度，習慣於越人梳妝成椎形髮髻和坐時兩腿張開呈簸箕狀的風俗，就像天生喜歡這樣做。後來陸賈用漢朝的恩德勸說他，用皇帝的聖威去恐嚇他，他猛然起坐，心中醒悟改悔，遵守漢朝的制度，把南越作為漢朝的一個屬國。這時，他對於椎髻箕坐的風俗，就像天生厭惡一樣。歸順前像那樣喜愛，歸順後卻像這樣。由此說來，人的風俗習性的改變，也在於教化，不僅僅在於天性啊。

# 吉驗篇第九

【題解】本篇以古代神話、傳說和荒誕的故事，來論證帝王將相受於天命，他們一生的活動總有天降的吉祥之兆相伴隨著。

凡人稟貴命於天，必有吉驗❶見❷於地。見於地，故有天命也。驗見非一，或以人物，或以禎祥❸，或以光氣❹。

【章旨】此章以吉祥之兆推論天命之存在。

【注釋】❶吉驗　吉祥的徵兆。❷見　同「現」。出現。❸禎祥　象徵吉祥之物。❹光氣　象徵吉祥的光和氣。

【語譯】凡人承受天地星宿運動施放的氣而形成高貴的祿命，一定在地上有吉祥的徵兆出現。出現在地上，因此有天命。徵兆的出現不只一種，有的出現在人物身上，有的出現在象徵吉祥的事物方面，有的以象徵吉祥的光和氣出現。

傳言黃帝妊❶二十月而生，生而神靈，弱❷而能言，長大率❸諸侯❹，諸侯歸❺之。教熊羆戰❻，以伐炎帝，炎帝敗績❼。性與人異，故在母之身留多十月；命當為帝，故能教物，物為之使❽。堯體就❾之如日，望之若雲。洪水滔天，蛇龍為害，堯使禹治水，驅蛇龍，水治東流，蛇龍潛處❿。有殊奇⓫之骨⓬，故有詭異⓭之驗⓮；有神靈之命，故有驗物⓯之效。天命當貴，故從唐侯入嗣⓰帝后⓱之位。舜未逢堯，鰥⓲在側陋⓳。瞽瞍⓴與象㉑，謀欲殺之。使之完廩㉒，火燔其下；令之浚㉓井，土掩其上。舜得下廩㉔，不被火災；穿井旁出，不觸㉕土害。堯聞徵用，試之於職，官治職修㉖，事無廢亂。使入大麓之野㉗，虎狼不搏㉘，蝮蛇不噬㉙，逢烈風疾雨，行不迷惑。夫人欲殺之，不能害，之㉚毒螫之野㉛，禽蟲不能傷。卒受帝命，踐㉜天子祚㉝。

【章　旨】此章寫黃帝、堯、舜的奇異傳說。

【注　釋】❶妊　懷孕。❷弱　年幼。此指未到說話的年齡。❸率　統率。❹諸侯　西周、春秋時代分封的各屬國的君主。規定要服從王命，定期朝貢述職，出軍賦服役，其所屬上卿按禮由天子任命，而在封疆內可以世襲傳位。❺歸　歸服。❻教熊羆戰　指揮野獸打仗。❼敗績　大敗。❽物為之使　動物聽他使喚。❾就　靠近。❿洪水滔天六句　見《史記・五帝本紀》。⓫殊奇　奇特。⓬骨　骨相。⓭詭異　怪異；不同尋常。⓮驗　徵兆。⓯驗物　得到應驗的事物。⓰嗣　繼承。⓱帝后　帝王。⓲鰥　這裡指未娶妻子的單身男子。⓳側陋　本指地方狹窄簡陋，引申為地位卑賤。側，狹窄。⓴瞽瞍　又作「瞽叟」。傳說是舜父。㉑象　人名。傳說為舜之同父異母弟。《史記・五帝本紀》云：「瞽叟盲而舜母死，瞽叟更娶妻而生象。象敖。瞽叟愛後妻子，常欲殺舜。」㉒完廩　修築糧倉。㉓浚　疏浚；挖深。㉔下廩　從糧倉頂跳下來。㉕觸　遭受。㉖修　治。㉗野　曠野。㉘搏　捕取。㉙噬　吞吃。㉚之　到達。㉛毒螫之野　毒蛇猛獸出沒的荒野。㉜踐　登上。㉝祚　皇位。

【語　譯】傳說黃帝是懷孕二十個月才出生的，生下來就表現得神奇靈異，提早能說話。長大後統率各國諸侯，諸侯都歸服他。能指揮熊羆等猛獸打仗，用來攻打炎帝，使炎帝大敗。黃帝的本性與一般常人不同，因此在母體內比一般人多留十個月；命中注定要當帝王，因此能教化動物，動物也聽他使喚。堯的身體，近看如同太陽，遠看好比雲彩。當時，洪水泛濫，蛇龍為害百姓，堯派禹治水，驅逐蛇龍。後來，水治好了，都向東流，蛇龍都潛伏起來，不再為害百姓。堯有奇特的骨相，因此有近看如日，遠看若雲那種怪異的徵兆；有神奇靈異的命相，因此在治水驅蛇龍等方面都獲得成功。天生命祿尊貴，因此能從唐侯一躍而上繼承帝王之位。舜沒有碰上堯之前，單身居住在狹窄簡陋的地方，地位卑賤。他的父親瞽瞍與弟弟象，密謀要殺死他。派他修築糧倉，就在糧倉底下用火燒他；命他去疏濬枯井，就在井上邊用土掩埋他。舜能夠從倉頂上跳下來，才沒有遭受火災；他在井下另挖一出口，才沒有遭受黃土活埋的禍害。堯聽說後，召他來做官，交給他任務去考驗他。官府的職責，他完成得很好，一切事情都處理得有條有理。讓他到山林曠野去，虎豹豺狼都不傷害他，毒蛇不咬他，碰上狂風暴雨，行動也不被迷亂。人想殺死他，不可能使他受害，放到毒蛇猛獸出沒的原野，毒蛇猛獸也不會傷害他。終於承受了帝王之命，登上了天子的寶座。

后稷[1]之母，履[2]大人[3]跡，或言衣[4]帝嚳[5]之服，坐息帝嚳之處，妊身。怪而棄之隘巷，牛馬不敢踐之；置之冰上，鳥以翼覆之，慶集[6]其身。母知其神怪，乃收養之。長大佐堯，位至司馬[7]。烏孫[8]王號昆莫[9]，匈奴攻殺其父，而昆莫生，棄於野，烏銜[10]肉往食[11]之。單于[12]怪之[13]，以為神而收長[14]。及壯，使兵[15]，數[16]有功，單于乃復[17]以其父之民予昆莫，令長[18]守於西域。夫后稷不當棄，故牛馬不踐，鳥以羽翼覆愛[19]其身；昆莫不當死，故烏銜肉就而食之。北夷[20]橐離[21]國王侍婢㉒有娠㉓，王欲殺之，婢對曰：「有氣大如雞子，從天而下，我故有娠。」後產子，捐㉔於豬溷㉕中，豬以口氣噓之，不死。復徙㉖置馬欄中，欲使馬藉㉗殺之，馬復以口氣噓之，不死。王疑以為天子㉘，令其母收取奴畜㉙之，名東明，令牧牛馬。東明善射，王恐奪其國也，欲殺之。東明走㉚，南至掩淲水㉛，以弓擊水，魚鼈浮為橋，東明得渡，魚鼈解散，追兵不得渡。因都王夫餘㉜，故北夷有夫餘國焉㉝。東明之母初妊時，見氣從天下。及生，棄之，豬馬以氣吁㉞之而生之㉟。長大，王欲殺之，以弓擊水，魚鼈為橋。天命不當死，故有豬馬之救；命當都夫餘，故有魚鼈為橋之助也。伊尹㊱且㊲生之時，其母夢人謂己曰：「臼出水，疾東走，毋顧。」㊳明旦㊴，視臼出水，即東走十里，顧其鄉皆為水矣。伊尹命不當沒，故其母感夢而走。推此以論，歷陽之都，其策命㊵若伊尹之類，必有先時感動在他地㊶之效。

【章旨】此章言后稷、烏孫王昆莫、夫餘王東明、商湯大臣伊尹之遇難不死的故事。

【注釋】❶后稷 名棄。傳為堯之臣子，周朝的始祖。❷履 踩。❸大人 巨人。❹衣 穿衣。❺帝嚳 傳說中的古代帝王。❻麋集 成群地聚積起來。❼司馬 古代官名。見《史記・周本紀》。❽烏孫 漢代西域小國名。在今新疆伊犁河沿岸。❾昆莫 烏孫人稱君主為「昆莫」。❿銜 用嘴叼食。⓫食 通「飼」。餵養。⓬單于 匈奴君主之稱。⓭怪之 以之為怪。⓮長 養育。⓯使兵 派他率領軍隊。⓰數 屢次。⓱復 又；重新。⓲長 當君長。見《史記・大宛列傳》。⓳愛 保護；

愛護。⑳北夷　北方少數民族的總稱。㉑橐離　漢代建立在北方少數民族地區的一個國家。㉒侍婢　貼身女奴。㉓娠　懷孕。㉔捐　拋棄。㉕豬溷　豬圈。㉖徙　遷移。㉗藉　踐踏。㉘天子　上帝之子。㉙奴畜　當奴隸一樣收養。㉚走　逃跑。㉛掩淲水　古河名。㉜夫餘　也稱扶餘。古國名，在今東北松花江平原上，西漢時建立。㉝故北夷有夫餘國焉　見《後漢書・卷八五・東夷列傳》。㉞吁　呵氣。㉟生之　使之生；活。㊱伊尹　商初大臣。名伊，尹是官名。曾輔佐成湯攻滅夏桀。㊲且　將要。㊳其母四句　見《呂氏春秋・本味篇》。疾，快速。毋顧，不要回頭看。㊴旦　早晨。㊵策命　君主封后妃、王侯、將相、大臣的命令。㊶他地　別的地方。

【語譯】后稷的母親，踩了巨人的足跡，有人說穿了帝嚳的衣服，在帝嚳的座位上坐了一會兒，因此懷孕在身。后稷生下來，他母親以為是怪物，就把他扔在狹窄的小巷，牛馬不敢踐踏他。把他放到冰地上，鳥兒用翅膀覆蓋著他，成群地聚集在他的身邊。母親知道他是神靈怪異，就扶養了他。長大後輔佐唐堯，官至司馬。烏孫王號昆莫，匈奴進攻烏孫，殺死了昆莫的父王，昆莫出生後，被拋棄在原野上，烏鴉用嘴叼肉去餵養他。單于感到奇怪，以為是神靈，於是收回來養育。等到長大成人，讓他率領軍隊，屢次立下戰功，單于才把他父親管轄範圍內的百姓重新交給昆莫去治理，讓昆莫當君長守衛在西域。后稷不應當被拋棄，因此牛馬不踐踏，鳥兒用羽翼覆蓋著保護他的身體，昆莫不應該餓死在荒野，因此烏鴉用嘴叼肉去餵養他。北方橐離國王的貼身奴婢懷有身孕，國王想殺死她。奴婢回答說：「有一種氣如同雞蛋，從天而下，我因此懷孕的。」後來生下一子，拋棄到豬圈中，豬用口對他吐氣，才使他不死。又移放到馬欄中，想讓馬踐踏而殺死他，馬又用口對他吐氣，又使他不死。國王懷疑他是天帝的兒子，命令他的母親把他當作奴隸收養起來，取名叫東明，讓他去放牧牛馬。東明善於射箭，國王害怕被他奪去皇位，想殺掉他。東明逃跑，向南逃到掩淲水，他用弓拍擊河水，魚鱉浮在水面上作橋梁，東明渡河後，魚鱉自動解散，使追兵不能渡河。於是在夫餘建都稱王，因此北方少數民族地區有一個夫餘國。東明的母親剛懷孕時，是看見氣從天而下的結果。等到出生，就被拋棄，豬、馬用口對他呵氣，使他活下來。長大以後，國王想殺他，他以弓拍擊河水，魚鱉替他架橋。天命注定不當死，因此有豬、馬來拯救他的生命；命中注定在夫餘建都稱王，因此又有魚鱉架橋來幫助他逃命。伊尹將出生的時候，他的母親夢見有人對自己說：「石臼出水，你朝東方快跑，不要回頭看。」第二天早晨，伊尹的母親果然看見石臼出水，立即向東方跑了十里路，回頭再看她的鄉村，都已變成一片汪洋了。伊尹命中注定不當淹死，因此他的母親感於夢而逃跑。以此推論，歷陽城一夜之間沈陷為湖泊，類似伊尹一樣受到君主策封的人，一定事先有預兆來感動他，讓他躲到別的安全地帶去的。

齊襄公❶之難❷，桓公❸為公子，與子糾❹爭立。管仲❺輔子糾，鮑叔❻佐桓公。管仲與桓公爭，引弓❼射之，中其帶鉤❽。夫人身長七尺，帶約❾其要❿，鉤掛於帶，在身所掩⓫不過一寸之內，既微小難中⓬，又滑澤⓭銛⓮靡⓯，鋒刃中鉤者，莫不蹉跌⓰。管仲射之，正中其鉤中，矢觸因落，不跌中旁肉。命當富貴，有神靈之助，故有射鉤不中之驗。楚共王⓱有五子：子招⓲、子圍⓳、子幹⓴、子皙㉑、棄疾㉒。五子皆有寵㉓，共王無適㉔立，乃望㉕祭山川，請神決之。乃與巴姬㉖埋璧於太室㉗之庭，令五子齊㉘而入拜。康王跨之，子圍肘加㉙焉。子幹、子皙皆遠之，棄疾弱，抱而入，再㉚拜皆壓紐㉛。故共王死，招為康王，至子失之。圍為靈王，及身而弒㉜。子幹為王，十有㉝餘日，子皙不立，又俱誅死，皆絕無後。棄疾後立，竟㉞續楚祀，如其神符㉟。其王㊱日之長短，與拜去㊲璧遠近相應也。夫璧在地中，五子不知，相隨入拜，遠近不同，壓紐若神將㊳教跽㊴之矣。晉屠岸賈㊵作難㊶，誅趙盾㊷之子。朔㊸死，其妻有遺腹子。及岸賈聞之，索㊹於宮，母置兒於褲中，祝㊺曰：「趙氏宗滅乎㊻，若㊼當啼；即㊽不滅，若無聲。」及索之而終不啼，遂脫得活。程嬰㊾負之，匿於山中。至景公時，韓厥㊿言於景公，景公乃與韓厥共立趙孤[51]，續趙氏祀，是為文子[52]。當趙孤之無聲，若有掩其口者矣。由此言之，趙文子立，命也。

【章　旨】此章言王位繼承人之立皆由命中注定。

【注　釋】❶齊襄公　春秋時齊國君主。後被堂兄弟殺死。❷難　被害；遇難。❸桓公　齊襄公之弟。❹子糾　公子糾。桓公之兄，曾與桓公爭位，失敗後投奔魯，為魯君所殺。❺管仲　管夷吾。先助公子糾爭奪王位，後受鮑叔引薦，成為桓公的輔佐大臣。❻鮑叔　鮑叔牙。齊國大夫，先助桓公爭奪王位，公子糾失敗後，桓公命他為相，他辭謝，而薦舉管仲為相，以知人著稱於世。❼引弓　開弓。❽帶鉤　用以繫腰帶的金屬鉤。❾約　束。❿要　同「腰」。⓫掩　遮住。⓬中　射中。⓭澤　明亮。⓮銛　利。⓯靡　細膩。⓰蹉跌　跌倒。這裡指箭從帶鉤上滑到旁邊去。⓱楚共王　春秋時楚國君主。⓲子招　又作子昭。即楚康王。⓳子圍　即楚靈王。⓴子幹　又叫子比。靈王死，被立為王，很快又被自己的弟弟棄疾逼迫自殺。㉑子皙　曾任楚國令尹，後被弟棄疾逼迫自殺。㉒棄疾　名居。楚平王。㉓有寵　受到襄王寵愛。㉔適　通「嫡」。繼承人。㉕望　古代祭祀山川，望而祭之，故曰望。㉖巴姬　楚共王寵妾。㉗太室　祖廟。㉘齊　通「齋」。齋戒。古人於祭祀之前，沐浴更衣，不飲酒，不吃葷菜，以示誠敬，稱為「齋戒」。㉙加　壓住。㉚再　兩次。㉛紐　指玉璧上穿絲繩的紐。㉜弒　古代稱臣殺君、子殺父曰「弒」。㉝有　通「又」。㉞竟　終於。㉟符　符瑞；吉祥之兆。㊱王　稱王。㊲去　距離。㊳將　扶；送。㊴跽　跪。㊵屠岸賈　春秋時晉國大夫。㊶作難　作亂。㊷趙盾　趙衰之子。春秋時晉國執政，任中軍元帥。㊸朔　趙朔。趙盾之子。㊹索　搜索。據《史記・趙世家》，屠岸賈起兵殺趙氏家族，趙朔之妻逃入晉成公宮中躲藏，產子於宮中，屠岸賈得知，速往搜捕。㊺祝　禱告。㊻乎　表句中語氣停頓。㊼若　人稱代詞。你。㊽即　如果。㊾程嬰　晉國人。趙朔的好友。㊿韓厥　春秋時晉國大夫。51趙孤　即趙氏孤兒。趙朔之子趙武。52文子　趙文子。趙武死後諡號「文」。

【語　譯】齊襄公遇難時，桓公是公子，與子糾爭奪王位。管仲輔佐子糾，鮑叔幫助桓公。管仲與桓公發生爭執，便開弓射擊桓公，正好射中桓公腰帶上的金屬鉤。人的身體有七尺高，腰帶束在他的腰間，金屬鉤掛在腰帶上，在身上被鉤遮住的部位不過一寸之內，既微小難以射中，又非常光滑，鋒利的箭頭即使射中帶鉤，也沒有不滑到旁邊去的。管仲射擊桓公，正好射中桓公腰帶上的金屬鉤之中，箭頭一碰上帶鉤就跌落在地上，沒有射中帶鉤旁邊的肉體。命中注定富貴，就有神靈的幫助，因此有射中帶鉤而不射中肉體的應驗。楚共王有五個兒子：子招、子圍、子幹、子晳、棄疾。五個兒子都受到共王的寵愛，楚共王無法確定誰作為王位繼承人，就祭祀山川形勝，請神靈決斷。於是同巴姬一道把寶玉埋在太室的地下，讓五個兒子齋戒後進入太室拜謁祖宗。康王子招跨過了埋在地下的寶玉，子圍的手肘壓在埋璧的地方，子幹、子晳都離得很遠，棄疾年幼，被人抱著進入祖廟，兩次參拜都壓在玉璧的紐的部位。因此，共王死後，子招被封為康王，傳到他的兒子就失去了王位。子圍為靈王，他本人被殺死。子幹僅在位十多天，子晳沒有被封王，又和子幹一起被處死，都絕了後代。棄疾後立為君王，終於延續了楚國的宗祀，同他得到的神靈降下的吉祥之兆相應。他們做王時間的長短，與各人下拜時距離玉璧的遠近相應。玉璧埋在地下，五個兒子都不知道，先後跟隨著進入太室拜謁祖宗，距離玉璧的遠近不同，而棄疾下拜時正好壓在玉璧的紐上面，好像神靈扶送著教他跪在那塊地方似的。晉國屠岸賈作亂，殺掉了趙盾的兒子。趙朔死後，他的妻子生下一個遺腹子。等到屠岸賈聽到這一消息，就派兵搜索晉成公的宮殿，母親把兒子藏在褲襠之中，祈禱說：「趙氏宗室注定要滅亡的話，你就啼哭；如果不滅亡，你就不要出聲。」等到叛兵搜索他的時候，終究沒有啼哭，於是脫險而能活下來。程嬰背著他，把他隱藏在山中。到景公時，韓厥把這件事稟告景公，景公於是與韓厥一起封趙氏孤兒趙武來延續趙氏的宗祀，這就是趙文子。當時趙氏孤兒不出聲，好像有神靈掩住他的嘴一樣。由此說來，趙文子之立，也是命中注定的。

高皇帝❶母曰劉媼❷，嘗息大澤之陂❸，夢與神遇❹。是時，雷電晦瞑，蛟龍在上。及生而有美質，性好用酒，嘗從王媼、武負❺貰❻酒，飲醉，止臥，媼、負見其身常有神怪。每留飲醉，酒售數培。後行澤中，手斬大蛇，一嫗❼當道而哭，云：「赤帝子❽殺吾子。」此驗既❾著聞❿矣。秦始皇帝常⓫曰：「東南有天子氣。」於是東遊⓬以厭⓭當⓮之。高祖之起也，與呂后⓯隱於芒、碭⓰山澤間。呂后與人求之，見其上常有氣⓱直起，往求輒⓲得其處。後與項羽⓳約⓴：「先入秦關㉑王之㉒。」高祖先至，項羽怨恨，范增㉓曰：「吾令人望其氣，氣皆為龍，成五彩，此皆天子之氣也，急擊之。」高祖往謝㉔項羽，羽與亞父㉕謀㉖殺高祖，使項莊㉗拔劍起舞。項伯㉘知之，因與項莊俱起。每劍加高祖之上，項伯輒以身覆高祖之身，劍遂不得下，殺勢不得成。會㉙有張良㉚、樊噲之救，卒得免脫，遂王天下。初妊身有蛟龍之神；既生，酒舍見雲氣之怪；夜行斬蛇，蛇嫗㉛悲哭；始皇、呂后望見光氣；項羽謀殺，項伯為蔽，謀遂不成，遭得良、噲：蓋富貴之驗，氣見而物應㉜，人助輔援也。

【章旨】此章言漢高祖劉邦的帝王之驗。

【注釋】❶高皇帝　漢高祖劉邦。❷媼　老年婦人的尊稱。❸陂　水澤旁邊。此指湖岸。❹遇　遇合；交配。❺王媼武負　指兩家酒店的主人。負，通「婦」。又作「媍」。❻貰　賒。❼媼　老婦。❽赤帝子　指劉邦。赤帝，漢代陰陽五行說的五帝之一。五帝是指東方青帝，南方赤帝，西方白帝，北方黑帝，中央黃帝。❾既　已經。❿著聞　眾所周知。⓫常　曾經。⓬遊　巡視。⓭厭　通「壓」。壓制。⓮當　阻擋。⓯呂后　劉邦之妻呂雉。⓰芒碭　兩座大山名。在今河南永城東北。⓱氣　雲氣。⓲輒　往往；總是。⓳項羽　即西楚霸王。與劉邦爭天下，失敗後自殺。⓴約　訂立協約。㉑關　指函谷關。㉒王之　尊他為王。㉓范增　項羽的謀士。㉔謝　道歉；謝罪。㉕亞父　項羽對范增的尊稱。㉖謀　密謀。㉗項莊　項羽的部下。㉘項伯　項羽的叔父。張良的好友。㉙會　碰到；遇上。㉚張良　劉邦的謀士。㉛蛇媼　傳說她是白帝子的母親，劉邦砍殺的蛇是白帝子變的，故稱之為「蛇媼」。㉜應　應驗；應和。

【語譯】漢高祖的母親叫做劉媼，曾經住在大湖的岸邊，夢中與神靈交合。這時，雷電交加，天色昏暗，蛟龍在天空中游弋。等到劉邦出生，他長有美好的體質，天生愛好飲酒，往往到王媼、武負的酒店中賒酒，喝醉了，就在酒店睡臥，酒店女主人看見他的身上常有神靈怪異的徵兆出現。每逢他喝醉了酒留在酒店裡，酒店的酒就幾倍的賣出去。後來他行於大澤之中，親手斬殺了一條大蛇，一個老婦人擋在道路上哭道：「赤帝的兒子殺死了我的兒子。」這個應驗已經眾所周知了。秦始皇曾經說：「東南有天子氣。」於是到東南地區去巡視，以壓制並阻擋這種剛升起的天子氣。漢高祖剛剛起事的時候，與呂后隱居在芒、碭二山的山川湖澤之間。呂后同別人去尋找他時，見到他上空常有雲氣一直升起，往往能尋找到他的住處。後來他與項羽訂立協約：「先入函谷關破秦的，就尊他為大王。」高祖最先到達，項羽怨恨，范增說：「我派人探望他頭上的雲氣，氣都是龍，成為五種色彩，這都是天子之氣啊，應當趕快攻打他。」高祖前去向項羽道歉，項羽與亞父范增密謀要殺高祖，指使項莊拔劍起舞。項伯知道項莊舞劍的用意，隨即與項莊一同起舞。每當項莊的劍要刺向劉邦的身上時，項伯總是用自己的身體掩護著高祖的身體，項莊的劍就不能下，殺勢不能成功。碰上張良、樊噲一同來救，最終使高祖倖免脫身，於是稱王於天下。當初，劉母懷孕時有蛟龍之神應合；劉邦出生以後，酒店老板娘又見到他身上有雲氣之類的神靈怪異現象；夜晚行路斬殺大蛇，蛇媼悲傷地哭著；始皇、呂后望見的吉祥的光和氣；項羽謀殺劉邦，項伯作掩護，使項羽的陰謀終於不能得逞；碰到張良、樊噲的幫助，使劉邦得以脫身。這些氣的出現、物的應和、人的輔佐援助，都是富貴之命的徵兆。

竇太后❶弟名廣國❷，年四、五歲，家貧，為人所掠賣，其家不知其所在。傳❸賣十餘家，至宜陽❹，為其主人入山作炭。暮寒，臥炭下，百餘人炭崩盡壓死，廣國獨得脫。自卜數日當為侯。從其家❺之❻長安❼，聞竇皇后新立，家在清河❽觀津❾，乃上書自陳❿。竇皇后言於文帝⓫，召見問其故⓬，果是，乃厚賜之。景帝⓭立，拜廣國為章武⓮侯。夫積炭崩，百餘人皆死，廣國獨脫。命當富貴，非徒得活，又封為侯。虞子大⓯，陳留東昏人也。其生時以夜⓰，適⓱免⓲母身，母見其上若一匹練⓳狀，經⓴上天。明㉑以問人，人皆曰：「吉，貴。」氣與天通，長大仕宦，位至司徒公㉒。廣文伯，河東蒲坂人也。其生亦以夜半時，適生，有人從門呼其父名。父出應之，不見人，有一木杖植㉓其門側，好善異於眾。其父持杖入門以示人，人占曰：「吉。」文伯長大學宦㉔，位至廣漢㉕太守。文伯當富貴，故父得賜杖，以杖當得子之力矣。

【章旨】此章言漢代侯公郡守的富貴之驗。

【注釋】❶竇太后　漢文帝的皇后。❷廣國　即竇廣國。觀津人，字少君，後封章武侯。❸傳　轉。❹宜陽　縣名。今屬河南。❺其家　指主人家。❻之　往。❼長安　西漢京城。❽清河　郡名。❾觀津　古縣名。在今河北衡水東。❿陳　陳述；說明。⓫文帝　漢文帝劉恆。⓬故　往事。⓭景帝　漢景帝劉啟。⓮章武　古縣名。在今河北滄州東。見《史記・外戚世家》。⓯虞子大　即虞延。字子大，東昏人，漢光武帝時任司徒。⓰以夜　在夜晚。⓱適　剛。⓲免　通「娩」。分娩。⓳練　熟絹；綢緞。⓴經　徑直。㉑明　天亮。㉒司徒公　即司徒。東漢三公之一，相當西漢的丞相之位。㉓植　樹立。㉔宦　做官。㉕廣漢　郡名。在今四川北部。

【語譯】竇太后的弟弟名叫廣國，年僅四、五歲時，家境貧困，被人搶走賣了，他的全家都不知他的下落。廣國被轉賣十多戶人家，賣到宜陽縣，替他的主人進山燒炭。晚上寒冷，就睡在炭窯下面，碰上炭崩，百餘人全部被壓死，唯獨廣國得以脫險。他自己占卜，幾天以後命當封侯。他從主人家到達長安，聽說竇皇后剛立，家在清河觀津縣，於是上書給竇皇后陳述自己的身世。竇皇后將此事稟告漢文帝，文帝召見，詢問廣國的家世往事，果然是竇皇后的弟弟，就給他豐厚的賞賜。景帝劉啟繼位，封廣國為章武侯。堆積的炭崩塌，百餘人都被壓死，唯獨廣國脫身。命中注定應當富貴，不僅得以活命，又封為王侯。虞子大是陳留東昏人。他在夜裡出生，剛分娩時，母親見他的頭上好像有一匹綢緞徑直上天。天亮後詢問別人，人們都說：「吉祥，富貴。」他的氣與天相通，長大後當官，位至司徒公。廣文伯是河東蒲坂人。他出生的時辰也是夜半三更，剛生時，有人從門外喊他的父親的名字。父親出去接應，不見人影，只見有一根木杖立在他的門邊，質地特別好，不同一般的木杖。他的父親手持木杖進門來給人看，人占卜說：「這是吉祥的象徵。」文伯長大後學成做官，位至廣漢太守。文伯命當富貴，因此他的父親能獲得木杖的賞賜，因為木杖正預示他將來會得力於兒子啊。

光武帝❶建平元年❷十二月甲子❸生於濟陽宮❹後殿第二內中❺，皇考❻為濟陽令❼，時夜無火，室內自明。皇考怪之，即召功曹史❽充蘭❾，使出問卜工❿。蘭與馬下卒⓫蘇永⓬俱之卜王長孫⓭所。長孫卜，謂永、蘭曰：「此吉事也，毋多言。」是歲，有禾生景天⓮中，三本⓯一莖九穗，長於禾一二尺，蓋嘉禾也。哀帝⓰之初，有鳳凰下濟陽宮，故今濟陽宮有鳳凰廬。始與李父⓱等俱起，到柴界中，遇賊兵⓲，惶惑走濟陽舊廬。比⓳到，見光若火正赤，在舊廬道南，光耀憧憧⓴上屬天㉑，有頃不見。王莽㉒時，謁者㉓蘇伯阿㉔能望氣㉕，使過舂陵㉖，城郭㉗鬱鬱蔥蔥㉘。及光武到河北㉙，與伯阿見，問曰：「卿㉚前過舂陵，何用知其氣佳也？」伯阿對曰：「見其鬱鬱蔥蔥耳。」蓋天命當興，聖王當出，前後氣驗，照㉛察明著㉜。繼體㉝守文㉞，因據㉟前基㊱，稟天光氣，驗不足言。創業龍興㊲，由微賤起於顛沛㊳若高祖、光武者，曷嘗㊴無天人神怪光顯之驗乎？

【章旨】此章言漢光武帝劉秀「創業龍興」的天人神怪光顯之驗。

【注釋】❶光武帝　即劉秀。東漢的開國皇帝。❷建平元年　西元前六年。建平，西漢哀帝的年號。❸十二月甲子　據陳垣〈二十史朔閏表〉，這是夏曆十二月初六日。❹濟陽宮　原為漢武帝出巡的行宮。濟陽，古縣名。在今河南蘭考東北。❺內中　宮廷後院的房屋。❻皇考　宋以前，一般尊敬亡父為皇考。此指劉秀之父劉欽。❼令　漢制。萬戶以上的縣的長官稱「令」，萬戶以下的稱「長」。❽功曹史　官名。簡稱「功曹」，相當於郡守的總務長，縣令下同，除掌人事外，還負責政務。❾充蘭　人名。❿卜工　以占卜為業的人。⓫馬下卒　指縣令出行時充當護衛和開道的士兵。⓬蘇永　人名。⓭王長孫　人名。⓮景

天　草名。也稱「八寶」、「蝎子草」。古人認為這種草種在庭院中能避火災。⑮本　株。⑯哀帝　漢哀帝劉欣。⑰李父　指與劉秀起兵反王莽的李通。⑱賊兵　指王莽的軍隊。⑲比　及。⑳憧憧　形容搖曳不定貌。㉑屬天　連天。㉒王莽　字巨君，漢元帝王皇后的侄子。以外戚掌權，封新都侯，西元八年，他廢去小皇帝孺子嬰，稱帝，改國號為「新」，後綠林軍攻入長安時被殺。㉓謁者　官名。負責引見朝拜皇帝的人。㉔蘇伯阿　人名。㉕望氣　根據人的光氣來預測人的吉凶。㉖春陵　古縣名。在今湖北棗陽南。㉗郭　外城。㉘鬱鬱蔥蔥　草木茂密。這裡形容氣盛。㉙河北　黃河以北。㉚卿　古代君對臣、長官對部下的愛稱。㉛照　明。㉜著　顯著。㉝體　指帝位。㉞文　典章制度。㉟因據　憑藉。㊱前基　指父兄奠定的基業。㊲龍興　比喻王業的創立。㊳顛沛　流離失所。這裡指戰亂時代。㊴曷嘗　何曾。

【語　譯】光武帝於建平元年十二月初六日出生在濟陽宮後殿第二座房屋之中，父親是濟陽令。光武帝出生時，夜沒有點燃火光，而室內卻自然明亮。他父親感到很奇怪，立即召來功曹史充蘭，派他出去詢問占卜的人。充蘭與隨從蘇永一同到占卜人王長孫的住處。長孫占卜後，對蘇永、充蘭說：「這是吉祥的大好事，不要多說。」這一年，有禾生長在景天草中，三株一莖九穗，比一般禾苗高一二尺，大概是象徵著吉祥的茁壯的禾。漢哀帝初年，有一隻鳳凰落入濟陽宮，因此現在濟陽宮還有鳳凰廬。當初，光武帝與李通一同起兵，到柴界中，碰上賊兵，驚惶疑懼，逃向濟陽舊廬。等他們到達時，看見一團像紅火一樣的光在舊廬道南出現，閃耀著，搖曳不定地連著天，一會兒就不見了。王莽當政時，謁者蘇伯阿能望氣，被派出差經過春陵，城郭鬱鬱蔥蔥，氣勢很盛。等到光武帝到黃河以北，同伯阿見面時，問他說：「你以前經過春陵，根據什麼知道春陵那個地方氣勢很好呢？」伯阿回答說：「看見它鬱鬱蔥蔥而已。」大概天命注定當興旺，命中注定聖王當出現，前後之氣相應和，就更加清楚明白了。那些繼承帝位，恪守現成的典章制度，憑藉父兄奠定的基業而當上君王的，其效驗不值得一說。而創立新的帝業，像漢高祖、漢光武帝那種由微賤出身卻在戰亂中崛起的君王，何曾沒有天人神怪光顯的徵兆呢？

# 卷三

## 偶會篇第十

【題解】本篇論述自然界和人類社會中的一切現象產生的原因，認為是由有關的事物在其本身自然發展的過程中偶然巧合生成的，並「非有他氣旁物厭勝感動使之然」。

命，吉凶之主❶也，自然❷之道，適❸偶❹之數❺，非有他氣旁物厭勝❻感動❼使之然也。

【章旨】此章立論，認為人類社會及自然界的一切都是「適偶之數」。

【注釋】❶主　主宰；決定因素。❷自然　天然；非人為的；無意識的。❸適　正好；碰巧。❹偶　偶合；偶然巧合。❺數　定數；氣數。指命運。❻厭勝　壓倒；克制。厭，通「壓」。❼感動　影響。

【語譯】命，是人的吉凶禍福的主宰者，是自然界和人世間自然而然出現的現象，由偶然巧合而成的，並不是有其他什麼氣數事物壓制影響使它變成這樣的。

世謂子胥伏劍❶，屈原自沈❷，子蘭、宰嚭誣❸讒❹，吳、楚之君❺冤殺之❻也。偶❼二子❽命當絕，子蘭、宰嚭適為讒，而懷王、夫差適信奸❾也。君適不明，臣適為讒，二子之命偶自不長，二偶❿三合⓫，似若有之⓬，其實自然，非他為也。夏、殷之朝適窮⓭，桀、紂之惡適稔⓮；商、周之數適起，湯、武之德適豐⓯。關龍逢⓰殺，箕子、比干囚死⓱，當桀、紂惡盛之時，亦二子命訖⓲之期也。任⓳伊尹之言，納⓴呂望之議，湯、武且㉑與之會㉒，亦二臣當用之際也。人臣命有吉凶，賢不肖之主與之相逢。文王時㉓當昌㉔，呂望命當貴；高宗治㉕當平㉖，傅說㉗德當遂㉘。非文王、高宗為二臣生，呂望、傅說為兩君出也，君明臣賢，光曜㉙相察㉚，上修下治，度數㉛相得㉜。

【章旨】此章言人命的吉凶在於機遇之偶合。

【注釋】❶伏劍　用劍自刎。❷自沈　投水自殺。❸誣　誣蔑；陷害。❹讒　背後說人壞話。❺吳楚之君　指吳王夫差和楚懷王、頃襄王。❻之　代指屈原和伍子胥。❼偶　偶然；正好。❽二子　指屈原和伍子胥二人。❾奸　奸邪。這裡指進讒言的子蘭、宰嚭。❿二偶　指屈原和伍子胥二人的命運「偶不長」。⓫三合　指「君適不明」、「臣適為讒」以及二子命運「偶自不長」這三個因素偶合在一起。⓬之　指前章所言「他氣」、「旁物」的影響。⓭窮　盡；滅亡。⓮稔　莊稼成熟。這裡指夏桀、商紂王正好惡貫滿盈。⓯豐　豐盛。⓰關龍逢　夏桀的大臣。傳說桀常為長夜之飲，關龍逢引黃圖而規勸，久立不走，桀怒，燒黃圖，殺龍逢。⓱比干囚死　傳說比干因規勸紂王而被挖心。⓲訖　完結；終了。⓳任　聽信；信任。⓴納　採納；接受。㉑且　將要。㉒會　時機；機會。㉓時　時運；時勢。㉔昌　興旺；昌盛。㉕治　治期。㉖平　太平。王充認為，國家的治亂，取決於自然條件，而自然條件的變化有一定週期，所以國家的治亂也有一定期數，與統治者的德才無關係。見〈治期篇〉。㉗傳說　商朝國君武丁的大臣。傳說出身奴隸，曾服過築牆等苦役。見《墨子・尚賢中》。㉘遂　完成；成功。這裡指發揮才能。㉙光曜　光耀；文采。㉚相察　相互輝映。㉛度數　即「數」。㉜相得　相合；完全一致。

【語　譯】世稱伍子胥伏劍自殺，屈原自投汨羅江而死，是子蘭、宰嚭誣害、讒毀，以致吳王夫差和楚懷王、頃襄王冤枉殺害他們的。我以為是正好伍子胥、屈原二人的命數應當滅絕了，子蘭、宰嚭正好在君王面前說他們的壞話，而楚懷王、夫差又碰巧聽信了子蘭、宰嚭這類奸臣的讒言的結果。君主正好昏庸，奸臣正好進讒言，二人的命數又各自偶合不長，這二偶三合，好像有其他氣數、事物的作用，其實是無意識的，自然而然的，不是他氣旁物有意造成的。夏、殷兩朝恰巧到了該滅亡的時候，夏桀、商紂王兩個君主正好惡貫滿盈；商朝、周朝的氣數正好興旺起來，商湯、周武王的恩德正巧積得豐盛起來。關龍逢被殺，箕子、比干被囚禁處死，這是正當桀、紂惡貫滿盈的時候，也是龍逢、比干二人的命數終了的時候。聽信伊尹的意見，接受呂望的建議，商湯、周武王將要興起的時候，也恰好是伊尹、呂望命中注定被君王重用的時候。人臣的命運有吉凶，決定於賢與不賢的君主同他相逢。周文王時代注定時運昌盛，呂望也命中注定應當尊貴；殷高宗武丁時期注定太平，傳說的德行才幹注定應當發揮作用。不是周文王、殷高宗為呂望、傳說二位臣子而生，呂望、傳說為各自兩位君主而出，而是君主英明，臣子賢能，光耀與文采相互輝映，君臣上下同心同德治理國家，他們各自的德操才能與所處的時代恰好相適應。

顏淵死，子曰：「天喪予❶！」子路❷死，子曰：「天祝予❸！」孔子自傷之辭，非實然❹之道也。孔子命不王，二子壽不長也。不王❺，不長，所稟不同，度數並放❻，適相應也。二龍之祆❼當效❽，周厲適闓❾櫝❿；褒姒⓫當喪周國，幽王⑫稟性偶惡。非二龍使厲王發⑬孽⑭，褒姒令幽王惑也，遭逢會遇，自相得也。僮⑮謠之語當驗，鬥雞之變⑯適生；鸜鵒⑰之占⑱當應，魯昭⑲之惡適成。非僮謠致鬥競，鸜鵒招君惡也，期數自至，人行偶合也。堯命當禪舜，丹朱為無道；虞⑳統㉑當傳夏㉒，商均行不軌㉓。非舜、禹當得天下能㉔使二子惡也，美惡是非適相逢也。

【章　旨】此章言人世間美惡是非之遭逢會遇。

【注　釋】❶天喪予　見《論語·先進》。予，我。❷子路　孔子弟子。曾任衛大夫孔悝的家臣，於貴族內訌中被殺。❸天祝予　見《公羊傳·哀公十四年》。祝，斷；絕。❹實然　實在是這樣。❺不王　不能稱王。❻並放　一同表現出來。❼二龍之祅　據《史記·周本紀》載，傳說夏朝末年，兩條龍在宮廷相鬥，龍的唾液滿地，夏王依占卜人的話，將龍的唾液裝在一匣中。到周厲王朝便打開匣子，龍的唾液流出來，變成一隻黑蜥蜴，到後宮與一宮妃相遇，生下一個女孩，名叫褒姒，當了周幽王的皇后。祅，通「妖」。指妖象。❽效　應驗。❾闓　通「開」。❿櫝　木匣。⓫褒姒　周幽王的寵妃。褒國人，姓姒，周滅後，被俘。⓬幽王　周幽王。宣王之子，姓姬，名宮涅。中侯聯合繒、犬戎等攻周，殺幽王於驪山下，西周滅亡。⓭發　打開。⓮孽　妖孽。⓯僮　同「童」。據《左傳·昭公二十五年》載，傳說昭公即位前，有童謠說，若八哥鳥來魯國搭窩，魯國君主就將被逐走而死在國外，果然，西元前五一七年，魯昭公被季平子趕走，死於晉國。⓰鬥雞之變　指季平子因鬥雞與郈昭伯結怨，魯昭公以武力偏袒郈，於是季平子將魯昭公驅逐出國。鬥雞，一種遊戲。⓱鸜鵒　鳥名。俗稱八哥。⓲占　占卜；預言。據說古代魯國沒有八哥鳥，而魯昭公被逐的這一年，竟有八哥飛來搭窩，當時魯國大夫師己曾以童謠預言魯國將發生君主被逐的事變。⓳魯昭　魯昭公。名裯，在位二十五年，西元前五一七年被季平子驅逐，逃於晉，死於乾侯，諡昭。⓴虞　虞舜。㉑統　帝位。㉒夏　夏禹。傳說舜因自己的兒子商均不賢，而傳位於禹，禹建立了夏朝。㉓不軌　作惡；不走正道；不合正軌。㉔能　而。

【語譯】顏淵死了，孔子說：「天喪我！」子路死了，孔子說：「天絕我！」這是孔子自己感到悲傷時說的話，並不是真實的情況。孔子命中注定不能稱王，顏淵、子路二人命中注定活不長久。不能稱王，命活不長，這是所承受的形成命的氣不同，不同的度數同時表現出來，正好相互一致的緣故。二龍的妖象應驗，是周厲王碰巧打開了木匣子；褒姒使周朝喪亡，是周幽王稟承的天性正好惡貫滿盈。並不是二龍讓周厲王打開收藏龍涎的匣子，褒姒使周幽王迷惑，而是雙方偶然碰到一起而又自然一致的結果。童謠的應驗，是因為鬥雞的事變碰巧發生；鸜鵒的占卜實現，是因為魯昭公的罪惡正好積成。並不是童謠引起鬥雞事變，鸜鵒招來魯昭公的罪惡，而是期數本身到了該出現的時候，而人的行為正好一致啊。堯命中注定應當把帝位傳給舜，才有自己的兒子丹朱不走正道；虞舜的帝位命中注定要傳給夏禹，才有自己的兒子商均作惡，這是不合正軌的。並不是舜、禹命定當得天下而使丹朱、商均二人作惡，而是美惡是非恰巧碰在一起啊。

火星❶與昴星❷出入，昴星低❸時火星出，昴星見❹時火星伏❺。非火之性厭服❻昴也，時偶不並，度轉❼乖❽也。正月建寅❾，斗魁破申❿，非寅建使申破也，轉運之衡⓫偶自應⓬也。父歿⓭而子嗣⓮，姑⓯死而婦⓰代，非子婦嗣代使父姑終歿也，老少年次自相承也。

【章旨】此章言星辰、人事之自然相應。

【注釋】❶火星　太陽系九大行星之一。古代又稱「大火」、「熒惑」、「心宿」，二十八宿之一。❷昴星　星宿名。二十八宿之一，是最著名的星團，叫「昴星團」。其中最亮的七顆星，俗稱「七姊妹星團」。❸低　落下去。❹見　同「現」。❺伏　隱沒。❻厭服　壓制。厭，通「壓」。❼度轉　指運行的度數。度，古人把一周天分成三百六十五度多，作為觀測星球運行的標準。轉，運轉。古人認為天繞著北天極運轉，而星宿則附在天上隨天體運轉。❽乖　違背；相反。❾正月建寅　古人把夜半北斗星的斗柄正好指向東北「寅」的方位的這個月定為「正月」。天文家把北斗七星中呈方形的四顆星叫做斗魁，另外三顆叫做斗柄，根據斗柄所指天空方向的不同來確定季節。同時又按順時針方向，用十二地支「子、丑、寅、卯、辰、巳、午、未、申、酉、戌、亥」來表示方位，寅的方位正好指向東北，故以此為正月。❿斗魁破申　指當北斗七星的斗柄指向寅的方位時，斗魁就衝著和「寅」正好相反的「申」所指的西南方位。⓫衡　玉衡。北斗七星之一。這裡指北斗星。⓬自應　自然相應。⓭歿　死亡。⓮嗣　繼承。⓯姑　丈夫的母親。⓰婦　媳婦。

【語　譯】火星與昴星出沒的時間不一樣，昴星落下去時火星才出現，昴星出現時火星就隱沒了。這並不是火星的本性壓服了昴星，而是因為這兩個星宿出現的時間恰好不一樣，它們運行的度數也正好相反啊。正月北斗星的斗柄正好指向「寅」所在的東北方位，而斗魁正好衝著和「寅」相反的「申」所指示的西南方位。這並不是斗柄指向「寅」就是有意識地要讓斗魁去衝破「申」的方位，而是運行著的北斗星與「寅」「申」所指的方位碰巧自然相應。父親死亡，而兒子繼承，婆婆死亡，而媳婦代替，並不是因為兒子要繼承父親，媳婦要代替婆婆，才造成父親和婆婆的死亡，而是老少年齡順序自然形成這種相互繼承的關係啊。

世謂秋氣擊殺穀草，穀草不任❶，凋❷傷而死。此言失實。夫物以春生夏長，秋而熟老，適自枯死，陰氣❸適盛，與之會遇。何以驗之？物有秋不死者，生性❹未極也。人生百歲而終，物❺生一歲而死，死謂陰氣殺之，人終觸何氣而亡？論者猶或❻謂鬼喪之。夫人終鬼來，物死寒至，皆適遭也。人終見鬼，或見鬼而不死；物死觸寒，或觸寒而不枯。壞屋所壓，崩崖所墜，非屋精崖氣殺此人也，屋老崖沮❼，命凶之人，遭居❽適履❾。月毀❿於天，螺消於淵⓫；風從虎⓬，雲從龍⓭。同類通氣，性相感動。若夫物事相遭，吉凶同時，偶適相遇，非氣感也。

【章旨】此章言人死物亡都是偶適相遇所致。

【注釋】❶不任　受不了。❷凋　凋謝。❸陰氣　指秋氣、寒氣。❹生性　生命。❺物　這裡指一年生的草本植物。❻或　可能。❼沮　壞。指崩塌。❽居　住。❾履　踐踏。❿毀　虧缺。⓫螺消於淵　陰陽五行家認為，凡由同一種陰氣或陽氣構成的物是同類，同類之物可以相互感應。例如月亮和螺蚌同屬陰類，所以月亮虧缺，水潭中的螺蚌的肉體就相應萎縮變小。消，消縮。⓬風從虎　是說風與虎同屬陰，所以風隨著虎而來。從，隨。⓭雲從龍　指雲和龍同屬陽，所以雲隨著龍出現。

【語譯】世人認為秋天的寒氣擊殺了穀草，穀草經受不了，凋謝而死。這種言論不符合實際情況。植物在春天萌芽夏天生長，秋天成熟衰老，碰巧自然而然地枯萎死亡，此時此刻，秋氣、寒氣正盛，與穀草的枯萎死亡正好碰在一起。怎麼證明它呢？植物有秋天不死的，是因為它的生命還沒有達到極限。人生以一百歲為壽終，植物生長一年而死亡，如果植物死是秋氣、寒氣擊殺它的結果，那麼人死又是觸及什麼氣而死的呢？議論的人還會說是鬼使人喪失生命的。人死鬼來，物死寒到，都是碰到一塊了。人死見鬼，但有的見鬼卻沒有死；物死碰到寒氣，但有的碰到寒氣也不會枯死。人被倒塌的壞屋壓死，因山崖崩塌摔死，並不是房屋和山崖的精氣有意殺人，而是房屋老朽、山崖崩塌，命中注定遭凶而死的人，恰巧住在這幢房屋，踏上這座山崖的緣故。天空中的月亮虧缺的時候，螺蚌在潭水中就相應地消縮了；風隨虎而發生，雲隨龍而出現。這是同類之物氣相通、性相感應的結果。至於事物相互碰在一起，吉祥與凶險同時發生，都是偶然相碰、自然相合的結果，而不是同氣相感應造成的。

殺人者罪至大辟❶。殺者罪當重，死者命當盡也。故害氣❷下降，因命先中；聖王德施❸，厚祿❹先逢。是故德令降於殿堂，命長之囚出於牢中。天非為囚未當死，使聖王出德令也。聖王適下赦，拘囚適當免死，猶人以夜臥晝起❺矣。夜日光盡，不可以作，人力亦倦，欲壹休息；晝日光明，人臥亦覺❻，力亦復足。非天以日作之，以夜息之也，作與日相應，息與夜相得也。

【章 旨】此章言囚與赦猶人之夜臥日起。

【注 釋】❶大辟 死刑。❷害氣 降災之氣。❸德施 施行恩德。❹厚祿 指命當富貴的人。祿，祿命。❺晝起 白天起來工作。❻覺 醒。

【語 譯】殺人的人，罪至死刑。殺人的罪該重判，被兇犯殺死的人是命中注定該完了。因此，災害的氣下降，囚犯命中恰好首先碰上；聖王廣施恩德，命該富貴的人正好最先相逢。所以赦免令從朝廷傳下來，命長的囚犯往往能從牢房中出來。這並不是上天認為囚犯不該死，有意讓聖君發出赦免令。聖王正好下達赦令，被拘禁的囚犯碰巧應當免去死刑，如同一個人在夜裡睡覺白天起床工作一樣。夜晚陽光消逝了，不可以在這個時候工作，人的精力也感到疲倦，想好好休息一下；白天陽光明亮，人睡覺也都醒來了，精力也重新充沛起來了。不是上天有意識地安排人們在白天工作，在夜晚休息，而是人們做工幹活正好與白天相適應，休息正好與夜晚相一致啊。

雁鵠❶集於會稽❷，去❸避碣石❹之寒，來遭民田之畢❺，蹈履❻民田，啄食草糧❼。糧盡食索❽，春雨適作，避熱北去，復之❾碣石。象耕靈陵❿，亦如此焉。傳曰：「舜葬蒼梧⓫，象為之耕；禹葬會稽，鳥為之佃⓬。」失事之實，虛妄之言也。

【章旨】此章批駁「象耕靈陵」之謊言。

【注釋】❶鵠　天鵝。❷會稽　山名。在今浙江紹興東南。❸去　離開。❹碣石　山名。在今河北昌黎西北。❺民田之畢　指秋收完畢。畢，結束。❻蹈履　踐踏。❼草糧　指收割後掉在田地上的穀物。草，草野；田野。❽索　盡；完結。❾之　往。❿靈陵　即零陵。古地名，今屬湖南零陵。⓫蒼梧　山名。即九嶷山，在今湖南寧遠境。⓬佃　耕種田地。

【語譯】大雁和天鵝匯集到會稽山，是為了離開碣石山區以便躲避北方的寒冷，來南方正好碰上田地剛秋收完畢，牠們踐踏農民的田地，啄吃收割後掉在地上的穀物。糧食吃光了，春雨碰巧大發，為了躲避南方的炎熱，就又向北方飛去，重新回到碣石山區。大象在零陵耕地，也是這樣啊。古書上說：「舜葬在蒼梧，天老爺就讓大象去替他耕田；禹葬在會稽山，天老爺就派飛鳥去替他種地。」這種說法不符合真實，是謊言。

丈夫有短壽之相，娶必得早寡之妻；早寡之妻，嫁亦遇夭折之夫也。世曰：「男女早死者，夫賊❶妻，妻害夫。」非相賊害，命自然也。使火燃，以水沃❷之，可謂水賊火。火適自滅，水適自覆❸，兩各自敗，不為❹相賊。今男女之早夭，非水沃火之比❺，適自滅覆之類也。賊父之子，妨❻兄之弟，與此同召❼。同宅而處，氣相加凌，羸瘠❽消單❾，至於死亡，可謂相賊。或客死❿千里之外，兵燒厭溺，氣不相犯，相賊如何？王莽姑正君⓫許嫁⓬二夫，二夫死，當⓭適⓮趙⓯而王薨⓰。氣未相加，遙賊三家，何其⓱痛⓲也？黃次公⓳取⓴鄰巫之女，卜謂女相㉑貴，故次公位至丞相㉒。其實不然。次公當貴，行㉓與女會㉔；女亦自尊，故入次公門。偶適然自相遭遇，時也。

【章　旨】此章言男女相剋亦出於偶然。

【注　釋】❶賊　害。❷沃　澆水。❸自覆　自己倒翻。❹為　通「謂」。叫做。❺比　類。❻妨　妨害；剋。❼召　招致；造成。❽羸瘠　瘦弱。❾單　通「殫」。盡。❿客死　死在他鄉。⓫正君　即王政君。王莽的姑母，後為漢元帝的皇后。⓬許嫁　訂立婚約。王政君曾先後與二人訂婚，都未成親，男方就死了。⓭當　正要。⓮適　出嫁。⓯趙　指趙王。⓰薨　古代稱王、侯死為「薨」。⓱何其　多麼；何等。⓲痛　甚；厲害。⓳黃次公　黃霸。字次公，淮陽陽夏（今河南太康）人，官至御史大夫、丞相。⓴取　通「娶」。㉑相　骨相。㉒故次公位至丞相　見《漢書．循吏傳》。㉓行　正好。㉔會　相遇。

【語　譯】丈夫有短命的骨相，娶的一定是很早就注定要當寡婦的妻子，很早就注定守寡的妻子，嫁出去也注定要碰上早死的丈夫。世人說：「男女早死的人，總是夫剋妻，妻害夫。」並不是相剋，而是命中注定的，自然而然的。假使火燃燒起來，用水澆熄火，可說是水剋火。火正好自滅，水正好自己倒翻，雙方各自覆滅，不能說是互相賊害。現在男女的早死，並不屬於用水澆火一類，而是屬於同樣自己覆滅的一類。剋父的兒子，剋兄的弟弟，與正好自己覆滅的水火是同樣的道理造成的。同住在一起，如果一方的氣壓制了另一方，使對方身體消瘦，最後只剩下一把骨頭，以至死亡，可說是相剋。有的死在千里之外，被殺死、燒死、壓死、淹死，氣不相侵犯，又怎麼能夠相剋呢？王莽的姑母正君曾經先後許配了兩個人，但都沒等到結婚，男方就死了。她正要嫁給趙王的時候，趙王也死去了。氣未相壓制，遙剋三家，怎麼可能那樣厲害呢？黃次公娶鄰居一個巫婆的女兒為妻，占卜的人說女的骨相高貴，所以黃次公官至丞相。其實不是這樣。黃次公命中注定該富貴，正好與這個命貴的女人相遇；這個女人本身也有貴命，因此注定要進入黃次公的門。他們之所以偶然碰到一起，這是時運、機遇造成的。

無祿❶之人，商❷而無盈❸，農❹而無播❺，非其性賊貨而命妨穀也。命貧，居❻無利之貨；祿惡，殖❼不滋❽之穀也。世謂「宅有吉凶，徙❾有歲月」。實事則不然。天道難知，假令有命凶之人、當衰之家，治宅❿遭得不吉之地，移徙適觸歲月之忌。一家犯忌，口⓫以十數⓬，坐⓭而死者，必祿衰命泊⓮之人也。推此以論，仕宦進退⓯遷徙⓰，可復見也。時適當退，君用讒口；時適當起，賢人薦己。故仕且⓱得官也，君子輔善；且失位也，小人毀⓲奇⓳。公伯寮⓴訴㉑子路於季孫㉒，孔子稱命㉓。魯人臧倉㉔讒孟子於平公，孟子言天㉕。道㉖未當行，與㉗讒相遇；天未與己，惡人用口㉘。故孔子稱命，不怨公伯寮，孟子言天，不尤㉙臧倉，誠㉚知時命當自然也。推此以論，人君治道功化㉛，可復言也。命當貴，時適平；期當亂，祿遭衰。治亂成敗之時，與人興衰吉凶適相遭遇。因此，論聖賢迭起，猶此類也。

【章　旨】此章言治亂成敗之時正好與人興衰吉凶之命相合。

【注　釋】❶祿　指人的祿命。❷商　經商。❸盈　盈利；賺錢。❹農　務農。❺播　指留做種子的穀物。❻居　囤積。❼殖　種植。❽不滋　生長不好。❾徙　搬遷。❿治宅　修房子。⓫口　人口。⓬數　計算。⓭坐　因。⓮泊　通「薄」。⓯進退　當官或不當官。⓰遷徙　升官或貶官。⓱且　將要。⓲毀　誹謗。⓳奇　奇特。指才能出眾的人。⓴公伯寮　姓公伯，名寮。孔子弟子，曾在季孫氏面前詆毀子路。見《論語・憲問》。㉑訴　進讒言；詆毀。㉒季孫　指季桓子。㉓孔子稱命　據《論語・憲問》載，公伯寮詆毀子路，魯國大夫子服景伯告訴孔子，並表示要殺公伯寮。孔子說：「道之將行也與，命也；道之將廢也與，命也。公伯寮其如命何？」㉔臧倉　魯平公的大臣。㉕孟子言天　據《孟子・梁惠王下》載，魯平公欲接見孟子，臧倉說孟子的壞話，並建議魯平公不要接見他。孟子得知後說：「吾之不遇魯侯，天也。臧氏之子焉能使予不遇哉？」㉖道　政治主張。㉗與　給予。㉘用口　講壞話。㉙尤　責怪。㉚誠　確實。㉛化　教化。

【語　譯】沒有祿命的人，經商不可能盈利，務農沒有作種的穀物。並不是他天生剋貨或命中注定剋穀，而是命中注定貧窮，囤積不盈利的貨物，祿命不好，種植生長不好的穀物。世人說：「住宅有吉凶，搬家看日子。」實際情況卻不是這樣。天道難知，假使有命不好的人、命中注定該衰敗的家，修建房屋碰巧遇上不吉利的地盤，搬家又正好碰上有禁忌的日子。一家觸犯禁忌，十多口人，因而死的，一定是祿命衰微壽命薄的人。以此推論，當官的進退升降，也可以更明白了。時運正碰上不該當官，君主就聽信讒言；時運正碰上應當做官，有才能的人就會推薦自己。因此，人在仕途將要獲得官職的時候，有德操的人就會來幫助和贊美你；而將要失去官位時，無德無才的小人就會誹謗才能出眾的人。公伯寮在季孫面前誹謗子路，孔子說這是命。魯人臧倉在魯平公面前講孟子的壞話，孟子講這是天命，政治主張注定實行不了，這是與讒言相遇；天沒有把貴命給予自己，這是惡人講壞話。因此孔子說是命中注定，不埋怨公伯寮，孟子講天命，不責怪臧倉，他們真正懂得時運和命運本該是這樣。推此而論，君主的治國之道、功業教化，也可以得到說明了。命中注定該地位尊貴，時勢碰巧太平；國家的治與亂的期數碰上該亂，人的祿命就正好衰弱。國家的治與亂、成功與失敗的時運，與人的命運的興衰吉凶，總是正好相互碰在一起的。因此論及聖人賢人一個接一個出現，也如同這一類情況。

聖主龍興於倉卒❶，良輔超拔於際會❷。世謂韓信❸、張良輔助漢王❹，故秦滅漢興，高祖得王。夫高祖命當自王，信、良之輩時當自興，兩相遭遇，若故相求。是故高祖起於豐、沛，豐、沛子弟相多富貴，非天以子弟助高祖也，命相小大❺，適相應也。趙簡子❻廢太子伯魯，立庶子❼無卹❽。無卹遭賢，命亦當君❾趙也。世謂伯魯不肖，不如無卹。伯魯命當賤，知慮❿多泯亂⓫也。韓生⓬仕至太傅⓭，世謂賴⓮倪寬⓯。實謂不然。太傅當貴，遭與倪寬遇也。趙武藏於褲中⓰，終日不啼，非或掩其口，閼⓱其聲也；命時當生，睡臥遭出⓲也。故軍功之侯⓳必斬兵死⓴之頭，富家之商必奪貧室之財。削土㉑免侯，罷退令㉒相㉓，罪法明白，祿㉔秩㉕適極。故厲㉖氣所中，必加㉗命短之人；凶歲所著㉘，必饑㉙虛耗之家㉚矣。

【章　旨】此章言富貴貧賤都是命定的偶然相遇。

【注　釋】❶倉卒　指偶然的時機。❷際會　偶然的機遇。❸韓信　漢初諸侯王。江蘇淮陰人，後被呂后處死。❹漢王　劉邦稱帝前的封號。❺小大　指命相好壞。❻趙簡子　趙鞅。春秋末晉國大夫。❼庶子　妾所生之子。❽無卹　即趙襄子。❾君當君主。❿知慮　心智。⓫泯亂　昏亂；糊塗。⓬韓生　西漢人。生平不詳，事蹟略見本書〈骨相篇〉。⓭太傅　官名。皇帝的輔佐。⓮賴　依靠。⓯倪寬　漢武帝時任御史大夫。⓰趙武藏於褲中　見本書〈吉驗篇〉。⓱閼　堵塞。⓲睡臥遭出碰巧睡著而免於一難。出，指免於災禍。⑲軍功之侯　建立軍功而封侯。⑳兵死　陣亡的士兵。㉑削土　削除封地。即罷免爵位。㉒令　指縣令一類官吏。㉓相　指王侯一類大官。㉔祿　俸祿。㉕秩　官秩；官職的等級。㉖厲　通「癘」。瘟疫。㉗加　施加。㉘著　加；附著。㉙饑　使……遭饑荒。㉚虛耗之家　貧困衰敗的人家。

【語　譯】聖明的君主在偶然的時機創立新的基業，優秀的輔佐也因為偶然的機遇而被君王越級提拔重用。世人說韓信、張良輔助漢王劉邦，因此秦朝滅亡漢朝興起，高祖得到王位。高祖是命中注定該自己稱王，韓信、張良之輩是時勢注定該自己興起，雙方相互應和碰撞，好像有意識地找到對方一樣。因此高祖在豐、沛起事，豐、沛子弟骨相多富貴，並不是上天用豐、沛子弟輔助漢高祖，而是他們自己的祿命與骨相的貴賤好壞，恰好與取得的富貴相應。趙簡子廢掉太子伯魯，立庶子無卹為太子。這是因為無卹恰好賢明，命中注定該做趙國的君主。世人說伯魯不成才，不如無卹。其實，伯魯命中注定當賤，心智多糊塗昏亂。韓生官至太傅，世人說是依靠御史大夫倪寬的結果。實則不是這樣。太傅命中注定該貴，碰巧與倪寬的引薦相應和。趙武被母親藏在褲襠之中，整天不哭，並不是有人掩住他的嘴巴，堵塞他的哭聲，而是命運和時運注定他該活下來，碰巧睡著才免於一難啊。因此，命中注定要建立軍功封侯的人，一定要斬命中注定戰死沙場的士兵的頭顱；命中注定要發財致富的商人，一定要掠奪命中注定貧窮的人家的財產。諸侯被削除封地，罷免爵位，縣令、王侯被君王罷黜，是因為這些官吏作惡犯法的行為很顯明，俸祿和官位恰巧達到了極限。所以瘟疫之氣所傷害的，一定施加在注定命短的人身上；災年所附著的，一定是要讓那些注定要貧窮的人家挨餓。

# 骨相篇第十一

【題　解】本篇論人的骨相。骨，指人的骨骼、形體；相，指人的相貌。王充認為，人的骨相反映著一個人的命和性；骨相不同，所體現的富貴貧賤、壽命長短、操行好壞、性情善惡也就不同。

人曰命難知。命甚易知。知之何用？用之骨體。人命稟於天，則有表候❶見於體。察表候以知命，猶察斗斛❷以知容❸矣。表候者，骨法❹之謂也。

【章　旨】此章提出論點，認為骨相表命。

【注　釋】❶表候　表象。❷斛　古代容量單位。漢代以十斗為一斛。❸容　容量。❹骨法　古人相士稱人的骨相特徵為「骨法」。

【語　譯】人們說命難知道。其實，命很容易知道。根據什麼來知道人的命呢？根據人的骨骼形體。人稟承於天地星宿運行中施放的氣而形成命，就有表象出現在人體上面。觀察人的表象而知道命，如同看看斗斛就可以知道容量一樣。體現命的表象，指的就是「骨法」。

傳言黃帝龍顏❶，顓頊❷戴干❸，帝嚳❹駢齒❺，堯眉八采❻，舜目重瞳❼，禹耳三漏❽，湯臂再❾肘，文王四乳，武王望陽❿，周公背僂⓫，皋陶⓬馬口⓭，孔子反羽⓮。斯⓯十二聖者，皆在帝王之位，或輔主憂世，世所共聞，儒所共說⓰，在經傳者，較著⓱可信。

【章旨】此章言古代十二聖賢之相。

【注釋】❶龍顏　眉骨凸出，像龍的面貌。❷顓頊　傳說中的上古帝王。號高陽氏，相傳生於若水，居於帝丘（今河南濮陽東南）。❸戴干　前額寬闊，像頂著一塊盾牌。❹帝嚳　傳說中的上古帝王。號高辛氏，有四妻四子：姜嫄生棄（后稷），簡狄生契，慶都生堯，常儀生摯。❺駢齒　牙齒連成一片。❻八采　八種色彩。❼重瞳　眼睛有兩個重疊的瞳仁。❽漏　穴；窟窿。❾再　兩個。❿望陽　眼睛向上長得很高，不用抬頭就可望天。⓫僂　彎曲。⓬皋陶　傳說上古東夷族首領。偃姓，曾被舜任為掌管刑法的官，後被禹選為繼承人，未繼位而死。⓭馬口　嘴如馬嘴一樣。⓮反羽　形容頭頂中間凹四周高，像翻過來的屋檐。羽，通「宇」。屋檐。⓯斯　這。⓰說　談論。⓱著　明顯。

【語譯】傳說黃帝眉骨凸出，像龍的面目；顓頊前額寬闊，像頂著一塊盾牌；帝嚳長著一口駢牙；堯的眉毛呈現八種色彩；舜的每個眼睛有兩個重疊的瞳仁；禹的耳朵每個都有三個孔穴；成湯的每隻胳膊上有兩個附；周文王長有四個乳頭；周武王的眼睛長得很高，不用抬頭就可以望到太陽；周公旦的背彎曲；皋陶的嘴巴像馬嘴；孔子的頭頂中間凹，四周高，像翻過來的屋檐。這十二位聖賢，大都在帝王之位，也有輔佐君主，為世事操心的。他們為世人所共聞，儒生所共談論，記載在經傳之上，清楚明顯，是可以相信的。

若夫❶短書❷俗記❸，竹帛胤文❹，非儒者所見，眾多非一❺。蒼頡❻四目，為黃帝史。晉公子重耳❼仳脅❽，為諸侯霸。蘇秦❾骨鼻❿，為六國相。張儀⓫仳脅，亦相秦、魏。項羽重瞳，云虞舜之後，與高祖分王天下⓬。陳平⓭貧而飲食不足，貌體佼好⑭，而眾人怪之，曰：「平何食而肥⑮？」及韓信為滕公⑯所鑒⑰，免於鈇質⑱，亦以面狀有異。面狀肥佼，亦一相也。

【章　旨】此章記述一般著作所載有關骨相的事例。

【注　釋】❶若夫　至於。❷短書　漢人用二尺四寸長的竹簡書寫儒家經典著作，而以短於二尺四寸的竹簡書寫一般書籍，稱之短書。這裡泛指篇幅短小的小說雜記之類一般書籍。❸俗記　指一般著作。❹竹帛胤文　指古代流傳至今的一般文字記載。帛，古人書寫用的絲織品。胤，繼承；流傳。❺非一　不止一種。❻蒼頡　傳說是上古時代創造漢字的人。曾為黃帝的史官。❼重耳　人名。即晉文公，春秋時晉國君主。❽仳脅　肋骨連成一片。❾蘇秦　戰國時代東周洛陽人。字季子，據《史記·蘇秦列傳》載，他當過楚、齊、燕、趙、韓、魏六國的相，主張六國聯合抗秦。❿骨鼻　形容鼻梁高而尖瘦。⓫張儀　戰國時魏國人。秦惠文君十年任秦相，主張連橫以統一天下，封武信君。⓬分王天下　楚漢相爭時，項羽稱西楚霸王，劉邦稱漢王。王，稱王。⓭陳平　漢初陽武人。封曲逆侯，官至丞相。⓮佼好　漂亮；美。⓯平何食而肥　見《史記·陳丞相世家》。⓰滕公　夏侯嬰。西漢初大將，封滕公。⓱鑒　賞識。據《史記·淮陰侯列傳》載，韓信年少時犯罪當斬，同時受刑的人已斬十三個，輪到韓信，夏侯嬰一見他相貌出奇，就放他一條生路。⓲鈇質　腰斬的刑具。鈇，大斧。質，通「鑕」。墊在受刑人身下的木砧板。

【語　譯】至於一般著作流傳下來的文字記載，都不是儒生所見，有關骨相的記載還有很多。蒼頡有四隻眼睛，做黃帝的史官。晉公子重耳的肋骨長成一片，成為諸侯中的霸主。蘇秦的鼻梁高又尖瘦，當過楚、齊、燕、趙、韓、魏六國的相。張儀的肋骨長成一片，也當過秦、魏兩國的相。項羽的眼睛有兩個重疊的瞳仁，說是虞舜的後裔，曾同漢高祖分治天下，高祖為漢王，項羽為西楚霸王。陳平幼時家境貧寒，糧食不夠吃，但體貌長得很美。大家感到奇怪，說：「陳平吃了什麼長得這樣肥美呢？」以及韓信被滕公所賞識，免於腰斬，也是因為相貌長得出奇。面貌肥美，也是一種好骨相啊。

高祖隆準❶、龍顏、美鬚，左股有七十二黑子❷。單父❸呂公善相，見高祖狀貌，奇之，因以女妻❹高祖，呂后❺是也，卒❻生孝惠帝❼、魯元公主❽。高祖為泗上亭❾長，當❿告歸⓫之⓬田，與呂后及兩子居田。有一老公過，請飲⓭，因相呂后曰：「夫人，天下貴人也。」令相⓮兩子，見孝惠曰：「夫人所以貴者，乃此男也。」相魯元，曰：「皆貴。」老公去，高祖從外來，呂后言於高祖。高祖追及老公，止使自相。老公曰：「鄉者夫人、嬰兒相皆似君，君相貴不可言也⓯。」後高祖得天下，如老公言。推此以況⓰，一室之人，皆有富貴之相矣。

【章　旨】此章論述漢高祖劉邦一家人的富貴之相。

【注　釋】❶隆準　高鼻子。❷黑子　黑痣。❸單父　古地名。亦作亶父，相傳為虞舜師單卷所居，故名。今屬山東單縣。❹妻　以……為妻。此指把女兒嫁給劉邦做妻子。❺呂后　高祖的皇后呂雉。❻卒　終於。❼孝惠帝　漢惠帝劉盈。❽魯元公主　漢高祖的長女。❾亭　漢制十里為一亭。❿當　遇；碰上。⓫告歸　官吏告假回家省親。⓬之　往。⓭請飲　要水喝。請，求。⓮相　相面。⓯鄉者夫人二句　見《史記・高祖本紀》。鄉者，剛才。鄉，同「向」。⓰況　比況；譬如。

【語　譯】漢高祖高鼻子，像龍一樣的顏面，留有美鬚，左股有七十二個黑痣。單父的呂公擅長看人面相，見到高祖這般面貌，感到奇怪，就把自己的女兒嫁給他為妻，就是呂后，終於生下孝惠帝、魯元公主。高祖做泗上亭長，有一次正好告假回家，和呂后及兩個孩子住在鄉下。有一位老公公路過家門口，請呂后給碗水喝。於是給呂后看相，說：「夫人，您是天下貴人啊。」讓他給兩個孩子看相，見到孝惠帝時說：「夫人之所以能夠得到富貴，是因為有這個兒子。」給魯元公主相面時，說：「都很富貴。」老公公離去以後，高祖從外面回來，呂后向高祖說了這件事。高祖又趕忙追到老公公，攔住老公公，請他給自己相面。老公公說：「剛才夫人、兒女的骨相都像您，您的骨相注定富貴不必說了。」後來高祖奪得天下，證實了老公公的預言。由此推斷，一家人都有富貴的骨相。

類同❶氣鈞❷，性❸體法相固自❹相似。異氣殊類，亦兩相遇❺。富貴之男娶得富貴之妻，女亦得富貴之男。夫二相不鈞而相遇，則有立死；若未相適❻，有豫亡之禍❼也。王莽姑正君許嫁❽，至期❾當行時，夫輒死。如此者再❿，乃獻之趙王⓫，趙王未取⓬，又薨。清河⓭南宮大有⓮與正君父稚君⓯善者⓰，遇相正君，曰：「貴為天下母⓱。」是時，宣帝⓲世⓳，元帝為太子，稚君乃因⓴魏郡㉑都尉㉒納之太子。太子幸㉓之，生子君上㉔。宣帝崩，太子立，正君為皇后，君上為太子。元帝崩，太子立，是為成帝，正君為皇太后，竟㉕為天下母。夫正君之相當為天下母，而前所許二家及趙王為無天下父㉖之相，故未行而二夫死，趙王薨。是則二夫、趙王無帝王大命㉗，而正君不當與三家相遇之驗㉘也。

【章旨】此章言王正君的「天下母」之相。

【注釋】❶類同　此指命相同。❷鈞　通「均」。相同。❸性　天生的。❹固自　本來。❺相遇　雙方碰到一起。此指男女結婚。❻適　古代指女子出嫁。❼豫亡之禍　先死的災禍。豫，通「預」。❽許嫁　訂婚。❾至期　到了預約的結婚日期。

⑩再　兩次。⑪趙王　漢代分封的同姓諸侯王之一。⑫取　通「娶」。⑬清河　郡名。在今河北東南與山東交界之地。⑭南宮大有　人名。姓南宮，名大有。⑮稚君　即王稚君。王莽的祖父王禁。⑯善者　友人。⑰天下母　指皇后、皇太后。⑱宣帝　漢宣帝劉詢。⑲世　時代。⑳因　通過。㉑魏郡　郡名。在今河北與河南交界之處。㉒都尉　官名。郡一級的武官。㉓幸　寵愛。㉔君上　指漢成帝劉驁。㉕竟　終於。㉖天下父　指皇帝。㉗大命　貴命。㉘驗　證明。

【語譯】同一類命所稟承的氣自然相同，天性的形體、骨法、相貌本來是相似的。承受的氣不同，因而命不同的人，也有結為夫妻的。命中富貴的男人娶得命中富貴的妻子，於是命中富貴的女人也就得到了命中富貴的男子了。如果男女雙方的命相不同而結婚，就會立即死去；如果沒有正式結婚，也會有先死的災禍。王莽的姑母王正君訂婚以後，到了結婚的日期，正當動身時，未婚夫就死了。像這種情況，出現過兩次。後來又把她許配給趙王，趙王尚未娶回，又死了。清河郡南宮大有與王正君的父親稚君是好友，遇見王正君，一看她的骨相，說：「正君命貴，當做天下母。」這時，漢宣帝當政，元帝做太子，王稚君就通過魏郡都尉的關係把女兒正君獻給了太子。太子寵愛她，生了一個兒子名叫君上。宣帝死後，太子接位，正君被封為皇后，君上為太子。元帝死後，太子繼位，就是成帝，正君為皇太后，終於成為天下母。正君的骨相該做天下之母，但是她先前所許配的二家以及趙王卻因為沒有做天下之父的骨相，因此正君還沒出嫁，二個未婚夫和趙王都死了。這就是二夫和趙王沒有做帝王的貴命，而王正君不該與三家結婚的證明啊。

丞相黃次公❶故❷為陽夏❸游徼❹，與善相者同車俱行，見一婦人年十七八。相者指之曰：「此婦人當大富貴，為封侯者夫人。」次公止車，審❺視之。相者曰：「今此婦人不富貴，卜書不用也。」次公問之，乃其旁里人巫❻家子也，即娶以為妻。其後，次公果大富貴，位至丞相，封為列侯❼。夫次公富貴，婦人當配之，故果相遇，遂俱富貴。使❽次公命賤，不得❾婦人為偶❿，不宜為夫婦之時，則有二夫、趙王之禍。

【章旨】此章寫黃次公夫婦的富貴之相。

【注釋】❶黃次公　即黃霸。字次公。❷故　從前。❸陽夏　古縣名。今河南太康。❹游徼　古代鄉官。掌一鄉的巡察和緝捕之事。❺審　仔細。❻巫　以替人祈禱為職業的人。❼封為列侯　以上事見《漢書・循吏傳》。❽使　如果。❾得　應該；當。❿偶　配偶。

【語譯】丞相黃次公先前做陽夏縣鄉官，同擅長相面的人乘車同行，見到一位年紀十七、八歲的婦人。相面的人指著那位婦人說：「這位婦人注定大富大貴，今後會當列侯的夫人。」次公停住車，仔細看看那位婦人，相面的人說：「這位婦人如果今後不富貴，那麼占卜的書就沒有用了。」次公問那位婦人，原來就是自己旁邊村里人巫者的女兒，立即娶她為妻子。此後，次公果然大富大貴，位至丞相，被封為列侯。次公命中注定該富貴，婦人命中注定該許配給他，因而果然相互碰在一起，於是都得到富貴。如果次公命中注定卑賤，不該以那位婦人做配偶，不應該成夫婦的時候，次公就有王正君先前許配的二夫和趙王遭到的先死的災禍。

夫舉家❶富貴之命，然後乃任❷富貴之事。骨法形體，有不應者，則必別離死亡，不得久享介福❸。故富貴之家，役使奴僮，育養牛馬，必有與眾不同者矣。僮奴則有不死亡之相，牛馬則有數字乳❹之性❺，田❻則有種孳❼速熟之穀，商❽則有居善❾疾❿售之貨。是故知命之人，見富貴於貧賤，睹貧賤於富貴。

【章　旨】此章言富貴之家與眾不同之相。

【注　釋】❶舉家　全家。❷任　勝任；能夠享受。❸介福　大福；洪福。《詩・小雅・楚茨》：「報以介福，萬壽無疆。」❹數字乳　生育多次，繁殖力強。字，生育。《易・屯》：「女子貞不字，十年乃字。」虞翻注：「字，妊娠也。」❺性　特性。❻田　種田。❼種孳　指莊稼分蘖多，長勢茂盛。孳，繁殖。❽商　經商。❾居善　囤積好的商品。❿疾　快。

【語　譯】全家都富貴的命，然後才能夠享受富貴的地位和生活。骨相形體如有與富貴的命不相符合的人，就一定會別離死亡，不能長久地享受大福。因此，命中注定富貴的人家，驅使奴僕，飼養牛馬，一定有與眾不同的地方。奴僕就有壽命長的骨相，牛馬就有繁榮興旺的特性；種田就會莊稼長勢茂盛，五穀豐登；經商就會貨物充足，生意興隆。所以知道命相的人，能從暫時的貧賤中看到富貴的徵兆，從表面的富貴中見到貧賤的跡象。

案❶骨節之法❷，察皮膚之理❸，以審❹人之性❺命，無不應者。趙簡子使姑布子卿❻相諸子，莫吉，至翟❼婢之子無卹❽，而❾以為貴。無卹最賢，又有貴相，簡子後廢太子而立無卹，卒❿為諸侯，襄子⓫是矣。相工⓬相黥布⓭當先刑而乃王，後竟被刑乃封王。衛青⓮父鄭季⓯與陽信公主⓰家僮⓱衛媼通⓲，生青。在建章宮⓳時，鉗徒⓴相之，曰：「貴至封侯。」青曰：「人奴之道，得不笞㉑罵足矣，安敢望封侯！」其後青為軍吏，戰數有功，超封㉒增官㉓，遂為大將軍，封為萬戶侯㉔。周亞夫㉕未封侯之時，許負㉖相之，曰：「君後三歲而入㉗將㉘相，持國秉㉙，貴重矣，於人臣無兩。其後九歲而君餓死。」亞夫笑曰：「臣之兄[30]已代[31]侯矣，有如父卒，子當代，亞夫何說侯乎？然既已貴，如負言，又何說餓死？指示我。」許負指其口，有縱理入口，曰：「此餓死法[32]也。」居三歲，其兄絳侯[33]勝之有罪，文帝擇絳侯子賢者，推[34]亞夫，乃封條侯[35]，續絳侯後。文帝之後六年[36]，匈奴入邊，乃以亞夫為將軍。至景帝之時，亞夫為丞相，後以[37]疾免[38]。其子為亞夫買工官[39]尚方[40]甲盾五百被[41]可以為葬者，取庸[42]苦之[43]，不與錢。庸知其盜買官器，怨而上告其子。景帝下吏責問[44]，因不食五日，嘔血而死。當鄧通[45]之幸文帝也，貴在公卿之上，賞賜億萬，與上[46]齊體[47]。相工相之曰：「當貧賤餓死。」文帝崩，景帝立，通有盜鑄錢[48]之罪，景帝考驗[49]，通亡[50]，寄死人家，不名一錢。韓太傅[51]為諸生[52]時，借[53]相工五十錢，與之俱入璧雍[54]之中，相璧雍弟子誰當貴者。相工指倪寬曰：「彼生當貴，秩[55]至三公[56]。」韓生謝遣[57]相工，通刺[58]倪寬，結膠漆之交[59]，盡筋力之敬，徙舍從寬，深自附納[60]之。寬嘗甚病，韓生養視[61]如僕狀，恩深逾於骨肉。後名聞於天下。倪寬位至御史大夫，州郡丞[62]旨召請，擢[63]用舉在本朝[64]，遂至太傅。

【章　旨】此章歷數古今察相知命之應。

【注　釋】❶案　考察。❷法　特徵。❸理　紋理。❹審　判斷。❺性　先天具有的道德屬性。❻姑布子卿　人名。春秋時晉國大夫，善相。❼翟　通「狄」。❽無卹　趙鞅與翟族婢女生的兒子。❾而　卻。❿卒　終於。⓫襄子　即趙襄子無卹。⓬相工　以相面為業的人。⓭黥布　即英布。因犯罪受過黥刑，故稱黥布，後被劉邦封為九江王、淮南王。⓮衛青　西漢名將。字仲卿，河東平陽（今山西臨汾）人，原是平陽公主家奴，後被漢武帝重用，官至大將軍，封長平侯。⓯鄭季　衛青之父。⓰陽信公主　漢武帝的姐姐。⓱僮　指婢女。⓲通　私通。⓳建章宮　宮名。《史記・衛將軍驃騎列傳》作「甘泉居室」，是宮廷手工作坊。⓴鉗徒　帶鐵鉗服役的犯人。㉑笞　用竹板打。㉒超封　越級封爵。㉓增官　猶升官。㉔萬戶侯　按漢制，列侯食邑，大者萬戶，小者五六百戶。食邑萬戶的侯，是當時最高級別的封賞。見《史記・衛將軍驃騎列傳》。㉕周亞夫　西漢名將。周勃之子，初封條侯，景帝時任太尉，因平吳、楚七國之亂有功，而升丞相。㉖負　通「婦」。㉗入　指從地方到中央任職。㉘將　指太尉。全國軍政首長，與丞相、御史大夫並稱三公。㉙秉　權柄。㉚臣之兄　我的哥哥。周亞夫之兄周勝之。㉛代　繼承。㉜法　骨相。㉝絳侯　周勃的封號。㉞推　薦舉。㉟條侯　周亞夫的封號。㊱後六年　漢文帝於西元前一六三年改元為後元元年，此指改元後的第六年，即西元前一五八年。㊲以　因。㊳免　免除官職。㊴工官　管理宮廷手工業的官吏。㊵尚方　為宮廷製造刀劍、金器之物的機構。㊶被　套。㊷取庸　雇用人工。㊸苦之　虐待他們。㊹下吏責問　交給司法部門的官吏查辦。事見《史記・絳侯周勃世家》。㊺鄧通　西漢蜀郡南安（今四川樂山）人。受到文帝寵愛，官至上大夫。賜蜀郡嚴道銅山，許其鑄錢，錢幣遍於天下，景帝即位後，免官。㊻上　指漢文帝。㊼齊體　生活起居與皇上同樣尊貴。㊽盜鑄錢　違反法規，私自鑄造錢幣。㊾考驗　查問；考查驗證。㊿亡　逃亡。(51)韓太傅　西漢人。事蹟不詳。太傅，官名。皇帝輔臣。(52)諸生　指太學的學生。(53)借　借給。此指送給。(54)璧雍　本指西周天子設立的大學。《禮記・王制》：「大學在郊，天子曰辟雍，諸侯曰頖宮。」此指漢代設在京城的太學。(55)秩　品秩；官吏的等級。(56)三公　西漢中央政府中的最高官吏丞相、太尉、御史大夫的總稱。(57)謝遣　道謝並送走。(58)通刺　交換名片，表示結交。刺，名帖；名片。(59)膠漆之交　如膠似漆的深厚交情。(60)附納　依附拉攏。(61)養視　伺候；探望；照料。(62)丞　通「承」。接受。(63)擢　提拔。(64)本朝　指漢朝中央。

【語　譯】考察骨相的特徵，皮膚的紋理，來判定一個人的本性和命的好壞，沒有不應驗的。趙簡子讓姑布子卿卿給幾個兒子相面，沒有一個人的命是吉祥如意的，臨到翟族婢女生的兒子無卹，卻認為有富貴的命。無卹最聰明，又有富貴相，簡子後來就廢掉太子伯魯而立無卹為太子，終於成為諸侯，這就是趙襄子。相面的人給黥布看相，認為他命中注定該先受刑罰而後才被封王，後來終於因犯罪而被處以黥刑，又因隨項羽、劉邦一起事而被封為九江王、淮南王。衛青的父親鄭季同陽信公主家奴衛媼私通，生了衛青。衛青在建章宮時，一個戴著鐵鉗的犯人給他相面，說：「你命貴，會封侯。」衛青說：「當別人的奴僕，能不被打罵就滿足了，怎麼指望被封侯呢！」這以後，衛青當了軍吏，多次立了戰功，被越級封爵升官，終於當了大將軍，封為萬戶侯。周亞夫沒有被封侯時，一個姓許的婦人給他相面，說：「您三年後將入朝當將相，掌握國家權柄，地位尊貴重要，在人臣中沒有第二個。這以後九年，您卻會餓死。」亞夫笑著說：「我的哥哥已繼承了父親的爵位，如果父親去世，他的兒子應當繼承爵位，我怎麼能談得上封侯呢？然而，如果按您所說，我既然已經富貴了，又怎麼能談得上餓死呢？請指示我！」許婦指著他的口，臉上有一條直紋通到嘴角，說：「這就是注定餓死的骨相。」過了三年，他的哥哥絳侯周勝之犯了罪，文帝決定選擇絳侯周勃之子中的賢人，有人推薦周亞夫，於是封亞夫為條侯，繼承絳侯的爵位。漢文帝後元六年，匈奴入侵漢朝邊境，就派亞夫為將軍。到景帝的時代，亞夫被任為丞相，後來又因為生病而免去官職。他的兒子替亞夫從尚方工官那裡買來五百套鎧甲和盾牌，準備作為死後隨葬的物品，雇工人卻虐待他們，不給工錢。搬運的工人得知他兒子盜買官家器物，怨憤地上告檢舉。景帝把這件案子交給司法部門查辦，周亞夫於是五天不吃飯，吐血而死。當鄧通受到漢文帝寵愛的時候，他的高貴地位在公卿之上，受到的賞賜達億萬，生活起居同皇帝一樣尊貴。相面的人給他相面後說：「今後當貧賤餓死。」文帝死後，景帝即位。鄧通犯有違法私自鑄造錢幣的罪過，景帝查問，鄧通逃亡外地，寄居並死在別人家中，身無一文錢。韓太傅在太學當學生時，送給相面的人五十文錢，同他一起潛入太學，看太學生中誰的命該貴。相面的人指著倪寬說：「那個學生命中注定該貴，官位能升到三公。」韓生道謝並送走相面人後，與倪寬交換名帖，結為如膠似漆的好朋友，竭盡全力地去尊敬他，把住處也搬到靠近倪寬的地方，千方百計地依附拉攏他。倪寬曾經病得很厲害，韓生像奴僕一樣照料他，感情之深超過了骨肉兄弟。此後兩人都名聞天下。倪寬官至御史大夫，州郡順著上級的意思，召請韓生當官，提拔韓生在朝廷任職，終於官至太傅。

夫鉗徒、許負及相鄧通、倪寬之工❶，可謂知命之工矣。故知命之工，察骨體之證，睹富貴貧賤，猶人見盤盂之器，知所設❷用也。善器必用貴人，惡器必施賤者；尊❸鼎❹不在陪廁❺之側，匏瓠❻不在堂殿之上，明矣。富貴之骨不遇貧賤之苦，貧賤之相不遭富貴之樂，亦猶此也。器之盛物，有斗石之量，猶人爵❼有高下之差❽也。器過其量，物溢棄遺；爵過其差，死亡不存。論命者如比之於器，以察骨體之法，則命在於身形，定❾矣。

【章　旨】此章論以骨相審命之確定無疑。

【注　釋】❶工　指相工。❷設　陳設；擺設。❸尊　酒杯。❹鼎　古代燒煮食物的三足兩耳器皿。後也用作禮器。❺陪廁　正屋兩側的廂房。❻匏瓠　兩種粗陋的酒壺。❼爵　爵位。❽差　等級。❾定　確定無疑。

【語　譯】那位戴著鐵鉗的刑徒、姓許的婦人以及替鄧通、倪寬相面的人，可以說是知人之命的相工了。因此知命的相工，考察人的骨相形體的徵候，來判定人的富貴貧賤之命，如同人見到盤盂之類的器物，就知道應該擺設在什麼地方做什麼用一樣。精美的器皿必定是貴人使用的，粗劣的器皿一定是卑賤的人使用的；尊、鼎一類貴重的禮器不會擺在廂房之側，匏、瓠之類粗劣的酒壺不會放在堂殿之上，這是很明白的。富貴的骨相不會碰上貧賤的痛苦，貧賤的骨相不會遇到富貴的歡樂，也如同這個道理一樣啊。用器皿裝東西，有用斗、石量的差別，好比人的爵位有高低的差別一樣。盛的東西超過了容器的限量，東西就會充滿而流出來，被拋棄遺失掉；爵位超過了一個人命中注定的等級，爵位就會因人死亡而不復存在。談論命的人如果用器皿來比喻考察骨相形體的方法，命就表現在人的身體形態方面，這是確定無疑的了。

非徒富貴貧賤有骨體也，而操行清濁亦有法理❶。貴賤貧富，命也。操行清濁，性也。非徒命有骨法，性亦有骨法。惟知命有明相❷，莫知性有骨法，此見命之表證❸，不見性之符驗❹也。范蠡去❺越，自齊遺❻大夫種❼書❽曰：「飛鳥盡，良弓藏；狡兔死，走犬❾烹❿。越王為人，長頸鳥喙⓫，可與共患難，不可與共榮樂。子⓬何不去⓭？」大夫種不能去⓮，稱病不朝⓯，賜劍而死。大梁⓰人尉繚⓱說⓲秦始皇以並⓳天下之計，始皇從其冊⓴，與之㉑亢禮㉒，衣服飲食與之齊同。繚曰：「秦王為人，隆準㉓長目，鷙膺㉔豺聲㉕，少恩，虎視狼心。居約㉖易㉗以下人㉘，得志亦輕視人。我布衣也，然見我，常身自下我㉙。誠使秦王得志，天下皆為虜矣。不可與交遊㉚。」乃亡去㉛。故范蠡、尉繚見性行之證，而以定處㉜來事之實，實有其效㉝，如其法相㉞。由此言之，性命繫於形體㉟明矣。

【章　旨】此章言人的性、命繫於形、相。

【注　釋】❶法理　指骨相和皮膚紋理。❷明相　明顯的骨相。❸表證　表象。❹符驗　徵象。❺去　離開。❻遺　寄送；

送給。❼種　文種。春秋末越國大夫。❽書　信。❾走犬　獵狗。❿烹　被煮熟吃掉。⓫鳥喙　鳥嘴。形容越王嘴尖。⓬子　您。⓭不去　不離開。⓮不能去　捨不得離開。⓯不朝　不上朝。⓰大梁　今河南開封。當時是魏國都城。⓱尉繚　戰國後期軍事家。任秦國尉，著有《尉繚子》，今佚。⓲說　勸說。⓳並　統一。⓴冊　通「策」。計策。㉑之　指尉繚。㉒亢禮　以彼此平等的禮節相待。㉓隆準　高鼻子。㉔鷙膺　像兇猛的鷹一樣凸起的胸脯。㉕豺聲　像豺狼一樣的聲音。㉖居約　處在不得意時。㉗易　輕易。㉘下人　屈己尊人。㉙身自下我　放下架子而尊敬我。㉚交遊　交朋友。㉛乃亡去　據《史記·秦始皇本紀》載，尉繚想逃走，秦始皇發現後加以勸阻，留下當官。說法有所不同。㉜定處　確定；判斷。㉝效　結果。㉞法相　骨相。㉟形體　體形和相貌。

【語　譯】不僅富貴貧賤表現在骨相形體方面，而且操行的好壞也反映在骨法和皮膚的紋理上面。貴賤貧富，是命中注定的；操行好壞，是先天具有的道德屬性。不僅命有骨法，性也有骨法。只知道命有明顯的骨相，不知道人的品性有骨相，這是看見命的表象，不見性的徵象。范蠡離開越國之後，從齊國寄送給越國大夫文種一封信，說：「飛鳥被射光了，優良的弓箭就收藏起來了；狡猾的兔子被咬死了，獵狗就被主人煮熟吃了。越王為人，像長脖子尖嘴巴的鳥獸，可以同他共患難，不可以同他共榮譽和歡樂。您為什麼不離開呢？」大夫文種捨不得離開，就託辭有病，不去上朝。越王賜給他一把寶劍，文種因而自殺。大梁人尉繚勸說秦始皇接受統一中國的計策，秦始皇接受了他的計策，與他以彼此平等的禮節相待，衣服、飲食也與尉繚等級相同。尉繚說：「秦王為人，高鼻子長眼睛，胸脯像兇猛的老鷹一樣凸起，聲音像豺狼一樣，缺少恩德，像老虎一樣窺視，像狼一樣的心肝。處在不得意的時候很容易屈己尊人，而處在得志的時候也往往輕視別人。我只是一個普通老百姓，但是他見到我時，常常能放下架子而尊敬我。如果秦王真正得志，普天下的人都會變成他的俘虜了。不可以同他交朋友。」於是就逃走了。因此范蠡、尉繚看到越王、秦始皇天生品行的徵象，就用來判斷未來之事的實情，而且確實出現了他們預料的結果，如同他們見到的越王、秦始皇的骨相所反映的一樣。由此說來，一個人的性和命與他的形態和骨相是互相關聯的。

以尺書❶所載，世所共見；準況❷古今，不聞者必眾多非一，皆有其實。稟氣於天，立形❸於地，察在地之形，以知在天之命，莫不得其實也。有傳孔子相澹臺子羽❹、唐舉❺占蔡澤❻不驗之文，此失之不審。何隱匿❼微妙之表也？相或在內，或在外，或在形體，或在聲氣。察外者遺其內，在❽形體者亡❾其聲氣。孔子適❿鄭，與弟子相失⓫，孔子獨立鄭東門。鄭人或問子貢曰：「東門有人，其頭似堯，其項⓬若皋陶，肩類子產⓭。然自腰以下，不及禹三寸⓮，傫傫⓯若喪家之狗。」子貢以告孔子，孔子欣然笑曰：「形狀未也⓰，如喪家狗，然哉！然哉⓱！」夫孔子之相，鄭人失其實。鄭人不明，法術⓲淺也。孔子之失子羽，唐舉惑於蔡澤，猶鄭人相孔子，不能具⓳見形狀之實也。以貌取人，失於子羽；以言取人，失於宰予⓴也。

【章　旨】此章指出相人失實，在於不審。

【注　釋】❶尺書　即所謂「短書」。❷準況　類推；推斷。❸立形　成形；構成形體。❹澹臺子羽　人名。姓澹臺，名滅明，字子羽，孔子弟子。據《韓非子・顯學》載，子羽相貌很好，但操行不好，孔子後來說自己看錯了人。❺唐舉　戰國末期擅長相面的人。❻蔡澤　秦昭王時任秦相。據說他的相貌並不好。❼匿　隱藏。此指看不到。❽在　在……觀察。❾亡　失掉；漏掉。❿適　到；往。⓫相失　走散。⓬項　頸；脖子。⓭子產　即公孫僑。字子產，春秋末鄭國大夫。⓮不及禹三寸　同禹相比還差三寸。⓯傫傫　疲倦貌。⓰未也　未必這樣。⓱然哉　對啊；是這樣啊。以上引文見《史記・孔子世家》。

⑱法術　相面的技術。⑲具　通「俱」。都。⑳宰予　孔子弟子。字子我，春秋時魯國人，以言辭著稱，但言行不一，曾任齊臨淄大夫，參與田常弒君而被殺，孔子以為恥辱。見《韓非子・顯學》。

【語　譯】在一般書籍上所記載的，世人都已看見過了；而由此類推古今，還沒聽說過由骨相決定性和命的人一定有很多，不止一個，但由人的骨相而看出人的性和命都是有它的實情存在的。人從天上承受氣而形成，在地上構成一定的形體，因此考察人在地上的形體，而知道他在天上承受氣而生成的命，就沒有不能了解他們的實情的。傳說孔子給澹臺子羽相面、唐舉給蔡澤占卜就沒有看準確，這是他們看得不仔細而出現的差錯。為什麼看不到隱藏得很精微奧妙的徵兆呢？因為人的骨相有的表現在內就不明顯，有的表現在外就明顯，有的表現在形體方面，有的表現在聲氣方面。只看到外表的，明顯的，而忽略了他內在的，不明顯的；只看到形體相貌方面的，而漏掉了他反映在聲音氣質方面的。孔子到鄭國的時候，與他的學生們走散了，孔子獨自站在鄭國都城東門邊。鄭人有一個問子貢說：「東門口有一個人，他的頭像堯，脖子像皐陶，肩膀像子產。但是從腰部以下，同禹相比還差三寸，疲倦不堪的樣子，好像一條喪家之犬。」子貢把這番話告訴孔子，孔子高興地笑著說：「形狀未必很像，說我像喪家狗，對啊！對啊！」孔子的形象，鄭人沒有看對，說明鄭人眼不明，看相的技術不高啊。孔子相子羽而失實，唐舉又被蔡澤的外表所迷惑，如同鄭人相孔子，不能全面觀看他的真實面貌和形態啊。憑著表面相貌選擇人，在選擇子羽時就出了差錯；根據言辭考察人，以致在考察宰予時就有了失誤。這是個值得吸取的教訓。

# 初稟篇第十二

【題解】本篇針對漢代盛行的「君權神授」之說，提出「王者稟氣而生」的觀點，認為天施氣，人稟氣，都是自然而然的，無意識的。帝王同一般人一樣，最初都是在母體內稟受「自然之氣」而獲得生命，所謂帝王碰見的祥瑞，也只是一種自然巧合，並非上天有意安排的。

人生性命❶當富貴者，初❷稟❸自然之氣❹，養育長大，富貴之命效❺矣。

【章旨】此章點明本篇主旨，說明富貴之命也是初稟自然之氣決定的。

【注釋】❶性命　生命。❷初　開始。指最初胚胎於母體的時候。❸稟　承受。❹自然之氣　即氣。王充認為，構成人和萬物的氣，是天地星宿在運動中自然施放出來的，因此又稱自然之氣。❺效　證實；體現出來。

【語譯】獲得生命就具備該當富貴之命的人，是最初胚胎於母體時承受自然之氣就決定了的。父母養育他長大了以後，生來富貴之命才得以體現出來。

文王得赤雀❶，武王得白魚、赤烏❷。儒者論之，以為雀則文王受命，魚、烏則武王受命。文、武受命於天，天用雀與魚、烏命授之也。天用赤雀命文王，文王不受❸，天復用魚、烏命武王也。若此者，謂本無命於天，修己❹行善，善行聞天❺，天乃授以帝王之命也。故雀與魚、烏，天使為王之命也，王所奉以行誅者也。如實論之，非命也。命，謂初所稟得而生❻也。人生受性，則受命矣。性、命俱稟，同時並得，非先稟性，後乃受命也。何以明之？棄❼事❽堯為司馬❾，居稷官❿，故為后稷。曾孫公劉⓫居邰⓬，後徙居邠⓭。後孫古公亶甫⓮三子太伯⓯、仲雍⓰、季歷⓱，季歷生文王昌⓲。昌在襁褓⓳之中，聖瑞見⓴矣。故古公曰：「我世當有興者，其㉑在昌乎！」於是太伯知之，乃辭㉒之㉓吳，文身斷髮㉔，以讓王季。文王受命，謂此時也，天命在人本㉕矣，太王㉖古公見之早也。此猶㉗為未㉘，文王在母身之中已受命也。王者一受命，內以為性，外以為體。體者，面輔㉙骨法㉚，生而稟之。

【章　旨】此章言帝王之命並非天授。

【注　釋】❶文王得赤雀　據《太平御覽・卷二四》引《尚書中候》載，傳說一隻赤雀銜著朱砂抄寫的天書飛到文王家門口，書中內容是「周當興，殷將亡」。文王，周文王，殷末是一諸侯。❷武王得白魚赤烏　傳說武王伐紂，帶兵到盟津，渡河時，一條白魚跳入船中，渡河後，有一團火降到武王住的屋頂，變成一隻紅色的烏鴉。見《史記・周本紀》。❸文王不受　指周文王未來得及伐殷就死了。❹修己　修養自己的操行。❺聞天　上達於天。❻生　產生；形成。❼棄　后稷。❽事　侍奉。❾司馬　官名。掌軍事。❿稷官　掌管農業的官。⓫公劉　人名。傳說是后稷的曾孫，夏末率周族遷至豳定居。⓬邰　古地名。在今陝西武功西。⓭邠　即豳。古地名，在今陝西旬邑西南。⓮古公亶甫　公劉的九世孫。⓯太伯　古公亶甫之長子。⓰仲雍　古公亶甫之次子。兄弟倆為了讓位給季歷，而逃至吳越一帶。⓱季歷　古公亶甫之幼子。周文王之父，故又稱「王季」。

⑱昌　文王姬昌。⑲襁褓　背負嬰兒用的衣被之類物品。襁，布幅。用以絡負。褓，小兒的被。用以包裹。⑳見　同「現」。㉑其　大概。表示揣測語氣詞。㉒辭　辭別。這裡指離家。㉓之　往。㉔文身斷髮　在身上刺花紋，剪斷頭髮。這是古代吳越的風俗。文，刻畫花紋。斷，剪斷。㉕本　始。此指人初生之時。㉖太王　指古公亶甫。周武王即位後，追尊古公亶甫為「太王」。㉗猶　還。㉘未　不夠。㉙面輔　面頰。指容貌。輔，頰。㉚骨法　骨骼的形狀。

**【語　譯】**周文王曾得到赤雀送來的信，周武王曾得到一條白魚和一團火變成的紅色烏鴉。儒家談及這個歷史典故，就以為赤雀是周文王得天命的象徵，白魚和紅色烏鴉是周武王承受天命的徵兆。文王、武王得到天命，是天用雀、魚和烏鴉傳授給他們的。天用赤雀傳給文王天命，文王不接受，沒來得及伐殷就死了，天又用魚和烏鴉把滅殷的天命傳給武王。如果是這樣的話，就是說本無天命，修養自身德行，多做好事，這些好事傳達到天上，上天就把帝王的命傳給他。因此雀與魚、烏鴉的出現，是天授命讓他們做王的象徵，文王、武王就是奉行這種天命來討伐紂王的。按照實際情況來分析，這並非天命。命，是指人最初胚胎於母體時承受自然之氣而形成的。人獲得生命時，也就得到了命。人的道德品性和命一起承受自然之氣，同時獲得，並不是先稟氣成德行品性，然後才得到命的。怎樣證明這一點呢？棄（后稷）侍奉堯，任司馬，掌管農業，因而稱為后稷。他的曾孫公劉居住在邰，後率領周人又遷居到邠（豳）。公劉的九世孫古公亶甫有三個兒子，即太伯、仲雍、季歷，季歷生下周文王姬昌。姬昌還在襁褓之中的時候，他將成為聖賢的吉祥徵兆就出現了。因此古公亶甫說：「我朝命中注定該有興盛的時代，大概就在姬昌身上吧！」在這個時候，太伯了解到父親的心願，就辭別親人，離家前往吳越一帶，按照當地風俗，身上刺花紋，剪斷頭髮，把帝王之位讓給季歷。周文王承受天命，指的正是這個時候。天命在人初生之時即已形成，太王古公見到季歷身上閃現的聖王的吉兆未免太早了。這麼說還不夠，因為文王在母體之中已經承受了命。命中注定做帝王的人一旦得到天命，在內部形成天生的道德屬性，在外部就形成人的體形相貌。形體，是指人的容貌、骨骼形狀，是人在初生的時候，稟承自然之氣的結果。

吏秩❶百石❷以上，王侯以下，郎將❸大夫❹以至元士❺，外❻及刺史太守，居祿秩之吏❼，稟富貴之命，生而有表❽見於面，故許負、姑布子卿輒見其驗❾。仕者隨秩遷轉❿，遷轉之人，或至公卿⓫，命祿尊貴，位望高大。王者尊貴之率⓬，高大之最也。生有高大之命，其時⓭身有尊貴之奇，古公知之，見四乳⓮之怪也。夫四乳，聖人證也。在母身中，稟天聖命，豈長大之後，修行道德，四乳乃生？以四乳論望羊⓯，亦知為胎之時，已受之矣。劉媼自於大澤，夢與神遇⓰，遂生高祖，此時已受命也。光武生於濟陽宮，夜半無火，內中光明。軍下卒蘇永謂功曹史充蘭曰：「此吉事也，毋多言。」此時已受命。獨謂文王、武王得赤雀、魚、烏乃受命，非也。上天⓱壹⓲命，王者乃興，不復更命也。

【章　旨】此章論證帝王胚胎於母體時就受命於天。

【注　釋】❶吏秩　官吏俸祿的等級。❷百石　年俸一百石穀。泛指小官。❸郎將　都是皇帝的侍從武官。❹大夫　皇帝的侍從文官。❺元士　指三公的屬吏。❻外　京都之外。這裡指地方。❼居祿秩之吏　指吃俸祿的官吏。❽表　表證；徵兆。❾故許負姑布子卿輒見其驗　許婦、姑布子卿都善於看相。負，通「婦」。輒，往往。❿遷轉　官位的升遷調動。⓫公卿　三公九卿。泛指中央政府的高級官吏。⓬率　表率；首領。⓭其時　此指周文王出生之時。⓮四乳　傳說周文王長有四個乳頭。⓯望羊　同「望陽」。形容眼睛位置很高，不用抬頭就能見天。⓰遇　交配；遇合。⓱上天　即「天」。⓲壹　一。

【語　譯】官吏的俸祿一年一百石穀子以上，王侯以下，郎將大夫至元士，至地方的刺史太守，凡吃俸祿的官吏，承受富貴的命，出生就有徵兆表現在面貌上，因此許婦、姑布子卿往往能通過骨相看到他們富貴的應驗。

當官的人按照等級次序升遷調動，升遷調動的人當中，有的官至公卿，命祿尊貴，地位名望都很高大。帝王是地位尊貴之首，名望高大之最。文王一出生就有大命，身上就有命中注定地位尊貴的奇異現象。他的父親古公亶甫知道以後，見他身上長有四個乳頭而感到奇怪。這四個孔頭，正是聖人的證明。文王在母親的身體中，就承受了上天授予的聖君之命，哪裡是長大之後，依靠加強道德操行的修養，四個乳頭才生長出來呢？根據文王長有四個乳頭來推論周武王「望陽」的奇特骨相，也可以知道是胚胎於母體的時候就已經得到帝王之命了。漢高祖的母親劉氏，自己一個人在大澤裡，夢到和神靈交合，於是生下了高祖，說明高祖出生之時已經承受了帝王之命。漢光武帝劉秀出生在濟陽宮時，半夜時分，沒有火光，宮內卻大放光明。軍下卒蘇永對功曹史充蘭說：「這是一件吉祥事，不要向別人多說。」說明光武帝出生之時已經承受了帝王之命。惟獨說文王、武王分別得到赤雀、魚、烏鴉時才承受天命，顯然是不對的。上天授命一次，帝王就興起了，不再另外授命。

得富貴大命，自起王矣。何以驗之？富家之翁，資❶累千金，生有富骨，治生❷積貨，至於年老，成為富翁矣。夫王者，天下之翁❸也，稟命定於身❹中，猶鳥之別雄雌於卵殼之中也。卵殼孕而雌雄生，日月至而骨節強，強則雄自率將❺雌。雄非生長之後或❻教使為雄，然後乃敢將❼雌，此氣性剛強自為之矣。夫王者，天下之雄也，其命當王。王命定於懷妊，猶富貴骨生，鳥雄卵成也。非唯人、鳥也，萬物皆然。草木生於實核❽，出土為栽❾蘗❿，稍生莖葉，成為長短巨細，皆由實核。王者，長巨之最也，朱草⓫之莖如針，紫芝⓬之栽如豆，成為瑞⓭矣。王者稟氣而生，亦猶此也。

【章　旨】此章言「王者稟氣而生」之必然。

【注　釋】❶資　錢財。❷治生　即治產。指經營某種產業來積累財富。❸翁　主。❹身　母體；娘胎。❺率將　率領；統率。❻或　有什麼東西。❼將　率領。❽實核　種子。❾栽　幼苗。❿蘖　嫩芽。⓫朱草　莖葉呈紅色的草。古人認為它是吉祥的象徵。⓬紫芝　靈芝草。象徵吉祥的草。⓭瑞　瑞物；象徵吉祥之物。

【語　譯】能得到富貴大命，自然就會興起來做帝王了。根據什麼來證明呢？一個富貴人家，錢財積累千金，天生就有一副富貴的骨相，經營某種產業而積累財富，到年老時，就成為富翁了。帝王，是天下之主，所承受的命在娘胎中就決定了，如同鳥在卵殼之中就有雌雄的分別一樣。卵殼孕育鳥兒，而出生時就分為雌雄兩類，隨著時間的推移，鳥的筋骨關節逐漸堅強起來，強勁的雄鳥就自然要率領雌鳥。雄鳥並不是生長之後有什麼東西教牠變為雄鳥，然後才敢率領雌鳥的，而是氣性剛強自然使雄鳥統率雌鳥的啊。帝王，是天下百姓中最強健有力的雄鳥，他是命中注定要當帝王的。王命在母親懷孕時就決定了，如同富貴的骨相由於天生，鳥為雄性在卵殼中已經形成一樣。不僅人和鳥是這樣，萬物莫不如此。草木從種子裡生出來，出土之後成為幼苗發出嫩芽，長出莖葉，成為長短粗細的草木，都是由種子決定的。帝王，好比是草木中最高最粗的，朱草的莖像針一樣粗細，紫芝的幼苗像豆一樣大小的時候，就都已經是吉祥之物了。帝王在母體內承受天地施放出來的氣而出生，也如同這朱草、紫芝一樣。

或曰：「王者生稟天命，及其將王❶，天復命之。猶公卿以下，詔書❷封拜❸，乃敢即位。赤雀、魚、烏，上天封拜之物也。天道人事，有相命使之義。」自然無為❹，天之道也。命文以赤雀，武以白魚，是有為也。管仲與鮑叔分財取多❺，鮑叔不與，管仲不求。內有以相知，視彼猶我，取之不疑。聖人起王❻，猶管之取財也。朋友彼我，無有授與之義❼，上天自然，有命使之驗❽。是則天道有為，朋友自然也。當漢祖斬大蛇之時，誰使斬者？豈有天道先至，而乃敢斬之哉？勇氣奮發，性自然也。夫斬大蛇，誅秦，殺項，同一實也。周之文、武受命伐殷，亦一義也。高祖不受命使之將，獨謂文、武受雀、魚之命，誤矣。

【章　旨】此章以天道無為批駁王命之有為。

【注　釋】❶王　做王。❷詔書　皇帝的命令。❸封拜　封爵拜官。❹無為　無意而為；沒有意識的活動。❺管仲與鮑叔分財取多　據《史記‧管晏列傳》載，管仲與鮑叔一起經商，分利時，管仲家貧，往往自己多分一些，鮑叔並不以為他貪心。❻起王　興起而為王。❼義　道理。❽驗　效驗。

【語　譯】有人說：「帝王一出生就稟承天命，等到他將要當帝王的時候，天還要重新任命他，好像公卿以下的官吏，都要接受皇帝下詔書封爵拜官，才敢就任官職一樣。赤雀、魚、烏鴉，是上天給帝王封爵拜官的命使啊。天道和人事一樣，都存在著有意授命和任用的道理。」自然而然，無意識的活動，是天的正道。上天用赤雀傳授天命給文王，用白魚傳授天命給武王，這是有意識的行動。管仲與鮑叔一起經商，分利時，管仲因家貧往往自己多取一些，鮑叔沒有表示要多給，管仲也不說明要多取。因為他倆內心非常了解，不分彼此，所以管仲多取，鮑叔並不認為管仲貪心。聖人興起而當王，同管仲多取錢財是同樣的道理。朋友之間本來有你我之分，卻不存在有意給予對方東西的道理；上天本來是自然無為的，卻出現有意授命和任用的效驗。這樣說來，天道成了有意識的，朋友之道反而成了自然而然的了。當漢高祖手斬大蛇的時候，是誰指使他斬蛇呢？難道有天道先到，而後高祖才敢揮劍斬蛇嗎？不是。高祖斬蛇時，勇氣奮發，這是天性自然的表現啊。斬大蛇，滅秦朝、殺項羽，屬於同一情況。周代的文王、武王承受天命伐殷，也是一個道理。高祖並沒有接受天命讓他帶兵打仗，惟獨說文王、武王承受雀、魚傳達的天命，顯然是錯誤的。

難❶曰：「〈康叔之誥〉❷曰：『冒聞於上帝，帝休，天乃大命文王。』❸如無命使，經❹何為言『天乃大命文王』？」所謂「大命」者，非天乃命文王也，聖人動作，天命之意也，與天合同，若天使之矣。《書》方❺激勸康叔，勉使為善，故言文王行道，上聞於天，天乃大命之也。《詩》曰：「乃眷西顧，此惟予度❻」，與此同義。天無頭面，眷顧如何？人有顧睨❼，以人效❽天，事易見，故曰「眷顧」。「天乃大命文王」，眷顧之義，實天不命也。何以驗之？「夫大人與天地合其德，與日月合其明，與四時合其序，與鬼神合其吉凶，先天而天不違，後天而奉天時。」❾如必須❿天有命，乃以從事⓫，安得先天而⓬後天乎？以其不待天命，直⓭以心發，故有「先天」「後天」之勤⓮；言合天時，故有「不違」「奉天」之文。《論語》⓯曰：「大哉！堯之為君！唯天為大，唯堯則⓰之。」王者則天，不違奉天之義也。推自然之性，與天合同。是則所謂「大命文王」也，自文王意，文王自為，非天驅赤雀使告文王，云當為王，乃敢起也。然則，文王赤雀及武王白魚，非天之命，昌熾⑰祐⑱也。

【章　旨】此章言帝王碰見的祥瑞「非天之命」。

【注　釋】❶難　責難。❷康叔之誥　即《尚書・康誥》。康叔，周武王之弟，封為衛侯。此篇記載康叔赴衛前，周公勉勵告誡他如何治好國家之事。❸冒聞於上帝三句　見《尚書・康誥》。冒，上。休，喜歡。❹經　此指《尚書》。被列為儒家經典之一。❺方　正。❻乃眷西顧二句　見《詩經・大雅・皇矣》。眷，眷念；關心。予，我。度，考慮。❼顧睨　環視左右。睨，斜視。❽效　證明；說明。❾夫大人與天地合其德六句　見《周易・乾卦・文言》。大人，此指所謂「聖王」。序，順序；次序。❿須　等待。⓫從事　有所行動。⓬而　與；和。⓭直　直接；徑直。⓮勤　勤奮的行為。⓯論語　記錄孔子及其門生言行的書。儒家經典之一。⓰則　效法。⓱昌熾　興旺昌盛貌。⓲祐　福佑。這裡指祥瑞。

【語　譯】有人責難說：「〈康叔之誥〉說：『功德上達於天帝，天帝很喜歡，上天才授大命給周文王。』如果沒有上天的授命和重用，《尚書》為什麼說『上天才授大命給文王』呢？」經書上所說的「大命」，並不是說天是有意授命於周文王，聖人的一舉一動，本來就是「天命」的內容，與天道是一致的，所以乍看起來就好像是上天有意授命指使他這樣做的一樣。《尚書・康誥》正是為了激勵勸告康叔，勉勵他多作好事，因此說文王施政，功德上傳到天上，天才授大命給文王。《詩經・大雅・皇矣》說的：「上帝於是向西眷顧文王管轄地區，認為這才是我所考慮授命之地」，與〈康誥〉上的話同義。上天沒有頭，沒有臉面，怎麼能關心地注視呢？人有眼睛，能夠環視左右，以人比喻天，事理更容易明白了，因此而說「眷顧」。「上天才授大命給文王」，這裡講的眷顧的意思，實際上天是不能有意授命的。怎麼證明呢？《周易・乾卦・文言》說：「聖王與天地的德行相合，與日月的光輝相合，與春、夏、秋、冬交替的順序相合，與鬼神的吉凶相合，在天授命之前的一舉一動，並不違反天意，在天授命之後也自然而然地符合天意。」如果一定要等到天的授命，才有所行動，哪裡還談得上有「先天而天不違，後天而奉天時」呢？因為他不等待天的授命，直接從內心出發，因此才有先於天意與後於天意的勤奮行為出現；因為他的言行完全合乎天時，所以才有「天不違」和「奉天時」的記載。《論語》說：「偉大啊！堯這樣做君主的人！只有天為最偉大的，也只有堯才能效法它的偉大。」帝王就是天，不會有違反天意之舉的。這都是發揮了自身的自然的特性，因而正好與天意相合。這裡所說的「大命文王」，本來是文王根據自己的意願，而自己採取的行動，並不是上天驅使赤雀要牠來稟告文王，說是您該做帝王了，文王才敢起兵伐殷的。這樣說來，周文王的赤雀及周武王的白魚，並不是天的授命，而是象徵周朝興旺昌盛的吉祥之兆啊。

吉人❶舉事❷，無不利者。人徒❸不召而至，瑞物不招而來，黭❹然諧合❺，若或使之。出門聞吉，顧睨見善，自然道也。文王當興，赤雀適來；魚躍烏飛，武王偶見。非天使雀至白魚來也，吉物動飛而聖遇也。白魚入於王舟，王陽❻曰：「偶適也。」光祿大夫劉琨❼，前為弘農太守，虎渡河❽，光武皇帝曰：「偶適自然，非或使之也。」故夫王陽之言「適」，光武之曰「偶」，可謂合於自然也。

【章　旨】此章說明聖人舉事完全「合於自然」。

【注　釋】❶吉人　善人。❷舉事　辦事情。❸人徒　猶人民大眾。徒，眾。❹黭　通「暗」。❺諧合　和諧一致。❻王陽　人名。字子陽，漢宣帝時任博士、刺史。❼劉琨　人名。東漢人，曾任弘農太守、光祿大夫。❽虎渡河　據《後漢書・儒林列傳》載，弘農郡多虎，傷害百姓，劉琨任太守，施仁政，老虎為之感動，背著小老虎渡過黃河，離開弘農郡。

【語譯】善人辦事情，沒有不吉利的。人群會不召而到，吉祥之物也會不招而來，都與他暗中和諧一致，好像有人指使他們一樣。出門聽到吉祥之語，回頭見到善美之物，這是自然而然的規律。周文王當興起之時，赤雀恰巧飛來報信；白魚跳躍，烏鴉飛翔，周武王正好看見。並不是天指使赤雀、白魚到來，而是吉祥之物的飛動正好被聖人碰到了。白魚躍入帝王乘坐的船，王陽說：「這是偶然巧合啊。」光祿大夫劉琨，從前當過弘農太守，因施仁政，使為害百姓的老虎深受感動，於是背著小老虎渡河，離開了弘農郡。光武帝劉秀說：「這是偶然巧合，是自然而然的，並不是有人有意指使老虎這樣做的。」因此，王陽所說的「偶然巧合」，光武帝所說的「偶然，自然而然」，正可以說明吉人舉事、帝王起事，都是合於自然的。

# 本性篇第十三

【題　解】本篇論人的本質特性。王充對古代從孟子到漢代劉向的各種人性觀進行認真的剖析，認為孟子的性善論、荀子的性惡論、告子的無善惡論、揚雄的善惡相混論等，都是片面的。他提出「元氣說」，認為人「稟天地之性，懷五常之氣」，因而人性有善惡之分。

情性❶者，人治❷之本❸，禮樂所由生也。故原❹情性之極❺，禮為之防❻，樂為之節❼。性有卑謙辭讓，故制禮以適其宜；情有好惡喜怒哀樂，故作樂以通❽其敬❾。禮所以制，樂所為作者，情與性也。昔儒舊生❿，著作篇章，莫不論說，莫能實定。

【章　旨】此章論情性與禮樂之關係。

【注　釋】❶情性　王充認為，情和性都是人胚胎於母體時承受了厚薄不同的氣而形成的。這裡的情，是指人的喜怒哀樂等情感。性，是指人先天具有的道德屬性。❷人治　儒家的政治思想。《論語・顏淵》：「政者，正也。子帥以正，孰敢不正？」《禮記・中庸》：「文武之政，布在方策。其人存，則其政舉；其人亡，則其政息。」故稱人治。❸本　根本；依據。❹原　考察；分析。❺極　極端；頂點。❻防　防範。❼節　制約。❽通　表達。❾敬　恭敬；嚴肅。❿昔儒舊生　過去的儒生。

【語　譯】情和性，是人治的根本，禮樂制度就是根據人的情性制定出來的。因此，考察情和性發展到了極端的後果，然後用禮來防範它，用樂去制約它。人的道德屬性有卑謙辭讓，所以就制定禮儀，以便使人的道德屬性得到恰如其分的發展；人的情感有愛憎喜怒哀樂，所以就創作樂歌，以便使人的情感得到嚴肅的表達。禮所以制定，樂所以創作，根據就在於人的情與性。過去的儒生，撰寫著作文章，無不論說，卻沒有一個能夠實事求是的做出結論。

周人世碩❶，以為人性有善有惡，舉❷人之善性，養❸而致❹之則善長❺；惡性，養而致之則惡長。如此，則情性各有陰陽❻，善惡在所養焉。故世子❼作〈養性書〉❽一篇。虙子賤❾、漆雕開❿、公孫尼子⓫之徒，亦論情性，與世子相出入⓬，皆言性有善有惡。

【章　旨】此章言周人世碩等皆以為人性有善有惡。

【注　釋】❶世碩　孔子弟子。著《世子》二十一篇。❷舉　取；拿。❸養　培養。❹致　引導。❺長　滋長。❻陰陽　事物的正反兩個方面。這裡指善惡。❼世子　即世碩。❽養性書　今已失傳。❾虙子賤　孔子弟子。即虙不齊，字子賤。❿漆雕開　孔子弟子。姓漆雕，名啟，字子開。⓫公孫尼子　孔子弟子。⓬相出入　互有異同。

【語　譯】周人世碩，認為人的道德屬性有善有惡，取人的美好品德，加以培養和引導，美好的品行就會滋長起來；相反的，拿人的兇惡操行，加以培養和誘導，這兇惡的操行也會滋長起來。這樣看來，情性就各有陰陽正反兩個方面，情性的善惡好壞，就在於從哪個方面去加以培養了。因此，世子曾撰寫〈養性書〉一篇，虙子賤、漆雕開、公孫尼子之類，也論及情性，與世子的觀點互有異同，但都說人的品性有善有惡。

孟子作〈性善〉❶之篇，以為人性皆善，及其不善，物亂之也。謂人生於天地，皆稟善性，長大與物交接❷者，放縱悖❸亂，不善日以生矣。若孟子之言，人幼小之時，無有不善也。微子❹曰：「我舊云孩子，王子不出❺。」紂為孩子之時，微子睹其不善之性。性惡不出眾庶❻，長大為亂不變，故云也。羊舌食我❼初生之時，叔姬❽視之，及堂，聞其啼聲而還，曰：「其聲，豺狼之聲也。野心❾無親❿，非是莫滅羊舌氏。」遂不肯見。及長，祁勝⓫為亂，食我與⓬焉。國人殺食我，羊舌氏由是⓭滅矣。紂之惡，在孩子之時；食我之亂，見⓮始生之聲。孩子始生，未與物接，誰令悖者？丹朱⓯生於唐⓰宮，商均⓱生於虞⓲室。唐、虞之時，可比屋⓳而封，所與接者，必多善矣。二帝之旁，必多賢也。然而丹朱傲⓴，商均虐，並失帝統㉑，歷世㉒為戒㉓。且孟子相㉔人以眸子㉕焉，心清而眸子瞭㉖，心濁而眸子眊㉗。人生目輒眊瞭，眊瞭稟之於天，不同氣也，非幼小之時瞭，長大與人接，乃更㉘眊也。性本自然，善惡有質㉙。孟子之言情性，未為實也。然而性善之論，亦有所緣㉚。一歲嬰兒，無爭奪之心，長大之後，或漸㉛利色㉜，狂心悖行，由此生也。

【章　旨】此章評論孟子的「性善」論。

【注　釋】❶性善　據說是《孟子》中的一篇。一般以為是後人偽作，今已失傳。❷交接　接觸。❸悖　違反情理。❹微子　周代宋國始祖。名啟，商紂的庶兄，封於微（今山東梁山西北），數諫紂王不聽而出走，後降周，周公旦封他於宋。❺我舊云孩子二句　見《尚書‧微子》。王子，指紂王。出，出眾。❻眾庶　一般人。❼羊舌食我　人名。春秋時晉國大夫叔向之子。❽叔姬　羊舌食我之祖母。❾野心　狼子野心。❿無親　六親不認。⓫祁勝　春秋時晉國大夫祁盈的家臣。⓬與　參與。⓭由是　因此。⓮見　同「現」。⓯丹朱　傳說是堯的兒子。⓰唐　唐堯。即堯。⓱商均　傳說是舜的兒子。⓲虞　虞舜。即舜。⓳比屋　挨家挨戶。比，並列；緊靠。⓴慠　同「傲」。傲慢。㉑帝統　帝位。㉒歷世　世世代代。㉓戒　教訓；警戒。㉔相觀察。㉕眸子　瞳仁。㉖瞭　明亮。㉗眊　渾濁不清。㉘更　變為；更換。㉙質　物質；質地。這裡指人所承受的氣的性質。㉚緣　緣由；依據。㉛漸　浸染。㉜色　情欲。

【語　譯】孟子作〈性善〉篇，認為人的本質屬性都是善的，至於人有不善，是由於受到外界事物的不良影響的結果。說人出生在天地之間，都承受了美好的品性，長大之後與外界事物接觸的緣故，才放縱自己，胡作非為，惡劣的品性一天一天地滋長起來。如果像孟子所說的這樣，人在幼小的時候，品性沒有不好的。可是微子說：「我過去評論孩子說，紂王這個孩子不比一般的好。」紂王是孩子的時候，微子親眼看到過他惡劣的品性。稟性惡劣，不如一般百姓，長大後為非作歹，本性不變，所以這樣說。羊舌食我剛出生的時候，他的祖母叔姬去看他，剛走到堂屋，聽到他的哭聲就返回去了，說：「他的聲音，像豺狼的叫聲。狼子野心，六親不認，使羊舌氏滅族的一定是這個孩子。」於是不肯再見到羊舌食我。等到長大以後，祁勝作亂，羊舌食我參與作亂。國人殺羊舌食我，羊舌氏因此滅族了。紂王作惡，在孩提時代就反映出來了；羊舌食我作亂，最早就表現在他剛出生時的哭聲上面。孩子剛生下來，沒有與外界事物接觸，誰指使他胡作非為？丹朱出生在唐堯的宮室，商均出生在虞舜的房間。唐堯、虞舜的時代，挨家挨戶都有品行高尚可以受封賞的人，和他們接觸的人，一定有很多好人。堯、舜二帝的身邊，一定有很多賢人。然而，丹朱傲慢，商均暴虐，一同喪失了帝位，世世代代引以為教訓。況且孟子觀察人的善惡是以對方的瞳仁為依據的，內心清白，眼睛就明亮；

內心汙濁，眼睛就渾濁不清。人一生下來，眼睛就有渾濁和明亮的差別，這是因為眼睛承受上天的氣有所不同的緣故，並不是幼小的時候眼睛明亮，長大之後與別人接觸多了，才變得昏暗渾濁的。本性的善惡出之於自然，而善惡是由承受的氣的性質決定的。孟子論情性，不符合實際情況。但是他的性善的論點，也有一定的道理。一歲的嬰兒，沒有爭權奪利的思想，而長大之後，有的人被私利和情欲所浸染，野心勃勃，胡作非為，正是由於受到外界環境的不良影響而產生的。

告子❶與孟子同時，其論性無善惡之分，譬之湍水，決❷之東則東，決之西則西。夫水無分於東西，猶人性無分於善惡也。夫告子之言，謂人之性與水同也。使❸性若水，可以水喻性，猶金之為金，木之為木也，人善因❹善，惡亦因惡。初❺稟天然之姿❻，受純壹之質❼，故生而兆❽見❾，善惡可察。無分於善惡，可推移❿者，謂中人⓫也，不善不惡，須⓬教成者也。故孔子曰：「中人以上，可以語上也；中人以下，不可以語上也⓭。」告子之以決水喻者，徒謂中人，不指極善極惡也。孔子曰：「性相近也，習相遠也⓮。」夫中人之性，在所習焉。習善而為善，習惡而為惡也。至於極善極惡，非復在習。故孔子曰：「惟上智與下愚不移⓯。」性有善不善，聖化賢教，不能復移易也。孔子，道德之祖⓰，諸子之中最卓者也，而曰「上智下愚不移」，故知告子之言，未得實也。夫告子之言，亦有緣也。《詩》曰：「彼姝者子，何以與之⓱？」其傳曰：「譬猶練絲⓲，染之藍則青，染之朱則朱。」夫決水使之東西，猶染絲令之青赤也。丹朱、商均已染於唐、虞之化矣，然而丹朱傲而商均虐者，至惡之質，不受藍朱變也。

【章　旨】此章評論告子的「人性無善無惡」之論。

【注　釋】❶告子　即告不害。戰國時代人，《孟子》中有〈告子〉二篇。❷決　挖開缺口。❸使　假使。❹因　由於。❺初　開始。指人胚胎於母體的時候。❻姿　通「資」。資質；本性。❼純壹之質　指未受後天影響的天然本性。純壹，純潔；單純。❽兆　徵兆。❾見　同「現」。出現。❿推移　改變。⓫中人　被列入中間一等的人；平常人。⓬須　等待；有待於。⓭中人以上四句　見《論語・雍也》。⓮性相近也二句　見《論語・陽貨》。⓯惟上智句　見《論語・陽貨》。⓰祖　祖師；鼻祖。⓱彼姝者子二句　見《詩・鄘風・干旄》。姝，美好。子，人的通稱。與，幫助。⓲練絲　熟絲；白色的絲。

【語　譯】告子與孟子是同時代的人，他說人的本性沒有善惡的區分，用急湍的流水來比喻，在東邊挖開一個缺口便朝東流，在西邊挖開缺口便朝西流。流水沒有東流西流的分別，如同人的定性沒有善惡之分一樣。告子的話，是說人的本性與水相同。假使人的本性像水，可以用水來比喻的話，那麼應該說，就像金之成為金是由於本性是金，木之成為木是由於本性是木一樣，人善也是由於稟性是善，人惡也是由於稟性是惡。人一開始胚胎於母體的時候，稟承著自然的資質，承受著未受後天影響的天然的本性，因此一出生就有跡象出現，性善還是性惡，就可以通過這種跡象考察出來。沒有善惡之分，可以改變自己的本性的，叫做中間一等的平常的人。這種人不善不惡，有待於教化才能成為性善的人。因此孔子說：「具有中等以上才智的人，可以告訴他仁義道德方面的大道理；中等以下才智的人，不可以告訴他這些大道理。」告子用決水來比喻人的本性，說的僅僅是一般人的性，不是指極善極惡的人的性。孔子說：「人的本性是相近的，由於習慣不同，彼此才相差很遠的。」一般人的性，就決定於他的習慣了。習慣好的人就性善，習慣不好的人就性惡。至於極善極惡，那就不再決定於習慣了。所以孔子說：「只有上等的智人與下等的愚人的性是先天決定不可改變的。」人的本性有善與不善，即使是聖賢的教化，也不可能再改變了。孔子，是道德的鼻祖，是先秦諸子中最卓越的思想家，卻說「上智與下愚兩種類型的人性不可改變」，因此可知告子的觀點，是不符合事實的。但告子的話，也有一定道理。《詩》說：「那個美人，用什麼去幫助她呢？」《詩經》注釋說：「譬如白色的絲織品，用藍色顏料去染它就變成青色，用紅色顏料去染它就變成紅色的。」挖開缺口使水向東或向西流，如同染白絲使它變成青色或紅色的絲織品一樣。丹朱、商均本來已處在堯、舜的熏陶教化之中了，然而丹朱的本性傲慢、商均的本性暴虐，這是因為他們天生最惡劣的本質，不承受藍、紅顏料這類外界環境的教育改造啊。

孫卿❶有❷反孟子，作〈性惡〉❸之篇，以為「人性惡，其善者，偽❹也。」性惡者，以為人生皆得惡性也；偽者，長大之後，勉❺使為善也。若孫卿之言，人幼小無有善也。稷為兒，以種樹❻為戲；孔子能行，以俎豆❼為弄❽。石生而堅，蘭生而香。生稟善氣，長大就成❾。故種樹之戲，為唐❿司馬⓫；俎豆之弄，為周⓬聖師。稟蘭石之性，故有堅香之驗。夫孫卿之言，未為得實。然而性惡之言，有緣也。一歲嬰兒，無推讓之心，見食，號欲食之；睹好，啼欲玩之。長大之後，禁情割欲⓭，勉厲⓮為善矣。劉子政⓯非⓰之曰：「如此，則天無氣也。陰陽善惡不相當⓱，則人之為善安從生？」

【章　旨】此章評論荀子的「性惡」論。

【注　釋】❶孫卿　荀況。戰國末趙國人，時人尊為「卿」，漢人因避漢宣帝之諱，改稱為孫卿。著有《荀子》三十二篇。❷有　通「又」。❸性惡　《荀子》篇目之一。❹偽　人為的。❺勉　努力。❻種樹　種植。❼俎豆　此指陳設俎豆，模擬祭禮動作。❽弄　玩弄；遊戲。❾就成　完成。❿唐　即堯。⓫司馬　官名。⓬周　指東周。泛指春秋末期。⓭禁情割欲　克制感情，去掉私欲。⓮厲　同「礪」。磨鍊。⓯劉子政　即劉向。名更生，字子政，沛人，西漢大經學家、文學家，著作有《說苑》、《新序》、《九歎》等。⓰非　非議；指責；批評。⓱相當　相應。

【語　譯】荀子又反孟子的性善論，寫作〈性惡〉一篇文章，認為「人的本性是惡劣的，人的美好品德是人為的結果。」荀子所說的性惡，是認為人出生都得到惡劣的本性；人為的性善，是指人長大之後，努力使自己變得性善的。按照孫卿的說法，人從幼小就沒有美好的品行。稷當小孩子的時候，曾把種植莊稼當作遊戲；孔子剛能行路的時候，曾以陳設俎豆，模擬大人祭祀的動作為遊戲。石頭生來就堅硬，蘭花生來就芳香。天生承受一種善氣，長大以後就成為善人。因此，稷小時候喜歡作種植莊稼的遊戲，長大之後就成為唐堯的司馬；孔子從小愛好俎豆祭祀方面的遊戲，長大之後成為周代的一代聖師。承受蘭草、石頭一樣的品性，因而才有堅硬、芳香的品質表現出來。孫卿的話，是不可能得到證實的。但是他的性惡之論，也有一定道理。一歲大小的嬰兒，就沒有推己讓人的思想，見到食物，就喊著想吃食物；見到漂亮的東西，就哭著要玩耍它。長大之後，竭力克制情感，去掉私欲，努力磨礪自己，才變得性善了。劉向批評荀子的性惡論說：「如果是這樣，人的性只有惡而沒有善，那就等於說天氣只有陰而沒有陽一樣。如果氣的陰陽，性的善惡，不相適應，那麼人所表現出來的性善又從哪裡產生呢？」

陸賈❶曰：「天地生人也，以禮義之性。人能察己所以受命❷則順，順之謂道。」夫陸賈知人禮義為性，人亦能察己所以受命。性善者，不待❸察而自善；

性惡者，雖能察之，猶背禮畔❹義。義挹❺於善，不能為也。故貪者能言廉，亂者能言治。盜跖非人之竊也，莊蹻刺❻人之濫❼也。明能察己，口能論賢，性惡不為，何益於善？陸賈之言，未能得實。

【章　旨】此章評論陸賈的「禮義之性」論。

【注　釋】❶陸賈　楚人。從漢高祖劉邦定天下，官至太中大夫，著作有《新語》。❷受命　指從天地接受禮義之性。引文出處不詳，不見於今本《新語》。❸待　等待。❹畔　通「叛」。❺挹　汲取。❻刺　譏諷。❼濫　貪得無厭。

【語　譯】陸賈說：「天地給人生命的時候，就把禮義的本性賦予給他了。人能夠認識自己的禮義之性是從天地那裡得到的，就能夠去順應它，按照這種禮義之性去做，就叫做道。」陸賈知道人生下來就具有禮義之性，人也能認識自己的禮義之性是從天地那裡得到的。性善的人，不需要等待去認識自己的禮義之性而自然性善；性惡的人，即使能夠認識自己的禮義之性，也還會背叛禮義的。禮義來自於人的善性，不能人為得到的。因此，貪婪的人口頭上也能講幾句廉潔的話，作亂的人也能說要安定團結的話。正如盜跖指責別人偷東西，莊蹻諷刺別人貪得無厭一樣。表面上能認識自己的禮義之性，口頭上能稱頌賢明的道德品行，但因為本性惡劣而自己不能實行，對於善性又有什麼好處？可見，陸賈的話，是不可能實現的。

董仲舒❶覽孫、孟之書，作情性之說，曰：「天之大經❷，一陰一陽；人之大經，一情一性。性生於陽，情生於陰。陰氣鄙❸，陽氣仁。曰性善者，是見其陽也；謂惡者，是見其陰者也❹。」若仲舒之言，謂孟子見其陽，孫卿見其陰也。

處❺二家各有見，可也；不處人情性有善有惡，未也。夫人情性同生於陰陽，其生於陰陽，有渥❻有泊❼。玉生於石，有純有駁❽；情性生於陰陽，安能純善？仲舒之言，未能得實。

【章旨】此章評論董仲舒的「情性」之說。

【注釋】❶董仲舒　西漢哲學家。廣川（今河北棗強廣川鎮）人，專治《春秋公羊傳》，著作有《春秋繁露》和《董子文集》等。❷大經　根本。❸鄙　卑劣；貪鄙。❹是見其陰者也　以上引文不見出處，大意可參見《春秋繁露·深察名號》。❺處　分析；判斷。❻渥　厚。❼泊　通「薄」。❽駁　駁雜；不純。

【語譯】董仲舒瀏覽荀子、孟子的書，提出了情性之說，指出：「天的根本，是一陰一陽；人的根本，是一情一性。性產生於陽，情產生於陰。陰氣卑劣，陽氣仁善。說人性善，是因為他體現了這種陽氣；說人性惡，是因為他反映了這種陰氣。」按照董仲舒的說法，可以說孟子主張性善，表現的是天的陽氣，荀子主張性惡，反映的是天的陰氣了。分析孟、荀二家各有所見，是對的；不判斷人的情性有善有惡，這就不對了。人的情性是一起承受了天地之間陰陽二氣而產生的，惟其產生於陰陽二氣，就有厚薄之分：承受的氣厚則性善，氣薄則性惡。璧玉生於粗石，有純有不純；情性是人承受了天地之間陰陽二氣而形成的，怎麼能有純而又純的善性？董仲舒的說法，也是不符合事實的。

劉子政曰：「性，生而然❶者也，在於身而不發❷。情，接❸於物而然者也，出形於外。形外則謂之陽，不發者則謂之陰。」夫子政之言，謂性在身而不發。

情接於物，形出於外，故謂之陽；性不發，不與物接，故謂之陰。夫如子政之言，乃謂情為陽，性為陰也。不據本所生起，苟❹以形出與不發見定陰陽也。必以形出為陽，性亦與物接，造次❺必於是❻，顛沛❼必於是。惻隱❽不忍❾，仁之氣❿也；卑謙辭讓，性之發也。有與接會，故惻隱卑謙，形出於外。謂性在內不與物接，恐非其實。不論性之善惡，徒議外內陰陽，理難以知。且從子政之言，以性為陰，情為陽。夫人稟性，竟有善惡不⓫也？

【章旨】此章評論劉向以情性為「外內陰陽」之說。

【注釋】❶然　這樣。❷發　表露。❸接　接觸。❹苟　但；只是。❺造次　倉猝；急迫。❻是　此。這裡指本性。❼顛沛　流離失所；生活動蕩不安。❽惻隱　憐憫。❾忍　殘忍。❿仁之氣　指具有「仁」這種道德屬性的氣。⓫不　通「否」。

【語譯】劉子政說：「性，人生下來就是這樣，存在於身體中而不表露出來。情，是由於人與外界事物接觸而形成的，表現在身體之外的東西。表現在形體外面就叫做陽，不表露在身體外面就叫做陰。」子政的話，是說性蘊藏在身體內而不表露出來。情產生於人與外物的接觸，因表現在身體外面，因此叫做陽；性並不表露出來，不是人與外物的接觸而產生的，因而叫做陰。如果像子政所說，才說情為陽，性為陰，顯然這是不根據情和性產生的根源去論述，而是只憑外露或不外露而把情性判定為陰與陽的。一定要把表露在形體之外的算作陽，性也是由於人與外物接觸而生成的，處在急迫情況之下離不開它，顛沛流離當中也離不開它。憐憫同情不忍之心，是具有「仁」這種道德屬性的氣；而卑謙辭讓的品德，正是人稟性中具有「仁之氣」的表現。由於有外物與它接觸，所以這種憐憫謙恭的品性，能表露在身體外面。說人的稟性在身體之內，不能與外界事物接觸，恐怕不符合它的實際。不說人的本性有善惡之分，僅僅說情性有內外陰陽之別，道理方面難以令人信服。況且按照劉子政的意見，把性當作陰，把情當作陽，那麼人的稟性，究竟還有沒有善惡呢？

自孟子以下至劉子政，鴻❶儒博❷生，聞見多矣。然而論情性，竟無定是。唯世碩、公孫尼子之徒，頗❸得其正。由此言之，事易知，道難論也。酆文茂記❹，繁如榮華❺；恢❻諧劇❼談，甘如飴蜜❽，未必得實。實者人性有善有惡，猶人才有高有下也。高不可下，下不可高；謂性無善惡，是謂人才無高下也。稟性受命，同一實❾也。命有貴賤，性有善惡；謂性無善惡，是謂人命無貴賤也。九州田土之性，善惡❿不均，故有黃赤黑⓫之別，上中下⓬之差。水潦⓭不同，故有清濁之流，東西南北之趨⓮。人稟天地之性，懷五常⓯之氣，或仁或義，性⓰術⓱乖⓲也；動作趨翔⓳，或重或輕，性識⓴詭㉑也。面色或白或黑，身形或長或短，至老極死，不可變易，天性然也。皆知水土物器形性不同，而莫知善惡稟之異也。余固㉒以孟軻言人性善者，中人以上者也；孫卿言性惡者，中人以下者也；揚雄㉓言人性善惡混㉔者，中人也。若反㉕經合道，則可以為教。盡㉖性之理，則未也。

【章旨】此章闡明王充自己的人性觀：人性有善有惡。

【注釋】❶鴻 大。❷博 學問淵博。❸頗 略微;稍微。❹鄒文茂記 指著述很多,內容豐富。鄒,通「豐」。❺榮華 茂盛的花朵。華,同「花」。❻恢 通「詼」。❼劇 疾;流暢。❽飴蜜 麥芽糖與蜂蜜。❾同一實 情況一樣。❿善惡 指田地的好壞。⓫黃赤黑 指土壤的顏色。⓬上中下 指土質的三個等次。⓭水潦 這裡指水源。潦,積雨水成溪流。⓮趨向。⓯五常 指仁、義、禮、智、信五種道德規範。⓰性 天生的。⓱術 道。此指遵循的原則。⓲乖 異;不同。⓳趨翔 指動作的輕快靈活和緩慢呆板。趨,快步走。翔,慢飛。⓴識 見識;判斷能力。㉑詭 異;不同。㉒固 通「故」。因此。㉓揚雄 西漢思想家、文學家。字子雲,蜀郡成都人,著作有《法言》、《方言》等。㉔善惡混 指在一個人身上同時具有善惡兩種人性。㉕反 同「返」。回到;符合。㉖盡 窮盡;充分闡明。

【語譯】自孟子以下至劉子政,學問淵博的大儒生,我聽到的見到的很多很多。然而論及情性,竟然沒有一個是完全對的。只有世碩、公孫尼子這些人所說的,還略微接近於正確。由此說來,事物容易了解,而一定的思想觀點就難以論述了。那些內容豐富的著作,像盛開的鮮花一樣繁茂;詼諧有趣而流暢的言談,聽起來也像麥芽糖和蜂蜜一樣甘甜,但未必符合實際情況。事實上,人性有善有惡,如同人才有高有下一樣。高不可以說下,下不可以說高;說人的本性沒有善惡之分,就等於說人才沒有高下之別一樣。人胚胎於母體時由於承受了不同的氣而形成了不同的性和命,情況完全相同,人性有善惡如同人命天生有貴賤一樣。說人性沒有善惡之分,就等於說人命沒有貴賤之別一樣。九州田土的特質,好壞不一樣,因此田土的顏色有黃、紅、黑之別,土質有上、中、下三種等級之差。水源不同,因而水有清濁之分,也有東西南北的不同流向。人胚胎於母體時就稟承於天地的自然之性,承受具有仁、義、禮、智、信五種道德規範的氣,有的仁,有的義,這是因為人天生遵循的道德準則不同的緣故。人遇事時,有的動作機靈,有的行動呆板,或重或輕,這是因為各自的見識、判斷能力不同啊。人的面色有的白有的黑,身體有的高有的矮,直到老死,不可改變,都是天性如此啊。人們都懂得水土物器的形狀特性不同,卻不懂得人性的善惡是由於胚胎於母體時各自稟承的氣有所不同而形成的。我因此把人性分為三類:以孟軻所說的人性善的人為中人以上的人;以荀子所說的人性惡的人為中人以下的人;以揚雄所說的人性善惡繫於一身的人為中人。如果讓人們的言行與經書和仁義之道相符合，那麼所有關於人性的種種說法，都可作為施行教化的依據。但從是否充分闡明人性的道理方面來評議，我以為以上說法都是不全面的。

# 物勢篇第十四

【題　解】本篇論述人和萬物產生的偶然性、無意識性，指出人和萬物由於自然稟賦之異而具有各自不同的優劣之勢。作者駁斥了儒生所謂人和萬物「故生」的錯誤觀點，以大量事例，集中闡明「人偶自生」、「萬物自生」的道理。「物」，指人和萬物；「勢」，指人和萬物由於自然稟賦不同而具有的優勢或劣勢。

儒者論曰：「天地故❶生人。」此言妄也！夫天地合氣❷，人偶❸自生也；猶夫婦合氣，子則自生也。夫婦合氣，非當時欲得生子，情欲動而合，合而生子矣。且❹夫婦不故生子，以❺知天地不故生人也。然則人生於天地也，猶魚之於淵，蟣❻虱之於人也。因❼氣而生，種類相產，萬物生於天地之間，皆一實❽也。

【章　旨】此章以敵論引出己論，提出人和萬物「自生」之論。

【注　釋】❶故　故意；有意識地。❷天地合氣　指天氣下降，地氣上升，上下結合。❸偶　偶然；碰巧。❹且　發語詞。❺以　由此；因此。❻蟣　虱子的卵。❼因　憑藉。❽實　事實。

【語　譯】儒生論說：「天地有意識地創造人。」這種論調是謬誤不實的！天上和地上的氣相互結合，人就在偶然之中自然而然產生了，如同夫婦交配，陰陽二氣相合，孩子就自然而生一樣。夫婦之間陰陽二氣相互交合，並不是當時就想到要生孩子，而是雙方因情感欲望的萌動而交合，一交合就自然會生孩子了。夫婦交合不是有意要生孩子，由此可知天地不是有意識地創造人。既然是這樣，那麼人產生於天地之間，就如同魚生在深淵，虱子生在人身上一樣啊。人憑藉氣而生，同種類的東西相互繁殖，萬物產生在天地之間，都是同樣的情況。

或❶曰：「天地不故生人，人偶自生，若此，論事者❷何故云『天地為爐，萬物為銅，陰陽為火，造化❸為工』乎？案❹陶冶者之用火爍❺銅燔❻器，故為之也。而云天地不故生人，人偶自生耳，可謂陶冶者不故為器，而器偶自成乎？夫比❼不應❽事，未可謂喻❾；文不稱實，未可謂是也。」

曰：是喻人稟氣不能純一❿，若爍銅之下形⓫，燔器之得火也，非謂天地生人與陶冶同也。與喻⓬，人皆引人事。人事有體，不可斷絕。以目視頭，頭不得不動；以手相⓭足，足不得不搖。目與頭同形，手與足同體。今夫陶冶者初埏⓮埴⓯作器，必模範為形，故作之也；燃炭生火，必調和爐竈，故為之也。及銅爍不能皆成，器燔不能盡善，不能故生也。夫天不能故生人，則其生萬物，亦不能故也。天地合氣，物偶自生矣。夫耕耘播種，故為之也，及其成⓰與不熟，偶自然也。何以驗之？如天故生萬物，當令其相親愛，不當令之相賊害⓱也。

【章　旨】此章反駁漢儒以爍銅燔器喻天地故生人之論。

【注　釋】❶或　有人。❷論事者　議論這類事情的人。這裡指賈誼。❸造化　創造化育萬物。這裡指自然變化。見賈誼〈鵬鳥賦〉，與原文略有出入。❹案　考察。❺爍　冶煉。❻燔　燒。❼比　比方；比喻。❽應　符合。❾喻　明白；清楚。❿純一　完全一樣。⓫下形　注入模子。形，通「型」。模型。⓬喻　打比方。⓭相　看。這裡指測量。⓮埏　用水拌土。⓯埴　黏土。⓰成　熟。⓱賊害　殘害；傷害。

【語　譯】有人說：「天地不是有意識地創造人，人類是偶然地自己產生。假如是這樣，賈誼論及這類事情時為什麼說『天地像熔爐，萬物像煉出來的銅，陰陽二氣像炭火，自然變化像從事冶煉的工匠』呢？考察製陶煉銅的工匠用火燒製和冶煉銅器，是有意識地製作的。而說天地不是有意識創造人，人偶然自己產生而已，那麼是否可以說製陶煉銅的工匠不是有意識地製作器皿，而是器皿偶然自己生成的呢？打的比方與事實不相符合，不能算講明白；寫的文章與實際情況不相符合，不能說是正確的。」

我說，上面這個比喻說明人承受氣不可能完全一樣，就像熔化的銅注入模型，燒製的器皿所得到的火一樣各有不同，並不是說天地創造人與製陶煉銅完全相同。比方說，人都是為了說明人事。每個人、每件事，都是一個整體，對比喻也不能片面理解。用眼睛看頭上的東西，頭不能不動；用手量足底長短，腳不能不移動。因為眼睛與頭同在一個身體上，手和腳也同在一個身體上，都是互相關聯的。現在製陶煉銅的工匠當初用水拌土和黏泥做器皿，必須要按一定的形狀製作模型，有意識地製成器皿；燒炭起火，一定要管好爐竈，把握火候，也是有意識地去作的。至於銅器不能都鑄煉成功，陶器不能都燒製得很精美，這正是因為它們不是由人有意識地去製作出來的啊。天不能有意識地創造人，那麼天地之生萬物，自然也不是有意識的。天氣地氣相互結合，萬物就在偶然巧合之中自己產生了。耕地、除草、播種，都是人有意識去做的，至於莊稼成熟與不成熟，便是偶然性的，自然而然的了。怎麼來證明呢？假如天地有意識地產生萬物，應當使萬物之間相親相愛，而不該讓它們之間互相殘害啊。

或曰：「五行之氣，天生萬物❶。以萬物含五行之氣，五行之氣更❷相賊害。」

曰：天自當以一行之氣❸生萬物，令之相親愛，不當令五行之氣，反使相賊害也。

或曰：「欲為之用，故令相賊害，賊害，相成也。故天用五行之氣生萬物，人用萬物作萬事。不能相制，不能相使❹；不相賊害，不成為用❺。金不賊❻木，木不成用；火不爍金，金不成器。故諸物相賊相利❼。含血之蟲❽相勝服❾、相嚙噬❿、相啖食⓫者，皆五行氣使之然也。」

曰：天生萬物，欲令相為用，不得不相賊害也；則生虎、狼、蝮蛇及蜂、蠆之蟲，皆賊害人，天又欲使人為之用邪？且一人之身，含五行之氣，故一人之行⓬，有五常之操⓭。五常，五行之道也。五藏⓮在內，五行氣俱⓯。如論者⓰之言，含血之蟲，懷五行之氣，輒相賊害。一人之身，胸懷五藏，自相賊也？一人之操，仁義之心，自相害也？且五行之氣相賊害，含血之蟲相勝服，其驗何在？

【章旨】此章駁斥天用五行之氣生萬物「更相賊害」的謬論。

【注釋】❶五行之氣二句　五行之氣是天用以創造萬物的。五行，指金、木、水、火、土五種物質。行，指這五種物質元素的變化發展。戰國時代，五行說盛行，產生出「五行相生相勝」的原理。所謂「相生」，是說相互引發促進，如「木生火，火生土，土生金，金生水，水生木」等。「相勝」，即相剋。指相互排斥，如「水勝火，火勝金，金勝木，木勝土，土勝水」等。❷更　輪流；循環。❸一行之氣　指五行之氣中的任何一種氣。❹使　使用。❺用　有用之物。❻賊　殘害。❼利　產生有利的結果。❽含血之蟲　泛指動物。❾勝服　在競爭中取勝，制服對方。❿齧噬　咬。⓫啖食　吞食；吃掉。⓬行　行為。⓭操　操行。⓮五藏　指脾、肺、心、肝、腎。藏，通「臟」。⓯俱　具備。指人體具備五行之氣，古人以為人的五臟是分別由五行之氣構成的，所以王充這樣說。⓰論者　發議論的人。這裡指董仲舒一類儒生。

【語　譯】有人說：「金、木、水、火、土五種氣，是天用來創造萬物的。由於萬物包含了五行之氣，五行之氣互相循環剋制，因而萬物也總是相互殘害。」

我認為：如果天能夠有意識地創造萬物，天自應只用五行之氣中的任何一種氣造就萬物，使萬物相親相愛，而不該使用五行之氣，反而使萬物互相殘害。

有人說：「天為了讓萬物相互為用，所以才使萬物互相殘害。使萬物互相殘害，正是為了使萬物互相依存。因此天用五行之氣創造萬物，人類用萬物作萬事。不能互相制約，就不能相互為用；不互相殘害，就不能各自成為有用之物。金不剋木，木就不能變成有用的物品；火不熔金，金就不能變成有用的器具。因此，各種事物總是在相互殘害中獲得有利的結果。所有動物在競爭中取勝、制服、吞食對方的，都是五行之氣使牠們這樣啊。」

我說：如果天生萬物是想使萬物相互為用，不得不相互殘害的話，那麼生虎、狼、蝮蛇以及蜂、蠆之類的毒蟲，都殘害人，難道天又有意要讓人供這些毒蛇猛獸們享用嗎？況且一個人的身體內，本來就包含著五行之氣，因此一個人的行為，都有仁、義、禮、智、信五種道德規範的操行。仁、義、禮、智、信五種道德規範，是從金、木、水、火、土五行中產生出來的。五臟在人體之中，人體具備五行之氣。如果按漢儒的說法，動物身懷五行之氣，就會相互殘害，那麼，一個人的身體內，胸懷五臟，難道它們會相互殘害嗎？一個人的操行中，具有仁義之心，難道仁與義也會互相殘害嗎？何況五行之氣創造萬物而互相殘害，動物在相互競爭中取勝，制服對方，牠們又有什麼證明呢？

或曰：「寅，木也[1]；其禽[2]，虎[3]也。戌，土也；其禽，犬也。丑、未，亦土也；丑禽牛，未禽羊也。木勝土，故犬與牛羊為虎所服也。亥，水也；其禽，豕[4]也。巳，火也；其禽，蛇也。子，亦水也；其禽，鼠也。午，亦火也；其禽，馬也。水勝火，故豕食蛇。火為水所害，故馬食鼠屎而腹脹。」

曰：審[5]如論者之言，含血之蟲，亦有不相勝之效。午，馬也；子，鼠也；酉，雞也；卯，兔也。水勝火，鼠何不逐馬？金勝木，雞何不啄兔？亥，豕也；未，羊也；丑，牛也。土勝水，牛羊何不殺豕？巳，蛇也；申，猴也。火勝金，蛇何不食獼猴？獼猴者，畏鼠也。囓獼猴者，犬也。鼠，水；獼猴，金也。水不勝金，獼猴何故畏鼠也？戌，土也；申，猴也。土不勝金，猴何故畏犬？東方，木也[6]；其星，倉龍[7]也。西方，金也；其星，白虎[8]也。南方，火也；其星，朱鳥[9]也。北方，水也；其星，玄武[10]也。天有四星之精[11]，降生四獸[12]之體。含血之蟲，以四獸為長，四獸含五行之氣最較著[13]。案龍虎交[14]不相賊，鳥龜會[15]不相害。以[16]四獸驗[17]之，以十二辰之禽效[18]之，五行之蟲以氣性[19]相刻[20]，則尤不相應。

【章　旨】此章以十二辰之禽批駁漢儒「五行之蟲以氣性相刻」之論。

【注　釋】❶寅二句　按陰陽五行之說，十二地支分別配屬於五行：寅、卯屬木，巳、午屬火，辰、未、戌、丑屬土，申、酉屬金，亥、子屬水。見《淮南子・天文》。寅，十二地支之一。十二地支，也叫十二辰，就是子、丑、寅、卯、辰、巳、午、未、申、酉、戌、亥。❷禽　禽獸。這裡泛指動物。❸虎　漢人以十二地支配屬十二種動物：子鼠，丑牛，寅虎，卯兔，辰龍，巳蛇，午馬，未羊，申猴，酉雞，戌狗，亥豬。❹豕　豬。❺審　的確；果真。❻東方二句　按陰陽五行之說，五方與五行相配屬：東方屬木，南方屬火，中央屬土，西方屬金，北方屬水。見《呂氏春秋・十二紀》。❼倉龍　中國古代天文學家把天上的恆星分為三垣、二十八宿和其他星座；又把二十八星宿分為東、南、西、北四組，每組七宿。東方七宿連在一起如同一條龍，東方為青色，故以「倉龍」稱東方七宿。倉，通「蒼」。青色。按陰陽五行之說，五方又配屬五色：東方為青色，南方為赤色，中央為黃色，西方為白色，北方為黑色。❽白虎　古人以為西方七宿連在一起呈一隻虎狀，西方為白色，故以「白虎」稱西方七宿。❾朱鳥　古人以為南方七宿連在一起呈一隻鳥狀，南方為赤色，故以「朱鳥」稱南方七宿。❿玄武　原意為龜。玄，黑色。武，龜甲。古人以為北方七宿連在一起呈一隻烏龜狀，北方為黑色，故以「玄武」稱北方七宿。⓫四星之精　指蒼龍、白虎、朱鳥、玄武四組星宿運行中施行出來的氣。⓬四獸　指地上的龍、虎、鳥、龜四種動物。王充認為，地上的四種動物是承受天上的龍、虎、鳥、龜四星座施放出來的氣而生成的。⓭較著　明白；顯著。⓮交　相遇。⓯會　碰上；相會。⓰以　用。⓱驗　檢驗。⓲效　考察。⓳氣性　指五行之氣的特性。⓴刻　剋；制服。

【語　譯】有人說：「寅，屬木；它配屬的動物，是虎。戌，屬土；它配屬的動物，是犬。丑、未，也屬土；丑配屬牛，未配屬羊。木勝土，因此犬與牛羊被虎制服。亥，屬水；它配屬的動物，是豬。巳，屬火；它配屬的動物，是蛇。子，也屬火；它配屬的動物，是老鼠。午，也屬火；它配屬的動物，是馬。水勝火，因此豬吃掉蛇。火被水殘害，因此馬吃了老鼠屎，就會生腹脹病。」

我說：果真如論者所說的話，動物中也有不相互制勝的例證。午，屬馬；子，屬鼠；酉，屬雞；卯，屬兔。水勝火，鼠為什麼不驅逐馬？金勝木，雞為什麼不啄兔子？亥，屬豬；未，屬羊；丑，屬牛。土勝水，牛羊為什麼不殺死豬？巳，屬蛇；申，屬猴。火勝金，蛇為什麼不吞食獮猴？獮猴是怕老鼠的；咬獮猴的，卻是犬。鼠，屬於五行中的水；獼猴，屬於五行中的金。水不能制服金，獼猴為什麼緣故害怕老鼠呢？戌，屬土；申，配屬於猴。土不能制服金，猴為什麼緣故害怕狗呢？東方，屬木；東方七星宿，名叫蒼龍。西方，屬金；西方七星宿，名叫白虎。南方，屬火；南方七星宿，名叫朱鳥。北方，屬水；北方七星宿，名叫玄武。天上有龍、虎、鳥、龜四組星宿施放的氣，降生到地上就有龍、虎、鳥、龜四種動物。一切動物，以龍、虎、鳥、龜四種禽獸為長者，四獸身上包含的五行之氣也最顯著。考察龍、虎相遇並不相互殘害，鳥、龜相會並不互相傷害。用以上四種禽獸來檢驗，用十二地支所代表的動物來考察，所謂具有五行之氣的動物是根據五行的特性互相剋制的觀點，就更加不符合事實了。

凡萬物相刻賊，含血之蟲則相服，至於相啖食者，自以齒牙頓❶利，筋力優劣，動作巧便，氣勢勇桀❷。若人之在世，勢不與適❸，力不均等，自相勝服。以力相服，則以刃相賊矣。夫人以刃相賊，猶物以齒角爪牙相觸❹刺也。力強角利，勢烈❺牙長，則能勝；氣微爪短，膽小距❻頓，則服畏也。人有勇怯，故戰有勝負；勝者未必受金氣，負者未必得木精也。孔子畏陽虎❼，卻行❽流汗；陽虎未必色白❾，孔子未必面青也。鷹之擊鳩❿雀，鴞⓫之啄鵠⓬雁，未必鷹、鴞生於南方而鳩雀、鵠雁產於西方也，自是筋力勇怯相勝服也。

【章　旨】此章言人和萬物之互相制服，在於筋力勇怯，而不在「五行相勝」。

【注　釋】❶頓　通「鈍」。不鋒利。❷勇桀　勇猛；兇猛。❸與適　相匹敵；同等。適，通「敵」。❹觸　抵觸；爭鬥。❺烈猛；大。❻距　爪。❼陽虎　一作陽貨。春秋末魯國季孫氏的家臣。❽卻行　後退。❾色白　按陰陽五行之說，五色與五行相配，白色屬金，青色屬木；金勝木，故言。❿鳩　斑鳩。⓫鴞　鴟；貓頭鷹。⓬鵠　天鵝。

【語譯】凡是萬物相剋相殘，動物在競爭中互相制服、吞食的，必然是因為齒牙鋒利不鋒利，筋骨力量的優劣大小，動作的靈巧、呆板，氣勢的勇猛、薄弱。如同人在世上，勢力不相匹敵，力量不夠均等，自會互相制服。用力相制服，就如同用刀相殘殺。人用刃相殘殺，好像動物用齒角爪牙相爭鬥刺殺一樣。力量強大齒角鋒利，氣勢猛烈爪牙尖長的，就能制勝；而氣勢微弱爪牙短小，膽小爪鈍的，就會被制服。人有勇敢和怯弱之分，因而爭鬥中有勝負之別；戰勝的人未必承受的是金氣，戰敗的人未必承受的是木氣。孔子害怕陽虎，見到陽虎趕忙後退，冷汗直流；金剋木，陽虎未必面色白而屬金，孔子未必面色青而屬木。鷹擊鳩雀，鴞啄天鵝，未必鷹、鴞生於南方屬火，鳩雀、鵠雁產於西方屬金，是火剋金啊，而自然是牠們在筋力勇怯方面的相互爭鬥中取勝制服對方的緣故。

一堂之上，必有論❶者；一鄉之中，必有訟❷者。訟必有曲直，論必有是非。非而曲者為負，是而直者為勝。亦或❸辯口利舌，辭喻橫出❹為勝；或詘❺弱綴❻跲❼，蹥蹇❽不比❾者為負。以舌論訟，猶以劍戟鬥也。利劍長戟，手足健疾者勝；頓刀短矛，手足緩留❿者負。夫物之相勝，或以筋力，或以氣勢，或以巧便。小有氣勢，口足有便，則能以小而制大；大無骨力，角翼不勁⓫，則以大而服小。鵲食蝟⓬皮，博勞⓭食蛇，蝟、蛇不便也。蚊虻之力不如牛馬，牛馬困⓮於蚊虻，蚊虻乃有勢也。鹿之角，足以觸犬；獮猴之手，足以搏鼠。然而鹿制於犬，獮猴服於鼠，角爪不利也。故十圍⑮之牛，為牧豎⑯所驅；長仞之象，為越僮所鉤，無便故也。故夫⑰得其便也，則以小能勝大；無其便也，則以強服於羸⑱也。

【章　旨】此章指出萬物之互相制服、吞食，決定於自身自然稟賦之差異。

【注　釋】❶論　爭論。❷訟　打官司；爭辯是非。❸亦或　也許；有可能。❹橫出　流暢。❺詘　通「屈」。❻綴　通「輟」。止。❼跆　絆。❽躓蹇　艱難。此指說話結結巴巴。❾不比　不連貫。❿緩留　遲鈍；緩慢。⓫勁　強；堅強有力。⓬蝟　刺蝟。⓭博勞　鳥名。伯勞。⓮困　苦。此指被螫咬。⓯圍　計量圓周的約略單位。即兩手的拇指與食指合攏起來的長度。⓰牧豎　牧童。⓱故夫　因此。⓲羸　瘦弱。

【語　譯】一個堂屋之上，一定有爭論的人；一個鄉村之中，一定有相互打官司的人。打官司必有好壞，爭論必有是非；沒有道理又很壞的人變成失敗者，有道理而又正直善良的人會成為勝利者。也可能是口才好，擅長辯論，語言明白流暢的人取勝；而言辭軟弱無力，反應遲鈍，口才不好，說話結結巴巴的人失敗。用口舌爭論、打官司，如同用刀劍戰鬥一樣。利劍長戟，動作敏捷、剛健有力的人取勝；而鈍刀短矛，手腳遲鈍緩慢的人失敗。動物的互相制服、吞食，完全取決於牠們自身的自然稟賦：有的憑體力，有的憑氣勢，有的憑動作的靈巧敏捷。動物小巧而有氣勢，嘴足靈活輕便，就能以小而制服大的動物；體形龐大卻沒有骨勁，頭角或翅膀沒有力量，就可能因大而被小動物制服。喜鵲吃刺蝟的皮，伯勞吃蛇，是因為刺蝟和蛇的動作不敏捷。蚊虻的力量不如牛馬，而牛馬卻常常被蚊虻叮咬，這是因為蚊虻有自己的優勢。鹿的角足以觸傷犬，獼猴的手足以打死老鼠；然而鹿卻被犬制服，獼猴卻被老鼠制服，這是因為牠們的頭角、爪牙不鋒利啊。因此，龐大的牛，常被牧童所驅趕；高大的象，常被南越地帶的兒童所管束，都是因為牠們的身體不靈便的緣故。因此，身體靈便敏捷的動物，就能以小勝大；而不靈便的動物就會憑藉著強大的身軀，反而被瘦弱的小動物制服。

# 奇怪篇第十五

【題解】本篇旨在批判漢儒神化帝王和聖人的奇談怪論，指出「物生自類本種」，帝王和聖人都是人所生，而不是神奇怪異之物與人交合或感於人的產物，認為人不可能與異類交配，「天地之間，異類之物，相與交接，未之有也」。

儒者稱聖人之生，不因[1]人氣[2]，更[3]稟精[4]於天。禹母吞薏苡[5]而生禹，故夏姓曰姒[6]；卨[7]母吞燕卵而生卨，故殷[8]姓曰子；后稷母履[9]大人跡[10]而生后稷，故周姓曰姬[11]。《詩》曰：「不坼不副[12]」，是生后稷。說者又曰：禹、卨逆生[13]，闓[14]母背而出。后稷順生，不坼不副。不感[15]動母體，故曰「不坼不副」。逆生者，子孫逆死[16]；順生者，子孫順亡。故桀、紂誅死[17]，赧王[18]奪邑[19]。言之有頭足[20]，故人信其說；明事[21]以驗證，故人然[22]其文。讖書[23]又言：堯母慶都[24]野出[25]，赤龍感己[26]，遂生堯[27]。〈高祖本紀〉言：劉媼[28]嘗息[29]大澤之陂[30]，夢與神遇[31]。是時，雷電晦冥，太公[32]往視，見蛟龍於上[33]。已而[34]有身[35]，遂生高祖。其言神驗，文又明著，世儒學者，莫謂不然。如實論之，虛妄言也。

【章　旨】此章揭露漢儒所稱聖人之生「稟精於天」的虛妄性。

【注　釋】❶因　依賴。❷人氣　指構成人的氣。王充認為人和萬物是由於各自偶爾稟承自然之氣的不同而產生出來的。❸更　另外。❹精　精氣。即氣。❺薏苡　俗稱「藥玉米」、「回回米」。禾本科，種仁又稱「米仁」，可以食用或入藥。❻姒　中國古姓之一。古讀如「以」，故漢儒以為姒姓與「薏苡」相關。❼禼　即「契」。傳說是商族先祖。❽殷　商朝第十代君主盤庚遷都於殷，因而史稱商朝為殷。燕卵為燕子，故吞燕卵而生契。❾履　踏；踩。❿跡　腳印；足跡。⓫故周姓曰姬　「跡」與「姬」古音近，故漢儒以為后稷母履大人跡而生稷姓「姬」。⓬不坼不副　指嬰兒出生順利，母體不受損害。語出《詩・大雅・生民》。坼，裂開。副，析；裂。⓭逆生　此指難產。⓮闓　開。見董仲舒《春秋繁露・三代改制》。⓯感　通「撼」。震動。⓰逆死　不得好死。⓱誅死　被討伐而死。商湯滅夏時，夏桀被流放而死，周武王滅商時，商紂王被火燒死。⓲赧王　東周末代君主。⓳奪邑　指秦滅周時，赧王被迫交出土地和奴隸，沒有遭受桀、紂的下場。⓴有頭足　有頭有尾。㉑明事　擺出事實。此指有歷史記載。㉒然　相信。㉓讖書　指專門記載讖語的書籍。㉔慶都　堯母名。㉕野出　到野外去。㉖感己　此指赤龍同堯母交合。㉗遂生堯　見《淮南子・修務》高誘注。㉘劉媼　指劉邦之母。㉙息　休息。㉚陂　岸邊。㉛遇　交合；交配。㉜太公　指劉邦之父。㉝於上　在劉媼身上。㉞已而　後來。㉟有身　懷孕。

【語　譯】儒生聲稱聖人的出生，不是從父母那裡稟承構成人的氣，而是另外承受某些神奇怪異之物施放出來的氣。禹母吞食薏苡而生禹，因此夏姓為姒；禼母吞食燕卵而生禼，因此殷姓為子；后稷母踏了巨人的足跡而生后稷，因此周姓為姬。《詩經》說：「不坼不副」，這是說后稷母生后稷時很順利，母體沒有受損傷。儒生又說：禹、禼難產，剖開母背而出生。后稷出生順利，母體未受損傷；母體不受損傷，因此說「不坼不副」。難產的人，子孫不得好死；順利出生的人，子孫也會死得順心。因而夏桀、商紂被討伐而死，赧王被迫交出土地和奴隸，沒有像桀、紂那樣死去。說得頭頭是道，因而人相信儒生的說法；又例舉歷史的記載，明明白白擺出事實，所以人們相信他們所寫的文章。讖書又說：堯母慶都到野外去，赤龍同堯母交配，於是生下堯。《高祖本紀》記載：劉媼曾經在大湖的岸邊休息，夢中同神靈交合。這時，雷電交加，天色昏暗，太公走過去觀看，見到蛟龍在劉媼身上。後來懷孕，於是生下漢高祖劉邦。這些話似乎靈驗，文字方面又記載得很清楚，世上的儒生學者，沒有人會說不對。然而，按實際情況評論，這些話都是虛妄之言。

彼詩言「不坼不副」，言其不感動母體，可也；言其闓母背而出，妄也。夫蟬之生於復育❶也，闓背而出。天之生聖子，與復育同道乎？兔吮毫❷而懷子，及其生子，從口而出。案❸禹母吞薏苡，卨母咽燕卵，與兔吮毫同實❹也。禹、卨之母生，宜皆從口，不當闓背。夫如是，闓背之說，竟❺虛妄也。世間血刃死者❻多，未必其先祖初為人者生時逆也。秦失天下，閻樂❼斬胡亥，項羽誅子嬰❽。秦之先祖伯翳❾，豈逆生乎？如是，為順逆之說，以驗三家之祖，誤矣。

【章　旨】此章駁斥漢儒的順逆之說。

【注　釋】❶復育　蟬的幼蟲。❷吮毫　舔毛。古人以為母兔舔公兔之毛而懷孕，從口中吐出小兔。這是一種不符合事實、不科學的說法。❸案　考察。❹同實　同一種情況。❺竟　畢竟；終於。❻血刃死者　遭刀槍砍殺的人。即所謂「逆死」者。❼閻樂　秦二世胡亥的丞相，趙高的女婿。任咸陽令，奉趙高之命，迫使胡亥自殺。❽子嬰　秦始皇之孫，胡亥之侄。秦二世三年，胡亥死，趙高立子嬰為秦王，他設計殺趙高，滅其三族，為王四十六天，降於劉邦，旋被項羽所殺。❾伯翳　即伯益。古代嬴姓各族先祖，相傳善於畜牧和狩獵，被舜任為虞。

【語　譯】那首詩說「不坼不副」，如果說他出生時沒有使母體受到損傷，那是可以說得通的；如果說他是剖開母背而出生，那就荒謬了。只有蟬從復育中出生時，才是剖背的。上天生下聖兒，難道與復育是同一道理嗎？母兔舔公兔的毛而懷孕，等到牠的小兔出生，就從口裡吐出來。考察禹母吞食薏苡，卨母咽下燕卵，與母兔舐公兔毛，都屬於同一情況。禹、卨的母親生禹、卨時，也應該從口中吐出，而不應當剖開母背。因此，儒生關於禹、卨母開背之說，畢竟是一種謊言而已。世間遭刀槍砍殺而死的人很多，他們的先祖最初成為人而出生時未必都是難產啊。秦王朝失去天下，閻樂斬殺秦二世胡亥，項羽又殺死秦王子嬰。秦的先祖伯翳，出生時難道是難產嗎？所以，儒生編造所謂順生順亡、逆生逆亡之說，並以夏、商、周三家的祖先作為驗證，顯然是錯誤的。

且夫薏苡，草也；燕卵，鳥也；大人跡，土也。三者皆形❶，非氣也，安能生人？說聖者以為稟天精微❷之氣，故其為有殊絕❸之知❹。今三家之生，以❺草，以鳥，以土，可謂精微乎？天地之性❻，唯人為貴，則物賤矣。今貴人之氣，更稟賤物之精，安能精微乎？夫令鳩雀施氣於雁鵠，終❼不成❽子者，何也？鳩雀之身小，雁鵠之形大也。今燕之身不過五寸，薏苡之莖不過數尺，二女吞其卵實，安能成七尺之形乎？爍❾一鼎之銅，以灌一錢之形❿，不能成一鼎，明矣。今謂大人天神，故其跡巨。巨跡之人，一鼎之爍銅也；姜原⓫之身，一錢之形也。使⓬大人施氣於姜原，姜原之身小，安能盡得其精？不能盡得其精，則后稷不能成人。

【章旨】此章駁斥漢儒以為聖人「稟天精微之氣」說。

【注釋】❶形　形體；物體。❷精微　精緻而微小之物。❸殊絕　特殊；卓絕。❹知　通「智」。❺以　用；憑藉。❻性性命；生命。❼終　始終。❽成　形成。❾爍　熔化金屬。❿形　通「型」。模型。⓫姜原　一作姜嫄。周族始祖后稷之母，有邰氏之女。一說：帝嚳之妻。⓬使　假使。

【語　譯】況且薏苡是草本植物，燕卵是鳥類之卵，巨人的足跡是塵土之類。三種東西都屬於物體，而不是氣體，怎麼能夠產生人？說聖人者認為聖人稟承天地間精緻微小之物施放出來的氣，所以聖人具有獨特而卓絕的智慧。現在夏、商、周三家祖先的出生，憑藉的是草、鳥、土，可以說是承受精微之氣嗎？天地之間的生命，只有人最為寶貴，而物類最為低賤啊。而今不是稟承構成最寶貴的人之氣，反而承受構成賤物之氣，哪裡談得上精微呢？讓斑鳩、麻雀一類小鳥施放氣到大雁、天鵝身上，始終不能形成大雁、天鵝的幼子，這是什麼原因呢？斑鳩、麻雀的身體太小，而大雁、天鵝的形體太大啊。現在看來，燕的身長不過五寸，薏苡的莖長不過數尺，兩個女子吞食它們的卵和果實，怎能生成七尺形體的人呢？熔化鑄一個鼎所需要的銅水，把它灌入鑄一個銅錢那麼小的模型裡，不能鑄成一個鼎，這是很明白的。現在人稱巨人為天神，因此他的足跡巨大。有巨大足跡的人，好比可以鑄造一鼎的銅水；而姜嫄的身體，就像鑄造一個銅錢那麼小的模型而已。如果讓巨人施放氣到姜嫄身上，姜嫄的身體小，怎能全部承受他的精氣？不能全部承受他的精氣，后稷就不得變成人。

堯、高祖審❶龍之子，子性❷類❸父，龍能乘雲，堯與高祖亦宜能焉。萬物生於土，各似本種。不類土者，生❹不出於土，土徒❺養育之也。母之懷子，猶土之育物也。堯、高祖之母，受龍之施❻，猶土受物之播也。物生自❼類本種❽，夫二帝宜似龍也。且夫含血之類，相與為牝牡❾；牝牡之會❿，皆見同類之物。精感欲動，乃⓫能授施。若夫牡馬見雌牛，雄雀見牝雞，不相與合⓬者，異類故也。今龍與人異類，何能感於人而施氣⓭？

【章　旨】此章以「物生自類本種」之論，駁斥漢儒所謂龍人交合而生二帝之說。

【注　釋】❶審　果真。❷性　本能；自然稟賦。❸類　像。❹生　通「性」。本性。❺徒　僅僅。❻施　即施氣。❼自　本來；自然。❽種　物種。在生物界，一個物種中的個體一般不與其他物種中的個體交配，即便交配，一般不能產生有生殖能力的後代。❾牝牡　此指配偶。牝，鳥獸中的雌性。牡，鳥獸中的雄性。❿會　交會；交合。⓫乃　才；方。⓬與合　交配。⓭施氣　指交合。

【語　譯】堯、高祖如果真是龍的兒子，兒子的本性像父親，龍能騰雲駕霧，那麼堯與高祖也應該能騰雲駕霧了。萬物生長在土壤中，卻各自像它本來的物種。其所以不像土壤，是因為它的本性不出於土壤，土壤僅僅養育過它啊。母親懷孕兒子，如同土壤養育萬物一樣。堯、高祖的母親，承受龍的施氣，就像土壤承受萬物的播種一樣。物性本來像原來的物種，那麼堯、高祖二帝就應該像龍。況且，動物之間，只有同類才能相互成為配偶；配偶之間的交配，都出現在同類的動物之中。性感欲動，才能交合。如果雄馬遇見雌牛，或雄雀見到雌雞，牠們就不會相互交配，這是因為牠們是不同類的動物的緣故。今龍與人不同類，牠又怎麼能夠在人的身上得到性感而交合？

或曰：「夏之衰，二龍鬥於廷，吐漦❶於地。龍亡❷漦在，櫝而藏之。至周厲王發❸出龍漦，化為玄黿❹，入於後宮，與處女交，遂生褒姒❺。玄黿與人異類，何以感於處女而施氣乎？」夫玄黿所交非正❻，故褒姒為禍，周國以❼亡。以非類妄交，則有非道妄亂之子。今堯、高祖之母不以道❽接會❾，何故二帝賢聖，與褒姒異乎？

【章旨】此章「以非類妄交，則有非道妄亂之子」說明二帝之母與龍交合之不可信。

【注釋】❶漦　涎沫。《國語・鄭語》韋昭注：「漦，龍所吐沫。」❷亡　消失；離開。❸發　開。指打開木匣。❹玄黿　黑色的蜥蜴。黿，通「蚖」。❺褒姒　周幽王的寵妃。❻非正　不正常。❼以　因而。❽以道　按照常規。❾接會　交配。

【語譯】有人說：「夏朝衰亡的時候，二龍在宮廷上相鬥，吐出一大堆龍涎在地上。龍離開了，涎沫還留在那裡，夏王把龍涎收進一個匣子裡藏起來。到周厲王時打開匣子，龍涎流出來，化成一隻黑蜥蜴，進入到後宮，與一處女交配，就生下了褒姒。黑蜥蜴與人不同種類，為什麼能與處女發生感應而交配呢？」其實，黑蜥蜴與處女的交配不符合正常的情況，因此褒姒才成為一大禍害，西周也因而滅亡。因為不同類的動物胡亂地交配，就必然生出胡作非為的後代子孫。現在堯、高祖的母親不按照正常的情況交配，為什麼二帝這樣賢能聖明，與褒姒完全不一樣呢？

或曰：「趙簡子病，五日不知人❶。覺言❷，我之❸帝所❹，有熊來，帝命我射之，中熊，熊死；有羆來，我又射之，中羆，羆死。後問當道之鬼，鬼曰：『熊羆，晉二卿❺之先祖也。』熊羆，物也。與人異類，何以施氣於人，而為二卿祖？」夫簡子所射熊羆，二卿當亡、簡子當昌之妖❻也。簡子見之，若寢夢矣。空虛之象，不必有實。假令有之，或時熊羆先化為人，乃生二卿。魯公牛哀❼病化為虎。

人化為獸，亦如獸為人。玄黿入後宮，殆❽先化為人。天地之間，異類之物，相與交接，未之有❾也。

【章　旨】此章批駁漢儒所謂熊羆為晉二卿祖之說，指出「天地之間，異類之物，相與交接，未之有也」。

【注　釋】❶不知人　不省人事。❷覺言　醒後說。❸之　到。❹所　住所。❺晉二卿　指春秋末期晉國的范氏、中行氏。後為趙簡子所滅。見本書〈紀妖篇〉。卿，官名。西周、春秋時代，凡天子、諸侯所屬的高級長官皆稱卿。❻妖　妖象。此指徵兆。❼公牛哀　春秋時魯國人。事見本書〈無形篇〉注。❽殆　大概。❾未之有　即「未有之」。

【語　譯】有人說：「趙簡子生病，五天不省人事。醒來後說，我到上帝的住所，有一隻大熊來，上帝命令我射殺牠，箭射中了熊，熊死了；又有一隻羆來，我又射擊牠，箭射中了羆，羆死了。後來詢問擋道的鬼神，鬼神說：『熊羆，是晉國范氏、中行氏二卿的先祖啊。』熊羆，是動物，與人不同類，為什麼能施放精氣到人的身上，而成為晉國二卿的祖先呢？」我認為，趙簡子所射殺的熊羆，正是范氏、中行氏二卿當滅亡、趙簡子當昌盛的一種徵兆。簡子見到熊羆，如同睡夢之中一樣。夢中的空虛境象，不一定有實情實境。即令有其實，或許是熊羆先變為人相交合，才生下范氏、中行氏二卿。魯人公牛哀，發病七天而變成了老虎。人變成獸，也同獸變成人一樣。黑蜥蜴進入後宮，大概也是先變成人，然後才可能同宮女交配。天地之間，不同類的動物相互交配，從來沒有這種事啊。

天人同道，好惡均❶心。人不好異類，則天亦不與通❷。人雖生於天，猶蟣虱生於人也。人不好蟣虱，天無故❸欲❹生於人。何則？異類殊性，情欲不相得❺也。天地，夫婦也。天施氣於地以生物，人轉相生，精微為聖，皆因父氣❻，不更❼稟取。如更稟者為聖，禼、后稷不聖❽；如聖人皆當更稟，十二聖❾不皆然也。黃帝、帝嚳、帝顓頊、帝舜之母，何所受氣❿？文王、武王、周公、孔子之母，何所感吞⓫？

【章　旨】此章指出人稟父氣，聖人亦然。

【注　釋】❶均　同。❷通　交配。❸故　有意。❹欲　欲望。❺得　合。❻父氣　即「人氣」。王充認為，人和萬物依種類相繁殖，而構成人的氣主要又取決於父親，故專稱「人氣」為「父氣」。顯然，這是受了陽尊陰卑（男尊女卑）思想的影響而提出來的。❼更　另外。❽不聖　不是聖人。漢儒宣揚禼、后稷之母是承受精微之氣而生禼、后稷，但在十二聖中又把禼、后稷排除在外，故王充以此反駁。❾十二聖　指儒家尊奉的十二位聖賢：黃帝、顓頊、帝嚳、堯、舜、禹、皋陶、湯、周文王、周武王、周公、孔丘。見《白虎通義・聖人》。❿何所受氣　所承受的是什麼氣。⓫感吞　指感於大人之跡、吞食燕卵。

【語　譯】天和人遵循同樣的自然法則，喜好和厭惡之心也是相同的。人不喜歡異類，那麼天也不願同異類相交配。人雖然承受天施放的氣而生，如同蟣虱生長在人的身上。人不喜歡蟣虱，天也不會有意對人產生什麼欲望。為什麼？不同類的動物具有不同的本性，牠們各自的情性欲望不相合。天地，如同一對夫婦。天施放出一種元氣到地上而使萬物得以出生，人承受這種元氣之後，輾轉相傳，代代相生，其中承受精微之氣的成為聖人，這一切都是依賴著父氣，不會另外承受和吸取別的什麼氣。如果另外稟承什麼氣的人變為聖人，那麼因母親吞食燕卵、腳踩巨人足跡而出生的禼、后稷為什麼不把他們看作聖人？如果聖人都應另外承受什麼精微之氣，漢儒尊奉的十二聖並不都是這樣啊。黃帝、帝嚳、帝顓頊、帝舜的母親所稟承的是什麼氣？文王、武王、周公、孔子的母親又感於何人之跡、吞食何鳥之卵呢？

此或時見三家之姓❶，曰姒氏、子氏、姬氏，則因依放❷，空生怪說，猶見鼎湖❸之地，而著❹黃帝升天之說矣。失道❺之意，還反其字。蒼頡❻作書❼，與事相連❽。姜原履大人跡，跡者基❾也，姓當為「其」下「土」，乃為「女」旁「𦣞」❿。非基跡之字，不合本事⓫，疑非實也。以周姬況⓬夏殷，亦知子之與姒，非燕子，薏苡也。或時禹、契、后稷之母適⓭欲懷妊，遭⓮吞薏苡、燕卵，履大人跡也。世好奇怪，古今同情⓯。不見奇怪，謂德不異，故因以為姓。世間誠信，因以為然。聖人重疑⓰，因不復定⓱。世士淺論⓲，因不復辨。儒生是古⓳，因生其說。彼詩言「不坼不副」者，言后稷之生不感動母身也。儒生穿鑿⓴，因造禹、契逆生之說。感於龍，夢與神遇，猶此率㉑也。堯、高祖之母適欲懷妊，遭逢雷龍載㉒雲雨而行，人見其形，遂謂之然。夢與神遇，得聖子之象㉓也。夢見鬼合之，非夢與神遇乎？安得其實！野出感龍，及蛟龍居上，或堯、高祖受富貴之命。龍為吉物，遭加其上，吉祥之瑞㉔，受命之證也。光武皇帝產於濟陽宮，鳳凰集於地，嘉禾生於屋。聖人之生，奇鳥吉物之為瑞應㉕。必以奇吉之物見㉖而子生謂之物之子，是則光武皇帝嘉禾之精、鳳凰之氣歟？

【章　旨】此章通過說理、列舉事實，指出帝王、聖人是人所生，而不是奇吉之物的後代。

【注　釋】❶三家之姓　夏姓姒，殷姓子，周姓姬。❷放　通「仿」。模仿。即依照「姒」、「子」、「姬」三個字的音、義加以模仿編造。❸鼎湖　古代傳說黃帝乘龍升天之處。《史記・封禪書》：「黃帝采首山銅，鑄鼎於荊山下。鼎既成，有龍垂胡髯下迎黃帝。黃帝上騎，群臣後宮從上者七十餘人，龍乃上去……故後世因名其處曰鼎湖。」❹著　建立。此指捏造。❺失道　違反本義。❻蒼頡　人名。舊傳是黃帝的史官，漢字的創造者。❼作書　造字。❽與事相連　指最早的漢字創造都與具體事物相關聯。❾基　基礎。❿臣　原本作「巨」，今據「姬」字改。⓫本事　真實的事跡。⓬況　比方；類推；類比。⓭適　恰好。⓮遭　碰巧。⓯同情　同樣的心情。⓰重疑　不輕易懷疑。⓱復定　改定。⓲淺論　淺薄的見識。⓳是古　以古為是。即信古、崇古。⓴穿鑿　牽強附會。㉑率　類。㉒載　乘。㉓象　徵兆。㉔瑞　吉祥之物。㉕瑞應　祥瑞；吉祥的象徵。㉖見　同「現」。出現。

【語　譯】這或許是見到夏、商、周三家君主的姓氏為姒氏、子氏、姬氏，就依照「姒」、「子」、「姬」三個字的音、義進行模仿，憑空編造奇談怪論，如同見到鼎湖之地，而捏造黃帝升天之說一樣。它不僅違背常情常理，也不符合那些字的本意。蒼頡造字，往往與具體事物相關聯。姜嫄踩巨人的足跡，「跡」就是「基」，姓應當是「其」字下面加「土」字的「基」，而現在卻是「女」字旁加「臣」字的「姬」。不是基跡的字，不符合真實的情況，恐怕不是事實啊。以周代的「姬」姓去推測夏、商二代的姓氏，也可知道「子」與「姒」的姓氏，並不是來源於燕子、薏苡啊。或許是禹、契、后稷的母親正好要懷孕，碰巧吞食了薏苡、燕卵，踩了巨人的足跡。世人喜好奇談怪論，古今同此心情。不見奇怪之物，就說德行一般，因而以這些與怪異有關的字為姓。世上的人果真相信，於是就認為事實是這樣。聖人不輕易懷疑，就不再改定。一般的士人見識淺薄，就不再加以辨析。儒生信古、崇古，就編造這種種怪說。那首詩說「不坼不副」，是說后稷出生時沒有傷害母親的身體。儒生牽強附會，就捏造出禹、契難產的說法。其他如堯母、高祖母親與龍交感、夢中與神交合的說法，也如同這一類怪說。堯、高祖的母親恰好要懷孕，碰巧遇上雷公、神龍乘雲雨而行，人見到這種情形，於是就說它是這樣。其實，夢中與神交合，這是得聖子的徵兆啊。夢中見鬼，與鬼交合，不是夢中與神交配嗎？怎麼能成其事實！到野外去與神龍交感，以及見到蛟龍盤居在劉媼的身上，或許是堯、高祖承受了富貴之命。龍本是吉祥之物，恰好加在二女身上，這是象徵吉祥的東西，是上天授富貴之命的驗證。光武皇帝出生在濟陽宮，相傳當時有鳳凰聚集在地上，有嘉禾生長在宮廷內。聖人出生時，有珍奇之鳥或吉祥之物作為美好的徵兆。如果一定要把奇異吉祥之物出現時而出生的孩子當作奇異吉祥之物的後代，那麼光武皇帝不就是承受了鳳凰和嘉禾的精氣而出生的嗎？

案〈帝繫〉❶之篇及〈三代世表〉❷，禹，鯀❸之子也；卨、稷，皆帝嚳之子，其母皆帝嚳之妃也；及❹堯，亦嚳之子。帝王之妃，何為適❺草野❻？古時雖質❼，禮已設制，帝王之妃，何為浴於水？夫如是，言聖人更稟氣於天，母有感、吞者，虛妄之言也！實者，聖人自有種族❽，如文、武❾各有類❿。孔子吹律⓫，自知殷後⓬；項羽重瞳，自知虞舜苗裔⓭也。五帝、三王，皆祖黃帝。黃帝，聖人，本稟貴命，故其子孫皆為帝王。帝王之生，必有怪奇，不見於物，則效⓮於夢矣！

【章　旨】此章以歷史為據，指出三王五帝皆祖黃帝，而儒生神化帝王和聖人之說純屬謊言。

【注　釋】❶帝繫　西漢初戴德《大戴禮記》之篇目。❷三代世表　司馬遷《史記》之篇目。❸鯀　禹之父。❹及　至於。❺適　去；到。❻草野　雜草叢生的原野。❼質　質樸；樸實。❽種族　即「人種」。指在體質形態上具有某些共同的遺傳特徵的人群。❾文武　指周文王、周武王。❿類　種類。⓫律　古代竹製的定音樂器。據傳，孔子從小不知其父，後通過吹律方知是殷貴族之後。⓬殷後　殷貴族的後代。⓭苗裔　後代。⓮效　效驗。此指反映、體現。

【語　譯】考察〈帝繫〉和〈三代世表〉等歷史篇章，我們知道：禹是鯀的兒子；卨、稷都是帝嚳的兒子，他們的母親都是帝嚳的妃子；至於堯，也是帝嚳的兒子。既然是帝王的妃子，為什麼會跑到荒野中去？古時候雖然人都很樸實，但是禮儀已經制定，帝王之妃，怎麼可能到湖水中去洗澡？既然如此，說聖人另外稟承構成奇吉之物的氣，是他們的母親受到感應或吞食外物而生出的，就是一種任意編造的謊言。其實，聖人自有種族，都像周文王生下周武王一樣，各有自己的族類。孔子從小不知自己的父親，通過吹律，自己知道是殷貴族的後代；項羽的眼睛各有兩個重疊的瞳仁，自己知道是舜王的後代。五帝、三王，都是以黃帝為先祖的。黃帝是聖人，原本就承受了富貴之命，因而他的子孫後代都成為帝王。帝王出生時，一定有怪異稀奇的徵兆出現，不表現在某種具體的事物上，就會反映在夢境之中。

# 卷四

## 書虛篇第十六

【題解】本篇駁斥「傳書」上的虛妄之言，認為「傳書之言，多失其實」，並列舉其中十二個虛妄失實的事例，逐一給予批駁，說明漢儒編造的「傳書」只是一批「譎詭之書」。

從本篇到〈藝增篇〉，凡十二篇論文，王充稱之為「九虛三增」（見本書卷二〇〈須頌篇〉）。這組論文的主旨在於「疾虛妄」、「務實誠」。

世信虛妄之書，以為載於竹帛❶上者，皆賢聖所傳，無不然❷之事，故信而是之❸，諷❹而讀之。睹❺真是之傳❻與虛妄之書相違❼，則並謂短書❽，不可信用。夫幽冥❾之實❿尚可知，沈隱之情尚可定，顯文露書，是非易見，籠總⓫並傳非實事，用精不專，無思於事也。

【章旨】此章指出世人讀書真假不分之惡習。

【注釋】❶竹帛　古代書寫用的竹簡和絲織品。❷不然　不對；不正確。❸是之　以之為是；認為它是正確的。❹諷　誦讀；背誦。❺睹　看。❻真是之傳　真實正確的書籍。❼相違　互相不一致。❽短書　指價值不大的書籍。❾幽冥　昏暗。❿實　事實。⓫籠總　籠統。

【語譯】世人相信那些內容虛假、無知妄說的書籍，以為凡是記載在竹簡和絹帛上的，都是聖賢所留傳的遺產，沒有不正確的事，因此相信它，以為是對的，認真地誦讀它。看到真實正確的書籍與他自己所相信的內容虛妄的書不一致，就把真實正確的書籍當作價值不大的短書，反而認為是不足信用的。暗中的事情尚且可以知道，深沈隱晦的感情尚且可以判定，何況用淺顯的文字記載，對或不對是容易發現的，而籠統地都傳說它們不符合事實，則是因為用心不專一，對事情不加以認真思考的緣故啊。

夫世間傳書❶諸子❷之語，多欲立奇造異，作驚目之論，以駭世俗之人；為譎詭❸之書，以著❹殊異之名。

【章旨】此章斥漢儒為「譎詭之書」的不良學風。

【注釋】❶傳書　指注釋講解儒家經書的書籍。❷諸子　指先秦至漢初各派學者或其著作。❸譎詭　怪異。❹著　顯示；標榜。

【語譯】世間那些解說儒家經書的書籍和諸子百家的著作，大多想追求新奇、驚人的學說，用來嚇唬世俗社會中一般的人；喜好寫作希奇古怪的書，以便標榜自己與眾不同的名聲。

傳書言：延陵季子❶出遊，見路有遺金。當夏五月，有披裘❷而薪❸者。季子呼薪者曰：「取彼地金來！」薪者投鐮於地，瞋目❹拂手❺而言曰：「何子❻居之高，視之下，儀貌之壯❼，語言之野也？吾當夏五月披裘而薪，豈取金者哉！」季子謝❽之，請問姓字。薪者曰：「子皮相❾之士也，何足語姓名！」遂去不顧❿。世以為然⓫，殆⓬虛言也。夫季子恥吳之亂⓭，吳欲共立以為主，終不肯受，去之延陵，終身不還，廉讓之行，終始若一。許由讓天下，不嫌貪封侯⓮；伯夷委⓯國饑死，不嫌貪刀鉤⓰。廉讓之行，大可以況⓱小，小難以況大。季子能讓吳位，何嫌貪地遺金？季子使於上國⓲，道過徐，徐⓳君好其寶劍，未之即予⓴。還而徐君死，解劍帶㉑冢㉒樹而去㉓。廉讓之心，恥負㉔其前志㉕也。季子不負死者，棄其寶劍，何嫌一叱㉖生人取金於地？季子未去吳乎？公子㉗也；已去吳乎，延陵君也。公子與君，出有前後，車有附從，不能空行於塗㉘，明矣。既不恥取金，何難使左右，而煩披裘者？世稱柳下惠㉙之行，言其能以幽冥自修潔也。賢者同操，故千歲㉚交志㉛。置季子於冥昧㉜之處，尚不取金，況以白日，前後備具㉝。取金於路，非季子之操也。或時季子實見遺金，憐披裘薪者，欲以益之；或時言取彼地金，欲以予薪者，不自取也。世俗傳言，則言季子取遺金也。

【章旨】此章批駁傳書言季子取遺金之說。

【注釋】❶季子　在兄弟輩中排行居次或最幼的人。此指春秋時吳王壽夢之子季札，封於延陵（今江蘇常州），故稱延陵季子。❷披裘　穿著裘衣。❸薪　伐薪；砍柴。❹瞋目　瞪眼睛。❺拂手　甩手；以手指揮人。表示輕蔑。❻子　你。❼壯　通「莊」。端莊；有派頭。❽謝　謝罪；道歉。❾皮相　以貌取人。❿遂去不顧　以上事見《韓詩外傳・卷一〇》。⓫然　對的。⓬殆　大概。⓭恥吳之亂　以吳之亂為恥。據《公羊傳・襄公二十九年》載，吳王壽夢有四子：諸樊、餘祭、夷昧、季札，以季子最賢，故其三兄都約定自己死後不傳子而傳弟，讓季子繼位，傳至夷昧死後，其子僚自立為王，諸樊之子公子光不服，派人刺殺吳王僚，要擁立季子為王，季子不肯接受，公子光遂自立為吳王，季子則到延陵去了。⓮嫌貪封侯　貪圖封侯的嫌疑。嫌，嫌疑。⓯委　放棄。⓰刀鉤　古代兩種兵器。此喻價值不高之物。⓱況　比喻；說明。⓲上國　春秋時吳、楚各國稱齊、晉等中原各國為上國。⓳徐　春秋時的小國。在今江蘇泗洪南一帶。⓴未之即予　古漢語賓語前置句式。即「未即予之」，意思是沒有立即把寶劍送給徐國君主。見《史記・吳太伯世家》。㉑帶　掛。㉒冢　墳墓。㉓去　離去。㉔負　背棄。㉕志　心意。㉖叱　大聲呵叱。㉗公子　古稱諸侯之子。《儀禮・喪服》云：「諸侯之子稱公子。」㉘塗　同「途」。道路。㉙柳下惠　即展禽。名獲，字禽，春秋時魯國大夫，食邑於柳下，諡惠，任士師，以善於講究禮儀見稱。㉚千歲　千年。㉛交志　思想相通。㉜冥昧　昏暗。㉝備具　齊全。

【語譯】講解儒家經書的書說：延陵季子外出遊覽時，看見路上有丟失的金子。當時正是盛夏五月，有一位身穿裘衣的砍柴人走來。季子喊那位砍柴的人說：「給我把地上那塊金子拿過來！」那位砍柴人把鐮刀往地上一擲，瞪眼睛，甩手，輕蔑地說：「為什麼你身居高位，而目光短淺，儀貌堂堂，而言語卻這樣粗野呢？我正當盛夏五月卻身穿裘衣去砍柴，難道是為你拾取丟在路上的金子的人嗎！」季子連忙向砍柴的人道歉，並請問他的姓名。砍柴人說：「你是個以貌取人的人，哪裡值得把我的姓名告訴你呢！」說完就離去了，不再理睬他。這件事，世人以為是準確無誤的，我以為大概是謊言。季子以吳國爭奪王位的內亂為可恥，吳國要共同擁立他為君主，他始終不願接受，於是離開宮廷到延陵去，終身沒有返回朝廷，廉潔謙讓的品德，始終如一。許由拒不接受堯讓給他的君位，因而沒有貪圖封侯的嫌疑；伯夷放棄高位，不食周朝的糧食，餓死在首陽山，因此沒有貪圖刀鉤小利的嫌疑。廉潔謙讓的操行，大則可以比喻小，而小則難以比喻大。季子能讓吳國君主之位，又怎麼會有貪圖地上丟失的一塊金子的嫌疑？季子奉使去中原各國，途經徐國時，徐國的君主喜歡他身上佩帶的那把寶劍，因為出使別國不帶寶劍不合外交禮節，便沒有立即把寶劍贈送給徐君。等到返回時，徐君已死去，季子就解下寶劍，掛在徐君墓地的樹上而離去，以了卻先前許下的承諾。季子有一顆廉義謙讓的心，認為背棄自己先前許下的心願是可恥的。季子不辜負已經死去的人，情願捨棄自己隨身佩帶的寶劍，這樣高尚的人又怎麼會有大聲呵叱一個陌生人去拾取丟在地上的金子的嫌疑呢？季子沒有離開吳國京城時，是吳王壽夢的公子；已經離去以後，便是延陵君啊。依他作為公子和延陵君的身分，外出時必然是前呼後擁的，車子後還有許多隨從侍衛，不可能獨自一人行走在道路上，這是很明白的啊！既然不恥於拾取路上遺棄的金子，那麼指使左右隨從去拾起丟在地上的金子又有什麼辦不到，反而要麻煩那位身穿裘衣的砍柴人？世人稱頌柳下惠的品行，說他在暗地裡也能保持自己潔白的操守。品行高尚的人操行相同，因此，雖然相距千年，思想也是相通的。把季子放在暗地裡，尚且不拾取別人遺棄在路上的金子，更何況是在光天化日之下、前後隨從齊備之時。拾取別人遺棄在路上的金子，不是季子的操行。或許是季子確實見到丟棄在路上的金子，同情那位身穿裘衣砍柴的人，想把地上的金子拾起來使他得到好處；或許是說拾取那地上的金子，想把它給予砍柴的人，並不是自己想奪取啊。然而，世俗的傳言，都是說季子拾取別人遺失在路上的金子。

傳書或言：顏淵與孔子俱上魯太山❶，孔子東南望，吳❷閶門❸外有繫❹白馬。引顏淵，指以示之，曰：「若❺見吳昌門乎？」顏淵曰：「見之。」孔子曰：「門外何有？」曰：「有如繫練❻之狀。」孔子撫其目而正❼之，因與俱下。下而顏淵髮白齒落，遂以❽病死。蓋以精神不能若孔子，強力自極，精華竭盡，故早夭死。世俗聞之，皆以為然。如實論之，殆虛言也。案❾《論語》❿之文，不見此言。考六經⓫之傳，亦無此語。夫顏淵能見千里之外，與聖人同，孔子、諸子，何諱⓬不言？蓋人目之所見，不過十里，過此不見，非所明察，遠也。傳曰：「太山之高巍然，去之百里，不見垤塊⓭，遠也。」案魯去吳，千有餘里，使離朱⓮望之，終不能見，況使顏淵，何能審⓯之？如才庶幾者⓰，明目異於人，則世宜稱亞聖⓱，不宜言離朱。人目之視也，物大者易察，小者難審。使顏淵處昌門之外，望太山之形，終不能見，況從太山之上，察白馬之色，色不能見，明矣。非顏淵不能見，孔子亦不能見也。何以驗之？耳目之用，均⓲也。目不能見百里，則耳亦不能聞也。陸賈曰：「離婁之明，不能察帷⓳薄⓴之內；師曠㉑之聰㉒，不能聞百里之外。」昌門之與太山，非直㉓帷薄之內，百里之外也。秦武王㉔與孟說㉕舉鼎不任㉖，絕脈㉗而死。舉鼎用力，力由筋脈，筋脈不堪，絕傷而死，道理宜也。今顏淵用目遠望，望遠目睛不任，宜盲眇㉘，髮白齒落，非其致㉙也。髮白齒落，用精於學，勤力不休，氣力竭盡，故至於死。伯奇放流，首髮早白。《詩》云：「惟憂用老㉚」。伯奇用憂，而顏淵用睛，暫㉛望倉卒㉜，安能致此？

【章　旨】此章批駁漢儒所謂顏淵死於極目之說。

【注　釋】❶太山　即泰山。❷吳　指春秋時吳國都城。即今江蘇蘇州。❸閶門　即昌門。西門。❹繫　拴。❺若　你。❻練　白色綢子。❼正　糾正。❽以　因。❾案　考察。❿論語　記錄孔子及其弟子的言行的書。⓫六經　指儒家的六部經書：《易》、《詩》、《書》、《禮》、《樂》、《春秋》。⓬諱　迴避。⓭埵塊　土塊。⓮離朱　即離婁。人名，傳說眼睛視力最好。《慎子》云：「離朱之明，察秋毫之末於百步之外。」《孟子》趙岐注云：「離婁者，古之明目者，蓋以為黃帝之時人也。」⓯審　看清楚。⓰才庶幾者　指顏淵才能與孔子相近。庶幾，差不多；相似。⓱亞聖　僅次於孔子的聖人。⓲均　相同。⓳帷　帳子。⓴薄　簾子。㉑師曠　春秋時晉人。為著名樂師。㉒聰　耳朵靈敏。㉓直　僅；只是。㉔秦武王　戰國時代秦國君主。西元前三一〇至前三〇七年在位。㉕孟說　秦武王時代的大力士。㉖任　勝任。㉗絕脈　崩斷筋脈。見《史記・秦本紀》。㉘盲眇　瞎眼。㉙致　招致。㉚惟憂用老　見《詩・小雅・小弁》。惟，發語詞。用，以；因而。㉛暫　短暫。㉜倉卒　匆忙。

【語　譯】有的解釋儒家經書的書籍說：顏淵同孔子一道上魯國的泰山。孔子向東南瞭望，看見吳國都城昌門外拴有一匹白馬。就引顏淵來，並用手指給他看，說：「你見到吳國的昌門嗎？」顏淵說：「看見了。」孔子說：「城門以外有什麼？」顏淵說：「好像有一塊白色的綢子掛在那裡。」孔子揉揉顏淵的眼睛，糾正他的說法，就同他一起下山。下山後，顏淵頭髮變白、牙齒脫落，於是因病而死。大概是因為精力不能像孔子那樣，勉強使目力達到自己的極限，最精粹的部分已經用盡，因而早年夭折。世上一般人聽到這件事，都以為是這樣。但如實評論這件事，大概是謊言啊。考察《論語》中的文字記載，都不見這番言論。再考察解釋六經的著作，也沒有這些話。顏淵能看見千里之外的東西，與聖人相同，孔子、諸子，為什麼迴避不說？大概人的眼睛所能見到的，距離不過十里而已，超過這個距離的事物就看不見了，就不是人的目力所能看清楚的了，這是因為距離太遠的緣故。傳書說：「泰山巍峨高大，距離在百里之外，連土塊大小的東西都看不見，因為距離太遠了啊。」考察一下從魯國到吳國都城，大約相距千餘里，假使讓離朱來瞭望它，終究不可能看清，況且是讓顏淵去看，又怎麼可能看清楚它？如果才能同孔子相近的顏淵，明亮的眼睛與一般人不同，那麼世人就應該稱頌他為「亞聖」，因為顏淵僅次於孔子，所以人們在稱贊一個人的視力很強時，就應該以顏淵為例，而不應該列舉離朱。一個人的視力，物體大的東西容易觀察到，小的就難以看清楚。由於距離太遠，即使讓顏淵站在昌門之外，瞭望泰山的形狀，尚且終究不能看見，更何況是從泰山之上，去觀察白馬的顏色，這種顏色不可能看見，是相當明白的啊。並不是顏淵不能看見，孔子也不能看見啊。憑什麼去證明它？人的聽力和視力，都是相差不遠的。眼睛不能見到百里之外，就是耳朵也不可能聽清百里之外的聲音。陸賈說：「離婁的眼睛再明亮，也不能看清帳子和簾子裡面的東西；師曠的耳朵再靈敏，也不能聽清百里之外的聲音。」昌門與泰山相比，不只是帳簾之內與百里之外可以比擬了。秦武王與孟說比賽舉鼎，力不能勝任，筋脈崩斷而死。舉鼎必須用大氣力，力出自筋脈，筋脈經受不起，受傷以至崩斷而死亡，這是理所當然的事。現在顏淵用眼睛遠望，目力卻不能勝任，按理應該瞎眼，而髮白齒落，不是由於望遠所造成的。頭髮變白，牙齒脫落，一般是由於學習過於刻苦用功，勤奮過度，氣力耗盡，因而造成死亡。西周尹吉甫之子伯奇被放逐，頭髮過早地變白了。《詩經》說：「惟憂用老」。意思是人因憂傷而衰老。伯奇因為憂傷過度，而顏淵卻用眼睛作短暫而匆忙的瞭望，怎麼可能導致這樣嚴重的後果呢？

儒書言：舜葬於蒼梧，禹葬於會稽者，巡狩❶年老，道死❷邊土。聖人以天下為家，不別遠近，不殊❸內外，故遂止葬。夫言舜、禹，實也；言其巡狩，虛也。舜之與堯，俱帝者也，共五千里之境，同四海之內❹。二帝之道，相因❺不殊。〈堯典〉之篇，舜巡狩，東至岱宗❻，南至霍山❼，西至太華❽，北至恆山❾。以為「四嶽」❿者，四方之中，諸侯之來，並會嶽下，幽深遠近，無不見⓫者，聖人舉事，求其宜適也。禹王如舜，事無所改，巡狩所至，亦復如舜。舜至蒼梧，禹到會稽，非其實也。實舜、禹之時，鴻⑫水未治。堯傳於舜，舜受為帝，與禹分部⑬，行⑭治鴻水。堯崩之後，舜老，亦以傳於禹。舜南治水，死於蒼梧；禹東治水，死於會稽。賢聖家天下⑮，故因葬焉⑯。

【章　旨】此章指出舜、禹巡狩死邊之虛。

【注　釋】❶巡狩　同「巡守」。古代帝王五年一巡守，視察各諸侯所守之地。《孟子・梁惠王下》：「天子適諸侯曰巡狩。巡狩者，巡所守也。」❷道死　死在路上。即中途而死。❸殊　區分。❹四海之內　古人以為中國四周環海，故稱全國為四海之內。❺因　沿襲；繼承。❻岱宗　即泰山。別稱岱嶽。《淮南子・地形》注云：「岱嶽，泰山也。王者禪代所祠，因曰岱嶽也。」人謂泰山為四嶽之宗，故名。❼霍山　山名。《爾雅・釋山》：「霍山為南嶽。」漢武帝移嶽神於天柱，遂以天柱山為霍山。實誤。❽太華　即華山。❾恆山　山名。在今河北曲陽西北與山西交界處。《爾雅・釋山》：「恆山為北嶽。」故白漢至明，凡祀恆山者皆在曲陽。❿四嶽　此指以上四座大山。《詩・大雅・崧高》：「崧高惟嶽」，《毛傳》云：「嶽，四嶽也。東嶽，岱。南嶽，衡。西嶽，華。北嶽，恆。」其中「南嶽」所指不同。⓫見　朝見。⓬鴻　通「洪」。⓭分部　劃分區域。⓮行　走；到各地去。⓯家天下　以天下為家。⓰焉　於此；在那裡。

【語　譯】儒家的經書說：舜葬在蒼梧，禹葬在會稽的緣由，是他們年老時到各地去巡視，中途死在邊遠的地方。聖人以天下為家，不分別地方的遠近，不區分京城的內外，因而死在那裡，就埋葬在那裡。這種說法，對於舜、禹來說，是符合實際的；如果說他們的巡遊視察各地，則是虛構的。舜與堯，都是帝王，管轄的國土都有五千里見方，同樣是在四海之內。二位帝王的治國方法，相承相襲，沒有什麼不同之處。〈堯典〉篇記載，舜巡視各地，東至泰山，南至霍山，西至華山，北至恆山。認為這四座大山分別處於東、南、西、北四方的中心，諸侯前來朝拜，一起會聚在四嶽之下，不論地處如何偏僻，距離遠近，沒有不便朝見的。聖人辦事，總是力求做到恰如其分。禹同舜一樣，政事沒有什麼改變，巡視所到的地方，也應該同舜一樣。舜到蒼梧，禹到會稽，不符合他們的實際情況。實際是舜、禹的時代，洪水沒有治理好，堯把帝位傳給舜，舜接受堯的禪讓做帝王，與禹劃分區域，到各地去治理洪水。堯死後，舜年老時，也把帝位傳給禹。舜到南方治水，死在蒼梧；禹到東方治水，死在會稽。賢聖以天下為家，因此就埋葬在那裡。

吳君高❶說❷：「會稽，本山名，夏禹巡守，會計❸於此山，因❹以❺名郡，故曰會稽。」夫言因山名郡，可也；言禹巡狩會計於此山，虛也。巡狩本不至會稽，安得會計於此山？宜❻聽君高之說，誠❼會稽為「會計」，禹到南方，何所❽會計？如禹始東，死於會稽，舜亦巡狩，至於蒼梧，安所會計？百王❾治定則出巡，巡則輒❿會計，是則四方之山皆「會計」也。百王太平，升⓫封⓬太山。太山之上，封可見者七十有⓭二，紛綸⓮湮滅者不可勝數。如審帝王巡狩則輒會計，會計之地如太山封者，四方宜多。夫郡國成名，猶萬物之名，不可說⓯也，獨為「會稽」立歟？周時舊名「吳越」也，為「吳越」立名，從何往哉？六國⓰立名，狀當如何？天下郡國⓱且⓲百餘，縣邑⓳出⓴萬，鄉亭㉑聚㉒里，皆有號名，賢聖之才莫能說。君高能說會稽，不能辨定方名㉓，「會計」之說，未可從也。巡狩考正法度；禹時，吳為裸國㉔，斷㉕髮文㉖身，考之無用，會計如何？

【章　旨】此章駁正吳君高以會稽為「會計」之說。

【注　釋】❶吳君高　東漢初人。名平，王充的同鄉，著《越紐錄》。❷說　解釋；解說。❸會計　大會諸侯，計功行賞。❹因　於是。❺以　用；把。❻宜　權且；姑且。❼誠　確實。❽所　地方；場所。❾百王　歷代帝王。❿輒　總是。⓫升　登。⓬封　帝王登泰山築壇祭天。⓭有　通「又」。⓮紛綸　亂貌；多貌。猶言亂七八糟。⓯不可說　無法解釋清楚。⓰六國　指戰國時代崛起的六個國家：齊、楚、燕、趙、韓、魏。⓱郡國　此指漢代分封的諸侯王國。⓲且　將近。⓳邑　城鎮。⓴出　超出。㉑鄉亭　漢代的地方單位。縣以下設鄉，鄉以下設亭，十里為一亭，十亭為一鄉。㉒聚　村落。㉓方名　地方名稱。㉔裸國　人人不穿衣服的國家。形容吳越之地社會風俗落後。㉕斷　剪。㉖文　刻上花紋。

【語　譯】吳君高解釋道：「會稽，本來是山名，夏禹巡視各諸侯國時，在這座山大會諸侯，計功行賞，於是用來作這個郡的名稱，因此叫做會稽。」我以為，說用山名作郡名，是可以的；說禹巡視各國在這裡大會諸侯計功行賞，便是虛假的了。禹的巡視本來不至於會稽，怎麼會在這座山大會諸侯計功行賞呢？姑且聽從君高的解釋，把會稽真正當作禹會合各國諸侯、計功行賞的地方，那麼禹巡視南方時，又在什麼地方大會諸侯、計功行賞呢？如果說禹一開始就巡視東方，死在會稽了，還沒有來得及巡狩南方，那麼舜也曾經巡狩，到過南方的蒼梧，他又在哪裡大會諸侯？南方怎麼沒有取名「會稽」的地方呢？歷代帝王在國家安定之時就會外出巡狩，出巡總是要大會諸侯、計功行賞的，這樣一來，四方的大山就都應該叫做會稽山了。歷代帝王為祈禱國泰民安，往往要登泰山築壇祭天。在泰山頂上，築壇祭天的遺址可以看到的就有七十二處，其他亂七八糟地被埋沒的遺跡已不可勝數。如果確實歷代帝王巡狩一方就總是大會諸侯、計功行賞，那麼像泰山那種築壇祭天一樣的「會計」遺址，四面八方應該很多。郡國的命名，如同萬物的名稱，是無法解釋清楚的，怎麼惟獨替「會稽」取這個名稱呢？周代時，「會稽」的舊名本來叫做「吳越」，那麼替它取「吳越」這個名字，又是以什麼為依據呢？戰國時代齊、楚、燕、趙、韓、魏六國的命名，情況又該是如何呢？天下的諸侯國將近一百多，縣級城鎮超出一萬，鄉亭里村落各地方單位，都有自己的名號，即使具有聖賢才能的人也不可能一一加以解釋。君高能夠解釋「會稽」的名稱，卻不能辨析確定各地的名稱，「會計」的說法，是不可信從的。

帝王巡視各國，是為了考察並修正地方的各種制度。夏禹時代，吳地風俗落後，人人不穿衣服，剪短頭髮，身上刺花紋。考察那裡的情況毫無用處，又為什麼要到那裡去會合諸侯、計功行賞呢？

傳書言：舜葬於蒼梧，象為之耕；禹葬會稽，鳥為之田❶。蓋以聖德所致，天使鳥獸報祐❷之也。世莫不然。考實之，殆虛言也。夫舜、禹之德不能過堯。堯葬於冀州❸，或言葬於崇山❹。冀州鳥獸不耕，而鳥獸獨為舜、禹耕，何天恩之偏駁❺也？或曰：「舜、禹治水，不得寧❻處，故舜死於蒼梧，禹死於會稽。勤苦有功，故天報之；遠離中國❼，故天痛❽之。」夫天報舜、禹，使鳥田象耕，何益舜、禹？天欲報舜、禹，宜使蒼梧、會稽常祭祀之。使鳥獸田耕，不能使人祭。祭加舜、禹之墓，田施人民之家，天之報祐聖人，何其拙❾也，且無益哉！由此言之，鳥田象耕，報祐舜、禹，非其實也。實者，蒼梧多象之地，會稽眾鳥所居。〈禹貢〉❿曰：「彭蠡⓫既豬⓬，陽鳥⓭攸⓮居。」天地之情，鳥獸之行也。象自蹈土，鳥自食草。土蹶⓯草盡，若耕田狀，壤靡⓰泥易⓱，人隨種之，世俗則謂為舜、禹田。海陵⓲麋田⓳，若象耕狀，何嘗帝王葬海陵者邪？

【章　旨】此章糾正傳書所謂「鳥田象耕，報祐舜、禹」之說。

【注釋】❶田 通「佃」。耕種。❷報祐 報答;佑助。❸冀州 古地名。《爾雅・釋地》:「兩河間曰冀州。」在今山西、河南、河北、山東交界之處,為古九州之一。❹崇山 即嵩山。五嶽之一,在今河南登封之北。❺偏駁 偏袒;不公平合理。❻寧 安定。❼中國 古代「中國」的含義不一:有的指京師為「中國」。《詩・大雅・民勞》:「惠此中國」,《毛傳》云:「中國,京師也。」有的以華夏族、漢族居住地區為「中國」,以其處在四夷之中的緣故。而華夏、漢族多建都於黃河之南北,因稱其地為「中國」。❽痛 痛惜;憐惜。❾何其拙 多麼笨拙。❿禹貢 《尚書》中的一篇。⓫彭蠡 湖名。即鄱陽湖。⓬豬 積水。⓭陽鳥 候鳥。⓮攸 所。⓯蹶 踐踏。⓰壤靡 土壤鬆軟。⓱易 平;扒平。⓲海陵 古縣名。在今江蘇泰州。⓳麋田 麋鹿有成群掘食草根之習,土地掘鬆後,當地人便在上面種植莊稼,稱之為「麋田」。麋,麋鹿。

【語 譯】解釋儒家經書的書籍說:舜葬在蒼梧,大象替他耕地;禹葬在會稽,群鳥為他種田。這大概因為聖賢的高尚德操感動了上天,上天派遣神鳥神獸來報答、佑助他們的。世人沒有不認為是對的。但考察它的實際情況,大致也是謊言。舜、禹的恩德不可能超過堯吧。堯死後葬在冀州,有人說葬在嵩山。冀州的鳥獸不為堯耕種,而鳥獸惟獨替舜、禹耕種,為什麼上天施恩會這樣不公平呢?有的人說:「舜、禹治理洪水,不能安定地生活在一個地方,因此舜死在蒼梧,禹死在會稽。舜、禹一生勤苦有功,因而上天要報答他們;遠離中原地帶,因而上天又特別憐惜他們。」上天報答舜、禹,指派鳥和象為他們耕種田地,對舜、禹本人又有什麼好處?上天要報答舜、禹,應該派遣蒼梧、會稽的百姓經常去祭祀他們。指派鳥獸去耕種田地,卻不能指派人去祭掃二帝的墓地。祭祀供奉的禮品可以直接放在舜、禹二帝的墳上,而耕種田地卻只對當地的老百姓有好處。上天報答、佑助聖人,手段多麼笨拙啊,而且對舜、禹毫無益處!由此說來,鳥象耕種田地,報效佑助舜、禹,並不符合歷史的事實。事實是,蒼梧是多象的地方,會稽是眾鳥棲居的場所。〈禹貢〉說:「彭蠡已經積水,候鳥就會到這裡棲息。」這是天地間的自然現象,也是鳥獸活動的一種規律。大象自己掘土,眾鳥自己吃草。土被踩翻,草被吃光,好像是被耕種過的狀態,土壤鬆碎了,泥塊扒平了,當地老百姓隨後在上面種植莊稼,世俗之人就說是鳥獸為舜、禹耕地。這種說法實在牽強。據說海陵有麋鹿,成群掘食草根,土地鬆翻之後,當地百姓就在上面種上穀物,這叫做「麋田」,如同大象耕地的樣子,何曾有帝王埋葬在海陵的呢？

傳書言：吳王夫差殺伍子胥，煮之於鑊[1]，乃以鴟夷[2]橐[3]投之於江。子胥恚[4]恨，驅水為濤，以溺殺人。今時會稽丹徒[5]大江[6]，錢塘浙江[7]，皆立子胥之廟。蓋欲慰其恨心，止其猛濤也。夫言吳王殺子胥，投之於江，實也；言其恨恚驅水為濤者，虛也。屈原懷恨，自投湘江[8]，湘江不為濤；申徒狄[9]蹈河而死，河水不為濤。世人必曰屈原、申徒狄不能勇猛，力怒不如子胥。夫衛[10]菹[11]子路而漢烹彭越，子胥勇猛不過子路、彭越[12]，然二士不能發怒於鼎鑊之中，以烹湯菹汁瀋[13]漎[14]旁人。子胥亦自先入鑊，乃入江。在鑊中之時，其神安居？豈怯於鑊湯，勇於江水哉？何其怒氣前後不相副也？且投於江中，何江也？有丹徒大江，有錢塘浙江，有吳通陵江。或言投於丹徒大江，無濤，欲言投於錢塘浙江，浙江、山陰江[15]、上虞江[16]皆有濤。三江有濤，豈分橐中之體，散置三江中乎？人若恨恚也，仇讎[17]未死，子孫遺在，可也。今吳國已滅，夫差無類[18]，吳為會稽，立置太守，子胥之神，復何怨苦？為濤不止，欲何求索？吳、越在時，分會稽郡，越治[19]山陰[20]，吳都今吳，餘暨[21]以南屬越，錢塘以北屬吳。錢塘之江，兩國界也。

山陰、上虞在越界中。子胥入吳之江，為濤當自止吳界中，何為入越之地？怨恚吳王，發怒越江，違失道理，無神之驗㉒也。且夫水難驅，而人易從㉓也。生㉔任筋力，死用精魂。子胥之生，不能從生人營㉕衛㉖其身，自令身死，筋力消絕，精魂飛散，安能為濤？使子胥之類數百千人，乘船渡江，不能越水。一子胥之身，煮湯鑊之中，骨肉羹菹㉗，何能有害也！周宣王㉘殺其臣杜伯，燕簡公㉙殺其臣莊子義㉚；其後，杜伯射宣王㉛，莊子義害簡公㉜。事理似然，猶為虛言。今子胥不能完體，為杜伯、子義之事以報吳王，而驅水往來，豈報仇之義，有知之驗哉？

俗語不實，成為丹青㉝。丹青之文，賢聖惑焉。夫天地之有百川也，猶人之有血脈也。血脈流行，泛揚動靜㉞，自有節度㉟，百川亦然。其朝夕㊱往來，猶人之呼吸，氣出入也。天地之性，上古有之。經㊲曰：「江、漢朝宗於海㊳。」唐、虞之前也，其發海中之時，漾馳㊴而已；入三江㊵之中，殆小淺狹，水激沸起，故騰為濤。廣陵㊶曲江㊷有濤，文人賦之。大江浩洋㊸，曲江有濤，竟以隘狹也。吳殺其身，為濤廣陵，子胥之神，竟無知也。谿谷之深，流者安洋㊹，淺多沙石，激揚㊺為瀨㊻。夫濤、瀨，一也。謂子胥為濤，誰居谿谷為瀨者乎？案濤入三江，岸沸踴㊼，中央無聲。必以子胥為濤，子胥之身聚岸涯也。濤之起也，隨月盛衰，小大滿損不齊同。如子胥為濤，子胥之怒，以月為節也。三江時風，揚疾之波亦溺殺人，子胥之神，復為風也。秦始皇渡湘水，遭風，問湘山㊽何祠㊾。左右對曰：「堯之女㊿，舜之妻也。」始皇大怒，使刑徒[51]三千人斬湘山之樹而履[52]之。夫謂子胥之神為濤，猶謂二女之精為風也。

【章　旨】此章駁傳書所謂「子胥恚恨，驅水為濤」之說。

【注　釋】❶鑊　大鍋。❷鴟夷　皮口袋。《漢書・陳遵傳》顏師古注：「鴟夷，韋囊，以盛酒。」❸橐　口袋。此指盛、裝。❹恚　憤怒。❺丹徒　古地名。在今江蘇鎮江附近。❻大江　指流經丹徒的長江。❼浙江　水名。即錢塘江。❽湘江　水名。自南而北流經湖南，進入洞庭湖。屈原投入汨羅江，係湘江的支流。❾申徒狄　商末人。因諫紂王未被採納，抱石投河而死。見《莊子・盜跖》及《淮南子・說山》。❿衛　春秋時衛國。⓫菹　剁成肉醬。⓬彭越　西漢初大將。字仲，昌邑人，封梁王，因謀反，被劉邦剁成肉醬。⓭瀋　汁。⓮潨　通「摐」。撞；擊。這裡指湯汁濺擊的意思。⓯山陰江　水名。今浙江省浦陽江下游。⓰上虞江　水名。今浙江省曹娥江的支流。⓱仇讎　仇敵。讎，通「仇」。⓲無類　沒有後代。類，種類。此指後代。⓳治　設治；建都。⓴山陰　古縣名。今浙江紹興。㉑餘暨　古縣名。在今浙江蕭山之西。㉒驗　證明。㉓從　驅使；使服從。㉔生　活著。㉕營　營救。㉖衛　保護。㉗羹菹　肉湯。㉘周宣王　西周君主姬靜。西元前八二七至前七八二年在位。㉙燕簡公　春秋末燕國君主。西元前五〇四至前四九三年在位。㉚莊子義　燕簡公的大夫。為簡公所殺。㉛杜伯射宣王　傳說杜伯死後，陰魂出現，射死周宣王。杜伯，周宣王的大夫，無罪被殺。參見本書〈死偽篇〉。㉜莊子義害簡公　傳說莊子義死後，陰魂不散，用棒子打死燕簡公於車下。參見本書〈死偽篇〉。㉝丹青　繪畫用的紅、藍二色顏料。此指文字記載。㉞泛揚動靜　形容脈搏一張一弛。㉟節度　節奏。㊱朝夕　即潮汐。㊲經　此指《尚書・禹貢》。㊳江漢朝宗於海　此語素有兩種解釋：一是百川都歸於大海，二是江、漢之潮源於大海，是海潮湧入激起的。王充取後說。㊴漾馳　形容水流平緩。漾，蕩漾。㊵三江　歷來解釋很多，這裡可能本《漢書・地理志》，以長江下游為南、中、北三江。㊶廣陵　即揚州。㊷曲江　即北江。㊸浩洋　浩浩蕩蕩。㊹安洋　安詳；平靜。㊺激揚　激蕩。㊻瀨　急流。㊼沸踴　波濤翻滾，洶湧澎湃。㊽湘山　即君山。一名洞庭山，在洞庭湖中。㊾祠　祭祀。㊿堯之女　指娥皇、女英。(51)刑徒　服勞役的囚犯。(52)履踐踏。

【語譯】解釋儒家經書的書上說：吳王夫差殺伍子胥，放在大鍋中煮了之後，才用皮製的口袋裝著投到江裡去。子胥憤怒痛恨不已，攪動江水，掀起波濤，想用以淹死人。如今會稽丹徒的長江邊、錢塘的浙江邊上，都修建有子胥廟，大概是要安慰子胥那顆憤怒仇恨的心，使他掀起的洶猛的怒濤能因此平息下來吧。說吳王殺伍子胥，把他的屍首投入江中，這是事實；說他的仇恨和憤怒攪動了江水，掀起狂濤，卻是虛構的。屈原胸懷滿腔憤恨，自投汨羅江，然而汨羅江不曾掀起狂濤；申徒狄因屢諫商紂王不被採納，抱石投河而死，但是河水也不曾掀起波濤。世人一定會說屈原、申徒狄不可能勇猛，力量和怒氣都不如伍子胥。那麼再看被衛人和漢高祖剁成肉醬的子路和彭越吧，子胥的勇猛不會超過子路、彭越，但是二位勇士不能在鼎鑊之中發洩自己的憤怒之情，用被煮成的沸湯或肉汁濺擊旁人。子胥也自先被投入鑊中煮過，然後才投入江中的。在鑊中煮的時候，他的神魂又在哪裡，為什麼不發怒呢？難道是在鍋湯中膽怯，而在江水中就勇猛嗎？為什麼這種怒氣前後不相符合呢？況且說投入江中，究竟是什麼江呢？有丹徒的長江，有錢塘的浙江，有吳地的通陵江。有的說投入到丹徒的長江，沒有掀起波濤，因此又想改說是投到錢塘的浙江中，因為浙江、山陰江、上虞江都有波濤。那麼，三條江水有波濤，難道是把皮口袋中的屍首分割開後，再分散投放到三條江水中的嗎？一個人如果因懷憤怒而要報仇，仇敵未死，仇敵子孫還在，那是可以的。現在吳國已經滅亡，夫差也無後代，以前的吳國變成了會稽郡，設置了太守，子胥的神魂，還再要怨恨什麼呢？掀起波濤而不休止，想要達到什麼意圖呢？吳、越兩國存在的時候，分別佔有現在的會稽郡，越國建都山陰，吳國建都在今天的吳，餘暨以南屬於越，錢塘以北屬於吳。錢塘的浙江，成為兩國的界線。山陰、上虞在越國的國界之中，子胥投入吳國的江中，興風作浪就應當只在吳國境內，為什麼進入越國的土地？怨恨的是吳王，而在越國的江水中發怒，違背了一般的常規，這正是伍子胥死後沒有神靈的證明啊。更何況江水難以驅使，而人容易聽從別人驅使。

人活著時全憑筋力，死後只靠神魂了。子胥活著的時候，不能驅使活人來營救保護自己的身體，自從被吳王殺死以後，筋力消失已盡，神魂早已飛散，怎能掀起狂濤？即使像伍子胥之類的人有數百上千，他們也只能乘船過河，而不能飛越江水。一個子胥的身體，投入鑊中煮湯，骨肉已經糜爛，變成了肉湯，對別人又有什麼傷害呢！周宣王殺死他的臣子杜伯，燕簡公殺死他的臣子莊子義；他們死後，杜伯的陰魂射死了宣王，莊子義用棒子把燕簡公打死在車下。事情似乎有道理，尚且是謊言。何況現在伍子胥沒有完整的身軀，而要做杜伯、子義做過的事，去報復吳王，卻只能驅使江水來實現自己報仇的意願，這難道是伍子胥死後有知的證明嗎？流行於世俗社會的話並不是真實的，卻變成了歷史文獻記載下來。歷史記載的文字，聖賢看後也會被迷惑的。大地上有許許多多的河流，如同人的身體有血脈一樣。血脈的流動，一張一弛，動靜有致，自有節奏。河流也是這樣，它的潮漲潮落，有如人的呼吸，氣吸進呼出。這是自然界的特性，自古有之。經書說：「長江、漢水的潮水來源於大海。」唐堯、虞舜之前，海潮在海中生起的時候，水流蕩漾平緩；而進入三江之中，大概是江面狹小不深，海水激揚湧起，因而奔騰呼嘯成為滾滾波濤。廣陵曲江有波濤，文人曾經描繪過它。大江浩浩蕩蕩，曲江波濤澎湃，歸根到底是由於那段江面狹窄的緣故。伍子胥在吳國都城被殺身，卻到廣陵地帶去興風作浪，可見子胥的神靈終究是無知的。谿谷很深，流水卻很安詳；谷淺又多沙石，就會激起急流。波濤、急流，形成的道理是一樣的。說子胥死後化為波濤，那麼又是誰在谿谷中製造急流呢？考察海濤湧入三江的情景，一般是岸邊波濤洶湧，江心卻沒波濤之聲。如果一定要認為是伍子胥在掀起波濤，那麼子胥的屍體應該聚集在岸邊。海濤的湧起，隨著月亮的圓缺而變化，波濤的大小也隨月亮的圓缺而不相同。如果是子胥掀起波濤，那麼子胥的怒氣，也是根據月亮的變化而變化的。三江時而颳風，揚起的洶湧波濤也常常淹死人；這樣說來，伍子胥的神靈，又再次變為狂風了。秦始皇渡湘水，遇到大風，便問湘山祭祀的是什麼神，隨從回答說：「是堯的兩個女兒，舜的妻子娥皇、女英。」始皇聽了大發脾氣，命令三千名刑徒砍伐湘山的樹木，放在地上踐踏，以發洩自己的怒氣。說子胥的神靈掀起波濤，就好像是說娥皇、女英的精靈變成大風一樣，都是可笑的。

傳書曰：孔子當❶泗水❷而葬，泗水為之卻流❸。此言孔子之德，能使水卻，不湍❹其墓也。世人信之。是故儒者稱論，皆言孔子之後當封❺，以泗水卻流為證。如原❻省❼之，殆虛言也。夫孔子死，孰與其生？生能操行，慎道應天；死，操行絕。天祐至德❽，故五帝三王招致瑞應❾，皆以❿生存，不以死亡。孔子生時推排不容，故歎曰：「鳳鳥不至，河不出圖。吾已矣夫⓫！」生時無祐，死反有報乎？孔子之死，五帝三王之死也。五帝三王無祐，孔子之死獨有天報，是孔子之魂聖，五帝之精不能神也。泗水無知，為孔子卻流，天神使之；然則孔子生時，天神不使人尊敬？如泗水卻流，天欲封孔子之後，孔子生時，功德應天，天不封其身，乃欲封其後乎？是蓋水偶自卻流。江河之流，有回復⓬之處，百川之行，或易道更路，與卻流無以異。則泗水卻流，不為神怪也。

【章旨】此章駁傳書所謂孔子之德使「泗水卻流」之說。

【注釋】❶當　面對。❷泗水　河名。源出山東泗水東蒙山南麓，四源並發，故名。❸卻流　使流水退卻。❹湍　急流。此指受急流沖刷。❺封　封爵。❻原　追究。❼省　考查。❽至德　道德最高尚。❾瑞應　吉祥的徵兆。❿以　在。⓫鳳鳥不至三句　見《論語・子罕》。鳳鳥，鳳凰。儒生以為鳳凰到來，黃河出現河圖，聖人就會出現，天下就會太平。⓬回復　迂迴。

【語譯】解釋儒家經書的書籍說：孔子面對著泗水而葬，泗水也為他退流。這是說孔子的德行，能使河水退卻，不至於使急流沖刷他的墓地。世上的人都相信這種說法。因此儒生稱贊這種論調，都說孔子的後代應當封爵，以泗水退流為證。如果追究考查一下這件事情，大概也是虛妄之言。孔子死，比起他活著的時候又怎麼樣呢？人活著的時候能修養操行，謹慎地遵循先王之道，順應天意；一死，操行也就絕滅了。上天保佑品行最高尚的人，因此五帝三王招來吉祥的徵兆，都在人活著的時候，而不是在人死亡之後。孔子活著時到處受到排斥打擊，不為世俗和當政者所容，所以感歎地說：「鳳凰不飛來，黃河沒有出現河圖，我這一生恐怕也算完了！」人活著時沒有得到天的保佑，死後反而能得到天的報答嗎？孔子的死，和五帝三王的死是一樣的。五帝三王沒有得到天佑，孔子的死惟獨得到天的報答，這樣豈不是孔子的魂魄聖靈，五帝的精靈反而不神明了。泗水無知覺，為孔子退流，也許是天神指使的；既然這樣，孔子在世的時候，天神怎麼不指派人來尊敬他？如果泗水卻流是天帝要封孔子的後代的一個徵兆，那麼孔子生前功德符合天意，天帝為什麼不封賞他本人，反而想封他的後代呢？這大概是河水碰巧自己退流了。江河中的流水，經常有迂迴的地方，百川的流向，有時改變河道，同退流沒有什麼差別。就是泗水退流，也算不了什麼神奇古怪的事啊。

傳書稱：魏公子❶之德，仁惠下士❷，兼❸及❹鳥獸。方❺與客飲，有鸇擊鳩，鳩走❻，巡❼於公子案❽下。鸇追擊，殺於公子之前。公子恥之❾，即使人多設羅，得鸇數十枚❿，責讓以擊鳩之罪。擊鳩之鸇，低頭不敢仰視，公子乃殺之。世稱之曰：「魏公子為鳩報仇。」此虛言也。夫鸇，物也，情心不同，音語不通。聖人不能使鳥獸為義理之行，公子何人，能使鸇低頭自責？鳥為鸇者以千萬數，向⓫擊鳩蜚⓬去，安可復得？能低頭自責，是聖鳥也。曉公子之言，則知公子之行矣。

知公子之行，則不擊鳩於其前。人猶不能改過，鳥與人異，謂之能悔，世俗之語，失⑬物類之實也。或時公子實捕鸇，鸇得，人持其頭，變折⑭其頭，疾痛低垂，不能仰視。緣⑮公子惠義之人，則因褒稱，言鸇服過⑯。蓋言語之次⑰，空生虛妄之美；功名之下，常有非實之加⑱。

【章旨】此章駁傳書所謂信陵君為鳩報仇的謊言。

【注釋】❶魏公子　即魏無忌。魏安釐王之弟，封於信陵，人稱「信陵君」，食客三千。❷下士　指以謙恭態度對待地位低下的人。❸兼　並。❹及　達到；施行於。❺方　正當；正在。❻走　逃跑。❼巡　徘徊；轉來轉去。❽案　桌子。❾恥之　指以不能保護斑鳩這類小鳥為恥辱。❿枚　隻。⓫向　以前。⓬蜚　通「飛」。⓭失　違背。⓮變折　拗折。⓯緣　順著；循著。⓰服過　認錯；服罪。⓱次　中間。⓲加　誇張。

【語譯】解釋儒家經書的書籍宣稱：魏公子的美德，仁慈謙恭，並施於鳥獸。有一次，他正在同賓客飲酒，有一隻鸇正在捕擊斑鳩。斑鳩逃跑，在公子的桌下轉來轉去。鸇追擊著，斑鳩終於死在公子的面前。公子以不能保護斑鳩這類的小鳥而感到恥辱，立即派人到處設置羅網，捕捉到數十隻鸇，以擊殺斑鳩的罪過對鸇加以譴責。擊殺斑鳩的鸇，低著頭不敢抬頭看，公子才殺死牠。世人稱讚這一行動，說：「魏公子替斑鳩報了仇。」這是謊言。鸇，是鳥類之物，與人的思想感情不同，聲音語言不通。聖人不能指使鳥獸去作符合仁、義、禮、智行為規範的事，公子是什麼人，能使鸇低頭自責呢？鳥類中像鸇這樣兇猛地捕殺別的小鳥的有成千上萬，以前擊殺斑鳩而飛去的，怎能再捕得住？能低頭自責，這是聖鳥啊。牠既然明白公子的話，就應該知道公子的操行；知道公子的操行，鸇就不會在公子面前擊殺斑鳩。人尚且不能自覺改正過錯，鳥與人不同，說牠能夠改悔，這種世俗之語，完全違背了物類的實際情況。或許是公子確實在捕捉鸇，鸇被捉到了，人手持牠的頭，拗折牠的頸，鸛痛苦地低垂著頭，不可能抬頭看。而順著公子仁義之心的人，就從而去贊揚稱頌他，說鸛也會在公子面前認罪。大概是言談話語之間，憑空揑造的虛假的溢美之辭而已；一個人在功業和盛名之下，常常會有不符合實際的誇張。

傳書言：齊桓公妻❶姑姊妹七人。此言虛也。夫亂骨肉，犯親戚，無上下❷之序者，禽獸之性，則亂不知倫理❸。案桓公九合❹諸侯，一匡天下❺，道❻之以德，將❼之以威，以故諸侯服從，莫敢不率❽，非內亂懷鳥獸之性者所能為也。夫率諸侯朝事王室❾，恥上無勢而下無禮也。外恥禮之不存，內何犯禮而自壞？外內不相副，則功無成而威不立矣。世稱桀、紂之惡，不言淫於親戚。實論者謂夫❿桀、紂惡微⓫於亡秦⓬，亡秦過⓭泊⓮於王莽，無淫亂之言。桓公妻姑姊妹七人，惡浮⓯於桀、紂，而過重於秦、莽也。《春秋》：「采毫毛之美，貶纖芥之惡⓰。」桓公惡大，不貶何哉？魯文姜⓱，齊襄公⓲之妹也，襄公通⓳焉。《春秋》⓴經曰：「莊二年㉑冬，夫人姜氏會齊侯㉒於郜㉓。」《春秋》何尤㉔於襄公，而書其姦；何宥㉕於桓公，隱而不譏？如經㉖失㉗之，傳家㉘左丘明㉙、公羊㉚、穀梁㉛何諱不言？案桓公之過多內寵㉜，內嬖㉝如夫人者六，有五公子爭立㉞，齊亂，公薨三月乃訃㉟。世聞內嬖六人，嫡㊱庶㊲無別，則言亂於姑姊妹七人矣。

【章　旨】此章旨在糾正傳書所謂齊桓公娶姑姊妹七人為妻之論。

【注　釋】❶妻　娶；以……為妻。❷上下　尊卑長幼。❸倫理　指人與人之間的道德關係。❹九合　多次會合。❺一匡天下　糾正各國諸侯紛爭，使之行動一致化。匡，糾正。❻道　通「導」。引導。❼將　統率。❽率　遵循；歸順。❾王室　指周王室。齊桓公一匡天下，是以歸順周天子的名義。❿夫　那。⓫微　小。⓬亡秦　被滅亡的秦朝。此指秦二世胡亥。⓭過　罪過。⓮泊　通「薄」。輕。⓯浮　超過。⓰采毫毛之美二句　見《說苑・至公》。纖芥，形容極細微。纖，細小。芥，小草。⓱魯文姜　魯桓公的夫人。姓姜，謚文。⓲齊襄公　春秋時齊國的君主。魯文姜的同父異母兄。⓳通　私通。⓴春秋　儒家經書之一。相傳是孔子依據魯國史官所編的《春秋》刪改而成。㉑莊二年　魯莊公二年（西元前六九二年）。㉒齊侯　指齊襄公。㉓郜　古地名。在今山東成武東南。㉔尤　歸罪；責難。㉕宥　寬恕。㉖經　指《春秋》。㉗失　疏忽；遺漏。㉘傳家　此指解說《春秋》的人。㉙左丘明　相傳春秋末魯國人。著《春秋左氏傳》。㉚公羊　即公羊高。戰國初齊國人，相傳著為《春秋公羊傳》。㉛穀梁　即穀梁赤。戰國初魯國人，傳為《春秋穀梁傳》。㉜內寵　被君王寵愛的女人。此指妾。㉝嬖　寵愛的人。㉞爭立　爭奪君王之位。㉟訃　報喪；公布死訊。據《左傳・僖公十七年》記載，齊桓公臨死時，五子爭位，以致桓公屍體擱在床上六十七天未入殮。㊱嫡　正妻。㊲庶　妾。

【語　譯】解釋儒家經書的書說：齊桓公娶姑姊妹七人為妻。這話是虛假的。在骨肉至親中淫亂，在父母兄妹之間發生不正當的關係，沒有尊卑長幼的等次觀念，這是禽獸的本性，就會亂搞一通，不知人與人之間的道德關係。考察桓公曾多次會合各國諸侯，糾正諸侯的行動，使天下諸侯歸順周天子，為此，桓公以道德去引導各國諸侯，以權威去統率諸侯，因此各國諸侯都服從，不敢不遵循他的旨意，這決不是那種在家庭關係方面心懷獸性的人能夠做到的。率領各國諸侯歸順周王室，以天子無權勢而諸侯無禮為恥。在家庭之外既然認為廢棄禮制是可恥的，在家庭之內又怎麼會違反禮教規範而自己敗壞自己的道德情操？家庭內外如此不相符合，事業就不會成功，權威就不可能確立。世人說夏桀、商紂的罪惡，從來沒有講他們在父母兄妹之間有什麼淫亂行為。照實論事的人認為夏桀、商紂的罪惡比秦二世胡亥的罪惡小，而秦二世的罪過又比王莽要輕，尚且沒有說他們有淫亂的行為。桓公以自己的姑姊妹七人為妻，罪惡就超過了夏桀、商紂，而且比秦二世和王莽的罪惡還重。《春秋》總是「表彰微小的美德，貶斥細微的罪惡。」桓公既然罪大惡極，又為什麼不加以貶斥呢？魯文姜是齊襄公同父異母的妹妹，同襄公私通。《春秋》就指出：「莊公二年冬，夫人姜氏在郜同齊襄公幽會。」《春秋》為什麼歸罪於齊襄公，而記載他的姦情；為什麼又寬恕齊桓公，隱瞞他的姦情而不譏諷呢？如果是《春秋》疏忽遺漏了，那麼解釋《春秋》的人左丘明、公羊高、穀梁赤為什麼避而不談？考查齊桓公的過失是寵愛的女人太多，被寵愛像夫人一樣的人有六位，臨死前，有五個公子爭奪王位，使齊國宮廷大亂，以致桓公死了三個月後才發布訃告。世人聽說齊桓公寵愛的妾有六人，不別正妻和妾，就說齊桓公在姑姊妹七人中有淫亂行為。

傳書言：齊桓公負❶婦人而朝諸侯❷。此言桓公之淫亂無禮甚也。夫桓公大朝❸之時，負婦人於背；其遊宴之時，何以加❹此？方修❺士禮❻，崇厲❼肅敬❽，負婦人於背，何以能率諸侯朝事王室？葵丘❾之會，桓公驕矜❿，當時諸侯畔⓫者九國。睚眦⓬不得⓭，九國畔去，況負婦人，淫亂之行，何以肯留？或曰：「管仲告諸侯，吾君背有疽創⓮，不得婦人，瘡不衰愈。諸侯信管仲，故無畔者。」夫十室之邑，必有忠信若孔子。當時諸侯千人以上，必知方術⓯，治疽不用婦人，管仲為君諱也。諸侯知仲為君諱而欺己，必恚怒而畔去，何以能久統會諸侯，成功於霸？或曰：「桓公實無道，任賢相管仲，故能霸天下。」夫無道之人，與狂無異，信讒遠賢，反⓰害⓱仁義，安能任管仲，能養人令之？成事⓲：桀殺關龍逢，紂殺王子比干，無道之君，莫能用賢。使管仲賢，桓公不能用；用管仲，故知桓公無亂行也。有賢之君，故有貞良之臣。臣賢，君明之驗，奈何謂之有亂？難⑲曰：「衛靈公⑳無道之君，時知賢臣。管仲為輔，何明桓公不為亂也？」夫靈公無道，任用三臣㉑，僅以不喪，非有功行也。桓公尊九九㉒之人，拔寧戚㉓於車下，責苞茅㉔不貢，運兵攻楚，九合諸侯，一匡天下，千世一出㉕之主也，而云負婦人於背，虛矣。

說㉖《尚書》者曰：「周公居攝㉗，帶天子之綬㉘，戴天子之冠，負扆㉙南面而朝諸侯。」戶牖之間曰「扆」，南面之坐位也。負扆南面鄉坐㉚，扆在後也。桓公朝諸侯之時，或南面坐，婦人立於後也。世俗傳云，則曰負婦人於背矣。此則夔㉛一足、宋丁公鑿井得一人之語㉜也。唐虞時，夔為大夫，性知音樂，調聲悲善。當時人曰：「調樂如夔，一足矣。」世俗傳言：「夔一足。」案秩宗㉝官缺，帝舜博求，眾稱伯夷，伯夷稽首㉞讓於夔、龍㉟。秩宗卿官，漢之宗正㊱也。斷足，非其理也；且一足之人，何用行也？夏后㊲孔甲㊳田㊴於東冥山，天雨晦冥，入於民家，主人方乳㊵。或曰：「后㊶來，之㊷子必貴。」或曰：「不勝㊸，之子必賤。」孔甲曰：「為余子，孰㊹能賤之？」遂載以歸。析橑㊺，斧斬其足，卒為守者㊻。孔甲之欲貴之子，有餘力矣，斷足無宜㊼，故為守者。今夔一足，無因趨步，坐調音樂，可也。秩宗之官，不宜一足，猶守者斷足，不可貴也。孔甲不得貴之子，伯夷不得讓於夔焉。宋丁公者，宋人也。未鑿井時，常有寄汲㊽，計之，日去一人作。自鑿井後，不復寄汲，計之，日得一人之作，故曰：「宋丁公鑿井得一人。」俗傳㊾言曰：「丁公鑿井得一人於井中。」夫人生於人，非生於土也。穿土鑿井，無為得人。推此以論，負婦人之語，猶此類也。負婦人而坐，則云婦人在背。知婦人在背非道㊿，則生管仲以婦人治疽之言矣。使桓公用婦人徹(51)胸服，婦人於背，女氣愈瘡，可云以婦人治疽。方朝諸侯，桓公重衣(52)，婦人襲裳(53)，女氣分隔，負之何益？桓公思士(54)，作庭燎(55)而夜坐，以思致士，反以白日負婦人見諸侯乎？

【章旨】此章言桓公負婦人朝諸侯之傳不可信。

【注釋】❶負　背。❷朝諸侯　接受諸侯的朝見。❸大朝　盛大的朝會。❹加　超過。❺修　治理；整頓。❻士禮　指諸侯應遵循的禮節。❼崇厲　推崇鼓勵。厲，通「勵」。勸勉；鼓勵。❽肅敬　莊重恭敬。❾葵丘　古地名。春秋宋地，在今河南蘭考東，西元前六五一年，齊桓公會盟於葵丘。見《春秋‧僖公九年》。❿驕矜　自高自大；驕橫無禮。⓫畔　通「叛」。背離。⓬睚眦　瞪大眼睛。形容態度驕橫。睚，眼界。⓭不得　禮貌不得當。⓮創　通「瘡」。⓯方術　指醫術。⓰反　違反。⓱害　損害。⓲成事　以往的事例。⓳難　責難。⓴衛靈公　春秋末衛國君主。㉑三臣　衛靈公的三位大臣。即仲叔圉、祝鮀、王孫賈。見《論語・憲問》。㉒九九　乘法口訣。以一至九每兩個數相乘而成，由「九九八十一」開始，故稱「九九」。據《韓詩外傳・卷三》記載，有位懂算術的人去見齊桓公，說懂算術只是一般才能，你若能禮遇九九之人，那麼才能更高的人就會聞訊而來。㉓寧戚　人名。春秋時齊國人，家貧，替人駕車，一次餵牛時唱歌，桓公聽後很賞識，提拔為官。見《呂氏春秋・舉難》。㉔苞茅　同「包茅」。一種香草，紮成束，祭祀時用以滲酒。包茅出產於楚地，按規定楚國要向周王室進貢。《左傳・僖公四年》載，齊桓公伐楚，責之曰：「爾貢包茅不入，王祭不共，無以縮酒。」杜預注：「包，裹束也；茅，菁茅也。束茅而灌之以酒，為縮酒。」縮酒，濾酒。㉕千世一出　一千代才出現一個。形容千載難逢的絕世之才。㉖說　解說。㉗居攝　因皇帝年幼不能親政，則由大臣代居帝位，謂之「居攝」。㉘綬　拴在印璽上的絲帶。此代指印璽。㉙扆　《爾雅・釋宮》：「牖戶之間謂之扆。」郭璞注：「窗東戶西也。」因以帝王宮殿上設在戶牖之間的屏風也稱之扆。㉚南面鄉坐　面向南坐。鄉，同「向」。㉛夔　傳說是堯、舜時的樂官。㉜語　傳說。㉝秩宗　官名。古代掌宗廟祭祀的官。㉞稽首　叩頭。㉟龍　人名。舜時為納言。㊱宗正　漢代官名。主管皇族事務。㊲后　王。㊳孔甲　夏朝末期的一個君主。㊴田　通「畋」。打獵。㊵乳　分娩；生孩子。㊶后　君王。㊷之　此。㊸不勝　經受不起；沒有福分。㊹孰　誰。㊺析橑　劈柴。㊻守者　守門人。㊼無宜　不適宜。㊽寄汲　到別人的水井裡去提水。㊾俗傳　世俗相傳。㊿非道　不合情理。(51)徹　去掉。(52)重衣　穿幾層衣服。(53)襲裳　穿幾件衣服。襲，重衣。(54)思士　渴望、仰慕賢士。(55)庭燎　在庭院中點燃火燭，以照來朝之臣，準備同夜間來訪者見面。

**【語　譯】**傳書說：齊桓公背著婦人而去接受諸侯的朝見。這說明桓公淫亂無禮到了極點。桓公舉行盛大朝會的時候，把婦人背在背上，那他在遊樂的時候，還有什麼能超過這種做法呢？正當整飭諸侯禮節，提倡和鼓勵禮儀應莊重、恭敬的時候，桓公自己反而把婦女背在背上去接見前來朝拜的諸侯，又怎麼能夠率領各國諸侯去歸順周王室呢？葵丘之會，桓公自高自大，驕橫無禮，當時就有九國諸侯背離。態度驕橫，禮貌不當，致使九國諸侯背離而去，何況背著婦人去接見諸侯，淫亂的行為發展到這個地步，各國諸侯又怎肯留下？有人說：「管仲告訴諸侯，我們君主背上生有毒瘡，如果沒有婦人伏在背上，毒瘡就不會痊癒。諸侯聽信管仲，所以沒有背離的人。」即使僅十戶人家的村落，也還一定有像孔子一樣忠誠可靠的人出現。何況當時會見的諸侯和各國官吏有千人以上，未必沒有一個懂醫術的人，治療毒瘡根本不採用婦人伏背的辦法，管仲明明是在替桓公掩飾。諸侯知道管仲替桓公掩飾淫亂行為而欺騙自己，必然更加憤怒而背離，桓公又怎能長久地統率召集各國諸侯，成就霸主之業呢？有人說：「桓公的確無道，由於任用賢人管仲為相，因此能稱霸天下。」無道的人，與狂人沒有差別，聽信讒言，疏遠賢人，違反並損害仁義之道，怎能任用管仲，能夠養一班人並且聽他支配呢？過去的事例有：夏桀殺關龍逢，商紂殺王室親屬比干，說明無道的君王沒有一個能夠任用賢人的。即使管仲是賢人，桓公也不任用他；既能任用管仲這樣的賢人，因此可知桓公沒有淫亂的行為。有賢明的君主，因而有忠貞賢良的臣子。臣子的賢良，正是君主賢明的證明，怎麼說桓公有淫亂的行為？有人責難說：「衛靈公是無道的國君，當時也知道任用賢良的臣子。管仲作為輔佐之臣，怎能證明桓公不是一個淫亂的君主呢？」靈公無道，任用過仲叔圉、祝鮀、王孫賈三個大臣，僅僅只能做到不亡國，並沒有很大的功績和作為。桓公尊重懂九九算術的人才，提拔給人趕馬車的寧戚，出兵責問沒有向周王室進貢苞茅的楚國，多次會盟各國諸侯，使天下諸侯都歸服周王室，這是千載難出的國君，卻說他背著婦人去接見朝拜的各國諸侯，未免也太虛假了。

解說《尚書》的人說：「周公代行君主權力的時候，腰帶上繫著天子的大印，頭上戴著天子的禮帽，背靠屏風，面朝南，接受諸侯朝拜。」戶窗之間叫做「扆」，因以帝王宮殿上設在戶窗之間的屏風也為「扆」，屏風下是面向南的座位。背靠屏風面向南坐，屏風在座位之後。桓公接受諸侯朝見的時候，或許是面向南而坐，婦人站立在桓公的後面。世俗輾轉傳說，就說是桓公背著婦人接見諸侯了。這種誤傳就像「夔一足」、「宋丁公鑿井得一人」的話一樣。唐虞時代，夔為大夫，天性懂音樂，聲調非常動聽。當時的人說：「像夔這樣擅長音樂的人，有一個就足夠了。」而世俗傳說是：「夔一隻腳。」考察掌管宗廟祭祀的秩宗官空缺，帝舜廣泛地尋求適當的人選，大家都稱許伯夷，伯夷叩頭讓位給夔、龍。秩宗的官位相當於「卿」，是漢代主管皇族事務的官。說夔斷了一隻腳，不符合當秩宗官的條件，況且只有一隻腳的人，靠什麼行走呢？夏朝君王孔甲在東冥山打獵，當時下雨，天色很昏暗，孔甲竄入到一個老百姓家，女主人正在生孩子。有人說：「君王來到，這個孩子以後一定富貴。」有人說：「如果沒有福分，這孩子一定會貧賤。」孔甲說：「讓他做我的孩子，誰能使他貧困卑賤？」於是就把孩子放在車上帶回家去了。長大後，有一次劈柴，斧頭砍斷了自己的腳，終於只當了一位守門人。孔甲想使這個孩子富貴，力量是綽綽有餘了，但斷了腳就沒有適合他的官職可以安排了，所以才淪為守門人。現在夔一隻腳，無法快步行走，坐著演奏音樂曲調是可以的；當主管宗廟祭祀的卿官，不應該只有一隻腳，如同守門人斷了腳，就不可貴了。孔甲不能得富貴之子，如果夔只有一隻腳的話，伯夷同樣不會把官職拱手讓給他了。宋丁公是宋國人。自己沒有鑿井的時候，經常到別人家的水井裡去提水，計算起來，每天要耗費一個人的勞力。自從鑿井以後，不再到別人家的水井裡去提水了，計算起來，每天多獲得一個人的勞動力，因此說：「宋丁公鑿井得一個人的勞動。」世俗傳為：「宋丁公鑿井在井中得到一個人。」人是人生的，不是在土裡生長出來的。挖土鑿井，是不可能得到活人的。以此推論，背婦人的傳說，也如同這一類情況。背靠著婦人而坐，就說是婦人伏在他背上。知道婦人伏在背上不合情理，就編造管仲用婦人伏背治療毒瘡的謊言。如果桓公要婦人去掉胸前的衣服，讓婦人伏在背上，以女人之陰氣治療毒瘡，倒還可以說是用婦人治療毒瘡。正在接受諸侯朝見，桓公身穿幾層衣服，婦人也身穿幾層衣服，女氣分離隔開，伏背又有什麼好處？桓公仰慕、渴望賢士，夜間在庭院中點燃火燭，坐著等待來訪的人，以便能招致有才能的人，反而會在白天背著婦人去接見朝拜的諸侯嗎？

傳書言：聶政❶為嚴翁仲❷刺殺韓王。此虛也。夫聶政之時，韓列侯也。列侯三年，聶政刺韓相俠累❸。十三年，列侯卒，與聶政殺俠累相去十年。而言聶政刺殺韓王，短書小傳，竟虛不可信也。

【章旨】此章言傳書所謂「聶政為嚴翁仲刺殺韓王」之不可信。

【注釋】❶聶政　人名。戰國時韓國人，著名俠客。見《史記・刺客列傳》。❷嚴翁仲　即嚴遂。韓烈侯的寵臣。❸俠累　即韓傀。曾為韓烈侯的相。

【語譯】傳書說：聶政替嚴翁仲刺殺韓烈侯。這種說法是虛假的。聶政的時代，正是韓烈侯在位的時候。烈侯三年，聶政曾刺殺韓相俠累。十三年，烈侯去世，與聶政刺殺俠累相距十年之久。卻說聶政刺殺韓王，一般的著作終究是滿紙謊言，不可相信。

傳書又言：燕太子丹❶使刺客荊軻❷刺秦王不得，誅死。後高漸麗❸復以擊筑❹見秦王，秦王說❺之，知燕太子之客，乃冒其眼❻，使之擊筑。漸麗乃置鉛於筑中以為重❼。當擊筑，秦王膝進❽，不能自禁。漸麗以筑擊秦王顙❾，秦王病傷，三月而死。夫言高漸麗以筑擊秦王，實也；言中秦王病傷三月而死，虛也。夫秦王者，秦始皇帝也。始皇二十年，燕太子丹使荊軻刺始皇，始皇殺軻，明矣。二十一年，使將軍王翦攻燕，得太子首⑩。二十五年，遂伐燕而虜燕王喜。後不審⑪何年，高漸麗以筑擊始皇不中，誅漸麗。當二十七年，遊天下，到會稽，至琅邪⑫，北至勞⑬、盛山⑭、並⑮海，西至平原津⑯而病，到沙丘平臺⑰，始皇崩。夫識書⑱言始皇還，到沙丘而亡；傳書又言病筑瘡⑲三月而死於秦。一始皇之身，世或言死於沙丘，或言死於秦，其死言恆⑳病瘡。傳書之言，多失其實，世俗之人，不能定也。

【章　旨】此章言傳書所謂始皇「病筑瘡三月而死於秦」之失實。

【注　釋】❶太子丹　燕王喜的太子。名丹。❷荊軻　戰國末期衛國人。著名俠客，受燕太子丹所託，謀刺秦王未遂，被殺。見《史記・刺客列傳》。❸高漸麗　即高漸離。燕國人，擅長擊筑，荊軻刺秦王，他送至易水，為之擊筑，荊軻和歌。❹筑　古樂器。似琴，有弦，以竹擊之。❺說　同「悅」。高興。❻冒其眼　遮蔽其眼。即弄瞎眼睛。冒，障蔽；遮住。❼以為重　以之為重。即使筑變重。❽膝進　古人席地而坐，移動位置，則以膝蓋挪動使身體向前靠攏。❾顙　前額。❿首　首級。據《史記・燕召公世家》載，秦將王翦伐燕，燕王喜為取悅於秦，遂殺太子丹，取其首級獻於秦王。⓫不審　猶言記不清。審，清楚。⓬琅邪　山名。在今山東膠南境，面臨黃海。秦始皇東遊登此山，建琅邪臺和石碑。⓭勞　指嶗山。在今山東嶗山內。⓮盛山　即成山。又名榮成山，在今山東榮成東北。⓯並　通「傍」。依傍；挨著。⓰津　渡口。⓱沙丘平臺　古地名。在今河北廣宗西北大平臺，相傳商紂曾在此築臺，畜養禽獸。⓲讖書　專門記載巫師、方士製造的神秘隱語和預言的著作。⓳病筑瘡　即病於筑瘡。因被筑擊傷而生病。瘡，通「創」。傷。⓴恒　長期。

【語　譯】傳書又說：燕太子丹指使刺客荊軻刺殺秦王政未成，被殺死。後來高漸離再次憑著擊筑的技術去見秦王政，秦王很高興，知道他是燕太子的門客，就弄瞎了他的眼睛，令他擊筑。漸離就把鉛放在筑中以增加它的重量。當他擊筑的時候，秦王聽得入迷了就以膝蓋挪動身體向前靠攏，不能自己。漸離用筑擊秦王前額，秦王被擊傷，發病三個月就死了。說高漸離用筑擊秦王，是符合實際的；說擊中秦王，秦王因此受傷，發病三月而死，就是虛假的了。秦王，就是後來的秦始皇嬴政。始皇二十年，燕太子丹指使荊軻刺殺始皇，始皇殺死荊軻，這是明擺著的事實。二十一年，始皇派遣將軍王翦攻打燕國，得太子丹的首級。二十五年，就討伐燕國，並俘虜了燕王喜。後記不清是哪一年，高漸離用筑擊始皇未擊中，殺死漸離。當三十七年，始皇巡遊天下，到會稽，至琅邪，北到嶗、盛二山，沿海邊，西到平原津而生病，到沙丘平臺時，始皇駕崩。讖書也說始皇在回京途中，到沙丘而亡；傳書又說是因被高漸離用筑擊傷病了三月而死在秦地。一個秦始皇，世人有的說死在沙丘，有的說死在秦地，他死的原因說是因創傷而長期生病。傳書的說法，多失去了歷史的真實，世俗的人是不可能判定的。

# 變虛篇第十七

**【題解】**本篇是「九虛」之一，重在批評漢儒的「天人感應」之說。所謂「變虛」，是指「災變」之虛。漢儒認為火星侵入心宿預示一種「災變」，宋景公出三善言，感動上天，火星退避三舍，於是化災禍為富壽，景公共延壽二十一年。王充針鋒相對地駁斥了這種虛妄之言。

傳書曰：宋景公之時，熒惑❶守❷心❸。公懼，召子韋❹而問之曰：「熒惑在心，何也？」子韋曰：「熒惑，天罰也；心，宋分野也。禍當❺君。雖然，可移❻於宰相。」公曰：「宰相，所使治國家也。而移死焉，不祥。」子韋曰：「可移於民。」公曰：「民死，寡人❼將誰為❽也？寧❾獨死耳！」子韋曰：「可移於歲❿。」公曰：「民饑，必死。為人君而欲殺其民以自活也，其⓫誰以我為君者乎？是⓬寡人命固⓭盡也。子毋復言。」子韋退走，北面⓮再拜曰：「臣敢⓯賀君。天之處高而耳卑⓰，君有君人⓱之言三，天必三賞君。今夕星必徙三舍，君延命二十一年。」公曰：「奚⓲知之？」對曰：「君有三善，故有三賞，星必三徙。一徙行七星，星當一年，三七二十一，故君命延二十一歲。臣請伏⓳於殿下以伺⓴之。

星必㉑不徙，臣請死耳。」是夕也，火星果徙三舍㉒。如子韋之言，則延年審得二十一歲矣。星徙審㉓，則延命，延命明㉔，則景公為善天祐之也，則夫世間人能為景公之行者，則必得景公祐矣。此言虛也。何則？皇天遷怒㉕，使熒惑本景公身有惡而守心，則雖聽子韋言，猶無益也。使其不為景公，則雖不聽子韋之言，亦無損也。

【章　旨】此章指出傳書所言景公三善言而消災延壽之虛。

【注　釋】❶熒惑　即火星。❷守　迫近；侵犯。❸心　心宿。二十八宿之一。❹子韋　春秋末宋國的太史。❺當　正在。❻移　轉移；轉嫁。❼寡人　古代君王自稱。《孟子・梁惠王上》：「寡人之民不加多。」朱熹注：「寡人，諸侯自稱，言寡德之人也。」❽為　治。❾寧　寧可；情願。❿歲　年歲；年成。⓫其　表推測的語氣詞。⓬是　這是。⓭固　本來。⓮北面　朝北面。按君臣之禮，君面向南而坐，臣見君時則面向北而拜。⓯敢　自言冒昧之詞。⓰卑　低。⓱君人　統治人民。即做君王。⓲奚　何；怎麼。⓳伏　匍伏。⓴伺　等候；觀察。㉑必　果真；假如。㉒火星果徙三舍　見《呂氏春秋・制樂》和《淮南子・道應》。㉓審　果真。㉔明　確實。㉕遷怒　降怒；發怒。遷，移。此指降。

【語　譯】傳書說：宋景公在世時，火星運行時侵入了心宿。景公感到害怕，就召來子韋，詢問他說：「火星在心宿中，這是為什麼？」子韋說：「火星是上天用來懲罰人的凶星，心宿現在正是宋國的分野，所以災禍正在君王的身上。儘管如此，還可以設法轉嫁到宰相身上的。」景公說：「宰相，是我用來治理國家的，而把死禍轉嫁給他，那是不吉祥的。」子韋說：「還可以轉嫁給老百姓。」景公說：「老百姓死了，我將統治誰呢？寧可我一個人去死吧！」子韋說：「可以轉嫁給年成。」景公說：「老百姓挨餓，一定會死的。做君主而想殺死他的百姓來求得自己活命，那還有誰肯把我當做自己的君主呢？這樣看來，是我的命本來已到盡頭了，你不要再說了。」子韋退下，對景公再拜說：「臣冒昧地祝賀君王。天處在很高的地方，但它的耳朵離地很近，君王剛才說了三句做君王所應該說的話，上天一定會三次獎賞君王的。今晚火星必定移動三次位置，君王的壽命會延長二十一年。」景公說：「怎麼知道？」子韋回答說：「君王有三句好話，因而會有三次獎賞，火星也必定有三次移動。移動一次要經過七個星，一個星相當於一年，三七二十一，因此君王的壽命會延長二十一年。臣請求伏在宮殿下等候火星的變化，火星如果不移動，臣請求處死我吧！」這一晚，火星果真移動了三次。依照子韋的說法，那麼宋景公的年壽果真能夠延長二十一年了，火星移動是真，景公就會延長壽命；壽命真的能夠延長，那麼就是景公行善，天老爺保佑他啊，這樣，那麼世間能做到景公的善行的人，就必然得到宋景公所得到的天的保佑了。這種說法是虛偽的。為什麼？按照皇天降怒的說法，如果火星本來是因為宋景公自己有惡行而侵入心宿的，那麼即使上天聽到子韋的話，還是沒有好處的。假使火星並不是因為景公而侵入心宿，那麼即使不聽子韋的話，也沒有什麼損害。

齊景公❶時有彗星❷，使人禳❸之。晏子❹曰：「無益也，祇取誣❺焉。天道不暗，不貳❻其命，若之何禳之也？且天之有彗，以除穢❼也，君無穢德，又何禳焉？若德之穢，禳之何益？《詩》曰：『惟❽此文王❾，小心翼翼，昭❿事⓫上帝，聿⓬懷⓭多福；厥⓮德不回⓯，以受⓰方國⓱。』君無回德，方國將至，何患于彗？《詩》曰：『我無所監⓲，夏后⓳及商，用⓴亂之故，民卒㉑流亡。』若德回亂，民將流亡，祝史㉒之為，無能補也。」公說㉓，乃止。

齊君欲禳彗星之凶，猶子韋欲移熒惑之禍也。宋君不聽，猶晏子不肯從也。

則齊君為子韋，晏子為宋君也。同變㉔共禍，一事二人，天猶賢㉕宋君，使熒惑徙三舍，延二十一年，獨不多㉖晏子，使彗消而增其壽，何天祐善偏㉗駁㉘不齊一也？人君有善行善言，善行動於心，善言出於意，同由㉙共本，一氣不異。宋景公出三善言，則其先三善言之前，必有善行也。有善行，必有善政。政善，則嘉瑞㉚臻，福祥至，熒惑之星無為㉛守心也。使景公有失誤之行，以致惡政，惡政發，則妖異㉜見㉝，熒惑之守心，猶桑穀㉞之生朝。高宗㉟消桑穀之變，以政不以言；景公卻㊱熒惑之異，亦宜以行。景公有惡行，故熒惑守心。不改政修行，坐出三善言，安能動天？天安肯應？何以效之？使景公出三惡言，能使熒惑食心乎？夫三惡言不能使熒惑食心，三善言安能使熒惑退徙三舍？以三善言獲二十一年，如有百善言，得千歲之壽乎？非天祐善之意，應誠為福之實也。

【章　旨】此章以齊景公聽從晏子之言不禳彗星及殷高宗消桑穀之變，說明宋景公出三善言而使熒惑退徙三舍之不可信。

【注　釋】❶齊景公　春秋末期齊國君主。❷彗星　古人稱「妖星」、「欃槍」。俗名「掃帚星」。❸禳　祭禱消災。❹晏子　齊國大夫。名嬰，字平仲，歷仕靈公、莊公、景公三世。其言論見《晏子春秋》。❺誣　欺騙。❻貳　變更。❼穢　汙穢。❽惟　句首助詞。❾文王　周文王。❿昭　明顯；突出。⓫事　侍奉。⓬聿　句首助詞。⓭懷　招來；得到。⓮厥　其；那個。⓯回　邪。⓰受　享有。⓱方國　四方諸侯各國。引文見《詩・大雅・大明》。⓲監　通「鑑」。借鑑。⓳夏后　即夏朝。

⑳用　由於。㉑卒　終於。㉒祝史　即太祝、太史。此指從事禳解之官吏。㉓說　同「悅」。高興。以上事見《左傳・昭公二十六年》。㉔變　災變；凶兆。㉕賢　以……為賢。贊賞之意。㉖多　稱贊。㉗偏　不公平。㉘駁　不純正。㉙由　來源。㉚嘉瑞　祥瑞；吉祥的徵兆。㉛無為　沒有理由。㉜妖異　妖象；怪現象。此指凶兆。㉝見　同「現」。出現。㉞穀　構樹。又名楮樹。㉟高宗　殷高宗武丁。《史記・殷本紀》及本書〈感類篇〉作太戊。㊱卻　退；消除。

**【語　譯】**齊景公時有彗星出現，派人禳解以消除災難。晏子說：「祈禱是沒有益處的，只會招致受騙上當而已。上天並不糊塗，不會改變它的命令的，既然如此，何必去禳解它呢？況且天上有彗星，是用來掃除汙穢的，君沒有汙穢的品行，又有什麼可禳解的呢？如果自身的品行不好，禳解它又有什麼用呢？《詩經》上說：『周文王小心翼翼地侍奉上帝，得到許多福祿；如果那種德行不邪，必定享有四方諸侯國啊。』君無邪德，四方諸侯國行將歸附，您還怕什麼彗星出現？《詩經》又說：『我沒有什麼借鑑的，只見到夏朝和商由於政治昏亂，百姓終於流亡。』如果品德邪亂，百姓必將流亡，太祝、太史們進行禳解，不可能有補的。」齊景公聽了很高興，就停止了對彗星的禳解活動。

齊景公想通過禳解來消除彗星所帶來的災凶，就如同子韋想轉嫁火星所帶來的禍害一樣。宋君不聽從子韋的主意，如同晏子不肯聽從齊君禳解之命一樣。那麼，所處的位置看來，齊君變為子韋，而晏子變為宋君了。同樣的災禍，同類事情，表現在兩個人身上，上天好像特別贊賞宋君，讓火星退避三舍，延長宋君壽命二十一年，偏偏不稱許晏子，讓彗星消失而使晏子增壽，為什麼上天保佑好人也不那麼公平純正，標準不同呢？人君有善行善言，善行動於心，善言出於意，都出自同一個來源，都是同一種氣，沒有什麼兩樣。宋景公講出三句善言，那麼在這講出三句善言之前，一定有善行在先了。有善行，必有善政。政治好，天下太平，就有吉祥的徵兆出現，有福運到來，災禍之星沒有理由侵犯心宿。假如景公有失誤的行為，導致政治凶惡，凶惡的政治一旦發生，凶惡之兆就會出現，災禍之星侵犯心宿，就如同桑穀二樹長在朝廷一樣。高宗消除桑穀帶來的災異，靠的是改善政治，而不靠講幾句好話；景公消除火星帶來的災異，也應該靠自己的行動。景公有醜惡的德行，因此火星才侵犯心宿。不改善政治修養操行，坐在那裡講三句好話，怎麼能夠感動上天！

上天又怎麼肯應驗！憑什麼去證明？假使景公講三句不好的話，能使火星吃掉心宿嗎？既然三句不好的話並不能使火星吃掉心宿，那麼三句好話又怎能使火星退避三舍呢？憑著三句好話景公便獲得延長壽命二十一年，如果有百句好話，不是能獲得千歲長的壽命嗎？這不是上天保佑好人的意思，而是報應誠心的人為福的實情啊。

子韋之言：「天處高而聽卑，君有君人之言三，天必三賞君。」夫天，體也，與地無異。諸❶有體者，耳咸❷附於首。體與耳殊❸，未之有也。天之去❹人，高數萬里，使耳附天，聽數萬里之語，弗能聞也。人坐樓臺之上，察地之螻蟻，尚不見其體，安能聞其聲。何則？螻蟻之體細，不若人形大，聲音孔氣❺不能達也。今天之崇高，非直樓臺，人體比於天，非若螻蟻於人也。謂天聞人言，隨善惡為吉凶，誤矣。四夷❻入諸夏❼，因❽譯而通。同形均❾氣，語不相曉，雖五帝三王，不能去譯獨曉四夷，況天與人異體，音與人殊乎！人不曉天所為，天安能知人所行？使❿天體乎，耳高不能聞人言；使天氣乎，氣若雲煙，安能聽人辭⓫！說災變之家⓬曰：「人在天地之間，猶魚在水中矣。其能以行動天地，猶魚鼓而振水也。魚動而水蕩，人行而氣變。」此非實事也。假使真然，不能至天。魚長一尺，動於水中，振旁側之水，不過數尺，大若⓭不過與人同，所振蕩者，不過百步，而一里之外，澹然⑭澄靜⑮，離之遠也。今人操行變氣，遠近宜與魚等，氣應⑯而變，宜⑰與水均。以七尺之細形，形中之微氣，不過與一鼎之蒸火同，從下地上變皇天，何其高也！且景公，賢者也。賢者操行，上不及聖人，下不過惡人。世間聖人，莫不堯舜；惡人，莫不桀紂。堯舜操行多善，無移熒惑之效；桀紂之政多惡，反有景公脫禍之驗。景公出三善言，延年二十一歲，是則堯舜宜獲千歲，桀紂宜為殤子⑱。今則不然，各隨年壽，堯舜桀紂，皆近百載。是竟⑲子韋之言妄，延年之語虛也。

【章　旨】此章斥子韋之言、延年之語之虛妄。

【注　釋】❶諸　眾；凡是。❷咸　全；都。❸殊　絕；分離。❹去　距離。❺孔氣　形容氣極微小。孔，穴；小洞。❻四夷　中國古代對四方少數民族之泛稱。❼夏　指中原地區。❽因　憑藉；通過。❾均　同。❿使　如果。⓫辭　語言。⓬說災變之家　泛指以「天人感應」解釋災變現象的儒生。⓭若　乃；才。⓮澹然　安靜之貌。⓯澄靜　清澈平靜。⓰應　感應。⓱宜　應該。⓲殤子　未成年而死的人。⓳竟　最終；終究。

【語　譯】子韋的話是說：「天處在很高的地方，而它的耳朵離地面很近，您說了三句作為君王應該說的話，上天必定有三次獎賞您的。」天是一種物質實體，與地沒有什麼差別。凡是有身體的動物，耳朵都附在頭部。身體與耳朵分離的現象，從來沒有過，天距離人，高達數萬里，假如耳朵附在天上，要聽到數萬里的地面上的人的話，完全是不可能的。人坐在樓臺之上，觀察地上的螻蟻，尚且不能看清牠的形體，又怎能聽清牠的聲音？為什麼呢？螻蟻的身體細小，不像人的形體那麼大，聲音小，氣極少，不可能轉達到人的耳朵裡。現在天的崇高，不僅僅樓臺可比，人體同天體相比，更不如螻蟻同人相比啊。說天能聽人說的話，並隨人說話的善惡而降吉凶，這是謬誤。四方的少數民族進入中原地區，通過翻譯才能互通語言。同樣的形體，所承受的氣也相同，說話彼此不懂，即使是五帝三王，也不能離開翻譯而獨自懂得四方少數民族的語言，更何況天與人不同形體，聲音同人不同呢！人不知道天所做的事，天怎能知道人的行為？如果天是實體的話，耳朵生得太高不可能聽見人說話；如果天是一種氣體的話，氣如雲煙，怎能聽得清人說的話！用「天人感應」來解說災變現象的儒生說：「人生活在天地之間，如同魚兒游在水中一樣，他能夠用自己的行動感動天地，如同魚的游動使水振動一樣。魚兒游動而使水震蕩，人的善惡行為使氣受感應而轉達到天上就會引起災變。」這種論調不符合實際。假如果真是這樣，也不能到達天上。魚長一尺，在水中游動，震蕩著旁邊的水，不超過數尺，最大的魚才不過與人體大小相同，所振蕩的水面，不超過百步之遠，而一里之外的水面，仍然清澈平靜，原因是距離太遠了。如果說人的操行能使氣變動的話，那麼它的遠近應該與魚兒鼓動水的遠近距離相等，氣受人的操行感應而變動的範圍，也應該與水相同。憑著七尺小的形體，以及形體中的微小的氣，不過與燒一鼎食物所需用的火相同，從下面的地上向上感動皇天，怎麼可能達到這樣的高度呢？況且景公是賢人，賢人的操行，上不及聖人，下不過惡人。世間的聖人，人們沒有一個不舉堯、舜的；而談到惡人，沒有不指夏桀、商紂的。堯、舜的操行很好，並沒有感動火星移位而延年益壽的效驗；夏桀、商紂的惡政很多，反而有像宋景公那樣免除災禍而不早死的情況。景公說出三句好話，延長壽命二十一年，這樣看來，堯、舜應該獲得千歲的壽命，而夏桀、商紂應該早死。而今卻不是這樣，而是各自隨著年壽而死，堯、舜、桀、紂，都活到近百歲。從這件事看來，子韋的話終究是虛妄的，延長壽命的說法也是虛假的。

且子韋之言曰：「熒惑，天使也；心，宋分野也，禍當君。」若是者，天使熒惑加禍於景公也，如何可移於將、相若❶歲與國民乎？天之有熒惑也，猶王者之有方伯❷也。諸侯有當死之罪，使❸方伯圍守❹其國。國君問罪於臣，臣明罪在君，雖然，可移於臣子與人民。設❺國君計❻其言，令其臣歸罪於國人，方伯聞之，肯聽其言，釋國君之罪，更移以付國人乎？方伯不聽者，自❼國君之罪，非國人之辜❽也。方伯不聽，自國君之罪，熒惑安肯移禍於國人？若此，子韋之言妄也。曰景公不聽乎言，庸何❾能動天？使諸侯不聽其臣言，引過自予❿。方伯聞其言，釋其罪，委⓫之去⓬乎？方伯不釋諸侯之罪，熒惑安肯徙去三舍！夫聽與不聽，皆無福善，星徙之實，未可信用⓭。天人同道，好惡不殊，人道不然，則知天無驗矣。宋、衛、陳、鄭之俱災⓮也，氣變見天⓯。梓慎⓰知之，請於子產⓱，有以除之，子產不聽。天道當然，人事不能卻也。使子產聽梓慎，四國能無災乎？堯遭鴻⓲水時，臣必有梓慎、子韋之知⓳矣。然而不卻除者，堯與子產同心也。

【章　旨】此章言「星徙之實，未可信用」。

【注　釋】❶若　連詞。或。❷方伯　古代諸侯中的領袖之稱。謂之為一方之長。❸使　命令；派遣。❹守　監視。❺設　假設。❻計　考慮。❼自　本來；自然。❽辜　罪過。❾庸何　何以；憑什麼。❿引過自予　把錯誤歸於自己。予，歸；給予。⓫委　放棄；捨掉。⓬去　離開。⓭信用　相信。⓮俱災　宋、衛、陳、鄭四個諸侯國同時發生火災。見《左傳・昭公十八年》。⓯氣變見天　指火災發生前火星出現經過心宿一事。人們以為這是四國火災發生之預兆。見《左傳・昭公十七年》。⓰梓慎　春秋時魯國大夫。他見有彗星出現，則預言宋、衛、陳、鄭四周有火災發生。見《左傳・昭公十七年》。⓱子產　春秋時鄭國大夫。據《左傳・昭公十八年》載，請於子產的是鄭國大夫裨竈，而不是梓慎。⑱鴻 通「洪」。⑲知 通「智」。見識。

【語譯】況且子韋的話是說：「火星是上天派遣來的，心宿當時是宋國的分野，災禍應當落在君主身上。」假如是這樣，上天派遣火星把災禍加在景公身上，又怎麼可以轉移到將、相或年歲與國民身上呢？上天有火星，好比當君王的有方伯一樣。諸侯一旦犯有該死的罪過，君王就會命令方伯帶兵去包圍監視這個諸侯國。國君向臣子問罪，大臣則明白罪過在君王身上，即使這樣，仍然可以把罪過轉移到臣子與人民。如果君主考慮他的話，命令他的大臣把罪過歸到百姓身上，方伯聽到以後，肯聽他的話，赦免國君的罪過，再轉移到老百姓身上去嗎？方伯不聽的原因，是因為本來是國君的罪過，而不是老百姓的過錯啊。方伯不聽，本來又是國君的罪過，火星怎麼肯把災禍轉移到老百姓身上？像這樣，子韋的話是虛妄的。再說景公不聽子韋的話，又憑什麼能感動上天呢？如果諸侯不聽他的臣子的建議，自然就會把罪過引到自己身上。方伯聽到這個消息，能免除他的罪過，釋放他而離去嗎？方伯不免除諸侯的罪過，火星又怎麼肯移動三個地方！因此，聽與不聽，都不會招致福善，火星的遷移地方，實際不可相信。上天與人間同是一個道理，好惡沒有不同，既然人間的道理不是這樣的，那麼就可以知道天不會有免除景公罪過的證驗了。宋、衛、陳、鄭四國同時發生火災，據說火災發生之前有火星侵入心宿。梓慎見到火星出現，曾預言四國要遭火災，便請示子產，想辦法禳除它，子產不聽。上天的規律本來就是這樣，人事是不可能免除的。假如子產聽梓慎的建議，四國能不受火災嗎？堯遭洪水之害時，他的臣子必定有具有梓慎、子韋的見識的人。然而並沒有免除洪水之害，原因是堯與子產的思想是相同的。

案❶子韋之言曰：「熒惑，天使也；心，宋分野也，禍當君。」審如此言，禍不可除，星不可卻也。若夫❷寒溫失和❸，風雨不時❹，政事之家❺，謂之失誤所致，可以❻善政賢行變❼而復也。若熒惑守心，若必死猶❽亡，禍安可除？修政改行，安❾能卻❿之？善政賢行，尚不能卻，出虛華⓫之三言，謂星卻而禍除，增壽延年，享長久之福，誤矣！觀子韋之言景公，言熒惑之禍，非寒暑風雨之類，身死命⓬終之祥⓭也。國且亡，身且⓮死，妖氣見於天，容色⓯見於面。面有容色，雖善操行不能滅，死徵已見也。在體之色，不可以言行滅；在天之妖，安可以治⓰除乎？人病且死，色見於面，人或謂之曰：「此必死之徵也。雖然，可移於五鄰，若⓱移於奴役⓲。」當死之人，正言不可，容色肯為善言之故滅，而當死之命肯為之長乎？氣不可滅，命不可長。然則熒惑安可卻，景公之年安可增乎？由此言之，熒惑守心，未知所為，故景公不死也。

【章　旨】此章言善政賢行並不能消災延年。

【注　釋】❶案　考察。❷若夫　至於。❸失和　失調。❹不時　不合時令。❺政事之家　指以天人感應來解釋政事的儒生。❻以　用。❼變　消除災變。❽猶　還。❾安　怎麼。❿卻　退；消除。⓫虛華　華而不實。⓬命　國命；王朝之命。⓭祥　徵兆。⓮且　將；將要。⓯容色　指人將死時的面色。⓰治　指善政。⓱若　或。⓲奴役　奴僕。

【語　譯】考察子韋的話說：「火星是上天派遣來的，心宿當時是宋國的分野，災禍應當落在君主身上。」果真如子韋說的，災禍不可能免除，火星不可能退卻三舍了。至於寒溫失調，風雨不合時令，以天人感應解釋政事的儒生認為這是政治失誤所造成的，可以用改善政治賢明操行來消除災變而恢復正常。像火星侵犯心宿這種災異，如果預示著君主必死還要亡國的話，災禍怎麼可以免除？修善政治改正操行，怎麼能使火星退卻？改善政治賢明操行，尚且不能使火星退卻，講出三句華而不實的話，就說火星退卻而災禍免除，景公增壽延年，享盡長久的清福了，這是錯誤的！觀察子韋說景公、說熒惑之禍，並不是像寒暑風雨之類的災異，而是君主身將死、王朝命將終的徵兆。國將亡，身將死，不祥的徵兆就會出現在天上，人將死的容色就會表現在臉面上。面有將死的容色，即使美好的操行也不能使它消除，死的徵兆已出現了。表現在身體上的顏色，不可能用人的言語和操行來消除；出現在天上的不祥的徵兆，又怎麼可以用善政來消除呢？人生病將死時，死色表現在臉上，有人就說：「這是必死的徵兆。即使這樣，可以把死轉移給五鄰，或轉移到奴僕身上。」該死的人，即使嚴正地說不應嫁禍於人，難道死色肯因為他說了一句好話而消失，而注定該死的命肯為他延長嗎？妖氣不可消除，死命不可延長。既然如此，火星怎麼可以退卻，景公的年壽怎麼可以增加呢？由此說來，火星侵入心宿，不知是象徵什麼，這就是景公不死的原因。

且言星徙三舍者，何謂也？星三徙❶於三舍乎？一舍歷❷於三舍也？案子韋之言曰：「君有君人之言三，天必三賞君，今夕星必徙三舍。」若此，星竟徙三舍也。夫景公一坐有三善言，星徙三舍，如有十善言，星徙十舍乎？熒惑守心，為善言卻，如景公復出三惡言，熒惑食心乎？為善言卻，為惡言進，無善無惡，熒惑安居不行動乎？或時❸熒惑守心為旱災，不為君薨❹。子韋不知，以為死禍，信俗❺至誠之感。熒惑之處星，必偶自當去，景公自不死，世則謂子韋之言審，景公之誠感天矣。亦或時子韋知星行度❻適❼自去❽，自❾以著❿己之知⓫，明君臣推讓之所致，見星之數七，因言星三舍，復得二十一年，因以星舍計年之數。是與齊太卜⓬無以異也。齊景公問太卜曰：「子⓭之道⓮何能？」對曰：「能動地。」晏子往見公，公曰：「寡人問太卜曰：『子道何能？』對曰：『能動地。』地固可動乎？」晏子嘿⓯然不對⓰，出見太卜曰：「昔吾見鉤星⓱在房⓲、心之間，地其動乎？」太卜曰：「然。」晏子出，太卜走⓳見公：「臣非能動地，地固將自動⓴。」夫子韋言星徙，猶太卜言地動也。地固且自動，太卜言己能動之；星固將自徙，子韋言君能徙之。使晏子不言鉤星在房、心，則太卜之姦對㉑不覺㉒。宋無晏子之知㉓臣，故子韋之一言，遂為㉔其是㉕。案〈子韋書錄序奏〉㉖亦言子韋曰：「君出三善言，熒惑宜有動。於是候之㉗，果徙舍。」不言三。或時星當自去，子韋以為驗，實動離舍，世增言㉘三。既空㉙增三舍之數，又虛生二十一年之壽也。

【章　旨】此章指出子韋言星徙如太卜言地動之可笑。

【注　釋】❶三徙　三次遷徙。❷歷　經歷。❸或時　或許。❹薨　古代王侯之死曰薨。❺信俗　相信世俗。❻行度　運行的度數。❼適　恰好；正要。❽去　離開。❾自　因。❿著　顯示。⓫知　通「智」。⓬太卜　掌管占卜的官吏。⓭子　你。⓮道　道術；本領。⓯嘿　通「默」。⓰不對　不回答。⓱鉤星　即水星。太陽系九大行星之一。⓲房　房宿。二十八宿之一，古人以為鉤星靠近房宿、心宿之間，地就會震動。⓳走　跑。⓴臣非能動地二句　見《淮南子．道應》。㉑姦對　欺騙性的回答。姦，姦詐。㉒覺　察覺。㉓知　通「智」。㉔為　以為。㉕是　正確。㉖子韋書錄序奏　可能是劉向奉命整理國家藏書時為《宋司星子韋三篇》一書寫的序錄。㉗候之　等候火星移動。㉘增言　誇大之言。㉙空　憑空。

【語譯】況且說火星移動三舍，這是指什麼呢？是火星三次移動了三舍呢？還是一次經歷了三舍呢？考察子韋的話是說：「君王說了三句作為君王所應該說的話，上天必定會三次獎賞君王的，今晚火星必定移動三個地方。」如果是他說的那樣，火星最終應該移動三舍。景公一有三句好話，火星就移動三舍，如有十句好話，火星移動十舍嗎？火星侵入心宿，因為景公說了好話而退卻，假如景公再說出三句惡話，火星會吃掉心宿嗎？因善言而退，因惡言而進，如果不善不惡，火星難道會停止不運行了嗎？或許火星侵入心宿是成為旱災的預兆，並不預示景公要死。子韋不知，以為是死禍臨頭，相信世俗所謂至誠能感動上天的說法。火星停留在心宿附近，必定是它恰好要離開了，而景公自當不死的時候，世人就說子韋所說的話果真是這樣，景公的誠心感動了上天。也可能是子韋知道火星按照運行的度數正好要離開，因而藉此來顯示自己的才智，宣揚它是君臣互相推讓所造成的，知道火星每一次移動要經過七星，因而說火星退避三舍，再獲得二十一年壽命，是根據星宿移動的次數和時間計算出來的。這與齊國太卜的說法沒有什麼區別。齊景公問太卜道：「你的本領能幹什麼？」太卜回答說：「能使地震動。」晏子去拜見齊景公，景公說：「我問太卜說：『你的本領能幹什麼？』太卜回答道：『能使地震動。』地本來可以震動嗎？」晏子默然不答，退出去見太卜說：「先前我看見水星停留在房宿和心宿之間，地大概會震動了吧？」太卜說：「是這樣吧。」晏子出去後，太卜跑去拜見齊景公：「臣不能使地震動，地本將自己震動。」子韋說火星移動，如同太卜說地震動一樣。地本來自己要震動了，太卜卻說自己能使地震動；火星本來自己要移動了，子韋卻說君主的好話能使它遷徙。如果晏子不說水星停留在房宿和心宿之間，那麼太卜的欺騙性回答就不會被察覺出來。宋國沒有像晏子那樣有智慧的臣子，因此子韋的一言一語，就被認為是正確的。考察〈子韋書錄序奏〉也說子韋說：「君主說出三句好話，火星應該有所移動。於是等候火星移動，果真移動了地方。」沒有說火星移動了三舍。或許火星正當自己要離開了，子韋認為這是驗證了他的預言，實際上火星移動離開了原來的地方，世人誇大為移動了三舍。已經憑空誇大火星移動三舍的度數，又虛構出景公延長二十一年的壽命。

# 卷五

## 異虛篇第十八

【題解】本篇為「九虛」之一，旨在批駁天以災異懲罰君主，君主行善則消災得福的虛妄之言。題名「異虛」，即指「說災異之家」以修政改行消災得福之論，純屬虛妄。作者列舉十種類似的自然現象，說明災異之家的解釋「駁議不同」，自相矛盾，以反對天有意志，能賞善罰惡的「天人感應論」，這是具有進步意義的，但同時又陷入了自然命定論之中。

殷高宗❶之時，桑❷穀❸俱生於朝❹，七日而大拱❺。高宗召其相而問之，相曰：「吾雖知之，弗能言也。」問祖己❻，祖己曰：「夫桑穀者，野草❼也，而生於朝，意❽朝亡乎！」高宗恐駭❾，側身❿而行道，思索先王之政⓫，明⓬養老之義，興滅國，繼絕世，舉佚民⓭。桑穀亡⓮。三年之後，諸侯以譯⓯來朝者⓰六國，遂享百年之福。高宗，賢君也，而⓱感桑穀生，而問祖己，行祖己之言，修政改行，桑穀之妖⑱亡，諸侯朝而年⑲長久。修善之義篤⑳，故瑞應㉑之福渥㉒。此虛言也！祖己之言，朝當亡哉！夫朝之當亡，猶人當死。人欲死，怪㉓出；國欲亡，期㉔盡。人死命㉕終，死不復生，亡不復存。祖己之言政，何益㉖於不亡？高宗之修行，何益於除禍？夫家人㉗見凶修善，不能得吉；高宗見妖改政，安能除禍？除禍且不能，況能招致六國，延期至百年乎？故人之死生，在於命㉘之夭㉙壽，不在行㉚之善惡；國之存亡，在期之長短，不在於政之得失。案祖己之占㉛，桑穀為亡之妖，亡象已見㉜，雖修孝行，其何益哉？

【章　旨】此章指出殷高宗修政改行而消災得福之論是虛妄之言。

【注　釋】❶殷高宗　商朝君主武丁。❷桑　桑樹。❸穀　構樹。亦名楮樹。❹朝　朝廷。❺拱　兩手掌合握。❻祖己　高宗的大臣。❼野草　泛指野生植物。❽意　意味；象徵。❾駭　害怕；驚恐。❿側身　形容小心謹慎的樣子。⓫先王之政　指前代聖王治國的政治措施。⓬明　講求；弄清。⓭興滅國三句　出於《論語・堯曰》。舉，推舉；提拔。⓮亡　消失。⓯譯　翻譯。⓰朝者　朝拜敬貢的國家。⓱而　通「能」。⓲妖　妖象；凶象。⓳年　指在位之年。⓴篤　忠實；誠心誠意。㉑瑞應　吉祥之兆。㉒渥　厚；多。㉓怪　怪異現象；不祥之兆。㉔期　期數；時期。㉕命　此指國命。即王朝之命。㉖益　助。㉗家人　老百姓。㉘命　此指壽命。㉙夭　早死。㉚行　操行。㉛占　占卜；預測。㉜見　同「現」。出現。

【語　譯】殷高宗的時候，桑、構樹在朝廷上一起生長出來，七天就長成合握之樹。高宗召見他的宰相來詢問這樁怪事，宰相說：「我即使知道這種怪事，也不能說啊。」高宗又詢問祖己，祖己說：「桑、構樹，是野生植物，卻在朝廷上生長出來，意味著王朝要滅亡了啊！」高宗害怕極了，從此小心謹慎地處理政事，遵循前代聖王治國的政治措施，講求敬老尊賢的道理，復興行將滅亡的國家，承續行將斷絕的後代，提拔被遺落而退隱的人才。這樣，長在朝廷上的桑樹、構樹，一下又消失了。三年之後，諸侯通過翻譯來朝拜的有六個國家，於是坐享百年之福。高宗是賢明的君主，能對桑、構二樹生在朝廷這種怪異現象有所感應，而詢問祖己，聽從祖己的預言，修政改行，使桑、構樹生於朝廷的凶象得以消失，諸侯朝拜而在位之年長久。修善之義誠心，因而吉祥幸運之福就多。這種說法純係虛妄之言。按照祖己的說法，商朝應當滅亡呀！一個王朝應當滅亡，如同一個人應當死一樣。人將死時，會有怪異現象出現；國家將滅亡時，說明這個國家的期數已盡了。人死，王朝命終，人死不能復生，國亡不再存在。祖己講改善政治，對於避免殷商滅亡又有什麼幫助呢？殷高宗注意培養良好品德，對於消除災禍又有什麼益處呢？一般老百姓看到凶象後修持善行，不能得到吉祥；高宗災異後改變政治措施，又怎能消除災禍？消除災禍尚且不可能，何況還能招致六國諸侯來朝拜，在位的期間能延至百年嗎？因為人的死生決定於命的長短，而不在於品行的好壞；國家的存亡決定於期數的長短，而不在於政治上的得失。根據祖己的預測，桑、構樹生在朝廷上就是王朝滅亡的凶象，既然滅亡的不祥徵兆已經出現，即使殷高宗去努力改惡從善，培養自己的孝道操行，難道會有幫助嗎？

何以效之？魯昭公❶之時，鸜鵒❷來巢❸。師己❹采文❺、成❻之世童謠之語❼，有鸜鵒之言，見今有來巢之驗，則占謂之凶。其後，昭公為季氏❽所逐，出於齊，國果空虛，都❾有虛❿驗。故野鳥來巢，師己處⓫之，禍竟⓬如占。使⓭昭公聞師己之言，修行改政為善，居⓮高宗之操，終不能消。何則？鸜鵒之謠已兆⓯，出奔之禍已成也。鸜鵒之兆，已出於文、成之世矣。根生，葉安得不茂；源發，流安得不廣。此尚為近，未足以言之。夏將衰也，二龍戰於廷，吐漦⑯而去，夏王櫝⑰而藏之。夏亡，傳於殷，殷亡，傳於周，皆莫之發⑱。至厲王⑲之時，發而視之，漦流於庭，化為玄⑳黿㉑，走入後宮，與婦人交，遂生褒姒。褒姒歸㉒周㉓，幽王惑亂，國遂滅亡㉔。幽、厲王之去㉕夏世㉖，以㉗為千數歲，二龍戰時，幽、厲、褒姒等未為人也，周亡之妖已出久矣。妖出，禍安得不就㉘？瑞見，福安得不至？若㉙二龍戰時言曰：「余㉚褒㉛之二君也。」是則褒姒當生之驗也。龍稱褒，褒姒不得不生，生則幽王不得不惡，惡則國不得不亡。徵已見，雖五聖十賢㉜相與卻㉝之，終不能消。善惡同實㉞：善祥出，國必興；惡祥見，朝必亡。謂惡異可以善行除，是謂善瑞可以惡政滅也。

【章　旨】此章以鸜鵒之兆和二龍之戰為例，論證君主行善消災之虛妄。

【注　釋】①魯昭公　春秋時魯國君主。②鸜鵒　鳥名。俗名八哥。③來巢　來魯國築巢。④師己　當時魯國大夫。⑤文　魯文公。⑥成　魯成公。⑦童謠之語　傳說當時有童謠說：若八哥來魯國築巢，君主就有逃亡死在國外之災。⑧季氏　季平子。魯國大夫，西元前五一七年，季氏把魯昭公驅逐出魯國。⑨都　都城。⑩虛　同「墟」。⑪處　判斷。⑫竟　終究。⑬使　假使。⑭居　具有；具備。⑮兆　徵兆。⑯漦　傳說中的龍所吐的口水。⑰櫝　木匣。此指收進木匣之中。⑱莫之發　即莫發之。就是沒有人打開木匣子。發，打開。⑲厲王　周厲王。⑳玄　黑色。㉑黿　通「蚖」。即蜥蜴。㉒歸　嫁。㉓周　指周幽王。㉔國遂滅亡　據《史記・周本紀》，西元前七七一年，犬戎進攻西周，幽王被殺，西周滅亡。㉕去　距離。㉖世　代。㉗以　通「已」。已經。㉘就　成。㉙若　如同。㉚余　我。㉛褒　古國名。姒姓，在今陝西褒城一帶。㉜五聖十賢泛指很多聖賢。㉝卻　阻止。㉞實　事實；情況。

【語　譯】從哪裡可得到驗證？魯昭公的時候，鸜鵒來魯國築巢。師己取魯文公、成公時代童謠的話，說如果八哥來魯國築巢，君主就要逃亡或死在國外，看到現在鸜鵒來築巢的話應驗了，因此預測說這是凶兆。此後，昭公被季平子驅逐，到了齊國，國果然空虛，都城變成了廢墟，應驗了童謠。所以野鳥來築巢，師己判斷這件事，災禍終究像預測的那樣。假使魯昭公聽從師己的話，修行改政從善，具備殷高宗的操守，也終究不可能消除這種災禍。為什麼呢？鸜鵒的童謠已經出現徵兆，昭公被趕出魯國的災禍已經釀成了。鸜鵒的不祥徵兆，早已出現在魯文公、成公的時代啊。樹根生，葉怎能不茂盛；水源湧發，水流怎能不寬廣。這個預言與災禍應驗的時間還相距太近，不足以說明王朝的滅亡是早已注定的。夏朝將衰落時，二龍戰於宮廷，吐了一大堆口水而離去了，夏王把龍的口水收進木匣子之中，又把木匣收藏起來。夏朝滅亡之後，這個木匣傳到殷朝，殷朝滅亡後，又傳到周朝，都沒有人打開那個木匣子。到周厲王的時候，有人打開木匣看一看，龍的口水流到朝廷上，變成黑色的蜥蜴，走入後宮，與婦人交配，於是生下了褒姒。褒姒嫁給周幽王，幽王迷惑作亂，國家於是被滅亡。幽王、厲王距離夏代，已經有一千多年，二龍交戰的時候，幽王、厲王、褒姒等尚未出生，周朝將要滅亡的凶象，出現已經很久了。凶象已出現，災禍怎能不成？祥瑞的徵兆已出現，福運怎能不至？如果二龍交戰時所說：「我們是褒國的兩位君主。」這就是褒姒應當出生的驗證啊。龍說牠是褒氏的祖先，所以褒姒不能不生出來，既然褒姒出生，那麼幽王就不能不凶惡，幽王既然很凶惡，那麼國家就不能不滅亡。徵兆已出現，即使很多聖賢相繼阻止它，終究不能消除它。善與惡屬於同一情況：善的徵兆出現，國家必定興盛；惡的徵兆出現，王朝必定滅亡。說凶惡怪異現象可以用善行來消除，這是說美好的徵兆也可以用凶惡的政治來消滅啊。

河❶源出於昆侖❷，其流播❸於九河❹。使堯、禹卻❺以善政，終不能還者，水勢當然，人事不能禁也。河源不可禁，二龍不可除，則桑穀不可卻也。王命之當興也，猶春氣之當為夏也；其當亡也，猶秋氣之當為冬也。見春之微葉，知夏有莖葉；睹秋之零實❻，知冬之枯萃❼。桑穀之生，其猶❽春葉秋實也，必然猶驗之。今詳❾修政改行，何能除之？夫以周亡之祥❿，見於夏時，又何以知桑穀之生，不為紂亡出乎？或時⓫祖己言之，信野草之占，失遠近之實。高宗問祖己之後，側身行道，六國諸侯偶⓬朝而至，高宗之命自長未終，則謂起⓭桑穀之問，改政修行，享百年之福矣。夫桑穀之生，殆⓮為紂出。亦或時吉而不凶，故殷朝不亡，高宗壽長。祖己信野草之占，謂之當亡之徵。

【章　旨】此章以自然現象之必然性說明君主修政改行而消災除禍之謬。

【注　釋】❶河　指黃河。❷昆侖　指崑崙山脈。地處新疆、西藏、青海交界之處，古人以為是黃河之源。❸播　分散。❹九河　泛指黃河下游許多支流的總稱。《尚書・禹貢》記載，黃河至河北平原中部後又分為九道入渤海，而《爾雅・釋水》則指徒駭、太史、馬頰、覆釜、胡蘇、簡、絜、鉤盤、鬲津等九條河，今實已不能確指。❺卻　使之退卻；使之倒退。❻零實　果實脫落。零，零落；凋零。❼枯萃　枯萎。萃，通「悴」。憔悴。❽猶　還。❾詳　審慎；認真。❿祥　指凶兆。⓫或時　或許；也許。⓬偶　碰巧；偶然。⓭起　起因；由於。⓮殆　大概。

【語　譯】黃河發源於崑崙山脈，它流至下游就分散而為九道入海。即使堯、禹想用他們的善政也終究不能使黃河之水倒流，原因是河水的趨勢理當如此，靠人為的善政是不可能阻止的。河水不能停止它向前奔流，如同二龍的凶兆無法免除，那麼桑、構生於朝的凶兆也不能免除。王朝的命運理當興盛的時候，如同春天必然演進為夏天一樣；而它必當滅亡的時候，如同秋天必然發展為冬天一樣。看見春天那微小的嫩葉，就知道夏天必然有粗大的莖葉；看見秋天脫落的果實，就知道冬天的草木必然枯萎。桑樹、構樹的生長，就如同春天的樹葉和秋天的果實一樣，它所預示的徵兆必然還要得到應驗的。如今即使認真地修政改行，又怎麼能夠消除它呢？因為周朝滅亡的凶兆，出現在夏代，又怎麼知道桑、構二樹生於朝廷，不是為預示商紂王的滅亡而出現的呢？也許祖己這樣說，是相信了野生植物生在朝廷上正是王朝要滅亡的凶兆吧，但在應驗的時間遠近上卻有失實。殷高宗詢問祖己之後，小心謹慎地處理國事，又碰巧遇上六國諸侯前來朝拜，高宗的壽命自然很長沒有終了，有人就認為是由於高宗詢問了桑、構二樹生於朝廷的吉凶，改善政治注重培養操行，以致坐享百年之福的。桑、構二樹生於朝廷，大概是為商紂王而出現的。也可能是吉祥之兆而不是凶兆，因此殷朝沒有滅亡，高宗長壽。祖己相信野生植物的預示，就認為是必然滅亡的徵兆。

漢孝武皇帝之時，獲白麟❶，戴兩角而共觝❷，使謁者❸終軍❹議之。軍曰：「夫野獸而共一角，象❺天下合同為一也。」麒麟，野獸也；桑穀，野草也。俱為野物，獸草何別？終軍謂獸為吉，祖己謂野草為凶。高宗祭成湯❻之廟，有蜚❼雉❽升鼎而雊❾。祖己以為遠人❿將有來者⓫，說《尚書》⓬家謂雉凶，議駁⓭不同。且從祖己之言，雉來吉也。雉伏於野草之中，草覆⓮野鳥之形⓯，若民人處草廬⓰之中，可謂其人吉而廬凶乎？民人入都，不謂之凶；野草生朝，何故不吉？雉則民人之類。如謂含血者⓱吉，長狄⓲來至，是吉也，何故謂之凶？如以從夷狄⓳來者不吉，介⑳葛盧㉑來朝，是凶也。如以草木者為凶，朱草蓂莢㉒出，是不吉也。朱草蓂莢，皆草也，宜生於野，而生於朝，是為不吉，何故謂之瑞？一野之物，來至㉓或出，吉凶異議。朱草蓂莢善草，故為吉，則是以善惡為吉凶，不以都野為好醜也。周時天下太平，越嘗㉔獻雉於周公。高宗得之㉕而吉。雉亦草野之物，何以為吉？如以雉耿介㉖有似於士，則麞㉗亦仍有似君子，公孫術㉘得白鹿，占何以凶？然則雉之吉凶未可知，則夫桑穀之善惡未可驗也。桑穀或善物，像遠方之士將皆立於高宗之朝，故高宗獲吉福，享長久也。

【章旨】此章以飛雉升鼎、白麟共觚為例，說明漢儒解說吉凶駁議不同，自相矛盾。

【注釋】❶麟　麒麟。古代神話傳說中象徵吉祥的神獸。❷觚　角尖。❸謁者　官名。負責引見來朝拜君王的人。❹終軍　人名。字子雲，濟南人，博辯能文，漢武帝朝年十八，至長安上書言事，拜謁者給事中，死時年二十餘，世謂之「終童」。❺象　象徵。❻成湯　即商湯。商朝第一個君主。❼蜚　通「飛」。❽雉　野雞。❾雊　鳴；叫。❿遠人　遠方而來的使者。⓫來者　指前來朝拜的人。⓬尚書　亦稱《書》或《書經》。儒家經典之一。⓭駁　雜亂。⓮覆　掩蓋。⓯形　形體。⓰廬　房屋。⓱含血者　指人及其他動物。⓲長狄　古代的一個少數民族。⓳夷狄　泛指中原地區以外的邊遠地區。⓴介　春秋時的小國。在今山東膠縣西南一帶。㉑葛盧　人名。介國君主。據《左傳．僖公二十九年》記載，西元前六三一年介國君主葛盧曾兩次到魯國朝見，且受到禮遇。㉒朱草蓂莢　象徵吉祥的兩種瑞草。㉓來至　到來。㉔越嘗　亦作「越裳」。古代南方一少數民族。㉕之　指飛到鼎耳上的野雞。㉖耿介　正直；光明磊落。㉗麞　即獐。㉘公孫術　即公孫述。東漢初稱帝於四川，後被漢光武帝劉秀滅亡。

【語譯】漢孝武皇帝的時候，捕獲了一隻白色的麒麟，頭上長著兩個角，角尖連在一起。請謁者終軍評論這一現象，終軍說：「野獸的兩個角連在一起，象徵著天下統一。」麒麟是野獸，桑穀是野草，都是野物，野獸野草本沒有什麼區別，終軍說野獸為吉祥，祖己說野草為凶兆。高宗祭祀成湯宗廟時，有一隻野雞飛到作為禮器的鼎耳上鳴叫。祖己認為這預示將有遠方的使者來朝貢，而解說《尚書》的人則認為野鳥飛入宗廟是凶兆，議論雜亂不一。暫且按照祖己的說法，野鳥飛來宗廟是吉祥，那麼，野鳥埋伏在野草之中，野草覆蓋著野鳥的形體，如果農民居住在草屋之中，可以說那個人是吉利的而屋子是凶惡的嗎？農民進城，不叫做凶兆；野草生長在朝廷上，又有什麼不吉利呢？野鳥就是農民一類。如果說人和其他動物代表著吉祥，那麼長狄一類身材高大的少數民族來到，這是吉祥的徵兆，為什麼稱之為凶兆？如果認為從邊遠地區來中原的人不吉利，那麼介國葛盧來朝拜，這該是凶兆啊。如果以草木為凶，那麼朱草、蓂莢兩種所謂象徵吉祥的瑞草出現，這該是凶兆。朱草、蓂莢，都是野草，應該生長在野外，卻生長在朝廷，這是不吉利的徵兆，為什麼叫做「瑞草」？同樣是野生的東西，有的到來，有的長出，卻有吉凶兩種不同的議論。如果認為朱草、蓂莢是善草，所以象徵著吉祥，這就是以草的善惡為標準來區分吉凶，而不是以草木生長在都市與野外來區別好壞。周王朝時天下太平，越嘗敬獻周公一隻野雞，殷高宗得到這隻飛到鼎耳上的野雞而吉祥如意。野雞也是草野中的動物，為什麼又象徵著吉祥？如果認為野雞品性耿直，有點兒像士大夫，那麼麞也仍然有點兒像君子，公孫述獲得白鹿之時，占卜為什麼說是凶兆？既然如此，那麼野雞到來所象徵的吉凶尚且不可以預見，桑穀生於朝廷所預示的善惡就沒有可能驗證了。桑穀也許是善物，象徵著遠方的士人都將來到高宗的朝廷之上，因此高宗一定會獲取吉祥幸福，而且會享受長久了。

說災異之家❶以為天有災異者，所以譴告王者，信也。夫王者有過，異見於國；不改，災見草木；不改，災見於五穀；不改，災至身。《左氏春秋傳》❷曰：

國之將亡，「鮮❸不五稔❹」。災見於五穀，五穀安得熟？不熟，將亡之徵。災亦有且❺亡五穀熟之應❻。夫熟，或❼為災，或為福。禍福之實未可知，桑穀之言安❽可審❾？論說之家❿著⓫於書記⓬者，皆云：「天雨⓭穀者凶。」書傳曰：「蒼頡作書，天雨穀，鬼夜哭⓮。」此方⓯凶惡之應和⓰者。天用成穀之道⓱，從天降而和，且猶謂之善，況所成之穀從雨下乎！極⓲論訂⓳之，何以為凶？夫陰陽和⓴則穀稼成，不㉑則被㉒災害。陰陽和者，穀之道也，何以謂之凶？絲成帛，縷㉓成布。賜人絲縷，猶為重厚，況遺㉔人以成帛㉕與織布㉖乎？夫絲縷猶陰陽，帛布猶成穀也。賜人帛，不謂之惡，天與人穀，何故謂之凶？夫雨穀吉凶未可定，桑穀之言未可知也。

【章　旨】此章批駁說災異之家「天雨穀者凶」之謬論。

【注　釋】❶說災異之家　解說災異現象的人。此指以天人感應解說災異的漢儒。❷左氏春秋傳　即《左傳》。《春秋》三傳之一。❸鮮　少。❹稔　莊稼成熟。❺且　將。❻應　應驗。❼或　有時。❽安　何；怎麼。❾審　判斷；斷定。❿論說之家　指著書立說的人。⓫著　寫。⓬書記　泛指書籍。⓭雨　像下雨一樣地降下。漢儒認為天降穀子是上天故意顯現的凶兆。⓮蒼頡作書三句　見《淮南子・本經》。蒼頡，傳說是黃帝的史官，創造了漢字。書，指文字。⓯方　比方；說明。⓰應和　感應。⓱成穀之道　指農作物豐收需要風調雨順這個道理。即所謂「陰陽和」。⓲極　窮盡。⓳訂　考訂；考查。⓴陰陽和　即風調雨順。㉑不　通「否」。㉒被　遭受。㉓縷　線。㉔遺　贈送。㉕成帛　已織好的帛。㉖織布　織好的麻布。

【語譯】解說災異的儒生以為天有災異，所以通過自然災異來譴責警告統治者，這是確信無疑的。統治者有過錯，怪異現象就出現在這個國家；如果不改過，災禍就出現在草木上；再不改過，災禍就出現在五穀上；再不改過，災禍就會到達自己的身上。《左氏春秋傳》說：一個國家將要滅亡的時候，「很少有不連續五年穀物豐收的。」災禍出現在五穀上，五穀怎能成熟？不熟，就是國家將滅亡的徵兆。可是，按《左傳》記載，天降災異，又有以五穀豐收作為國家將要滅亡的徵兆的例證。莊稼豐收，有時是凶兆，有時是吉祥的徵兆。禍福實不可知道，桑穀生於朝，君王修政改行而消除災禍的話又怎麼能斷定呢？著書立說的人在書籍中都寫道：「天降穀物是上天故意顯現的凶兆。」書傳說：「蒼頡創造文字，天降下穀子，山鬼夜哭。」這是把天降穀子說成是對凶惡之事的一種感應。天根據「成穀之道」，從天上降下適宜莊稼生長的風雨，而為對人事的應和，尚且還可以說是吉兆，更何況是現成的穀子隨雨而降呢！追根究底來考查一下，憑什麼說是凶兆？風調雨順，穀物等莊稼就會成熟，否則就遭災害。風調雨順，是穀物生長豐收的規律，憑什麼說它是凶兆？絲織成帛，線織成布。賜人絲線，尚是很貴重的厚禮，何況把織好的帛與織好的麻布贈送給人呢！絲線好像陰陽風雨，帛布好像成熟的穀物。賜給別人帛，不能說是惡意，那麼上天賜給百姓穀物，為什麼說是凶兆？天降下穀物，是吉是凶尚不可斷定，桑穀生於朝，君主修政改行而消除災禍的話，自然不可能應證了。

使❶暢草❷生於周之時，天下太平，倭人❸來獻暢草。暢草亦草野之物也，與彼桑穀何異？如以夷狄獻之則為吉，使暢草生於周家❹，肯❺謂之不善乎？夫暢草可以熾釀❻，芬香暢達者，將祭，灌❼暢❽降神。設❾自生於周朝，與嘉禾❿、朱草、蓂莢之類不殊矣。然則桑亦食⓫蠶，蠶為絲，絲為帛，帛為衣，衣⓬以入宗廟為朝服，與暢無異，何以謂之凶？衛獻公⑬太子至靈臺⑭，蛇繞左輪。御者曰：「太子下拜。吾聞國君之子，蛇繞車輪左者速得國。」太子遂⑮不下⑯，反⑰乎舍⑱。御人見太子，太子曰：「吾聞為人子者，盡和順於君，不行私欲，共⑲嚴承令，不逆⑳君安。今吾得國，是君失安㉑也。見國之利而忘君安，非子道也。得國而拜，其非君欲。廢子道者不孝，逆君欲則不忠，而欲我行之，殆㉒吾欲國之危明也。」投殿㉓將死，其御止之不能禁，遂伏劍㉔而死。夫蛇繞左輪，審為太子速得國，太子宜不死，獻公宜疾㉕薨㉖。今獻公不死，太子伏劍，御者之占，俗之虛言也。或時蛇為太子將死之妖，御者信俗之占，故失吉凶之實。夫桑穀之生，與蛇繞左輪相似類也。蛇至實凶，御者以為吉。桑穀實吉，祖己以為凶。

【章　旨】此章以衛獻公太子之死說明御者之占實為庸俗的虛妄之言。

【注　釋】❶使　假如；假使。❷暢草　即鬯草。指鬱金草，古人把它作為釀造祭祀用的酒的作料。暢，同「鬯」。❸倭人　指古代的日本人。《漢書・地理志下》云：「樂浪海中有倭人，分為百餘國。」❹周家　即周王朝。封建王朝家天下，世代相傳，故稱之。《漢書・蓋寬饒傳》：「五帝官天下，三王家天下，家以傳子，官以傳賢。」❺肯　可。❻熾釀　造酒。熾，通「饎」。蒸。❼灌　倒；澆。❽暢　指加進暢草後釀成的酒。❾設　假設；如果。❿嘉禾　長勢茂盛茁壯的禾。古代以為祥瑞之物。⓫食　通「飼」。餵。⓬衣　穿。⓭衛獻公　春秋時代衛國君主。⓮靈臺　臺名。《孟子・梁惠王上》載，文王以民力為臺為沼，而民歡樂之，謂其臺曰靈臺，謂其沼曰靈沼。此後各諸侯國效之而築靈臺，蓋以遊玩，或觀察星象，預測吉凶。⓯遂　終於；始終。⓰不下　不下拜。⓱反　同「返」。⓲舍　住處。⓳共　通「恭」。恭順。⓴逆　亂。㉑失安　失去安寧。

㉒殆　大概。㉓投殿　一頭撞在宮殿上。㉔伏劍　以劍自殺。㉕疾　急；快。㉖薨　古代稱王侯之死曰「薨」。

【語　譯】假使鬱金草生在周代的時候，天下太平。倭人來獻鬱金草。鬱金草也是草野之物，與那生長在朝廷中的桑、構二樹有什麼不同？如果認為夷狄獻來的鬱金草就象徵著吉祥，那麼如果鬱金草生在周王朝，可以稱它象徵著不吉嗎？鬱金草可以用來釀造酒，酒味芬香舒暢，常用來祭祀。祭祀時把鬱金酒灑在地上，以求神靈降臨保佑。假設鬱金草生長在周朝，那麼它與嘉禾、朱草、蓂莢之類瑞草就沒有什麼區別了。既然這樣，那麼桑樹葉也可以用來餵蠶，蠶抽出絲，絲織成帛，帛做成衣服，穿上這衣服進入宗廟就變成朝服，與鬱金草並沒有差別，憑什麼說它是凶兆？衛獻公太子到靈臺，蛇纏繞著車的左輪。駕車的人說：「太子趕快下拜！我聽說國君的太子遇到蛇纏繞車的左輪的，很快就會當國君了。」太子聽了，終究不下拜，返回到自己的住處。駕車的人去拜見太子，太子說：「我聽說做人兒子的，應該盡心盡意地對君主恭順，不可有私自的打算，應該恭順嚴肅地接受君主的命令，不要擾亂君主的安寧。如果我現在去做國君，這就使國君失去了安寧了。只看見取得國君之位的私利，而不顧國君的安寧，這不是為人之子所應該做的。為了獲得國君之位而下拜，這也不是一個國君所想做的事。踐踏人子之道的人是不孝之子，違背君主之欲的人就是不忠之臣，而想讓我去做不忠不孝的事，這大概是我希望國家發生危急已有明顯的表現了。」說完便想在殿上一頭撞死，那位駕車的人拼命阻止而不能，於是用劍自殺而死。蛇纏繞車的左輪，斷定是太子很快獲得國君之位，太子應該不死，而獻公應該快死。而今獻公沒有死，太子反而伏劍自殺，駕車人的預言，是一種庸俗的虛妄之言。也許蛇繞左輪是太子將死的凶象，駕車的人相信了那種庸俗可笑的預言，因此吉凶完全不符合實際情況。桑、構二樹生於朝廷，與蛇纏繞車的左輪是相似的。蛇的到來實為凶象，而駕車的人認為是吉祥之兆；桑、構實為吉祥之物，而祖己以為凶兆。

禹南濟❶於江❷，有黃龍負❸舟，舟中之人，五色無主❹。禹乃嘻笑而稱曰：

「我受命於天，竭力以勞❺萬民。生，寄也；死，歸也。死，歸也，何足以滑❻和❼，視龍猶蝘蜓❽也！」龍去而亡❾。案古今龍至皆為吉，而禹獨謂黃龍凶者，見其負舟，舟中之人恐也。夫以桑穀比於龍，吉凶雖反，蓋相似。野草生於朝，尚❿為⓫不吉，殆有若黃龍負舟之異，故⓬為吉而殷朝不亡。

【章　旨】此章以黃龍負舟為例，說明野草生於朝並不意味著殷朝的滅亡。

【注　釋】❶濟　渡江。❷江　指長江。❸負　背負。❹五色無主　大驚失色，心中無主。❺勞　操心；操勞。❻滑　亂。❼和　平靜。❽蝘蜓　壁虎。❾亡　消失。❿尚　通「倘」。倘若；如果。⓫為　通「謂」。說。⓬故　本來。

【語　譯】禹王南渡長江時，傳說有一條黃龍背負著船，船中的人大驚失色，心中無主。禹卻開玩笑似地說：「我接受了上天之命，將竭盡全力為廣大百姓操心。人活著，就如同寄住在外面；人死了，就好像回到家裡。既然視死如歸，有什麼值得驚慌失措的，我把龍看作壁虎一樣！」黃龍聽了便離開船底，消失在江水中。考察古往今來，龍的到來都認為是吉祥如意的徵兆，然而禹惟獨把龍的出現看作凶兆，見龍背負船，船中的人都驚恐萬狀。用桑穀同龍相比，雖然有吉凶兩種相反的看法，而實際上差不多是相類似的。野草生長在朝廷上，如果說是不吉祥的徵兆的話，那麼，這種看法大概就同把黃龍負舟這種吉祥之兆說成是凶兆一樣，本來是吉祥之兆，因而殷朝並沒有被滅亡。

晉文公❶將與楚成王❷戰於城濮❸，彗星❹出楚，楚操其柄❺。以問咎犯❻，咎犯對曰：「以彗鬥，倒之者勝。」文公夢與成王搏，成王在上，盬❼其腦。問咎犯，咎犯曰：「君得天而成王伏其罪❽，戰必大勝。」文公從❾之，大破楚師。嚮❿令⓫文公問庸臣，必曰：「不勝。」何則？彗星無吉⓬，搏在上無凶也。夫桑穀之占，占為凶，猶晉當⓭彗末⓮，搏在下為不吉也。然而吉者，殆⓯有若⓰對彗⓱見天⓲之詭⓳，故高宗長久，殷朝不亡。使文公不問咎犯，咎犯不明其吉，戰以大勝，世人將曰：「文公以至賢之德，破楚之無道。天雖見妖，臥有凶夢，猶⓴滅妖消凶以獲福。」殷無咎犯之異知㉑，而有祖己信常㉒之占，故桑穀之文，傳世不絕，轉禍為福之言，到今不實㉓。

【章　旨】此章以晉楚城濮之戰為例，說明桑穀之占不可信也。

【注　釋】❶晉文公　春秋時代晉國的君主。❷楚成王　楚國的君主。❸城濮　古地名。大約在今山東鄄城西南一帶。西元前六三二年晉文公與齊、宋、秦國聯軍在此地大敗楚軍，這就是中國歷史上能以弱勝強而著名的城濮之戰。❹彗星　俗稱「掃把星」。❺柄　指掃把星的把。❻咎犯　晉國大夫。晉文公之舅父。❼鹽　吸取。❽伏其罪　低頭認罪。❾從　聽從。❿嚮　從前；往日；那時。⓫令　假令；倘若。⓬無吉　不吉利。⓭當　面對。⓮末　尾端。⓯殆　大概。⓰若　像。⓱對彗　處於彗星尾端。⓲見天　臉朝天。⓳詭　怪異。⓴猶　尚且。㉑異知　特異之見。㉒常　平常；一般。㉓實　確定。

【語　譯】晉文公將與楚成王在城濮作戰時，掃帚星出現在楚國的上空，星的把柄在楚國一方。晉文公向咎犯問起這件事，咎犯回答說：「用掃帚當武器戰鬥，把它倒過來用的人取勝。」文公夢中與成王搏鬥，成王在上面，吸他的腦髓。文公又問咎犯，咎犯說：「君主的臉向天，象徵得到上天的幫助；成王的臉朝下，象徵著低頭認罪。這一仗你一定取得大勝利。」文公聽從了咎犯的話，把楚軍打得大敗。那時假令文公問平庸的臣子，一定會說：「不能勝利。」為什麼？彗星本身就象徵著不吉利，楚成王同晉文公搏鬥時處在上方，就象徵著沒有凶險了。桑穀生於朝的預兆，被占為凶兆，就好像晉國處在彗星的尾端，晉文公同楚成王搏鬥被壓在下面，一般認為是不吉祥之兆一樣。然而桑穀生於朝是吉祥之兆，大概就如同處於彗星尾端、臉朝天這種怪異的徵兆一樣，看似凶兆，實為吉祥之兆，因此高宗享位長久，殷朝沒有滅亡。如果晉文公不問咎犯，或者咎犯並不明白它是吉兆，而戰鬥又取得大勝利，那麼世人將會說：「晉文公依靠最賢明的德行，打敗了兇殘無道的楚國。天上雖然出現了凶象，睡覺時又有凶夢，尚且妖象滅去，凶兆消失，而獲得福分。」殷朝沒有像咎犯那樣具有特殊見識的人，而有祖己那樣平常的預言者，因而桑穀生於朝是凶兆的文字記載，一代一代不斷地傳下來，而轉禍為福的說法，至今尚不確實。

# 感虛篇第十九

**【題　解】** 本篇為「九虛」之一，批判漢儒宣揚人的精誠能感動上天鬼神的虛妄之言。所謂「感虛」，就是說感應之論是虛妄的。作者列舉了十五個事例，然後逐一批駁，說明自然界有其自身的運動規律，不以人的主觀意志為轉移。

儒者傳書❶言：「堯之時，十日並❷出，萬物燋枯。堯上射十日，九日去，一日常出。」此言虛也。夫人之射也，不過百步，矢力盡矣。日之行也，行天星❸度❹。天之去❺人，以萬里數。堯上射之，安能得日？使堯之時，天地相近，不過百步，則堯射日，矢能及之；過百步，不能得也。假使堯時天地相近，堯射得之，猶❻不能傷日，日何肯去？何則？日，火也。使在地之火，附一把炬❼，人從旁射之，雖中，安能滅之？地火不為見❽射而滅，天火何為見射而去？此欲言堯以精誠❾射之，精誠所加，金石為虧❿。蓋誠無堅，則亦無遠矣。夫水與火，各一性⓫也，能射火而滅之，則當射水而除之。洪水之時，泛濫中國⓬，為民大害，堯何不推精誠射而除之？堯能射日，使火不為害；不能射河，使水不為害。

夫射水不能卻⑬水，則知射日之語，虛非實也。

【章　旨】此章批駁傳書所謂「堯射十日」之論。

【注　釋】❶傳書　指解說儒家經書的著作。❷並　一齊；同時。❸星　此指二十八宿。❹度　運行度數。❺去　距離。❻猶　尚且；還是。❼附一把炬　附在一個火炬上。即點上一個火炬。❽見　被。❾精誠　真心誠意。❿虧　毀壞。⓫性　本質；特性。⓬中國　指中原地帶。⓭卻　退。

【語　譯】儒生解說儒家經書的著作記載：「唐堯時代，十個太陽同時出現，地上的萬物都被曬得焦枯了。於是堯取出弓箭，朝天上射十個太陽，其中九個太陽離開了，留下一個太陽經常出來。」這種說法是虛假的。人的射箭，不超過百步，箭力已盡了。太陽的運行，是在天上二十八宿之間按照一定的度數運行的。天距離人，要以萬里為單位計算。堯向天上射箭，怎麼能夠射得到太陽？假使堯的時代，天地相距很近，不超過百步，那麼堯射日，箭還能射到；如果超過百步，就不能射到了。假如堯時天地相距很近，堯的箭射得到太陽，尚且不能射傷太陽，太陽又怎麼肯離去？為什麼這樣說？因為太陽是一團烈火。如果在地上的火，點著一個火把，人從旁射箭，即使射中火把，又怎能使火把熄滅呢？地上的火並不因為被箭所射中而熄滅，天上的火又為什麼要因為被箭一射而離去？這種說法是想說明堯因為真心誠意地射日，精誠所致，金石為開，大概是在「精誠」面前，既然沒有東西可以稱是堅硬的，那麼也就沒有箭到達不了的遠距離了。水與火，各自具有同一特性，都是物質實體，既然能射火而使火熄滅，那就應當去射水而除掉水患。洪水到來之時，中原地帶泛濫成災，成為老百姓的一大公害，堯為什麼不推出「精誠」之心去射洪水而消除水災？堯能射太陽，使烈火不至於為害百姓；卻不能射河流，使洪水不至於為害百姓。射水並不能使洪水退卻，就知道堯射日的話，是虛假而不是確實的。

或❶曰：「日，氣也，射雖不及，精誠滅之。」夫天亦遠，使其為氣，則與日月同；使❷其為體，則與金石等❸。以堯之精誠，滅日虧金石，上射日，則能穿天乎？世稱桀❹、紂❺之惡，射天而毆❻地，譽❼高宗之德，政消❽桑穀。今堯不能以德滅十日，而必射之，是❾德不若❿高宗，惡與桀、紂同也，安能以精誠獲天之應也？

【章　旨】此章承上文，以堯與高宗、桀、紂正反對比，說明堯以精誠滅日之論是虛。

【注　釋】❶或　有人。❷使　假如。❸等　相同。❹桀　即夏桀。夏朝末君。❺紂　商紂王。商朝末君。❻毆　打；擊。❼譽　稱譽；贊揚。❽政消　以改政修行消除災害。❾是　這。❿若　如。

【語　譯】有人說：「太陽是一團氣體，箭雖然射不到它，精誠可以使它熄滅。」天離我們也太遠了，假如它是氣體，就與日月相同；假如它是固體，就與金石相同。憑著堯的真心誠意，如果能使太陽滅去，使金石毀壞的話，那麼朝天上射太陽，就能夠射穿天空嗎？世人都說夏桀、商紂兇惡無道，射天而擊地，稱贊殷高宗的品德，說他改善政治使生長在朝廷上的桑、穀二樹自然消失了。而今堯不能用高尚的品德使十個太陽熄滅，反而一定要用箭去射太陽，這樣說來，堯的德行還不如殷高宗，而凶惡卻與桀、紂兩位暴君一樣，他又怎能以精誠之心得到上天讓九個太陽離去只留下一個太陽照亮人間的報應呢？

傳書言：「武王❶伐紂，渡孟津❷，陽侯❸之波，逆流而擊，疾風晦冥❹，人馬不見。于是武王左操❺黃鉞❻，右執白旄❼，瞋目❽而麾❾之曰：『余❿在，天下誰敢害⑪吾意者！』於是風霽⑫波罷⑬。」此言虛也。武王渡孟津時，士眾喜樂，前歌後舞。天人同應，人喜天怒，非實宜⑭也。前歌後舞，未必其實；麾風而止之，跡近為虛。夫風者，氣也，論者以為天地之號令也。武王誅紂是⑮乎，天當安靜以祐之；如誅紂非乎，而天風者怒也。武王不奉天令，求索⑯己過⑰，瞋目言曰：「余在，天下誰敢害吾意者！」重⑱天怒，增己之惡也，風何肯止？父母怒，子不改過，瞋目大言，父母肯貰⑲之乎？如風天所為，禍氣自然，是亦無知⑳，不為瞋目麾之故㉑止㉒。夫風猶雨也，使武王瞋目以旄麾雨而止之乎？武王不能止雨，則亦不能止風。或時㉓武王適㉔麾之，風偶自止，世褒㉕武王之德，則謂武王能止風矣。

【章　旨】此章批駁傳書所謂的武王伐紂時瞋目麾之而「風霽波罷」之說。

【注　釋】❶武王　即周武王。❷孟津　黃河古渡口。在今河南孟津東。❸陽侯　古代傳說中的波浪之神。《淮南子・覽冥》高誘注：「陽侯，陵陽國侯也。其國近水，溺水而死。其神能為大波，有所傷害，因謂之陽侯之波。」❹晦冥　昏暗。❺操　持；拿。❻鉞　古代兵器。形狀如大斧。❼旄　以氂牛尾裝飾杆頂的旗子。❽瞋目　怒視；發怒時瞪大眼睛而視。❾麾　揮。❿余　我。⓫害　妨礙。⓬霽　風雨停止，天氣放晴。⓭罷　停。⓮宜　應當；合情理。⓯是　對；正確。⓰求索　尋找。⓱過　過錯；罪過。⓲重　加重；增加。⓳貰　赦免；寬恕。⓴無知　沒有意識。㉑故　緣故。㉒止　停止。㉓或時　或許。㉔適　正好；恰好。㉕褒　贊揚。

**【語譯】**解說儒家經書的書上記載：「周武王討伐商紂王，在孟津渡河時，陽侯之波，倒流而攻擊著武王的船隻，狂風大作，天空昏暗，人馬都看不見了。在這種情況下，武王左手拿黃鉞，右手執白色旗子，瞪大眼睛發怒似的一邊揮動旗子說：『我在這裡，天下誰敢違抗我的意志！』於是風雨停息，波浪也平靜了。」這種說法是沒有根據的。周武王在孟津渡河時，全體將士歡天喜地，前頭唱歌，後面跳舞。按照傳書的說法，天和人是互相感應的，那麼說人高興而天卻發怒，這就實在不合情理了。前歌後舞，未必是實；揮風而制止它，據實跡考查是虛假的。風是氣體的流動而形成的，議論的人以為是天地發出的號令。周武王討伐商紂是對的，那麼上天就應當不颳風，用安靜來保佑他；如果討伐紂王是不對的，那麼天颳風就是發怒啊。武王不尊奉天的命令，檢查自己的過錯，瞪著眼睛發怒說：「我在這裡，天下誰敢違抗我的意志！」這樣一定會加重天的怒氣，增加自己的罪惡，風又怎麼肯停息？父母發怒時，兒子不但不改正自己的過錯，反而瞪大眼睛大叫大嚷，父母怎肯寬恕他呢？如果說風是天上颳起的，那麼水波倒流、大風昏暗這些禍氣就是自然而然形成的。這樣說來，它們都是沒有意識的，也就不會因為武王瞪眼睛、揮旄施令而停止的。風好像雨一樣，假使武王瞪大眼睛發怒，用旗子揮雨而能使雨停止嗎？武王不能使雨停止，也就不能使風停止。或許武王正好揮舞著白色旗子，風碰巧自然停止了，世人贊揚武王的德行，就說武王能使風停止啊。

傳書言：「魯陽公❶與韓❷戰，戰酣日暮，公援❸戈❹而麾之❺，日為之反❻三舍❼。」此言虛也。凡人能以精誠感動天，專心一意，委務積神❽，精通於天，天為變動，然❾尚未可謂然。陽公志在戰，為❿日暮一麾，安能令日反⓫？使聖人麾日，日終不反，陽公何人，而使日反乎？〈鴻範〉⓬曰：「星有好⓭風，星有好雨⓮。日月之行，則有冬有夏。月之從⓯星，則有風雨⓰。」夫星與日月同精⓱，日月不從星，星輒⓲復變。明日月行有常度⓳，不得從星之好惡也，安得從陽公之所欲？星之在天也，為日月舍，猶地有郵亭⓴，為長吏㉑廨㉒也。二十八舍有分度㉓，一舍十度，或增或減。言日反三舍，乃三十度也。日，日行一度。一麾之間，反三十日時所在度也。如謂舍為度，三度亦三日行也。一麾之間，今日卻三日也。宋景公推誠㉔，出三善言，熒惑㉕徙㉖三舍。實論者㉗猶㉘謂㉙之虛，陽公爭鬥，惡㉚日之暮，以此㉛一戈麾，無誠心善言，日為之反，殆㉜非其實哉！且日，火也。聖人麾火，終不能卻，陽公麾日，安能使反？或時戰時日正卯㉝，戰迷㉞，謂㉟日之暮，麾之轉左㊱，曲㊲道日若卻。世好神怪，因謂之反，不道所謂也。

【章　旨】此章批駁傳書所謂「陽公麾日」之說。

【注　釋】❶魯陽公　指楚國魯陽縣的縣尹。❷韓　戰國七雄之一。在今山西、河南、河北三省交界一帶。❸援　舉。❹戈　古代兵器之一。❺之　指太陽。❻反　同「返」。❼舍　古人以為二十八宿是日、月、五星運行中停留休息之地，所以每一星宿叫一舍。見《淮南子・覽冥》。❽委務積神　放棄其他事物，聚精會神。❾然　然而。後一個「然」是「這樣，如此」之意。❿為　因為。⓫反　同「返」。⓬鴻範　《尚書》中的一篇。鴻，通「洪」。⓭好　愛好。古人認為二十八宿中的箕宿是好颳風的，月亮運行中若靠近箕宿，天就要颳風。⓮星有好雨　古人認為二十八宿中的畢宿是好下雨的，月亮運行中如果接近畢宿，天就要下雨。⓯從　跟從；靠近。⓰則有風雨　月亮靠近箕、畢二宿，就有風雨興起。⓱精　精氣。⓲輒　總是；往往。⓳常度　一定的度數。⓴郵亭　古代設立在路旁，供官吏出巡或送信件文書的人中途歇息食宿的館舍。㉑長吏　地方官吏。㉒廨　官署。此指官吏辦公之處。㉓分度　古代天文學家把一周天分為三百六十五度多，二十八宿中有的佔不到十度，有的多達二、三十度。㉔推誠　發自誠心。㉕熒惑　即火星。㉖徙　遷徙；移動。㉗實論者　實事求是的人。㉘猶　尚且。㉙謂　說。㉚惡　厭惡；討厭。㉛以此　因此。㉜殆　大概。㉝卯　古人以子、丑、寅、卯等十二地支表方位，卯表示正東方。㉞迷　迷糊。㉟謂　以為。㊱左　指東方。㊲曲　歪曲；錯誤。

【語　譯】傳書說：「魯陽公與韓國軍隊打仗，戰鬥打得最激烈時而天已傍晚，魯陽公舉起戈向太陽一揮，太陽因此為他退回三舍。」這一說法是虛假的。凡人能以精誠之心感動上天，就必須專心一意，放棄其他一切事物，聚精會神，使自己的心靈通到天上，天為之感動，然而還不能說一定就能使天這樣。魯陽公專心致志地在打仗，因為天已傍晚而揮了一戈，怎麼能使太陽退了三舍？假使聖人揮日，太陽也終究不會倒退，魯陽公是什麼人，卻能使太陽退回三舍呢？〈洪範〉說：「星有愛好風的（如箕宿），星有愛好雨的（如畢宿）。日月的運行，就有冬天有夏天。如果月亮運行中靠近了愛好風雨的箕、畢二宿，就有風、雨興起。」星宿與日月同是精氣，即使太陽、月亮不靠近星宿，星宿也總是在反覆變化的，同樣會颳風下雨。很明顯，太陽、月亮的運行有一定的度數，不可能隨著星宿的好惡而運行，又怎麼會順從魯陽公的欲望而退了三舍呢？星宿在天上，作為太陽、月亮的停歇之地，如同地上有郵亭，作為地方官吏出巡或傳送公文的差役中途歇息的館舍一樣。二十八宿，被劃分了度數，每一個星宿所佔的大致為十度，有的增多一點，有的減少一點。說太陽退了三舍，就是三十度左右。太陽每天運行一度，魯陽公一揮之間，太陽竟返回到三十天以前的位置上去了。如果說一舍為一度，三度也就是太陽三天的行程。這就是說，魯陽公一揮之間，竟使太陽退卻了三天的行程。宋景公出於至誠之心，說了三句好話，火星退了三舍。實事求是的人尚且說這件事是虛假的。魯陽公與人作戰，厭惡天的傍晚，因此揮了一下戈，並沒有誠心，也沒有講好話，太陽竟為他退回去三舍，這大概不是事實吧！況且太陽是一團烈火，聖人揮火，終究不能使它退卻，魯陽公揮日，又怎能使它返回去呢？也許打仗時太陽正在東方，魯陽公打仗打迷糊了，以為太陽快下山了，把揮動的戈指向東方，錯誤地認為太陽好像退回去了。世俗之人好談神怪，因此就說太陽倒退回去了，而講不出這究竟是怎麼一回事。

傳書言：「荊軻❶為燕太子❷謀刺秦王，白虹貫日❸。衛先生❹為秦畫❺長平之事，太白蝕昴❻。」此言精誠感天，天為變動也。夫言白虹貫日，太白蝕昴，實也；言荊軻之謀，衛先生之畫，感動皇天❼，故白虹貫日，太白蝕昴者，虛也。夫以箸❽撞鐘，以筭❾擊鼓，不能鳴者，所用撞擊之者小也。今人之形不過七尺，以七尺形中精神，欲有所為，雖積銳意❿，猶箸撞鐘、筭擊鼓也，安能動天？精非不誠，所用動者小也。且所欲害者人也，人不動⓫，天反動乎？問曰：「人之害氣，能相動乎？」曰：不能。「豫讓⓬欲害趙襄子，襄子心動⓭；貫高⓮欲篡高祖，高祖亦心動⓯。二子⓰懷精，故兩主振⓱感⓲。」曰：禍變且至⓳，身自有怪⓴，非適㉑人所能動也。何以驗之？時或遭狂人於途，以刃加己，狂人未必念害己身也，然而己身先時已有妖怪矣。由此言之，妖怪之至，禍變自凶之象，非欲害己者之所為也。且㉒凶㉓之人，卜得惡兆，筮㉔得凶卦，出門見不吉，占候睹禍氣，禍氣見於面，猶白虹、太白見於天也。變見於天，妖出於人，上下適然㉕，自相應也。

【章旨】此章批駁傳書所謂荊軻之謀、衛先生之畫「感動皇天」之說。

【注　釋】❶荊軻　戰國末衛國人。被燕太子丹收買去刺殺秦王嬴政，未遂被殺。❷燕太子　燕王太子，名丹。❸白虹貫日　古人以為白虹象徵兵器，太陽象徵君主，白虹貫日就象徵君主要遭到凶殺。貫，貫穿。❹衛先生　戰國時秦國人。❺畫　策劃。❻長平之事二句　指西元前二六〇年發生的秦趙長平之戰，秦將白起在長平消滅趙軍四十餘萬人。白起在長平大捷後，欲乘勝追擊滅趙，可能是衛先生的建議，於是白起曾派衛先生回秦國請求秦昭王增派援兵，傳說此時精誠感動上天，天上出現了太白蝕昴的星象。太白，太白星。即金星。蝕，侵蝕。昴，二十八宿之一。古人認為太白星為天將，因位在西方，象徵秦國，而趙國地處昴宿之下，所以漢儒認為「太白蝕昴」正象徵著秦國將要消滅趙國。見《史記・魯仲連鄒陽列傳》。❼皇天　即天。常與「后土」並用，以合稱天地。❽箸　筷子。❾筭　籌碼。古代的計算用具。❿銳意　此指精誠之心。⓫動　心動；預感。⓬豫讓　春秋末期晉國大臣智伯瑤的家臣。智伯為趙、韓、魏所滅，他為了替智伯報仇，曾多次謀刺趙襄子，但每次都因趙襄子事先心動察覺，未能得逞。⓭襄子心動　見《戰國策・趙策一》。襄子，趙襄子。即趙無卹，春秋末期晉國大夫，戰國時趙國之祖。⓮貫高　西漢初人。任趙王張敖國相，曾謀殺漢高祖劉邦，傳說因劉邦事先心動察覺，未遂。⓯高祖亦心動　見《史記・張耳陳餘列傳》。⓰二子　指豫讓、貫高二人。事見《史記・刺客列傳》。⓱振　振動。⓲感　覺察。⓳且至　將到。⓴怪　怪異現象。㉑適　正好；適逢。㉒且　將要。㉓凶　遇到災凶。㉔筮　用蓍草算卦。㉕適然　碰巧如此。

【語　譯】傳書說：「荊軻為燕太子丹謀刺秦王嬴政時，天上出現了『白虹貫日』的現象。衛先生替秦國策劃長平大捷後乘勝消滅趙國的時候，精誠感天，出現了『太白蝕昴』的異常星象。」這是說荊軻、衛先生的精誠之心感動了上天，天為之而變動的。說白虹貫日、太白蝕昴，這是符合實際情況的；而說荊軻的謀刺、衛先生的策劃，感動了皇天，因此出現「白虹貫日」、「太白蝕昴」這種怪異星象，則是虛假的。用筷子撞鐘，或以籌碼擊鼓，其所以不能發出聲響，這是因為用來敲打的東西太小了。而今人的形體不超過七尺高，憑這七尺高的形體中所蘊藏著的精力神氣，而想有所作為，雖然積蓄著精誠之意，也好像用筷子撞鐘、用籌碼擊鼓一樣，怎麼能振動上天？心不是不誠，原因是用來使天動的東西太小了。況且想謀害的是人，人還沒有預感到，天反而先感動了嗎？有人問道：「一個人的害人之氣，能使人預感到嗎？」我說，不能。有人說：「豫讓想謀害趙襄子，因為趙襄子事先心動察覺而未能成功；貫高想刺殺漢高祖劉邦，也因為劉邦事先心動察覺而未遂。這就說明豫讓、貫高兩人懷有害人的精氣，所以趙襄子、漢高祖兩位君主心中一震動而有所感覺的。」

我說：災禍異變現象將要到來的時候，這人本身就會有作為預兆的怪異現象出現，並不是正好有人所能夠感動的。何以驗證呢？有時人在路上碰到狂人，用刀向自己砍來，狂人不一定想到要加害於自己，然而自己身上先時已經有妖氣怪象了。由此說來，妖氣怪象的到來，災禍異變自凶的現象，並不是想加害自己的人所做的。將要遇上災禍的人，占卜會得到凶兆，算卦會得到凶卦，出門會見到不吉利的事，看人的氣色來推測吉凶，禍氣表現在臉上，就如同白虹、太白星出現在天空上。災象出現在天上，妖氣表現在人身上，天上地上的怪異之象碰巧同時出現，天人就這樣自然而然地互相應和了。

傳書曰：「燕太子丹朝❶於秦，不得去，從❷秦王求歸❸。秦王執❹留之，與之誓曰：『使❺日再中，天雨❻粟，令❼烏❽白頭，馬生角，廚門木象生肉足，乃❾得歸。』當此之時，天地祐之，日為再中，天雨粟，烏白頭，馬生角，廚門木象生肉足。秦王以為聖，乃❿歸之⓫。」此言虛也。燕太子丹何人，而能動天？聖人見拘⓬，不能動天；太子丹，賢者也，何能致此？夫天能祐太子，生諸瑞⓭以免其身，則能和秦王之意，以解⓮其難⓯。見拘一事而易，生瑞五事而難⓰。舍⓱一事之易，為五事之難，何天之不憚⓲勞也？湯⓳困⓴夏臺㉑，文王㉒拘羑里㉓，孔子厄陳、蔡㉔。三聖之困，天不能祐，使拘之者睹祐知聖，出㉕而尊厚㉖之？或曰：「拘三聖者不㉗與之誓㉘，三聖心不願，故祐聖之瑞無因而至。天之祐人，猶借人以物器矣，人不求索，則弗㉙與㉚也。」曰：太子願天下㉛瑞之時，豈有語言乎？心願而已。然湯閉於夏臺，文王拘於羑里時，心亦願出；孔子厄陳、蔡，心願食。天何不令夏臺、羑里關㉜鑰㉝毀破，湯、文涉出㉞；雨粟陳、蔡，孔子食飽乎？太史公㉟曰：「世稱太子丹之令天雨粟，馬生角，大抵皆虛言也㊱。」太史公書㊲漢世實事之人，而云「虛言」，近非實也。

【章　旨】此章批駁傳書所謂燕太子丹令「天雨粟，馬生角」的虛妄之言。

【注　釋】❶朝　朝見。❷從　跟在後面。❸歸　回國。❹執　固執；堅持。❺使　假使；假如。❻雨　作動詞用。像雨一樣地降下。❼令　假令；倘使。❽烏　烏鴉。❾乃　才。❿乃　於是。⓫歸之　使之歸國。⓬見拘　被拘禁。⓭諸瑞　指以上所說的五件事。瑞，祥瑞；象徵吉祥的事物。⓮解　解除。⓯難　困境。⓰難　困難。⓱舍　拋開。⓲憚　怕。⓳湯　成湯。⓴困　囚禁。㉑夏臺　傳說為夏朝的監獄。㉒文王　周文王。㉓羑里　古地名。在今河南湯陰北。㉔孔子厄陳蔡　見《荀子・宥坐》。西元前四八九年，孔子遊至陳國與蔡國交界處，途中被當地百姓所困，七天未吃飽飯。厄，困窮。㉕出　釋放出來。㉖尊厚　尊敬、厚待。㉗不　未；沒有。㉘誓　立下誓言。㉙弗　不。㉚與　給予。㉛下　降。㉜關　門栓。㉝鑰　鎖。㉞涉出　走出來。㉟太史公　此指司馬遷。《史記》作者。㊱世稱太子丹之令天雨粟三句　見《史記・刺客列傳》。大抵，大都。㊲書　記載。

【語　譯】傳書說：「燕太子丹到秦國朝見秦王時，被扣留下來不准離去，於是便向秦王請求回國。秦王執意留下太子丹，同他立下誓言說：『假使偏西的太陽再回到中天，天降下穀子，假令烏鴉的頭變白，馬生角，廚門上雕刻的木象長出肉腳來，你才能回國。』正當這個時候，天地保佑太子丹，太陽為他再回到中天，天上降下了穀子，烏鴉變成了白頭，馬生出角，廚門上雕刻的木象長出肉腳。秦王以為太子丹是聖人，於是就讓他回到燕國去了。」這種說法是虛假的。燕太子丹是什麼人，卻能感動上天？聖人被拘禁，不能感動上天；太子丹只是賢人，怎麼能達到這種境地？上天既能保佑太子丹，生出以上所說的五件祥瑞之事來免除他被拘禁，就應該能和秦王之意，以解除太子丹的困境。要解決被拘留一事是很容易的，而要產生出五件祥瑞的事物來卻很困難了。拋開這一件容易辦的事不做，卻去做那五件很難實現的事，為什麼上天這樣不怕辛苦呢？成湯被夏桀囚禁在夏臺，周文王被商紂王拘禁在羑里，孔子在陳、蔡交界處被困七天未吃飽飯。這三位聖人身處困境，上天為什麼不能保佑，使拘禁他們的人看到上天的保佑而知道他們是聖人，釋放而又尊敬、厚待他們？有人說：「拘禁三位聖賢的人沒有同他們立誓，三位聖人的心裡也沒有要上天保佑自己的意願，所以保佑三位聖人的祥瑞之物也就無從出現。上天保佑人，好比把物品用器借給別人，別人沒有要求索取，就不會給予的。」我說：燕太子丹希望上天降下祥瑞的時候，難道有言在先嗎？只是一種心願和希望而已。但是成湯被禁閉在夏臺，文王被拘禁在羑里的時候，心中也希望出獄；孔子被困窮在陳、蔡之間時，心中也希望有飯吃。這時，上天為什麼不使夏臺、羑里監獄的門栓、門鎖毀壞，讓成湯、文王走出來；為什麼不在陳、蔡之間降下穀子，讓孔子一行吃飽飯呢？太史公司馬遷說：「世人稱太子丹使上天降下穀子、馬長出角來，大都是虛妄之言。」太史公是記錄漢代真情實事的人，而說是「虛妄之言」，由此可見，天降穀子、馬生角之類說法，大概是不真實的了。

傳書曰：「杞梁氏之妻向城而哭，城為之崩❶。」此言杞梁從軍不還，其妻痛之，向城而哭，至誠悲痛，精氣動城，故城為之崩也。夫言向城而哭者，實也；城為之崩者，虛也。夫人哭悲莫過雍門子❷。雍門子哭對孟嘗君❸，孟嘗君為之於邑❹。蓋哭之精誠，故對向之者淒愴❺感慟❻也。夫雍門子能動孟嘗之心，不能感孟嘗衣者，衣不知惻怛❼，不以❽人心相關通也。今城，土也。土猶衣也，無心腹之藏❾，安能為悲哭感慟而崩？使至誠之聲能動城土，則其對林木哭，能折草破木乎？向水火而泣，能湧水❿滅火乎？夫草木水火與土無異，然⓫杞梁之妻不能崩城，明矣。或時城適自崩，杞梁妻適哭，下世⓬好⓭虛，不原⓮其實，故崩城之名，至今不滅。

【章旨】此章批駁傳書所謂杞梁妻哭崩城牆之說。

【注釋】❶杞梁氏之妻向城而哭二句　參見劉向《說苑·立節》和《列女傳·卷四》。據《左傳·襄公二十三年》載，齊軍攻莒，杞梁戰死。莊公率軍回朝，遇杞梁之妻於郊外，向她表示弔唁。杞梁妻以為不合禮節而不受，未有哭城之說。至西漢，而演化為杞梁之妻哭塌城牆的故事，後又演化為孟姜女哭長城。杞梁，春秋時齊國大夫。向，對著。崩，倒塌。❷雍門子　戰國時齊國人。姓雍門，名周，善鼓琴，曾干孟嘗君，鼓琴而歌，孟嘗君涕泣悲哀。❸孟嘗君　齊國貴族。原名田文，襲其父田嬰而封於薛，稱薛公，號孟嘗君。❹於邑　悲哀抽噎貌。於，同「嗚」。邑，通「噎」。❺淒愴　悽慘。❻感慟　悲痛。❼惻怛　憂傷已極。❽以　與；和。❾藏　通「臟」。五臟。❿湧水　使水湧出來。⓫然　然則；那麼。⓬下世　指後代。⓭好　愛好。⓮原　追究；探尋。

【語譯】傳書說：「杞梁氏的妻子對著城牆痛哭，城牆為她倒塌。」這是說杞梁從軍未回家，他的妻子很悲痛，對著城牆而哭，因為這是最真誠的悲痛，精誠之氣感動城牆，因此城牆為她倒塌了。傳書說杞梁妻對著城牆而哭，是事實吧；而說城牆被她哭塌了，就是虛假的。人的哭聲悲哀，沒有能超過雍門子的。雍門子向孟嘗君哭訴，使孟嘗君也跟著他哭泣。大概是哭得精誠感人，所以面對他的人也感到悽慘悲痛了。雍門子的痛哭能打動孟嘗君的心，卻不能感動孟嘗君的衣服，這是因為衣服不知道悲傷，不與人心相關連溝通的緣故。

城牆是土石砌成的，土石好比衣服一樣，沒有五臟，怎能被人們的悲哭痛苦所感動而倒塌？假使最誠摯的哭聲能感動城牆上的土石，那麼他對著林木痛哭，能夠使草木折斷破損嗎？對著水火哭泣，能夠使水湧出，使大火熄滅嗎？草木水火與土石沒有差異，那麼杞梁的妻子不能哭倒城牆就很明白了。或許城牆正巧自己倒塌，杞梁妻子恰好在痛哭，後代的人喜歡玄虛，不去追究這件事的真實情況，所以使杞梁妻哭倒城牆的名聲，至今沒有湮滅。

傳書言：「鄒衍無罪，見拘於燕，當夏五月，仰天而歎，天為隕霜❶。」此與杞梁之妻哭而崩城，無以異也。言其無罪見拘，當夏仰天而歎，實也；言天為之雨霜，虛也。夫萬人舉口❷，並解❸吁嗟❹，猶未能感天；鄒衍一人冤而壹❺歎，安能下霜？鄒衍之冤，不過曾子❻、伯奇❼。曾子見疑而吟❽，伯奇被逐而歌。疑、逐與拘同，吟、歌與歎等❾。曾子、伯奇，不能致寒❿；鄒衍何人，獨能雨霜？被逐之冤，尚未足言。申生⓫伏劍，子胥刎頸⓬，實孝而賜死⓭，誠忠⓮而被誅。且臨死時，皆有聲辭，聲辭出口，與仰天歎無異。天不為二子感，獨為鄒衍動，豈天痛見拘，不悲流血哉？何其冤痛相似而感動不同也？

夫熯⓯一炬火，爨⓰一鑊⓱水，終日不能熱也；持一尺冰，置⓲庖廚⓳中，終夜不能寒也。何則？微小之感，不能動大巨也。今鄒衍之歎，不過如一炬、尺冰，而皇天巨大，不徒⑳鑊水、庖廚之醜㉑類也。一仰天歎，天為隕霜，何天之易感、霜之易降也？夫哀與樂同，喜與怒均㉒。衍興㉓怨痛，使天下㉔霜，使衍蒙非望之賞㉕，仰天而笑，能以㉖冬時使天熱㉗乎？變復之家㉘曰：「人君秋賞則溫，夏罰則寒。」寒不累時㉙則霜不降，溫不兼日㉚則冰不釋㉛。一夫冤而一歎，天輒下霜，何氣之易變、時之易轉也？寒溫自有時，不合變復之家。且㉜從變復之說，或時燕王㉝好用刑，寒氣應至；而衍囚拘而歎，歎時霜適自下。世見適歎而霜下，則謂鄒衍歎之致也。

【章　旨】此章批駁傳書所謂鄒衍蒙冤而歎致使夏天降霜的「天人感應」之論。

【注　釋】❶鄒衍無罪五句　見《後漢書・劉瑜列傳》注引《淮南子》。鄒衍，戰國時齊國人。陰陽家之代表人物。隕，墜落；降下。❷舉口　張口。❸並解　一同發出。❹吁嗟　歎氣之聲。❺壹　同「一」。❻曾子　即曾參。孔子弟子。《莊子・外物篇》注說他非常孝順父母，反而經常受到父母的歧視和虐待。❼伯奇　西周大夫尹吉甫之子。因後母進讒言，而被父親放逐。❽吟　哀吟；悲歌。❾等　相同。❿致寒　招致寒冷。⓫申生　春秋時代晉獻公的太子。因受後母驪姬讒害，被迫自殺身死。見《史記・晉世家》。⓬刎頸　割頸自殺。⓭賜死　古代君主、父親迫令臣、子自殺。⓮誠忠　真忠；實忠。⓯熯　火氣。此為動詞，點燃之意。⓰爨　燒煮東西。⓱鑊　大鍋。⓲置　放。⓳庖廚　廚房。⓴徒　僅僅；只是。㉑醜　比；同。㉒均　相等；相同。㉓興　發出。㉔下　降下。㉕非望之賞　意外的獎賞。㉖以　在。㉗熱　變成熱天。㉘變復之家　指天人感應論者。變，災害或怪異現象。復，消除災害和怪異現象，使之恢復原貌。㉙累時　累積多時。㉚兼日　連續多日。㉛釋　化。㉜且　姑且；暫且。㉝燕王　指燕惠王。

【語　譯】傳書說：「鄒衍無罪，被拘禁在燕國，正當夏曆五月，仰天長歎，上天為此下霜。」這種說法同杞梁的妻子悲哭使城牆倒塌，沒有差別。說他無罪而被拘禁，正當夏季仰天長歎，可能是實；說上天因此而下霜，就是虛妄之言。萬人張口，一齊發出歎氣聲，還不能感動上天；鄒衍一人含冤而一歎，怎能使天下霜？鄒衍的冤枉，並沒有超過曾子和伯奇。曾子被猜疑而悲吟，伯奇被放逐而悲歌。猜疑、放逐與拘禁的遭遇相同，哀吟、悲歌與長歎相同。曾子、伯奇，不能招致寒冷，鄒衍是什麼人，唯獨能使天降下霜？當然，被放逐的冤屈，尚且沒有必要講了。申生被繼母陷害而伏劍自殺，伍子胥因遭人讒害而刎頸身亡，本來是孝子而被賜死，本來是真正的忠臣反而被殺，這種種冤屈該有多大啊！尚且他們臨死的時候，都有呼聲和言詞，呼聲和言詞出口，與仰天長歎沒有差異吧。上天不為申生、子胥二人的冤屈所感，唯獨為鄒衍之冤所動，難道上天只同情被囚禁的，不悲痛那些流血的嗎？為什麼他們的冤屈悲痛如此相似而上天感應又如此不同呢？

點燃一個火把，去燒一大鍋水，一整天都不能燒熱；拿一尺見方的冰塊，放到廚房中，整夜都不能變寒冷。為什麼？極微小的感應，不能使巨大的事物為之振動啊。現在鄒衍的感歎，不過像一個火把、一尺冰塊而已，可是上天的巨大，不只是如鑊水、庖廚之類可比的。一個仰天長歎，天為之下霜，為什麼上天這樣容易感動、霜這樣容易降下呢？悲哀與歡樂相同，欣喜與憤怒相等。鄒衍發出怨痛，使天降下霜，如果鄒衍蒙受意外的賞賜，仰天大笑，能在冬季使天變為熱天嗎？天人感應論者說：「國君秋天賞賜就感到溫暖，夏天懲罰就感到寒冷。」寒冷不積累多時，霜就不會降下；溫暖不連續多日，冰雪就不能熔化。一個人因為冤屈而歎一口氣，天就立即降下霜來，為什麼氣候這樣容易變化、時節這樣容易轉換呢？氣候的寒溫自然有一定的時節，不符合天人感應論者的心願和說法。姑且按照天人感應論者的「變復」之說，或許燕惠王酷愛用刑，寒氣相應到來；而鄒衍被囚禁發出歎氣聲，仰天長歎時，霜碰巧自己降下。世人看見正好在鄒衍歎氣時而霜下，就說是鄒衍歎氣所招致的。

傳書言：「師曠❶奏〈白雪〉❷之曲，而神物下降，風雨暴至，平公❸因之癃病❹，晉國赤地❺。」或言：「師曠〈清角〉❻之曲，一奏之，有雲從西北起；再奏之，大風至，大雨隨之，裂帷幕❼，破俎豆❽，墮❾廊瓦❿，坐者散走。平公恐懼，伏⓫乎廊室。晉國大旱，赤地三年，平公癃病⓬。」夫〈白雪〉與〈清角〉，或同曲而異名，其禍敗⓭同一實也。傳書之家，載以為是，世俗觀見，信以為然。原省⓮其實，殆虛言也。夫〈清角〉，何音之聲而致此？〈清角〉，木音⓯也，故致風。而如木為風，雨與風俱⓰。三尺之木⓱，數弦之聲，感動天地，何其⓲神也。此復⓳一哭崩城，一歎下霜之類也。師曠能鼓〈清角〉，必有所受⓴，非能質性㉑生出之也。其初受學之時，宿昔㉒習弄㉓，非直㉔一再奏也。審㉕如傳書之言，師曠學〈清角〉時，風雨常至也。

【章旨】此章批駁傳書所謂師曠彈琴而感動天地，招風雨降災禍之說。

【注釋】❶師曠　字子野。春秋時晉國著名樂師，目盲，善彈琴，善辨音。❷白雪　古樂曲名。❸平公　指晉平公。春秋時晉國君主。❹癃病　手足痲木的病。❺赤地　大地上一無所有。形容災害嚴重，莊稼顆粒無收。❻清角　古樂曲名。❼裂帷幕　使帷幕開裂。❽俎豆　古代兩種祭器。❾墮　落下。❿廊瓦　廊上的瓦。廊，殿堂下邊房屋，或指廂房。⓫伏　趴。⓬平公癃病　見《韓非子・十過篇》。⓭禍敗　指上述災禍。⓮省　考察。⓯木音　古代以五行金、木、水、火、土與宮、商、角、徵、羽五音相配，角配木，再以五行與東、西、南、北、中五位相配，木為東方，產生風。⓰俱　同。⓱三尺之木指木琴。⑱何其　多麼；何等。⑲復　又；還是。⑳受　承受。㉑質性　本質特性。㉒宿昔　朝夕；平素。㉓習弄　彈奏；練習。㉔非直　不只；不僅。㉕審　果真；確實。

【語譯】傳書說：「師曠彈奏〈白雪〉樂曲，而神物從天下降，風雨突然而至，晉平公因此得了手足麻木的一種病，晉國乾旱，赤地千里，顆粒無收。」有的說：「師曠的〈清角〉樂曲，第一次彈奏它，有雲從西北興起；第二次彈奏它，大風至，大雨隨之到來，撕裂帳幕，打破俎、豆一類祭器，把廊上的瓦片颳下來，坐在堂上的人向各處逃散。晉平公驚恐萬狀，趴在廊室裡。從此以後，晉國大旱，土地上三年顆粒無收，晉平公也患了癃病。」〈白雪〉與〈清角〉，或許是同曲而不同名稱，彈奏它們所招來的災禍也屬同一種事實。那些解說儒家經書的人，都把它當作正確的東西記載下來，而世俗之輩看到，都信以為真。考察它的實際情況，大概是虛妄之言吧。〈清角〉是什麼音樂之聲而能夠招致這樣的情況？原來〈清角〉按陰陽五行家的說法是屬木的音樂之聲，木代表東方，所以招風。如果木能招風，雨就與風一同而來。三尺木琴，數根琴弦發出的聲音，感動了天地，多麼神奇啊！這還是屬於杞梁妻一哭使城牆倒塌、鄒衍一聲歎息而降下霜之類的說法。師曠能彈奏〈清角〉，肯定是從別人那裡學到的，不可能是天生就會的。他初學彈奏〈清角〉的時候，朝夕練奏，不只是奏一兩次。果真如傳書所說的，那麼師曠學奏〈清角〉時，一定是經常颳風下雨了。

傳書曰：「瓠芭❶鼓瑟❷，淵魚❸出聽。師曠鼓琴❹，六馬仰秣❺。」或言：「師曠鼓〈清角〉，一奏之，有玄鶴❻二八❼，自南方來，集❽於廊門之危❾；再奏之而列❿；三奏之，延頸⓫而鳴，舒翼⓬而舞，音中⓭宮商⓮之聲，聲吁⓯於天。平公大悅，坐者皆喜。」《尚書》曰：「擊石拊石，百獸率舞⓰。」此雖奇怪，然尚可信。何則？鳥獸好⑰悲聲，耳與人耳同也。禽獸見人欲食，亦欲食⑱之；聞人之樂，何為不樂？然而魚聽、仰秣，玄鶴頸，百獸率舞，蓋⑲且⑳其實。風雨之至，晉國大旱，赤地三年，平公癃病，殆虛言也。或時奏〈清角〉時，天偶風雨，風雨之後，晉國適旱；平公好樂，喜笑過度，偶發癃病。傳書之家，信以為然，世人觀見，遂以為實。實者，樂聲不能致此。何以驗之？風雨暴至，是陰陽亂也。樂能亂陰陽，則亦能調㉑陰陽也。王者何須修身正行㉒、擴㉓施㉔善政？使鼓調陰陽之曲，和氣自至，太平自立矣。

【章旨】此章緊承前段，再批駁傳書所言樂聲感天動地之虛。段末言政事、調陰陽，不足可取。

【注釋】❶瓠芭　人名。善彈瑟。❷瑟　古代一種弦樂器名。❸淵魚　深淵中的魚。❹師曠鼓琴　此為傳鈔之誤，當是「伯牙鼓琴」。見《荀子．勸學》、《淮南子．說山》等。❺仰秣　抬起頭不吃飼料。❻玄鶴　黑色的鶴。❼二八　即十六。❽集　止；停。❾廊門之危　廊門頂上。危，高。此指房頂屋脊。❿列　排隊；列隊。⓫延頸　伸長脖子。⓬舒翼　舒展開翅膀。⓭中　符合。⓮宮商　古代宮、商、角、徵、羽五音之二。⓯吁　呼。此含有呼聲驚天之意。⓰擊石拊石二句　見《尚書．堯典》。拊，擊奏。石，即石磬。古代一種石製樂器。⓱好　愛好；喜歡。⓲食　吃。⓳蓋　大概。⓴且　將近。㉑調　調和；調理。㉒修身正行　修養身心，端正品行。㉓擴　廣泛。㉔施　實施；實行。

【語譯】傳書說：「瓠芭彈瑟，深淵中的魚出來傾聽。師曠彈琴，正在吃飼料的馬一聽到琴聲也抬起頭來。」有的說：「師曠演奏〈清角〉，演奏第一遍，就有十六隻黑色鶴從南方飛來，聚集在廊門的屋頂上；演奏第二遍，這群黑鶴就在屋頂排成隊列；第三次演奏時，黑鶴就伸長脖子一邊鳴叫，一邊展翅起舞，叫聲符合宮、商之音，聲音響徹雲天。晉平公非常高興，在座的人都欣喜萬分。」《尚書》說：「擊奏石磬，百獸齊舞。」這些事例雖然很奇怪，但還可以相信。為什麼？因為鳥獸喜好悲愴的聲音，牠們的耳朵與人的耳朵是相同的。禽獸看見人要吃食物，也想吃食物；聽到人間的音樂，怎麼能不快樂？這樣看來，所謂魚兒出聽，六馬仰秣，黑鶴延頸，百獸齊舞，大概可以說是近乎事實的。而師曠彈琴，招致狂風暴雨，而後晉國大旱，土地上三年顆粒無收，晉平公也因此得了癃病，這種說法大概是虛妄之言了。或許師曠彈奏〈清角〉的時候，天正好颳風下雨，風雨過後，晉國碰巧遇上旱災；晉平公愛好音樂，喜笑過度，偶然患發了癃病。解說儒家經書的人卻信以為真，世人讀了這種書，於是以為書中記載的是事實。其實，樂聲是不可能招致這種情況的。憑什麼來驗證呢？狂風暴雨突然到來，這是陰陽混亂的緣故。音樂能使陰陽混亂，也還能調和陰陽。既然如此，做君王的人為什麼必須修養身心、端正操行、廣泛施行善政呢？只要讓人演奏能調和陰陽的樂曲，祥和之氣自然到來，太平之世自然會創立了。

傳書曰：「湯遭七年旱，以身禱❶於桑林❷，自責以六過❸，天乃雨。」或言：「五年。」「禱辭曰：『余一人有罪，無及❹萬夫❺。萬夫有罪，在余一人。無以一人之不敏❻，使上帝鬼神傷民之命。』於是翦其髮，麗❼其手，自以為牲❽，用祈福於上帝。上帝甚說❾，時雨乃❿至。」言湯以身禱於桑林自責，若⓫言翦髮麗手，自以為牲，用祈福於帝者，實也。言雨至，為湯自責以身禱之故，殆虛言也。

孔子疾病，子路⓬請禱。孔子曰：「有諸⓭？」子路曰：「有之。誄⓮曰：『禱爾於上下神祇⓯。』」孔子曰：「丘之禱久矣⓰！」聖人修身正行，素⓱禱之日久，天地鬼神知其無罪，故曰「禱久矣」。《易》曰：「大人與天地合其德，與日月合其明，與四時合其敘，與鬼神合其吉凶[18]。」此言聖人與天地鬼神同德行也。即[19]須禱以得福，是不同也。湯與孔子俱聖人也，皆素禱之日久。孔子不使子路禱以治病，湯何能以禱得雨？孔子素禱，身猶[20]疾病。湯亦素禱，歲猶大旱。然則天地之有水旱，猶人之有疾病也。疾病不可以自責除，水旱不可以禱謝去，明矣。湯之致旱，以[21]過乎？是不與天地同德也。今[22]不以過致[23]旱乎，自責禱謝[24]，亦無益也。

人形長七尺，形[25]中有五常[26]，有癉[27]熱之病，深自克責[28]，猶不能愈。況以廣大之天，自有水旱之變。湯用七尺之形，形中之誠，自責禱謝，安能得雨邪？人在層臺[29]之上，人從層臺下叩頭，求請臺上之物。臺上之人聞其言，則憐而與之；如不聞其言，雖至誠區區[30]，終無得也。夫天去[31]人，非徒層臺之高也，湯雖自責，天安能聞知而與之雨乎？夫旱，火變也；湛[32]，水異也。堯遭洪水，可謂湛矣。堯不自責，以身禱祈，必舜、禹治之，知水變必須治也。除湛不以禱祈，除旱亦宜[33]如之。由此言之，湯之禱祈，不能得雨。或時旱久，時當自雨。湯以旱久，亦適自責。世人見雨之下，隨湯自責而至，則謂湯以禱祈得雨矣。

【章　旨】此章批駁傳書所謂商湯自責禱雨的虛妄之言，認為水變必治，旱亦宜如之。

【注　釋】❶禱　禱告；祈禱。❷桑林　殷人奉為神林。❸六過　六項過失。❹及　連累；危及。❺萬夫　萬民；百姓；千家萬戶。❻不敏　昏庸；不明。❼麗　繫；捆綁。❽牲　犧牲。即祭祀用的牛、羊、豬。❾說　同「悅」。高興。❿乃　才。⓫若　及；至於。⓬子路　孔子弟子。⓭諸　兼語詞。「之乎」的合音。⓮誄　文體名。祭文。此指向天地鬼神祈求的禱辭。⓯神祇　天神曰神，地神曰祇。祇，同「祇」。⓰丘之禱久矣　見《論語・述而》。⓱素　平素；一向。⓲大人與天地合其德四句　見《周易・乾卦・文言》。大人，此指所謂聖人、聖君。合，同。明，光。四時，指四季。敘，順序。⓳即　如果。⓴猶尚且；還是。㉑以　因為。㉒今　若；如果。㉓致　招致。㉔謝　謝罪。㉕形　形體。㉖五常　五行。此指身體的五臟，古代醫學把人的五臟配屬於金、木、水、火、土五行，五行之氣生五臟，五臟又生仁、義、禮、智、信五常。㉗癉　中醫學說的溫病。㉘克責　責備。㉙層臺　高臺。㉚區區　猶「拳拳」。誠摯專一。㉛去　距離。㉜湛　大水；澇災。㉝宜　應該。

【語　譯】傳書說：「商湯在位期間，遭受七年旱災，他以自己為犧牲祭品在桑林禱告，列舉了六大過失來責備自己，天才下雨。」有的說：「大旱了五年。」「商湯的禱辭說：『我一人有罪過，不要連累了千家萬戶吧。如果廣大老百姓有過錯，責任都在我一人身上。不要因為我一個人的昏庸無能，使上帝鬼神傷害了老百姓的性命。』於是剪掉了自己的頭髮，捆綁住自己的雙手，把自己當作犧牲祭品，以此祈求上帝降福。上帝很高興，當時就下了雨。」說商湯把自己當作犧牲禱告於桑林來責備自己，以及說他剪髮捆綁住自己的手，把自己當作犧牲，以此祈求上帝降福，也許是實際的情況，而說及時雨的到來，是因為商湯自己責備自己，把自己當作犧牲來禱告的緣故，那大概是虛妄之言了。

孔子生病時，子路請求為他禱告。孔子說：「有這種事嗎？」子路說：「有這種事。禱辭說：『為你向天神地神祈禱！』」孔子說：「我的祈禱已經很久了。」聖人修養身心，端正品行，平素祈禱的日子已經很久了，天地鬼神都知道他沒有罪過，所以說「祈禱已久了」。《易・乾卦・文言》上說：「聖人與天地同德，與日月同光，與四季同序，與鬼神同吉凶。」這是說聖人與天地鬼神的德行是相同的。如果聖人必須祈禱才能得福，這就是說他和天地鬼神的德行不相同了。商湯和孔子都是聖人，都在平時祈禱已久。孔子不讓子路去祈禱來治病，商湯又怎麼能靠祈禱來求雨？孔子一向祈禱，身體還是要生病。商湯也一向祈禱，每年還是要遭受大旱。既然如此，那麼天地有水災和旱災發生，就如同人有疾病發生一樣。人的疾病不可以用責備自己來免除，天地間的水災和旱災也不可以靠禱告謝罪來免去，這是非常明白的道理。商湯在位期間遭受大旱災，是因為犯了過錯造成的嗎？如果是這樣，那麼商湯就不是與天地同德了。如果不是因為犯了過錯而遭受旱災的話，那麼商湯責備檢討自己，祈禱天地鬼神謝罪，也就毫無益處了。

人體長七尺，體中有五臟，如果得了一種溫病，狠狠地責備自己，尚且不能痊癒。何況在廣大的天地中，自然有水澇乾旱之類的災變發生。商湯以七尺長的身體和身體中的一片誠心，來責備自己而祈求謝罪，又怎能求得上天降雨呢？人站在高臺之上，如果有人在高臺之下叩頭，哀求你把臺上的東西給他，臺上的人聽到他的話，就會因可憐他而給予他；但如果聽不見他的話，這個人即使再有一片赤誠，也終究不能得到臺上的東西。天距離地上的人，不只是高臺這麼高，商湯即使自我檢討了，天又怎能聽到，了解商湯的一片誠心而替他下雨呢？乾旱是火氣造成的災變；水澇是水氣造成的災異。堯時曾遭受洪水，可以說是水澇吧。堯並沒有自我責備而把自己當作犧牲去祈禱上天保佑，一定要派舜、禹去治水，就知道水災必須要去治理。除澇不能靠祈禱，除旱災也應該這樣。由此說來，商湯的祈禱，並不能得雨。或許是乾旱已久，正當天該下雨的時候，商湯因為乾旱已很久了，也碰巧在自我責備，而世人見所下的雨，是隨著商湯的自我責備到來的，就說商湯用禱告感動天地而求得雨的。

傳書言：「倉頡作書，天雨粟，鬼夜哭❶。」此言文章興而亂漸見❷，故其妖變致天雨粟、鬼夜哭也。夫言天雨粟，鬼夜哭，實也。言其應倉頡作書，虛也。

夫河出圖❸，洛出書❹，聖帝明王之瑞應也。圖書文章，與倉頡所作字畫何以異？

天地為圖書，倉頡作文字，業❺與天地同，指❻與鬼神合，何非❼何惡❽，而致雨粟、神哭之怪？使天地鬼神惡❾人有書，則其出圖書，非也；天不惡人有書，作書何非，而致此怪？或時倉頡適作書，天適雨粟，鬼偶夜哭，而雨粟、鬼神哭，自有所為，世見應❿書而至，則謂作書生亂敗之象，應事而動也。天雨穀，論者謂之從天而下，應變而生。如以雲雨論之，雨穀之變，不足怪也。何以驗之？夫雲氣出於丘山，降散則為雨矣。人見其從上而墜⓫，則謂之天雨水也。夏日則雨水，冬日天寒，則雨凝而為雪，皆由雲氣發於丘山，不從天上降集於地，明矣。夫穀之雨，猶復雲雨之亦從地起，因與疾風⓬俱⓭飄，參⓮於天，集於地。人見其從天落也，則謂之「天雨穀」。建武三十一年⓯中，陳留雨穀，穀下蔽地。案視⓰穀形，若茨⓱而黑，有似於稗實⓲也。此或時夷狄之地，生出此穀。夷狄不粒食⓳，此穀生於草野之中，成熟垂⓴委㉑於地，遭疾風暴起，吹揚與之俱飛，風衰穀集，墜於中國㉒。中國見之，謂之雨穀。何以效之？野火燔㉓山澤，山澤之中，草木皆燒，其葉為灰，疾風暴起，吹揚之，參天而飛，風衰葉下，集於道路。夫天雨穀者，草木葉燒飛而集之類也。而世以為雨穀，作傳書者以為變怪。天主㉔施氣㉕，地主產物。有葉實可啄㉖食者，皆地所生，非天所為也。今穀非氣所生，須土以成，雖云怪變，怪變因類㉗。生地之物，更㉘從天集，生天之物，可從地出乎？地之有萬物，猶天之有列星㉙也。星不更生於地，穀何獨生於天乎？

【章　旨】此章批駁傳書所謂「倉頡作書，天雨粟」之說，說理透徹，富有科學性。

【注　釋】❶倉頡作書三句　見《淮南子·本經》。書，指文字。雨，下。指像下雨一樣。作動詞。❷見　同「現」。出現。❸河出圖　傳說上古伏羲氏時代，黃河有圖出現。河，指黃河。❹洛出書　傳說夏禹治水時，洛水中有書出現。洛，指洛水。以上語始見於《易·繫辭上》，參見《漢書·五行志上》。❺業　事業。❻指　通「旨」。意旨；意圖。❼非　錯誤。❽惡　罪惡。❾惡　厭惡；憎恨。❿應　跟隨；順應。⓫墜　落下；墜落。⓬疾風　大風。⓭俱　一同；一起。⓮參　高聳。⓯建武三十一年　即西元五五年。建武，漢光武帝時的年號。⓰案視　察看；考察。⓱茨　即蒺藜籽。⓲稗實　即稗子。⓳不粒食　不吃五穀。粒食，粒狀食物。⓴垂　落下。㉑委　放棄。㉒中國　指中原地區。㉓燔　燒。㉔主　主管。㉕施氣　施放氣。㉖啄　鳥吃東西。㉗因類　根據類別。㉘更　變成。㉙列星　群星。

【語　譯】傳書說：「倉頡創造文字的時候，天下穀子，鬼在夜裡哭泣。」這是說文章興盛起來而混亂就會逐漸出現，因此這種凶變招致天落下穀子、鬼怪夜晚哭泣的現象發生。說天降下穀子，鬼夜晚啼哭，也許是實；說這種變異是隨著倉頡創造文字出現的，就是虛妄之言了。黃河出現圖，洛水出現書，這是聖明帝王吉祥如意的應徵。圖書文章，與倉頡所創造的字畫又何以不同呢？天地為圖書，倉頡作文字，事業與天地相同，意旨與鬼神相合，有什麼錯誤又有什麼罪惡，會招致出現天降穀子、鬼夜晚啼哭的怪異現象呢？如果天地、鬼神憎惡人有書，那麼河洛出現圖書，就是一個錯誤；如果天並不厭惡人有書，那麼創造文字又有什麼不對，反而招致天雨粟、鬼夜哭這種怪異現象出現？或許倉頡正好在創造文字的時候，天碰巧降下穀子，鬼偶然夜哭，然而天降穀、鬼神哭，自然有它的原因，世人見它是跟隨文字的出現而到來的，就說是創造文字而產生的一種亂敗現象，是應事而動的結果。天降穀子，我認為是從天而下，應變而生。如果用雲雨來議論的話，天降穀的變異現象，不足為怪。憑什麼這樣說呢？雲氣出自於山地丘陵，降散下來就變成雨了。人們見它從天上落下來，就稱之為天降水。夏天就是雨水，冬日天氣寒冷，雨水凝結起來就變成為雪，都是由雲氣在山林中生發出來的，而不是從天上降集到地上。這是很明白的。那穀子雨，好比雲雨一樣，也是從地上生起的，因為穀子與大風一同飄去，飄到雲天，然後集結在地上。人們見它是從天上落下來的，就叫做「天降穀」。建武三十一年中，陳留降了穀子，穀子降下後把地面都遮蔽了。考察一下穀子的形狀，像蒺藜籽，而呈黑色，有點兒像稗子。或許是邊疆少數民族地區生長出來的這種穀子。少數民族不吃五穀，這種穀子生長在草野之中，成熟後丟棄在地上，遇到大風突起，吹揚著隨風一同飛去，風力小時，這些穀集結起來，掉落在中原地區。中原地區的人看見穀子從天上落下來，就叫做降穀。憑什麼來證實這種說法呢？野火燒山，凡山野之中的草木都被燒了，草木的葉子變成了灰，大風突然颳起，吹著山灰和樹葉，漫天飛揚，風力弱時，樹葉落下，聚集在道路上。天降穀，就像草木樹葉被燒隨風飛揚而集結落到地上的情況一樣。然而世人認為降穀，解說儒家經書的人卻認為是災變怪異造成的。本來天主管著施放氣的，地主管著出產物的，凡是有葉子、有果實可以啄食的東西，都是從地上生長出來的，不是天所造作的。現在看來，穀物不可能是氣所生，必須靠土地來培植才能成熟，雖說天雨穀是一種怪現象，但怪現象也都來自於同類事物。生長在地上的東西，變成從天上集結而降下來，那麼出生在天上的東西，可以從地上長出來嗎？地上有萬物，好比天上有群星一樣。星宿不能變成在地上生出，穀子為什麼惟獨要生長在天上然後降下來呢？

傳書又言：「伯益作井，龍登玄雲，神棲昆侖❶。」言作井有害，故龍神為變也。夫言龍登玄雲，實也。言神棲昆侖，又言為作井之故，龍登神去，虛也。夫作井而飲，耕田而食，同一實也。伯益作井，致有變動，始為耕耘❷者，何故無變？神農❸之橈木❹為耒❺，教民耕耨❻，民始食穀，穀始播種。耕土以為田，鑿地以為井，井出水以救渴，田出穀以拯❼饑，天地鬼神所欲為也，龍何故登玄雲？神何故棲昆侖？夫龍之登玄雲，古今有之，非始益作井而乃登也。方今盛夏，雲雨時至，龍多登雲。雲龍相應，龍乘雲雨而行，物類相致，非有為也。堯時，五十之民擊壤❽於途。觀者曰：「大哉！堯之德也。」擊壤者曰：「吾日出而作，日入而息，鑿井而飲，耕田而食，堯何等力？」堯時已有井矣。唐❾、虞❿之時，豢⓫龍御⓬龍，龍常在朝。夏末政衰，龍乃隱伏。非益鑿井，龍登雲也。所謂神者，何神也？百神皆是。百神何故惡⓭人為井？使神與人同，則亦宜⓮有欲⓯之欲⓰。有欲之欲，憎井而去，非其實也。夫益殆不鑿井，龍不為鑿井登雲，神不棲於昆侖，傳書意妄⓱，造生⓲之也。

【章旨】此章批駁傳書關於伯益作井而致使「龍登神去」的造生之言。

【注釋】❶伯益作井三句　見《淮南子・本經》。伯益，又作伯翳。傳說是堯、舜時代主管山林川澤的官，曾佐大禹治水，被選為禹的繼承人。禹去世後，益接位，為啟所殺。一說：伯益讓賢，啟才繼位。作井，鑿井取水。玄雲，高空上的雲。玄，幽遠。棲，停留；居住。❷耕耘　種田。耘，除草。❸神農　即神農氏。一說：即炎帝。傳說是古代農業和醫藥的發明者，以木製耒、耜，教民農耕，又曾嘗百草，取藥材，教人治病。❹橈木　使木材彎曲。❺耒　古代的農具之一。❻耨　鋤草。❼拯　解救。❽擊壤　古代的一種投擲遊戲。邯鄲淳《藝經》云：「壤以木為之，前廣後銳，長尺四，闊三寸，其形如履。

將戲，先側一壤於地，遙於三四十步，以手中壤敲之，中者為上。」❾唐　唐堯。❿虞　虞舜。⓫豢　飼養。⓬御　駕御。⓭惡　厭惡；憎恨。⓮宜　應當。⓯飲　飲水。⓰欲　願望。⓱意妄　胡亂揣測。⓲造生　編造。

【語譯】傳書又說：「伯益鑿井，龍登上高空的烏雲，神居住到崑崙山去了。」說鑿井有害，所以龍神作怪。說龍登高空中的烏雲，也許是實。說神居崑崙，又說是因為鑿井的緣故，龍登雲、神離去，就是虛妄之言。鑿井為飲水，種田為吃飯，屬於同一實情。伯益鑿井，招致有變異出現，那麼開始種田的人，為什麼沒有變怪？神農氏把木頭弄彎作耒，教民耕種，老百姓開始以穀物為食，於是開始播種穀子。把耕種的土變為田，挖掘土地作成水井，井出水用來解渴，田裡長出穀子用來解救飢餓，這一切正是天地鬼神所想作的，龍為什麼要登上高空中的烏雲？神為什麼要居住到崑崙山去呢？龍登烏雲，古今都有發生，並不是伯益鑿井才開始登的。現在正值盛夏時節，雷雨時常到來，龍多登上烏雲。雲與龍互相應和，龍乘雲雨而行，同類之物互相招致，並不是有意識而為的。堯時，五十歲的老人在路上做擊壤的遊戲，旁邊觀看的人說：「偉大啊！堯的德政。」而擊壤的人說：「我們都是太陽剛出的時候就開始耕作，太陽下山時才回家歇息，鑿井飲水，耕田才有飯吃，堯出了什麼力量？」可見唐堯時代已有井了。唐堯、虞舜的時代，飼養龍駕御龍，龍常在朝廷上出現。夏朝末年政治衰敗，龍才隱藏潛伏起來。並非是伯益鑿井，龍才登上雲端的。所謂神，是指什麼神呢？百神都是神啊。百神為什麼憎恨人鑿井？假使神與人同，那也應該有飲水的欲望吧。既然有飲水的欲望，憎恨人鑿井而離去，恐怕不符合實際吧。伯益大概不鑿井，龍就不會因為鑿井而登雲，神也不會遷居到崑崙山去，這種說法是作傳書的人胡亂揣測而編造出來的。

傳書言：「梁山❶崩，壅❷河❸三日不流，晉君❹憂之。晉伯宗❺以❻輦者❼之言，令景公素縞❽而哭之，河水為之流通。」此虛言也。夫山崩壅河，猶人之有癰腫，血脈不通也。治癰腫者，可復以素服哭泣之聲治乎？堯之時，洪水滔天，懷⑨山襄陵⑩。帝堯吁嗟，博⑪求賢者。水變⑫甚於河壅，堯憂深於景公，不聞以⑬素縞哭泣之聲能厭勝⑭之。堯無賢人若輦者之術乎？將⑮洪水變大，不可以聲服除也？如素縞而哭，悔過自責也，堯、禹之治水，以力役⑯，不自責。梁山，堯時山也；所壅之河，堯時河也。山崩河壅，天雨水踴⑰，二者之變，無以殊也。堯、禹治洪水以力役，輦者治壅河用自責，變同而治異，人鈞而應殊，殆非賢聖變復之實也。

凡變復之道，所以能相感動者，以物類也。有寒則復之以溫，溫復解之以寒。故以龍致雨，以刑逐暑⑱，皆緣五行之氣用相感⑲勝之。山崩河壅，素縞哭之，於⑳道何意㉑乎？此或時河壅之時，山初崩，土積聚，水未盛。三日之後，水盛土散，稍㉒壞沮㉓矣。壞沮水流，竟㉔注㉕東去。遭伯宗得輦者之言，因素縞而哭，哭之因㉖流，流時，謂之河變起此㉗而復。其實非也。何以驗之？使㉘山恆㉙自崩乎，素縞哭無益也。使其天變應之，宜改政治。素縞而哭，何政所改而天變復乎？

【章　旨】此章批駁傳書所謂「山崩壅河，素縞哭之則流」的虛妄之言。

【注釋】❶梁山　即呂梁山。在今山西省西部。❷壅　堵塞。❸河　指黃河。❹晉君　指晉景公。春秋時晉國君主。❺伯宗　晉景公時大夫。掌卜祝之官。❻以　按照；聽從。❼輦者　拉車夫。輦，一種人力小車。❽素縞　白色喪服。引文見《穀梁傳·成公五年》。❾懷　包圍。❿襄陵　大水漫過山陵。即洪水泛濫成災。《書·堯典》：「蕩蕩懷山襄陵，浩浩滔天。」孔傳云：「懷，包；襄，上也；包山上陵。」襄，上。⓫博　廣泛。⓬水變　指洪水一類災變。⓭以　用。⓮厭勝　制服。厭，通「壓」。古代方士的一種巫術，謂能以詛咒制服他人或物。⓯將　還是。⓰力役　人力。⓱水踴　洪水上漲。⓲以刑逐暑　變復之家認為，殘酷的刑罰能帶來嚴寒，趕走炎熱的暑氣，故言。⓳相感　相互感應。⓴於　在。㉑何意　什麼意思。㉒稍　逐漸。㉓壞沮　敗壞。㉔竟　終於。㉕注　流注。㉖因　就。㉗起此　由此。㉘使　假使。㉙恆　經常。

【語譯】傳書說：「呂梁山崩塌，堵塞住黃河三天不流通，晉景公十分擔憂。晉伯宗聽從了一個車夫的話，要晉景公身穿喪服去哭泣，黃河水為此流通了。」這是虛言。山崩堵塞了黃河，就如同人身上長了毒瘡，血脈不流通了。治毒瘡的人，可以再用穿著喪服通過哭泣之聲來治療嗎？唐堯的時候，洪水滔天，包圍了高山，沖上了丘陵。帝堯憂鬱歎息，廣求賢能的人來治水。像洪水這樣的災變比河道堵塞更厲害，因此堯的憂慮比晉景公要深得多，可是並沒有聽說可用身穿喪服的哭泣之聲能戰勝洪水。是堯時沒有像車夫那樣具有法術的賢人呢？還是洪水災變大，不可能用穿喪服和哭泣之聲來消除它呢？如果身穿喪服哭泣是在悔過自責的話，那麼堯、禹治水，用的是人力，而不是責備自己。呂梁山是堯時的山；被堵塞的黃河，也是堯時的黃河。山崩河被堵塞，天降雨時，河水就上漲，這兩種災變，並沒有什麼不同啊。堯、禹治理洪水用的是人力，車夫治理河道被堵塞用的卻是自己責備自己，災變相同而治理方法不同，同樣是人，而對付災害的辦法不同，大概不是聖賢消除災變恢復正常的實際情況吧。

大凡變復之道，所以能夠相互感動，是因為事物同類相通的緣故。有寒冷就用溫暖去消除它，相反，炎熱就又用寒冷去解除它。因此用龍招致雨，以酷刑帶來的嚴寒去逐走暑熱，都是因為五行之氣相互感應、相互剋制的緣故。山崩堵塞了黃河，穿著白色喪服去哭泣，對於變復之道有什麼意義呢？這或許是黃河被堵塞的時候，山初崩，土積聚，河水不盛大；三天之後，水大了，土散了，逐漸敗壞了；一敗壞，水就流動了，終於向東流去。這時，碰巧伯宗得到車夫的話，就要景公穿喪服去哭泣，哭著水就流了，水流時，就說黃河的災變是由於哭才被消除而恢復為正常狀態的。其實不是這樣的。何以驗證呢？如果山經常崩塌的話，身穿白色喪服去哭泣就沒有益處了。如果山崩是天應和人事的一種災變，就應該改善政治才可能消除。穿喪服哭泣，又能改善什麼政治而使天變消除呢？

傳書曰：「曾子之孝，與母同氣。曾子出薪❶於野，有客至而欲去，曾母曰：『願留❷，參方❸到。』即以右手扼❹其左臂。曾子左臂立痛，即馳至問母：『臂何故痛？』母曰：『今者客來欲去，吾扼臂以呼汝耳。』蓋以❺至孝❻，與父母同氣，體有疾病，精神輒感。」曰：此虛也。夫「孝悌之至，通於神明❼」，乃謂德化至天地。俗人緣此而說，言孝悌之至，精氣相動。如曾母臂痛，曾子臂亦輒痛，曾母病，曾子亦病乎？曾母死，曾子輒死乎？考事，曾母先死，曾子不死矣。此精氣能小相動，不能大相感也。世稱申喜❽夜聞其母歌，心動，開關❾問歌者為誰，果其母。蓋聞母聲，聲音相感，心悲意動，開關而問，蓋其實也。今曾母在家，曾子在野，不聞號呼之聲，母小❿扼臂，安能動子？疑世人頌成⓫，聞曾子之孝，天下少雙，則為空生⓬母扼臂之說也。

【章旨】此章批駁傳書所捏造的曾母「扼臂」之說。

【注　釋】❶薪　砍柴。❷願留　希望等一會兒。❸方　立刻；正要。❹扼　掐住。❺以　因為。❻至孝　最孝順。❼孝悌之至二句　見《孝經·感應》。孝悌，孝順父母，尊重兄長。神明，舊指神祇，此指上天。❽中喜　春秋戰國之交楚國人。❾開關　開門。關，門栓。這裡指關著的門。❿小　稍微。⓫成　通「誠」。誠心。⓬空生　憑空捏造。

【語　譯】傳書說：「曾子的孝心，與他的母親有同一氣感。曾子到野外去砍柴，有客人到來，坐了一會想走，曾子的母親說：『請稍等一會，曾參立刻就到。』說罷就用右手掐住自己的左臂。曾子左臂立即痛了一下，就飛跑到家裡問母親：『我的左臂是什麼緣故痛了一下？』母親說：『現在客人來了，不見你又想走，我掐自己的左臂來呼喚你回來而已。』這是因為曾子非常孝順，與父母同一氣感，身體有疾病的話，精神上立即就會感覺到。」我說：這是虛妄之言。《孝經》講「孝順父母，尊重兄長達到頂點，就會與上天相通。」是說德行可以感動天地。平庸的人由此解釋說，孝悌之心達到頂點，人與人之間精氣就可以互相感動。按照這種說法，如果曾母臂痛，曾子的臂也會立即痛，那麼，曾母如果生病，曾子也會生病嗎？曾母死，曾子會立即死嗎？考察事實，曾母先死，而曾子卻沒有立即死去。這樣來說，精氣只能夠在小事上互相感動，而不能夠在大事上互相感動。世人說中喜夜晚聽到他的母親悲歌，心靈受到感動，開門一問唱歌的人是誰，果真是他的母親。大概是聽到母親的歌聲，聲音互相感動，心悲意動，開門一問，這是實際上可能發生的。而今曾母在家，曾子在野外，並沒有聽到呼喊的聲音，只是曾母稍微掐一下自己的左臂，怎麼能夠感動自己的兒子？我懷疑這是世人為了宣揚所謂赤誠之心，聽說曾子非常孝順，天下少有，就憑空捏造出曾母捏臂的說法。

世稱南陽❶卓公❷為緱氏❸令❹，蝗不入界。蓋以賢明至誠，災蟲不入其縣也。此又虛也。夫賢明至誠之化❺，通於同類，能相知心，然後慕服❻。蝗蟲，閩❼虻❽之類也，何知何見，而能知卓公之化？使賢者處深野之中，閩虻能不入其舍❾乎？

閩虻不能避賢者之舍，蝗蟲何能不入卓公之縣？如謂蝗蟲變，與閩虻異，夫寒溫，亦災變也，使一郡皆寒，賢者長一縣❿，一縣之界能獨溫乎？夫寒溫不能避賢者之縣，蝗蟲何能不入卓公之界？夫如是，蝗蟲適不入界，卓公賢名稱於世，世則謂之能卻蝗蟲矣。何以驗之？夫蝗之集於野，非能普博盡蔽地也，往往積聚多少有處。非所積之地，則盜跖⓫所居；所少之野，則伯夷⓬所處也。集過⓭有多少，不能盡蔽覆也。夫集地有多少，則其過縣有留去矣。多少不可以驗善惡，有無安可以明賢不肖⓮也？蓋時蝗自過，不謂⓯賢人界不入，明矣。

【章　旨】此章批駁世稱南陽卓公為緱氏令以德化避蝗災之虛。

【注　釋】❶南陽　古郡名。今屬河南西南與湖北北部交界之處。❷卓公　即卓茂。字子康，漢元帝時學於長安，事博士江生，習法禮曆算，稱為通儒。為官廉正，教化大行，及王莽居攝，以病辭官。東漢初，為太傅，封褒德侯。❸緱氏　古縣名。今河南偃師東南。❹令　按漢制，萬戶以上之縣級長官曰「令」，萬戶以下者曰「長」。❺化　德化。❻慕服　仰慕；信服。❼閩　通「蚊」。❽虻　牛虻之類昆蟲。❾舍　房屋。❿長一縣　為一縣之長。⓫盜跖　春秋末人。名跖，後世統治者以其為「盜」，故謂之「盜跖」。⓬伯夷　殷末人。武王伐紂後，跑到首陽山，不食周粟而死。⓭過　飛過。⓮不肖　不賢。⓯謂　認為。

【語　譯】世人說南陽郡人卓茂做緱氏縣令時，蝗蟲從不進入他所管轄的領域。大概是因為卓公賢明忠誠已極，災蟲不會進入他的縣境。這又是一種謊言。一種賢明真誠的德化，如果在同類中相通，能相互知心，然後產生仰慕信服之感。蝗蟲，是蚊虻之類昆蟲，有什麼知見，而能感知卓公的德化？假如賢人居住在深山曠野之中，蚊虻之類昆蟲能不進入他的房屋嗎？蚊虻不能迴避賢人的房屋，蝗蟲怎麼能不進入卓公所在的縣？如果說蝗蟲是一種災變，與蚊虻不同，寒冷和溫熱，也是災變，假如一郡都很寒冷，賢人為一縣之長，那麼這一縣之內能單獨溫暖嗎？寒溫不可能迴避賢人所在的縣，蝗蟲怎麼可能不進入卓公的縣界？如果是這樣，蝗蟲正好沒有進入卓公的縣界，卓公的賢名被世人所稱頌，世俗之人就說卓公的德化能阻止蝗蟲入界。憑什麼驗證呢？蝗蟲聚積在田野上，不可能普遍地全部把土地遮蔽，往往是有的地方聚積得多，有的地方聚積得少些。不可能蝗蟲所密集的地方，就是盜跖所居的地方；而蝗蟲少的田野，就是伯夷所居住的地方。降落和飛過的蝗蟲有多有少，不可能全部把整個土地都遮蔽了。蝗蟲降落的地方也有多有少，那麼蝗蟲飛過郡縣時有留下的，也有飛走的。蝗蟲的多少並不可以驗證其善惡，蝗蟲的有無怎麼可以說明人的賢與不賢呢？大概當時蝗蟲自此飛過，並不是賢人所在的縣界蝗蟲就不進入，這是非常明白的啊。

# 卷六

## 福虛篇第二十

【題解】本篇的主旨在於批駁當時流行的「行善得福」之論。所謂「福虛」，就是點明「行善得福」是虛妄無知之言。漢儒認為「行善者福至，為惡者禍來，禍福之應皆天也」。王充以典型事例為證，指出這種論調的出現，是由於「賢聖欲勸人為善」，而世俗之人出於無知，信以為真，錯誤地將某些偶然的巧合看成「天賜禍福」的必然報應。

世論行善者福至，為惡者禍來，禍福之應❶皆天也。人為之，天應之。陽恩❷，人君賞其行；陰惠，天地報其德。無❸貴賤賢愚，莫謂不然❹。徒❺見行事❻有其文傳❼，又見善人時❽遇福，故遂信之，謂之實然❾。斯❿言或時⓫賢聖欲勸人為善，著⓬必然之語⓭，以⓮明⓯德報；或福時適，遇者以為然⓰。如實⓱論之，安⓲得福祐⓳乎？

【章旨】此章開篇，指明批駁的對象及其錯誤論調產生的原因。

【注釋】❶應　報應。❷陽恩　公開地施恩惠予人。陽，公開。❸無　無論；不論。❹然　這樣。❺徒　徒然；僅僅。❻行事　往事；過去的事例。❼文傳　文字記載。❽時　經常；往往。❾實然　確實如此。❿斯　這。⓫或時　也許；或許。⓬著　提出；立。⓭必然之語　即關於行善得福、為惡遭禍的說法。⓮以　用來。⓯明　宣揚；表明。⓰或福時適二句　疑有脫誤，「適」字後無「至」字，不通，可據前文以補之。⓱如實　如果按實際情況。⓲安　怎麼。⓳祐　同「佑」。保佑。

【語譯】世人說行善的人會得到天福，作惡的人會遭受禍害，福禍的報應，都是天賜的。人幹什麼，上天就報應什麼。公開施人恩惠，君主會獎賞他的行為的；暗地裡做好事，天地會報應他的德行的。不論貴賤賢愚的人，沒有認為不是這樣的。只見過去的事例有那些文字記載，又看到行善的人時常遇到天福，所以就相信這種說法，認為確實是這樣的。這種論調或許是賢聖之人想規勸人們為善，才提出關於行善得福、為惡遭禍的話語，用來宣揚有德行的人必然會得到好的報應；或許行善的人往往碰巧得福，遇見這種情況的人就認為行善得到天報是確實的。如果按照實際情況說來，怎麼能有上天賜福這類事呢？

楚惠王❶食寒葅❷而得❸蛭❹，因遂吞之，腹有疾而不能食。令尹問：「王安得此疾也？」王曰：「我食寒葅而得蛭，念❺譴❻之而不行❼其罪乎，是❽廢❾法而威不立也，非所以使國人聞之也。譴而行誅❿乎，則庖廚⓫監食者⓬法⓭皆當死，心又不忍也。吾恐左右見之也，因遂吞之。」令尹⓮避席⓯再拜而賀，曰：「臣聞天道無親⓰，唯德是輔⓱。王有仁德，天之所奉⓲也，病不為⓳傷⓴。」是夕㉑也，惠王之㉒後㉓而蛭出，及㉔久患心腹之積㉕皆愈㉖。故天之親德㉗也，可謂不察㉘乎！

曰：此虛言也。案㉙惠王之吞蛭，不肖㉚之主也。有不肖之行，天不祐也。何則？惠王不忍譴蛭，恐庖廚監食法皆誅也。一國之君，專擅㉛賞罰；而赦㉜，人君所為也。惠王通譴㉝菹中何故有蛭，庖廚監食皆當伏法㉞，然能終不以飲食行誅於人，赦而不罪，惠莫大焉。庖廚罪覺㉟而不誅，自新而改後。惠王赦細㊱而活微㊲，身安不病。今則不然，強食害己之物，使監食之臣不聞其過，失御下㊳之威，無御㊴非㊵之心，不肖一也。使㊶庖廚監食失甘苦之和㊷，若㊸塵土落於菹中，大如蟣㊹虱，非意所能覽，非目所能見，原心定罪㊺，不明㊻其過㊼，可謂惠矣。今蛭廣㊽有分數㊾，長有寸度㊿，在寒菹中，眇目(51)之人猶將見之，臣不畏敬，擇濯(52)不謹(53)，罪過至重。惠王不譴，不肖二也。菹中不當有蛭，不食投地；如恐左右之見，懷(54)屏(55)隱匿之處，足以使蛭不見，何必食之？如不可食之物誤在菹中，可復隱匿而強食之？不肖三也。有不肖之行，而天祐之，是天報祐不肖人也。

不忍譴蛭，世謂之賢。賢者操行，多若吞蛭之類，吞蛭天除其病，是則賢者常無病也。賢者德薄(56)，未足以言。聖人純道(57)，操行少非，為推(58)不忍(59)之行(60)，以容人之過，必眾多矣。然而武王不豫(61)，孔子疾病，天之祐人，何不實也？

或時惠王吞蛭，蛭偶自出。食生物62者無有不死，腹中熱也。初吞蛭時，未死，而腹中熱，蛭動作，故腹中痛。須臾63蛭死，腹中痛亦止。蛭之性食血，惠王心腹之積，殆64積血也。故食血之蟲死，而積血之病愈。猶狸65之性食鼠，人有鼠病66，吞狸自愈67，物類相勝68，方藥69相使也。食蛭蟲而病愈，安得怪乎！食生物無不死，死無不出。之後蛭出，安得祐乎！令尹見惠王有不忍之德，知蛭入腹中必當死出，因再拜賀病不為傷，著70己知來71之德，以喜惠王之心，是與子韋之言星徙，太卜之言地動，無以異也。

【章旨】此章批駁楚惠王吞蛭無恙在於「天祐」之說。

【注釋】❶楚惠王　楚國君主。西元前四八八至前四三二年在位。❷菹　酸菜。❸得　發現。❹蛭　螞蝗。❺念　想；考慮。❻譴　責備。❼行　治。❽是　這樣。❾廢　廢棄；破壞。❿誅　罰。⓫庖廚　廚師。⓬監食者　負責管理君王膳食的官吏。⓭法　作動詞用。按照法律。⓮令尹　官名。春秋戰國時楚國所設，為楚國的最高官職，掌管軍政大權。⓯避席　離開座席。表示恭敬。⓰無親　不論親疏。⓱唯德是輔　古漢語倒裝句式。即唯輔德，只幫助有德行的人。⓲奉　助。⓳為　造成。⓴傷　傷害。㉑是夕　這天晚上。㉒之　往。㉓後　後宮。此指後宮的廁所。㉔及　同時。㉕積　此指瘀血病。㉖愈　痊癒。㉗親德　以德為親。即愛護有德行的人。㉘察　明白；清楚。㉙案　考察。㉚不肖　不賢。㉛專擅　獨斷。㉜赦　赦免罪過。㉝通譴　通令；下令譴責。㉞伏法　依法處死。㉟覺　被發現；覺悟到。㊱細　細小的過錯。㊲活微　使卑賤低微的人活命。㊳御下　統治臣民。御，駕馭；統治。㊴無御　不制止。㊵非　錯誤。㊶使　假使。㊷甘苦之和　調味。㊸若　或。㊹蟣　虱卵。㊺原心定罪　定罪時考察動機。原，考察。㊻明　揭發。㊼過　罪過。㊽廣　體寬。㊾數　計算。㊿度　衡量。51眇目　指視力不好。眇，瞎一眼。52濯　洗滌。53謹　仔細。54懷　揣。55屏　屏棄；扔掉。56薄　少；差。57純

道　道德純厚。[58]推　拿出。[59]不忍　憐憫人。[60]行　操行；品德。[61]不豫　指武王有病。豫，高興；舒適。[62]生物　活的東西。[63]須臾　一會兒。[64]殆　恐怕。[65]狸　野貓。[66]鼠病　鼠瘡。即淋巴結核病。[67]吞狸自愈　古人以為吃野貓肉可以治療鼠病。[68]相勝　相剋。[69]方藥　開具藥方配藥。[70]著　顯示。[71]來　未來。

**【語　譯】**楚惠王吃冷酸菜時，發現有螞蝗，於是吞吃了。後來，肚子有病，不能吃東西。令尹問道：「大王怎麼得了這種疾病呢？」惠王說：「我吃冷酸菜時，發現有螞蝗，考慮到如果責備廚師而不治他們的罪的話，這是廢棄法令而破壞自己的威嚴，不能把這事讓全國的老百姓聽到。如果責備而又治罪的話，那麼廚師和管理膳食的官吏按法律都應當處死，我又不忍心這樣做。我生怕周圍的人看見螞蝗，於是就吃下肚子裡去了。」令尹立即離開座席再三拜賀惠王，說：「我聽說天道不論親疏，只輔助有德行的人。大王有仁義道德，是上天所輔助的，這個病不會造成傷害。」這天晚上，惠王到後宮的廁所去，肚裡的螞蝗排泄出來了，同時久患的瘀血病也都痊癒了。所以上天特別愛護有德行的人物，可以說還不清楚嗎？

我說：這是虛妄之言。考察楚惠王吞食螞蝗的情況，說明他是不肖的君主。大凡有不肖的操行的君主，上天是不會保佑的。為什麼呢？楚惠王不忍心責備酸菜中發現螞蝗這件事，是恐怕廚師、主管膳食的官吏都會依法處死。一個國家的君主，應該獨斷賞罰；而赦免罪人的權力，也應是君主所掌握的。惠王通令酸菜中為什麼有螞蝗，廚師和主管膳食的官吏都應當被依法處死，但是如果惠王能最終不因為飲食方面的問題把人處死，赦免他們的罪，那麼沒有比這樣的恩惠更大的了。廚師的罪被發現而不處死，改過自新，不再重犯。惠王既寬恕了小罪又保全了地位低微的人的性命，本身也會平安而不至於生病。現在卻不是這樣，勉強吃進禍害自己的食物，使主管膳食的官吏不能知道自己的過錯，喪失了統治臣民的威嚴，沒有盡到制止錯誤的責任，這是不賢之一。假使廚師和主管膳食的官吏辦廚時調味不當，或是塵土落到酸菜中，大如虱子，非一般注意力所能察覺到，非一般目力所能見到，在定罪時考慮到他們的本意，不揭發他們的罪過，這就可以說是對他們施以恩惠了。現在螞蝗的體寬可以用分來計算，身長可以用寸來衡量，在冷酸菜中，視力不好的人還能看見牠，分明是臣民不懼君主的敬威，挑選洗滌不仔細，罪過是很重的。然而楚惠王不去追究，這就是不賢之二。酸菜中不應當有螞蝗，即使有也應當不吃扔到地上；如果生怕身邊的侍臣發現，就放在一邊揣著再丟到隱蔽的地方去，也足以使螞蝗不出現在眾人面前，何必要吃掉牠？如果有不可以吃的東西誤在酸菜中，難道也可以悄悄地吃下去嗎？這是不賢之三。如果操行不賢，上天反而保佑他，這是上天報應保佑不賢的人啊。

不忍心因酸菜中有螞蝗而追究相關當事人的罪責，世人稱之為賢君。那麼賢君的操行，大多像楚惠王吞食螞蝗之類一樣，吞食螞蝗，天就解除他的病，這樣賢君就經常不會生病了。如果賢人的德行很差，當然不足以說明問題。而聖人的道德純潔深厚，操行很少有不足之處，替別人推出憐憫之心，以寬恕人的過失，這種一定很多啊。然而周武王病重，孔子有病的時候，上天為什麼不保佑？天保佑人，為什麼這樣不按實情辦事呢？

或許楚惠王吞食螞蝗後，螞蝗偶然又自己跑出來。被人吞食的活物在肚子裡沒有不死的，因為肚子中有熱量啊。剛把螞蝗吃進去時，螞蝗還沒有死，而肚子裡有熱量，螞蝗在裡面活動，因此肚子痛。一會兒螞蝗死了，肚子就不痛了。螞蝗的本性是吸血，楚惠王心腹中所積蓄的，恐怕是瘀血。因此吸血的蟲死了，惠王心腹中的瘀血病也就痊癒。這如同野貓的本性是吃老鼠一樣，人如果得有鼠瘡，吃野貓肉後就會痊癒，物類總是互相剋制的，開藥方配藥治病，正是利用物類相剋這個原理。吞食螞蝗後，病反而痊癒了，有什麼值得奇怪的呢！吃進肚裡中的活物沒有不死的，活物死後沒有不拉出來的。惠王吃了螞蝗之後，螞蝗又出來了，怎麼是得天的保佑呢？令尹見楚惠王有不忍心臣民被殺的德行，知道螞蝗進入肚子裡以後，必定當死去，也必然會出來的，於是拜賀惠王不會被螞蝗傷害，顯示自己有預見未來的能力，用以討惠王的歡心。這與子韋說星宿遷移，太卜說自己能使地震動等一套謊言，並沒有不同之處。

宋人有好❶善行者，三世不解❷。家無故❸黑牛生白犢❹，以❺問孔子。孔子曰：「此吉祥也，以享❻鬼神。」即以犢祭。一年，其父無故而盲。牛又生白犢，其父又使其子問孔子。孔子曰：「吉祥也，以享鬼神。」復以犢祭。一年，其子無故而盲。其後楚攻宋❼，圍其城。當此之時，易子❽而食之，析骸❾而炊之❿。此獨以父子俱盲之故，得毋⓫乘城⓬。軍罷圍解，父子俱視⓭。此修善積行⓮神報之效⓯也。

曰：此虛言也。夫宋人父子修善如此，神報之，何必使之先盲後視哉？不盲常視，不能護⓰乎？此神不能護不盲之人，則亦不能以盲護人矣。使⓱宋楚之君合戰⓲頓兵⓳，流血僵屍⓴，戰夫㉑禽㉒獲，死亡不還，以盲之故，得脫不行，可謂神報之矣。今宋楚相攻，兩軍未合，華元㉓、子反㉔結言㉕而退，二軍之眾，並全㉖而歸㉗，兵矢之刃無頓用者。雖有乘城之役，無死亡之患。為㉘善人報者，為乘城之間乎？使時不盲，亦猶不死。盲與不盲，俱得脫免。神使之盲，何益於善！當宋國乏糧之時也，盲人之家，豈獨富哉？俱與乘城之家易子析骸，反以㉙窮厄㉚獨盲無見，則神報祐人，失㉛善惡之實也。宋人父子前偶自以風寒發盲，圍解之後，盲偶自愈。世見父子修善，又用二白犢祭，宋楚相攻獨不乘城，圍解之後，父子皆視，則謂修善之報，獲鬼神之祐矣。

【章　旨】此章以宋、楚相攻的歷史事實批駁所謂宋人父子修善積行而得鬼神保佑之說。

【注　釋】❶好　愛好；樂於。❷解　通「懈」。懈怠。❸無故　不知何故。❹犢　小牛。❺以　用來；用以。❻享　祭祀。❼楚攻宋　見《左傳・宣公十四年》。楚國出兵攻打宋國之事，在西元前五九五年，比孔子出生還早四十多年。故《淮南子・人間》提及此事時，文中之「孔子」均作「夫子」，《列子・說符》亦然。❽易子　交換兒子。❾析骸　劈骨頭作柴火。析，劈開。❿炊之　以之為炊。炊，燒火烹飪。⓫毋　不要；沒有。⓬乘城　登城守衛。⓭視　指恢復視力。⓮積行　積德。⓯效　證明。⓰護　保護；保佑。⓱使　假使。⓲合戰　兩軍交戰。⓳頓兵　把兵器都用鈍了。頓，通「鈍」。不鋒利；壞。兵，兵器。⓴僵屍　死屍；死亡。僵，仆倒。㉑戰夫　作戰的人；戰士。㉒禽　通「擒」。㉓華元　春秋時宋國大夫。㉔子反　楚國的大將。㉕結言　口頭達成協議。據《左傳・宣公十五年》載，楚軍包圍宋國都城凡九個月之久，兩軍相持不下，楚師精疲力竭，宋軍缺精少藥，華元與子反有舊交，雙方達成口頭協議，各自退兵。㉖並全　都無損失。㉗歸　退兵回朝。㉘為　謂；說。㉙以　在……之中。㉚窮厄　貧困。㉛失　違背；喪失。

【語　譯】宋國有一家樂於做好事的人，祖孫三代都從不懈怠。一天，他家不知什麼緣故黑牛生了一隻白色的牛犢，去問孔子。孔子說：「這是吉祥之兆，把牠拿去祭祀鬼神吧！」宋人立即用牛犢去祭神。過了一年，他的父親不知什麼緣故瞎了眼睛。後來，黑牛又生了一隻白色的牛犢，他的父親又指使兒子去請教孔子。孔子又說：「這是吉祥之兆，把牠拿去祭祀鬼神吧！」宋人又用牛犢去祭了神。一年後，他的兒子不知什麼緣故瞎了眼睛。這以後楚軍攻打宋國，圍困了宋國都城。當時，城中之人彼此交換兒子而吃，劈骨頭當柴燒。而他們偏偏因為父子都瞎了眼睛的緣故，沒有登城守衛。楚軍退卻、宋國都城解圍以後，父子都恢復了視力。這是宋人修善積德得到鬼神報應的證明。

我說：這個故事是虛假的。宋人父子修善到這種地步，鬼神要報應他們，何必要讓他們先瞎了眼睛而後再恢復視力呢？不讓他們瞎眼，讓他們經常看見，難道就不能保護他們嗎？這種神不能保護沒有瞎眼的人，那麼也就不能用使人失明的方法來保護人了。假使宋、楚兩國交戰，兵器都砍鈍了，流血仆屍，戰士被俘虜，死亡不回，而宋人因為瞎了眼睛的緣故，能因此脫身不去打仗，這才可以說是神明保佑了他們。而現在宋、楚雖然相攻，兩軍並沒有交戰，華元、子反結成口頭協議之後，雙方退兵，兩軍的廣大將士，都沒有遭受損傷就退兵了，各自的兵器也沒有受到半點損壞。雖然也有登城守衛之役，卻沒有死亡的威脅。說善人得到報應，指的是登城守衛這段時間嗎？即使這時不瞎眼睛，也還不會有死亡的危險。瞎眼與不瞎眼，都能倖免一死。鬼神使他們變成瞎子，對於行善修德的人又有什麼益處？正當宋國缺乏糧食的時候，難道僅僅只有盲人的家富裕嗎？如果都與那些登城守衛的人家一樣交換兒子吃，劈骨頭當柴火燒，反而在貧窮之中偏偏又瞎了雙眼，看不見東西，那麼說神能報應保佑人，就違背了善與惡的實際情況了。宋人父子也許在宋、楚相攻之前偶爾因為風寒而自己瞎了眼睛，宋國都城被解圍之後，瞎了的眼睛又正好自己恢復了視力。世人見父子修善，又用二隻白色牛犢祭神，宋、楚兩國相攻又偏偏沒有登城守衛，都城解圍之後，父子二人都又恢復了視力，就認為是他們修善的報應，得到了鬼神的保佑的結果。

楚相孫叔敖❶為兒之時，見兩頭蛇，殺而埋之。歸，對其母泣。母問其故，對曰：「我聞見兩頭蛇死。向者❷出，見兩頭蛇，恐去母死，是以泣也。」其母曰：「今蛇何在？」對曰：「我恐後人見之，即殺而埋之。」其母曰：「吾聞有陰德者，天必報之。汝❸必不死，天必報汝。」叔敖竟❹不死，遂為楚相。埋一蛇，獲二祐❺，天報善，明矣❻。

曰：此虛言矣。夫見兩頭蛇輒死者，俗言也；有陰德天報之福者，俗議也。叔敖信俗言而埋蛇，其母信俗議而必報，是謂死生無命，在一蛇之死。

齊孟嘗君田文❼以❽五月五日生，其父田嬰❾讓❿其母曰：「何故舉⓫之？」文曰：「君所以不舉五月子，何也？」嬰曰：「五月子長與戶⓬同，殺⓭其父母。」曰：「人命在天乎？在戶乎？如在天，君何憂也！如在戶，則宜高其戶耳，誰而⓮及之者！」後文長與一戶同，而嬰不死。是則五月舉子之忌，無效驗也。夫惡⓯見兩頭蛇，猶五月舉子⓰也。五月舉子，其父不死，則知見兩頭蛇者，無殃禍也。由此言之，見兩頭蛇自⓱不死，非埋之故也。埋一蛇，獲二福，如埋十蛇，得幾祐乎？埋蛇惡人復見，叔敖賢也。賢者之行，豈徒埋蛇一事哉？前埋蛇之時，多所行矣。稟⓲天善性，動有賢行。賢行之人，宜⓳見吉物⓴，無為㉑乃㉒見殺人之蛇。豈叔敖未見蛇之時有惡，天欲殺之，見其埋蛇，除其過，天活之㉓哉？石生而堅，蘭生而香，如謂叔敖之賢在埋蛇之時，非生而稟之也。

【章旨】此章批駁世傳孫叔敖「埋一蛇，獲二祐」之說。

【注釋】❶孫叔敖　春秋時曾任楚莊王的令尹。史稱其「三得相而不喜，三去相而不悔」。❷向者　剛才。❸汝　你。人稱代詞。❹竟　終於。❺二祐　指不死與為楚相之事。❻天報善二句　此故事失實。事實是：楚莊王初年，近族若敖氏叛亂，孫叔敖族屬若敖氏，時使齊，回國時，若敖氏已戰敗而被滅族，孫叔敖到司寇請求處死，莊王念若敖氏為近族，不可無後，且孫叔敖與叛亂無關，遂赦免之。孫叔敖有賢行，旋被任為令尹，佐楚莊王稱霸一時。❼田文　即孟嘗君。曾為齊相。❽以　在；於。❾田嬰　齊宣王的同父異母之弟。曾為齊相。❿讓　責怪；訓斥。⓫舉　養育。⓬戶　單扇門。⓭殺　剋死。⓮而通「能」。⑮惡　討厭。⑯舉子　生養兒子。⑰自　本來。⑱稟　承受；稟承。⑲宜　應當。⑳吉物　吉祥之物。㉑無為不應該。㉒乃　反而。㉓活之　使之活。

【語　譯】楚相孫叔敖還是孩兒的時候，看見兩頭蛇，就殺死牠，並把牠埋掉。回到家裡，對他的母親哭泣。母親問他哭什麼，他回答說：「我聽說遇見兩頭蛇的人就會死去。剛才外出，我見到兩頭蛇，恐怕要離開母親而死去，所以哭泣。」他母親說：「現在那蛇在什麼地方？」他回答說：「我怕後人看見兩頭蛇，就殺死牠，並把牠埋藏起來了。」他母親說：「我聽說有陰德的人，上天一定會報應他。你一定不會死，上天一定會報應保佑你的。」叔敖終於沒有死，竟做了楚國的令尹。孫叔敖掩埋了一蛇，竟獲得二次保佑，上天報應善人，這是很明白的。

我說：這是虛妄之言。看見兩頭蛇就會死，這是世俗之言；有陰德上天就會以降福來報應，這是世俗的議論。叔敖相信世俗之言而把蛇埋藏起來，他的母親相信世俗的議論，認為必定會有好報，這就是說，人的死生並沒有命，而在於一條蛇的死活。

齊孟嘗君田文在五月五日出生，他的父親田嬰責怪他的母親說：「為什麼要養活他？」田文長大以後說：「父君所以不願養活五月生的兒子，這是為什麼？」田嬰說：「五月出生的孩子，長到和門一樣高，就會剋死自己的父母。」田文說：「人的生命決定於天呢，還是決定於門戶一樣高大的兒子呢？如果在天，父君有什麼憂慮啊！如果取決於像門戶一樣高大的兒子，那就應該把門戶造得更高大一些，誰還能長到增高的門戶那樣高大呢！」後來田文果真長得像門戶一樣高大，但是他的父親田嬰卻沒有被兒子剋死。這就說明五月生育兒子的禁忌，沒有得到效驗。人們討厭看見兩頭蛇，如同五月生養兒子一樣。五月生養兒子，而他的父親並沒有死，就知道看見兩頭蛇的人，是沒有災禍的。由此言之，叔敖看見兩頭蛇本來不會死，並不是埋掉兩頭蛇而使後人不再看見的緣故。掩埋了一條蛇就得到上天兩次降福，如果掩埋十條蛇，那麼能得到幾次保佑呢？埋蛇是生怕別人再見到牠，這說明叔敖的賢德。賢者的高尚操行，豈只是掩埋死蛇這一件好事方面呢？

在埋蛇之前，已經做了很多好事了。人從天那裡稟承善性，那麼他的一舉一動都是賢行。具有高尚操行的人，應該見到的是吉祥之物，而不應該看見能剋死人的兩頭蛇。難道是叔敖沒有看見兩頭蛇的時候就有罪惡的行為，上天本想殺死他，見到他把蛇埋掉，免除了自己的罪過，上天才使他活下來的嗎？石頭天生是堅硬的，蘭花天生是芬香的，如果認為叔敖的賢德在於埋蛇的時候，那就不是生來承受了善性啊。

儒家之徒董無心❶，墨家之役纏子❷，相見講道。纏子稱❸墨家右❹鬼神，是❺引秦穆公❻有明德，上帝賜❼之十九年❽。董子難❾以堯、舜不賜年，桀、紂不夭死❿。堯、舜、桀、紂猶為尚遠⓫，且近難以秦穆公、晉文公。夫謚⓬者，行之跡⓭也，跡⓮生時行⓯，以為死謚。「穆」⓰者誤亂之名，「文」者德惠之表⓱。有誤亂之行，天賜之年；有德惠之操，天奪其命乎？案⓲穆公之霸⓳不過⓴晉文，晉文之謚美於穆公。天下加晉文以命，獨賜穆公以年，是天報誤亂，與穆公同也。天下善人寡，惡人眾。善人順道，惡人違天。然夫㉑惡人之命不短，善人之年不長。天不命善人常享一百載之壽，惡人為殤子㉒惡死㉓，何哉？

【章　旨】此章借儒、墨二家之爭，指出「惡人之命不短，善人之年不長」這種不合理現象的存在，末以疑問結束本篇，表明王充對天命之懷疑。

【注　釋】❶董無心　戰國時代人。著有〈董子〉一篇，今佚。❷墨家之役纏子　墨家的門徒纏子。墨家，春秋戰國時墨翟創立的一個學派。役，門徒。纏子，墨家學派的繼承人之一，事跡不詳。❸稱　稱贊。❹右　崇尚；推許。❺是　於是；因此。❻秦穆公　春秋時秦國君主。❼賜　賞賜。❽十九年　多活十九年。❾難　責難；駁難。❿夭死　未成年而死。⓫尚遠　久遠。⓬諡　諡號。古代貴族死後，依其生前事跡功過，給予一個稱號。⓭跡　行跡；寫照。⓮跡　考察。⓯時行　在生時的行跡。⓰穆　通「繆」。生前有錯誤行為之諡號。據《史記・蒙恬列傳》載，秦穆公曾以人殉葬，無辜加罪於秦國大夫百里奚，故死後的諡號謂之「繆」。⓱表　標誌。⓲案　考察。⓳霸　指稱霸諸侯的業績。⓴不過　不及；趕不上。㉑然夫　然而。㉒殤子　未成年而死的人。㉓惡死　短命而死。

【語　譯】儒家的門徒董無心，墨家的門徒纏子，相見時闡述自家的政治主張和思想體系。纏子稱贊墨家推崇鬼神，於是援引秦穆公有明德，因此上帝賞賜他多活十九年來說明。董子以堯、舜並沒有得到上帝賜給的年壽，而桀、紂也沒有被上帝懲罰短命而死為例進行反駁。堯、舜、桀、紂尚為久遠了，我姑且以時代較近的秦穆公、晉文公為例來反駁。諡號，是一個君主生平事跡的寫照，考察生前的行跡，作為死後的諡號。「穆」是表示生前有錯誤行為的諡名，「文」是生前有道德而賢惠的標誌。有錯亂的行為，上天賞賜給他年壽；有道德而賢惠的操行的，上天反而縮短了他的壽命嗎？考察一下秦穆公稱霸諸侯的業績還趕不上晉文公，晉文公的諡號卻比秦穆公要美。然而上天不給晉文公延長壽命，惟獨把年壽賞賜給秦穆公，這就說明上天對人的報應是錯亂的，同秦穆公的行為一樣。天下本來是善人少，惡人多。善人的行為本來是順應天道的，惡人的行為是違背天地良心的。然而惡人的壽命並不短，善人的年壽並不長。上天並不讓善人經常享一百歲的壽命，使惡人都變成未成年就短命而死的人，這是為什麼？

# 禍虛篇第二十一

【題解】本篇是〈福虛篇〉的姊妹篇，旨在批駁當時流行的「天罰有過」之論。所謂「禍虛」，就是指出天地鬼神以災禍罰惡，乃是虛妄之言，無稽之談。

世謂受❶福祐❷者，既以為行善所致；又謂被❸禍害者，為惡所得。以為有沈惡伏過❹，天地罰之，鬼神報之。天地所罰，小大猶發；鬼神所報，遠近猶至。

【章旨】此章指出批駁的對象與主旨。

【注釋】❶受　受到；接受。❷福祐　上天賜福保佑。❸被　遭受。❹沈惡伏過　隱瞞尚未暴露的罪過。沈，隱匿；隱瞞。伏，掩蓋；深藏。

【語譯】世俗之人說受到上天賜福保佑的人，往往是由於作好事得來的；又說遭受禍害的，是由於作惡所造成的。認為凡有隱瞞尚未暴露的罪過的人，天地就要懲罰他，鬼神就要報應他。凡是天地所要懲罰的，不論罪過的大小都可以發現；凡是鬼神所要報應的，不論犯罪人的遠近都可以達到。

傳曰：「子夏❶喪其子而喪其明❷，曾子❸弔❹之，哭。子夏曰：『天乎，予之無罪也！』曾子怒曰：『商，汝何無罪也？吾與汝事❺夫子❻於洙、泗之間❼，退❽而老❾於西河❿之上，使西河之民疑⓫汝於夫子，爾⓬罪一也。喪爾親，使民未有異⓭聞，爾罪二也。喪爾子，喪爾明，爾罪三也。而⓮曰汝何無罪歟？』子夏投其杖⓯而拜，曰：『吾過矣，吾過矣！吾離群⓰而索居⓱，亦以⓲久矣！』夫子夏喪其明，曾子責以罪，子夏投杖拜⓳曾子之言。蓋以天實罰過，故目失其明，己實有之，故拜受其過。始聞暫⓴見，皆以為然，熟考論之，虛妄言也。

夫失明猶失聽也。失明則盲，失聽則聾。病聾不謂之有過，失明謂之有罪，惑也。蓋耳目之病，猶心腹之有病也。耳目失明聽，謂之有罪，心腹有病，可謂有過乎？伯牛㉑有疾，孔子自㉒牖㉓執其手，曰：「亡㉔之㉕命矣夫！斯㉖人也而有斯疾也！」原㉗孔子言，謂伯牛不幸，故傷之也。如伯牛以過致疾，天報以惡與子夏同，孔子宜陳㉘其過，若曾子謂子夏之狀。今乃言命，命非過也。且夫天之罰人，猶人君罪下㉙也。所罰服罪，人君赦之。子夏服過，拜以自悔，天德至明，宜愈其盲㉚。如非天罪，子夏失明，亦無三罪。且喪明之病，孰與㉛被厲㉜之病，喪明有三罪，被厲有十過乎？顏淵早夭，子路菹醢㉝。早死、菹醢，極禍㉞也。以喪明言之，顏淵、子路有百罪也。由此言之，曾子之言，誤矣。

然子夏之喪明，喪其子也。子者，人情所通；親者，人所力報也。喪親，民無聞；喪子，失其明。此恩損於親，而愛增於子也。增則哭泣無數，數哭中風，目失明矣。曾子因㉟俗之議，以著㊱子夏三罪。子夏亦緣俗議，因以㊲失明，故拜受其過。曾子、子夏未離於俗，故孔子門敘㊳行未在上第㊴也。

【章旨】此章以子夏喪子失明為例，指出曾子三罪子夏是因俗之議，傳虛妄之言。

【注釋】❶子夏　即卜商。孔子弟子。❷喪其明　瞎了自己的眼睛。❸曾子　即曾參。孔子弟子。❹弔　弔唁。❺事　侍奉；跟隨。❻夫子　指孔子。❼洙泗之間　相傳孔子講學之地。在今山東曲阜城北。洙泗，二水名。古時二水自泗水縣北合流西下，至曲阜之北又分二水，洙水在北，泗水在南。❽退　隱退。❾老　養老。❿西河　古地名。在今河南安陽附近。⓫疑　通「擬」。比擬。⓬爾　你。人稱代詞。⓭異　特殊。⓮而　通「爾」。你。⓯投其杖　丟掉自己的手杖。⓰離群　遠離師徒。⓱索居　獨居。⓲以　通「已」。已經。以上事見《禮記‧檀弓上》。⓳拜　拜受；恭恭敬敬、心悅誠服地接受。⓴暫　倉猝；匆忙。㉑伯牛　即冉伯牛。孔子弟子，傳言他得了痲瘋病。㉒自　從。㉓牖　窗戶。㉔亡　同「無」。沒有。㉕之　代詞。其；那個。㉖斯　這樣。以上事見《論語‧雍也》。㉗原　推究；探求。㉘陳　陳述。㉙罪下　懲罪臣民。㉚愈其盲　治好他的瞎眼。愈，痊癒。此為使動用法。使……痊癒。㉛孰與　同……相比較。㉜厲　通「癩」。惡疾，俗稱痲瘋病。㉝菹醢　肉醬。㉞極禍　最大的災禍。㉟因　緣；沿襲。㊱著　揭示；顯示。㊲以　通「已」。已經。㊳敘　排列次序。㊴第　等第。據《論語‧先進》載，孔子以其弟子分別排為「德行」、「言語」、「政事」、「文學」四類，子夏列於「文學」類之末，曾參未列入此四類之中。

【語譯】傳書說：「子夏因死了兒子而瞎了眼睛，曾子趕去弔唁，見到這種悲痛情景，傷心地哭了。子夏說：『天啊，我是無罪的呀！』曾子聽了氣憤地說：『卜商，你怎麼沒有罪呢？我與你一起在洙、泗之間事奉夫子，你卻隱退到西河之上來養老，使西河的老百姓都把你比作孔夫子，這是你的第一條罪。你雙親死時，老百姓並沒有覺察到你有什麼特殊悲哀的表現，這是你的第二條罪。你死了兒子，卻哭瞎了眼睛，這是你的第三條罪。你說你怎麼沒有罪過呢？』子夏聽了，立即丟掉手杖下拜，說：『我有過呀，我有過呀！我離開了師徒而獨居，確實已經很久了！』」子夏瞎了眼睛，曾子指責他有罪，子夏丟掉手杖，恭敬地拜受曾子的訓斥。他大概以為上天確實在懲罰有罪過的人，所以雙目失明；而自己確實有曾子指出的那些事情，因此才恭順地接受曾子歷數的過錯。乍一聽，猛一看，都以為曾子的說法是對的。然而認真考慮和分析一下這種說法，就是虛妄之言。

失明如同失聽。失明就是瞎子，失聽就是聾子。耳朵病聾不認為有過錯，眼睛失明卻認為有罪過，令人困惑不解。大凡耳目有病，好像心腹有病一樣。耳聾、眼瞎，稱之有罪，心腹有病，可以稱之有罪過嗎？伯牛有病，孔子從窗戶中拉著他的手，說：「沒那個命啊！這樣的人竟會得這樣的病！」推究孔子的話，認為伯牛不幸，所以悲傷。如果伯牛因為罪過招致疾病，天就應該同報應子夏一樣，用惡去報應他，孔子也應該陳述他的罪過，像曾子說子夏一樣。如今孔子卻說是命，命中注定並不是過錯嘛。上天懲罰人，應像君主懲罰臣民一樣啊。被懲罰的人服了罪，君主就會赦免他。子夏已經服過，恭敬地下拜以示悔過。天德最為聖明，就應該治好他的瞎眼。如果不是上天降罪，子夏失明，也就不是由三條罪過造成的。而且瞎了眼睛這種病，又怎麼比得上得了痲瘋病那樣厲害？如果失明有三條罪，那麼得痲瘋病不有十條罪過嗎？顏淵早死，子路被剁成肉醬。早死、被剁成肉醬，這是最大的災禍。根據子夏失明是天懲罰的說法來推論，顏淵、子路就應該犯有一百條罪狀了。由此說來，曾子的話是錯誤的。

但是子夏的眼睛失明，是因為喪失了自己兒子的緣故。對兒子的疼愛，是人之常情；對父母的恩情，是每個人都要努力報答的。喪父母，老百姓沒有聽到悲哀的哭聲；而喪子，則把自己的雙眼都哭瞎了。這是因為對父母感恩之情不深，而愛子之心卻太過分了。愛得太深，就會無數次的哭泣，哭得太多就會中風，導致眼睛失明。曾子沿襲世俗的議論，來揭示子夏的三條罪狀；子夏也緣世俗的議論，因已眼睛失明，所以下拜承認自己的過錯。曾子、子夏沒有脫離世俗之見，因此孔子在排列得意門生的次序時，兩人都未能被列入上等名第之中。

秦昭襄王❶賜白起❷劍，白起伏劍❸將自刎，曰：「我有何罪於天乎？」良久❹，曰：「我固❺當死。長平之戰❻，趙卒降者數十萬，我詐❼而盡❽坑❾之，是足以死。」遂自殺❿。白起知己前罪，服更⓫後罰也。夫白起知己所以罪，不知趙卒所以坑。如天審⓬罰有過之人，趙降卒何辜⓭於天？如用兵妄傷殺，則四十萬必有不亡⓮。不亡之人，何故以其善行無罪而竟坑之？卒不得以善蒙天之祐，白起何故獨以其罪伏天之誅？由此言之，白起之言，過矣！

【章　旨】此章批駁白起以罪伏天之論。

【注　釋】❶秦昭襄王　戰國時秦國君主。名稷，以魏冉為相，白起為將，破諸侯各師，秦遂強盛，在位五十六年，卒諡昭襄。❷白起　秦國大將。一稱公孫起，郿（今陝西眉縣）人，以戰功封武安君，後為相國范雎所妒忌而自殺。❸伏劍　以劍自殺。❹良久　很久。此指過了好一會兒。❺固　本來。❻長平之戰　西元前二六〇年，白起率秦軍在長平（今山西高平西北部）大敗趙軍，活埋趙國降卒四十萬人。❼詐　欺詐；欺騙。❽盡　全部。❾坑　以坑活埋。❿遂自殺　見《史記・白起王翦列傳》。⓫服更　接受。更，古字同「受」。⓬審　果真；確實。⓭辜　罪。⓮不亡　不死。此指不該死的士卒。

【語　譯】秦昭襄王賜給白起一把劍，白起快要用劍自殺的時候，說：「我對天下人有什麼罪呢？」過了好一會兒，他又說：「我本來該死。長平之戰，趙軍中投降的多達數十萬，我欺騙了他們，把他們全部活埋了。這一件事就足以該死了。」於是自殺而死。白起知道自己以前犯的罪行，才心悅誠服地接受了後來的懲罰。

白起知道自己所犯過的罪，卻不知道趙國的降卒為什麼被活埋。如果是老天確實要懲罰有罪過的人，那麼趙國的降卒對天老爺又犯了什麼罪過？如果是在戰場上用武器胡亂地殺傷的，那麼四十萬之眾必定有不該死的人。既然是不該死的人，為什麼在他們善行無罪的情況下竟然被活埋了呢？這些降卒沒有能因善行無罪而蒙受上天的保佑，白起為什麼偏偏以自己的罪過而受到天的懲罰呢？由此說來，白起自認有罪的話，是說錯了。

秦二世❶使使者詔❷殺蒙恬❸，蒙恬喟然❹歎曰：「我何過於天，無罪而死？」良久，徐❺曰：「恬罪故❻當死矣。夫起臨洮❼屬❽之遼東❾，城❿徑⓫萬里，此其中不能毋絕⓬地脈⓭。此乃恬之罪也。」即吞藥自殺⓮。太史公⓯非⓰之曰：「夫秦初滅諸侯，天下心未定，夷傷⓱未瘳⓲。而恬為名將，不以此時強諫⓳，救百姓之急，養老矜⓴孤，修㉑眾庶㉒之和，而阿意㉓興功㉔。此其兄弟遇誅，不亦宜乎？何與㉕乃㉖罪地脈也？」

夫蒙恬之言既非㉗，而太史公非之㉘亦未是㉙。何則？蒙恬絕脈，罪至當㉚死，地養萬物，何過於人，而蒙恬絕其脈？知己有絕地脈之罪，不知地脈所以絕之過，自非如此，與不自非何以異？太史公為非恬之為名將，不能以強諫，故致此禍。夫當諫不諫，故致受死亡之戮㉛。身㉜任㉝李陵㉞，坐㉟下蠶室㊱。如太史公之言，所任非其人，故殘身之戮，天命而至也。非蒙恬以不強諫，故致此禍，則己下蠶室，有非者矣。己無非，則其非蒙恬，非也。

作伯夷之傳㊲，列善惡之行云：「七十子㊳之徒，仲尼獨㊴薦㊵顏淵好學㊶。然回也屢空㊷，糟糠不厭㊸，卒㊹夭死。天之報施善人如何哉？盜跖日殺不辜，肝人之肉㊺，暴戾㊻恣睢㊼，聚黨數千，橫行天下，竟以壽終。是獨遵何哉？」若此言之，顏回不當早夭，盜跖不當全活㊽也。怪顏淵不當夭，而獨謂蒙恬當死，過矣。

【章旨】此章批駁蒙恬以罪自殺而太史公非之之論。

【注釋】❶秦二世　秦始皇之子胡亥。❷詔　皇帝下詔書。❸蒙恬　秦名將。曾奉命修築長城，後為二世所逼，於西元前二一〇年自殺。見《史記・蒙恬列傳》。❹喟然　歎氣貌。❺徐　慢慢地。❻故　本來。❼臨洮　古縣名。在今甘肅岷縣。❽屬　延續；連接。❾遼東　古郡名。即今遼寧省東部地區。❿城　長城。⓫徑　經過。⓬毋絕　不斷。⓭地脈　地的脈絡。古人以為地有脈，像人的血管一樣連貫著，斷絕地脈，就是對地犯了罪過。⓮即吞藥自殺　見《史記・蒙恬列傳》。⓯太史公　此指司馬遷。⓰非　批評；責難。⓱夷傷　創傷。夷，通「痍」。⓲瘳　痊癒；恢復。⓳強諫　竭力規勸。⓴矜　同情；憐憫。㉑修　休養生息。㉒眾庶　老百姓。㉓阿意　迎合人的心願。㉔興功　指修築萬里長城。㉕何與　何以；為什麼。㉖乃卻；反而。㉗既非　已經不對。㉘非之　以之為非。引申為責備、指責。㉙未是　不正確。㉚當　判決；定罪。㉛戮　恥辱。㉜身　自身。指司馬遷。㉝任　擔保。㉞李陵　西漢大將。字少卿，李廣之孫，漢武帝時，為騎都尉，率兵擊匈奴，兵敗被俘，投降，死於匈奴。㉟坐　坐罪；判刑。㊱蠶室　古代受宮刑的牢獄。《後漢書・光武帝紀下》：「詔死罪繫囚，皆一切募下蠶室。」李賢注云：「蠶室，宮刑獄名。有刑者畏風，須暖，作窨室蓄火如蠶室，因以名焉。」李陵投降匈奴後，漢武帝欲懲李陵家族，司馬遷為之開脫辯護，故受宮刑。㊲作伯夷之傳　即《史記・伯夷列傳》。㊳七十子　指孔子七十二位弟子。㊴獨　惟獨；僅僅。㊵薦　推崇；贊賞。㊶好學　愛好讀書求學。㊷空　貧困；窮困。㊸不厭　不滿足。此指吃不飽肚子。㊹卒　終於。㊺肝人之肉　吃人的心肝。㊻暴戾　暴虐。㊼恣睢　胡作非為。㊽全活　活滿年歲。即長壽之意。

【語　譯】秦二世派遣使臣帶著詔書去殺蒙恬，蒙恬歎了一口氣說：「我對於上天有什麼罪過？沒有罪為什麼要賜死？」過了好久，他又緩慢地說：「我的罪過本來就該死了。長城西起臨洮連續到遼東，歷經萬里，這其中不可能不切斷地脈。這就是我的罪過啊。」隨即吞藥自殺而死。太史公批評蒙恬說：「秦初消滅諸侯，天下人心未定，戰爭創傷沒有恢復，而蒙恬身為名將，不在這時竭力規勸秦始皇，拯救老百姓的危急，贍養老人，憐憫孤兒，讓百姓休養生息，過和平生活，卻迎合君王心願去修築萬里長城。這個罪就算他兄弟都遭殺，不也是應該的嗎？為什麼卻歸罪於斷絕了地脈呢？」

蒙恬的話已經不對了，而司馬遷指責蒙恬的話也不正確。為什麼？蒙恬修長城斷絕了地脈，罪過大到該判處死刑的地步，地養育了萬物，對於人類又有什麼過錯，然而蒙恬斷絕了它的脈？蒙恬知道自己有絕地脈的罪過，卻不知道斷絕地脈為什麼有罪過，他這樣責備自己，與不責備自己有什麼兩樣？太史公是批評蒙恬作為秦國名將，不能因此竭盡全力去規勸秦始皇，所以招致這種殺身之禍。當規勸而不去規勸，所以導致了遭受死刑的恥辱。司馬遷自己也曾以身家性命替李陵作擔保，被判處宮刑的。如果按照太史公批評蒙恬的說法，那麼他自己就保了不該保的人，所以遭受宮刑的殘身之辱，也是天命落到自己頭上的。批評蒙恬因為沒有竭力規勸，所以招致殺身之禍，那麼自己下蠶室受宮刑，也有值得非議的地方啊。自己如果沒有錯處，那麼責備蒙恬就不對了。

太史公寫作〈伯夷列傳〉，曾列舉善惡的行為說：「七十二弟子，孔子惟獨推贊顏淵好學。然而顏淵經常處在貧困之中，連糟糠也吃不飽肚，終於夭折而死。上天報應善人是怎麼報的呢？盜跖每天都殺無罪的人，吃人的心肝，暴虐已極，胡作非為，聚黨數千，橫行天下，竟然長壽而死。這樣看來，上天遵循的又是什麼規矩呢？」如果這樣說來，顏淵不該早死，盜跖不該長壽。責怪顏淵不該早死，而偏偏說蒙恬該死，這就不對了。

漢將李廣❶與望氣❷王朔❸燕語❹曰：「自漢擊匈奴，而廣未常❺不在其中，而諸校尉以下，才能不及中，然以胡軍功❻取侯者數十人。而廣不為後人，然終無尺土之功❼以得封邑❽者，何也？豈吾相❾不當侯❿？且⓫固⓬命也？」朔曰：「將軍自念，豈常有恨⓭者乎？」廣曰：「吾為隴西太守，羌⓮常反，吾誘而降之八百餘人。吾詐而同日殺之，至今恨之，獨此矣。」朔曰：「禍莫大於殺已降，此乃將軍所以不得侯者也⓯。」李廣然之⓰，聞者信之。

夫不侯，猶不王⓱者也。不侯有恨，不王何負⓲乎？孔子不王，論者不謂之有負；李廣不侯，王朔謂之有恨。然則王朔之言，失論之實矣。論者以為人之封侯，自有天命。天命之符⓳，見⓴於骨體㉑。大將軍衛青㉒在建章宮時，鉗徒㉓相之曰：「貴至封侯。」後竟以功封萬戶侯㉔。衛青未有功，而鉗徒見其當封之證㉕。由此言之，封侯有命，非人操行所能得也。鉗徒之言，實而有效㉖；王朔之言，虛而無驗也。多橫恣㉗而不罹㉘禍，順道而違㉙福，王朔之說，白起自非、蒙恬自咎之類也。

倉卒㉚之世，以㉛財利相劫殺者眾。同車共船，千里為商，至闊迥㉜之地，殺其人而併取其財。尸捐不收，骨暴不葬，在水為魚鼈之食，在土為螻蟻之糧。惰窳㉝之人，不力農勉商以積穀貨，遭歲饑饉，腹餓不飽，椎人㉞若畜㉟，割而食之，無君子小人，並為魚肉㊱。人所不能知，吏所不能覺，千人以上，萬人以下，計㊲一聚㊳之中，生者百一，死者十九，可謂無道，至痛甚矣，皆得陽達㊴，富厚安樂。天不責其無仁義之心，道相併殺，非其無力作㊵而倉卒以人為食，加以渥禍㊶，使之夭命，章㊷其陰罪㊸，明示世人，使知不可為非之驗，何哉？王朔之言，未必審然㊹。

【章旨】此章以李廣未封侯為例，批駁王朔之論。

【注釋】❶李廣　西漢名將。隴西成紀（今甘肅秦安）人，隨大將軍衛青出擊匈奴，身經七十餘次戰鬥，以戰功顯赫名世。❷望氣　以觀察氣色推測吉凶。❸王朔　人名。西漢時術士，善望氣。❹燕語　私下談話。❺常　通「嘗」。❻胡軍功　指同匈奴作戰而立下軍功。胡，指匈奴。❼尺土之功　可以獲得尺寸封地的功勞。形容功勞很小。❽封邑　封地。❾相　骨相。❿侯　封侯。⓫且　抑且；還是。⓬固　本來。⓭恨　悔恨；遺憾。⓮羌　古族名。主要分布在今甘肅、青海、四川等地區，以游牧為生。⓯禍莫大於殺已降二句　見《史記‧李將軍列傳》。⓰然之　以之為然；認為是對的。⓱不王　未稱王。王，稱王。⓲負　內疚；虧心。⓳符　徵兆；標誌。⓴見　同「現」。㉑骨體　骨相；長相。㉒衛青　西漢名將。字仲卿，河東平陽（今山西臨汾西南）人，曾為平陽公主家奴，後為漢武帝重用，官至大將軍，封長平侯。㉓鉗徒　身帶鐵鉗服勞役的刑徒。㉔萬戶侯　封地達萬戶的侯。㉕證　徵兆。㉖效　效驗。㉗橫恣　恣意橫行。㉘罹　遭受。㉙違　背離；得不到。㉚倉卒　喪亂；兵荒馬亂。㉛以　為了。㉜闊迥　空曠遙遠的地方。㉝惰窳　懶惰。㉞椎人　用槌子打人。㉟若畜　像打牲畜一樣。㊱魚肉　像魚肉一樣遭到殘害。㊲計　計算。㊳聚　村落。㊴陽達　公開地飛黃騰達。㊵力作　努力耕作。㊶渥禍　大禍。渥，厚。㊷章　通「彰」。暴露。㊸陰罪　隱蔽著的罪惡。㊹審然　果真這樣。

【語譯】西漢名將李廣與善於望氣來推測吉凶的王朔私下閑談時說：「自從漢朝出擊匈奴，我李廣未嘗不在出征的行列之中，而諸校尉以下，才能不及中等，因與匈奴作戰有功被封侯的有數十人。而我李廣不比別人落後，然而始終沒有獲得尺寸封地的功勞，為什麼呢？難道是我的骨相不當封侯，還是本來就命中注定了呢？」王朔說：「請將軍自己想一下，是否曾有感到悔恨的事呢？」李廣說：「我任隴西太守，羌族曾反抗朝廷。我誘降他們八百餘人，又欺騙他們，在同一天把他們全部殺死。至今感到悔恨的，只有這一件事。」王朔說：「災禍沒有比殺害已經投降的將士再大的了，這件事就是將軍之所以不能封侯的根源了。」李廣認為王朔的話是對的，後來聽說這個故事的人也信以為真。

沒有被封侯，如同沒有稱王一樣。沒有被封侯是因為做了值得悔恨的事，那麼沒有當上帝王又有什麼值得內疚的呢？孔子沒有稱王於天下，議論的人並不說他有虧心事；李廣沒有被封侯，王朔就說他是因為有悔恨的事。既然如此，那麼王朔的話，就違反了論事的常理了。議論事理的人認為一個人是不是被封侯，自然決定於天命。命的好壞的徵兆，完全表現在人的骨相上。大將軍衛青在建章宮做家奴時，一個帶著鐵鉗服勞役的刑徒給他看相說：「命貴，官至封侯。」後來終於因戰功被封萬戶侯。衛青當時並沒有戰功，是鉗徒見到他當封侯的徵兆呀。由此說來，被封侯是由命中注定，不是人的操行所能得到的。帶鉗刑徒的話，確實有了效驗；而王朔的話，卻是虛妄無驗的。經常恣意橫行卻不遭禍，順應正道反而得不到福，王朔的說法，與白起自責、蒙恬自咎是同一類型的。

每當戰亂的時代，為了財物私利互相搶劫殘殺的現象很多。同車共船，千里經商，一到空曠遙遠的地方，就有殺人搶奪錢財的事發生。拋棄的屍體無人收，暴露的白骨無人埋，落在水中成為魚鱉的食物，在土地上變成螻蛄、螞蟻的食糧。懶惰的人，不去努力種田或經商而積蓄穀物財貨，一碰到饑荒的歲月，腹餓不飽，用槌子打人，像打牲畜一樣，宰割人肉吃，不分君子和小人，都遭受殘害，慘不忍睹，人所不能理解，官吏不能察覺，千人以上，萬人以下，估計一村之中，活著的只有百分之一，而死去的卻有十分之九，可以說是沒有道義可言，令人痛心到了極點。而他們公開地發財致富，飛黃騰達，生活安樂。上天不責備他們沒有仁義之心，在道路上搶劫殘殺，不責備他們不努力耕作而在兵荒馬亂之中以人為食，把大禍加在他們頭上，使他們短命，暴露他們被隱蔽起來的罪惡，把他們的罪惡面目明白地揭示在世人面前，讓人們知道這就是不可以為非作歹的證明，這是為什麼呢？事實證明，王朔的話，未必真符合實際。

傳書❶李斯❷妒同才❸，幽❹殺韓非❺於秦，後被車裂❻之罪；商鞅❼欺舊交，擒魏公子卬❽，後受誅死❾之禍。彼❿欲言其賊賢⓫欺交⓬，故受患禍之報也。夫韓非何過而為李斯所幽？公子卬何罪而為商鞅所擒？車裂誅死，賊賢欺交，幽死⓭見擒⓮，何以致之？如韓非、公子卬有惡，天使李斯、商鞅報之，則李斯、商鞅為天奉誅⓯，宜蒙其賞，不當受其禍。如韓非、公子卬無惡，非天所罰，李斯、商鞅不得幽擒。論者⓰說⓱曰：「韓非、公子卬有陰惡伏罪，人不聞見，天獨知之，故受戮⓲殃⓳。」夫諸⓴有罪之人，非賊賢則逆道。如賊賢，則被所賊者何負？如逆道，則被所逆之道何非？

【章　旨】此章批駁關於李斯、商鞅被車裂誅死是由於「賊賢欺交」之說。

【注　釋】❶書　記載。❷李斯　楚上蔡（今屬河南）人。曾任秦國的廷尉、丞相，佐秦始皇統一中國，後為趙高所殺。❸同才　才能相當的人。此指韓非。❹幽　囚禁。❺韓非　戰國末年韓國人。與李斯同師事荀卿，後出使秦國，死於獄中。❻車裂　酷刑之一。以五馬分屍。❼商鞅　戰國時衛國人。公孫氏，名鞅，又稱衛鞅，後入秦，助秦孝公變法。封於商，號商君，故稱「商鞅」。孝公死後，被車裂。❽擒魏公子卬　據《史記・商君列傳》載，商鞅與魏公子卬交友甚深，西元前三四〇年商鞅率秦兵伐魏，與魏公子卬會盟，藉機擒俘公子卬。❾誅死　指商鞅被車裂。❿彼　指傳的作者。⓫賊賢　殘害賢良。⓬欺交　欺騙朋友。⓭幽死　被囚禁而死。⓮見擒　被活捉。⓯奉誅　奉命懲罰。⓰論者　此指以為天能罰惡的人。⓱說　解釋。⓲戮　殺害。⓳殃　禍殃。⓴諸　凡；凡是。

【語譯】傳書記載李斯嫉妒與自己才能相等的人才，在秦國囚禁並殺害了韓非，後來自己卻遭受車裂的酷刑；商鞅欺騙舊友，活捉了魏公子卬，而自己後來也遭受車裂的災禍。作傳書的人的意圖是想說明他們殘害賢良，欺騙朋友，因此受到上天給他們降災禍的報應。韓非有什麼罪過而被李斯囚禁？公子卬有什麼罪過而被商鞅活捉？遭車裂被處死的原因如果是殘害賢良、欺騙朋友的話，那麼韓非被囚禁死、公子卬被活捉，又是什麼原因造成的？如果說韓非、公子卬有罪惡，上天派遣李斯、商鞅去報應他們，那麼李斯、商鞅奉天命去懲罰他們，就應該蒙受天的獎賞，而不應當遭受天降下的災禍。假如韓非、公子卬沒有罪惡，不是天所懲罰的對象，那麼李斯、商鞅也就不可能因殺韓非、活捉公子卬。那些認為天能罰惡的議論者解釋說：「韓非、公子卬有隱蔽的罪惡，人不曾聽見，只有天知道得清清楚楚，所以才受到殺害、遭受災禍。」凡是有罪的人，不是殘害賢良，就是背離了道。如果是殘害賢良，那麼被害的賢人又作了什麼虧心事呢？如果是違背了道，那麼被他所違背的道又有什麼錯誤的地方呢？

凡人窮❶達禍福之至，大之則命，小之則時❷。太公❸窮賤，遭❹周文❺而得封；寧戚❻隱厄❼，逢齊桓而見官❽。非窮賤隱厄有非，而得封見官有是❾也。窮達有時，遭❿遇⓫有命也。太公、寧戚，賢者也，尚可謂有非。聖人，純道⓬者也。虞舜為父弟所害，幾死再三；有⓭遇唐堯，堯禪⓮舜，立為帝。嘗見害，未有非；

立為帝，未有是。前，時未到；後，則命時至也。案古人君臣困窮，後得達通，未必初有惡，天禍其前，卒⓯有善，神祐其後也。一身之行，一行之操，結髮⓰終死，前後無異，然一成一敗，一進一退，一窮一通，一全一壞，遭遇適⓱然，命時當也。

【章旨】此章言人之窮達禍福、成敗進退在於命和時運。

【注釋】❶窮 窮困；不得意。❷時 時運；時勢。❸太公 姜太公。即呂尚。❹遭 遇；碰上。❺周文 即周文王。見《史記・齊太公世家》。❻寧戚 人名。曾為衛國的車夫，後遇齊桓公，舉為上卿，升為相。見《呂氏春秋・舉難》。❼厄 窮困；困厄。❽見官 被任用當官。❾是 對；正確。❿遭 碰到災禍。⓫遇 碰巧迎合君主或長官的心願而被重用提拔。⓬純道 道德純厚。⓭有 通「又」。⓮禪 禪讓。即以帝位讓人，原始部落聯盟推選領袖的一種制度。⓯卒 終；後來。⓰結髮 束髮。指年輕的時候。⓱適 恰好；偶然。

【語譯】大凡人的窮困、顯貴、災禍、幸福的到來，大則決定於命，小則決定於時運。姜太公貧窮卑賤，後遇周文王而被重用，封於齊；寧戚原來是個馬車夫，沒有人任用，處境十分困難，後碰上齊桓公，被任用當了大官。並不是那些貧賤不被任用而處境困難的人有什麼過錯，而被封侯晉官的人就什麼都正確啊。窮困與顯貴決定於時運，遭受災禍與被重用提拔完全是命中注定的呀。太公、寧戚，是賢人，還可以說有不對之處。聖人是道德最為純厚的人。虞舜曾被父親和弟弟謀害，幾乎死去多次；後又碰上唐堯，堯讓位於舜，被立為帝王。曾經被謀害，並非有錯誤；被擁立為帝王，並非因為正確。前期被害，是因為時運未到；後來當了帝王，是因為命運時運都已到來了。考察古代君王臣子中先窮困不得意，後來官運亨通的人，未必最初有罪惡，天就降禍於前，後來又有善事，神就保佑他的後半生。同一個人的行為，同一種行為的操守，從年輕時代到年老告終，前後沒有什麼差別。然而一成一敗，一進一退，一窮困一通達，一完美一損壞，這本是因為人的遭遇禍福恰好如此，命運、時運正好是這樣決定的。

# 龍虛篇第二十二

【題解】本篇旨在批駁所謂「龍神升天」的虛妄之說。龍在現實生活中是不存在的。牠是人們想像的神奇動物，作為中華民族的象徵，來自於原始的圖騰崇拜。王充並未否定龍的存在，然而當世俗所謂雷電折木毀屋是「天取龍」以升天時，他認為這是虛妄的，故篇名之曰「龍虛」。

盛夏之時，雷電擊折樹木，發❶壞室屋，俗謂天取龍。謂龍藏於樹木之中，匿❷於屋室之間也。雷電擊折樹木，發壞屋室，則龍見❸於外。龍見，雷取以升天。世無❹愚智、賢不肖❺，皆謂之然❻。如考實之，虛妄言也。

【章旨】此章為篇首，指明本篇主旨之所在。

【注釋】❶發　打開。❷匿　隱藏。❸見　同「現」。出現。❹無　不論。❺不肖　不賢。❻然　這樣；確實如此。

【語譯】盛夏時節，雷電擊斷了樹木，打壞了房屋，世俗認為這是天來取龍了。樹木被擊、房屋被毀，是因為龍藏在樹木之中，隱蔽在房屋之間的緣故。雷電擊斷了樹木，劈壞了房屋，龍就出現在外面了。龍一出現，雷公就捉牠升天了。世人不論愚蠢或聰明、賢與不賢，都認為確實如此。如果認真加以考察和核實，就是虛妄之言。

夫天之取龍，何意邪❶？如以❷龍神為天使❸，猶賢臣為君使也，反❹報有時，無為❺取也。如以龍遁逃❻不還❼，非神之行，天亦無用為也。如龍之性❽當在天，在天上者，固❾當生子，無為復在地。如龍有升降，降龍生子於地，子長大，天取之，則❿世名⓫雷電為天怒，取龍之子，無為怒也。

【章旨】此章言天取龍之「無為」。

【注釋】❶邪　同「耶」。疑問語氣詞。❷以　認為。❸使　使者。❹反　同「返」。回去。❺無為　無需；用不著；沒有必要。❻遁逃　潛逃。❼不還　不歸；不回來。❽性　本性。❾固　本來。❿則　然而。⓫名　稱。

【語譯】所謂天取龍，是什麼用意呢？如果認為龍神是天的使者，那麼就應該如同賢明的臣子作為君王的使者一樣，按時回去報告，用不著來提取吧。如果認為龍潛逃不歸，這就不是作為神物應有的行為，天也用不著這樣做了。如果說龍的本性應當在天上生活，那麼在天上的龍，本應該在天上生子，用不著又跑到地上來。如果說龍時而升天，時而降到地上，降地的龍就在地上生子，龍子長大後，天就來取龍，但是世俗稱雷電為上天發怒，上天來取龍子，用不著發怒啊。

且❶龍之所居❷，常在水澤之中，不在木中屋間。何以知之？叔向❸之母曰：「深山大澤，實生龍蛇❹。」傳曰：「山致其高，雲雨起焉；水致其深，蛟龍生焉❺。」傳又言：「禹渡於江，黃龍負船❻。」「荊次非渡淮，兩龍繞舟❼。」「東海之上有菑丘訢❽，勇而有力，出過❾神淵，使御者❿飲馬；馬飲因⓫沒⓬。訢怒，拔劍入淵追馬，見兩蛟方⑬食其馬，手劍⑭擊殺兩蛟。」由是言之，蛟與龍常在淵水之中，不在木中屋間，明矣。在淵水之中，則⑮魚鼈⑯之類。魚鼈之類，何為上天？天之取龍，何用為哉？如以天神乘龍而行，神恍惚無形，出入無間⑰，無為乘龍也。如仙人騎龍，天為仙者取龍，則仙人含天精氣，形輕飛騰，若鴻鵠之狀，無為騎龍也。世稱黃帝騎龍升天，此言蓋虛，猶今謂天取龍也。

【章　旨】此章引經據典，旨在說明龍是魚鱉之類水生動物，不在樹中屋間，更不能升天。

【注　釋】❶且　況且。❷所居　居住的地方。❸叔向　春秋時晉國大夫。姓羊舌，名肸，字叔向，博學多聞，鄭人鑄《刑書》，肸貽書子產以規之。❹深山大澤二句　見《左傳・襄公二十一年》。實，此；這裡。❺山致其高四句　見《淮南子・人間》。致，到達。焉，兼詞。在那兒。❻禹渡於江二句　見《淮南子・精神》。負，背負；馱著。❼荊次非渡淮二句　見《呂氏春秋・知分》。荊，楚國別稱。次非，人名。淮，淮河。❽菑丘訢　人名。春秋時齊人，曾出使吳國。❾出過　外出經過；路過。❿御者　駕車的人。⓫因　就。⓬沒　淹沒。⓭方　正在。⓮手劍　手持寶劍。⓯則　乃。⓰鼈　即甲魚。⓱間　間隔；阻撓。

【語　譯】況且龍所居住的地方，經常是在江河湖泊之中，不在樹木房屋之間。怎麼知道呢？叔向的母親說：「深山大湖，龍蛇生活在這裡。」傳書說：「山到達一定的高度，雲雨就興起在那裡；水到達一定的深度，蛟龍就生活在那裡。」傳書又說：「禹渡過長江時，黃龍馱著船行。」「楚國人次非有一次乘船過淮河，有兩條龍繞船而行。」「東海上有一位名叫菑丘訢的人，很勇敢而且有力氣，路過神淵時，讓駕車的人去飲馬，馬喝水時沉入水中。菑丘訢氣怒了，拔劍進入水潭去追馬，看見兩條蛟龍正在吃他的馬，手拿寶劍把兩條蛟龍殺死了。」從以上這些事例看來，蛟與龍常在深淵之中，不在樹木房屋之間，是非常明白的。既在深水之中，就屬於魚鱉之類。魚鱉之類的水生動物，怎麼要上天？天取龍，有什麼用呢？如果認為天神乘龍而行，神總是恍恍惚惚沒有固定的形體，出入沒有能阻擋的，用不著乘龍呀。如果說仙人騎龍，天是替仙人取龍，那麼仙人含有天的精氣，身體輕捷飛騰，像天鵝的狀態，也用不著騎龍呀。世人稱黃帝騎龍升天，這是虛妄的說法，猶如現在說天取龍一樣。

且世謂龍升天者，必謂神龍。不神，不升天；升天，神之效❶也。天地之性❷，人為貴，則龍賤矣。貴者不神，賤者反神乎？如龍之性有神與不神，神者升天，不神者不能；龜蛇亦有神與不神，神龜神蛇復升天乎？且龍稟❸何氣而獨神？天有倉龍、白虎、朱鳥、玄武之象❹也，地亦有龍、虎、鳥、龜之物。四星之精❺，降生四獸❻。虎、鳥與龜不神，龍何故獨神也？人為倮蟲❼之長❽，龍為鱗蟲之長，俱為物長，謂龍升天，人復升天乎？龍與人同，獨謂能升天者，謂龍神也。世或❾謂聖人神而先知，猶謂神龍能升天也。因謂聖人先知之明，論龍之才，謂龍升天，故❿其宜⓫也。

【章　旨】此章指出龍不是神，不能升天。

【注　釋】❶效　證明。❷性　生命。❸稟　承受。❹象　星象。古人把二十八宿分屬東、西、南、北四方，以它們所構成的形狀分別像龍、虎、鳥、龜，因此取名為倉龍、白虎、朱鳥、玄武。❺精　精氣。❻四獸　即龍、虎、鳥、龜。王充認為，這四種動物是由與牠們形狀相似的星宿施放出來的精氣構成的。❼倮蟲　指沒有長著羽毛、貝殼、鱗甲的動物。倮，通「裸」。

❽長 首領；長者。❾或 有人。❿故 本來。⓫宜 應該；適宜。

【語譯】而且世人說的龍升天，一定是說神龍。不是神，就不能升天；能升天，是神的證明。天地之間的一切生命，人是最高貴的，那麼龍比人就低賤了。最高貴的人不是神，比人低賤的反而是神嗎？如果說龍的本性有是神與不是神之分，是神的就升天，不是神的就不能升天，那麼龜蛇一定也有是神與不是神之別了，是不是神龜、神蛇又能升天呢？況且，龍承受了什麼氣而獨自變成神呢？天上有倉龍、白虎、朱鳥、玄武的星象，地上就有龍、虎、鳥、龜之類動物。四種星宿施放出來的精氣，降生成為這四種動物。虎、鳥與龜不是神，為什麼龍惟獨是神呢？人是倮蟲中最尊貴的首領，龍是鱗蟲中的首領，都是一類動物中最尊貴的，說龍升天，那麼人又能升天嗎？龍與人地位相同，只說龍能升天，是因為人們認為龍是神奇之物啊。世上有人說聖人是神而有先知，如同說神龍能升天一樣。因為錯誤地認為聖人有先知之明，那麼論龍的才能，說龍能升天，本來就合適了。

天地之間，恍惚無形，寒暑風雨之氣乃為神。今龍有形，有形則行，行則食，食則物之性也。天地之性，有形體之類，能行、食之物，不得為神。何以言之龍有體也？傳言：「鱗蟲三百，龍為之長❶。」龍為鱗蟲之長，安得無體？何以言之龍行、食也？孔子曰：「龍食於清❷，游於清；龜食於清，游於濁❸；魚食於濁，游於濁。丘❹上不及❺龍，下不為魚，中止❻其❼龜與❽！」《山海經》❾言：四海之外❿，有乘龍蛇之人。世俗畫龍之象，馬首蛇尾。

由此言之，馬、蛇之類也。慎子⓫曰：「蜚⓬龍乘雲，騰蛇⓭遊霧，雲罷⓮雨霽⓯，與螾⓰、蟻同矣。」韓子⓱曰：「龍之為蟲也⓲柔⓳，可狎⓴而騎也。然喉下有逆鱗㉑尺餘，人或㉒嬰㉓之，必殺㉔人矣。」比之為螾、蟻，又言蟲可狎而騎，蛇、馬之類，明矣。

【章　旨】此章言龍為行、食之物，與螾、蟻同類，不能為神。

【注　釋】❶鱗蟲三百二句　見《大戴禮記・易本命》。長，長者；最尊貴的。❷清　指清水。❸濁　指渾濁的水。❹丘　孔子自稱。❺不及　趕不上；不如。❻止　居；處於。❼其　那。❽與　歟。句末感歎詞。❾山海經　古書名。十八篇，作者未詳，於古代歷史、地理、文化、交通、民俗、神話等研究，均有參考價值。❿四海之外　泛指遙遠的地方。⓫慎子　即慎到。戰國中期趙國人，曾在齊國的稷下學宮講學，提出「棄知去己」之說，成為法家代表人物之一，著述現存《慎子》七篇，係殘本。⓬蜚　通「飛」。⓭騰蛇　一作「螣蛇」。傳說中一種能飛的蛇。《爾雅・釋魚》郭璞注：「龍類也，能興雲霧而遊其中。」⓮雲罷　雲散了。⓯霽　雨過天晴。⓰螾　同「蚓」。蚯蚓。引文見《韓非子・難勢》。⓱韓子　韓非。⓲也　句中表示停頓的語氣助詞。⓳柔　柔和；溫順。⓴狎　親近；玩弄；戲耍。㉑逆鱗　倒長著的鱗片。㉒或　如果。㉓嬰　碰；觸動。㉔殺　殺傷；傷害。引文見《韓非子・說難》。

【語　譯】天地之間，恍恍惚惚沒有固定的形體的東西，像構成寒暑風雨那樣的氣，才稱得上是「神」。眼下的龍有形體，有形體就有行動，有行動就要吃食物，吃食物就是動物的本性。天地之間的一切生命，有形體的一類，能行動、能吃食物的動物，不能變成神。憑什麼說龍有形體呢？傳書說：「鱗蟲三百，龍是最尊貴的首領。」龍既然是鱗蟲的首領，怎麼能沒有形體？憑什麼說龍是能行動、能吃食物的動物呢？孔子說：「龍吃在清水中，游在清水中；龜吃在清水中，游在濁水中；魚吃在濁水中，游在濁水中。我上不如龍，下不做魚，處於龍與魚的中間，可算是龜吧！」

《山海經》說：四海之外，有乘龍蛇的人。世上一般人畫龍的形象，都是馬頭蛇尾。由此看來，龍屬於馬、蛇之類。慎子說：「飛龍乘雲，騰蛇遊在雲霧之中，一旦雲散雨過天晴，龍和騰蛇就如同蚯蚓、螞蟻一樣了。」韓非說：「龍作為蟲類是很溫柔的，可以玩弄牠，騎牠。但是龍的喉部之下長有尺多長的倒鱗，人如果觸動它，龍一定會傷人的。」韓非把龍比作蚯蚓、螞蟻，又說牠可以耍弄，騎在牠身上，那麼龍與蛇、馬同類，就十分明白了。

傳曰：「紂作象箸❶而箕子❷泣。」泣之者，痛其極也。夫有象箸，必有玉杯。玉杯所盈❸，象箸所挾，則必龍肝豹胎。夫龍肝可食，其龍難得。難得則愁下，愁下則禍生，故從而痛之。如龍神，其身不可得殺，其肝何可得食？禽獸肝胎非一❹，稱龍肝、豹胎者，人得食而知其味美也。

春秋之時，龍見❺於絳❻郊。魏獻子❼問於蔡墨❽曰：「吾聞之，蟲莫智於龍，以其不生得❾也。謂之智，信❿乎？」對曰：「人實不知，非龍實智。古者畜⓫龍，故國有豢龍氏⓬，有御龍氏⓭。」獻子曰：「是二者，吾亦聞之，而不知其故。是何謂也？」對曰：「昔有飂⓮叔安⓯，有裔子⓰曰董父⓱，實甚好龍，能求其耆⓲欲以飲食⓳之，龍多歸之⓴。乃擾㉑畜龍，以服事舜，而錫㉒之姓㉓曰董，氏曰豢龍，封諸鬷川㉔，鬷夷氏是其後㉕也。故帝舜氏世有畜龍。及㉖有夏㉗，孔甲㉘擾於帝㉙，帝賜之乘龍，河、漢㉚各二，各有雌雄。孔甲不能食㉛也，而未獲㉜豢龍氏。有陶唐氏㉝既衰㉞，其後有劉累㉟學擾於豢龍氏，以事孔甲，能飲食龍㊱。夏后㊲嘉㊳之，賜氏曰御龍，以更㊴豕韋㊵之後。龍一雌死，潛醢㊶以食夏后㊷。夏后享㊸之，既而㊹使求。懼而不得，遷於魯縣㊺。范氏㊻，其㊼後也。」獻子曰：「今何故無之？」對曰：「夫物有其官，官修㊽其方㊾，朝夕思之。一日失職，則死及之，失官不食。官宿㊿其業，其物乃至。若泯(51)棄(52)之，物乃坻伏(53)，鬱湮(54)不育(55)。」由此言之，龍可畜又可食也。可食之物，不能神矣。世無其官，又無董父、后、劉之人，潛藏伏匿，出見稀疏，出又乘雲，與人殊路，人謂之神。如存其官而有其人，則龍、牛之類也，何神之有(56)？

【章　旨】此章通過魏獻子與蔡墨的對話，說明龍可畜又可食，故不能為神。

【注　釋】❶象箸　象牙筷子。❷箕子　商朝貴族。紂王的諸父，官太師，封於箕（今山西太谷東北），故名。見《韓非子・喻老》。❸盈　盛。❹非一　不止一種。❺見　同「現」。出現。❻絳　地名。春秋時晉國都城，在今山西曲沃西北。❼魏獻子　魏舒。晉國大夫，魏絳之子。❽蔡墨　又叫「史墨」。春秋時晉國太史。❾生得　活捉到。❿信　確實；真的。⓫畜　餵養。⓬豢龍氏　古姓氏。因官職而得。⓭御龍氏　因御龍升官而得的姓氏。御龍，駕馭龍。使龍馴服可供人乘御。⓮飂　古國名。即蓼國。一為己姓，即古飂國，在今河南唐河西南，二為姬姓，相傳庭堅之後，在今河南固始，西元前六二二年被楚滅亡。⑮叔安　飂國君主名。⑯裔子　後代子孫。⑰董父　人名。⑱嗜　喜好；嗜好。⑲食　通「飼」。餵養。⑳歸之　使之歸順。㉑擾　馴服；馴養。《周禮・夏官・服不氏》：「掌養猛獸而教擾之。」鄭玄注云：「擾，馴也，教習使之馴服。」㉒錫　通「賜」。賞賜。㉓姓　古代的「姓」與「氏」分開，「姓」表示大的家族系統，「氏」表示姓以下的支脈。《左傳・隱公八年》：「天子建德，因生以賜姓，胙之土而命之氏。」《通志・氏族略序》又說：「三代之前，姓氏分而為二，男子稱氏，婦人稱姓。」所言略異。漢代以後，姓氏不分。㉔鬷川　古地名。㉕後　後代。㉖及　到。㉗有夏　夏朝。㉘孔甲　夏朝的君主。㉙帝　此指上帝。㉚河漢　黃河與漢水。㉛食　餵養。㉜獲　得到。㉝陶唐氏　古部落名。居於平陽（今山西臨汾西南），堯為其首領。㉞既衰　衰落之後。㉟劉累　人名。夏君孔甲的龍師。㊱飲食龍　使龍飲食。㊲夏后　夏朝君主。此指孔甲。㊳嘉　嘉獎。㊴更　更換；代替。㊵豕韋　一作「韋」。夏的一個同盟部落，彭姓，在今河南滑縣東南一帶，後為商湯所滅。㊶潛醢　暗地裡做成肉醬。㊷食夏后　讓夏后吃。㊸享　品嘗；受用。㊹既而　不久。㊺魯縣　古地名。在今河南魯山縣。㊻范氏　春秋時晉國六卿之一。㊼其　指劉累。㊽修　改進；提高。㊾方　方法。㊿宿　安於。《左傳・昭公二十九年》杜預注：「宿，猶安也。」(51)泯　消滅。(52)棄　廢止。(53)坻伏　隱藏不出。(54)鬱湮　阻礙堵塞。(55)育　繁殖；生育。(56)何神之有　即「有何神」。

**【語　譯】**傳書說：「紂王製作象牙筷子，箕子因而哭泣。」哭紂王做象牙筷子的原因，是痛心他做得太過分了。有象牙筷子，就一定有玉杯。玉杯盛的東西，象牙筷子挾的東西，就一定是龍肝、豹胎。龍肝可以吃，那龍卻難捉到。龍難捉到，就使臣下愁苦了；臣下愁苦就生災禍，所以跟著而感到痛心。如果龍是神，牠本身就不可能殺死，牠的肝又怎麼可能吃到？禽畜的肝胎不止一種，稱許龍肝、豹胎的人，一定知道龍肝、豹胎人能吃而且它的味道很鮮美。

春秋時代，龍出現在絳郊。魏獻子問蔡墨說：「我聽說，蟲類中沒有比龍更聰明的了，因為牠不會被活捉到。說龍聰明，真的嗎？」蔡墨回答說：「人實際上不知道龍的生活習性，而不是龍真的聰明。古時候有餵養龍的人，因此國有豢龍氏，有御龍氏。」獻子說：「這二個姓氏我也聽說過，但不知道它們得名的原因。這兩個姓氏究竟是什麼意思呢？」蔡墨回答道：「從前有個叫叔安的飂國君主，有個後代子孫叫董父，非常喜愛龍，能設法尋求龍的嗜好來餵養牠，龍多歸順於他，他就馴養龍，來侍奉舜帝，舜帝就賜他姓董，氏豢龍，封於鬷川，鬷夷氏是董父的後代。所以帝舜氏時代世上有專職養龍的人。到了夏朝，孔甲馴順於上帝，上帝賞賜他可以乘龍，黃河、漢水裡各放有兩條龍，又各有一雌一雄，孔甲不會餵養牠們，又沒有獲得豢龍氏來替他餵養。陶唐氏衰落之後，他的後代有劉累學馴龍於豢龍氏，以馴養龍來侍奉孔甲，能使龍吃食物。夏后孔甲嘉獎他，賜給他一個氏叫御龍，來更替豕韋氏的後代。其中一條雌龍死了，御龍氏暗地裡把龍做成肉醬讓孔甲吃。孔甲吃了龍肉後，不久又要他去找龍肉。御龍氏恐怕找不到龍，就遷居到魯縣去了。范氏就是劉累的後代啊。」獻子又問：「如今為什麼沒有龍了？」蔡墨回答說：「各種事物都有掌管它的官，官吏為了提高自己的管理方法，往往朝思暮想。一旦失職，就會被處死，或者被罷官不再吃俸祿。官吏只有安守自己的職業，他所掌管的事物才會到來。如果將官職廢棄，事物就會潛藏埋伏起來，龍的活動受到阻礙，不能生育繁殖了。」由此說來，龍可以畜養又可以作食物。可以吃的東西，不能算神。世上沒有掌管龍的官職，又沒有董父、夏后、劉累之類豢龍、御龍人，所以龍就潛伏隱藏起來，很少出現了，一出來又乘雲駕霧，與人不同路，所以人稱龍為神。如果保存馴龍的官職，又有能勝任這個官職的人，那麼龍就如同牛這一類畜牲一樣，有什麼神奇可言呢？

以《山海經》言之，以慎子、韓子證之，以俗世之畫驗之，以箕子之泣訂❶之，以蔡墨之對論之，知龍不能神，不能升天，天不以雷電取龍，明矣；世俗言龍神而升天者，妄矣。

【章　旨】此章小結前面所論，認為世俗言「龍神升天」是虛妄之言。

【注釋】❶訂　考訂；審查。

【語譯】根據《山海經》所說的，根據慎子、韓非所證明的，根據世俗關於龍的畫所驗證的，根據箕子的哭泣所考訂的，根據蔡墨與魏獻子的對話所論述的，我們知道龍不能成為神，不能升天，天不會用雷電取龍，這是很明白的；世俗說龍是神而升天，這是虛妄的。

世俗之言，亦有緣❶也。短書言：「龍無尺木❷，無以升天。」又曰「升天」，又言「尺木」，謂龍從木中升天也。彼❸短書之家❹，世俗之人也。見雷電發時，龍隨其而起，當雷電擊樹木之時，龍適❺與雷電俱在樹木之側❻，雷電去，龍隨而上，故謂從樹木之中升天也。實者，雲龍同類❼，感氣相致❽，故《易》曰：「雲從龍，風從虎❾。」又言：「虎嘯谷風❿至，龍興景雲⓫起。」龍與雲相招，虎與風相致，故董仲舒⓬雩⓭祭之法，設土龍以為感也。夫盛夏太陽⓮用事⓯，雲雨干⓰之。太陽，火也；雲雨，水也。水火激薄⓱，則鳴為雷。龍聞雷聲則起，起而雲至，雲至而龍乘之。雲雨感龍，龍亦起雲而升天。天極⓲雲高，雲消復降。人見其乘雲，則謂「升天」；見天為⓳雷電，則為⓴「天取龍」。世儒讀《易》文，見傳言，皆知龍者雲之類。拘㉑俗人之議，不能通㉒其說；又見短書為證，故遂謂「天取龍」。

【章旨】此章指出世俗言龍神升天之緣，在於短書的「龍無尺木，無以升天」之論。

【注釋】❶緣　緣故；原因。❷尺木　尺寸大的小樹。❸彼　那些。❹短書之家　寫短書的人。短書，漢代經、律等官方文書用二尺四寸竹簡書寫，其他書籍均短於此，故稱「短書」。後多指小說、雜記之類的書。❺適　碰巧；恰好。❻側　旁邊。❼雲龍同類　王充認為，雲是水氣，龍在水中生活，故說雲、龍同類。❽致　招致；造成。❾雲從龍二句　見《周易・乾卦》。從，跟隨。❿谷風　山谷之風。⓫景雲　彩雲。一作「卿雲」、「慶雲」。古人以為祥瑞之氣，太平的徵兆。《瑞應圖》：「景雲者，太平之應也。一曰慶雲，非氣非煙，五彩紛縕。」《楚辭・七諫・哀命》：「虎嘯而谷風至兮，龍舉而景雲往。」王逸注：「景雲，大雲有光者。」見《淮南子・天文》，今本《周易》無此語。⓬董仲舒　西漢哲學家、今文經學大師。廣川（今河北棗強東）人，著作《春秋繁露》和《董子文集》。⓭雩　求雨之祭。⓮太陽　陰陽五行說。與「少陽」相對，指最旺盛的陽氣。⓯用事　主事；統治。按陰陽五行說，春天是「少陽」主宰，夏天是「太陽」主宰，秋天是「少陰」統治，冬天是「太陰」統治。⓰干　犯；干擾。⓱激薄　互相衝擊。⓲天極　天的最高之處。⓳為　產生。⓴為　認為。㉑拘　拘泥；恪守。㉒通　理解。

【語譯】世俗關於龍神升天的說法，也是有原因的。一般的書籍說：「龍如果連尺寸小樹那樣的憑藉都沒有，那就沒有辦法升天了。」又說「升天」，又言「尺木」，就是認為龍是從樹木中升天的。那些寫「短書」的人，也是恪守世俗之見的人。看見雷電爆發的時候，龍隨著雷電騰空而起，當雷電擊樹木的時候，龍正好與雷電都在樹木的旁邊，雷電一過去，龍隨之而上，所以認為龍是從樹木之中升天的。實際上，雲與龍是同類事物，能夠用氣相互感召，因此《周易》說：「雲跟隨龍而起，風跟隨虎而生。」又說：「老虎咆哮的時候，山谷裡就會颳起大風；龍騰飛起來的時候，天空中就會出現吉祥的彩雲。」龍與雲相互招致，虎與風互相招致，因此董仲舒求雨祭祀的方法，是設製一條土龍，用來感召天上的雲雨。盛夏時節，太陽主宰大地，天氣炎熱，於是雲雨來干擾它。太陽是火，雲雨是水，水火互相衝擊而發出的響聲，就是雷。龍聽到雷聲就騰起，一騰起雲就到來，雲一到龍就乘著它。雲雨與龍相互感召，龍也乘雲而升天，到達天的最高處，雲消失了龍又降到水中。人們見龍乘雲，就認為是龍「升天」；見天空產生雷電，就認為是「天取龍」。世上儒生讀《周易》

文，看見傳書所說的，都知道龍是雲雨的一類事物，但他們拘泥於一般世俗人的議論，就不能理解儒家經傳的見解；又看見一般「短書」所說的例證，所以也就認為是「天取龍」了。

天不取龍，龍不升天。當菑丘訢之殺兩蛟也，手把❶其尾，拽❷而出之，至淵之外，雷電擊之。蛟則龍之類也。蛟龍見❸而雲雨至，雲雨至則雷電擊。如以天實取龍，龍為天用，何以死蛟為取之？且魚在水中，亦隨雲雨蜚❹，而乘雲雨非升天也。龍，魚之類也，其乘雷電，猶魚之飛也。魚隨雲雨不謂之神，龍乘雷電獨謂之神，世俗之言，失其實也。物在世間，各有所乘。水蛇乘霧，龍乘雲，鳥乘風。見龍乘雲，獨謂之神，失龍之實，誣❺龍之能也。

【章旨】此章指出龍乘雲為神之失實。

【注釋】❶把　抓住。❷拽　拉；拖。❸見　同「現」。出現。❹蜚　通「飛」。❺誣　捏造。

【語譯】天不能取龍，龍不能升天。當菑丘訢用劍殺吃馬的兩條蛟時，他手抓住蛟的尾巴，把牠們拖了出來，到深淵之外，讓雷電擊殺牠們。蛟就是龍的一類動物。蛟龍出現，雲雨就到來，雲雨一到，雷電就會擊來。如果以為天確實會取龍，龍為天所用，那麼天取死蛟有什麼用呢？況且魚生活在水中，有時也隨雲雨飛翔，然而乘雲雨並不等於升天。龍，屬於魚類動物，牠乘雷電，就好比魚飛起來一樣。魚隨著雲雨而飛不說牠是神，龍乘雷電就偏偏說牠是神，世俗的說法，太不符合實際了。物生活在世界上，各自有乘的東西。水蛇乘霧，龍乘雲，鳥憑藉風而飛翔。看見龍乘雲，偏偏說牠是神，不僅不符合龍的生活實際，而且捏造了龍的能力。

然則龍之所以為神者，以❶其屈❷伸❸其體，存亡❹其形。屈伸其體，存亡其形，未足以為神也。豫讓❺吞炭❻，漆身❼為厲❽，人不識其形。子貢滅鬚❾為婦人，人不知其狀。龍變體自匿，人亦不能覺，變化藏匿者巧也。物性❿亦有自然⓫。狌狌⓬知往⓭，乾鵲⓮知來⓯，鸚鵡能言，三怪⓰比⓱龍，性變化也。如以巧為神，豫讓、子貢神也。孔子曰：「游者可為綸⓲，飛者可為矰⓳。至於龍也，吾不知，其乘風雲上升。今日見老子⓴，其㉑猶龍乎！」夫龍乘雲而上，雲消而下。物類可察㉒，上下可知，而云孔子不知。以孔子之聖，尚不知龍，況俗人智淺，有好奇之性，無實㉓可㉔之心，謂之龍神而升天，不足怪也。

【章旨】此章指出俗人智淺，說龍神升天不足為怪。

【注釋】❶以　由於；因為。❷屈　彎曲。❸伸　舒展。❹存亡　存在與消失；出現與隱藏。❺豫讓　春秋時晉國大夫智伯的家臣。❻吞炭　吞下木炭，變成啞巴。❼漆身　用漆塗身。❽厲　通「癩」。即痲瘋病。❾子貢滅鬚　據《太平御覽・卷三七四》載，孔丘弟子子高，於衛國之變亂中出逃，途中曾拔鬚裝扮為婦人。子貢，孔子弟子。此處「子貢」恐為「子高」之誤。滅鬚，刮掉鬍鬚。❿物性　事物的天性、本能。⓫自然　天生這樣。⓬狌狌　猩猩。⓭知往　據《淮南子・氾論》高誘注，猩猩見人走過，則可叫人的名字，謂之「知往」。往，過去的事情。⓮乾鵲　喜鵲。⓯知來　據《淮南子・氾論》高誘注，人有喜事將到，喜鵲就事先叫起來，謂之「知來」。來，未來的事。⓰三怪　指以上三種奇怪現象。⓱比　類比；類似。

⑱綸　釣魚繩索。⑲矰　一種尾繫絲繩的短箭。⑳老子　老聃。姓李名耳，字伯陽，楚國苦縣（今屬河南）曲仁里人。春秋時著名哲學家，道家思想的開創人，著有《老子》一書，後稱為《道德經》。㉑其　他。指老子。見《史記・老子韓非列傳》。㉒察　考察；了解。㉓實　核實。㉔可　適宜；恰當。

**【語　譯】**既然如此，那麼龍之所以被人們當作神物，是因為龍能彎曲和舒展自己的身體，形體又可以時隱時現。身體能夠伸縮，形體可以時隱時現，也不足以認為是神。豫讓吞下木炭，變成啞巴，又用黑漆塗身，裝成生痲瘋病的樣子，人們也不認識他的模樣了。子貢刮掉自己的鬍鬚，裝扮成婦人，人們也不知道他的形狀了。龍改變形體自己藏匿起來，人們也不可能覺察到，這是因為牠變化和隱藏得很巧妙呀。事物的本能也有天生就是這樣的。猩猩見人走過就可以叫出他的名字，喜鵲見人有喜事將到就會嘰嘰喳喳地叫起來，鸚鵡能夠學人說話，這三種奇怪的動物與龍相似，生來就具有變化的本能。如果以巧變為神，豫讓、子貢該稱得上是神了吧。孔子說：「水裡游的動物可以用綸來釣獲，天上飛的動物可以用矰來射取。至於龍，我就不知道了，牠乘風雲上升。今日見到老子，他大概像龍一樣吧！」龍乘雲而上天，雲消失就又降下到水中。物類可以考察，上天下地都可以了解，但是孔子不知道。以孔子的聖明，尚且不了解龍的本性，何況一般人的才智淺陋，有好奇的性格，卻沒有實事求是的精神，認為龍是神物而升天，就不足為怪了。

# 雷虛篇第二十三

【題　解】本篇是〈龍虛篇〉的姊妹篇，旨在批駁世俗把打雷說成是老天發怒，有意識要懲罰「陰過」的虛妄之言。

王充認為，打雷是一種自然現象，是陰陽二氣相激而形成的，如同把一斗水澆在冶煉金屬的爐火上發出響聲並能燒傷人體一樣。他對雷的原理做了近乎現代科學的解釋，為古代自然科學史寫下了輝煌的一頁。他反覆強調，雷是一種火，人被雷打死是偶然的事件，即「人在木下屋間，偶中而死」，而說是上天發怒，有意懲罰人，只是一種「虛言」而已，故名之曰「雷虛」。在「九虛」中，這是比較富有科學性和說服力的篇章，值得深入研讀。

盛夏之時，雷電迅疾❶，擊折樹木，壞敗室屋，時❷犯❸殺人。世俗以為擊折樹木、壞敗室屋者，天取龍；其犯殺人也，謂之有陰過❹。飲食人❺以❻不潔淨，天怒，擊而殺之。隆隆之聲，天怒之音，若人之呴吁❼矣。世無❽愚智，莫謂不然❾。推人道以論之，虛妄之言也。

【章　旨】此章提出本篇要批駁的對象：打雷為「天怒之音」。

【注　釋】❶迅疾　迅猛。❷時　有時。❸犯　侵犯；侵害。❹陰過　隱蔽著的罪過。❺飲食人　給人吃東西。❻以　把。❼呴吁　怒吼。呴，同「吼」。吁，大聲呼叫。❽無　不論；無論。❾不然　不對；不是如此。

【語　譯】盛夏時節，雷電迅猛，擊斷樹木、毀壞房屋，有時甚至殺傷人。世俗認為雷擊斷樹木、毀壞房屋，是天取龍；它殺害的人，被稱之為有隱蔽的罪過。如把不潔淨的食物給人吃，天發怒，就擊殺他。隆隆的雷聲，就是天發怒的聲音，好像人的怒吼一樣。世上無論愚蠢或聰明的人，沒有認為這種說法不對的。但是，根據人世間的道理來論述，這是虛妄之言。

夫雷之發動，一氣一聲也。折木❶壞屋，亦犯殺人；犯殺人時，亦折木壞屋。獨❷謂折木壞屋者，天取龍；犯殺人，罰陰過，與取龍吉凶不同。併時共聲，非實道❸也。

論者以為，隆隆聲，天怒呴吁之聲也。此便❹於罰過，不宜於取龍。罰過，天怒可也；取龍，龍何過而怒之？如龍神，天取之，不宜怒。如龍有過，與人同罪，殺龍而已，何為取也？殺人，怒可也；取龍，龍何過而怒之？殺人不取，殺龍取之，人龍之罪何別，而其殺之何異？然則取龍之說既不可聽，罰過之言復不可從。

【章　旨】此章從雷產生的原因出發，抓住「取龍」與「罰過」之說的互相矛盾方面予以批駁。

【注　釋】❶折木　折斷樹木。❷獨　惟獨；偏偏。❸實道　事理。❹便　適合；便於。

【語　譯】雷的產生，同屬一種氣，同是一種聲響。擊斷樹木、毀壞房屋的時候，也會打死人；打死人的時候，也會擊斷樹木、毀壞房屋。世俗之人偏偏說雷折樹壞屋是「天取龍」，打死人是「罰陰過」、「取龍」與「罰陰過」吉凶不同。同一時間，同一雷聲，卻有兩種不同解釋，顯然是不符合事理的。

論者以為，隆隆的雷聲，是天發怒時所發出的怒吼聲音。其實，這種說法只適合於懲罰罪過，不適宜於取龍。懲罰罪過，天發怒是可以理解的；取龍，龍犯了什麼罪過而使天發怒呢？如果說龍是神，天要取龍，也不應該發怒。如果說龍有過錯，與人同罪，把龍殺掉就行了，為什麼要取牠上天呢？殺人，發怒是可以理解的；取龍，龍又有什麼過錯而使天發怒呢？被殺死的人不取，被殺死的龍卻要取牠上天，人與龍的罪過有什麼區別，而雷把他們殺死之後為什麼一個取、一個不取上天呢？這樣看來，那麼「天取龍」的說法既不可聽信，天懲罰罪過的說法也不可以盲從。

何以效❶之？案雷之聲迅疾之時，人仆死❷於地，隆隆之聲臨人首上❸，故得殺人。審❹隆隆者，天怒乎？怒，用口之怒氣殺人也。口之怒氣，安能殺人？人為雷所殺，詢❺其體，若燔灼❻之狀也。如天用口怒，口怒生火乎？且口著❼乎❽體，口之動與體俱❾。當擊折之時，聲著於地；其衰❿也，聲著於天。夫如是，聲著地之時，口至地，體亦宜然⓫。當雷迅疾之時，仰視天，不見天之下。不見天之下，則夫⓬隆隆之聲者，非天怒也。天之怒，與人無異。人怒，身近人則聲疾，遠人則聲微。今天聲近，其體遠，非怒之實也。且雷聲迅疾之時，聲東西或南北。如天怒體動，口東西南北，仰視天亦宜東西南北。或⓭曰：「天已東西南北矣。雲雨冥晦⓮，人不能見耳。」夫千里不同風，百里不共雷。《易》曰：「震驚百里⓯。」雷電之地，雷雨晦冥，百里之外，無雨之處，宜見天之東西南北也。口著於天，天宜隨口，口一移，普天皆移，非獨雷雨之地，天隨口動也。

且所謂怒者，誰也？天神邪？蒼蒼之天也？如謂天神，神怒無聲。如謂蒼蒼之天，天者體⓰，不怒，怒用口。且天地相與⓱，夫婦也，其⓲即民⓳父母也。子有過，父怒，笞⓴之致㉑死，而母不哭乎？今天怒殺之，地宜哭之。獨聞天之怒，不聞地之哭。如地不能哭，則天亦不能怒。且有怒則有喜。人有陰過，亦有陰善。有陰過，天怒殺之；如有陰善，天亦宜以善賞之。隆隆之聲，謂天之怒；如天之喜。亦宜哂然㉒而笑。人有喜怒，故謂天喜怒。推人以知天，知天本於人，如人不怒，則亦無緣㉓謂天怒也。緣人以知天，宜盡人之性。人性怒則呴吁，喜則歌笑。比㉔聞天之怒，希㉕聞天之喜；比見天之罰，希見天之賞。豈天怒不喜，貪㉖於罰，希於賞哉？何怒罰有效，喜賞無驗也！

【章旨】此章批駁天怒以雷電殺人之說。

【注釋】❶效　驗證。❷仆死　向前顛倒而死。❸臨人首上　落到人頭上。❹審　果真；確實。❺詢　詢問；考查。❻燔灼　燒烤。❼著　依附。❽乎　於。❾俱　同；一起。❿衰　指雷聲減弱。⓫宜然　應該這樣。⓬則夫　那麼。⓭或　有的人。⑭冥晦 昏暗不明。⑮震驚百里 見《周易・震卦》。震，八卦之一，象徵雷。⑯天者體 王充認為，天地都是物質實體。參見本書〈自然篇〉與〈談天篇〉。⑰相與 相處；在一起生活。⑱其 指天地。⑲民 老百姓；人類。⑳笞 用鞭子或竹板子抽打。㉑致 造成；導致。㉒哂然 笑貌。㉓無緣 沒有依據；沒有理由。㉔比 經常；屢屢。㉕希 稀少。㉖貪 追求；貪圖。

【語 譯】怎麼來檢驗它？考察雷聲迅猛的時候，被雷打死的人都是向前仆倒在地上，隆隆的雷聲降臨到人的頭上，所以雷能夠打死人。隆隆的雷聲，果真是天發怒嗎？如果說是天發怒，那麼天是用從口裡出的怒氣殺人了。口中的怒氣，怎麼能夠殺人？人被雷打死，考察一下他的身體，好像被火燒烤過一樣。如果說天用口發怒，口裡吐出的怒氣能生火嗎？而且口依附於身體，口的活動是和身體連在一起的。當雷擊折樹木的時候，雷聲落到地上；雷聲減弱時，才傳到天上。因此，雷聲落地的時候，天的口落到地上，身體也應該隨之落地。但是，當雷聲迅猛之時，我們抬頭看看天，並沒有看到天落到地面上來。不見天落到地上，那麼隆隆的雷聲，就不是天發怒了。天發怒，同人發怒沒有不同。人發怒的時候，身體靠近的人就感覺得聲音很猛烈，離得遠的人就感到聲音很微小。如今天的聲音很近，而天的身體卻離人很遠，這就說明雷聲實際上並不是天發怒。況且雷聲迅猛的時候，聲音或者在東西或者在南北。如果說天發怒時身體也在動，口也在東西或南北，那麼人們抬頭看天，天體也應當向東西南北移動。有人說：「天已經隨著聲音向東西南北移動了，因為雲雨昏暗不明，人不可能看見而已。」千里內外不會颳起同一股風，百里內外不可能響起同一個雷。《周易・震卦》說：「雷聲驚百里。」有雷電的地區，天空確實雲雨昏暗，但百里之外，沒有雷雨的地方，應該看得見天向東西南北移動的情況。天的口依附於天，天體應當隨著口的，口一移動，整個天體都在移動，並不是僅僅是有雷雨的地方，天才隨著口的張開而移動。

況且所說的發怒者是誰呢？是天神呢，還是蒼天呢？如果是說天神，神發怒是沒有聲音的。如果是說蒼天，天是一種物質實體，不可能發怒，因為發怒要用口，而天是沒有口的。而且天和地相處在一起，它們的關係都像夫妻一樣，它們是人類的父母。兒子有過錯，父親發怒，把兒子打得要死，而母親難道不痛哭嗎？

現在老天爺發怒殺人，作為母親的大地應該痛哭。然而，只聽說天發怒，並沒有聽說地痛哭的。假如地不能哭泣，那麼天也不能發怒。何況有怒就有喜，人有暗地裡犯的過錯，也有暗地裡作的好事。如果人有隱蔽的過錯，天就發怒殺死他；那如果有暗地做了善事，天就應該以善獎賞他。隆隆的雷聲，叫做天發怒的話；那麼，如果天有喜事，也就應該展現笑容。人有喜怒，因此說天也有喜怒。這是根據人的情況加以推論來說明天的，就知道對天的認識是以人為依據的，如果人不發怒，也就沒有根據說天會發怒的。既然根據人來認識天，那就應該把人的全部特性都用上來進行全面考察。人的性情發怒時就大聲吼叫，高興時就唱歌歡笑。人們經常聽說天發怒了，卻很少聽說天高興了；經常看見天對人的懲罰，卻很少看見天對人的獎賞。難道是天老爺只發怒而沒有歡喜，只貪圖對人的懲罰，而不願意給人以獎賞嗎？不然，為什麼有天發怒時懲罰人的例證，而沒有天高興時獎賞人的效驗啊！

且雷之擊也，折木壞屋，時犯殺人，以為天怒；時或❶徒❷雷，無所折敗，亦不殺人，天空怒❸乎？人君不空喜怒，喜怒必有賞罰。無所罰而空怒，是天妄也。妄則失威，非天行也。政事之家❹，以寒溫之氣為喜怒之候❺。人君喜則天溫，怒則天寒。雷電之日，天必寒也。高祖之先❻劉媼❼曾息❽大澤之陂❾，夢與神遇❿，此時雷電晦冥。天方施氣⓫，宜喜之時也，何怒而雷？如用⓬擊折者為怒，不擊折者為喜，則夫隆隆之聲，不宜同音。人怒喜異聲，天怒喜同音，與人乖異⓭，則人何緣謂之天怒？

【章旨】此章以雷電不擊殺人的現象予以反駁，且以政事之家的矛攻其盾。

【注釋】❶時或　有時。❷徒　空。❸空怒　白白地發怒。空，白白；無緣無故。❹政事之家　講陰陽災異之變的人。此指以「天人感應」之說解釋政事的漢代儒生。❺候　徵候；徵兆。❻高祖之先　漢高祖劉邦的先人。❼劉媼　劉邦的母親。❽息　休息。❾陂　岸邊。❿遇　交合；交配。⓫施氣　此指把精氣施放給劉媼。⓬用　以；認為。⓭乖異　相反。

【語譯】況且打雷時，折斷樹木，毀壞房屋，有時打死人，就認為是天發怒；有時光打雷，沒有折樹毀屋，也沒有殺傷人，難道天白白發怒嗎？君主不會無緣無故地欣喜或發怒，一旦高興或發怒，就必定對臣下有賞罰。沒有什麼懲罰而無緣無故地發怒，這是天的胡作非為。胡作非為而喪失自己的威望，不是上天應有的行為。以「天人感應」說來解釋政事的人，把寒溫的氣候當作君主喜怒的徵兆。君主歡喜時天氣就溫暖，發怒時天氣就寒冷。有雷電的日子，天氣必定寒冷。漢高祖劉邦的母親劉媼曾經在大湖的岸邊休息，夢中同神交配，這時天空昏暗，雷電轟鳴。天正在把精氣施放給劉媼，應當是令人欣喜的時刻，為什麼天會發怒以至打雷？如果認為雷電擊折樹木是天發怒，沒有擊折樹木是天高興，那麼隆隆的雷聲，就不應該相同。人在憤怒和歡喜時發出的聲音是不相同的，而天在發怒和高興時竟發出同樣的聲音，與人相反，那麼人根據什麼認為打雷是天發怒呢？

且飲食人以不潔淨，小過也。以至尊之身，親罰小過，非尊者之宜也。尊不親罰過，故王不親誅罪❶。天尊於王，親罰小過，是天德劣於王也。且天之用心，猶人之用意。人君罪惡❷，初聞之時，怒以非之，及其誅之，哀以憐之。故《論語》曰：「如得其情，則哀憐而勿喜❸。」紂至惡也，武王將誅，哀而憐之。故

《尚書》曰：「予惟率夷憐爾❹。」人君誅惡，憐而殺之，天之罰過，怒而擊之，是天少恩而人多惠也。

【章旨】此章指出把不潔淨的食物給人吃是小過，天親罰小過正是「天少恩」的表現。

【注釋】❶誅罪　懲辦有罪的人。❷罪惡　加罪於惡人。罪，治罪；懲辦；加罪於。❸如得其情二句　見《論語・子張》。❹予惟率夷憐爾　今本《尚書・多士》作「予惟率肆矜爾」。惟，語助詞。率，遵循。夷，平常；正常。爾，你。

【語譯】況且把不潔淨的食物給人吃，只是小過。以最尊貴的身分，去親自懲罰小小的過失，這不是尊貴的人應該做的。尊貴的人不親自出面處罰有過失的人，所以君主不親自去懲辦有罪的人。天比君王更為尊貴，親自去處罰小小的過失，這就說明天的德政還比不上君王呀。況且天的用心，如同人的用意。國君懲辦有罪過的人，剛一聽到他的罪惡行徑時，往往憤怒地譴責他，等到懲治他的時候，又有點哀憐他。所以《論語》說：「如果能夠弄清他犯罪的情況，就應該同情他，而不要幸災樂禍。」商紂王兇惡已極，當周武王將要懲治他的時候，卻不由得產生哀憐之心。因此《尚書》說：「我將遵循法律辦事，並憐憫你。」君主懲辦惡人，帶著同情之心去殺掉他們；天處罰過錯，反而憤怒地擊殺他，這樣說來，上天對人缺少恩德而國君卻多施恩惠了。

說❶雨者以為天施氣。天施氣，氣渥❷為雨，故雨潤萬物，名曰「澍」❸。人不喜，不施恩；天不說❹，不降雨。謂雷，天怒；雨者，天喜也。雷起，常與雨俱，如論之言，天怒且喜也。人君賞罰不同日，天之怒喜不殊❺時，天人相違，賞罰乖也。且怒喜具❻形❼，亂也。惡❽人為亂❾，怒罰其過，罰之以亂，非天行也。冬雷，人謂之陽氣泄❿；春雷，謂之陽氣發；夏雷，不謂陽氣盛，謂之天怒，竟⓫虛言也。

【章　旨】此章以自然之氣論雷雨。

【注　釋】❶說　解釋；解說。❷渥　濃厚。❸澍　及時雨。❹說　同「悅」。喜悅；高興。❺殊　不同。❻具　通「俱」。同時；一道。❼形　表現。❽惡　憎恨；厭惡。❾為亂　作亂。❿陽氣泄　按陰陽五行之說，陽氣從陰曆十一月冬至時開始出現，以後隨著時間的推移而逐漸增多，到陰曆五月夏至時而達到鼎盛。泄，漏。此指開始出現。⓫竟　終究。

【語　譯】解說雨的人認為雨是天施放氣形成的。天施放氣，氣聚集得濃厚了就變成雨，所以雨水滋潤著萬物，就名之為「及時雨」。人君不高興時，就不會施給人恩惠的；天不高興時，就不會降雨。所謂打雷，就是天發怒；降雨，就是天歡喜。雷和雨往往一起來到，如果按照所謂降雨是天喜的說法，那麼天是一邊發怒一邊高興了。君主不會在同一個時間進行賞、罰，天的發怒和高興也不會同時，天人的喜怒相反，就意味著天和君主的賞罰也相反。再說喜怒同時表現出來，這是一種混亂的行為，天憎恨人的作亂，憤怒地懲罰他的罪過，而自己卻用混亂的行為去懲罰作亂的人，這就不是上天應該有的行為。冬天打雷，人們稱作是陽氣開始出現；春天打雷，稱作為陽氣勃發；夏天打雷，不稱作是陽氣極盛的表現，反而認為是天發怒，終究是虛妄之言。

人在天地之間，物也；物，亦物也。物之飲食，天不能知；人之飲食，天獨知之？萬物於天，皆子。父母於子，恩德一也，豈為貴賢❶加意，賤愚❷不察❸乎？

何其察人之明，省④物之暗也！犬豕⑤食人腐臭⑥，食之天不殺也。如以人貴而獨禁之，則鼠洿⑦人飲食，人不知，誤而食之，天不殺⑧也。如天能原⑨鼠，則亦能原人。人誤以不潔淨飲食人，人不知而食之耳，豈故舉⑩腐臭以予⑪之哉？如故予之，人亦不肯食。呂后⑫斷戚夫人⑬手，去⑭其眼，置於廁中，以為人豕⑮。呼人示之，人皆傷心；惠帝⑯見之，病臥不起。呂后故為，天不罰也。人誤不知，天輒⑰殺之，不能原誤失而責故，天治悖⑱也。

夫人食不淨之物，口不知有其洿也；如食已⑲，知之，名曰腸洿。戚夫人入廁，身體辱之，與洿何以別？腸之與體何以異？為腸不為⑳體，傷㉑洿不病㉒辱，非天意也。且人聞人食不清之物，心平如故，觀戚夫人者，莫不傷心。人傷，天意悲矣。天悲戚夫人，則怨呂后。案呂后之崩㉓，未必遇雷也。道士㉔劉春熒惑㉕楚王英㉖，使食不清。春死，未必遇雷也。建初㉗四年夏六月，雷擊會稽㉘鄞縣㉙羊五頭，皆死。夫羊何陰過而雷殺之？舟人㉚洿溪上流㉛，人飲下流，舟人不雷死。

【章　旨】此章以人和萬物立論，並揭露呂后之殘忍，以說明天罰過之說是虛假的。

【注釋】❶貴賢　貴者賢者。此指人。❷賤愚　愚者賤者。此指物。❸察　察看；留心。❹省　察看。❺豕　豬。❻腐臭　指排泄物。❼洿　通「汙」。此指弄髒。❽不殺　指不殺老鼠。❾原　原諒。❿故舉　故意拿。⓫予　給與。⓬呂后　漢高祖劉邦之妻呂雉，後封皇后。⓭戚夫人　劉邦的寵妃。⓮去　剜去。⓯人豕　人豬。⓰惠帝　呂后之子劉盈。⓱輒　就；立刻。⓲治悖　辦事昏亂糊塗。⓳食已　吃完。⓴為　管；顧。㉑傷　憐憫。㉒病　怨恨。㉓崩　帝、后之死曰「崩」。㉔道士　以求仙、煉丹、占卜為業的人。㉕熒惑　迷惑。㉖楚王英　劉英。漢光武帝之子，封於楚地。㉗建初　東漢章帝的年號。㉘會稽　郡名。㉙鄞縣　縣名。在今浙江奉化東部。㉚舟人　船夫。㉛上流　上游的溪水。

【語　譯】人在天地之間，是一種物質實體；萬物，也是物質實體。動物吃的東西，天不可能知道；人吃的東西，天偏偏就知道？對於天來說，一切人與物都是天的兒子。父母對兒子，恩德都是一樣的，難道天對人特別關心，對物卻毫不注意嗎？為什麼天觀察人就那麼清楚，而觀察物卻那麼不清楚啊！狗和豬吃人的排泄物，吃了以後天也不會去殺死那個人。如果認為人最高貴，因而惟獨禁止給人吃髒東西，那麼老鼠經常弄髒人吃的食物，人不知道，誤吃了，天並沒有把老鼠殺死。假如天能夠原諒老鼠，那麼也就能夠原諒人。人誤把不潔淨的食物給別人吃，別人不知道，誤吃了，並不是故意把腐臭的東西給別人吃嘛。如果是故意給人吃，人也不願意吃的。呂后砍斷戚夫人的手腳，剜去她的雙眼，丟到豬圈之中，把她當作「人豬」。叫人去看人豬，人看到這種悲慘情景都很傷心；惠帝劉盈看了，一病臥床不起。呂后故意迫害戚夫人，天卻不曾懲罰呂后。人不知道，誤把不潔淨的食物給別人吃，天就要殺那個人。不能原諒那種無心的過錯而去責罰有意的罪惡行徑，上天辦事太昏亂了。

人吃不潔淨的食物，是口不知道食物有不潔淨的地方；如果吃完了，知道食物不潔淨，名叫「腸汙」。戚夫人被丟進豬圈，身體受到汙辱，與「腸汙」有什麼區別？腸與身體有什麼不同？顧及到腸肚而不顧身體，憐惜腸肚被弄髒而不怨恨身體被汙辱，這不是天意吧。再說人聽說別人吃不清潔的食物，心中平靜如故，而一看到戚夫人被摧殘到那個地步，都感到痛心不已。人感到痛心，天意也為之悲哀。天如果為戚夫人感到悲痛，那麼就會怨恨呂后太兇殘。然而考察呂后死的時候，並沒有遭到雷劈啊。道士劉春迷惑楚王劉英，使劉英吃了不清潔的東西（仙丹）而死。但劉春的死，並沒有遭到雷擊啊。建初四年（西元七九年）會稽郡的鄞縣有五頭羊被雷擊中，都死了。羊有什麼陰過而遭雷殺死？船夫弄髒了小河上游的水，人喝了下游的河水，然而船夫並沒有被雷打死。

天神之處❶天，猶王者之居地。王者居重關❷之內，則天之神宜在隱匿之中。王者居宮室之內，則天亦有太微、紫宮、軒轅、文昌❸之坐❹。王者與人相遠，不知人之陰惡；天神在四宮之內，何能見人暗過？王者聞人過，以❺人知；天知人惡，亦宜因❻鬼。使❼天問過於鬼神，則其誅之，宜使鬼神。如使鬼神，則天怒，鬼神也，非天也。

【章旨】此章用王事推論雷擊人非天怒。

【注釋】❶處　居住。❷重關　指王宮的層層宮門關口。❸太微紫宮軒轅文昌　天上的四個星座名。古人以為是天帝、天后居住的四座宮室。❹坐　通「座」。星座。❺以　依靠；憑藉。❻因　根據；依仗。❼使　如果；假使。

【語譯】天神居住在天上，如同當君主的人居住在地上一樣。君主居住在深宮大院之中，天神也應該隱藏在天宮之中。君主居住在宮殿密室之內，天帝也有太微、紫宮、軒轅、文昌四座宮室。君主與人相隔很遠，不知道人們隱蔽著的罪惡；天神身在四宮之內，怎麼能看見人暗地裡所犯的罪過？君主聽說人犯了過錯，靠人報告才知道；天帝知道人的罪惡，也應該依靠鬼神。如果天帝向鬼神詢問人的罪過以後，天要懲罰那個犯罪的人，也應該派鬼神去辦。如果派鬼神去懲罰人，那麼所謂天怒，實際上是鬼神發怒，而不是天在發怒了。

且王斷刑❶以❷秋，天之殺用❸夏，此王者用刑違天時。奉天而行，其誅殺也，宜法象❹上天。天殺用夏，王誅以秋，天人相違，非奉天之義也。或論❺曰：「飲食人不潔淨，天之大惡也。殺大惡❻，不須❼時。」王者大惡，謀反大逆無道也；天之大惡，飲食人不潔清。天人所惡，小大不均等也。如小大同，王者宜法天❽，制飲食人不潔清之法為死刑也。聖王有天下，制刑不備此法。聖王闕略❾，有遺失也。

或論曰：「鬼神治陰，王者治陽。陰過暗昧❿，人不能覺，故使鬼神主⓫之。」曰：陰過非一⓬也，何不盡殺？案⓭一過⓮，非治陰之義也。天怒不旋日⓯，人怒不旋踵⓰。人有陰過，或時⓱有用冬，未必專用夏也。以冬過誤，不輒擊殺，遠至於夏，非不旋日之意也。

【章　旨】此章從王者法天立論，以結束以人推天之論。

【注　釋】❶斷刑　斷案量刑。此指判處死刑。❷以　在。❸用　以；在。❹法象　仿效；效法。❺或論　有人說。❻大惡　最憎惡。❼須　等待。❽法天　效法天。❾闕略　通「缺略」。疏忽大意。❿暗昧　隱秘；不顯露。⓫主　主管。⓬非一　不光一種。⓭案　查辦。⓮一過　指「飲食人不潔淨」這一過失。⓯不旋日　不過一天。旋日，隔天。⓰人怒不旋踵　指人發怒時，連轉腳跟的時間都不能等待。旋踵，轉腳跟。⓱或時　或許。

【語　譯】況且君王處決罪犯是在秋天，上天打雷殺人是在夏天，這說明君王用刑違反天時。如果君王是遵循上天的旨意辦事的，那麼他懲辦罪犯，應該效法上天。上天殺人在夏天，君王懲辦罪犯在秋天，上天與君王相互違背，這就不符合遵循天意辦事的道理了。有人議論說：「把不潔淨的食物給人吃，是天最憎惡的事情。殺最憎惡的人，不必等待規定的時間。」君王最憎恨的，是陰謀反叛，大逆不道的人；上天最憎恨的，是把不潔淨的食物給別人吃的人。這就是說，天和君王所憎惡的，大小不相等啊。如果天和人君對於什麼是大惡與小惡的看法是相同的，那麼人君就應該效法天，制定出一條把不潔淨的食物給人吃要判處死刑的法令。聖王統治天下以來，制定刑法時都不備這一法令，看來是聖王疏忽大意，訂立的刑法有遺漏了吧！

有人議論說：「鬼神統治陰間，君王統治陽間。陰過隱秘，人不可能察覺，所以派鬼神主管它。」我認為：陰過不止一種，為什麼不全部殺死？查辦的僅僅「飲食人不潔淨」這一過錯，恐怕不符合懲治陰罪的本意吧。天發怒不過一天，人發怒時連轉腳跟的時間都不能等待。人有陰過，或許是在冬天犯下的，不一定專門在夏天犯下的啊。在冬天犯了過錯，天不立刻擊殺他們，反而遠拖到第二年夏天才予以懲治，這就不符合「天怒不旋日」的本意吧！

圖畫之工❶，圖❷雷之狀，累累❸如連鼓之形❹。又圖一人，若力士之容，謂之雷公。使之左手引❺連鼓，右手推椎❻，若擊之狀。其意以為：雷聲隆隆者，連鼓相扣擊❼之音也；其魄然❽若敝裂❾者，椎所擊之聲也；其殺人也，引連鼓、推椎，並擊之矣。世又信之，莫謂不然。如復❿原⓫之，虛妄之像⓬也。

夫雷，非聲則氣也。聲與氣，安可推引而為連鼓之形乎？如審可推引，則是物也。相扣而音鳴者，非鼓即鍾也。夫隆隆之聲，鼓與⓭？鍾邪？如審是也，鍾鼓不而⑭空懸，須有筍虡⑮，然後能安⑯，然後能鳴。今鍾鼓無所懸著，雷公之足無所蹈⑰履⑱，安得而為雷？或曰：「如此固⑲為神。如必有所懸著，足有所履，然後而為雷，是與人等也，何以為神？」曰：神者，恍惚無形，出入無門⑳，上下無垠㉑，故謂之神。今雷公有形，雷聲有器㉒，安得為神？如無形，不得為之圖像；如有形，不得謂之神。謂之神龍升天，實事者㉓謂之不然，以人時或㉔見龍之形也。以其形見㉕，故圖畫升龍之形也；以其可畫，故有不神之實。

難㉖曰：「人亦見鬼之形，鬼復神乎？」曰：人時見鬼，有見雷公者乎？鬼名曰神，其行蹈地，與人相似。雷公頭不懸於天，足不蹈於地，安能為雷公？飛者皆有翼，物無翼而飛，謂仙人。畫仙人之形，為之作翼。如雷公與仙人同，宜復著翼。使雷公不飛，圖雷家言其飛，非也；使實飛，不為著翼，又非也。夫如是，圖雷之家畫雷之狀，皆虛妄也。且說雷之家，謂雷，天怒呴吁也；圖雷之家，謂之雷公怒引連鼓也。審㉗如說雷之家，則圖雷之家非；審如圖雷之家，則說雷之家誤。二家相違也，並而是之，無是非之分。無是非之分，故無是非之實。無以定疑論，故虛妄之論勝㉘也。

【章 旨】此章反駁畫工所作的「雷公圖」。

【注 釋】❶工 工匠。❷圖 畫。❸累累 一個連接一個。❹形 形狀。❺引 拉。❻椎 同「槌」。鼓槌。❼扣擊 撞擊。❽魄然 聲音啪啦作響。❾敝裂 霹靂。❿復 再；又。⓫原 考究。⓬像 圖像；圖畫。⓭與 同「歟」。疑問語氣詞。⓮而 通「能」。⓯筍虡 掛樂器的架子。橫的叫「筍」，豎的叫「虡」。⓰安 穩固。⓱蹈 踩。⓲履 踏。⓳固 通「故」。所以。⓴無門 不需要門。㉑無垠 沒有界限；無邊。㉒器 器物。指鼓和鼓槌。㉓實事者 實事求是的人。㉔時或 有時。㉕見 同「現」。出現。㉖難 責難。㉗審 果真。㉘勝 得逞。

【語 譯】繪畫的工匠，畫出雷的形狀，一個連接一個，好像把鼓連在一起的樣子。又畫了一個人，像一位大力士的容貌，叫做雷公，讓他的左手拉著一個接一個的鼓，右手推鼓槌，好像擊鼓的樣子。畫的意思以為：隆隆的雷聲，是一個連接一個的鼓互相撞擊所發出的聲音；其中像霹靂一樣震天價響的，是雷公用槌子擊鼓發出的響聲；雷擊殺人，是雷公一面拉鼓一面舉槌同時撞擊造成的。世人又相信這幅「雷公圖」，沒有人說不是這樣的。但如果再認真考究一下，這是一幅虛妄的圖像。

雷，不是一種聲音，就是一種氣。聲音與氣，怎麼可以推拉成為一個一個連在一起的鼓的形態呢？假如果真可以推拉的話，那麼雷就是一種物體了。互相撞擊而發出聲響的物體，不是鼓就是鐘。發出隆隆的聲響的，究竟是鼓呢？還是鐘呢？如果真是鐘鼓，鐘鼓是不可能沒有依託而憑空掛在空中的，必須有掛鐘鼓的架子，然後才能穩固，然後才能發出鳴叫聲。如今鐘鼓沒有懸掛的地方，連雷公的腳都沒有地方踩踏，怎麼能擊鐘鼓而成為雷？有人說：「正因為這樣，雷公才是神。如果一定要有懸掛鐘鼓的地方，腳一定要有踩的地方，然後才可以擊鐘鼓而成為雷，這就同人一樣，還稱得上什麼神？」我認為：神，是恍恍惚惚沒有固定的形體，出入沒有任何阻擋，上下沒有任何界限的，所以叫做「神」。而今雷公既有形體，雷聲又是鼓和槌相擊發出來的，怎麼能算是神？如果沒有形體，就不能把它畫成圖像；如果有形體，就不能算作神。所謂神龍升天，凡是尊重事實的人都說不是這樣，因為人有時看見了龍的形狀。因為龍的形狀曾經出現過，所以人才可以畫出龍升天的形態來；由於龍可以畫出來，因此龍實際上不是「神」。

有人責難說：「人也見過鬼的形狀，那麼鬼還是不是神呢？」我回答說：人有時看見鬼，有看見過雷公的嗎？鬼名為神，但鬼行走時腳踏在地上，與人相似。雷公頭沒有懸掛在天上，腳沒有踩在地上，怎能成為雷公？能飛的東西都有翅膀，沒有翅膀而能飛的，叫做「仙人」。畫仙人的形像，都給它畫上翅膀。如果雷公與仙人相同，就應該再加上翅膀。如果雷公不能飛，畫雷公像的人說雷公能飛，是不切實際的；假如雷公確實會飛，畫雷公像的人不給祂添上翅膀，又是不切實際的。這樣說來，畫雷公像的工匠所畫的雷公的形象，都是虛構的。再說解釋雷的人，說雷是天發怒時的怒吼聲，而畫雷公像的工匠又認為是雷公發怒時推拉連鼓所發出的聲響。果真如解說雷的人所說，那麼畫雷公像的人就錯了；果真如畫雷公像的人所說，那麼解說雷的人就錯了。二家說法相反，卻都加以肯定，沒有是非之分。不區別誰是誰非，所以實際上就沒有是非。正因為無法判斷這些疑惑不定的說法，所以虛妄無知的謬論才能得逞。

《禮》曰：「刻尊為雷之形，一出一入，一屈一伸，為相校軫則鳴❶。」校軫之狀，鬱律❷嵔壘❸之類也，此象類之矣。氣相校軫分裂，則隆隆之聲，校軫之音也；魄然若敝裂者，氣射之聲也。氣射中人，人則死矣。實說，雷者，太陽❹之激氣❺也。何以明之？正月陽動，故正月始雷；五月陽盛，故五月雷迅；秋冬陽衰，故秋冬雷潛。盛夏之時，太陽用事❻，陰氣乘❼之。陰陽分爭❽，則相校軫，校軫則激射，激射為毒，中人輒死，中木木折，中屋屋壞。人在木下屋間，偶中而死矣。何以驗之？試以一斗水灌冶鑄之火，氣激敝裂，若雷之音矣。或近之，必灼人體。天地為爐大矣，陽氣為火猛矣，雲雨為水多矣，分爭激射，安得不迅？中傷人身，安得不死？當冶工之消鐵❾也，以土為形❿，燥則鐵下，不⓫則躍溢⓬而射。射中人身，則皮膚灼剝⓭。陽氣之熱，非直⓮消鐵之烈也；陰氣激之，非直泥土之濕也；激氣中人，非直灼剝之痛也。

【章　旨】此章解釋雷電現象，認為「雷者，太陽之激氣也」。

【注　釋】❶刻尊為雷之形四句　引文未見於《周禮》、《儀禮》、《禮記》，疑為其佚文。尊，酒器。校，通「絞」。纏繞。軫，通「紾」。彎曲。❷鬱律　聲音被閉而不宏暢。此形容雷聲沈悶。❸嵔壘　形容雷聲像山巒一樣高低盤繞不絕。❹太陽　陰陽五行家認為，春天陽氣初發，為「少陽」，夏天陽氣最旺盛，為「太陽」。太，最；極。陽，陽氣。❺激氣，指陽氣碰撞、衝擊陰氣。❻用事　主事。❼乘　侵犯。❽分爭　紛爭。❾消鐵　熔化鐵水。❿形　通「型」。模型；模子。⓫不　通「否」。⓬躍溢　飛濺而出。⓭灼剝　燒傷；燒脫皮。剝，脫落。⓮非直　不只是。直，特；但。

【語　譯】《禮》說：「酒器上雕刻成雷的形狀，一凸一凹，一彎一直，因為互相糾纏，就像雷鳴一樣。」糾纏彎曲的形狀，象徵著沈悶而隆隆不絕的一類雷聲，這是用形象來比擬雷啊。氣相糾纏彎曲分裂，就產生隆隆的雷鳴聲，這是沈悶而隆隆不絕的聲音；聲音劇烈如霹靂一般的，是氣體直射時發出的一種聲音。氣體放射時如果射中人，人就會死。實際上，雷是旺盛的陽氣猛烈碰撞、衝擊陰氣而發出的聲音。以什麼來證明呢？正月，陽氣初動，所以正月開始打雷；五月，陽氣最旺盛，所以五月間的雷特別迅猛；秋冬時節，陽氣衰退，所以秋天或冬天雷已經潛伏起來了。盛夏時，太陽主事，陰氣侵犯陽氣的情況也時有發生。陰氣和陽氣紛爭，就互相糾纏在一起。一糾纏彎曲，就會互相碰撞放射出氣來。一旦碰撞而放射出來，就成為毒氣，射中人，人立刻死去，射中樹木，樹木就被折斷，射中房屋，房屋就被毀壞。人在樹下或房間，被偶然射中就死了。

怎麼來驗證這種現象呢？試把一桶水澆灌在冶煉金屬的爐火之上，氣流激蕩、碰撞就會發出霹靂般的響聲，好像雷的聲響一樣。人如果靠近它，就一定會燒傷人體。天地為爐實在太大了，陽氣為火實在太猛了，雲雨為水實在太多了，一旦紛爭激蕩、碰撞、放射出來，怎麼能不迅猛異常？一旦射中燒傷人的身體，怎麼能不被打死？當冶煉工人消熔鐵水的時候，把土作模型，模子一乾，鐵水就能順利地灌入，否則鐵水就會飛濺放射。一旦射中人的身體，皮膚就會燙傷脫落。陽氣的熱度，比鐵水的熱度要高得多；陰氣去激蕩、碰撞它，要比泥土的濕度要厲害得多；被激蕩、碰撞而放射出來的氣流一旦射中人，要比鐵水鑄模而衝擊出來的熱浪燒傷皮膚痛得多啊。

夫雷，火也，火氣剡❶人，人不得無跡。如❷炙❸處狀似字，人見之，謂天記書❹其過，以示百姓。是復虛妄也。使人盡❺有過，天用雷殺人，殺人當彰❻其惡，以懲其後，明著❼其文字，不當暗昧。圖出於河，書出於洛❽，河圖、洛書，天地所為，人讀知之。今雷死之書，亦天所為也，何故難知？如以人皮不可書，魯惠公❾夫人仲子，宋武公❿女也，生而有文在掌，曰「為魯夫人」。文明可知，故仲子歸⓫魯。雷書不著，故難以懲後。夫如是，火剡之跡，非天所刻畫也。或頗有⓬而增其語，或無有而空生其言。虛妄之俗，好⓭造怪奇。

何以驗之？雷者，火也。以人中雷而死，即詢其身，中頭則鬚髮燒燋，中身則皮膚灼焚，臨其尸上聞火氣，一驗也。道術之家⓮以為雷，燒石色赤，投於井中，石燋井寒，激聲大鳴，若雷之狀，二驗也。人傷於寒，寒氣入腹，腹中素溫，溫寒分爭，激氣雷鳴⑮，三驗也。當雷之時，電光時見，大若火之耀⑯，四驗也。當雷之擊，時或⑰燔⑱人室屋及地草木，五驗也。夫論雷之為火有五驗，言雷為天怒無一效。然則雷為天怒，虛妄之言。

【章旨】此章言雷之為火，並以批駁雷擊殺人的傷痕為文字罪狀之說。

【注釋】❶焫　通「焰」。朱駿聲《說文通訓定聲・謙部》：「焫，假借為焰。」❷如　或。❸灸　燒焦。❹記書　記錄；書寫。❺人盡　人死。❻彰　揭示；公布。❼著　顯示。❽圖出於河二句　據《漢書・五行志上》載，傳說上古伏羲氏時代，黃河出現圖，夏禹治水時，洛水出現了書。而河圖洛書之說，始見於《周易・繫辭》。河，黃河。洛，洛水。❾魯惠公　春秋時代魯國君主。西元前七六八至前七二三年在位。仲子，宋武公之女。後嫁給魯惠公，生隱公、桓公。❿宋武公　春秋時代宋國君主。西元前七六五至前七四八年在位。⓫歸　嫁。《詩・召南・江有汜》：「之子歸。」鄭玄箋：「婦人謂嫁曰歸。」⓬頗有　略微有一點。⓭好　喜歡；愛好。⓮道術之家　指以煉丹求仙為職業的人。⓯雷鳴　指肚子裡咕嚕咕嚕的響聲。⓰耀　閃耀。⓱時或　有時。⓲燔　焚燒。

【語譯】雷，是一種火，火氣燒傷人，人不可能沒有痕跡。或許燒焦的地方有的形狀像文字，人看到這些形狀，認為是天記錄他的罪過，用來召示百姓的。這種說法還是一種虛妄之言。如果人的死是因為他有罪過，天用雷來殺人，殺人應當揭示他的罪惡，以便懲前而教育後人，使這些文字明確地顯示出來，而不應當這樣曖昧模糊。圖出現在黃河，書出現在洛水，河圖、洛書，是天地所寫的，人們一讀就懂得它的含義。如今被雷打死的人留在身上的文字，也是天所寫的，為什麼又很難知道它的意思？如果因為人的皮膚不可以寫字，魯惠公的夫人仲子是宋武公的女兒，一生下來就有文字留在手掌上，叫做「為魯夫人」。文字清晰可以認識，所以仲子長大以後就嫁給魯惠公。雷打死人時留在身上的文字不能顯示出來，所以就難以達到教育後人的目的。這樣說來，火燒傷人留下的痕跡，就不是天所刻畫的文字了。或許被雷打死的人身上略微有一些痕跡，卻被人們誇大其辭了，或許被雷打死的人身上根本就沒有什麼，而是有些人憑空揑造出這些言論。虛妄無知的世俗之輩，總是喜歡編造奇談怪論的。

憑什麼來驗證呢？雷，是一種火。如果人被雷擊中而死，立即探究他的身子，被雷擊中頭部，則頭髮眉鬚就被燒焦了，擊中身體，那麼皮膚就被焚燒了。靠近他的屍首，可以聞到一股火燒過的氣味，這是第一個驗證。道術之家為仿造雷，把燒得通紅的石塊投入井水之中，石塊灼熱，而井水寒冷，激蕩碰撞所發出的巨大聲響，好像打雷一樣，這是第二個驗證。人傷了寒氣，寒氣入肚，肚子原來是溫暖的，這時溫寒紛爭，如同陰氣與陽氣碰撞、衝擊，肚子裡就發出咕嚕咕嚕的響聲，這是第三個驗證。當打雷的時候，閃電的光時常出現，大的像烈火一樣閃耀著，這是第四個驗證。當打雷時，有時燒著人的房屋及地上的草木，這是第五個驗證。說雷是火有五個驗證，說雷是天發怒的卻沒有一個效驗。既然如此，那麼說打雷是天發怒，就是虛妄之言。

難曰：「《論語》云：『迅雷風烈必變❶。』《禮記》曰：『有疾風迅雷甚雨❷則必變，雖❸夜必興❹，衣❺服，冠❻而坐。』懼天怒，畏罰及己也。如雷不為天怒，其擊不為罰過，則君子何為為雷變動❼朝服❽而正坐乎？」曰：天之與人猶父子，有父為之變，子安能忽❾？故天變，己亦宜變。順天時，示己不違也。人聞犬聲於外，莫不驚駭，竦身❿側耳以審⓫聽之，況聞天變異常之聲，軒磕⓬迅疾之音乎？《論語》所指，《禮記》所謂，皆君子也。君子重慎⓭，自知無過，如日月之蝕，無陰暗食人以不潔清之事，內省不懼，何畏於雷？審如不畏雷，則其變動不足以效天怒。何則？不為己也。如審畏雷，亦不足以效罰陰過。何則？雷之所擊，多無過之人。君子恐偶遇之，故恐懼變動。夫如是，君子變動，不能明⓮雷為天怒，而反著⓯雷之妄擊也。妄擊不罰過，故人畏之。如審罰有過，小人乃當懼耳，君子之人無為⓰恐也。宋王⓱問唐鞅⓲曰：「寡人所殺戮者眾矣，而群臣愈不畏，其故何也？」唐鞅曰：「王之所罪⓳，盡不善也。罰不善，善者胡為⓴畏？王欲群臣之畏也，不若毋㉑辨其善與不善而時罪之㉒，斯㉓群臣畏矣。」宋王行其言，群臣畏懼，宋國大恐㉔。夫宋王妄刑㉕，故宋國大恐。懼雷電妄擊，故君子變動。君子變，宋國大恐之類也。

【章　旨】此章回答難題，對所引經文予以巧妙的解釋，說明打雷不是「天怒」。

【注　釋】❶迅雷風烈必變　見《論語・鄉黨》。迅雷風烈，即迅雷烈風。變，指改變臉色、改變態度。❷甚雨　非常大的雨。❸雖　即使。❹興　起床。❺衣　指穿上衣服。❻冠　戴上帽子。引文見《禮記・玉藻》。❼變動　變色動心。❽朝服　穿好禮服。❾忽　忽視；不在乎。❿竦身　毛骨竦然；害怕的樣子。⓫審　仔細。⓬軯輵　象聲詞。指宏大的響聲。⓭重慎　以謹慎為重。即謹慎、慎重。⓮明　證明；表明。⓯著　顯示；表明。⓰無為　用不著。⓱宋王　指戰國時宋王偃。又稱宋康王，西元前三二八至前二八六年在位。⓲唐鞅　宋王偃之相。⓳罪　懲處；治罪。⓴胡為　為什麼。胡，何；什麼。㉑毋不要。㉒時罪之　經常懲辦他們。㉓斯　這；這樣。㉔宋王行其言三句　見《呂氏春秋・淫辭》。㉕妄刑　胡亂殺人。《戰國策》亦記此事，結果，齊國進攻，「民散城不守」，宋王偃被俘而死。

【語　譯】有人責難說：「《論語》說：『遇到巨雷狂風一定會改變神色。』《禮記》又說：『有狂風巨雷大雨時，人一定改變神色，即使是夜晚也一定會起床，穿好衣服，戴好帽子，端正地坐著。』這是害怕天發怒，害怕懲罰到自己頭上。如果打雷不是天發怒，它打擊的對象不是懲罰犯罪過的人，那麼君子為什麼因為打雷而變色動心，穿上禮服，端正而坐呢？」我回答說：天與人的關係好比父子，父親為了某件事大驚失色，兒子怎能無動於衷？因此天變，自己也應該變。順應天時，正表示自己沒有違背天意。人在外面一聽到狗叫，沒有不為之驚嚇的，毛骨竦然，側耳傾聽狗在哪裡叫，更何況是聽到天變異常的聲響，巨大而迅猛的聲音呢？《論語》所指的，《禮記》所說的，都是指君子吧。君子以謹慎為重，自己知道沒有過錯，即使有某些過錯，也像日蝕和月蝕一樣，沒有暗地裡把不清潔的食物給別人吃的事，自己反省沒有可怕的，為什麼害怕打雷？如果真的不怕打雷，那麼君子的變色動心也就不足以證明打雷是天發怒了。為什麼？因為不是針對自己打的。如果真的害怕打雷，也不足以效驗打雷是上天懲罰陰過。為什麼？因為雷所擊中的，多數是沒有罪過的人。君子恐怕偶然碰上打雷時被擊中，所以因害怕而變色動心。這樣說來，君子變色動心，並不能證明打雷是天發怒，反而表明了雷是在胡亂地擊殺人。因為是亂擊亂殺，並不是懲罰有罪過的人，所以一般人害怕打雷。如果打雷真的是懲罰有罪過的人，那麼小人才應當害怕，君子這樣的人是用不著害怕的。宋王問唐鞅：「我殺害的人已經很多了，但是廣大臣民愈來愈不怕我，這是什麼緣故？」唐鞅說：「大王所懲罰的，都是壞人。懲罰壞人，好人為什麼要害怕？大王要想讓廣大臣民都非常害怕您，不如不分好壞，經常加以懲罰他們，這樣廣大臣民自然就怕您了。」宋王按照唐鞅的話去做，群臣都害怕他，整個宋國的百姓都非常恐懼他。宋王胡亂殺人，所以宋國人非常恐懼。因為害怕雷電胡亂地擊殺人，所以君子聽到打雷就變色動心。君子的變色動心，與宋國人害怕宋王濫殺無辜是同一類型。

# 卷七

## 道虛篇第二十四

【題解】本篇旨在批駁道家和儒書所謂修道成仙的虛妄之論，故篇名「道虛」。

漢代，讖緯之學特盛，東漢光武帝劉秀「宣佈圖讖於天下」，整個文化學術領域充斥著愚妄和迷信，道家和儒書極力宣揚「得道仙去」和「度世不死」的謊言。王充於此列舉近十種漢代廣為流傳的典型事例，對得道成仙之論予以批駁，頗富有戰鬥性，是「九虛」中的優秀篇章之一。

儒書言：黃帝採首山❶銅，鑄鼎於荊山❷下。鼎❸既成，有龍垂胡髯❹下迎黃帝。黃帝上騎龍，群臣、後宮❺從上❻七十餘人，龍乃上去。餘小臣不得上，乃悉❼持❽龍髯。龍髯拔❾，墮❿黃帝之弓。百姓仰望黃帝既上天，乃抱其弓與龍胡髯吁號⓫。故後世因名其處曰「鼎湖」，其弓曰「烏號」。《太史公記》⓬誄⓭五帝⓮，亦云黃帝封禪⓯已，仙去，群臣朝⓰其衣冠，因⓱葬埋之。

曰：此虛言也。實「黃帝」者何等也？號乎？諡⓲乎？如諡，臣子所誄列⓳也，誄生時所行，為之諡。黃帝好道⓴，遂以升天，臣子誄之，宜以「仙」、「升」，不當以「黃」諡。諡法㉑曰：「靜民則㉒法曰『黃』。」黃者，安民之諡，非得道㉓之稱也。百王之諡，文㉔則曰「文」，武㉕則曰「武」。文武不失實，所以勸㉖操行也。如黃帝之時質㉗，未有諡乎，名之為「黃帝」，何世之人也？使黃帝之臣子，知君；使後世之人，跡㉘其行。黃帝之世，號諡有無，雖疑未定，「黃」非升仙之稱，明矣。

【章旨】此章從諡法和稱號上批駁黃帝騎龍上天成仙之說。

【注釋】❶首山　傳言有二，一說在今河南襄城之南，一說在今偃師。❷荊山　地名。傳說在今靈寶之西。❸鼎　古代煮食物用的三足兩耳器具。後用為禮器。❹胡髯　鬍鬚。髯，面部兩側的鬍子。❺後宮　指宮中嬪妃。❻從上　跟著爬上去。❼悉　都。❽持　握；揪著。❾拔　被拔斷。❿墮　落下。⓫吁號　呼喊。⓬太史公記　指司馬遷的《史記》。⓭誄　祭文。此中記載死者一生的行跡。⓮五帝　傳說中的上古帝王黃帝、顓頊、帝嚳、堯、舜五人。⓯封禪　祭祀天地。古代君主到泰山祭天叫「封」，到泰山附近的梁父祭地叫「禪」。⓰朝　朝拜。⓱因　於是；就。⓲諡　諡號。⓳列　安排；給予。⓴好道　喜好煉丹求仙之類活動。㉑諡法　關於諡號的法規。㉒則　準則。此指遵守諡法。㉓得道　指成仙。㉔文　指文治。㉕武　指武功。㉖勸　勉勵。㉗質　質樸。㉘跡　追蹤；考查。

【語譯】儒書說：黃帝採集首山的銅礦，在荊山下鑄鼎。鼎鑄成後，有一條面部掛著鬍鬚的龍從天降下來迎接黃帝。黃帝爬上去騎在龍背上，臣子、宮妃跟著爬上去的有七十餘人，龍於是上天離去。餘下的小臣無法爬上去，便都揪住龍的鬍鬚，龍鬚竟被拔斷了，落下黃帝的一把弓。老百姓仰望著黃帝已經騎龍上天，於是抱著黃帝的那把弓和龍的鬍鬚呼喊著。所以後世就把黃帝鑄鼎升天的地方起名為「鼎湖」，稱落下的那把弓為「烏號」。司馬遷所著的《史記》記述五帝的行事時，也說黃帝祭祀天地以後，成仙而去，廣大臣民朝拜他的衣服和帽子，就埋葬在那裡。

我說：這個故事是假的。實際上，所謂「黃帝」是什麼樣的稱號呢？是生前的稱號呢？還是死後的謚號呢？如果是謚號，就是他的臣子們給予他的，根據他生前的行事給予謚號。黃帝愛好煉丹求仙一類道術，因此才能升天，臣子記錄他的一生事蹟，就應該用「仙」、「升」之類字眼，不應當用「黃」字作為他的謚號。謚法規定：「使人民生活安定，依法辦事的人稱之『黃』。」「黃」是使人民生活安定的人的謚號，不是得道成仙的人的稱呼。歷代君王的謚號中，凡有文治的叫做「文」，有武功的叫做「武」。「文」和「武」的謚號都沒有違背一個君王一生的事蹟，目的在於用來勉勵人們注重自己一生的操守和行為。如果說黃帝時代社會風尚質樸，還沒有謚號的話，那麼稱他為「黃帝」的，是什麼時代的人呢？假使是黃帝的大臣們所給予的，那麼他們是最了解黃帝一生的事蹟的，絕不會錯把得道成仙的黃帝謚為「黃」；如果是後代人追加的，那麼他們一定考查過黃帝的生前事蹟，也不會錯給謚號的。黃帝的時代，謚號的有無，雖然疑惑未定，但是「黃」不是得道升仙的稱號，是非常明白的。

龍不升天，黃帝騎之，乃明❶黃帝不升天也。龍起雲雨，因乘而行，雲散雨止，降❷復❸入淵。如實黃帝騎龍，隨❹溺❺於淵也。案❻黃帝葬於橋山❼，猶曰群臣葬其衣冠。審❽騎龍而升天，衣不離形❾；如封禪已，仙去，衣冠亦不宜遺。黃帝實仙不死而升天，臣子百姓所親見也。見其升天，知其不死，必也。葬不死之衣冠，與實死者無以異，非臣子實事之心，別❿生於死之意也。

【章　旨】此章從龍之性和人之生死方面來批駁黃帝騎龍升天之說。

【注　釋】❶明　表明；證明。❷降　降落。❸復　又。❹隨　跟隨。❺溺　淹沒。❻案　考察。❼橋山　傳說在今陝西黃陵之北。❽審　果真。❾形　身體。❿別　區別。

【語　譯】龍不能升天，黃帝如果騎龍，就證明黃帝不可能升天。龍隨雲雨而起，乘雲而飛，雲散雨停的時候，降落下來又進入深淵之中。如果黃帝確實騎龍升天，那麼一定又隨龍降下淹沒在深淵之中了。考察黃帝葬在橋山，還說是黃帝的臣子埋葬他的衣冠。若黃帝真的是騎龍升天，衣服就不應該離開身體；如果黃帝祭祀天地之後，成仙而去，衣冠也不應遺失在地上。黃帝如果真的成仙不死而升天，那麼臣子和老百姓必定親眼看到。看見黃帝升天，也就知道他沒有死，這是確定無疑的。埋葬沒有死的人的衣冠，與埋葬死人沒有什麼不同。這樣做，就不是身為臣子應有的尊重事實，區別生者和死者的正確態度。

載❶太山❷之上者，七十有二君❸，皆勞精❹苦思，憂念王事❺，然後功成事立，致治太平。太平則天下和安，乃升太山而封禪焉。夫修道求仙❻與憂職勤事❼不同。心思道則忘事，憂事則害性❽。世稱堯若腊❾，舜若腒❿，心愁憂苦，形體羸⓫癯⓬。使⓭黃帝致⓮太平乎，則其形體宜如堯、舜。堯、舜不得道，黃帝升天，非其實也。使黃帝廢事修道，則心意調和，形體肥勁⓯，是與堯、舜異也。異則功⓰不同矣。功不同，天下未太平而升封⓱，又非實也。五帝三王皆有聖德之優者，黃帝亦在上⑱焉。如聖人皆仙，仙者非獨黃帝；如聖人不仙，黃帝何為獨仙？世見黃帝好方術⑲，方術，仙者之業，則謂帝仙矣。又見鼎湖之名，則言黃帝采首山銅鑄鼎，而龍垂胡髯迎黃帝矣。是與說會稽⑳之山無以異也。夫山名曰會稽，即云夏禹巡狩，會計㉑於此山上，故曰「會稽」。夫禹至會稽治水不巡狩，猶黃帝好方技㉒不升天也。無會計之事，猶無鑄鼎龍垂胡髯之實也。里㉓名「勝母」，可謂實有子勝其母乎？邑㉔名「朝歌」㉕，可謂民朝起者歌乎？

【章　旨】此章以封禪之事申論黃帝非仙。

【注　釋】❶載　記載。❷太山　即泰山。❸七十有二君　據《初學記・卷一三》引桓譚《新論》所載，泰山上的封禪刻石遺址有一千八百多處，其中可以辨認的僅七十二處，記載著七十二位歷代君主登山封禪之事。有，通「又」。❹勞精　勞心。❺王事　國事。❻修道求仙　就是忘掉國事。❼優職勤事　就是操勞國事。❽害性　傷生。❾腊　乾肉。形容乾瘦之貌。❿腒　乾醃的鳥肉。⓫羸　瘦；弱。《左傳・桓公六年》：「請羸師以張之。」杜預注云：「羸，弱也。」⓬癯　同「臞」。瘦。⓭使　假如；假使。⓮致　致力；盡心竭力。⓯肥勁　強壯有力。⓰功　功績。⓱升封　指登泰山封禪。⓲在上　在其中。⓳方術　此指道家煉丹修道求仙、炮製所謂不死之藥的法術。⓴會稽　山名。在今浙江紹興之東南。㉑會計　此指會合各路諸侯，計功行賞。㉒方技　方術。㉓里　居住區域。㉔邑　城鎮。㉕朝歌　古地名。曾為商朝帝乙、帝辛（紂）之別都，在今河南淇縣。

【語　譯】在泰山上有封禪刻石記載的，就有七十二位歷代君王。他們都操心苦思，為國事擔憂，然後事業成功，達到天下太平的局面。太平就國治民安，於是登泰山去祭祀天地，刻石記功。然而，修道求仙與操勞國事是不同的。一心只想得道成仙，就會忘掉國事；憂勞國事，就會傷生。世人都說堯乾瘦如柴，舜也瘦如乾醃的鳥肉，心愁憂苦，身體瘦弱。假如黃帝竭盡全力使天下太平的話，那麼他的身體就應該如堯、舜一樣瘦弱不堪。堯、舜沒有得道成仙，黃帝卻成仙升天，這是不符合實際的。如果黃帝廢棄國事而去修道成仙，那麼就應該心情舒暢，身體強壯有勁，這就與堯、舜不相同了。身體不同，就意味著功績不同。既然功績不及堯、舜，黃帝在天下未太平之際，就登泰山祭祀天地、刻石記功，顯然又不符合事實了。在有聖德的歷代帝王中，五帝三王都是最傑出的，黃帝也在其中吧。假如聖人都可成仙，那麼成仙的不獨只有黃帝；如果聖人不會成仙，那麼黃帝為什麼獨自成仙？世人看見黃帝愛好方術，方術是修道成仙的人的職業，於是就說黃帝成仙了。又見「鼎湖」的名稱，於是就說黃帝採掘首山銅而鑄造鼎，於是龍垂著鬍鬚來迎接黃帝。這與說會稽山沒有什麼差異。山名為「會稽」，就是說夏禹離京出巡視察各地，在此山上會合諸侯，計功行賞，所以叫做「會稽」。禹到會稽是為了治水而不是到各地去巡遊視察，好像黃帝愛好方術不是為了升天一樣。沒有會合諸侯計功行賞的事，如同黃帝沒有鑄鼎和龍垂鬍鬚的事實一樣。居住處名叫「勝母」，能說這個居住村落內真有兒子勝過母親的事嗎？城鎮的名稱叫做「朝歌」，能說這裡的老百姓早晨起來就唱歌嗎？

儒書言：淮南王❶學道，招會❷天下有道之人❸，傾❹一國之尊，下道術之士❺。是以❻道術之士，並會❼淮南，奇方異術，莫不爭出❽。王遂得道，舉家升天，畜產皆仙，犬吠於天上，雞鳴於雲中❾。此言仙藥有餘，犬雞食之，並隨王而升天也。好道學仙之人，皆謂之然。此虛言也。

夫人，物也。雖貴為王侯，性不異於物。物無不死，人安能仙？鳥有毛羽，能飛不能升天。人無毛羽，何用❿飛升？使有毛羽，不過與鳥同，況其無有，升天如何？案能飛升之物，生有毛羽之兆⑪；能馳走之物，生有蹄足之形。馳走不能飛升，飛升不能馳走，稟性受氣，形體殊別也。今人稟馳走之性，故生無毛羽之兆，長大至老，終⑫無奇怪⑬。好道學仙，中⑭生毛羽，終以飛升。使⑮物性可變，金木水火，可革更⑯也。蝦蟆化為鶉⑰，雀入水為蜃⑱蛤，稟⑲自然之性，非學道所能為也。好道之人，恐其或若等之類⑳，故謂人能生毛羽，毛羽備具，能升天也。且夫物之生長，無卒㉑成暴㉒起，皆有浸漸㉓。為道學仙之人，能先生數寸之毛羽，從地自奮㉔，升樓臺之陛㉕，乃可謂升天。今無小升之兆，卒有大飛之驗，何方術之學成無浸漸也？

【章旨】此章從物類之性來批駁儒書所謂淮南王學道而舉家升天之說。

【注釋】❶淮南王　即劉安。西漢宗室，後謀反未遂而自殺。❷招會　糾集。❸有道之人　指方士。❹傾　倒。此處指放下王侯的架子。❺下道術之士　指禮賢下士，以方士為長上，自甘居其下。下，地位尊貴者以謙恭態度去對待地位低微者。❻是以　因此。❼並會　一起會見。❽爭出　爭先恐後地獻出來。❾王遂得道五句　見《史記・淮南衡山王列傳》。❿何用　用什麼；怎麼。⓫兆　徵兆。此指形態面貌。⓬終　始終；終於。⓭奇怪　異常。⓮中　半途；中途。⓯使　假使；如果。⓰革更　改變；更換。⓱鶉　即鵪鶉。⓲蜃　大蛤蜊。⓳稟　承受；稟承。⓴若等之類　猶諸如此類。㉑卒　通「猝」。突然。㉒暴　猛地。㉓浸漸　逐漸演變。㉔自奮　自己奮起；騰躍。㉕陛　臺階。

【語譯】儒書記載：淮南王劉安學道，糾集天下有道術的人，放下諸侯王的架子，用謙恭的態度去對待有道術的人。因此有道術的人，一齊會聚到淮南，各種神奇怪異的方術，無不爭先恐後地呈獻出來。淮南王劉安因此得道成仙，全家升天，家畜也都成仙，狗在天上叫，雞在雲中鳴。這段故事是說仙藥有剩餘，狗、雞吃了剩餘的仙藥，也跟隨淮南王一同升天了。愛好道術學仙的人，都說這是真的。我認為這是虛妄之言。

人，是一種動物。即使是地位尊貴的王侯，他的本性與動物沒有什麼不同。動物沒有不死的，人怎麼能成仙？鳥有毛羽，能飛但不能升天。人沒有毛羽，用什麼飛翔和升天？即使人有毛羽，也不過與鳥相同，更何況他沒有，怎能升天？考察能飛升的動物，生下來就有毛羽的形狀；能奔跑的動物，生下來就有蹄足的形態。能奔跑的動物不能飛升，能飛升的動物不能奔跑，這是因為牠們各自承受的氣和特性並不一樣，形體也有差別的緣故。現在人稟承的是能奔跑的特性，所以生來就沒有毛羽的形狀，長大到老，始終沒有異常變化。據說好道學仙的人，是因為中途長出了毛羽，終於能飛升上天的。假如動物的本性可以改變，那麼金木水火，也就可以變革改換了。蝦蟆化為鵪鶉，雀入水變成大蛤蜊，這是稟承自然之氣而形成的特性，而不是學道能夠做到的。喜好道術的人，恐怕自己或許就是諸如此類的東西吧，所以說人能生毛羽，毛羽長得非常齊全時，就能升天了。況且物的生長，沒有突然猛長的，都是有一個逐漸演變的過程。學道學仙的人，如果能先生出幾寸長的毛羽，能自己從地上跳躍而起，上升到樓臺的臺階上，才可以說成升天。現在既沒有從地上升到樓臺上的小成就，卻突然有一飛升天的大效驗，為什麼方術之學的完成不必經歷這種逐漸演變的過程呢？

毛羽之效❶，難以觀實❷。且以人髯髮、物色❸少老驗❹之。物生也色青，其熟也色黃；人之少也髮黑，其老也髮白。黃為物熟驗，白為人老效。物黃，人雖灌溉壅❺養，終不能青；髮白，雖吞藥養性，終不能黑。黑青不可復還，老衰安可復卻❻？黃之與白，猶肉腥❼炙❽之燋，魚鮮煮之熟也。燋不可復令腥，熟不可復令鮮。鮮腥猶少壯，燋熟猶衰老也。天養物，能使物暢❾至秋，不得延之至春。吞藥養性，能令人無病，不能壽❿之為仙。為仙體輕氣彊，猶⓫未能升天，令⓬見⓭輕彊之驗，亦無毛羽之效，何用升天？

【章　旨】此章從人與物外形之變來批駁淮南王得道升天之說。

【注　釋】❶效　效驗。❷觀實　觀看到實情。❸色　顏色。❹驗　驗證。❺壅　培土施肥。❻卻　倒退。❼腥　生肉。❽炙　烤。❾暢　順利發展，生長旺盛。❿壽　延長壽命。⓫猶　尚且。⓬令　即使。⓭見　同「現」。顯露；出現。

【語　譯】人生長毛羽的情況，難以觀看得很清楚。姑且用人的鬍鬚頭髮、植物的顏色變化來驗證吧。植物生長時顏色呈現青色，等到它成熟時顏色就呈黃色了；人年少時頭髮是黑色的，等到人老了頭髮就變白了。黃色是植物成熟的效驗，白色的頭髮是人年老的表現。植物一旦變成黃色，人即使灌溉培土施肥，始終不能使它變青；人的頭髮一旦變白，即使服藥養性，終究不能使它變黑。顏色的黑青尚且不可以重新變回來，年老力衰怎麼可以重新退回到年輕力壯的時代去呢？黃色與白色，如同生肉被烤焦、鮮魚被煮熟一樣。生肉烤焦了就不可以再使它變成生肉，鮮魚煮熟了就不能再使它變成鮮魚。鮮魚和生肉好比人處在少壯年時代，而被烤焦煮熟以後就好比人已經衰老了。天養育萬物，能夠使植物順利發展到秋天，卻不能使它延續到春天。吃藥養性，能夠使人不發病，卻不能延長壽命成仙。為仙則體態輕盈氣力強勁，尚且不能升天，即使顯露出輕盈強健的跡象，也沒有毛羽的效驗，怎麼升天？

天之與地，皆體❶也。地無下，則天無上矣。天無上，升之路何如？穿天之體，人力不能入。如天之門在西北，升天之人，宜從崑崙上。淮南之國，在地東南，如審升天，宜❷舉❸家先徙❹崑崙，乃得其階。如鼓翼❺邪❻飛，趨❼西北之隅❽，是則❾淮南王有羽翼也。今不言其徙之崑崙，亦不言其身生羽翼，空言升天，竟❿虛非實也。

【章　旨】此章從天體本身言人升天之虛。

【注　釋】❶體　物質實體。❷宜　應該。❸舉　全。❹徙　遷移。❺鼓翼　展翅。❻邪　通「斜」。《漢書・司馬相如傳上》：「邪與肅慎為鄰，右以湯谷為界。」顏師古注：「『邪』讀為『斜』，謂東北接也。」❼趨　向；往。❽隅　角落。❾是則　這就是說。❿竟　終究；畢竟。

【語　譯】天與地，都是物質實體。沒有比地更低的地方，也就沒有比天更高的地方了。沒有比天更高的地方，那麼升天之路又怎麼走呢？如果要穿越天體，靠人力是不可能辦到的。如果說天的門在西北方向，那麼升天的人就應該從崑崙山上。淮南這個諸侯國，地處在東南方向，如果淮南王果真升天，就應該全家事先遷移到崑崙山上去，才能得到上天的階梯。如果展翅斜飛，向西北之角飛去，那就是說淮南王劉安身上長有翅膀了。而今既未說他遷移到崑崙山，也沒有講他身上生有翅膀，而是空說淮南王升天了，終究是虛假的，不符合實際的。

案淮南王劉安，孝武皇帝❶之時也。父長❷，以❸罪遷❹蜀嚴道❺，至雍❻道死❼。安嗣❽為王，恨父徙死❾，懷反逆之心，招會術人，欲為大事❿。伍被⓫之屬⑫，充滿殿堂，作道術之書，發怪奇之文，合景⑬亂首⑭。八公⑮之儔⑯，欲示神奇，若得道之狀。道終不成，效驗不立，乃與伍被謀為反事，事覺自殺。或言誅死，誅死、自殺，同一實也。世見其書⑰深冥⑱奇怪，又觀八公之儔似若有效，則傳稱淮南王仙而升天，失其實也。

【章旨】此章以歷史事實考證來駁斥有關淮南王劉安成仙升天之非。

【注釋】❶孝武皇帝　漢武帝，劉徹，西元前一四〇至前八七年在位。❷長　指淮南王劉長。劉邦之子。❸以　因為。❹遷　流放。❺嚴道　古縣名。在今四川滎經。❻雍　古縣名。在今陝西鳳翔之南。❼道死　死於途中。❽嗣　繼承。❾徙死　被流放而死。❿大事　此指謀反之事。⓫伍被　楚人。人言伍子胥之後，淮南王劉安的主要謀士，助淮南王謀反，事敗自殺。⓬屬　類。⓭合景　形影不離。景，同「影」。⓮亂首　叛亂頭子。指劉安。⓯八公　指劉安門下的八位道術之士伍被、蘇飛等。⓰儔　輩；類。⓱其書　指劉安招集伍被等人編纂的《淮南子》一書。⓲深冥　深奧莫測。

【語譯】考察淮南王劉安，他是漢武帝時代的人。父親劉長是劉邦之子，因犯罪被貶謫到蜀地的嚴道，走到雍縣，便死在途中。劉安繼承他父親的王位做淮南王，但對父親被流放而死懷恨在心，於是心懷謀反叛逆之意，招集道術之士，想伺機謀反。伍被之類的道術之士，充滿著殿堂，寫作道術之類書籍，發表奇異怪誕的文章，與作亂頭目劉安形影不離。伍被、蘇飛等八位道術之士，想顯示自己具有神奇的本領，裝作好像是得道成仙的樣子。然而他們玩弄的道術終究沒有成功，效驗也不可能成立，於是與伍被密謀反叛之事，事情敗露自殺。有人說被殺而死，被殺死與自殺而死，屬於同類性質。世人看見劉安招集伍被等人編纂的《淮南子》一書深奧莫測、奇異怪誕，又看到伍被等八位道術之士裝出得道成仙的樣子好像有什麼效驗，就傳言淮南王劉安得道成仙而升天，其實是不符合實際的。

儒書言：盧敖[1]遊乎北海[2]，經乎太陰[3]，入乎玄闕[4]，至於蒙谷之上，見一士焉，深目[5]玄準[6]，鴈頸而鳶[7]肩，浮上而殺下[8]，軒軒然[9]方迎風而舞。顧見盧敖，樊然[10]下其臂，遁逃乎碑下[11]。敖乃視之，方卷然[12]龜背而食合蜊[13]。盧敖仍與之語曰：「吾子[14]唯以敖為倍[15]俗[16]，去[17]群離黨[18]，窮觀[19]於六合[20]之外者，非[21]敖而已。敖幼而遊，至長不渝[22]解[23]，周行[24]四極[25]，唯北陰[26]之未窺。今卒[27]睹夫子[28]於是[29]，殆[30]可與敖為友乎？」若士[31]者悖[32]然而笑，曰：「嘻！子中州[33]之民也，不宜遠至此。此猶光[34]日月而載[35]列星，四時之所行，陰陽之所生也。此其比夫不名之地[36]，猶突屼[37]也。若我，南遊乎罔浪[38]之野，北息乎沈薶[39]之鄉，西窮乎杳冥之黨[40]，而東貫鴻濛之光[41]。此其下無地，上無天，聽焉無聞，而視焉則營[42]；此其外猶有狀，有狀之餘，壹舉而能千萬里，吾猶未能之在。今子遊始至於此，乃語窮觀，豈不亦遠哉！然子處[43]矣。吾與汗漫[44]期[45]於九垓[46]之上，吾不可久。」若士者，舉臂而縱身，遂入雲中。盧敖目仰而視之，不見，乃止駕[47]，心不怠[48]，悵若有喪，曰：「吾比夫子也，猶黃鵠[49]之與壤蟲[50]也，終日行而不離咫尺，而自以為遠。豈不悲哉，若盧敖者[51]！」

唯龍無翼者，升則乘雲。盧敖言若士者有翼，言乃可信。今不言有翼，何以升雲？且凡能輕舉入雲中者，飲食與人殊之故也。龍食而蛇異，故其舉措(52)與蛇不同。聞為道者服金玉之精，食紫芝之英(53)，食精身輕，故能神仙。若士者食合蜊之肉，與庸民(54)同食，無精輕之驗，安能縱體而升天？聞食氣者不食物，食物者不食氣。若士者食物如(55)不食氣，則不能輕舉矣。

【章　旨】此章批駁《淮南子．道應》所載的一個荒誕故事。

【注　釋】❶盧敖　秦博士。曾為秦始皇採不死之藥，後避難隱於盧山，今山上有盧敖洞。❷北海　漢時有二，一是渤海，二是貝加爾湖。此指北方極遠之地。❸太陰　北方極遠的地方。❹玄闕　傳說中北方一座山。❺深目　眼凹陷於眼眶內。❻玄準　高鼻子。玄，通「懸」。準，鼻子。❼鳶　鷹。❽浮上而殺下　上身肥胖，下身瘦削。❾軒軒然　飄昂貌。❿樊然　忙亂貌。⓫碑下　蒙谷山上的石碑下邊。⓬卷然　彎曲貌。⓭合蜊　蛤蜊。⓮吾子　您。尊稱。⓯倍　通「背」。背棄。⓰俗　世俗；人間。⓱去　離。⓲離黨　拋棄親戚朋友。黨，親友；同類。⓳窮觀　遍遊。⓴六合　天地四方。《莊子．齊物論》：「六合之外」，成玄英疏云：「六合，天地四方。」泛指天下。㉑非　責備；看不起。㉒不渝　不改變。㉓解　通「懈」。鬆懈；懈怠。㉔周行　走遍。㉕四極　四方極遠之地。㉖北陰　最北方。㉗卒　終於。㉘夫子　先生；您。㉙於是　在此；在這裡。㉚殆　大概。㉛若士　那個仙人。㉜悖　通「勃」。猛然。㉝中州　內地；中原地區。㉞光　照耀。㉟載　滿載；布滿。㊱不名之地　沒有名字的地方。㊲突屼　孤禿的小山。㊳罔浪　無邊無際。㊴沈薶　無聲無息。㊵杳冥之黨　幽遠渺茫之地。黨，處所。《禮記．玉藻》：「不退，則必引而去君之黨。」王引之《經義述聞．卷一五》引王念孫曰：「黨，所也，謂君所坐之所。」㊶鴻濛之光　早晨太陽剛升起時的陽光。此泛指日光。㊷營　通「熒」。熒火。指眼花。㊸處　停留。㊹汗漫　虛無飄渺。此指想像中的仙人。㊺期　約會。㊻九垓　九重天上。道家泛指天之最高處。㊼止駕　停止前進。㊽不怠　不愉快。怠，通「怡」。愉快。㊾黃鵠　黃鶴。㊿壤蟲　泛指地上的小爬蟲。(51)若盧敖者　以上事見《淮南子．道應》。(52)舉措　動作。(53)英　花。(54)庸民　一般人。(55)如　而。

【語譯】儒書說：盧敖漫遊北海，經過極北的地方，進入玄闕，到達蒙谷山時，見到一名男子，眼珠深陷在眼眶內，鼻子很高，脖子長得像雁，兩肩聳起像鳶，上身肥胖，下身瘦削，飄飄然正在迎風起舞。看見盧敖，趕忙轉身放下臂膀，躲避到石碑下邊。盧敖走近去一看，他正像龜一樣弓著背在吃蛤蜊。盧敖就對他說道：「您僅僅把我看作一個因為要背棄世俗、離開親友，才遍遊天地四方之外的人，所以看不起我吧。我自幼漫遊，長大了都不改變和鬆懈，走遍四面八方，惟有最北方沒有看過。如今看到先生在這裡，大概可以同我作一個朋友吧！」那個仙人突然大笑了，說：「嘻！您是中原地區的人，不應該跑到這遙遠的地方來。這裡還是日月照耀，天空布滿群星，春夏秋冬交替出現，陰陽二氣產生的地方啊。這裡比起那叫不出名字的地方來，就像孤禿的小山一樣。像我，南遊於無邊無際的原野，北息於無聲無息的地方，西到達幽遠渺茫的地區，而向東就穿過太陽升起的地方。這裡下無地，上無天，聽之無聲，視之眼花；其實這在外表上還是有形狀的，至於有形狀之外的無形狀的地方，一躍而能到達千萬里之遙的地方，我還沒有去過。如今您遊覽才剛到達這裡，就說遍觀，豈不差得太遠了！那麼您就留在這裡吧！我同某位仙人在九重天上約會，不可以在此久留。」那個仙人張開手臂縱身一躍，就進入雲中去了。盧敖仰望著那個人，直到看不見了才停止，心中很不愉快，悵然若有所失，說：「我與先生相比，好像黃鵠與地上的小爬蟲相比一樣，整天爬行也不離咫尺，卻自以為很遠。難道不覺得可悲嗎，像我盧敖這樣的人！」

惟獨龍沒有翅膀，飛升的時候就乘雲。盧敖如果說那個仙人有翅膀，那麼上面所說的話還可以相信。現在他不說那個人身長有翅膀，又怎麼升到雲天？再說凡是能夠輕飛入雲中的，都是因為飲食與人不同的緣故。龍吃的東西與蛇不同，因此牠的動作與蛇不一樣。聽說學道的人吃的是金玉之精氣，是靈芝的花瓣，吃精英的身子很輕，因此能像神仙一樣飛來飛去。那個人吃的是蛤蜊的肉，同一般人吃的一樣，沒有吃精身輕的效驗，怎麼能身體一躍就升上天去？聽說食氣的人不吃食物，吃食物的人不食氣，那個仙人吃食物而不食氣，也就不能輕飛了。

或時❶盧敖學道求仙，游乎北海，離眾遠去，無得道之效，慚於鄉里，負❷於論議，自知以必然之事❸見責於世，則作夸誕❹之語，云見一士。其意以為，有仙，求之未得，期數❺未至也。淮南王劉安坐❻反而死，天下並聞，當時並見，儒書尚有言其得道仙去、雞犬升天者，況盧敖一人之身，獨行絕跡❼之地，空造❽幽冥❾之語乎？是與河東❿蒲坂⓫項曼都⓬之語無以異也。

曼都好道學仙，委⓭家亡去，三年而返。家問其狀，曼都曰：「去時不能自知，忽見⓮若臥形，有仙人數人，將我⓯上天，離月數里而止。見月上下幽冥，幽冥不知東西⓰。居月之旁，其寒悽愴⓱。口饑欲食，仙人輒⓲飲我以流霞⓳一杯。每飲一杯，數月不饑。不知去幾何⓴年月，不知以何為過㉑，忽然若臥，復下至此。」河東號之曰「斥仙」㉒。實論者聞之，乃知不然。

【章旨】此章以劉安、項曼都之事為例指出盧敖所見純係儒書「空造幽冥之語」。

【注釋】❶或時　或許；也許。❷負　辜負。❸必然之事　指不能得道成仙。❹夸誕　荒唐怪誕。❺期數　指注定成仙的期限。❻坐　因為；由於。❼絕跡　沒有人跡。❽空造　憑空捏造。❾幽冥　深奧莫測。❿河東　郡名。在今山西西南部，黃河之東。⓫蒲坂　古縣名。在今山西永濟的蒲州鎮。⓬項曼都　人名。⓭委　捨棄。⓮見　覺得。⓯將我　扶我。⓰東西　方向。⓱悽愴　淒涼；悲愴。⓲輒　就。⓳流霞　仙露。⓴幾何　多少。㉑以何為過　因何過錯。㉒斥仙　被貶斥的仙人。

【語譯】或許盧敖學道求仙，漫遊北海，離別眾鄉親遠去，卻沒有得道成仙的效驗，在鄉親面前感到慚愧，在輿論面前感到內疚，自知會因為不能得道成仙而受到世人的指責，就炮製荒唐的故事，說見到一名男子。他的用意是想說明，有仙人，自己求仙的願望未能實現，是因為命中注定成仙的期限還沒有到來。淮南王劉安因為犯了謀反罪而被處死的，天下人都聽說了，當時都看見了，儒書尚且有說他得道仙去、雞犬升天的，何況盧敖一人獨自到沒有人跡的地方，怎麼能不憑空捏造出深奧莫測的話語呢？這種情況與河東郡蒲坂縣項曼都說的話沒有差別。

曼都好道學仙，離家出走，三年後才回家。家人問他出走的情況，曼都說：「離家時並不能自知，忽然覺得好像睡覺了一樣，有幾個仙人扶著我上天，在距離月亮數里的地方停下來。看見月亮上下幽深莫測，甚至不知方向。居住在月亮的旁邊，感到月亮寒涼悲愴。我口渴了，飢餓欲食，仙人就把一杯流霞仙露給我喝了。每次飲一杯仙露，幾個月不感到飢餓。不知過去了多少年月，也不知犯了什麼過錯，我忽然又像睡著了一樣，又從天上降下到這裡。」河東人稱他為「被貶斥的仙人」。尊重事實的評論者，都知道不是這樣的。

夫曼都能上天矣，何為不仙？已三年矣，何故復還？夫人去民間，升皇天之上，精氣形體，有變於故❶者矣。萬物變化，無復還❷者。復育❸化為蟬，羽翼既成，不能復化為復育。能升之物，皆有羽翼，升而復降，羽翼如故。見曼都之身有羽翼乎，言乃可信；身無羽翼，言虛妄也。虛則與盧敖同一實也。或時曼都好道，默❹委家去，周章❺遠方，終無所得，力倦望極❻，默復歸家，慚愧無言，則言上天。其意欲言道可學得，審有仙人，己殆有過，故成而復斥❼，升而復降。

【章旨】此章剖析項曼都事，使盧敖之說不攻自破矣。

【注釋】❶故　舊；本來。❷還　還原。❸復育　蟬的幼蟲。❹默　悄悄地。❺周章　周遊。❻望極　絕望；希望破滅。極，盡。❼斥　貶斥。

【語譯】項曼都既然能上天了，為什麼又不能成仙？已經在天上停留三年了，為什麼又再次返回到地上？人離開人間，飛升到皇天之上，在精氣形體方面，對於原來的必定有所改變的。萬物的變化，沒有再還原的。復育化為蟬，羽翼已經變成，就不可能再化為復育。能夠飛升的動物，都長有翅膀，飛升後又降落下來，翅膀仍然和原來一樣。如果看見項曼都的身上長有翅膀的話，他說的話還是可以相信的；如果身上沒有翅膀，那麼他講的就是虛妄之言了。既然是虛假的，就與盧敖是同一種情況。或許是項曼都喜好道術，悄悄地離家出走，周遊遠方，終究沒有得道，精疲力竭之後，感到希望破滅，又悄悄地回到家裡，慚愧無言，就說上天去了。他的意思無非想說道術可以學得，真的有仙人，只是自己大概有什麼過錯，所以成仙後又被貶斥，升天後而又降落到地上來了。

儒書言：齊王❶疾痟❷，使❸人之❹宋迎文摯❺。文摯至，視王之疾，謂太子曰：「王之疾，必可已也。雖然，王之疾已❻，則必殺摯也。」太子曰：「何故？」文摯對曰：「非怒王，疾不可治也。王怒，則摯必死。」太子頓首❼強請曰：「苟❽已王之疾，臣與臣之母以死爭之於王，王必幸❾臣與臣之母。願先生之勿患也。」文摯曰：「諾，請以死為王。」與太子期❿，將往不至者三，齊王固⓫已怒矣。文摯至，不解屨⓬，登床履⓭王衣，問王之疾。王怒而不與言。文摯因⓮出辭⓯以重⑯王怒。王叱而起，疾乃遂已。王大怒不悅，將生烹⑰文摯。太子與王后急爭⑱之而不能得⑲，果以鼎生烹文摯。爨⑳之三日三夜，顏色不變。文摯曰：「誠㉑欲殺我，則胡㉒不覆㉓之，以絕陰陽之氣？」王使覆之，文摯乃死㉔。夫文摯，道人也。入水不濡㉕，入火不燋，故在鼎三日三夜，顏色不變。此虛言也。

夫文摯而烹三日三夜，顏色不變，為一覆之故，絕氣而死，非得道之驗也。諸生息之物㉖，氣絕則死。死之物，烹之輒爛。致㉗生息之物密器㉘之中，覆蓋其口，漆塗其隙㉙，中外氣隔，息不得瀉，有頃㉚死也。如置湯鑊㉛之中，亦輒爛矣。何則？體㉜同氣均，稟性於天，共一類也。文摯不息乎，與金石同，入湯不爛，是也；今文摯息乎，烹之不死，非也。今文摯言，言則以㉝聲，聲以呼吸。呼吸之動，因㉞血氣之發㉟。血氣之發，附於骨肉。骨肉之物，烹之輒死。今言烹之不死，一虛也。既能烹煮不死，此真人㊱也，與金石同。金石雖覆蓋，與不覆蓋者無以異也。今言文摯覆之則死，二虛也。置人寒水之中，無湯火之熱，鼻中口內不通於外，斯須㊲之頃，氣絕而死矣。寒水沉人，尚不得生，況在沸湯之中，有猛火之烈乎？言其入湯不死，三虛也。人沒水中，口不見於外，言音不揚。烹文摯之時，身必沒於鼎中。沒則口不見，口不見則言不揚。文摯之言，四虛也。

烹輒死之人，三日三夜顏色不變，痴愚之人，尚知怪之。使齊王無知，太子群臣宜見其奇。奇怪文摯㊳，則請出尊寵敬事㊴，從之問道。今言三日三夜，無臣子請出之言，五虛也。此或時聞文摯實烹，烹而輒死，世見文摯為道人也，則為虛生㊵不死之語矣。猶黃帝實死也，傳言升天；淮南坐反，書言度世㊶。世好傳虛，故文摯之語，傳至於今。

【章　旨】此章批駁儒書所謂「文摯烹三日三夜不死」之說，指出其中之「五虛」，切中肯綮。

【注　釋】❶齊王　此指齊湣王。西元前三〇一至前二八四年在位。❷疾痏　害頭痛病。❸使　派遣。❹之　往；到。❺文摯　人名。❻已　止；治好。❼頓首　叩頭。❽苟　如果。❾幸　寵幸。此指聽信、滿足要求。❿期　約定時間。⓫固　本來。⓬屨　鞋子。⓭履　踩。⓮因　於是。⓯出辭　說難聽的話。⓰重　加重；加劇。⓱生烹　活生生地煮。⓲急爭　趕忙爭辯。⓳不能得　沒有能得到齊王的允許。⓴爨　燒火煮東西。㉑誠　當真；果真。㉒胡　何；為什麼。㉓覆　用蓋子蓋起來。㉔王使覆之二句　見《呂氏春秋・至忠》。㉕濡　沾濕。㉖諸生息之物　各種有生命的東西。㉗致　放進。㉘密器　嚴密的器皿。㉙隙　空隙；縫隙。㉚有頃　片刻；一會兒。㉛湯鑊　開水鍋。㉜體　指生息之物的軀體。㉝以　用；靠。㉞因　依靠；憑藉。㉟發　運行。㊱真人　仙人。《楚辭・九思・哀歲》：「隨真人兮翱翔。」王逸注云：「真，仙人也。」㊲斯須　一會兒。㊳奇怪文摯　以文摯為奇怪；認為文摯是神奇怪異之人。㊴敬事　恭敬地侍奉。㊵虛生　假造；無中生有。㊶度世　超度人世；成仙。

【語　譯】儒書說：齊湣王得了頭痛病，派人到宋國去迎接文摯來治病。文摯到來了，探視了一下湣王的病，對太子說：「大王的病是一定可以治好的。但是，把大王的病治好，大王就一定會殺死我的。」太子說：「什麼緣故？」文摯回答說：「不激怒王，他的病就不可能治好。但王一被激怒，我就必定會死。」太子趕緊向文摯叩頭，強行請求他說：「如果治好了王的病，我和我的母親一定會在大王面前拼命求情的，大王一定會聽從我和我母親的規勸的。請先生不要擔憂。」文摯說：「好吧，我願冒死替大王治病。」於是與太子約好去給湣王治病的日期，約好三次都沒有去，這時湣王本來就已經發怒了。文摯到了以後，沒有脫掉鞋子就上床踩著大王的龍袍，去探問大王的疾病。齊湣王發怒而根本不回答他。文摯於是講了許多刺耳的話來加重湣王的怒氣。湣王聽了，怒斥著從床上站起來，病就好了。湣王怒火衝天，非常不愉快，要活生生地把文摯煮死。太子和王后急忙替文摯爭辯，湣王根本不聽，果真把文摯投進鼎中煮死。煮了三天三夜，文摯的臉色不變。文摯說：「大王真想殺我，那麼為什麼不用蓋子把我蓋起來，以便斷絕陰陽之氣？」湣王立即要人蓋上蓋子，文摯於是死了。文摯是所謂得道的人，入水不沾濕，入火不燒焦，所以在鼎中煮了三天三夜，臉色不變。這純粹是一種虛妄之言。

文摯被煮了三天三夜，臉色不變，因為在鼎上蓋上一個蓋子的緣故，文摯就斷氣而死了，這不是得道成仙的證明吧。各種有生命氣息的動物，一旦斷氣就死去了。凡是死了的動物，一煮就爛。把有生命氣息的動物放進嚴密的器具之中，蓋上器具的口，用漆把器具的縫隙塗好，使裡外的空氣隔絕，氣息不能通暢，一會兒就死了。如果把它放進開水鍋之中，一煮也就爛了。為什麼？有生命氣息的動物的軀體與它的氣一樣，都是稟承於天，屬於同一類型的。如果說文摯不需要呼吸，那就同金石一模一樣了，說把他放進開水鍋中煮不爛，也還是可以的；若文摯需要呼吸，那麼說他煮不死，就是荒謬的了。假使文摯能說話，說話就靠聲音，聲音就靠人的呼吸。呼吸的運動，全憑人的血氣的流動。而血氣的運行，又依賴於骨肉。凡有骨肉的動物，煮之就死。如今說文摯煮而不死，這是一虛。既然烹煮不死，這就是仙人，與金石相同。如果是金石，即使把鍋蓋蓋上，與不蓋鍋蓋是沒有差別的。如今說文摯一蓋上蓋子就死了，這是二虛。把人放進寒冷的水中，沒有開水那麼熱，但如果鼻中口內不與外面的空氣相通，片刻之間，人就氣斷而死了。人沈入寒水之中，尚且不能活命，何況是放進開水之中，有猛火在燒呢？所以說文摯被投入開水中煮而不死，這是三虛。人沈沒在水中，口不出現在水面，說話的聲音就不會傳揚。烹煮文摯時，身體一定浸入鼎中。沒入鼎中，則口不會出現在水面，口不露在水面則聲音無法傳播。說聽見文摯在沸水中說的話，這是四虛。一煮就死的人，竟然煮了三天三夜不變臉色，即使是愚蠢的人，尚且會感到奇怪的。假如齊湣王無知，太子和各位大臣應當見到這種奇怪現象的。如果感到文摯是這樣一位神奇怪異的人，就一定會請求大王把他放出來，尊重他重用他，恭敬地侍奉他，向他問道。如今說他被煮了三天三夜，而沒有一個臣子說請求大王把他放出來的話，這是五虛。這或許人們聽說文摯確實被煮了，一煮就死了，世人見文摯是道人，就無中生有地捏造文摯不死的話語。好比黃帝實際已死，傳言升天；淮南王劉安因謀反罪被殺，儒書卻說他成仙一樣。世人喜歡傳播虛妄之言，因此文摯的傳說，流傳至今。

世無得道之效，而有有壽之人。世見長壽之人，學道為仙，逾❶百不死，共謂之仙矣。何以明之？如武帝之時，有李少君❷以祠竈、辟穀❸、卻老❹方❺見上❻，上尊重之。少君匿❼其年及所生長❽，常自謂七十，而能使物❾卻老。其遊以方遍諸侯，無妻。人聞其能使物及不老，更❿饋遺⓫之，常餘錢金衣食。人皆以為不治產業而饒給⓬，又不知其何許人，愈爭事⓭之。少君資⓮好⓯方，善為巧發⓰奇中。嘗⓱從武安侯⓲飲⓳，座中有年九十餘者，少君乃言與其王父⓴遊射處㉑。老人為兒時，從其王父識㉒其處，一座盡驚。少君見上，上有古銅器，問少君。少君曰：「此器齊桓公十五年陳㉓於柏寢㉔。」已而㉕案㉖其刻㉗，果齊桓公器，一宮盡驚，以為少君數百歲人也。久之，少君病死㉘。今世所謂得道之人，李少君之類也。少君死於人中，人見其尸，故知少君性壽[29]之人也。如少君處山林之中，入絕蹟之野，獨病死於巖石之間，尸為虎狼狐狸之食，則世復以為真仙去矣。

世學道之人，無少君之壽，年未至百，與眾俱死，愚夫無知之人，尚謂之尸解[30]而去，其實不死。所謂尸解者，何等也？謂身死精神去乎？謂身不死得免[31]去皮膚也？如謂身死精神去乎，是與死無異，人亦仙人也。如謂不死免去皮膚乎，諸學道死者骨肉具在，與恆[32]死之尸無以異也。夫蟬之去復育，龜之解甲[33]，蛇之脫皮，鹿之墮角，殼皮之物解殼皮，持骨肉去，可謂尸解矣。今學道而死者，尸與復育相似，尚未可謂尸解。何則？案蟬之去復育，無以神於復育。況不相似復育，謂之尸解，蓋復虛妄失其實矣。太史公與李少君同世並時，少君之死，臨尸者[34]雖非太史公，足以見其實矣。如實不死，尸解而去，太史公宜紀其狀，不宜言死[35]。其處座中年九十老父為兒時者，少君老壽之效也。或少君年十四五，老父為兒，隨其王父。少君年二百歲而死，何為不識？武帝去桓公鑄銅器，且非少君所及見也。或時聞宮殿之內有舊銅器，或案其刻以告之者，故見而知之。今時好事之人，見舊劍古鉤[36]，多能名之，可復謂目見其鑄作之時乎？

【章 旨】此章以李少君為例批駁道術之家所謂「尸解」之說。

【注 釋】❶逾 超過。❷李少君 西漢臨淄人。武帝時以祠竈卻老方術得寵。❸辟穀 不吃五穀。❹卻老 長生不老，返老還童。❺方 方術。❻上 指漢武帝。❼匿 隱瞞。❽所生長 生長的地方。❾使物 驅使鬼神。❿更 輪流；更番。⓫饋遺 贈送禮物。饋，贈。遺，送。⓬饒給 富足。⓭爭事 爭先恐後地侍奉。⓮資 憑藉；依靠。⓯好 奇妙。⓰發 射；猜。⓱嘗 曾經。⓲武安侯 即田蚡。長陵人，孝景帝皇后同母弟，武帝時以舅封武安侯，拜太尉。竇太后死，武帝封田蚡為丞相。⓳飲 喝酒。⓴王父 祖父。㉑遊射處 打獵的地方。㉒識 通「誌」。記得。㉓陳 陳放；陳列。㉔柏寢 臺名。在今山東廣陵東北。㉕已而 後來。㉖案 查看；考察。㉗刻 刻在銅器上的銘文。㉘少君病死 見《史記・封禪書》。㉙性壽 長命。性，生命。㉚尸解 此指修道之人從屍體中脫出而成仙。㉛免 脫掉。㉜恆 一般；通常。㉝解甲 脫殼。㉞臨尸者 親臨屍體旁哀悼的人。㉟言死 指《史記・封禪書》說「李少君病死」。㊱鉤 古代鉤形兵器。

【語 譯】世上沒有得道的證明，卻有長壽的人。世人看見長壽的人，學道成仙，超過百歲而沒有死去，都稱之為仙人。怎麼證明呢？例如漢武帝的時代，有一個叫李少君的人，憑著祭竈、不吃五穀、長生不死的方術而見到漢武帝，漢武帝很尊重他。李少君隱瞞了自己的年齡及生長的地方，常自稱七十歲，而且能驅使鬼神，使人長生不老，返老還童。他用方術在諸侯間普遍進行遊說，沒有娶妻。人們聽說他能驅使鬼神及使人長生不老，返老還童，都輪番贈送他禮物，家裡經常有剩餘的金錢和衣物食物。人們都以為他不經營產業而非常富足，但又不知道他是什麼樣的人，更加爭先恐後地去侍奉他。李少君憑藉著自己奇妙的方術，善於巧妙地猜測事情，總是出奇地說中了。曾經有一次與武安侯田蚡飲酒，在座中有年齡九十多歲的人，李少君就說起自己與他祖父遊獵的地方。老人兒童時代，跟隨他祖父，所以記得這個地方，滿座都感到驚訝。李少君拜見漢武帝，武帝有一古銅器，詢問李少君。少君說：「這個銅器是齊桓公十五年陳列在柏寢臺。」隨後查看銅器上所刻的銘文，結果真的是齊桓公時代的銅器，滿宮的人都為之吃驚，以為李少君是數百歲的老人。久而久之，李少君病死。如今世人所說的得道的人，就是李少君之類。李少君死在人們中間，人們看見他的屍首，所以知道李少君是一個長命的人。如果李少君身居山林之中，步入沒有人跡的曠野，單獨死在巖石之間，屍體被虎狼狐狸吃掉，那麼世人又會認為李少君真的成仙而去了。

世上學道的人，沒有李少君那樣長的壽命，年齡未到百歲，就與眾人一樣死去，愚蠢無知的人，還是說他們留下軀體，成仙而去，其實沒有死。所謂「尸解」是什麼呢？是說人身體死而精神離去了呢？還是說身體並沒有死，只是脫掉了一層皮呢？如果說身體死而精神離去，這與死沒有差別，那麼所有的人也都成為仙人了。如果說身體並沒有死只是脫掉了一層皮，各位學道的人死了以後骨肉都在，那麼就與一般死者的屍體沒有什麼差別了。蟬脫去復育，龜脫殼，蛇脫皮，鹿丟下角，有殼皮的動物會脫殼皮，帶著骨肉離去，可以說是「尸解」了。如今學道而死的人，屍體與復育即使相似，也還不能說是「尸解」。為什麼？考察一下蟬脫殼以後，並沒有比脫殼前的復育有什麼神奇的地方。更何況學道的人死去時骨肉都在，與帶著骨肉離去而變成蟬的復育並不相似，稱作「尸解」，大概又是不符合實際的虛妄之言了。太史公司馬遷與李少君是同時代的人，李少君死後，親臨屍體旁去哀悼的人，雖然不是太史公司馬遷，也足以知道李少君確實死了的實際情況。如果確實沒有死，留下屍體，成仙而去，太史公應該記載實際情況，而不應該在《史記‧封禪書》中說「李少君病死」。李少君能說出與他同座的年過九十的老人還是孩童時代曾經到過的地方，這正是李少君老壽的證明。或許是少君年十四、五歲時，老父為兒童，跟隨他的祖父到過那個地方吧。少君年高二百歲才死，怎麼能不記得？漢武帝時代距離齊桓公鑄銅器的時間已經很遠了，況且不是李少君所能看見得到的。或許李少君聽說宮殿之內有舊銅器，有人查看了銅器上刻著的銘文，把它告訴了李少君，因此李少君一見到銅器，就知道它鑄造的年代。現在那些好事的人，見到舊劍古鉤一類兵器，多數能夠叫出它的名稱來，難道可以說他們親眼看見這些古兵器鑄造時的情景嗎？

世或❶言東方朔❷亦道人也，姓金氏，字曼倩。變姓易名，遊宦❸漢朝。外有仕宦之名，內乃度世之人❹。此又虛也。

夫朔與少君並在武帝之時，太史公所及見也。少君有穀道❺、祠竈、卻老之方，又名齊桓公所鑄鼎，知九十老人王父所遊射之驗，然尚無得道之實，而徒性壽遲死之人也。況朔無少君之方術效驗，世人何見❻謂之得道？案武帝之時，道人文成❼、五利❽之輩，入海求仙人，索不死之藥，有道術之驗，故為上所信。朔無入海之使❾，無奇怪之效也。如使有奇，不過少君之類及文成、五利之輩耳，況謂之有道？此或時偶復若少君矣，自匿所生之處，當時在朝之人不知其故，朔盛稱❿其年長，人見其面狀少⓫，性又恬淡⓬，不好仕宦，善達⓭占卜、射覆⓮，為怪奇之戲，世人則謂之得道之人矣。

【章旨】此章批駁所謂東方朔修道術之事。

【注釋】❶或　有人。❷東方朔　西漢文學家。字曼倩，平原厭次（今山東惠民）人，武帝時為太中大夫，性詼諧滑稽，善辭賦，〈答客難〉為其代表作。❸遊宦　在外做官。❹度世之人　學道成仙的人。❺穀道　辟穀之道。即不食五穀的方術。❻何見　何以見得；根據什麼。❼文成　齊人少翁。以方術得寵，漢武帝封之為「文成將軍」。❽五利　即欒大。以方術得武帝寵幸，被封為「五利將軍」。❾使　使命。❿盛稱　極力稱贊。⓫面狀少　面目顯得年輕。⓬恬淡　清靜少欲。⓭善達　精通。達，通曉。⓮射覆　古代的一種遊戲。《漢書・東方朔傳》：「上嘗使諸數家射覆。」顏師古注云：「於覆器之下而置諸物，令暗射之，故云射覆。」

【語譯】世上有人說東方朔也是得道之人，姓金氏，字曼倩。改名換姓，外出到漢朝朝廷做官。表面上做官，實際上是出世成仙的人。這又是虛妄之談。

東方朔與李少君都是漢武帝時代的人，太史公司馬遷都見到過他們。李少君有辟穀之道、祠竈、長生不老的方術，又知道齊桓公所鑄造的鼎名，知道九十歲老人的祖父打獵的地方等證明，然而實際上還沒有得道成仙，只是一個長壽遲死的人而已，更何況東方朔並沒有李少君的那些方術效驗，世人根據什麼說他得道成仙？考察一下漢武帝時代，學道的人文成、五利之輩，曾經入海求仙人，尋求不死之藥，有道術的效驗，因此被漢武帝信用。東方朔並沒有入海求仙人的使命，也就沒有奇異怪誕的效驗。如果東方朔出使有神奇的效驗，也不過是李少君之類長命及文成、五利之輩的人而已，可以稱他有道術嗎？這也碰巧又是一個李少君式的人物，自己隱瞞生長的地方，當時在朝廷的人不知道他的過去，東方朔極力宣揚他年壽很高，人們看見他的面容像少年一樣，性格又清靜少欲，不喜歡當官，精通占卜和射覆，玩弄怪異神奇的遊戲，世人就把他稱作得道成仙的人了。

世或❶以老子❷之道為可以度世，恬淡無欲，養精愛❸氣。夫人以精神為壽命，精神不傷，則壽命長而不死。成事❹：老子行❺之❻，踰百度世，為真人矣。

夫恬淡少欲，孰與鳥獸？鳥獸亦老而死。鳥獸含情欲，有與人相類者矣，未足以言。草木之生何情欲，而春生秋死乎？夫草木無欲，壽不踰❼歲❽；人多情欲，壽至於百。此無情欲者反夭❾，有情欲者壽也。夫如是❿，老子之術，以恬淡無欲、延壽度世者，復虛也。或時老子，李少君之類也，行恬淡之道，偶其性命亦自壽長。世見其命壽，又聞其恬淡，謂老子以術度世矣。

【章旨】此章批駁所謂「以老子之道為可以度世」之說。

【注釋】❶或　有人。❷老子　相傳是春秋時代思想家，道家學派的創始人。一說是老聃，姓李名耳，字伯陽，楚國苦縣（今河南鹿邑之東）屬鄉曲仁里人，曾為周朝守藏室之史，後退隱，著《老子》一書。二說是太史儋，或老萊子。迄今無定論，但多從前說。❸愛　珍惜。❹成事　既成事實。❺行　奉行；實踐。❻之　指「恬淡無欲，養精愛氣」之道。❼逾　超過。❽歲　一年。❾反夭　反而早死了。❿如是　因此；照此說來。

【語譯】世上有人認為老子之道可以脫俗成仙，清靜無欲，養精愛氣。人以精神為壽命，精神沒有受到創傷，壽命就長，不會早死。既成的事實是：老子奉行著「恬淡無欲，養精愛氣」的生活準則，壽年超過百歲，脫離世俗，成為仙人。

　清靜少欲，人與鳥獸相比又怎麼樣？鳥獸也會老死的。鳥獸含有情欲，有的與人相類似，不足以說明問題。草木的生長有什麼情欲，但是春天生長而秋天又枯死呢？草木無欲，壽命沒有超過一年；人多情欲，壽命長至百歲。這就說明無情欲的反而早死，有情欲的長壽了。照此說來，老子的道術，依靠清靜無欲而延長壽命成仙的說法，又是虛假的。或許老子也是李少君之類的人物，奉行清靜無為之道，碰巧他的性命也自然長壽。世人看見他命長，又聽說他一生清靜無欲，從不熱衷於功名利祿，所以認為老子是靠「恬淡無欲，養精愛氣」之術而成仙的。

　世或以辟穀不食為道術之人，謂王子喬❶之輩以不食穀，與恆人❷殊食❸，故與恆人殊壽，逾百度世，遂為仙人。此又虛也。

　夫人之生也，稟食飲之性，故形上有口齒，形❹下有孔竅❺。口齒以噍❻食，孔竅以注瀉❼。順此性者為得天正道❽，逆此性者為違所稟受❾，失本❿氣於天，何能得久壽？使子喬生無齒口孔竅，是稟性與人殊；稟性與人殊，尚未可謂壽，況形體均同而以所行者⑪異，言其得度世，非性之實也。夫人之不食也，猶身之不衣也。衣以溫膚，食以充腹。膚溫腹飽，精神明盛。如饑而不飽，寒而不溫，則有凍餓之害矣。凍餓之人，安能久壽？且人之生也，以食為氣，猶草木以土為氣矣。拔草木之根，使之離土，則枯而蚤⑫死。閉人之口，使之不食，則餓而不壽矣。

【章　旨】此章從人的飲食生理學方面批駁所謂「人辟穀不食成仙」之說。

【注　釋】❶王子喬　人名。一說名晉，字子晉，相傳為周靈王太子，好吹笙作鳳凰鳴聲，被浮丘公引至嵩山修煉，三十餘年後，於緱氏山頂向世人揮手告別，升天而去。見《列仙傳》。❷恆人　常人；一般人。❸殊食　飲食不同。❹形　身體。❺孔竅　指排泄器官。❻噍　嚼；咬。❼注瀉　排泄。❽得天正道　符合自然規律。❾違所稟受　違反人的自然稟性，違反人的生理功能。❿本　根本。王充認為，人之所以活著，是依靠飲食來保養人體內的氣，食物是天施氣於地產生的，人不吃喝排泄，體內的氣失去保養，人就會死去。⓫所行者　按人的自然稟性辦事。即吃東西。⓬蚤　通「早」。

【語　譯】世上有人以不吃五穀為道術，說王子喬之輩因為不吃五穀，與一般人不同食物，所以與一般人不同年壽，超過百歲成仙，於是變為仙人。這又是虛妄之言。

人一出生，就承受著要吃食物的本性，所以身體的上部長有口齒，身體下部長有排泄器官。口齒是用來嚼吃食物的，排泄器官是用來排泄廢物的。遵循吃喝食物這一本性的人是符合自然規律的，違反飲食之性的人就違反了人的自然稟性。人之所以活著，是依靠食物來保養體內的氣，食物是天施氣到地上產生出來的，人如果不吃喝排泄，體內的氣失去保養，怎麼還能夠長壽？假如王子喬生來就沒有嘴巴、牙齒和排泄器官，這就說明他稟受的自然本性與人不同；既然承受的本性與人不同，尚且不可以稱得上壽，何況形體相同而不按人要吃食物的自然稟性辦事，說他能脫俗成仙，實際上就完全違背了人的自然稟性。人不吃食物，如同身體不穿衣服一樣。衣服是用來溫暖肌膚的，食物是用來填飽肚子的。人的肌膚感到溫暖，肚子飽了，精神就更加旺盛。如果肚子感到飢餓而沒有吃飽，身體感到寒冷而不溫暖，就有凍餓的危害。受凍餓的人，怎麼能夠長壽？而且人之所以活著，是依靠食物來保養身體內的氣，好比草木的生長以土壤來保養氣一樣。如果拔去草木的根，使草木離開土壤，草木就會枯萎早死。如果封閉人的嘴巴，使它不吃食物，人就會餓死，哪裡還談得上長壽啊。

道家相誇曰：真人食氣。以氣而為食，故傳曰：食氣者壽而不死，雖不穀飽❶，亦以氣盈❷。此又虛也。

夫氣，謂何氣也？如謂陰陽之氣，陰陽之氣不能飽人。人或嚥氣，氣滿腹脹，不能饜飽❸。如謂百藥之氣，人或服藥，食一合❹屑❺，吞數十丸，藥力烈盛，胸中憒毒❻，不能飽人。食氣者必謂「吹呴呼吸，吐故納新❼」也。昔有彭祖❽嘗行之矣，不能久壽，病而死矣。

【章旨】此章批駁食氣成仙之說。

【注釋】❶穀飽 用五穀糧食填飽肚子。❷氣盈 氣滿。盈，滿；充實。❸饜飽 填飽肚子。❹合 容量單位。十分之一升。❺屑　碎末。❻憒毒　因藥物中毒而苦悶難受。❼吹呴呼吸二句　見《莊子・刻意》。呴，吐氣。吐故納新，古代的一種養生方法。吐，呼出。納，吸進。❽彭祖　人名。傳說姓籛名鏗，顓頊玄孫，生於夏代，至殷代末年已七百六十七歲（一說八百餘歲）。殷王以為大夫，彭祖託病不問政事。見《神仙傳》及《列仙傳》。

【語　譯】道家互相誇耀說：仙人食氣。因為以氣為食，所以傳言：把氣當作食物的人長壽而不死，即使不用糧食填飽肚子，也可以用氣來充實身體。這又是虛妄之言了。

這裡的氣，說的是什麼氣呢？如果說的是陰陽之氣，那麼陰陽之氣並不能填飽人的肚子。有的人嗛氣，氣滿了，肚子就脹起來，並不能充飢。如果說是百藥之氣，那麼有的人服藥時，吃下一合藥末，吞食數十粒藥丸，如果藥力猛烈，就會因藥物中毒而感到胸中煩悶難受，也不能填飽人的肚子。以氣為食的人一定會說「吹呴呼吸，吐故納新」吧，然而，從前早有彭祖奉行過了，他沒有能夠永遠不老，最終仍然發病而死。

道家或以導氣❶養性，度世而不死，以為血脈在形體之中，不動搖❷屈伸，則閉塞不通。不通積聚，則為病而死。此又虛也。

夫人之形，猶草木之體也。草木在高山之巔，當疾風之衝，晝夜動搖者，能復勝彼隱在山谷間、障❸於疾風者乎？案草木之生，動搖者傷而不暢❹，人之導引❺動搖形體者，何故壽而不死？夫血脈之藏於身也，猶江河之流地。江河之流，濁而不清；血脈之動，亦擾❻不安。不安，則猶人勤苦無聊❼也，安能得久生乎？

【章　旨】此章批駁道家所謂「導氣養性可以長生不老、度世成仙」之說。

【注釋】❶導氣　即導引。傳統氣功。一作「道引」，是「道氣令和，引體令柔」之意。氣功，本是中國傳統的強身除病的一種養生之法，可以健身卻病，延年益壽，但不能使人長生不老，度世為仙。《莊子・刻意》成玄英疏云：「導引神氣，以養形魄，延年之道，駐形之術。」西元一九七三年長沙馬王堆三號漢墓出土文物中有《導引圖》，繪有四十餘種導引姿態的圖像。這種養生之道被道家承襲後，則當作「修仙」之術（見《雲笈七籤・雜修攝》），故受到王充的駁斥。但王充在此把氣功也否定了。❷動搖　活動。❸障　遮蔽。❹暢　正常生長。❺導引　導氣和屈伸筋骨。❻擾　攪動。❼無聊　不愉快；不安寧。

【語譯】道家有人認為，氣功可以調養情性，成仙而不死，是因為血脈在人的身體之中，如果不活動，屈伸筋骨，血脈就會閉塞不通。血脈如果長期積聚不通，就會成病而死。這又是虛妄之言。

人的身體，猶如草木一樣。草木長在高山之巔，面對狂風的衝擊，晝夜被狂風搖動的草木，能夠勝過那些隱蔽在山谷之間沒有受到狂風吹動的草木嗎？考察一下草木的生長情況，被風吹動的草木，因受到損傷而不能正常的生長發育；人被導氣和屈伸筋骨動搖身體，怎麼能長壽而不死呢？血脈藏在人的身體之中，好比長江、黃河之水在大地上流動。長江、黃河的流水，常常是渾濁而不清的；人體中的血脈的流動，也是攪動不安靜的。血脈不安，就好比人一樣勤苦而不安寧，怎麼能夠獲得長壽呢？

道家或以服食藥物，輕身益❶氣，延年度世。此又虛也。

夫服食藥物，輕身益氣，頗有其驗。若夫❷延年度世，世無其效。百藥愈病，病愈而氣復，氣復而身輕矣。凡人稟性，身本自輕，氣本自長，中❸於風濕，百病傷之，故身重氣劣❹也。服食良藥，身氣復故，非本氣少身重，得藥而乃氣長身更❺輕也，稟受之時，本自有之矣。故夫服食藥物除百病，令身輕氣長，復其本性，安能延年至於度世？

【章　旨】此章批駁道家所謂「服藥成仙」之說。

【注　釋】❶益　增加。❷若夫　發語詞。至於。❸中　受到。❹氣劣　氣虛；氣短。❺更　變。

【語　譯】道家有人因為服食藥物，使自己感到身輕氣增，延年成仙。這又是虛假的。

服食藥物，使人感到身輕氣增，這還略微有一些效驗。至於延年成仙，世上並沒有它的效應。百藥可以治病，病痊癒而氣則恢復，氣恢復就感到身體變輕了。大凡人稟天性，身體本自輕，氣本自長，受到風濕，百病損傷了人的身體，所以人就感到身體沈重、氣息短虛了。服用良藥，身體和氣息恢復了原來的狀況，不是本氣少而感到身體沈重，吃藥以後才感到氣壯、身體變輕的，而是人稟受天性的時候，本來就有這種情況的。因此服用藥物消除百病，使人身輕氣壯，恢復人的本性，怎麼能延年益壽而達到脫俗成仙呢？

有血脈之類，無有不生，生無不死。以其生，故知其死也。天地不生，故不死；陰陽❶不生，故不死。死者，生之效；生者，死之驗也。夫有始者必有終，有終者必有始。唯無終始者，乃長生不死。人之生，其猶冰也。水凝而為冰，氣積而為人。冰極❷一冬而釋❸，人竟❹百歲而死。人可令不死，冰可令不釋乎？諸學仙術為不死之方，其必不成，猶不能使❺冰終❻不釋也。

【章　旨】此章總結全篇，闡明作者的生死觀，指出各種長生不老之術都是騙人的，一切修道成仙之說都是虛妄的。

【注　釋】❶陰陽　此指陰陽二氣。❷極　盡。❸釋　融化。❹竟　最終；盡。❺使　讓。❻終　始終；最終。

【語　譯】大凡有血脈的一類動物，沒有不生，生就沒有不死的。因為牠有生，所以知道牠有死。天地不生，因而不死；陰氣、陽氣不生，因而不死。有死，就證明有生；有生，就證明有死。有始必有終，有終必有始。唯獨沒有終始的，才會長生不死。人的出生，好比冰一樣。水凝結而成冰，氣積聚而為人。冰盡一冬而融化，人終百歲而死亡。人可以使自己不死，冰可以讓自己不融化嗎？一切學習修道成仙之術，修煉長生不死之方的人，他們必定不會成功，正如同人不能使冰塊終究不融化一樣。

# 語增篇第二十五

【題　解】王充認為：「凡天下之事，不可增損，考察前後，效驗自列。」本著這種可貴的求實精神，本篇分別對當時風傳於世的七種「虛增之語」予以批駁，故謂之「語增」。〈語增篇〉和〈儒增篇〉、〈藝增篇〉合稱為「三增」，其主旨在於強調論是非之實，反對「聞一增以為十，見百益以為千」的浮誇之風。

傳語❶曰：「聖人憂世❷深，思事勤，愁擾精神❸，感動❹形體，故稱堯若臘，舜若腒，桀、紂之君垂腴❺尺餘。」夫言聖人憂世念人❻，身體羸惡❼，不能身體肥澤❽，可也。言堯、舜若臘與腒，桀、紂垂腴尺餘，增❾之也。

齊桓公云：「寡人未得仲父極難，既得仲父❿甚易。」桓公不及堯、舜，仲父不及禹、契⓫，桓公猶易，堯、舜反難乎？以桓公得管仲易，知堯、舜得禹、契不難。夫易則少憂，少憂則不愁，不愁則身體不臞⓬。舜承堯太平，堯、舜襲德，功假⓭荒服⓮。堯尚有憂，舜安能無事⓯？故《經》曰「上帝引逸⓰」，謂虞舜也。舜承安繼治，任賢使能，恭己⓱無為⓲而天下治⓳。故孔子曰：「巍巍乎！舜、禹之有天下而不與⓴焉。」夫不與，尚謂之臞若腒，如德劣承衰，若孔子栖棲㉑，周流㉒應聘，身不得容，道不得行，可骨立皮附，僵仆道路乎？紂為長夜之飲，糟丘㉓酒池，沈湎㉔於色，不舍晝夜，是必以病。病則不甘飲食㉕，不甘飲食，則肥腴不得至尺。《經》曰：「惟湛樂㉖是從㉗，時亦罔㉘有克㉙壽。」魏公子無忌㉚為長夜之飲，困毒㉛而死。紂雖未死，宜羸臞矣。然桀、紂同行㉜，則宜同病，言其腴垂過尺餘，非徒增之，又失其實矣。

【章旨】此章斥「堯、舜若腊與腒，桀、紂垂腴尺餘」之傳語失實。

【注釋】❶傳語　即百傳之語。社會上流傳的言論。❷憂世　為世事操心。❸愁擾精神　勞精傷神。❹感動　搖動；損害。感，通「撼」。搖。❺腴　腹下肥肉。❻念人　關懷人民。❼羸惡　瘦弱而不健康。❽肥澤　肥胖、皮膚光潤。❾增　誇張。❿仲父　齊桓公對管仲的尊稱。⓫契　傳說是商代的祖先。堯、舜的大臣，因助禹治水有功，被舜任為司徒，掌管教化，居於商。⓬臞　瘦。⓭假　通「格」。達到。⓮荒服　泛指邊遠地區。據《尚書・禹貢》記載，古代王畿以外的地方，以五百里為率，按距離之遠近，依次分為甸服、侯服、綏服、要服、荒服五等，稱之為「五服」。所謂「服」，意指服事君主，對君主承擔義務，五服中，荒服離京城最遠。⓯無事　太平無事。⓰引逸　長久安逸。⓱恭己　使自己莊重。即維護自己的尊嚴。⓲無為　此指帝王不親自過問治國的具體事務。⓳治　太平。⓴與　參與。以上引文見《論語・泰伯》。㉑棲棲　通「栖栖」。忙碌不安的樣子。《論語・憲問》：「丘何為是栖栖者與？」㉒周流　周遊。㉓糟丘　酒糟堆積成山。㉔沈湎　沈醉；沈溺。㉕不甘飲食　胃口不好，吃喝不香。㉖湛樂　貪圖享樂。湛，沈溺。㉗從　通「縱」。縱欲。㉘罔　無。㉙克　能夠。引文見《尚書・無逸》。㉚魏公子無忌　魏無忌。魏國公子，封號「信陵君」，為戰國四公子之一。㉛困毒　困於毒。即中毒。㉜同行　品行相同。

【語譯】傳語說：「聖人為社會操心太多，思考世事太勤，勞心傷神，損害了身體，所以人稱堯瘦得如乾肉，舜瘦得像乾醃的鳥肉，而桀、紂這樣的暴君卻胖得腹部的肉垂下一尺多。」如果說聖人由於操勞世事、關心人民，身體瘦弱，健康狀況不佳，身體不胖，皮膚不光潤，還是可以的。說堯、舜瘦得像乾肉、像乾醃的鳥肉，桀、紂腹部的肥肉垂下尺餘，那就是誇張之辭了。

齊桓公說：「我在沒有得到管仲的輔佐前，感到治國很難，得到管仲以後，就感到治國很容易了。」桓公的才華不如堯、舜，管仲的才能不如禹、契，桓公還感到治國容易，難道堯、舜反而感到難嗎？根據桓公得到管仲輔佐就感到治國容易這一點，就知道堯、舜得到禹、契輔佐後治國也不感到困難。治國感到容易就沒有多少憂慮，憂慮少就不愁，沒有憂愁，身體就不會瘦弱。舜承襲了堯開創的太平盛世，堯、舜繼承德政，功德遍及邊遠地區。如果堯尚且有憂慮，舜怎麼能太平無事？所以《尚書》說「帝王是長久安逸的」，指的就是虞舜。舜繼承了堯開創的安定太平局面，任用德才兼備的人，維護自己的尊嚴和帝王地位，又不親自插手治理國家的具體事務，以致天下大治。所以孔子說：「偉大啊！舜、禹治理天下，而自己並不參與國家的具體事務。」不參與國家的具體事務，還說他們瘦得像乾醃的鳥肉一樣，如果道德比他們差的人，又繼承了衰亂的局面，像孔子那樣忙碌不安，周遊列國去求取一官半職，卻沒有自己的容身之地，無路可走，而你能說他瘦得皮包骨頭，僵死在道路上嗎？

商紂通宵達旦地飲酒作樂，酒糟堆積成山，酒如池水，沈醉於酒，晝夜不停，這樣下去必定因此發病。人一發病，就不想吃東西，就不可能肥胖到腹部下的肥肉垂下一尺多。《尚書》說：「只知道縱情享樂，從此以後就不可能有長壽的君主了。」魏公子無忌因通宵達旦地飲酒作樂，中毒而死。紂王雖然沒有中毒而死，也應該瘦弱不堪吧。然而桀、紂的品行相同，就應該同病，說桀、紂胖得腹部的肥肉垂下超過一尺多，不僅是一種誇張，也不符合歷史事實。

傳語又稱紂力能索鐵❶伸鉤❷，撫梁❸易柱❹，言其多力也。蜚廉❺、惡來❻之徒，並幸受寵，言好伎力之主致⑦伎⑧力之士也。或言武王伐紂，兵不血刃⑨。夫以索鐵伸鉤之力，輔⑩以蜚廉、惡來之徒，與周軍相當⑪，武王德雖盛，不能奪紂素⑫所厚⑬之心，紂雖惡，亦不失所與同行之意，雖為武王所擒，時亦宜殺傷十百人。今言不血刃，非紂多力之效，蜚廉、惡來助紂之驗也。

案⑭武王之符瑞⑮不過⑯高祖。武王有白魚、赤烏之祐⑰，高祖有斷大蛇、老嫗哭於道之瑞⑱。武王有八百諸侯之助，高祖有天下義兵之佐。武王之相，望羊⑲而已；高祖之相，龍顏、隆準、項紫、美鬚髯，身有七十二黑子⑳。又逃呂后於澤中，呂后輒見上有雲氣之驗，武王不聞有此。夫相多於望羊，瑞明於魚、烏，天下義兵並來會漢，助㉑強於諸侯㉒。武王承紂，高祖襲秦。二世㉓之惡，隆盛於紂；天下畔㉔秦，宜多於殷。案高祖伐秦，還破㉕項羽，戰場流血，暴屍萬數，失軍亡眾，幾死一再，然後得天下，用兵㉖苦㉗，誅亂㉘劇㉙。獨云周兵不血刃，非其實也。言其易，可也；言不血刃，增之也。

案周取殷之時，太公㉚《陰謀》㉛之書，食㉜小兒丹㉝，教云「殷亡」。兵到牧野㉞，晨舉脂燭㉟。案〈武成〉㊱之篇，牧野之戰，血流浮杵㊲，赤㊳地千里。由此言之，周之取殷，與漢秦一實也。而云取殷易，兵不血刃，美武王之德，增益其實也。

凡天下之事，不可增損，考察前後，效驗自列。自列，則是非之實有所定矣。世稱紂力能索鐵伸鉤，又稱武王伐之，兵不血刃。夫以索鐵伸鉤之力當人[39]，則是孟賁、夏育[40]之匹[41]也；以不血刃之德取人，是則三皇五帝之屬也。以索鐵之力，不宜受服；以不血刃之德，不宜頓兵[42]。今稱紂力，則武王德貶[43]；譽武王，則紂力少。索鐵，不血刃，不得兩立；殷周之稱，不得二全。不得二全，則必一非。

孔子曰：「紂之不善，不若是之甚也，是以君子惡居下流，天下之惡皆歸焉[44]。」孟子曰：「吾於〈武成〉，取二、三策耳。以至仁伐不仁，如何其血之浮杵也[45]？」若孔子言，殆且浮杵；若孟子之言，近不血刃。浮杵過其實，不血刃亦失其正。一聖一賢，共論一紂，輕重殊稱，多少異實。紂之惡不若王莽。紂殺比干，莽鴆平帝[46]；紂以嗣立，莽盜漢位。殺主隆[47]於誅臣，嗣立順[48]於盜位，士眾所畔，宜甚[49]於紂。漢誅王莽，兵頓昆陽[50]，死者萬數，軍至漸臺[51]，血流沒趾。而獨謂周取天下，兵不血刃，非其實也。

【章旨】此章斥「武王伐紂，兵不血刃」之失實，指出：「凡天下之事，不可增損，考察前後，效驗自列。」

【注釋】❶索鐵　以鐵條為索；把鐵條擰成索鏈。❷伸鉤　使鉤伸直。❸撫梁　用手托起屋梁。❹易柱　換柱。❺蜚廉　人名。蜚，一作「飛」。紂王的臣子，善走。❻惡來　人名。蜚廉之子，力大無窮。《史記・秦本紀》云：「蜚廉生惡來，惡來有力，蜚廉善走，父子俱以材力事紂。」❼致　招致；招徠。❽伎　通「技」。技能。❾兵不血刃　刀口上未沾上鮮血。指不用使用武力就取得勝利。兵，武器。❿輔　助；輔佐。⓫相當　對敵。⓬素　平素；一向。⓭厚　親厚；寵愛。⓮案　考察。⓯符瑞　祥瑞；吉祥之兆。⓰過　超過。⓱祐　此指祥瑞。⓲高祖有斷大蛇句　見《史記・高祖本紀》。斷，斬斷。嫗，老婦人。⓳望羊　即望陽。形容眼睛生得高，不抬頭就可以看見天。⓴黑子　黑痣。㉑助　指輔助高祖的軍隊。㉒諸侯　指助周的八百諸侯。㉓二世　指秦二世胡亥。秦始皇的幼子。㉔畔　通「叛」。背叛。㉕還破　回過頭來打敗。㉖用兵　打仗。㉗苦　艱苦。㉘誅亂　討伐叛亂。㉙劇　激烈。㉚太公　姜太公呂尚。助周武王滅商紂王。㉛陰謀　書名。相傳為姜太公所作，今已佚。㉜食　通「飼」。餵。㉝丹　朱砂。㉞牧野　古地名。傳為周武王與商紂王決戰之地，在今河南淇縣之南。㉟脂燭　澆油的火把。㊱武成　古文《尚書》之一篇。早佚，今有偽書。㊲杵　古代舂米用的木棒。㊳赤　鮮血染紅。㊴當人　抵擋人。㊵孟賁夏育　均為傳說中的古代大力士。㊶匹　匹敵；相當的人。㊷頓兵　兵器被用鈍了。即使用武力。頓，通「鈍」。㊸貶　被貶低。㊹紂之不善四句　見《論語・子張》。惡，厭惡。下流，本指河流下游。此用以指由於作惡多端而處於眾惡所歸的境地。㊺吾於武成四句　見《孟子・盡心下》。一三策，言其一小部分。策，竹簡。㊻莽鴆平帝　指王莽以鴆酒毒殺漢平帝劉衎。㊼隆　程度深；嚴重。㊽順　名正言順。㊾甚　超過；比……更厲害。㊿兵頓昆陽　指昆陽之戰。此役王莽主力被殲滅。(51)漸臺　西漢都城長安一宮中高臺。王莽兵敗後於此被殺。

【語譯】傳語又稱紂王力能把鐵條擰成索鏈，能把彎曲的鐵鉤拉直，能用手托起屋梁調換支撐的柱子，這是說他多力。蜚廉、惡來這些人，都受到紂王的寵幸，這是說喜愛技能、力氣的君主招來有技能、有力氣的人士。有人說周武王討伐紂王時，沒有使用武力就取得勝利。憑著能把鐵條擰成索鏈、把彎曲的鐵鉤拉直的力氣，又有蜚廉、惡來這樣有技能、有力氣的人輔佐，與周武王的軍隊對敵，武王的德操雖高，也不能征服一向被紂王寵愛的人的耿耿忠心，紂王的品行雖惡，也不會失去與他品行相同的人的心，雖然被武王活捉，當時也應該殺傷十百人。現在說武王不戰而勝，並不是紂王多力的證明，蜚廉、惡來輔助紂王的效驗啊。

考察周武王的吉祥之兆不會超過漢高祖吧。武王有白魚和紅色烏鴉作為殷亡而周興的吉祥的象徵，漢高祖有斬斷大蛇、老婦人在蛇死的道路上哭，說劉邦是赤帝之子，被殺的蛇是白帝之子，說明劉邦要得天下的徵兆。武王有八百諸侯相助，高祖有天下的正義之師輔佐。武王的骨相，僅僅是眼睛長得很高，不用抬頭就可見天而已；高祖的骨相，眉骨凸出，鼻子很高，脖子呈紫色，長著美男子的連腮鬍子，身上有七十二個黑痣。高祖又瞞著呂后隱蔽在沼澤地帶，呂后往往見到高祖所在的地方上空就有一團彩色的雲氣升起，而武王沒有聽說有這種彩雲瑞氣。高祖的骨相比武王「望陽」要好，吉祥的徵兆比魚、烏的象徵性要鮮明，天下反秦的正義之師都會於漢王麾下，輔助高祖的軍隊比助周滅殷的八百諸侯要強大得多。武王繼承紂王的天下，高祖承襲秦王朝的制度。秦二世的罪惡，比紂王更嚴重，天下百姓背叛秦王朝，應該比背叛殷朝的要多。考察高祖討伐秦王朝，回過頭來又打敗項羽，戰場上流血，沒有掩埋的屍體數以萬計，散失逃亡的將士，九死一生，然後才得天下，打仗的艱難困苦，討伐叛亂的激烈鬥爭，無不流血。惟獨說周武王兵不血刃，不符合歷史實際。說武王輕而易舉地擊敗了紂王，是可以的；說武王兵不血刃，不戰而勝，就是誇張了。

考察周朝取代殷商的時候，姜太公撰《陰謀》一書，把朱砂給小孩吃，教小孩們到處去叫喊「殷朝就要滅亡了」。軍隊到達牧野，天快亮時就點著火把去襲擊殷軍。察看〈武成〉一篇，知道牧野之戰，血流漂杵，染紅千里大地。由此說來，周朝取代殷朝，與漢滅秦是同樣的情況。如果說周武王奪取殷王朝的天下很容易，沒有使用武力就取得勝利，那就是為了贊揚武王的美德，而誇大他的實際情況了。

凡天下的事情，不可以誇大或縮小，應該考察事情的前前後後，事情的真相就會自然表現出來。自然表現出來，是非的真實情況就能判定清楚了。世人稱紂王力能把鐵條擰成索鏈、把彎曲的鐵鉤拉直，又說武王伐紂，兵器上沒有沾一點血就取勝了。如果紂王能用擰鐵索鏈、拉直鐵鉤的力氣抵擋人，那麼他就是與孟賁、夏育那些古代大力士同等的人；如果武王以不用武力的德政取得人心，那麼他就是三皇、五帝一類以仁而不是以力取天下的聖人了。如果紂王有把鐵條擰成索鏈的力氣，就不應該被征服；如果武王有不使用武力的仁德，就不應該使用武力。如今倘若稱贊紂王有力氣，就意味著貶低武王的的仁德；如果贊譽武王的仁德，就意味著紂王的力量很少。把鐵條擰成索鏈，不使用武力，這兩種說法並不能同時成立；贊美紂王力大與贊美武王德高，二者不能兩全。既然二說不可能都對，那麼就必定有一種說法是錯誤的。

孔子說：「商紂王的不善，並不像傳說的那麼厲害，因此君子最厭惡處於眾惡所歸的地位，免得天下的壞事都歸咎到自己頭上來啊。」孟子說：「我對於〈武成篇〉，僅僅吸取了其中一小部分內容而已。以最仁義的周武王的軍隊去討伐不仁義的紂王的軍隊，怎麼會流血成河，把杵都漂浮起來了呢？」如果按孔子的說法，既然紂王並不是最惡的，那麼抵抗武王的人一定還不少，伐紂的戰爭一定很激烈，因此血流漂杵的說法差不多是符合事實的；如果像孟子所說的，那麼武王沒有使用武力就取勝的說法也許接近於事實。血流漂杵的說法言過其實，不使用武力，不戰而勝的說法也就不正確了。一個聖人，一個賢人，都在評論同一個紂王，而對紂王罪惡的輕重有不同看法，對戰爭中殺傷人的多少又有事實差異。紂王的罪惡不如王莽。紂王殺比干，王莽用鴆酒毒殺漢平帝；紂繼承父位，王莽竊居漢代皇位。殺君主的比殺臣子的罪惡嚴重，繼承父位的要比竊奪皇位的名正言順，背叛王莽的士兵群眾，應該超過背叛紂王的。漢光武帝劉秀的軍隊討伐王莽，在昆陽全殲王莽主力部隊，死亡的士兵數以萬計，漢軍追到漸臺，王莽被殺，鮮血流在地上，淹沒了腳趾。如果惟獨說周武王奪取天下，兵器從未沾血，不以武力取勝，那就不符合歷史實際了。

傳語曰：「文王飲酒千鍾❶，孔子百觚❷。」欲言聖人德盛，能以德將❸酒也。

如一坐❹千鍾百觚，此酒徒，非聖人也。飲酒有法❺，胸腹小大，與人均等，飲酒用千鍾，用肴宜盡百牛，百觚則宜用十羊。夫以千鍾百牛，百觚十羊言之，文王之身如防風❻之君，孔子之體如長狄❼之人，乃堪❽之。案文王、孔子之體，不能及防風、長狄。以短小之身，飲食眾多，是缺❾文王之廣❿，貶孔子之崇也。

案〈酒誥〉之篇：「朝夕曰：『祀，茲⓫酒。』」此言文王戒慎酒也。朝夕戒慎，則民化之。外⓬出戒慎之教⓭，內飲酒盡千鍾，導民率下⓮，何以致化？承紂疾惡，何以自別？且千鍾之效、百觚之驗，何所用哉？使文王、孔子因祭用酒乎？則受福胙⓯不能厭⓰飽。因饗射⓱之用酒乎？饗射飲酒，自有禮法⓲。如私燕⓳賞賜飲酒乎？則賞賜飲酒，宜與下齊。賜尊者之前，三觴⓴而退，過於三觴，醉酗㉑生亂。文王、孔子，率禮之人，賞賚㉒左右，至於醉酗亂身，自用酒千鍾百觚，大之則為桀、紂，小之則為酒徒，用何以立德成化、表名垂譽乎？世聞「德將毋醉㉓」之言，見聖人有多德之效，則虛增文王以為千鍾，空益孔子以百觚矣。

【章旨】此章言所謂文王、孔子千鍾百觚之失實。

【注釋】❶鍾　古代器名。圓形壺，用以盛酒，盛行於漢代。❷觚　古代酒器。喇叭形口，細腰，高圈足，青銅製造。《禮記・禮器》孔穎達疏引《五經異義》謂「觚，二升」。❸將　駕馭；控制。❹一坐　一次宴飲。❺法　法規；規矩。❻防風　即防風氏。傳說是夏禹時的諸侯國，在吳、越間。《國語・魯語下》云：「昔禹致群神於會稽之山，防風氏後至，禹殺而戮之，其骨節專車。」言其身材高大也。❼長狄　古代一身材高大的部族名。清盧文弨輯《尚書大傳續補遺》云：「長狄之人，長蓋五丈餘也。」《玉函山房輯佚書》輯《春秋緯考異郵》云：「長狄兄弟三人，各長百尺。」故亦稱「長人」。《楚辭・天問》

王逸注：「長人，長狄。」又〈招魂〉注：「東方有長人之國，其高千仞。」蓋為增益之辭也。❽堪　勝任。❾缺　損害。❿廣　此指道德廣大。⓫茲　則；斯。⓬外　表面。⓭教　指令；教令。⓮率下　做老百姓的表率。⓯福胙　祭祀上供的肉類。⓰厭　通「饜」。飽；足。⓱饗射　鄉射。古代的一種射禮。據《周禮・地官・鄉大夫》等，鄉射有二：一指州長在春秋兩季以禮食民，習射於州序，一指鄉老和鄉大夫貢士後，行鄉射之禮。⓲禮法　禮儀制度。⓳燕　通「宴」。⓴觴　古代的盛酒器。㉑醉酗　發酒瘋。㉒賚　賜。㉓德將毋醉　見《尚書・酒誥》。

【語　譯】傳語說：「周文王一次能飲酒千鍾，孔子一次能飲酒百觚。」這是想說明聖人道德高尚，能夠用道德來控制飲酒的量。如果一次宴飲千鍾百觚，這個人就是酒徒，而不是聖人了。飲酒有一定規則，聖人的肚子大小，和一般人是相同的，一次飲酒千鍾，需要用的下酒菜也許要百頭牛才能吃完，一次飲酒百觚，就應該用十隻羊作下酒菜。按照飲酒千鍾以百頭牛為下酒菜、飲酒百觚以十隻羊為下酒菜的標準來說，那麼周文王的身材就應該像防風氏、孔子的身體就應該像長狄那樣高大，才能夠勝任酒量。考察文王、孔子的身體，都趕不上防風氏和長狄那些巨人。以如此短小的身體，而吃那麼多的飲食，這就損害了文王道德的廣大，貶低了孔子的偉大崇高。

案《尚書・酒誥》說：「早晚告誡臣民說：『祭祀時，才用酒。』」這是文王告誡臣民不要隨便飲酒的話。早晚都要告誡臣民飲酒要謹慎，臣民就會受到感化的。如果文王表面上教育臣民要謹慎地對待飲酒，實際上自己卻一次飲完千鍾酒，用這種表裡不一的行為來教導臣民，做臣民的表率，那麼又何能感化他們？如果這樣沿襲紂王最壞的惡習，又怎麼能使自己與紂王有所區別呢？況且文王有一次宴飲千鍾、孔子一次宴飲百觚的說法，又是根據什麼提出來的呢？是文王、孔子根據祭祀用的酒嗎？那麼分享祭祀用的酒肉是不能滿足需要的。是根據鄉射用的酒嗎？鄉射儀式上飲酒，自古就有禮儀的規定，不能多喝。是在私人宴會上賞賜所飲的酒嗎？那麼賞賜飲酒，應該與下屬飲的酒一樣多。在尊貴的人面前接受賞賜，酒過三杯就應當退席，超過三杯，就會發酒瘋出亂子。文王、孔子都是遵循禮儀制度的聖人，賞賜左右臣民，如果達到發酒瘋而傷害自身的程度，自己飲酒動輒千鍾百觚，那麼講嚴重些就如同桀、紂，輕則變成酒徒，又憑什麼來樹立功德，成就教化，顯揚名聲，得到後人的贊譽呢？世上聽說有「用道德控制飲酒，不要喝醉」的話，是作為聖人有許多崇高品德的效驗來說的，因而也就憑空誇張文王一飲千鍾、孔子一飲百觚的話來了。

傳語曰：「紂沈湎於酒，以糟為丘，以酒為池，牛飲❶者三千人，為長夜之飲，亡❷其甲子❸。」夫紂雖嗜酒，亦欲以為樂。令酒池在中庭乎？則不當言「為長夜之飲」。坐在深室之中，閉窗舉燭，故曰長夜。令坐於室乎？每當飲者，起之中庭，乃復還坐，則是煩❹苦相踖❺藉，不能甚樂。令池在深室之中？則三千人宜臨池坐，前俯飲池酒，仰食肴膳，倡樂❻在前，乃為樂耳。如審❼臨池而坐，則前飲害❽於肴膳，倡樂之作不得在前。夫飲食既不以禮，臨池牛飲，則其啖❾肴不復用杯❿，亦宜就魚肉而虎食，則知夫酒池牛飲，非其實也。

傳又言：「紂懸肉以為林，令男女倮⓫而相逐⓬其間。」是為⓭醉樂淫戲無節度⓮也。夫肉當內⓯於口，口之所食，宜潔不辱⓰。今言男女倮相逐其間，何等潔者！如以醉而不計潔辱，則當共浴於酒中。而⓱倮相逐於肉間，何為不肯浴於酒中！以不言浴於酒，知不倮相逐於肉間。

傳者之說，或言：「車行酒，騎行炙，百二十日為一夜。」夫言「用酒為池」，則言其「車行酒」非也；言其「懸肉為林」，即言「騎行炙」非也。或時⑱紂沉湎覆酒⑲，滂沱於地，即言以酒為池。釀酒糟積聚，則言糟為丘。懸肉以林⑳，則言肉為林。林中幽冥，人時走戲其中，則言倮相逐。或時載酒用鹿車㉑，則言車行酒、騎行炙。或時十數夜，則言其百二十。或時醉不知問日數，則言其亡甲子。周公封康叔㉒，告以紂用酒，期於悉㉓極㉔，欲以戒之也，而不言糟丘酒池，懸肉為林，長夜之飲，亡其甲子。聖人不言，殆非實也。

傳言曰：「紂非時㉕與三千人牛飲於酒池。」夫夏官百，殷二百，周三百。紂之所與相樂，非民，必臣也；非小臣，必大官，其數不能滿三千人。傳書家欲惡紂，故言三千人，增其實也。

【章旨】此章言傳書所謂「紂以酒為池、以肉為林、牛飲三千、亡其甲子」之失實。

【注釋】❶牛飲　像牛飲水一樣飲酒。❷亡　通「忘」。忘記。❸甲子　指日子、時間。古人用干支紀日，甲居十干之首，子居十二支之首。干支依次相配為甲子、乙丑、丙寅之類，統稱甲子。❹煩　勞。❺蹈　踩。❻倡樂　表演歌舞和演奏音樂。❼審　果真；確實。❽害　妨礙。❾啖　吃。❿杯　杯盤。此泛指餐具。⓫倮　通「裸」。裸體。⓬逐　追逐嬉耍。⓭為　謂。⓮無節度　沒有節制。⓯內　通「納」。送進。⓰不辱　不汙；不髒。⓱而　通「能」。⓲或時　或許；也許。⓳覆酒　將酒器碰翻。⓴懸肉以林　用樹木掛肉。以，用。㉑鹿車　古代一種獨輪小車。㉒康叔　周武王之幼弟，姬封，封於衛。㉓悉　詳盡。㉔極　頂點。㉕非時　不時；不分晝夜。

【語譯】傳語說：「紂王沈醉於酒，以酒糟為山丘，以酒為池水，像牛飲水似的飲酒的人多達三千人，經常通宵達旦地飲酒，忘記了日子。」紂王雖然愛好飲酒，也想以飲酒作樂。要說酒池設在中庭嗎？就不應當說「為長夜之飲」。坐在大院深室之中，關門閉窗，點燈靜坐，所以叫「長夜」。要說坐在室內嗎？每當飲酒時，就要站起身走到庭院當中的酒池邊，於是又回到室內坐下，這樣一來，飲酒的人既勞苦奔波又容易互相踐踏碰撞，不可能很快樂的。要說酒池是設在深室之中嗎？三千人就應該面臨酒池坐著，向前低頭飲池中的酒，抬頭吃下酒的膳食佳肴，表演歌舞和奏樂的在前面，這樣才有樂趣呀。假如真的三千人面臨酒池而坐，那麼前面就沒法擺膳食佳肴了，表演歌舞和奏樂的人也不可能在前面。既然飲食不按禮節，面對酒池像牛飲水一樣一個勁兒喝酒，那麼他們吃東西就不再用餐具，也就應該圍著魚肉像老虎一樣吞食。這樣就知道那種面對酒池像牛飲水似的飲酒，是不符合實際情況的。

傳語又說：「紂王把肉掛起來成為一座肉的樹林，讓男女裸著身子在肉林中互相追逐戲耍。」這是說紂王醉酒享樂、荒淫無度啊。肉應當送進嘴裡吃，嘴裡吃的食物，應該清潔而不是髒的。現在說男女裸體在肉林中互相追逐，怎樣會乾淨呢！如果是人喝酒醉了而不計較肉食的清潔與不清潔，那麼男女應當一起到酒池中去洗澡。然而這些男女裸身在肉林中間互相追逐，為什麼不肯到酒池中去洗澡！根據傳語不說那些裸體的男女到酒池中去洗澡來看，就知道男女不可能裸身在肉林中間互相追逐。

傳語的人當中有的說：「駕著車給飲酒的人斟酒，騎著馬給飲酒的人送烤肉，狂飲一百二十天才算作一夜。」如果說「用酒作池水」，那麼說「駕車給飲酒的人送酒」就是假的；說「把肉掛起來成為樹林」，那麼說「騎著馬給飲酒的人送烤肉」就是假的。或許紂王沈醉酒中把酒器碰翻了，酒像滂沱大雨一樣灑滿一地，就說是把酒當作池水。釀酒餘下的酒糟積聚起來，就說酒糟堆成了小山。曾經把肉掛在樹上，就說形成一座肉的樹林。樹林中幽暗不明，人們有時跑到樹林中去戲耍打鬧，就說男女裸身在樹林中互相追逐。也許當時載酒用鹿車，就說成駕車給飲酒的人斟酒，騎馬給飲酒的人送烤肉。也許一飲十多夜，就說狂飲一百二十天才算一夜。也許飲酒醉了，不知道去問日子了，就說忘記了日子。周公在康叔封於衛的時候，把紂王飲酒作樂的情況告訴康叔，目的在於列舉紂的過錯，想用它來告誡康叔，但並沒有說紂王以酒糟堆成山，酒形成池塘，把肉懸掛起來形成一座肉林，經常通宵達旦地飲酒，以至忘記了日子等。聖人沒有說，大概是因為這些傳語不符合事實吧。

傳語說：「紂王不分晝夜地與三千人在酒池像牛飲水一樣地飲酒。」夏朝的官職為一百，殷朝為二百，周朝為三百。紂王所與之相遊樂的人，不是老百姓，必定是紂王的臣子，不會是小臣子，必定是大官，它的總數還不可能滿三千人。傳書家想把紂王說得很壞，所以說與他共飲的有三千人，誇大了歷史實際。

傳語曰：「周公執❶贄❷下❸白屋之士❹。」謂候❺之也。夫三公，鼎足之臣❻，王者之貞幹❼也；白屋之士，閭巷❽之微賤者也。三公傾鼎足之尊，執贄候白屋之士，非其實也。時或待士卑恭❾，不驕白屋，人則言其往候白屋。或時起❿白屋之士，以璧⓫迎禮之，人則言其執贄以候其家也。

【章　旨】此章斥傳語周公執禮物以候白屋之士之失。

【注　釋】❶執　持；拿。❷贄　見面禮。❸下　地位尊貴者以謙恭態度對待地位低賤的人。❹白屋之士　地位低賤的人。白屋，簡陋而用茅草蓋的房屋。《漢書・吾丘壽王傳》顏師古注：「白屋，以白茅覆屋也。」引申為未做官的讀書人所住的屋子。❺候　恭候；問候。❻鼎足之臣　比喻國家機關中最重要而有權威性的官吏。他們在國家中的地位如同鼎足支撐著鼎一樣重要。❼貞幹　語出《易・乾・文言》：「貞者，事之幹也。」用以比喻支柱、骨幹。貞，同「楨」。古代築土牆時用的木柱，立在兩頭的叫「楨」，立在兩旁的叫「幹」。❽閭巷　街巷；村巷；民間。❾卑恭　謙卑恭敬。❿起　起用；任用。⓫璧　玉製禮器。

【語　譯】傳語說：「周公拿著見面的禮物，以謙恭的態度去拜訪地位低賤的人士。」這是說去問候那些地位低下的人。三公，是當時國家機構中最高官員，像鼎足一樣重要，是君王的骨幹；而白屋之士，卻是民間地位低賤、微不足道的人。周公以三公的尊貴身分而降低自己的尊嚴，親自拿著見面禮物去問候地位低下的人，這是不符合事實的。也許周公對待士人謙卑恭敬，不以驕傲的態度對待地位低賤的人，人們就說他親自去問候白屋之士。或許周公正起用地位低下而有才能的人，帶著玉製的禮器去迎候他們，於是人們就說周公拿著見面禮物去問候他們家吧。

傳語曰：「堯、舜之儉，茅茨❶不剪，采❷椽❸不斲❹。」夫言茅茨采椽，可也；言不剪不斲，增之也。《經》曰：「弼❺成五服❻。」五服，五采服也。服五采之服❼，又茅茨采椽，何宮室衣服之不相稱也？服五采，畫日月星辰，茅茨采椽，非其實也。

【章　旨】此章言傳語所謂堯、舜「茅茨采椽」之失實。

【注　釋】❶茨　用茅草蓋的屋頂。《詩‧小雅‧甫田》：「如茨如梁。」鄭玄箋：「茨，屋蓋也。」❷采　櫟樹。樹皮很粗糙。❸椽　屋椽。❹斲　砍；削。❺弼　輔佐。❻五服　按君臣上下等級而使用不同顏色和花紋的五種服裝。見《尚書‧益稷》。❼服五采之服　穿五彩的衣服。

【語　譯】傳語說：「堯、舜生活很儉樸，用茅草蓋房屋而不加以修剪，用櫟木作屋椽而不加以砍削。」說堯、舜用茅草蓋房屋，用櫟木作屋椽是可以的；而說他們對茅草不加修剪、對櫟木不加砍削，就是誇張之辭了。《尚書‧益稷》說：「禹輔佐舜規定了不同等級的五種服裝。」五服，指的就是五種色彩的服裝。如果身穿五彩的衣服，又是住在茅草蓋屋、櫟木為椽的屋裡，為什麼宮室和衣服這樣不相符合呢？穿五彩的衣服，衣服上又畫著日月星辰一類圖案花紋，卻住在茅草蓋屋、櫟木為椽的屋中，這是不符合事實的。

傳語曰：「秦始皇帝燔燒詩書，坑殺❶儒士。」言燔燒詩書，滅去五經❷文書也。坑殺儒士者，言其皆挾❸經傳文書之人也。燒其書，坑其人，詩書絕矣。言燒燔詩書，坑殺儒士，實也；言其欲滅詩書，故坑殺其人，非其誠❹，又增之也。

秦始皇帝三十四年，置酒❺咸陽宮❻，儒士七十人前為壽。僕射❼周青臣❽進頌始皇之德❾，齊淳于越❿進諫始皇不封子弟功臣自為挾輔⓫，刺⓬周青臣以為面諛⓭。始皇下其議於丞相李斯。李斯非⓮淳于越曰：「諸生不師⓯今而學古，以非當世，惑亂黔首⓰。臣請敕⓱史官，非秦記⓲皆燒之。非博士官所職⓳，天下有敢藏《詩》、《書》、百家語、諸刑書⓴者，悉㉑詣守㉒尉㉓集燒之。有敢偶語《詩》、《書》，棄市㉔；以古非今者，族滅㉕。吏見知弗舉，與同罪。」始皇許之。明年三十五年，諸生在咸陽者多為妖言㉖。始皇使御史案問㉗諸生，諸生傳相告引㉘，自除㉙犯禁者四百六十七人，皆坑之。燔詩書，起淳于越之諫；坑儒士，起自諸生為妖言，見坑者四百六十七人㉚。傳增言坑殺儒士，欲絕詩書，又言盡坑之，此非其實而又增之。

【章　旨】此章言傳書所謂秦始皇「燔書坑儒」之失實。

【注　釋】❶坑殺　活埋。❷五經　儒家經書《詩》、《書》、《易》、《禮》、《春秋》。❸挾　攜帶；收藏。❹誠　真實情況。❺置酒　設酒宴。❻咸陽宮　秦都咸陽城內的皇宮。在今咸陽市東北。❼僕射　官名。此指博士僕射，是博士長官。❽周青臣　人名。❾始皇之德　指秦始皇消滅諸侯割據勢力，統一全國的歷史功德。❿淳于越　齊人。仕為博士。⓫挾輔　左右輔佐。⓬刺　譏責；指責。⓭面諛　當面奉承、恭維吹捧。⓮非　駁斥。⓯師　師事；效法。⓰黔首　先秦時代對國民的稱呼。《史記・秦始皇本紀》裴駰集解引應劭曰：「黔亦黎，黑也。」《說文解字・卷一〇上》：「秦謂民黔首，謂黑色也。」⓱敕　下命令。特指皇帝的詔書。⓲秦記　秦國史官記載的歷史材料。⓳職　職掌。⓴諸刑書　六國的刑書。㉑悉　全部。㉒守　郡守。㉓尉　輔助郡守掌管軍事的長官。㉔棄市　古代在鬧市執行死刑，並將屍體示眾。㉕族滅　全族被處死。㉖妖言　迷惑人心的異端邪說。㉗案問　追查審訊。㉘傳相告引　互相揭發。㉙自除　指始皇親自處決。㉚燔詩書五句　見《史記・秦始皇本紀》。見，被。

【語　譯】傳語說：「秦始皇帝燒毀詩書，活埋儒生。」說焚燒詩書，意思是說要消滅儒家經書。活埋儒生，是說他們都是攜帶收藏儒家經書的人。燒儒家經書，活埋儒生，詩書就滅絕了。說焚燒詩書，活埋儒生，是實在的；說秦始皇企圖滅絕詩書，所以活埋儒生，這就不符合真實情況，又是誇大事實。

秦始皇三十四年，在咸陽宮擺酒宴，七十名儒生前去替始皇敬酒祝壽。僕射周青臣獻辭歌頌始皇的功德，齊人淳于越進諫，要求始皇不要封子弟功臣自為左右輔佐，諷刺周青臣當面奉承始皇。始皇把自己的意見下達給丞相李斯去處理。李斯駁斥淳于越說：「各位儒生不效法今朝而去學古人，用以非難當今時世，迷惑擾亂國民的思想。我請皇帝下令給史官，凡不是秦國史官記載的歷史材料，都要統統燒掉它。不是博士官所職掌的，天下如有敢收藏《詩》、《書》、百家之語、六國原來的刑法書籍的，都要把書全部送到郡守及尉手中，聚集起來燒掉。有敢於三三兩兩私議《詩》、《書》的人，處以死刑，並暴屍示眾；借古事來非議現實的人，滿門斬首。官吏知情而不檢舉的，與犯罪的人一同懲處。」始皇同意這樣做。第二年即始皇三十五年，在咸陽的諸位儒生大多散布蠱惑人心的異端邪說，秦始皇派御史追查審訊有關的儒生，儒生互相揭發，始皇親自處決違反禁令的儒生四百六十七人，都被活埋了。焚燒詩書，起於淳于越的諫言；活埋儒生，起自各位儒生散布蠱惑人心的邪說，被活埋的儒生共計四百六十七人。傳語誇大事實，說秦始皇活埋儒生，是妄圖滅絕詩書，又說儒生都被他活埋了，這是不符合歷史事實的，是誇張之辭。

傳語曰：「町町若❶荊軻之閭。」言荊軻為燕太子丹刺秦王，後誅軻九族❷，其後恚恨❸不已❹，復夷❺軻之一里❻。一里皆滅，故曰町町。此言增之也。

夫秦雖無道，無為❼盡誅荊軻之里。始皇幸❽梁山之宮，從山上望見丞相李斯車騎甚盛❾，恚，出言非之。其後，左右❿以⓫告李斯，李斯立損車騎。始皇知左右泄其言，莫知為誰，盡捕諸在旁者皆殺之。其後隕星⓬下東郡⓭，至地為石，民或刻其石曰「始皇帝死，地分」。皇帝聞之，令御史逐問，莫服⓮，盡取石旁人誅之。夫誅從行於梁山宮及誅石旁人，欲得泄言、刻石者，不能審知⓯，故盡誅之。荊軻之閭何罪於秦而盡誅之？如刺秦王在閭中，不知為誰，盡誅之，可也。荊軻已死，刺者有人，一里之民，何為坐⓰之？始皇二十年，燕使荊軻刺秦王，秦王覺之，體解⑰軻以徇⑱，不言盡誅其閭。彼或時誅軻九族，九族眾多，同里而處，誅其九族，一里且⑲盡，好增事者則言町町也。

【章　旨】此章言傳語所謂秦王報復荊軻之閭之失實。

【注　釋】❶町町若　空空如也。町町，平坦貌。若，語助詞。此指被殺得乾乾淨淨。❷九族　《尚書・堯典》：「以親九族。」孔傳云：「以睦高祖，玄孫之親。」指本身以上的父、祖、曾祖、高祖和以下的子、孫、曾孫、玄孫。也有包括異姓親屬而言的，如孔穎達疏引夏侯、歐陽氏之說，以父族四、母族三、妻族二為九族。此指後者，或泛指同族。❸恚恨　怨恨；惱怒。❹不已　不止；沒有平息。❺夷　削平；殺絕。❻里　鄉里。❼無為　沒有必要。❽幸　指帝王駕臨。❾甚盛　眾多而威嚴。❿左右　指秦始皇的隨從人員。⓫以　把。⓬墜星　流星。⓭東郡　郡名。在今山東與河南交界之地。⓮莫服　沒有人服罪。⓯審知　確切知道。⓰坐　因連坐定罪。⓱體解　肢解；分裂肢體。⓲徇　示眾。⓳且　將。

【語　譯】傳語說：「被殺得一乾二淨了，荊軻的家鄉。」說荊軻替燕太子丹去刺殺秦王之後，秦王殺死荊軻的同族，後來秦王仍然怨恨不止，又殺盡了荊軻的鄉里。整個鄉里都被殺光了，所以說空空如也。這種說法完全是誇大之辭。

秦王雖然殘暴無道，也沒有必要把荊軻故鄉的人全部殺絕。秦始皇駕臨梁山之宮時，從山上望見丞相李斯車馬眾多，儀仗威嚴，很不高興，隨口講出指責李斯的話。此後，侍從中有人把秦始皇說的話轉告給李斯，李斯立即減少了自己的車馬隨從。始皇知道侍從中有人洩露了自己說的話，但又不知道是誰，於是就把當時在自己身旁的侍從人員統統抓起來，並把他們都殺死了。這件事之後，一個流星從天上落到東郡，一落地就變成了石頭，當地的老百姓中有人在石頭上刻上「始皇帝死後，天下就要分裂」的話。皇帝聽說這事，就命令御史去追查審訊，沒有一個人承認，於是就捉拿在石頭旁邊的人，並把他們全部殺掉。處死跟隨在梁山宮的侍從人員及殺掉在石頭旁邊的人，是想得到洩露始皇所說的話的人及在石頭上刻字的人，因為不能確認洩密人和刻石者是誰，所以統統殺掉他們。荊軻家鄉的老百姓對秦王朝來說又犯了什麼罪而要全部處死？如果刺殺秦王是在鄉里，又不能確認是誰刺殺的，在這種情況下要把他們統統處死，還可以理解。荊軻已死，已經知道誰是刺客，荊軻故鄉的老百姓，憑什麼去定罪要處死呢？始皇二十年，燕太子丹指使荊軻去刺殺秦王政，秦王察覺後，將荊軻肢解，用以示眾，當時並未聽說把荊軻家鄉的老百姓全部殺掉。那時或許殺盡了荊軻的親族，同族人數眾多，同住一個鄉里，殺掉荊軻的同族，整個鄉里的人都將近殺光了，喜歡誇大事實的人，就說受荊軻株連，整個鄉里的老百姓都被殺光了。

# 卷八

## 儒增篇第二十六

【題解】本篇是「三增」之二，旨在駁斥儒家經書中誇大其辭，歪曲事實的不良傾向，對漢儒鼓吹尊孔讀經，「好增巧美」的學風表示不滿。本篇所舉十六個事例，皆摘自「儒書」，作者一一加以辨析，澄清事實真象，這無疑有利於破除當時「以為載於竹帛上者，皆賢聖所傳，無不然之事」的迷信思想，特別是對董仲舒的迷信和崇拜，故名之曰「儒增」。

儒書稱❶堯、舜之德，至❷優至大，天下太平，一人不刑❸；又言文、武之隆❹，遺❺在成、康❻，刑❼錯❽不用四十餘年。是欲稱堯、舜，褒❾文、武也。夫為言不益，則美不足稱；為文不渥❿，則事⓫不足褒。堯、舜雖優，不能使一人不刑；文、武雖盛，不能使刑不用。言其犯刑者少，用刑希疏⓬，可也；言其一人不刑，刑錯不用，增⓭之也。

夫能使一人不刑，則能使一國不伐⑭；能使刑錯不用，則能使兵⑮寢⑯不施⑰。案堯伐丹水⑱，舜征有苗⑲，四子⑳服罪，刑兵㉑設用㉒。成王之時，四國㉓篡畔㉔，淮夷㉕、徐戎㉖，並為患害。夫刑人用刀，伐人用兵，罪人㉗用法㉘，誅㉙人用武㉚。武、法不殊，兵、刀不異，巧論之人，不能別也。夫德劣故用兵，犯法故施刑。刑之與兵，猶足與翼也。走用足，飛用翼，形體雖異，其行身同。刑之與兵，全眾禁邪，其實一也。稱兵之用，言刑之不施，是猶人耳缺目完，以目完稱人體全，不可從㉛也。人桀㉜於刺虎，怯於擊人，而以刺虎稱，謂之勇，不可聽也。身無敗缺，勇無不進，乃為全耳。今稱一人不刑，不言一兵不用；褒刑錯不用，不言一人不畔，未得為優，未可謂盛也。

【章旨】此章以堯、舜和周初使用暴力為例，駁斥儒書所謂「一人不刑」、「刑錯不用」之失實。

【注釋】❶稱　頌揚；稱贊。❷至　最。❸刑　加刑。❹隆　高。此指道德高尚。❺遺　延續。❻成康　指周成王、周康王。❼刑　刑罰。❽錯　通「措」。放置。❾褒　贊揚；誇獎。❿渥　厚；過分。⓫事　事蹟；功績。⓬希疏　稀少。⓭增　誇大。⓮伐　征伐。⓯兵　兵器。⓰寢　停止；放下；收起。⓱施　用。⓲丹水　水名，丹江。據《呂氏春秋‧召類》，相傳堯曾出兵攻打丹江流域的部族。⓳有苗　即苗族。據《荀子‧議兵》，相傳舜曾出兵攻打居住在江南的苗族。⓴四子　指共工、驩兜、三苗、鯀。據《尚書‧堯典》，傳說這四人統治的部族不服從舜的管轄，因而受到舜的懲罰。㉑刑兵　刑罰和兵器。㉒設用　陳設；使用。㉓四國　據《史記‧周本紀》：周武王滅紂後，封紂王之子武庚於殷，封弟管叔、蔡叔、霍叔於殷的四周，以監視武庚。至周成王即位，此四個諸侯國聯合淮夷、徐戎起兵叛亂。㉔畔　通「叛」。㉕淮夷　居住在淮河下游一帶的部族。㉖徐戎　居住在徐州一帶的部族。㉗罪人　治人的罪。㉘法　刑法。㉙誅　征討；懲罰。㉚武　武力。㉛從　聽從；信從。㉜桀　勇猛。

【語譯】儒書贊揚堯、舜的功德，最優最大，天下太平，沒有對任何一人施加過刑罰；又說文王、武王的道德高尚，延續到周成王、周康王時代，不用刑罰四十餘年。這是為了稱頌堯、舜，贊揚文王、武王。這樣誇大其辭，據說是認為說話如果不過頭，一個人的美德就不足以被稱頌；寫文章如果不過分誇張，一個人的功績不足以受到贊揚。堯、舜的品德即使很優秀，也不可能使任何一個人不受刑罰；文王、武王的道德即使再高尚，也不可能使刑罰放置不用。如果說他們的時代觸犯刑法的人少，使用刑罰的情況稀少，還是可能的；如果說他們的時代沒有一個人受到刑罰，刑罰長期放棄不用，就是誇大事實了。

能夠使任何一個人都不受刑罰，那麼就能使任何一個諸侯國也不被征伐；能使刑罰放置不用，那就能使兵器收起不用。考察堯攻打丹水流域的少數民族部族，舜派兵攻打居住在南方的苗族，共工、驩兜、三苗和鯀四名部族首領曾不服從舜的管轄而受到懲罰，可見刑罰和兵器都曾使用過。周成王的時代，管叔、蔡叔、霍叔和武庚統治的四個諸侯國企圖奪取天下而發動叛亂，淮夷、徐戎等一同起兵作亂。殺人用刀，征伐人用兵器，治人的罪用刑法，征討人用武力。武力和刑法沒有區別，兵器和刀子沒有差異，能說會道的人，也不能把它們截然分開。道德惡劣所以使用兵器，觸犯刑法所以施加刑罰。刑罰與兵器，如同腳與翅膀一樣。走路使用腳，飛翔使用翅膀，形體雖然不同，但它們在能使身體移動方面是相同的。刑罰與兵器的使用，目的在於保護民眾，禁止奸邪，它們實際上是一致的。稱贊使用武力，而說不施刑罰，這就好比一個人缺少耳朵而眼睛完美無缺一樣，僅僅根據眼睛完美無缺，就稱這個人身體健全，這是不能信從的。一個人沒有比刺殺老虎更勇猛的了，沒有比打人更怯弱的了，而以刺殺老虎著稱，就叫做勇敢，不可以聽信。一個人如果身體沒有缺陷，勇敢沒有什麼不可以進發的話，才可以稱為完美無缺。現在稱任何一個人都沒有施加刑罰，沒有說任何一件兵器都沒有使用；贊揚刑罰放置不用的仁德，沒有說一個人也沒有叛亂，不能使道德為優秀，就不可以說成太平盛世了。

儒書稱楚養由基❶善射，射一楊葉，百發能百中之。是稱其巧於射也。夫言其時射一楊葉中之，可也；言其百發而百中，增之也。

夫一楊葉射而中之，中之一再，將敗穿❷不可復射矣。如就葉懸於樹而射之，雖不欲射中，楊葉繁茂，自中之矣。是必使上取楊葉，一一更❸置地而射之也。射之數十行，足以見❹巧，觀其射之者亦皆知射工❺，亦必不至於百，明矣。言事者好增巧美，數十中之，則言其百中矣。百與千，數之大者也。實欲言十則言百，百則言千矣。是與《書》言「協和萬邦❻」，《詩》曰「子孫千億❼」，同一意也。

【章　旨】此章言儒書所謂養由基射楊葉百發百中之增。

【注　釋】❶養由基　一作「養游基」。春秋時楚國大夫，善射，能百步穿楊。楚共王十六年（西元前五七五年）鄢陵之戰，傳說戰前他與潘黨試射，一發穿七層甲葉；戰時晉將魏錡射中楚王的眼睛，他一箭射死魏錡，並連射連中，遂阻止晉軍追擊。❷敗穿　破碎。❸更　重新。❹見　同「現」。表現。❺工　精巧；技術高超。❻協和萬邦　出自《尚書・堯典》。言堯德高，使眾多國家和睦相處。❼子孫千億　出自《詩・大雅・假樂》。言周成王德高，子孫眾多。

【語　譯】儒書宣稱楚人養由基善於射箭，射一片楊葉，百發能百中。這是讚揚他擅長於射箭。說他當時射一楊葉射中了，是可以的；而說他百發百中，就是誇大了。

一片楊葉被射中了，如果一再被人射中它，楊葉就要破碎而不可能再射擊了。如果對著長在樹上的樹葉來射，即使不想射中楊葉，也由於楊葉長得繁茂，自然射中了。如果不是以上兩種情況，這一定是讓人爬上樹去把楊葉摘取下來，一一重新擺放在地上而射楊葉吧。射它幾十次，足夠可以表現出他射箭技術的高超，觀看他射箭的人也都知道他射箭的精巧，也一定不會射到一百次，這是明白的事。說故事的人喜歡誇張溢美之辭，本來是數十次射中，就說他百發百中。百與千，是很大的數目了。實際上是想說十而說成百，說百又說成千了。這與《尚書》說堯德高「能使萬國和睦相處」，《詩經》說周成王德高，上天保佑他有「子孫千億」，是同樣一個意思。

儒書言衛有忠臣弘演❶，為衛哀公❷使❸，未還，狄人攻哀公而殺之，盡食其肉，獨舍❹其肝。弘演使還❺，致命❻於肝，痛哀公之死，身肉盡，肝無所附，引刃自刳❼其腹，盡出其腹實❽，乃內❾哀公之肝而死。言此者，欲稱其忠矣。言其自刳內哀公之肝而死，可也；言盡出其腹實乃內哀公之肝，增之也。

人以刃相刺，中五藏❿，輒死。何則？五臟，氣之主⓫也，猶頭，脈之湊⓬也。頭一斷，手不能取他人之頭著之於頸，奈何獨能先出其腹實，乃內哀公之肝？腹實出輒死，則手不能復把⓭矣。如先內哀公之肝，乃出其腹實，則文當言內哀公之肝，出其腹實。今先言盡出其腹實，內哀公之肝，又言「盡」，增其實也。

【章旨】此章從人體生理學方面斥儒書所謂弘演盡出己腹而納哀公之肝之失實。

【注釋】❶弘演 人名。春秋時衛懿公之臣。❷哀公 可能指懿公。據《呂氏春秋．忠廉》載，被狄人所殺的是衛懿公。❸使 出使。❹舍 捨棄；扔掉。❺使還 出使歸國。❻致命 報告完成使命的情況。❼刳 剖開。❽腹實 指五臟。❾內 通「納」。❿藏 通「臟」。⓫主 主宰。⓬湊 集中。⓭把 握；拿東西。

【語譯】儒書說衛國有位忠臣叫弘演，替衛哀公出使別國，在還沒回國之時，狄人攻打衛國，殺死哀公，把他的肉全部吃光，僅把肝扔掉了。弘演出使回國，對著哀公的肝報告完成使命的情況。弘演對哀公被狄人殺死，身體的肉被吃光，肝沒有地方依附，感到很痛心，就拿刀自己剖開自己的肚子，把五臟全部掏出來，而把哀公的肝放進去，於是就死了。說這個故事的人，是想稱贊弘演的忠誠吧。說弘演自己剖腹放進哀公的肝而死，是可能的；說把自己的五臟全部掏出來才放進哀公的肝，就是誇大事實。

人用刀子互相刺殺，如果刺中五臟就會立刻死去。為什麼？因為五臟是氣的主宰，如同頭是血脈的集中點一樣，頭一斷，手就不可能再取別人的頭放到脖子上，怎麼能獨自先掏出自己的五臟，才放進哀公的肝？五臟一掏出來人已立刻死了，手就不可能再握東西了。如果是先放進哀公的肝，然後才掏出自己的五臟，那麼文章就應當說放進哀公的肝，掏出自己的五臟。而現在先說全部掏出自己的五臟，放進哀公的肝，又說是「全部」，完全誇大事實真相了。

儒書言楚熊渠子❶出，見寢石❷，以為伏虎，將❸弓射之，矢沒其衛❹。或❺曰：養由基見寢石，以為兕❻也，射之，矢飲羽❼。或言李廣❽。便是熊渠、養由基、李廣主❾名不審❿，無害⓫也。或以為虎，或以為兕，兕、虎俱猛，一實也。或言沒衛，或言飲羽，羽則衛，言不同耳。要⓬取以寢石以虎、兕，畏懼加精，射之入深也。夫言以寢石為虎，射之矢入，可也；言其沒衛，增之也。

夫見似虎者，意以為是⑬，張弓射之，盛精⑭加意⑮，則其見真虎，與是無異。射似虎之石，矢入沒衛，若射真虎之身，矢洞度⑯乎？石之質難射，肉易射也。以射難沒衛言之，則其射易者，洞不疑矣。善射者能射遠中微⑰，不失毫釐，安能使弓弩更多力乎？養由基從軍，射晉侯⑱，中其目⑲。夫以匹夫⑳射萬乘之主㉑，其加精倍力，必與射寢石等。當中晉侯之目也，可復洞達於項㉒乎？如洞達於項，晉侯宜死。

車張㉓十石之弩㉔，恐不能入石一寸，矢摧㉕為三，況以一人之力，引微弱之弓，雖加精誠㉖，安能沒衛！人之精乃氣也，氣乃力也。有水火之難，惶惑恐懼，舉徙㉗器物，精誠至矣，素㉘舉一石者倍舉二石。然則見伏石射之，精誠倍故㉙，不過入一寸，如何謂之沒衛乎？如有好用劍者，見寢石，懼而斫㉚之，可復謂能斷石乎？以勇夫空拳而暴虎㉛者，卒然㉜見寢石，以手椎㉝之，能令石有跡乎？巧人之精與拙人等，古人之誠與今人同，使當今射工射禽獸於野，其欲得之，不餘精力乎！及其中獸，不過數寸。跌誤㉞中石，不能內鋒㉟，箭摧折矣。夫如是，儒書之言楚熊渠子、養由基、李廣射寢石，矢沒衛飲羽者，皆增之也。

【章旨】此章斥儒書所謂熊渠子、養由基、李廣射石沒衛飲羽之失實。

【注釋】❶熊渠子　春秋時楚國人。❷寢石　臥石。即橫躺著的石頭。❸將　用；拿。❹衛　箭尾的羽毛。見《荀子・解蔽》、《韓詩外傳・卷六》。❺或　有的人。❻兕　獸名。犀牛之類。❼飲羽　吞沒箭尾的羽毛。指箭射得很深。見《呂氏春秋・精通》。❽李廣　人名。漢武帝的將軍。見《史記・李將軍列傳》。❾主　當事人。❿審　清楚明白。⓫無害　無妨；沒有關係。⓬要　總之。⓭是　真；實。⓮盛精　集中精力。⓯加意　更加用心。⓰洞度　穿透。⓱射遠中微　射中遠處微小的目標。⓲晉侯　指晉厲公。⓳中其目　事本見《左傳・成公十六年》，王充所引可能有誤。⓴匹夫　一般人。㉑萬乘之主　指大國的君主。萬乘，言車馬很多。乘，古時一車四馬為一乘。㉒項　頸後。㉓車張　用車拉開。㉔十石之弩　用十石力氣的馬車才能拉開的弩。石，一百二十斤為一石。㉕摧　折斷。㉖誠　用心。㉗徙　移動。㉘素　平常。㉙倍故　比原來更加倍。故，原來。㉚斫　砍。㉛暴虎　搏虎；徒手打虎。《詩・鄭風・大叔于田》：「袒裼暴虎。」陳奐傳疏：「暴、搏、捕，一語之轉。」㉜卒然　突然。卒，通「猝」。㉝椎　捶；敲打。㉞跌誤　失誤。㉟內鋒　把箭頭射入石頭。內，通「納」。

【語譯】儒書說楚人熊渠子外出，看見橫臥的石頭，以為是隻老虎橫躺著，用弓箭射它，箭進去很深，把箭尾的羽毛都掩沒了。有的說：養由基看見一臥石，把它當作犀牛，一箭射去，箭尾羽毛被吞沒了。有人又說把箭射入石頭的是李廣。即便熊渠子、養由基、李廣究竟誰是當事人弄不清楚，也沒有什麼關係。有的說把石頭當作虎，有的說把石頭當作犀牛之類，犀牛、老虎都很兇猛，實際是一樣的。有的說沒掉了箭尾的衛，有的說吞沒箭尾的羽，其實羽就是衛，說法不同而已。總之是想說明臥石像虎或犀牛，射箭的人由於驚恐，精力高度集中，所以箭頭射進石頭很深。說把橫躺的石頭當作老虎，一箭就射進去了，也許是可能的；而說箭尾的羽毛也被吞沒了，就有些誇張了。

人看見像老虎一樣的東西，心中以為是真虎，拉開弓箭射擊它，精力集中，加倍用心，就是這時見到真虎，也與這種情況沒有什麼差別。射擊形似老虎的石頭，箭進去埋沒了箭尾羽毛，如果射真虎的身體，箭能穿透嗎？石頭的硬質程度是難以射進去的，肉質是容易射進去。根據射石頭而能吞沒箭尾羽毛來看，射容易進箭的東西，箭能穿透是沒有疑問了。善於射箭的人能夠射中遠處微小的目標，不會相差一毫一釐，怎麼需要使弓弩增添更多的力氣呢？養由基跟隨楚軍上戰場，射擊晉厲公，射中他的眼睛。如果是平常人射大國的君主，也許他加倍用的精力，一定與射擊臥石的精力相同。當他射中晉侯的眼睛時，箭難道可以再穿到後頸去嗎？如果穿到後頸去了，晉侯就應該當場死去。

即使用車拉開十石力氣才能拉開的弓弩，恐怕不可能射進石頭一寸深，箭就折斷為三截了，何況是用一人的力氣，拉開弓力微弱的弓箭，雖然加倍集中精力，又怎麼能吞沒箭尾羽毛！人的精神就是一種氣，氣就是力氣。人一旦遇到水火一類災難，由於惶恐畏懼，移動器物，精力和誠心高度集中了，平常只能舉一石的力氣就可以加倍舉二石的力氣。那麼看見像老虎的臥石，把它當老虎射擊時，精力集中比原來加倍，箭射進去也不會超過一寸，怎麼說它吞沒了箭的尾羽呢？如果有善於用劍的人，看見像老虎的臥石，因害怕而用劍砍它，可說同樣能使石頭斷成兩截嗎？憑著勇猛能赤手空拳與老虎搏鬥的人，突然見到像老虎似的臥石，用手捶石頭，能使石頭有什麼痕跡嗎？靈巧的人的精氣與笨拙的人是相等的，古人的誠心與今人是相同的，讓當今的射工到山野之中去射禽獸，他如果想獲得牠，不是把全部精力都使出來了嗎！等到他射中禽獸，箭頭射進去也不過幾寸。在錯覺之中射中石頭，不但不能射進石頭，連箭本身也被折斷了。既然如此，儒書說楚人熊渠子、養由基、李廣射擊橫躺著的石頭時，箭吞沒了尾部的羽毛，就都是誇張之辭而已。

儒書稱魯般❶、墨子❷之巧，刻木為鳶❸，飛之三日而不集❹。夫言其以木為鳶飛之，可也；言其三日不集，增之也。

夫刻木為鳶，以象鳶形，安能飛而不集乎？既能飛翔，安能至於三日？如審❺有機關❻，一飛遂翔，不可復下，則當言遂飛，不當言三日。猶世傳言曰：「魯般巧，亡❼其母也。」言巧工為母作木車馬、木人御者，機關備具，載母其上，一驅不還，遂失其母。如木鳶機關備具，與木車馬等，則遂飛不集。機關為❽須臾❾間，不能遠過三日，則木車等亦宜三日止於道路，無為❿徑去⓫以失其母。二者必失實者矣。

【章　旨】此章言儒書所謂魯般、墨子「刻木為鳶，飛之三日而不集」之失實。

【注　釋】❶魯般　姓公輸，名般，魯國人，為古代著名工匠。❷墨子　即墨翟。墨家學派始祖。❸鳶　老鷹。❹集　鳥止於樹上。事見《淮南子・齊俗》。❺審　果真。❻機關　指能活動運轉的機械之類。❼亡　丟失。❽為　作為；起作用。❾須臾　片刻；一會兒。❿無為　不可能。⓫徑去　一去不復返。

【語　譯】儒書贊揚魯般、墨子技藝精巧，用木頭雕刻成老鷹，飛了三天而不落下來。如果說他們用木頭刻成老鷹能飛翔，還是可信的；而說它飛了三天而沒有落下，就是誇張了。

把木頭雕刻成老鷹，憑著它像老鷹的形態，怎麼能飛翔而不落下來呢？既然能夠飛翔，怎麼能達到三天？如果真有能活動運轉的器械，一飛上天就一直飛翔下去，不可能再下來，那就應當說就飛起來了，不當說飛了三天。如同世人傳說的那樣：「魯般因為手工精巧，所以丟失了自己的母親。」說的是魯般心靈手巧，替母親製作一架木質的馬、木頭的車夫，安裝好機關，讓母親坐在車上，一驅趕車馬，木頭車馬就奔馳起來，沒有再返回來，於是丟失了自己的母親。如果木頭刻的老鷹安上了能活動運轉的器械，就同木頭車馬相等了，那麼就會飛翔起來而不落下來。何況實際上即使安上機關也只能在很短的時間內起作用，不可能超過三天，就算它與木頭車馬的情況相等同，飛翔三天以後也應該落到道路上，不可能一去不復返而丟失了自己的母親。這樣看來，這兩種傳說一定是不符合實際情況的。

書說孔子不能容❶於世，周流❷遊說❸七十餘國，未嘗得安❹。夫言周流不遇❺，可也；言干❻七十國，增之也。

案《論語》之篇、諸子之書，孔子自衛反❼魯，在陳絕糧❽，削跡於衛❾，忘味於齊❿，伐樹於宋⓫，並費⓬與頓牟⓭，至不能十國。傳言七十國，非其實也。或時干十數國也，七十之說，文書傳之，因言干七十國矣。

【章　旨】此章言書傳孔子干七十國之失實。

【注　釋】❶容　容納；任用。❷周流　周遊。❸遊說　勸說別人接受自己的主張。❹安　安身；安寧。見《史記・孔子世家》。❺不遇　得不到統治者的賞識和重用。❻干　求取。《荀子・議兵》：「干賞蹈利之兵也。」楊倞注：「干，求也。」此指追求官職和俸祿。❼反　同「返」。❽在陳絕糧　見《荀子・宥坐》。陳，春秋時小國名。❾削跡於衛　《莊子・讓王》記載，孔子遊說到衛國，衛人趕跑他，並剷除他路過時留下的車跡。削跡，剷除車跡。❿忘味於齊　據《論語・述而》，孔子在齊國時，聽演奏舜時的〈韶〉樂，忘掉了肉的味道。⓫伐樹於宋　據《史記・孔子世家》，孔子遊宋國，在一棵大樹下演習周禮，聽說宋國大臣桓魋要殺他，慌忙逃去，桓魋便砍掉了那棵大樹。宋，春秋時小國名。⓬費　古邑名。在今山東費縣西北。據《論語・陽貨》，西元前五〇二年，季氏家臣公山弗擾佔據費邑，背叛季氏，曾召孔子去當官。⓭頓牟　即中牟。古邑名，在今河南鶴壁西。據《論語・陽貨》，西元前四九〇年，范氏家臣佛肸佔據中牟，對抗趙簡子，曾召孔子去做官。

【語　譯】書上說孔子不被世人所容納，周遊七十餘國進行遊說，也不曾有一個安身之地。說孔子周遊列國而得不到統治者的賞識和重用，是可能的；說孔子到七十個國家去求官，就是誇張了。

考察一下《論語》和其他諸子百家的書籍所載，孔子自衛國返回魯國時，在陳國被人們圍困，七天沒吃上一頓飽飯；在衛國被人趕跑，衛人並鏟掉了他留下的車跡；在齊國時他聽到動聽的〈韶〉樂，竟忘掉了肉的味道；在宋國一棵大樹下演習周禮，宋國大臣桓魋把那棵大樹也砍掉了；加上公山弗擾佔據費邑、佛肸佔據中牟，都曾召孔子去做官，孔子到過的國家最多十個。傳說他到七十個國家去求官，是不符合實際的。或許孔子到十幾個國家求官，七十的說法，是文書傳說的，於是就說孔子到過七十個國家求官了。

《論語》曰：「孔子問公叔文子❶於公明賈❷曰：『信乎，夫子❸不言、不笑、不取❹乎？』公明賈對曰：『以❺告者過❻也。夫子時❼然後言，人不厭其言也；樂然後笑，人不厭其笑也；義❽然後取，人不厭其取也。』子曰：『豈其然乎？豈其然乎❾？』」夫公叔文子實時言、樂笑、義取，人傳說稱之，言其不言、不笑、不取也，俗言竟增之也。

【章旨】此章言公叔文子「不言、不笑、不取」之失實。

【注釋】❶公叔文子　姓公叔，名拔，諡文，春秋時衛國大夫。❷公明賈　公叔文子的使臣。姓公明，名賈。❸夫子　指公叔文子。❹取　指取財物。❺以　把。❻過　過分；誇張。❼時　適時。❽義　禮義。指合乎禮義。❾豈其然乎二句　見《論語・憲問》。

【語譯】《論語》說：「孔子向公明賈詢問公叔文子的情況，說：『真的嗎？公叔文子不說話、不會笑、不收取財物嗎？』公明賈回答說：『這是把這種話告訴您的人誇大其辭的過錯。先生只是該說才說，所以人們不討厭他說的話；歡樂時才笑，所以人們不討厭他的歡笑；合乎禮義時然後才接受財物，所以人們不討厭他接受財物。』孔子聽了說：『怎麼會那樣呢？怎麼會那樣呢？』」公叔文子實際上是適時而說、因歡樂而笑、合乎禮義而接受財物，人們傳說稱道，卻說成公叔文子不說話、不笑、不收取財物，世俗之言竟然如此誇張啊。

書言秦繆公❶伐鄭❷，過晉不假❸途❹。晉襄公❺率羌戎要擊❻於崤塞❼之下，匹馬隻輪無反❽者。

時秦遣三大夫孟明視、西乞術、白乙丙❾皆得復還。夫三大夫復還，車馬必有歸者。文言匹馬隻輪無反者，增其實也。

【章旨】此章言秦穆公伐鄭車馬無返之失實。

【注釋】❶秦繆公　即秦穆公。春秋五霸之一。❷鄭　春秋時鄭國。在今河南新鄭一帶。❸假　借。❹途　路。❺晉襄公　晉國君主。西元前六二七至前六二一年在位。❻要擊　中途攔擊。❼崤塞　崤山要塞。在今河省三門峽市之東。❽反　同「返」。見《公羊傳．僖公三十三年》。❾孟明視西乞術白乙丙　三人均為秦國大將，被俘後，又放回秦國。

【語譯】書上說秦穆公攻打鄭國，路過晉國境內而不借路。晉襄公率領羌戎在崤山要塞下攔擊，秦軍大敗，連一匹馬、一輛車都沒有返回秦國去。

當時，秦國派遣去的孟明視、西乞術、白乙丙三位大夫，都能夠返回秦國。三大夫既然返回秦國，車馬一定有歸回秦國的。文章說沒有一匹馬、一輛車返回秦國的，是誇大了事實。

書稱齊之孟嘗❶，魏之信陵❷，趙之平原❸，楚之春申君❹，待❺士下客❻，招會四方，各三千人。欲言下士之至，趨❼之者眾也。夫言士多，可也；言其三千，增之也。

四君雖好士❽，士至雖眾，不過❾各千餘人，書則言三千矣。夫言眾必言千數，言少則言無一，世俗之情，言事之失也。

【章　旨】此章言書傳戰國四君子養士三千之失實。

【注　釋】❶孟嘗　即孟嘗君田文。❷信陵　即信陵君魏無忌。❸平原　即平原君趙勝。❹春申君　即黃歇。春申君是其封號。❺待　接待；款待。❻下客　以謙恭態度對待地位低下的門客。❼趨　赴；投奔。❽好士　寵愛士人。❾不過　不會超過。

【語　譯】書上聲稱齊國的孟嘗君，魏國的信陵君，趙國的平原君，楚國的春申君，盛情款待士人，以謙恭態度對待門客，招集匯聚四方賢人，各自養士三千人。這是想說明四君子禮賢下士之至，因而投奔他們的人才很多。說養士多，是可信的；而說他們各自養賓客三千人，就是誇大事實了。

四君子雖然喜好士人，士人投奔到他們門下雖然也很多，但是各自也不會超過千餘人，書上就說各自養士三千人了。說多就必定說千數，說少就說沒有一個，世俗之情，言事失實啊。

傳記言高子羔❶之喪親，泣血，三年❷未嘗見齒❸，君子以為難❹。難為❺故❻也。夫不以為非實，而以為難，君子之言誤矣。高子泣血，殆❼必有之。何則？荊和❽獻寶於楚，楚刖❾其足，痛❿寶不進⓫，己情不達，泣涕，涕盡因⓬續⓭以血。今高子痛親哀極，涕竭，血隨而出，實也。而云三年未嘗見齒，是增之也。

言未嘗見齒，欲言其不言、不笑也。孝子喪親不笑，可也，安得不言？言，安得不見齒？孔子曰：「言不文⑭。」或時不言，傳則言其不見齒；或時不笑，傳則言其不見齒三年矣。高宗諒陰⑮，三年不言。尊為天子不言⑯，而其文⑰言「不言」，猶疑於增⑱，況高子位賤，而曰未嘗見齒，是必增益之也。

【章　旨】此章言高子服喪「三年未嘗見齒」之失實。

【注　釋】❶高子羔　即高柴。孔子的弟子。❷三年　舊指父母死後，子女要守喪三年。❸未嘗見齒　不曾露過牙齒。指未開口笑過一次。❹難　難能可貴。以上事見《禮記・檀弓上》。❺難為　難以做到。❻故　緣故。❼殆　大概。❽荊和　卞和，古代著名玉匠，楚國人。楚為荊，故稱荊和。見《韓非子・和氏》。❾刖　古代酷刑。砍掉犯人的腳。❿痛　痛惜；痛心。⓫不進　不被接受。進，進獻。⓬因　接著。⓭續　繼續。⓮言不文　見《孝經・喪親》。意思是說守喪時說話不要華麗。文，修飾。⓯高宗諒陰　見《尚書・無逸》：「其在高宗，時舊勞於外，爰暨小人。作其即位，乃或亮陰，三年不言。」高宗，指殷高宗。諒陰，故意沈默不語。又作「亮陰」、「諒闇」。諒，固執。陰，暗；啞。⓰尊為天子不言　這是對孔子「君薨，百官總己以聽於冢宰三年」（見《論語・憲問》）的解釋。指作為君主的殷高宗，守喪期間當然可以不說話，因為國事有宰相處理。⓱其文　指《尚書・無逸》。⓲疑於增　指子張曾懷疑這種記載有誇大。

【語　譯】傳記上說高子羔死了父母，痛哭不止，眼睛哭出了血，守孝三年，不曾說笑過，君子以為難能可貴。這是很難做到的緣故啊。這件事不認為不是事實，反而認為難能可貴，君子的話是不對的。高子的眼睛哭出血來，大概有這種情況。為什麼？卞和向楚王進獻寶玉，楚王不識寶，砍掉了卞和的腳，卞和痛惜寶玉不被楚王接受，自己的忠心不被楚王理解，因而感到憂傷，哭泣不止，涕淚流盡之後，接著繼續流出血來。現在高子悲痛父母去世，哀傷已極，眼淚流盡了，血隨之而出，這也許是事實。而說他守喪三年不曾說笑露齒，那就是誇張之辭了。

說他守喪三年不曾露齒，正是想說明他三年不說話、不露笑啊。孝子因喪親不露笑臉，是可能的，怎麼能不說話呢？既然要說話，怎麼能不露齒呢？孔子說：「孝子守喪，說話不要華麗。」孝子或許在短時間內不說話，傳書就說他三年不說話；或許一段時間不露笑臉，傳書就說他三年不說不笑。殷高宗固執，三年沈默不語。作為君主，有宰相代言處事，當然可以不說話，然而《尚書・無逸》則說高宗「三年不說話」，連子張都懷疑這一記載有誇大，何況高子羔地位低賤，而說他三年不曾說話，這一定是誇張之辭啊。

儒書言禽息❶薦百里奚❷，繆公未聽，出，禽息當門仆頭❸碎首而死。繆公痛之，乃用百里奚。此言賢者薦善，不愛❹其死，仆頭碎首而死，以達❺其友也。世士相激，文書❻稱❼之，莫謂不然。夫仆頭以薦善，古今有之。禽息仆頭，蓋其實也；言碎首而死，是增之也。

夫人之扣頭❽，痛❾者血流，雖忿恨惶恐，無碎首者。非首不可碎，人力不能自碎也。拔刃刎頭，樹鋒❿刺胸，鋒刃之助，故手足得成勢⓫也。言禽息舉椎⓬自擊首碎，不足怪也；仆頭碎首，力不能自將⓭也。有扣頭而死者，未有使頭破首碎者也。此時或扣頭薦百里奚，世空⓮言其死；若或⓯扣頭而死，世空言其首碎也。

【章　旨】此章言儒書所謂禽息薦善「碎首而死」之失實。

【注　釋】❶禽息　人名。秦穆公時人。❷百里奚　人名。春秋時虞國人，後被秦穆公任為大夫。❸仆頭　叩頭；撞頭。❹愛　吝惜。❺達　進薦；薦舉。❻文書　文字記載；書籍。❼稱　傳頌。❽扣頭　叩頭。❾痛　心情悲痛。❿樹鋒　樹起刀鋒。⓫勢　威力。⓬椎　同「槌」。槌子。⓭將　做；為。⓮空　憑空。⓯若或　或者。若，或。

【語　譯】儒書說禽息推薦百里奚，秦穆公不聽，出去了，禽息面對大門叩頭碰碎頭而死。秦穆公為禽息之死而深感痛惜，就起用百里奚。這是說賢人引薦好人，不顧惜自己一死，叩頭碰碎頭顱而死，用以薦舉自己的朋友。世上的士人以此互相激勵，各種書籍傳頌這件事，沒有說它不是這樣的。叩頭來薦舉人才，古今都有。禽息叩頭，大概有這件事吧；說碰碎腦袋而死，這就是誇張之辭了。

人叩頭，心情悲痛的人會叩得血流，即使忿恨惶恐的人，也沒有碰碎腦袋的。不是說頭顱不可能碰碎，而是人力不可能自己碰碎。拿刀自刎脖子，樹起刀鋒刺進自己胸口，是因為鋒利的刀刃的幫助，所以手足以形成這樣的威力。說禽息舉起槌子自己打碎頭顱，是不足奇怪的；叩頭叩碎了頭顱，這不是自己的能力所能做到的。人有叩頭而死的，沒有自己使自己頭破碎的。這也許是禽息叩頭引薦百里奚，世人憑空說禽息因此死了；或者禽息叩頭而死了，世人憑空捏造說他自己把頭碰得粉碎了。

儒書言荊軻為燕太子刺秦王，操匕首之劍，刺之不得，秦王拔劍擊之。軻以匕首擿❶秦王不中，中銅柱，入尺❷。欲言匕首之利，荊軻勢盛，投銳利之刃，陷堅強之柱，稱荊軻之勇，故增益其事也。夫言入銅柱，實也；言其入尺，增之也。

夫銅雖不若匕首堅剛，入之不過數寸，殆不能入尺。以入尺言之，設❸中秦王，匕首洞過乎？車張十石之弩，射垣木之表❹，尚不能入尺。以荊軻之手力，投輕小之匕首，身被❺龍淵❻之劍刃，入堅剛之銅柱，是荊軻之力勁❼於❽十石之弩，銅柱之堅不若木表之剛也。世稱荊軻之勇，不言其多力。多力之人，莫若孟賁❾。使孟賁擿銅柱，能洞出❿一尺乎？此亦或時匕首利若干將、莫邪⓫，所刺無前，所擊無下，故有入尺之效。夫稱干將、莫邪，亦過其實。刺擊無前、下，亦入銅柱尺之類也。

【章旨】此章言儒書稱荊軻刺秦王，匕首中銅柱入尺之失實。

【注釋】❶擿 同「擲」。投。❷入尺 匕首刺入銅柱一尺深。見《戰國策・燕策三》。❸設 假設；假如。❹垣木之表 立在牆上的木靶子。垣，牆。表，標誌。❺被 蒙受。❻龍淵 寶劍名。此指秦始皇身上所佩帶的寶劍。❼勁 強；大。❽於 表比較的介詞。❾孟賁 傳說是古代的大力士。❿洞出 猶洞過。穿透之意。⓫干將莫邪 均為古代著名的寶劍名。

【語譯】儒書說荊軻替燕太子刺殺秦王政，手持匕首，沒有能刺殺到，秦王政拔劍擋住它。荊軻用匕首投向秦王政，沒有刺中秦王，刺中了銅製的柱子，刺進去一尺深。這是想說明匕首鋒利，荊軻氣勢旺盛，投擲鋒利的匕首，陷進堅硬無比的銅柱，為了稱頌荊軻的勇猛，因此誇大事實。說匕首插入銅柱，也許屬實；說匕首刺進銅柱一尺深，就是誇張了。

銅柱雖然不比匕首堅硬，匕首刺進去不會超過數寸，恐怕不能刺入一尺深吧。按照匕首刺入銅柱一尺深的說法，假如刺中秦王政，匕首不就穿透了秦王的身子了嗎？用車拉開需要用十石力氣才能拉得開的弓箭，去射擊立在牆上的木靶子，尚且不能進入一尺深。憑著荊軻的手力，投擲又輕又小的匕首，身上又被秦王的寶劍砍傷了，反而刺進了堅硬的銅柱，這就是說荊軻的力氣比十石弓箭的力氣還要大得多，而銅柱的硬度反而不如木靶子了。世人稱頌荊軻的勇猛，並沒有說他力氣很大。力大的人，沒有超過孟賁的。如果孟賁用匕首投擲銅柱，能夠穿透一尺嗎？這種情況或許是匕首的鋒利像干將、莫邪一類寶劍，無論什麼東西都能刺破，無論什麼東西都能砍下，所以才有刺入銅柱一尺深的效驗。其實，說干將、莫邪刺擊東西無前、無下，也是言過其實，同說匕首刺入銅柱一尺深是一類的誇張之辭啊。

儒書言董仲舒讀《春秋》❶，專精一思，志不在他，三年不窺❷園菜。夫言不窺園菜，實也；言三年，增之也。

仲舒雖精❸，亦時解休❹，解休之間，猶宜游於門庭之側，則❺能至門庭，何嫌❻不窺園菜？聞用精者，察物不見，存❼道以亡❽身，不聞不至門庭，坐思三年，不及窺園也。《尚書·毋佚》曰「君子所❾其毋逸，先知稼穡❿之艱難，乃佚」者也。人之筋骨，非木非石，不能不解。故張⓫而不弛⓬，文王不為；弛而不張，文王不行；一弛一張，文王以為常。聖人材優，尚有弛張之時，仲舒材力劣於聖，安能用精三年不休！

【章旨】此章駁斥儒書所謂董仲舒讀《春秋》「用精三年不休」之論，認為生命之道，在於「一弛一張」。

【注釋】❶春秋　儒家經典之一，係編年體春秋史。相傳是孔子根據魯國史官編的《春秋》加以整理修訂而成。起於魯隱公元年（西元前七二二年），終於魯哀公十四年（西元前四八一年），凡二百四十二年歷史。是後代編年史之濫觴也。❷窺　偷看。見《史記．儒林列傳》。❸精　專心致志。❹解休　鬆懈；休息。解，通「懈」。❺則　而。❻何嫌　何疑；有什麼顧慮。❼存　思考；存想。❽亡　通「忘」。❾所　所在；隨處。❿稼穡　種莊稼。⓫張　緊張。⓬弛　鬆弛。

【語譯】儒書說董仲舒讀《春秋》，專一精思，思想不分散，三年沒有看一眼園中的蔬菜。說董仲舒沒有看一眼園菜，也許是實；說他三年未看一眼，就是誇張了。

董仲舒雖然專心一意，也有鬆懈和休息的時候，鬆懈和休息之間，也還會到屋前屋後去散步。如果能到屋前屋後去散步，怎麼會不看菜園一眼呢？聽說用心的人觀察不會看清，專心思考問題就會廢寢忘食，並沒有聽說不到門庭，坐思三年，沒有看一眼菜園子的。《尚書．毋佚》說「君子無論在哪裡都不能貪圖安逸，應該先懂得種莊稼的艱難，才可以謀求自己的安逸生活」一樣。人的筋骨，並非草木頑石，不可能不鬆懈的。因此，緊張而不鬆弛，周文王不做；鬆弛而不緊張，周文王也不做；只有既鬆弛又緊張，周文王才認為符合生活常規。聖人擁有優越的才力，尚且有鬆弛和緊張的時候，董仲舒的才力比聖人差，怎麼能用心三年而不休息呢！

儒書言夏之方盛也，遠方圖物❶，貢金❷九牧❸，鑄鼎象物❹而為之備❺，故入山澤不逢惡物❻，用❼辟❽神姦❾，故能叶❿於上下，以承天休⓫。

夫金之性，物也，用⓬遠方貢之為美，鑄以為鼎，用象百物之奇，安能入山澤不逢惡物，辟除神姦乎？周時天下太平，越裳⓭獻白雉⓮，倭人貢鬯草。食白雉，服鬯草，不能除凶，金鼎之器，安能辟姦？且九鼎⓯之來，德盛之瑞⓰也。

服⓱瑞應之物，不能致福。男子服玉，女子服珠，珠玉於人，無能辟除。寶奇之物，使⓲為藍⓳服，作牙身⓴，或言有益者，九鼎之語也。夫九鼎無能辟除，傳言能辟神奸，是則書增其文也。

世俗傳言周鼎不爨㉑自沸，不投物，物自出。此則世俗增其言也，儒書增其文也。是使九鼎以無怪空為神也。且夫謂周之鼎神者，何用審㉒之？周鼎之金，遠方所貢，禹得鑄以為鼎也。其為鼎也，有百物之象。如為遠方貢之為神乎？遠方之物安能神！如以為禹鑄之為神乎？禹聖不能神！聖人身不能神，鑄器安能神！以有百物之象為神乎？夫百物之象猶雷樽㉓也，雷樽刻畫雲雷之形，雲雷在天，神於百物，雲雷之象不能神，百物之象安能神也！

【章　旨】此章言儒書所謂夏鑄九鼎能辟神奸之失實。

【注　釋】❶圖物　把物產和神怪之物描繪成圖畫。❷金　此指銅。❸九牧　即九州。傳說古代把天下分為九州，州的行政長官叫「牧」。《書・立政》「宅乃牧」，孔穎達疏引鄭玄注：「殷之州牧曰伯，虞、夏及周曰牧。」❹象物　刻上神怪之物的圖像。❺備　完備；全部。❻惡物　凶惡的怪物。❼用　以。❽辟　排除。❾神奸　即如惡物。❿叶　同「協」。和協。⓫天休　天福。見《左傳・宣公三年》。⓬用　以；把。⓭越裳　中國古代南方的一個民族。⓮雉　野雞。⓯九鼎　傳說夏禹鑄鼎，象徵九州，三代時奉為傳國之寶。⓰瑞　祥瑞；吉祥徵兆。⓱服　佩帶；裝飾。⓲使　即使。⓳藍　藍草。古人以為是一種象徵吉祥的香草。⓴牙身　身體用象牙裝飾起來。㉑爨　燒火煮東西。㉒審　明；證明。㉓雷樽　有雷、雲紋圖案的酒器。

【語　譯】儒書說夏朝正興盛的時期，曾經教邊遠地區把當地的山川形勝、特產和神怪之物繪製成圖獻給夏朝，命令九州的長官進貢銅，鑄成銅鼎，上面詳盡地鑄上各地山川、特產和神怪之物的圖象，因此老百姓從鼎上識別了各種神怪之物，預先有所防備，到深山大澤中去，就不至於受到神怪之物的侵害，所以君臣百姓能和協相處，以承受上天的福佑。

銅的屬性是物質，以邊遠地方進貢的為美，鑄成銅鼎，以上面所鑄的各式各樣的神怪之物的圖像，怎麼能保證老百姓進入山林大澤不碰上凶惡之物，而能排除神怪之物的侵害呢？周時天下太平，越裳敬獻白色的野雞，倭人朝貢鬯草。吃白色野雞，喝用鬯草釀造的酒，不能排除凶險，銅鼎一類器物，怎麼能排除神怪之物？況且九鼎的鑄成，只不過是夏朝功德隆盛的一種吉祥徵兆。佩帶象徵吉祥之物，實際上也不可能招致福運。男子佩帶玉器，女子佩帶珠寶，珠寶玉石對於人，也不能排除神怪之物。珠寶珍奇之物，即使用象徵吉祥的藍草作衣服，把象牙披掛在身上，有人說這樣做對避邪有益處，其實也與說九鼎能排除神奸之物一樣，都是一種誇張而已。九鼎不可能排除神奸，世人傳說能排除神怪之物，這就是儒書誇大其辭了。

世俗傳言周鼎不用燒火而水自然能煮沸，不放進食物，而其中自然有食物出來。這就是世俗間誇大其辭了，就是儒書不符合事實的文字記載了。這種說法使得本來並不神秘的九鼎憑空變得神奇起來了。況且說周朝的鼎很神奇，又用什麼去證明它呢？周鼎的銅，是邊遠地方進貢來的，大禹獲得這些銅後就把它鑄成銅鼎。大禹鑄造而成的鼎，上面鑄上有各式各樣山川風物的圖像。如果認為是遠方進貢來的因而就變得神奇嗎？遠方進貢的東西怎麼能說神奇！如果是因為禹所鑄而說是神奇？禹是聖人不是神。聖人本身都不是神了，他所鑄的東西怎能稱之為神！如果認為是銅之類的東西就因而變得神奇的嗎？那麼銅是屬於金石之類啊，石頭既然不能變為神，銅怎麼能變為神！如果認為是鼎上鑄有各種東西的圖像就因而變得神奇嗎？各式各樣的物的圖像如同刻有雲、雷的酒器一樣，酒器上刻畫有雷紋的圖形，雲雷在天上，神奇在百物，雲雷的圖像不能避神奸，而各式各樣神怪之物的鑄造圖像又怎麼能夠排除神怪之物啊！

傳言秦滅周，周之九鼎入於秦❶。案本事❷，周赧王❸之時，秦昭王使將軍摎❹攻王赧。王赧惶恐奔❺秦，頓首❻受罪，盡獻其邑三十六，口三萬。秦受其獻，還❼王赧。王赧卒❽，秦王取九鼎寶器矣。若此者，九鼎在秦也。始皇二十八年，北游至琅邪，還❾過彭城❿，齊戒⓫禱祠，欲出周鼎，使⓬千人沒⓭泗水之中，求弗⓮能得。案時，昭王之後三世得始皇帝，秦無危亂之禍，鼎宜不亡，亡時殆在周。傳言王赧奔秦，秦取九鼎，或時誤也。傳又言宋太丘⓯社⓰亡⓱，鼎沒水中彭城下⓲。其後二十九年，秦并天下。若此者，鼎未入秦也。其亡，從周去矣，未為神也。

春秋之時，五石隕於宋⓳。五石者，星也。星之去⓴天，猶鼎之亡於地也。星去天不為神，鼎亡於地何能神？秦之時，三山亡，猶太丘社之去宋、五星之去天。三山亡，五石隕，太丘社去，皆自有為。然鼎亡，亡㉑亦有應㉒也，未可以亡之故，乃謂之神。如鼎與秦三山同乎，亡不能神。如有知，欲辟危亂之禍乎，則更㉓桀、紂之時矣。衰亂無道，莫過桀、紂。桀、紂之時，鼎不亡去。周之衰亂，未若桀、紂。留無道之桀、紂，去衰末之周，非止㉔去之宜，神有知之驗也。或時周亡之時，將軍摎人眾見鼎盜取，姦人鑄爍㉕以為他器㉖，始皇求不得也。

後因㉗言㉘有神名，則空生沒於泗水之語矣。

【章　旨】此章駁傳言「九鼎入秦」之說。

【注　釋】❶傳言秦滅周二句　見《史記・封禪書》。❷本事　真實的事蹟。❸周赧王　東周最末一個君主。❹摎　人名。秦昭王的將軍。❺奔　投奔。❻頓首　叩頭。❼還　放還。❽卒　死。見《史記・周本紀》。❾還　回來。❿彭城　古縣名。在今江蘇徐州。⓫齊戒　古人祭祀前不飲酒，不吃葷，沐浴更衣，以示虔誠，稱之齋戒。齊，通「齋」。⓬使　派遣。⓭沒　進入水中。⓮弗　不。見《史記・秦始皇帝本紀》。⓯太丘　戰國時宋國地名。⓰社　古代祭祀土地神之處。⓱亡　指沈入水中。⓲鼎沒水中彭城下　見《史記・封禪書》。⓳五石隕於宋　見《左傳・僖公十六年》。隕，墜落。⓴去　離去。㉑亡　消失；消亡。㉒應　相應的道理。㉓更　經過。㉔止　留。㉕爍　通「鑠」。熔化金屬。㉖他器　別的器物。㉗因　因而；因此。㉘言　傳說。

【語　譯】傳說秦滅周時，周的九鼎落在秦手中。考察本來的事實，周赧王的時代，秦昭王派將軍摎攻打周赧王。赧王誠惶誠恐地投奔秦國，叩頭接受懲罰，把東周管轄的三十六個城鎮、三萬人口全部獻給秦國。秦接受了周赧王敬獻的一切禮物，就把周赧王放還了。赧王死後，秦王奪取了九鼎等寶器。如果是這樣的話，九鼎在秦國了。始皇二十八年（西元前二一九年），秦始皇向北巡遊到琅邪，回來經過彭城，在那裡齋戒祭祀禱告，想把周鼎從水中找出來，派遣上千人進入泗水之中，可是沒有找到。考察一下時間，秦昭王之後經過三代而得始皇帝，秦王朝並沒有危亂的災禍發生，鼎應該不會丟失，要是丟失的話，大概也在周赧王時代。傳說周赧王投奔秦國，秦獲取九鼎，也許時間有誤吧。又傳說宋國太丘的祭土地神的社壇沈入水中，鼎被淹沒在水中，埋在彭城地下了。這以後二十九年，秦國才兼併天下。如果是這樣，九鼎並沒有入秦。九鼎的丟失，隨著周朝的滅亡而消失了，並沒有什麼神奇啊。

春秋時代，五顆隕石墜落在宋國境內。五顆隕石，就是五顆流星。流星離開天空，如同鼎在地上消失一樣。流星離開天空不感到神奇，鼎在地上消失有什麼神奇？秦時，有三座山消失了，如同太丘的社壇離開宋國、五顆星星離開天空一樣。三座山的消失，五顆隕石的墜落，太丘社壇的沈沒，都自有一定原因的。既然這樣，那麼九鼎之所以消失，也是有相應的道理的，不可以因為鼎不見了，就說它很神奇。假如鼎的消失與秦時三座山的消亡相同，那麼鼎的消失就不能算是神。如果有先知，想排除危亂的災禍，那已經過了桀、紂的時代了。衰亂無道，莫過於夏桀、商紂了。在桀、紂時代，鼎沒有消失。周朝的衰亂情況，也並沒有像桀、紂時代那樣。鼎留在沒有道義的桀、紂時代，卻離開了衰落之末的東周時代，這樣的留和離去是不恰當的，也不能證明鼎神奇有知。也許周朝滅亡的時候，秦將軍摎統率的人們看到鼎就把它偷走了，那些奸詐的人把鼎熔化後又鑄成了別的器物，所以秦始皇尋找不到鼎了。後人因此傳說鼎有神名，就憑空捏造出周鼎淹沒在泗水的一番話語來。

孝文皇帝❶時，趙人新垣平❷上言：「周鼎亡在泗水中。今河❸溢❹通於泗水，臣望東北，汾陰❺直❻有金氣，意周鼎出乎！兆❼見❽弗迎則不至。」於是文帝使使❾治❿廟汾陰，南臨河，欲祠出周鼎。人有上書告新垣平所言神器事皆詐也，於是下平事於吏⓫，吏治⓬，誅⓭新垣平。夫言鼎在泗水中，猶新垣平詐言鼎有神氣見也。

【章旨】此章以新垣平之詐言鼎亡泗水之虛。

【注釋】❶孝文皇帝　漢文帝劉恆。❷新垣平　人名。❸河　黃河。❹溢　泛濫。❺汾陰　古縣名。在今山西萬榮西北。❻直　正。❼兆　徵兆。❽見　同「現」。❾使使　派遣使臣。❿治　建築。⓫吏　司法官。⓬治　定罪。⓭誅　殺。見《史記・封禪書》。

【語　譯】漢文帝時，趙人新垣平上奏說：「周鼎丟失在泗水中。現在黃河氾濫，河水通到泗水，我望見東北方向，汾陰上空正有金氣出現，推測周鼎要重新出現了！徵兆出現，如果不去迎接就不會到來。」於是文帝派遣使臣在汾陰建築一座廟堂，南臨黃河，希望通過祭祀禱告使周鼎出來。後有人上書告發新垣平所說的神器一事都是一種欺詐行為，於是把新垣平一案交給司法官去審判，司法官給他定罪，立刻處決了新垣平。說鼎在泗水之中，如同新垣平謊稱鼎有神氣出現一樣。

# 藝增篇第二十七

**【題解】**本篇是「三增」之三，篇名取自「六藝」。古人以《詩》、《書》、《易》、《禮》、《樂》、《春秋》為「六經」，亦稱之「六藝」。所謂「藝增」，就是指經藝之增。作者通過八個事例來揭露「六藝」中某些誇大事實之弊。

王充「三增」之述，例多不精，論多不深，但其價值主要在於其中的求實精神和批判勇氣。雖然某些論述有許多偏頗，如對《詩經》中作為文藝創作手法之一的「比喻」「誇張」的否定，但他敢於把批判矛頭指向「萬世不易」的儒家「六經」，其精神是難能可貴的。

世俗❶所患❷，患言事增其實，著文垂辭❸，辭出溢❹其真，稱❺美過其善，進❻惡沒❼其罪。何則？俗人好奇，不奇，言不用❽也。故譽❾人不增其美，則聞者不快其意；毀人不益其惡，則聽者不愜❿於心。聞一增以為十，見百益以為千，使夫純樸之事，十剖⓫百判⓬，審⓭然之語，千反萬畔⓮。墨子哭於練絲⓯，楊子哭於歧道⓰，蓋傷失本，悲離其實也。蜚流之言⓱，百傳之語，出小人之口，馳閭巷⓲之間，其猶是⓳也。諸子之文，筆墨之疏⓴，大賢所著，妙思所集，宜如其實，猶㉑或㉒增之。儻㉓經藝㉔之言如其實乎？言審㉕莫過聖人，經藝萬世不易，猶或出溢，增過其實。增過其實，皆有事為，不妄亂誤以少為多也。然而必論之者，方言㉖經藝之增與傳語異也。經增非一，略舉較著㉗，令恍惑㉘之人，觀覽采擇，得以開心通意，曉解覺悟。

【章　旨】此章點明全篇主旨，揭露經藝之增，目的在於「開心通意，曉解覺悟」。

【注　釋】❶世俗　一般人。❷患　害病。❸垂辭　寫書，使自己的言辭流傳下去。❹溢　超過。❺稱　贊揚。❻進　指批評。❼沒　漫出；超過。❽用　採納。❾譽　稱贊。❿愜　滿足；痛快。⓫剖　割裂。⓬判　分開。⓭審　明白。⓮畔　通「叛」。背離。⓯墨子哭於練絲　見《墨子・所染》。墨子看見人染絲，曾感歎道：「用什麼顏色染絲，絲就成什麼顏色，所以染東西要特別小心啊。」⓰楊子哭於歧道　見《荀子・王霸》。楊朱走到岔路口說，如果走錯半步路，誤入歧途，就與正道相差千里了。於是他傷心地哭了。楊子，楊朱。戰國魏國人。歧道，岔路口。⓱蜚流之言　流言蜚語。⓲閭巷　街巷。⓳是　這樣。⓴筆墨之疏　泛指對儒家經書的各種解釋。疏，為古書舊注所做的解釋或加以引申發揮的文字。㉑猶　尚且。㉒或　有的。㉓儻　或；也許。㉔經藝　指儒家經書。㉕審　慎重；謹慎。㉖方言　正說明。㉗較著　比較明顯。㉘恍惑　模糊；迷惑。

【語　譯】世上一般人所犯的毛病，就犯在談論事情總要誇大事實上面，著文寫書，寫出來的文辭往往超出它的真情，贊揚美好的人和事就一味地說它好，批評醜惡的人和事就誇大它的罪過。為什麼？因為世俗之人好奇，不奇，話就沒有人聽。因此，稱贊人不誇大他的優點，聽的人就不感到高興；詆毀人不誇大他的錯誤，聽的人就不感到痛快。聽說是一就把它誇大為十，看見是一百就把它誇大為一千，使那些本來簡單的事，經過十剖百判而變得複雜離奇；本來十分明白的話語，經過千反萬叛反而變得互相矛盾、支離破碎。墨子看見染絲而哭泣，楊子走到岔路口而痛哭，大概都是悲傷失去了事物的本來面目、背離了事情的真實啊。流言蜚語，百傳之語，出於小人的口，流傳在街頭巷尾，也都是這樣啊。諸子的文章，儒家經書的各種注疏，都是大賢哲所著，都是高妙的思想所集，應該符合事實真象，然而有的地方還是誇大事實了。也許儒家經書上所說的話符合事實嗎？說話慎重莫過於聖人，儒家經書萬世不變，然而有的地方尚且說過了頭，誇大了事實真象。誇大事實真象，都是有目的的，不會無理地錯誤地把少說成多吧。然而一定要對它進行評論，正是為了說明儒家經書上的誇張與社會上的流言蜚語是不一樣的。經書上的誇大其辭不止一點，現在略舉比較明顯的例子，使那些思想模糊、迷惑不解的人，觀賞採納，能夠開通思想，提高覺悟。

《尚書》「協和萬國」❶，是美堯德致❷太平之化❸，化諸夏❹並及夷狄❺也。言協和方外❻，可也；言萬國，增之也。

夫唐❼之與周❽，俱治五千里內。周時諸侯千七百九十三國❾，荒服❿、戎服、要服及四海之外不粒食⓫之民，若穿胸、儋耳、焦僥、跂踵⓬之輩⓭，並合其數，不能三千。天之所覆，地之所載，盡於三千之中矣。而《尚書》云「萬國」，褒增過實，以美堯也。欲言堯之德大，所化者眾，諸夏夷狄，莫不雍和⓮，故曰「萬國」。猶《詩》言「子孫千億」矣，美⓯周宣王之德能慎⓰天地，天地祚⓱之，子孫眾多，至於千億。言子孫眾多，可也；言千億，增之也。夫子孫雖眾，不能千億，詩人頌美，增益其實。案后稷始受邰⓲封，訖⓳於宣王，宣王以至外族內屬，血脈所連，不能千億。夫千與萬，數之大名也。萬言眾多，故《尚書》言萬國，

## 《詩》言千億。

【章　旨】此章言《尚書》「萬國」與《詩》「千億」之增。

【注　釋】❶協和萬國　意指能使上萬個國家和睦相處。❷致　導致。❸化　教化。❹諸夏　指中原地區各民族。❺夷狄　指中原地區以外的各民族。❻方外　指中原以外的地區。❼唐　指堯的時期。❽周　指西周。❾千七百九十三國　據《禮記・王制》載，時有一千七百九十三個諸侯國。❿服　服事天子，對天子承擔義務。見《尚書・禹貢》。⓫不粒食　不以五穀為食。⓬穿胸儋耳焦僥跂踵　傳說中的四個遠方國家名稱。⓭輩　類。⓮雍和　和諧；和睦。⓯美　贊美；歌頌。⓰慎　敬重。⓱祚　降福。⓲郃　古地名。在今陝西武功之西，相傳舜封后稷於此。⓳訖　到。

【語　譯】《尚書》「協和萬國」，這是贊美堯的崇高品德導致天下太平，教化中原地區各民族，並影響中原地區以外的各少數民族。說能使中原地區以外的各民族和睦相處，是可信的；而說能使上萬個國家和睦相處，就是誇張之辭了。

唐堯與西周時期，都管轄五千里方圓。西周時代有一千七百九十三個諸侯國，荒服、戎服、要服以及四海之外不吃五穀的人，如穿胸、儋耳、焦僥、跂踵之類，一併合計他們的總數，沒有達到三千。天空所覆蓋的地方，地上所承載的地方，全部在這三千之中了。然而《尚書》說「萬國」，褒揚誇張超過實際情況，目的用來贊美堯的功德而已。想說堯的功德很偉大，被他教化的人很多，中原地區內外的各個民族，沒有一個不和睦相處，所以說「萬國」。還有《詩經》講「子孫千億」，贊美周宣王的道德能夠使天地敬重，天地降福給他，因而子孫眾多，到達千億。說子孫眾多，是可信的；說子孫有千億，就是誇張了。子孫即使眾多，也達不到千億，詩人為了頌揚他的美德，誇大了實際情況。考察一下后稷當初被舜封於郃，到周宣王時代，宣王以至於外族內屬，凡血緣關係相連的，都沒有達到千億。「千」與「萬」，都是數字中的大數啊。「萬」說的是眾多的意思，所以《尚書》說堯能「協和萬國」，《詩經》說周宣王「子孫千億」吧。

《詩》云：「鶴鳴九皋，聲聞於天❶。」言鶴鳴九折❷之澤，聲猶聞於天，以喻君子修德窮僻❸，名猶達朝廷也。言其聞高遠，可也；言其聞於天，增之也。彼言聲聞於天，見鶴鳴於雲中，從地聽之，度❹其聲鳴於地，當❺復❻聞於天也。夫鶴鳴雲中，人聞聲仰而視之，目見其形。耳目同力❼，耳聞其聲，則目見其形矣。然則耳目所聞見，不過十里，使參天❽之鳴，人不能聞也。何則？天之去❾人以萬數❿遠，則目不能見，耳不能聞。今鶴鳴從下聞之，鶴鳴近也。以⓫從下聞其聲，則謂其鳴於地，當復聞於天，失其實矣。其鶴鳴於雲中，人從下聞之。如鳴於九皋，人無在天上者，何以知其聞於天上也？無以知，意從準況⓬之也。詩人或時不知，至誠⓭以為然⓮；或時知而欲以喻事，故增而甚之。

【章　旨】此章言《詩經》「鶴鳴九皋，聲聞於天」之增。

【注　釋】❶鶴鳴九皋二句　見《詩・小雅・鶴鳴》。九皋，沼澤深處。❷九折　指曲折深奧。❸窮僻　窮鄉僻壤。❹度　推測。❺當　應當。❻復　也。❼同力　能力相同。❽參天　指高達天空。❾去　距離。❿以萬數　用萬為單位計算。泛指數萬里。⓫以　因為。⓬準況　類比。⓭至誠　誠心誠意。⓮然　這樣。

【語　譯】《詩經》說：「鶴鳴九皋，聲聞於天。」這是說鶴鳴於曲折深奧的沼澤，聲音卻傳達到了天上，用來比喻君子修養德行於窮鄉僻壤，名聲卻傳達到了朝廷之上。說鶴鳴之聲傳達得非常高遠，是可信的；而說牠的鳴叫之聲傳達到天上，就是誇張了。

《詩》的作者說叫聲傳到天上，這是因為看見鶴在雲中叫，從地面上能夠聽到牠的聲音，因此推測如果鶴在地上叫，就應當在天上也可以聽到牠的聲音。鶴在雲中叫，人聽到牠的叫聲，抬頭去看牠，眼睛一定能看到牠的身子。耳朵和眼睛的能力相同，耳朵能聽到牠的聲音，眼睛就能看見牠的身子。既然如此，那麼耳朵所能聽到、眼睛所能看到的，不能超過十里遠，如果鶴在天上叫，人就不可能聽到牠的聲音。為什麼？因為天距離地上的人大約有數萬里遠，所以眼睛就不能看見，耳朵就不能聽見了。而今鶴的叫聲如果是從下面聽到的，那麼鶴叫的地方一定比較近吧。因為從下聽到鶴的叫聲，就可以說鶴在地上叫，那麼說應當在天上也可以聽到，就不符合實際情況了。如果鶴在雲中叫，人從下聽到牠的叫聲。如果在沼澤深處叫，人又沒有在天上，怎麼知道牠的叫聲達到天上呢？沒有辦法知道，那麼這種說法就只能是通過類比得出來的。詩人也許並不確知，但滿心真誠以為是這樣；或許知道鶴的叫聲不可能達到天上，而想用來比喻某種事例，所以誇張得非常厲害吧。

《詩》曰：「維周黎民，靡有孑遺❶。」是謂周宣王之時，遭大旱之災也。詩人傷旱之甚，民被❷其害，言無有孑遺一人不愁痛者。夫大旱，則有之矣；言無孑遺一人，增之也。

夫周之民，猶今之民也。使❸今之民也，遭大旱之災，貧羸❹無蓄積，扣心❺思❻雨。若其❼富人穀食饒足❽者，廩❾囷❿不空，口腹不飢，何愁之有？天之旱也，山林之間不枯，猶地之水，丘陵之上不湛⓫也。山林之間，富貴之人，必有遺脫者矣，而言「靡有孑遺」，增益其文，欲言旱甚也。

【章　旨】此章言《詩》曰周宣王時大旱，黎民「靡有孑遺」之增。

【注　釋】❶維周黎民二句　《詩・大雅・雲漢》：「周餘黎民，靡有孑遺。」《孟子・萬章》引詩作「維周黎民」。皇甫謐《雲漢序疏》：「宣王元年，不藉千畝，天下大旱，二年不雨，至六年乃雨。」毛傳：「孑然遺失也。」陳奐傳疏：「《方言》、《廣韻》皆云：孑，餘也。靡孑遺，即無餘遺。」維，發語詞。黎民，百姓。靡，沒有。孑遺，遺留；剩餘。❷被　遭受。《孟子・萬章》與王充的解釋不同，孟子曰：「信是言也，則周無遺民也。」❸使　假使；如果。❹貧羸　貧窮體弱。羸，體弱。❺扣心　形容心情迫切。❻思　盼。❼其　那些。❽饒足　富足。❾廩　糧倉。❿囷　糧囤。⓫湛　通「沈」。淹沒。

【語　譯】《詩》說：「維周黎民，靡有孑遺。」這是說周宣王的時候，遭受大旱災。詩人為旱災太厲害而感傷，老百姓遭受其害，剩下來的人沒有一個不因為飢餓而憂愁痛苦的。旱災嚴重，是有這種情況的；說沒有剩下一人，就是誇張了。

周朝的老百姓，好比現在的老百姓一樣。假如現在的老百姓，遭受特大旱災，貧窮虛弱沒有蓄積糧食的人，一定會急切地盼望下雨。如果是那些糧食富足的富貴人家，糧倉不空，口腹不飢，有什麼憂愁？天旱時，山林之間的莊稼不會乾枯，如同地上發大水，丘陵之上的莊稼不會被淹沒一樣。山林之間，富貴的人，必定有倖免留遺下來的人，卻說「沒有剩餘一人」，誇大其辭，目的想說明旱災特別嚴重啊。

《易》曰：「豐❶其屋，蔀❷其家，窺其戶，闃❸其無人也。」非其無人也，無賢人也。《尚書》曰：「毋曠庶官❹。」曠，空；庶，眾也。毋空眾官，置非其人，與空無異，故言空也。

夫不肖❺者皆懷五常❻，才劣不逮，不成純賢，非狂妄頑嚚❼身中無一知❽也。

德有大小，材有高下，居官治職，皆欲勉效❾在官。《尚書》之官，《易》之戶中，猶能有益，如何謂之空而無人？《詩》曰：「濟濟多士，文王以寧❿。」此言文王得賢者多，而不肖者少也。今《易》宜言「闃其少人」，《尚書》宜言「無少眾官」。以「少」言之，可也；言「空」而無人，亦尤甚焉。

五穀之於人也，食之皆飽。稻粱之味，甘而多腴⓫。豆麥雖糲⓬，亦能愈飢⓭。食豆麥者，皆謂糲而不甘，莫謂腹空無所食。竹木之杖，皆能扶病⓮。竹杖之力，弱劣不及木。或操竹杖，皆謂不勁⓯，莫謂手空無把持。夫不肖之臣，豆麥竹杖之類也。《易》持⓰其具臣⓱在戶，言無人者，惡之甚也。《尚書》眾官，亦容⓲小材，而云無空⓳者，刺⓴之甚也。

【章旨】此章論《周易》「闃其無人」、《尚書》「毋曠庶官」之刺。

【注釋】❶豐 厚。❷蔀 遮蔽。❸闃 寂靜。見《周易・豐卦》。❹毋曠庶官 不要讓官位都空著。指不要設置無能的官。見《尚書・皋陶謨》。❺不肖 不賢。❻五常 儒家提倡的五種道德規範：仁、義、禮、智、信。❼頑嚚 頑劣；愚蠢。❽知 通「智」。❾勉效 努力效勞。❿濟濟多士二句 見《詩・大雅・文王》。濟濟，形容很多。⓫腴 此指鮮美。⓬糲 粗糙。⓭愈飢 充飢。飢，通「饑」。⓮扶病 此指支撐病人走路。⓯勁 剛勁有力。⓰持 掌握。⓱具臣 備員充數。指毫無作為的官吏。《論語・先進》孔安國注云：「具臣，言備臣數而已。」⓲容 容納；包括。⓳無空 即前文「毋曠」。⓴刺 譏刺；諷刺。

【語譯】《周易》說：「房屋很大，室內漆黑，從門戶望裡看，靜悄悄地像沒有人一樣。」不是說屋內沒有人，而是沒有賢人啊。《尚書》說：「不要讓官位都空缺著。」曠，空；庶，眾。不要空著許多官位，如果安置的不是有才能的人，與空著官位沒有差別，因此說「空」。

不賢的人都懷有仁、義、禮、智、信五種道德規範，但由於才能低劣未能達到賢人的標準，所以沒有成為完美無缺的賢人，但並不是狂妄頑劣的人那樣沒有一點才智和道德。道德有大小，才力有高下，處於高官要職，都希望在官位期間努力效勞。《尚書》所說的那些無能的官，《周易》所說的那些房中的人，還是能夠有用處的，怎麼能說空空的等於無人呢？《詩經》說：「這麼多有才能的人啊，文王正是依靠這些人才治國使天下安寧的。」這是說周文王得到的賢人多，而不賢的人少。現在看來，《周易》應該說「靜悄悄地像很少人一樣」，《尚書》應該說「不要只安置很少幾個起作用的官」。如果以一個「少」字來說，還是可以的；說「空空的」沒有一個賢能的官，也就太過分了。

五穀對於人來說，吃了都能飽肚。稻粱的味道，甘甜而多鮮美。豆麥雖然粗糙，也能夠充飢。吃豆麥的人，都說豆麥粗糙而不甜美，不會說肚子很空沒有東西吃。竹木作的手杖，都能支撐病人走路，然而竹手杖的力，微弱低劣，還趕不上木頭製作的。有人手持竹杖，都說不剛勁有力，不會說手空著沒有支撐東西。不賢的臣子，就屬於豆麥、竹杖一類情況。《周易》明知那些備位充數的官在屋內，卻說屋裡沒有人，這是因為厭惡那些無所作為的官更到了極點。《尚書》中提及的眾官，也包括一些才能很小的人，作者卻說「不要讓官位空著」，這顯然是一種莫大的諷刺。

《論語》曰：「大哉，堯之為君也！蕩蕩乎民無能名焉❶。」傳曰：「有年五十擊壤於路者，觀者曰：『大哉，堯德乎！』擊壤者曰：『吾日出而作，日入而息，鑿井而飲，耕田而食，堯何等力❷！』」此言蕩蕩無能名之效❸也。言蕩蕩，可也；乃欲言民無能名，增之也。四海之大，萬民之眾，無能名堯之德者，殆❹不實也。

夫擊壤者曰「堯何等力」，欲言民無能名也。觀者曰「大哉，堯之德乎」，此何等民者，猶能知之。實有知之者，云無，竟增之。

儒書又言：「堯、舜之民，可比屋❺而封。」言其家有君子之行，可皆官也。夫言可封，可也；言比屋，增之也。

人年五十為人父，為人父而不知君，何以示❻子？太平之世，家為君子，人有禮義。父不失禮，子不廢行。夫有行❼者有知❽，知君莫如臣，臣賢能知君，能知其君，故能治其民。今不能知堯，何可封官？年五十擊壤於路，與豎子❾未成人者為伍，何等賢者？子路使子羔為郈宰❿，孔子以為不可，未學，無所知也⓫。擊壤者無知，官之如何？稱堯之蕩蕩，不能述其可比屋而封；言賢者可比屋而封，不能議讓⓬其愚而無知之。夫擊壤者難以言比屋，比屋難以言蕩蕩，二者皆增之。所由起，美堯之德也。

【章　旨】此章言堯的功德偉大，而儒家經書說「民無能名」，乃是誇張。

【注　釋】❶大哉三句　語出《論語・泰伯》：「大哉，堯之為君也，巍巍乎，唯天為大，唯堯則之。蕩蕩乎，民無能名焉。」《集解》云：「蕩蕩，廣遠之稱，言其布德廣遠，民無能識名焉。」民無能名，一般解釋為，堯的功德如此廣大，老百姓不知該怎樣頌揚他。王充解釋為，堯治國採用自然無為之法，不追求名利，故無人說得出他的功德。蕩蕩，廣大貌。❷吾日出而作五句　見本書卷五〈感虛篇〉。❸效　效驗；證明。❹殆　大概。❺比屋　挨家挨戶。見陸賈《新語・無為》。❻示　告誡；教育。❼行　德行。❽知　識別能力。❾豎子　小孩。❿子路使子羔為郈宰　子路、子羔，孔子門徒。郈，古地名。在今山東東平。宰，邑宰。地方官吏。⓫孔子以為不可三句　見《論語・先進》。⓬讓　責備。

【語　譯】《論語》說：「堯作為君主，真偉大啊！他實行自然無為而治，不追求名利，所以沒有一個人能說出他的功德。」傳書說：「有年紀五十歲的老頭兒在路旁做擊壤的遊戲，觀看的人說：『偉大啊！堯的德政。』而擊壤的老人說：『我們都是太陽剛出來的時候就開始耕作，太陽下山時才回家歇息，鑿井飲水，耕田才有飯吃，堯出了什麼力量？』」這種說法是要證明堯的功德無量，沒有一個人能說得出來啊。說堯的功德廣大，是可以的；如果要說老百姓沒有一個人能說出堯的功德，那就是誇張了。四海的廣大，萬民的眾多，竟沒有一個人能夠說出堯的功德，大概不符合事實吧。

那些做擊壤遊戲的老人說「堯出了什麼力量」，這是想說明民眾之中沒有人能夠說出堯的功德。旁邊觀看擊壤的人說「偉大啊，堯的功德」。這個說話的老百姓尚且能知道堯的功德偉大，說明實際上有知道堯的功德，說沒有人知道，畢竟是誇張之辭。

儒書又說：「堯、舜時代的老百姓，挨家挨戶都可以封官。」這是說家家戶戶都具有君子的德行，都有資格做官。說人可以封官，是可信的；而說挨家挨戶都可封官，就是誇大事實了。

人們五十歲做人的父親，做人的父親卻不知道自己的國君，怎麼去教育子女？太平的時代，家家戶戶都做有道德修養的君子，人人都有禮義。父親不失禮義，子女不背棄德行。凡有德行的人就有識別能力，了解國君的人莫如自己的臣子，臣子賢明就能知道自己的國君，能知道自己的國君，因而能夠治理自己的百姓。

現在一個人都不知道堯的功德，怎麼可以封官？年紀上了五十的老人在路上做擊壤的遊戲，同小孩、未成年的人混在一起，這是什麼樣的賢者？子路叫子羔去做郈的地方長官，孔子認為不可以去，因為子羔學習得不夠，沒有什麼知識。擊壤的人無知識，怎麼給他做官呢？如果稱贊堯的功德廣大，人都不能表述出來，就不能說堯教育下的百姓人人都可以有資格封官；說賢人可以挨家挨戶封官，就不能議論和指責做擊壤遊戲的人愚昧無知，而不知道怎樣來稱頌堯的功德。既然說有擊壤者這樣愚昧無知的老百姓存在，就很難說老百姓中可以挨家挨戶地封官；說挨家挨戶都可以封官，就很難說堯的功德如此廣大而竟然沒有一個老百姓能說出來。以上兩種說法都是誇張之辭。這種誇張之辭的產生，正是為了要贊美堯的偉大功德。

《尚書》曰：「祖伊❶諫紂曰：『今我民罔❷不欲❸喪。』」罔，無也，我天下民無不欲王亡者。夫言欲王之亡，可也；言無不，增之也。

紂雖惡，民臣蒙❹恩者非一，而祖伊增語，欲以懼紂也。故曰：「語不益❺，心不惕❻；心不惕，行不易。」增其語，欲以懼之，冀❼其警悟也。

蘇秦❽說齊王曰：「臨菑❾之中，車轂擊❿，人肩摩⓫，舉袖成幕，連衽⓬成帷⓭，揮汗成雨。」齊雖熾盛⓮，不能如此。蘇秦增語，激⓯齊王也。祖伊之諫紂，猶蘇秦之說齊王也。賢聖增文，外有所為，內未必然。何以明之？夫〈武成〉⓰之篇，言武王伐紂，血流浮杵⓱，助戰者多，故至血流如此。皆欲紂之亡也，土崩瓦解，安肯戰乎？然祖伊之言「民無不欲」，如蘇秦增語。〈武成〉言血流浮杵，亦太過焉。死者血流，安能浮杵？案武王伐紂於牧之野，河北⑱地高，壤靡⑲不乾燥，兵頓⑳血流，輒燥入土，安得浮杵？且周、殷士卒，皆齎㉑盛糧㉒，無杵臼㉓之事，安得杵而浮之？言血流杵，欲言誅紂，惟兵頓士傷，故至浮杵。

【章旨】此章言《尚書》所謂「民罔不欲喪」紂之增。

【注釋】❶祖伊　商紂王的諫臣。❷罔　無。❸欲　希望。見《尚書・西伯戡黎》。❹蒙　蒙受；承受。❺益　誇大。❻惕　懼。❼冀　希望。❽蘇秦　戰國時洛陽人，字季子。奉燕昭王命入齊，後任齊相。主張合縱抗秦。被車裂而死。《漢書・藝文志》縱橫家有《蘇子》三十一篇，早佚。長沙馬王堆漢墓出土帛書《戰國縱橫家書》存蘇秦書信遊說辭十六章。❾臨菑　齊國都城。在今山東淄博之東北。❿車轂擊　車轂相碰撞。形容車之多。車轂，車軸的凸出部分。⓫人肩摩　人們肩碰肩。形容人之多。⓬衽　衣襟。⓭帷　帳幕。見《戰國策・齊策》。⓮熾盛　繁榮昌盛。⓯激　激勵；刺激。⓰武成　指《尚書・武成》。已佚。⓱杵　舂米用的木棒。⓲河北　黃河之北地區。⓳靡　無；沒有。⓴兵頓　刀刃鈍了。形容殺傷人很多。頓，通「鈍」。㉑齎　攜帶。㉒盛糧　指乾糧。盛，成。㉓臼　舂米用的石臼。

【語譯】《尚書》說：「祖伊進諫紂王說：『如今我們的老百姓沒有一個不希望你滅亡的。』」罔，就是「無」的意思，是說我天下老百姓無不希望紂王滅亡的。說人們希望紂王滅亡，是可信的；說天下老百姓無不希望紂王滅亡，就是誇大了。

紂王雖然兇惡，臣民之中蒙受他的恩惠的人肯定不止一個，而祖伊說這種誇張的話，是想用來使紂王有所畏懼而已。所以說：「話不誇大，心不怕；心不怕，惡行就不會改變。」誇大其辭，是希望使他產生畏懼感，希望他警惕自己，盡快醒悟過來。

蘇秦勸說齊王道：「臨菑城之中，車多人多，熙熙攘攘，舉袖成幕，衣襟相連可以成帳幕，揮汗成雨。」齊國都城雖然繁榮昌盛，也不可能達到這個地步。蘇秦的誇張之辭，目的在於激勵齊王與秦國對抗。祖伊進諫紂王，如同蘇秦勸說齊王一樣。賢聖的誇張說法，表面上說來是有目的的，實際上不一定果真認為是這樣。憑什麼來證明呢？那《尚書·武成》一篇，說武王伐紂時，血流成河，把杵都漂起來了，由於助戰的人很多，以致血流到這種狀況。如果臣民都希望紂王滅亡，紂王的軍隊就會土崩瓦解，怎麼願意替紂王作戰呢？這樣看來，祖伊進諫紂王說「老百姓沒有一個不希望你滅亡」的話，也就如同蘇秦的誇張之語一樣了。〈武成〉說血流成河，把杵都漂浮起來了，當然也太過分誇張了。戰死的人流的血，怎麼能把杵漂起來呢？考察周武王在牧野討伐紂王的情況，黃河以北地勢較高，土壤沒有一處不乾燥，戰鬥中殺傷很多，血流遍地，就滲入乾燥的土壤之中，怎麼能把杵漂浮起來？況且周、殷兩軍的士兵，都攜帶著乾糧，用不著拿著杵臼在戰場上來舂米，怎麼會有杵被漂起來呢？說血流成河，把杵都漂起來，是想說武王討伐紂王時，因為士兵死傷慘重，所以至於血流成河，把杵都漂起來了。

《春秋·莊公七年》：「夏四月辛卯❶，夜中恆星不見，星霣❷如雨。」《公羊傳》曰：「如雨者何？非雨也。非雨，則曷❸為謂之如雨？不修《春秋》曰：『雨星❹，不及地尺而復❺。』君子❻修之，星霣如雨。」不修《春秋》者，未修《春秋》時《魯史記》，曰：「雨星，不及地尺，如❼復。」君子者，謂孔子也；孔子修之，「星霣如雨」。如雨者，如雨狀也。山氣為雲，上不及天，下而為雨。雨星，星隕不及地，上復在天，故曰「如雨」。孔子正言❽也。

夫星霣或時至地，或時不能，尺丈之數，難審也。史記❾言尺，亦以太甚矣。

夫地有樓臺山陵，安得言尺？孔子言「如雨」，得其實矣。孔子作《春秋》，故正言「如雨」。如孔子不作，「不及地尺」之文，遂傳至今。

【章　旨】此章論孔子修《春秋》訂正「雨星不及地尺而復」之文。

【注　釋】❶四月辛卯　據王韜《春秋朔閏表》，為周曆四月初五日。古人以天干地支相配紀日。❷霣　通「隕」。隕落；墜落。❸曷　疑問代詞。何；什麼。❹雨星　像降雨一樣降星星。❺復　回升；恢復。❻君子　指孔子。❼如　而。❽正言　訂正說法。❾史記　指未經孔子刪改的魯國編年史《魯史記》。

【語　譯】《春秋・莊公七年》記載：「夏曆四月初五日，夜空中的恆星不見了，星星墜落下來像雨一樣。」《公羊傳》說：「像雨一樣是什麼意思？就是不是真雨啊。既然不是真下雨，為什麼稱星星像雨一樣降下來？未經孔子刪訂的《春秋》說：『星星像雨一樣降下來，在距地面一尺的時候，又回升上天了。』孔子修改了這句話，說成星星像雨一樣墜落下來。」沒有修訂的《春秋》，即未經孔子刪改《春秋》時的《魯史記》，說「星星像雨一樣降下來，在距地面一尺高的時候，又回升到天上去了」。君子，是指孔子。孔子修訂《春秋》，改成「星霣如雨」。如雨，是說星星像雨一樣降下來。星星墜落下來沒有到達地面，就又回升到天上去了，所以說「如雨」。這是孔子訂正了的說法。

　　星星墜落下來或許到地上，或許沒有能夠到地上，相差幾尺幾丈，也很難考察清楚吧。《魯史記》說一尺，也說得太死了。大地上有樓臺等建築物和高山丘陵，怎麼能一概說是離地一尺呢？孔子說星星像雨一樣墜落下來，可能是符合實際的。孔子作《春秋》，所以訂正為「如雨」。如果孔子沒有作《春秋》，「星星像雨一樣降下來，在距離地面一尺的時候，又回升到天上去了」的說法，就會流傳到現在了。

光武皇帝之時，郎中❶汝南❷賁光❸上書言：「孝文皇帝❹時，居明光宮❺，天下斷獄❻三人。」頌美文帝，陳❼其效實❽。光武皇帝曰：「孝文時不居明光宮，斷獄不三人。」❾積善修德，美名流❿之，是以君子惡居下流⓫。

夫賁光上書於漢，漢為今世，增益功美，猶過其實；況上古帝王久遠，賢人從後褒述，失實離本，獨已多矣。不遭光武論⓬，千世之後，孝文之事，載在經藝之上，人不知其增，「居明光宮，斷獄三人」，而遂為實事也。

【章　旨】此章言漢文帝「居明光宮，斷獄三人」之增。

【注　釋】❶郎中　古官名。秦漢之際為宮廷侍衛官。❷汝南　古郡名。在今河南、安徽交界之處。❸賁光　人名。❹孝文皇帝　漢文帝。❺明光宮　西漢宮殿名。❻斷獄　審理和判決犯罪案件。❼陳　陳述。❽效實　指功績。❾光武皇帝曰三句　《風俗通・正失篇》：「文帝平常聽政宣室，不居明光宮；前世斷獄皆以萬數，不三百人。」與此說近似。❿流　流布；流傳。⓫下流　下游。指做壞事而身處眾惡所指的境地。《論語・子張》：「是以君子惡居下流，天下之惡皆歸焉。」⓬論　駁斥；論證。

【語　譯】光武皇帝劉秀的時代，郎中汝南人賁光上書說：「孝文皇帝時，居住在明光宮，親自審理天下的案件，被判刑的僅僅三人。」這是頌揚漢文帝，陳述他的功績。光武帝劉秀說：「孝文帝當時沒有居住明光宮，被判刑的不止三人。」積善修德，美名流傳，因此君子最討厭處於眾惡所歸的境地。

賁光上書給漢光武帝，漢是當世，誇大功績，溢美之辭尚且超過實際情況，更何況是上古帝王相隔久遠，賢人跟隨在後褒揚陳述，失實離本，當然就很多了。如果不被光武皇帝駁正，千代之後，漢文帝的事蹟被記載在經藝之上，人們不知道它是誇張之辭，於是漢文帝「居明光宮，親自審理案件，被判刑的僅三人」的說法，就成為事實了。

# 卷九

## 問孔篇第二十八

【題解】漢代自董仲舒倡言「罷黜百家，獨尊儒術」以降，尊孔讀經，是古師古，蔚為風尚。王充一反世俗「好信師而是古」之習，於此篇向聖人孔子問難，其論戰勇氣和批判精神，不同凡響。千百年來，本篇傳誦不息，為人們所稱道。章太炎推崇王充說：「有所擿發，不避上聖，漢得一人焉。」其他如〈刺孟〉、〈非韓〉，都是以批判為主的優秀篇章，值得一讀。

世儒學者，好信❶師而是古❷，以為賢聖所言皆無非，專精❸講習，不知難❹問❺。夫賢聖下筆造文❻，用意詳審❼，尚未可謂盡得實，況倉卒❽吐言❾，安能皆是❿？不能皆是，時人不知難；或⓫是，而意沈⓬難見⓭，時人不知問。案賢聖之言，上下多相違；其文，前後多相伐⓮者。世之學者，不能知也。

【章旨】此章點明全篇主旨，在於批評漢儒「好信師而是古」而「不知難問」之習。

【注釋】❶好信　喜歡迷信。❷是古　以古為是。是，肯定；推崇。❸專精　專心一意。❹難　責難；反駁。❺問　質問。❻造文　撰寫文章。❼詳審　周密；詳實。❽倉卒　匆忙。卒，通「猝」。❾吐言　講話。暗指《論語》。❿是　正確。⓫或有的。⓬沈　深沈隱晦。⓭見　同「現」。⓮相伐　自相矛盾。伐，攻伐。

【語譯】世上的儒生學人，喜歡迷信先師而且推崇古人，認為賢聖所說的話都沒有錯誤，因此專心致志地講授學習，不知道反駁和質問。聖賢下筆做文章，儘管構思周密詳實，還不能完全符合實際情況；況且像孔子那樣倉卒講話，怎麼可能全部都對？不能都對，當時的人不知道反駁；有的即使是對的，但意思深沈隱晦，難以明白，當時的人並不知道質問。考察聖賢的言論，大多上下相違背；他們的文章，大多前後相矛盾。而世上的學者，都不能知道。

論者❶皆云：「孔門之徒，七十子❷之才，勝今之儒。」此言妄❸也。彼見孔子為師，聖人傳道，必授❹異才❺，故謂之殊❻。夫古人之才，今人之才也，今謂之英傑，古以為聖神，故謂七十子歷世希有❼。使❽當今有孔子之師，則斯世❾學者皆顏❿、閔⓫之徒也；使無孔子，則七十子之徒，今之儒生也。何以驗之？以學於孔子，不能極問⓬也。聖人之言，不能盡解，說道陳義⓭，不能輒形⓮。不能輒形，宜⓯問以發⓰之；不能盡解，宜難以極之。皋陶陳道帝舜之前，淺⓱略⓲未著明也。禹問難之，淺言復深，略指⓳復分⓴。蓋起㉑問難，此說㉒激㉓而深切，觸㉔而著明也。

孔子笑㉕子游㉖之弦歌㉗，子游引前言㉘以距㉙孔子。自今案《論語》之文，孔子之言多若笑弦歌之辭，弟子寡㉚若子游之難，故孔子之言，遂結不解。以七十子不能難，世之儒生不能實道是非㉛也。

【章　旨】此章兼評孔門之徒和今之儒生，駁今不如古之論。

【注　釋】❶論者　發議論的人。❷七十子　據傳孔門弟子三千，其中賢人七十二。❸妄　荒謬。❹授　傳授。❺異才　特異之才。❻殊　特殊；與眾不同。❼希有　少有。❽使　假使。❾斯世　當代。斯，這。❿顏　指顏淵。⓫閔　閔損，字子騫。⓬極問　追問到底。極，盡。⓭陳義　陳述道理。⓮輒形　立即明白。形，顯著；明白。⓯宜　應該。⓰發　揭示；弄明白。⓱淺　膚淺。⓲略　粗略。⓳指　通「旨」。意旨；含意。⓴分　清楚；分明。㉑起　起因。此作由於。㉒此說　指皋陶講的治國的道理。㉓激　激發。㉔觸　觸動。㉕笑　譏笑。㉖子游　言偃。字子游，孔子弟子。吳人。一說：魯人。㉗弦歌　彈琴唱歌。《論語．陽貨》：「子之武城，聞弦歌之聲。夫子莞爾而笑，曰：『割雞焉用牛刀？』子游對曰：『昔者，偃也聞諸夫子曰：「君子學道則愛人，小人學道則易使也。」』子曰：『二三子！偃之言是也，前言戲之也。』」㉘前言　指孔子前面說過的話。㉙距　通「拒」。對抗；反駁。㉚寡　很少。㉛實道是非　切實講清是非。

【語　譯】論者都說：「孔門弟子，七十二位賢才，都勝過了當今的儒生。」這種說法是荒謬的。他們看見當時是孔子做這些人的老師，以為聖人傳道，一定會培養出特異的人才，所以說這些學生與眾不同。古人的才能，如同今人的才能，現在稱他們作英雄豪傑，古人把他們當作聖賢神明，所以就說七十二子是歷代少有的。假使當今有孔子這樣的老師，那麼當代學人就都成為顏淵、閔損這樣的人才了；假使當時沒有孔子，那麼七十二子這樣的弟子，也不過等於今天這樣的儒生了。用什麼證明呢？用他們向孔子學習，不能追根問底這一點就可以證明。聖人的話，不能全部理解，陳述的道理，不能立即明白。不能立即明白，就應該通過提問把它弄明白；不能全部理解，就應該通過批評來求得徹底的理解。皋陶在帝舜面前陳述治國的道理，說得膚淺粗略而不透徹。禹提出質疑並予以反駁，原來粗淺的話進而又深化了，粗略的含意又清楚明白了。正是由於禹的反問和批評，才使皋陶講的治國之道因為受激發而說得更深刻確切、被觸動而講得更明白了。

孔子譏笑子游在武城彈琴唱歌，子游引用孔子以前所說的話來反駁孔子。現在考察《論語》中的文字，孔子的話多像譏笑彈琴唱歌的言辭一樣，而弟子很少像子游的反駁和責難，因此孔子的話，就像解不開的結一樣難以理解了。因為七十二子當時都沒有對孔子的言論加以責難弄清原意，今世的儒生也就更不可能切實講清孔子言論的是非曲直了。

凡學問之法，不為無才❶，難於距❷師，核道❸實義，證定是非也。問難之道，非必對聖人及生時❹也。世之解說說人❺者，非必須聖人教告乃敢言也。苟❻有不曉解之問，追難❼孔子，何傷❽於義？誠❾有傳聖業之知❿，伐⓫孔子之說，何逆⓬於理？謂問孔子之言，難其不解之文，世間弘才大知⓭生⓮，能答問解難之人，必將賢吾⓯世間難問之言是非。

【章旨】此章總結上文，說明問孔原因。

【注釋】❶不為無才　不在於沒有才能。❷距　通「拒」。反駁；反問。❸道　方法。❹生時　活著的時候。❺解說說人　解釋孔子之說來教導別人。❻苟　如果。❼追難　追問責難。❽傷　害；損。❾誠　果真。❿知　通「智」。⓫伐　攻伐；批駁。⓬逆　違背。⓭弘才大知　大才大智。⓮生　出現。⓯賢吾　以我為賢。這裡是肯定、贊成的意思。

【語譯】大凡學問的方法，不在於沒有才能，難就難在與老師抗辯，核實道理，確定是非。問難的方法，不一定要在聖人活著的時候面對面問他。現在講解孔子的言論來教導別人的人，不一定必須是孔子教導過的話才敢說出來。如果有不知解釋的問題，追問批評孔子，對其義又有什麼損害呢？果真有傳授聖人學業的才智，批駁孔子的說法，又有什麼不合理的呢？至於說我對孔子的言論及其不好理解的文章所做的批駁和責難，如果世上有弘才大智的人出現，而他們又是能夠回答和解決這些疑難問題的人，那麼就一定會贊成我們這個時代這種通過質疑和批評來弄清是非的做法。

孟懿子❶問孝，子曰：「毋違❷。」樊遲御❸，子告之曰：「孟孫問孝於我，我對曰：『毋違』。」樊遲曰：「何謂也？」子曰：「生，事❹之以禮❺；死，葬之以禮，祭之以禮。」

問曰：孔子之言「毋違」，毋違者，禮也。孝子亦當先意承志❻，不當違親之欲。孔子言「毋違」，不言「違禮」，懿子聽孔子之言，獨❼不為嫌❽於無違志乎？樊遲問何謂，孔子乃言「生，事之以禮；死，葬之以禮，祭之以禮」。使樊遲不問，「毋違」之說，遂不可知也。懿子之才，不過樊遲，故《論語》篇中不見言行。樊遲不曉，懿子必能曉哉？

孟武伯❾問孝，子曰：「父母，唯其疾之憂。」❿武伯善憂父母，故曰「唯其疾之憂」。武伯憂親，懿子違禮。攻⓫其短⓬，答武伯云「父母，唯其疾之憂」，對懿子亦宜言「唯水火之變乃違禮」。周公⓭告小才敕⓮，大才略⓯。子游之大才也，孔子告之敕。懿子小才也，告之反略，違周公之志。攻懿子之短，失道理之宜，弟子不難，何哉？如以懿子權尊⑯，不敢極言，則其對武伯，亦宜但言「毋憂」而已。俱孟氏子也，權尊鈞⑰同，敕武伯而略懿子，未曉其故也。使孔子對懿子極言「毋違禮」，何害之有？專魯⑱莫過季氏，譏八佾⑲之舞庭，刺太山⑳之旅㉑祭，不懼季氏憎邑㉒不隱諱之害，獨畏答懿子極言之罪，何哉？且問孝者非一，皆有御者，對懿子言，不但心服臆肯㉓，故告樊遲！

【章旨】此章對孔子關於「孝」的言論提出質問。

【注釋】❶孟懿子　春秋時魯國大夫。孟孫氏，名何忌，諡「懿」，故名。❷毋違　不要違背。❸御　駕車。❹事　侍奉。❺禮　指周禮。見《論語・為政》。❻承志　順從意願。❼獨　豈；難道。❽嫌　猜疑。❾孟武伯　孟懿子之子，孟孫氏，名彘，諡「武」，故稱武伯。❿子曰三句　見《論語・為政》。⓫攻　攻擊。此指針對之意。⓬短　缺處；弱點。⓭周公　武王之弟。⓮敕　詳盡；明白。《方言》：「敕，備也。」⓯略　簡略。⓰權尊　有權勢；有地位。⓱鈞　通「均」。⓲專魯　專權於魯。即在魯國專權。⓳八佾　古代天子用的樂舞，排列成行，縱橫都是八人，共計六十四人。佾，行列。據《論語・八佾》：「孔子謂季氏八佾舞於庭。是可忍也，孰不可忍也！」季氏是大夫，用八佾則違背周禮，故孔子譏刺他。《穀梁傳・隱公五年》云：「舞夏，天子八佾，諸公六佾，諸侯四佾。」又《左傳・隱公五年》云：「天子用八，諸侯用六，大夫四，士二。」⑳太山　即泰山。㉑旅　古時祭祀山川之稱。據《論語・八佾》云：「季氏旅於泰山，子謂冉有曰：『汝不能救歟？』對曰：『不能。』子曰：『嗚呼！曾謂泰山不如林放乎？』」林放，人名，春秋時魯國人，字子立，嘗問禮之本。季康子為陪臣，旅於泰山，違背周禮關於天子和諸侯才能祭祀泰山的規矩，是一種僭越的行為，故孔子譏刺之。㉒憎邑　憎惡。邑，通「悒」。㉓心服臆肯　心滿意足。這裡指自鳴得意。臆，胸臆。

【語　譯】孟懿子問孔子什麼是孝，孔子說：「不要違背。」樊遲一次駕車時，孔子告訴他說：「孟孫向我問什麼是孝，我回答說『不要違背』。」樊遲說：「這是什麼意思呢？」孔子說：「父母在世時，要按照周禮的規定侍奉他們；死了，要按周禮的規定安葬他們，祭祀他們。」

王充質問道：孔子說「不要違背」，說「不要違背」是指不要違背周禮。然而孝子也還應當事先徵求父母的意見，順從父母的意願，不要違背父母的想法。孔子只是說「不要違背」，不說「不要違背周禮」，孟懿子聽從孔子的說法，難道不會猜疑為不要違背父母的意願嗎？樊遲問是什麼意思，孔子才說「父母在世時，要按照周禮的規定侍奉他們；父母去世時，要按周禮的規定安葬他們，祭祀他們」。假使樊遲不問孔子，「不要違背」的說法，就不可能知道是什麼意思了。孟懿子的才智，不會超過樊遲，因此《論語》篇中看不到他的有關言論行為的記載，樊遲不曉得是什麼意思，孟懿子就一定能曉得是什麼意思嗎？

孟武伯問孝道，孔子說：「對父母，只有當父母生病的時候，才應該憂慮的。」因為武伯總愛替父母擔憂，所以說「只有當父母生病時，才應該憂慮」。武伯替父母擔憂，懿子違背周禮的規定。如果針對他們的短處，那麼回答武伯時就應該說「對父母，只有當他們生病時才應該憂慮」，而對懿子也應該說「只有遇到水災火災時才可能違背周禮」。周公告誡才能小的人時就說得很詳盡，才能大的人就說得很簡略。子游是具有大才能的，孔子告訴他時說得很詳盡，懿子是小才，孔子告訴他反而很簡略，這就違反了周公的用意了。如果針對懿子的短處，那麼孔子的說法就不合道理，他的弟子不提出責難，這是為什麼呢？如果因為孟懿子有權勢有地位，不敢追根問底的話，那麼他對武伯也應該只說「不要憂慮」而已。他們都是孟孫氏的後代，權勢地位都相同，對孟武伯說得明白詳盡，而對孟懿子說得粗略，不曉得這是什麼緣故。假使孔子對孟懿子很透徹地說「不要違背周禮」的話，又有什麼不好呢？在魯國專權的人沒有超過季孫氏的，季平子在家廟演奏「八佾」樂舞，季康子去祭祀泰山，因為違背了周禮的規定，孔子都敢於譏刺，不害怕由於季孫氏憎惡不為他們隱瞞過錯而帶來的禍害，難道還害怕回答孟懿子追根問底的罪過，為什麼呢？況且向孔子問孝道的人不止一個，每次都有替孔子駕車的人在旁邊，為什麼孔子對回答孟懿子的話，不但感到自鳴得意，還故意要告訴樊遲呢！

孔子曰：「富與貴，是人之所欲也，不以其道得之，不居也。貧與賤，是人之所惡也，不以其道得之，不去也。」❶此言人當由道義得，不當苟❷取也；當守節安貧，不當妄❸去也。

夫言不以其道得富貴，不居，可也；不以其道得貧賤，如何？富貴顧❹可去，去貧賤何之❺？去貧賤，得富貴也；不得富貴，不去貧賤。如謂得富貴不以其道，則不去貧賤邪？則所得富貴，不得貧賤也。貧賤何故當言得之？顧當言「貧與賤，是人之所惡也，不以其道去之，則不去也」。當言「去」，不當言「得」；「得」者，施❻於得之也。今去之，安得言「得」乎？獨富貴當言「得」耳。何者？得富貴，乃去貧賤也。是則以道去貧賤如何？修身行道，仕得爵祿富貴，得爵祿富貴，則去貧賤矣。不以其道去貧賤如何？毒苦❼貧賤，起為奸盜，積聚貨財，擅相官秩❽，是為不以其道。

七十子既不問，世之學者亦不知難。使此言意不解而文不分，是謂孔子不能吐辭❾也；使此言意結❿，文又不解，是孔子相示⓫未形悉⓬也。弟子不問，世俗不難，何哉？

【章　旨】此章針對孔子的富貴貧賤之論提出質問。

【注　釋】❶孔子曰九句　見《論語・里仁》。曾是孔子言志的話，但有語病，被王充引來問難。不居，不處。此指不接受。去，拋棄；擺脫。❷苟　苟且；不正當。❸妄　亂；不擇手段地。❹顧　通「固」。❺何之　何往；到哪裡去。之，到；往。❻施　用。❼毒苦　痛恨；痛苦。❽擅相官秩　專於覬覦官秩。❾吐辭　言辭；說話。❿結　糾纏不清。⓫相示　向人表示。⓬形悉　明白；詳盡。

【語　譯】孔子說：「富與貴，是人人所盼望的；不以正當的方法去得到它，君子不會接受。貧困和卑賤，這是人人所厭惡的；不用正當的方法擺脫貧賤，君子也不能擺脫它。」這是說人們應該用合乎正道的手段來取得富貴，不應當用不正當的手段來取得它；應當保持節操，安於貧賤，不應當不擇手段地擺脫它。

說不以正當的方法去得到富貴，君子不會接受，是可以的；而不用正當的方法擺脫貧賤，又怎麼樣呢？富貴固然可以拋棄，那又怎麼擺脫貧賤呢？擺脫貧賤，就是說已取得富貴；如果沒有得到富貴，那也就沒有擺脫貧賤；如果是說取得富貴不合乎正道，就寧可不擺脫貧困和卑賤的地位嗎？那麼所取得的是富貴，而不是得到貧賤。怎麼能說得到貧賤呢？本來應當說「貧賤是人人所厭惡的；不以正當的方法擺脫它，就不能擺脫」。應當說「擺脫」，而不應當說「取得」。「得」字，是用以解釋得到什麼東西的。現在擺脫了貧賤，怎麼能說「得」呢？惟獨富貴應當說得到而已。為什麼？因為取得富貴，才可能擺脫貧賤。那麼怎樣做才算是以正當的手段來擺脫貧賤呢？提高自身的修養，按正道行事，做官取得爵位俸祿富貴，就擺脫貧賤了。怎樣做才算是不用正當的手段擺脫貧賤呢？因為痛恨貧賤，就起而當盜賊，積聚貨物財產，擅自封官，這就是不用正當手段來擺脫貧賤啊。

七十二弟子既然沒有提出質問，世上的學者也沒有提出批評責難，如果說這句話的意思不好理解，而且文字又不分明，這就說明孔子不會說話；如果說這句話的含意本身就糾纏不清，而文字上又不可理解，這就說明孔子向人們表述得不夠詳盡清楚啊。弟子不提出質疑，世人不提出責難，這是為什麼呢？

孔子曰：「公冶長❶可❷妻❸也，雖在縲紲❹之中，非其罪也。」以其子❺妻之。

問曰：孔子妻公冶長者，何據見哉？據年三十❻可妻邪？見其行賢可妻也？如據其年三十，不宜稱「在縲紲」；如見其行賢，亦不宜稱「在縲紲」。何則？諸❼入孔子門者，皆有善行，故稱備徒役❽。徒役之中無妻，則妻之耳，不須稱❾也。如徒役之中多無妻，公冶長尤賢，故獨妻之，則其稱之，宜列其行❿，不宜言其「在縲紲」也。何則？世間強受非辜⓫者多，未必盡賢人也。恆人⓬見⓭枉，眾多非一。必以非辜為孔子所妻，則是孔子不妻賢，妻冤也。案孔子之稱公冶長，有非辜之言，無行能⓮之文。實不賢，孔子妻之，非也；實賢，孔子稱之不具⓯，亦非也。誠⓰似妻南容⓱云：「國有道不廢，國無道免於刑戮⓲。」具稱之矣。

【章旨】此章批駁孔子「妻公冶長」之論。

【注釋】❶公冶長　孔門弟子。姓公冶，名長，魯人。❷可　值得。❸妻　動詞。將女兒嫁給人。❹縲紲　捆綁犯人的繩索。引申為監獄、牢房。據說當地有人被暗殺，公差追查兇手時，有鳥鳴於樹上曰「公冶長」，遂逮捕公冶長下獄。孔子知其無罪，則以女妻之。❺子　女兒。見《論語・公冶長》。❻年三十　三十歲。據《周禮・地官・媒氏》：「令男三十而娶，女二十而嫁。」❼諸　凡；眾。❽稱備徒役　列為弟子。古人規定學生須替先生服役，故稱備徒役。徒役，門徒；學生。備，充當。❾稱　稱贊。❿行　品行。⓫非辜　無罪。⓬恆人　一般人；平常人。⓭見　被。⓮行能　品德才能。⓯具　完備；全面。⓰誠　如果；果真。⓱南容　人名。即南宮適，字子容。孔子弟子。⓲國有道不廢二句　見《論語・公冶長》。刑戮，刑罰。

【語　譯】孔子說：「公冶長這個人，值得把我的女兒嫁給他，雖然他在監牢之中，但並不是他的罪過啊。」於是孔子把自己的女兒嫁給了他。

請問：孔子把女兒嫁給公冶長，是根據和看到什麼呢？是根據他的年紀已經三十歲就可以把女兒嫁給他呢？還是看到他品行很好值得把女兒嫁給他呢？如果根據他年紀已經三十歲的話，就不應該稱他「在監牢中」；如果看見他品行很好，也不應該稱他「在監牢中」。為什麼？凡是進入孔子門下的人，都有美好的德行，所以說他們完全能夠充當孔子的門徒。在門徒之中公冶長沒有娶妻子，那麼就把女兒嫁給他好了，沒有必要稱贊他。假如門徒之中大多數沒有娶妻子，公冶長又特別有才能，所以孔子只把自己的女兒嫁給他，那麼孔子稱贊他，就應該列舉他的優秀品行，而不應該說他「在監牢中」啊。為什麼？人世間本來無罪過而被迫接受懲罰的人是很多的，不一定都是才能出眾的人。一般的人被冤枉，人數也很多，並不是只有一個。如果一定要因為沒有罪過而被監禁，孔子才把自己的女兒嫁給他，那麼孔子不把女兒嫁給有才能的人，那被嫁出去的女兒就冤枉了。考察孔子稱道公冶長的話，只有說他沒有罪過的言論，沒有稱贊他品德才能的言辭和文字。如果公治長確實沒有才能，孔子把自己的女兒嫁給他，就是不對的；如果確實有才能，孔子稱贊他的話就不夠全面，也是不對的。如果像孔子把自己的侄女嫁給南宮子容那樣說：「國家政治清明，你能有官做；國家政治黑暗時，你也不至於受刑罰。」這種評價就比較全面了。

子謂子貢❶曰：「汝❷與回也孰❸愈❹？」曰：「賜也何敢望❺回？回也聞一以知十，賜也聞一以知二。」子曰：「弗如也，吾與汝俱不如也。」❻是賢顏淵，試以問子貢也。

問曰：孔子所以教者，禮讓也。子路「為國以禮，其言不讓」，孔子非❼之。使子貢實愈顏淵，孔子問之，猶曰「不如」；使實不及，亦曰「不如」。非失對欺師❽，禮讓之言，宜謙卑也。今孔子出言，欲何趣❾哉？使孔子知顏淵愈子貢，則不須問子貢。使孔子實不知，以問子貢，子貢謙讓，亦不能知。使孔子徒❿欲表善⓫顏淵，稱顏淵賢，門人莫及，于名⓬多矣，何須問於子貢？子曰：「賢哉，回也⓭！」又曰：「吾與言終日，不違，如愚⓮。」又曰：「回也，其心三月不違仁⓯。」三章⓰皆直稱⓱，不以他人激⓲，至是一章，獨以子貢激之，何哉？

或曰⓳：「欲抑⓴子貢也。當此之時，子貢之名凌㉑顏淵之上，孔子恐子貢志驕意溢㉒，故抑之也。」夫名在顏淵之上，當時所為，非子貢求勝之也。實子貢之知何如哉？使顏淵才在己上，己自服之，不須抑也；使子貢不能自知，孔子雖言，將謂孔子徒欲抑己。由此言之，問與不問，無能抑揚。

【章　旨】此章批評孔子「賢顏淵」而「試以問子貢」之非。

【注　釋】❶子貢　孔子弟子。姓端木，名賜。❷汝　你。❸孰　誰。❹愈　賢；好。❺望　通「方」。比。❻子曰三句　見《論語・公治長》。弗如，不如。❼非　責備；批評。據《論語・先進》，子路自吹三年治理好一個大國，孔子當面批評他說：「為國以禮，其言不讓。是故哂之。」❽失對欺師　回答錯誤，欺騙老師。❾趣　趨向；目的；意趣。❿徒　僅僅；只。⓫表善　表揚；贊美。⓬名　名目；說法。⓭賢哉二句　見《論語・雍也》。⓮如愚　好像很愚蠢。見《論語・為政》。⓯回也二句　見《論語・雍也》。三月，言時間很長。⓰三章　指上文所引的《論語》三段言論。章，章節。⓱直稱　直接稱贊。⓲激　激揚；抬高。⓳或曰　有人說。此指替孔子辯解的人說。⓴抑　壓抑；貶低。㉑凌　凌駕。㉒志驕意溢　驕傲自滿。

【語　譯】孔子對子貢說：「你同顏回相比，誰好些？」子貢說：「我端木賜怎麼敢同顏回相比？顏回聞一而知十，我端木賜聞一而知二。」孔子說：「不如他，我與你都不如他啊。」這是孔子認為顏淵很不錯，試探性地詢問子貢啊。

請問：孔子用來教育學生的，是禮讓啊。子路「以禮治國，講話卻不謙讓」，因此孔子曾經當面批評過他。如果子貢確實勝過顏淵，孔子問他，還得說「不如」；如果確實不及顏淵，也要說「不如」。並不是子貢回答錯誤和欺騙老師，而是因為按照禮讓的原則講話，子貢應該謙虛啊。如今孔子講的話，目的是什麼呢？假使孔子知道顏淵勝過子貢，就沒有必要問子貢。假使孔子確實不知道兩人誰比較好，因此問子貢，子貢謙讓，孔子也不能了解到真實情況。如果孔子僅僅想表揚贊美一下顏淵，稱贊顏淵的才能，其他門徒都趕不上他，那麼說法多得很，何須去問子貢？孔子說：「賢才啊，顏回！」又說：「我同顏回談論學問談了一整天，他從不提出不同意見，好像很愚笨一樣。」又說：「顏回嘛，他的思想從來不違背一個『仁』字。」這三章中都直接對顏回加以稱贊，而沒有通過和別人對比來抬高顏回，到這一章，惟獨通過與子貢對比來抬高顏回，這是為什麼呢？

有人替孔子辯解說：「孔子那樣說是想貶低子貢啊。當這個時候，子貢的名聲凌駕在顏淵之上，孔子恐怕子貢驕傲自滿，因此貶低一下他。」子貢的名聲在顏淵之上，這是當時的人們造成的，不是子貢自己求勝的結果。實際上子貢的自知之明的程度究竟怎麼樣呢？如果子貢有自知之明，知道顏淵的才能在自己之上，自己自然佩服顏淵，孔子就用不著去貶低他；如果子貢沒有自知之明，孔子即使這樣說，將認為孔子只想壓抑自己。由此說來，孔子問與不問子貢，都不能起到壓抑子貢或表揚顏淵的實際作用。

宰我❶晝寢❷。子曰：「朽木不可雕也，糞土之牆❸不可汙❹也。於予❺，予❻何誅❼？」是惡宰予之晝寢。

問曰：晝寢之惡也，小惡也；朽木糞土，敗毀不可復成之物，大惡也。責小過以大惡，安能服人？使宰我性不善，如朽木糞土，不宜得入孔子之門，序❽在四科❾之列；使性善，孔子惡之，惡之太甚，過也。「人之不仁，疾之已甚，亂也❿」。孔子疾宰予，可謂甚矣！使下愚之人涉⓫耐罪⓬之獄⓭，吏令⓮以大辟⓯之罪，必冤而怨邪？將服而自咎⓰也？使宰我愚，則與涉耐罪之人同志⓱。使宰我賢，知孔子責之，幾微⓲自改矣。明文以識之⓳，流言以過之⓴，以其言示端㉑而己自改。自改不在言之輕重，在宰予能更㉒與否。

《春秋》之義，采㉓毫毛㉔之善，貶㉕纖介㉖之惡。褒毫毛以巨大，以巨大貶纖介，觀《春秋》之義，肯是之乎？不是，則宰我不受，不受㉗，則孔子之言棄㉘矣。聖人之言與文相副，言出於口，文立於策㉙，俱發於心，其實一也。孔子作

《春秋》，不貶小以大，其非宰予也，以大惡細，文語相違，服人如何？

【章旨】此章言孔子疾宰予太甚，以大惡細，文語相違，不能服人。

【注釋】❶宰我　宰予。字子我，孔子弟子。❷晝寢　白天睡覺。❸糞土之牆　爛泥牆。❹汙　塗抹。❺於予　對於宰予。❻予　我。❼誅　責備。以上事見《論語．公冶長》。❽序　列入。❾四科　孔子將學生按其特長分為四科，即德行、言語、政事、文學。宰予列入「言語科」。❿人之不仁三句　見《論語．泰伯》。亂，指出亂子。⓫涉　牽連；犯。⓬耐罪　古代剃掉犯人鬢角鬍鬚而使其服勞役的一種輕微刑罰。⓭獄　罪案。⓮令　下令。此指判決。⓯大辟　死刑。⓰自咎　自責；責備自己。⓱同志　想法相同。⓲幾微　稍微提一下。⓳識之　使之知道。⓴過之　責備他。㉑示端　露出一點苗頭。㉒更　改變；改正過失。㉓采　採納；採取。㉔毫毛　形容細小。㉕貶　貶斥。㉖纖介　形容極細微的東西。介，通「芥」。小草。㉗不受　不予接受。㉘棄　白費；沒用。㉙策　書寫用的竹簡。

【語譯】宰予在白天睡覺。孔子說：「腐朽的木頭不能雕刻，糞土似的牆壁不可再粉刷，對宰予這樣一個不可造就的人，我還有什麼值得責備的呢！」這是孔子憎惡宰予白天睡覺才這樣批評的。

請問：白天睡覺的過錯，是令人厭惡的；朽木糞土這類一毀壞就不能恢復的東西，才是最使人痛恨的。用最痛恨的態度去責備輕微的過錯，怎麼能使人信服？假如宰予的品性不好，像朽木和糞土一樣，就不應該進入孔子的門下，列入到「四科」的行列；假如宰予品性很好，孔子憎恨他，但憎恨得也太過分了。孔子說過：「對待不仁的人，如果痛恨得太過分了，就會出亂子。」孔子憎恨宰予，可以說太過分了。如果一個十分愚蠢的人犯了一種輕微的罪過，而司法官吏竟判他死罪，一定會受冤枉，是會產生怨恨之心呢？還是會服罪，自己責備自己呢？如果宰予愚蠢，就會同那個犯了輕微罪過的人的想法相同；如果宰予很聰明能幹，知道孔子在責備自己，稍加暗示，自己就會改正了。用明白的話使他知道也好，由別人傳話來責備他也好，只要孔子稍微用自己的話給他一點啟示，他自己就會自覺改正的。自己改正過錯，不在於說話的輕重，而在於宰予能不能改正錯誤。

《春秋》一書的原則，是採納極微小的好事，去指責極微小的壞事。用分量很重的話來誇獎極微小的好事，用分量很重的話來貶斥極細小的壞事，看看《春秋》的宗旨，能認為這是正確的嗎？不是這樣，宰予就不會接受；如果不接受，孔子的話就等於沒用了。聖人說的話與寫的文章應該是相符合的，話出於孔子的口，文寫在竹簡上，都從心靈深處抒發出來，它們實際上是一致的。孔子作《春秋》，不以大貶小，他批評宰予的時候，卻以大惡小，寫文章與說話如此自相矛盾，怎麼能使人信服呢？

子曰：「始吾於人也，聽其言而信其行；今吾於人也，聽其言而觀其行。於予，予改是。」❶蓋起宰予晝寢，更知人❷之術也。

問曰：人之晝寢，安足以毀行❸？毀行之人，晝夜不臥，安足以成善？以晝寢而觀人善惡，能得其實乎？案宰予在孔子之門，序於四科，列在賜上❹。如性情怠，不可雕琢，何以❺致❻此❼？使宰我以晝寢自致此，才復過人遠矣！如未成就，自謂已足，不能自知，知不明耳，非行惡也。曉❽敕❾而已，無為❿改術也。如自知未足，倦極晝寢，是精神索⓫也。精神索，至於死亡，豈徒寢哉！

且論人之法，取其行則棄其言，取其言則棄其行。今宰予雖無力行，有言語。用言⓬，今行缺⓭，有一概⓮矣。今孔子起宰予晝寢，聽其言，觀其行，言行相應，則謂之賢，是孔子備⓯取人⓰也。「毋求備於一人」⓱之義何所施⓲？

【章　旨】此章由宰予晝寢引出，批駁孔子的知人之術。

【注　釋】❶子曰七句　見《論語・公治長》。改是，改變以前這種知人之術。❷知人　了解、鑑別人。❸毀行　敗壞品行。❹列在賜上　名次排列在子貢之上。《論語・先進》：「言語：宰予，子貢。」故王充以為宰予之名在先。賜，指子貢。❺何以　以何；憑什麼。❻致　達到。❼此　指名次排在子貢之上。❽曉　說明。❾敕　告誡；命令。❿無為　用不著。⓫索　盡。⓬用言　憑著言語。⓭令行缺　即使行為有缺陷。⓮一概　一個方面；一端。⓯備　完備；求全責備。⓰取人　選擇人。⓱毋求備於一人　見《論語・微子》。⓲施　實施；運用。

【語　譯】孔子說：「起初我對於人，是聽到他的話就相信他的行為；現在我對於人，是聽到他的話而又觀察他的行為。從宰予身上，我改變了以前那種觀察人的方法。」這大概是孔子從宰予白天睡覺這件事開始，改變了認識、判斷別人的方法吧。

請問：一個人白天睡覺，怎麼能夠敗壞他的品行呢？敗壞自己品行的人，即使白天夜晚都不睡覺，又怎麼能夠變成美好的品行呢？如果按照白天睡不睡覺來觀察人的品行的好壞，能夠得到他的真實情況嗎？考察宰予在孔子門下，被列入四科，名次排列在子貢之上。如果他生性怠惰，像朽木一樣不可以雕琢，又怎麼能夠名次排列在子貢之上？如果說宰予在白天睡覺還能達到這種名次的話，那麼他的才能更是遠遠地超過別人了。如果他的學業沒有成就，自以為已經學得很好了而白天睡大覺，那只是他沒有自知之明而已，並不是品行惡劣啊。那麼，孔子明白告誡他就行了，用不著改變自己評鑑人物的方法。如果他自知不足，學習得很疲倦了，於是白天睡覺，這是因為精神耗費已盡的緣故。精神耗盡，就會導致死亡，哪裡只是白天睡覺的問題啊！

況且評論人的方法，如果行為可取就不管他的言論，言論可取就不管他的行為了。現在宰予雖然沒有努力的行為，卻有言語可取。憑著言語方面的成就，即使行為方面有缺陷，也有一個可取之處了。現在孔子從宰予白天睡覺這件事開始，聽他講話，對照他的行為，言論和行為若相符合，才可以稱作賢人，這樣看來，孔子就是以求全責備來選擇人了。那麼「對於一個人不要求全責備」的原則，又運用到哪裡去了呢？

子張❶問：「令尹子文❷三仕❸為令尹，無喜色；三已❹之，無慍❺色。舊令尹之政，必以告新令尹。何如？」子曰：「忠矣！」曰：「仁矣乎？」曰：「未知❻，焉❼得仁？」子文曾舉楚子玉❽代己位而伐宋，以百乘敗而喪其眾，不知如此，安得為仁？

問曰：子文舉子玉，不知人也。智與仁，不相干也。有不知之性，何妨為仁之行？五常之道，仁、義、禮、智、信也；五者各別，不相須❾而成❿。故有智人，有仁人者；有禮人，有義人者。人有信者未必智，智者未必仁，仁者未必禮，禮者未必義。子文智蔽⓫於子玉，其仁何毀？謂仁，焉得不可？且忠者，厚也。厚人⓬，仁矣！孔子曰：「觀過，斯知仁矣⓭。」子文有仁之實矣。孔子謂忠非仁，是謂父母非二親，配匹⓮非夫婦也。

【章旨】此章駁斥孔子謂「忠」非「仁」之說。

【注釋】❶子張　孔子弟子。姓顓孫，名師，字子張。❷子文　姓鬬，名穀於菟。春秋時楚國人。❸三仕　多次做官。❹三已　多次罷官。已，止。此指被罷免官職。❺慍　怒。❻知　通「智」。❼焉　怎麼。以上事見《論語・公冶長》。❽子玉　姓成，名得臣，字子玉。春秋時楚國人。子文曾推薦他做令尹。西元前六三二年率兵伐宋，於城濮之戰大敗，自殺。見《左傳・僖公二十八年》。❾須　依賴。❿成　成就；具備。⓫蔽　不明白；有所不足。⓬厚人　忠厚待人。⓭觀過二句　見《論語・里仁》。斯，則；就。⓮配匹　配偶。

【語譯】子張問道：「令尹子文多次做官為令尹，沒有一點喜色；多次罷官，沒有一點怒色。每次交接，都把原來自己做令尹時的全部政事，轉告給新上任的令尹。這個人怎麼樣？」孔子說：「可算是忠誠啊！」子張說：「算不算仁呢？」孔子說：「連智者都算不上，怎麼稱得上仁人呢？」子文曾經列舉楚人子玉取代自己的官位，帶兵攻打宋國，以一百輛戰車的兵力，卻被打得大敗，而喪失了楚軍的全部人馬，這樣沒有才智，怎麼能算得上仁人？

請問：子文所列舉的子玉，不是智人。智與仁，是互不相干的。有不智的品性，怎麼會妨害為仁的行為？五種道德綱常，就是仁、義、禮、智、信。這五種道德各不相同，不必互相依賴才能具備某一種道德，因此有智人，有仁人；有禮人，有義人。有信用的人不一定有才智，有才智的人不一定有仁愛之心，有仁愛之心的人不一定有禮，有禮的人不一定有義。子文的才智在識別子玉時就有所不足，這對他的「仁」又有什麼損害？說他仁，怎麼不可以呢？況且忠就是忠厚，待人忠厚，就是仁啊！孔子說：「考察一個人犯什麼錯誤，就知道他有沒有仁德了。」根據這種說法，子文能推薦子玉為令尹，對他很厚道，實際上就有仁德啊。孔子說忠不與仁相干，這等於說父母不是雙親，配偶不是夫妻啊。

哀公❶問：「弟子孰謂❷好學？」孔子對曰：「有顏回者，不遷怒❸，不貳過❹，不幸短命死矣。今也則亡❺，未聞好學者也。」

夫顏淵所以死者，審❻何用❼哉？今❽自❾以短命，猶伯牛之有疾也。人生受命，皆當全❿潔⓫，今有惡疾，故曰「無命」。人生皆當受天長命，今得短命，亦宜曰「無命」。如命有短長，則亦有善惡矣。言顏淵「短命」，則宜言伯牛「惡命」；

言伯牛「無命」，則宜言顏淵「無命」。一死一病，皆痛云「命」，所稟不異，文語不同，未曉其故也。

哀公問孔子孰為好學，孔子對曰：「有顏回者好學，今也則亡。不遷怒，不貳過。」何也？曰：「並攻哀公之性遷怒、貳過故也。因⓬其問則並以對⓭之，兼以攻上⓮之短，不犯其罰。」

問曰：康子亦問好學，孔子亦對之以顏淵⓯。康子亦有短，何不並對以攻康子？康子非聖人也，操行猶有所失。成事⓰：康子患⓱盜，孔子對曰：「苟子之不欲，雖賞之不竊。」⓲由此言之，康子以「欲」為短也，不攻，何哉？

【章　旨】此章質問孔子對於顏淵「好學」的評論。

【注　釋】❶哀公　春秋時魯國君主。西元前四九四至前四六八年在位。❷謂　通「為」。是。❸不遷怒　對這個人生氣，不移到另一個人身上。❹不貳過　做過一件錯事，不再重犯這類錯誤。❺亡　通「無」。沒有。❻審　果真；確實。❼用以；由於。❽令　假令；如果。❾自　生來；本來。❿全　健全；沒有殘廢。⓫潔　肌膚潔淨。⓬因　就；順著。⓭對　回答。⓮上　君主。指魯哀公。⓯問曰三句　見《論語・先進》：「季康子問弟子孰為好學。孔子對曰：有顏回者好學，不幸短命死矣，今也則亡。」季康子，季孫肥，魯國大夫，諡「康」，故名。⓰成事　現成的事例。⓱患　擔憂。⓲孔子對曰三句　見《論語・顏淵》。

【語　譯】魯哀公問孔子：「你的學生中誰是最好學的人？」孔子回答說：「有顏回這個人，從不把怒氣發洩到別人身上，從不重犯同類的錯誤，不幸已經短命死了。現在就沒有這樣的人，沒有聽說有好學的人了。」

顏淵之所以早死的原因，到底是由於什麼呢？假如是由於生來就短命，就如同伯牛得了惡疾一樣。人生下來就受命於天，身體應當都是健全潔淨的，現在卻得了這樣的惡疾，所以說沒有得到「全潔」的命。人生下來都應當承受上天賦予的「長命」，現在得到的卻是「短命」，也應當說沒有得到天賦予的「長命」。如果說命有長短，那麼命也應當有善惡了。說顏淵「短命」，就應該說伯牛承受的是「惡命」；說伯牛沒有得到上天賦予的「長命」，就應該說顏淵也沒有得到上天賦予的「長命」。一個早死，一個病死，都痛心地談到一個「命」字，顏淵和伯牛承受的命並沒有什麼差別，而孔子所用的文辭不同，不曉得這是什麼緣故。

魯哀公問孔子誰是最好學的學生，孔子回答說：「只有顏回這個人最好學，現在已經沒有最好學的人了。顏回這個人從不把怒氣發洩到別人身上，從不重犯同類的錯誤。」這是什麼意思呢？有人說：「這是孔子借著答問一併指責魯哀公的性情總是喜歡把怒氣發洩到別人身上、總是重犯同樣的錯誤的緣故吧。於是孔子順著他的發問就一併給予這樣的回答，同時用來攻擊一下魯哀公的短處，又不至於因觸犯他而受到他的責罰。」

我想請問：季康子也曾經問過孔子，學生中哪個最好學，孔子也用顏淵最好學來回答他。季康子也有缺點，孔子為什麼不借答問的機會一併責難一下季康子呢？季康子不是聖人，品德行為還是有所失的。已有的事例是：季康子耽心魯國的盜竊案件日益增多，而孔子回答說：「如果你自己不貪圖財利，即使獎勵人去偷竊，也沒有人去盜竊的。」由此說來，季康子的短處在於貪圖財利，孔子在回答誰最好學時，沒有趁機攻擊他，這又是為什麼呢？

孔子見南子❶，子路不悅。子曰：「予所鄙者，天厭❷之！天厭之！」南子，衛靈公夫人也，聘孔子，子路不說❸，謂孔子淫亂也。孔子解之曰：「我所為鄙陋者，天厭殺我！」至誠❹自誓，不負子路也。

問曰：孔子自解，安能解乎？使世人有鄙陋之行，天曾厭殺之，可引以誓。子路聞之，可信❺以❻解❼。今未曾有為天所厭者也，曰「天厭之」，子路肯信之乎？行事：雷擊殺人，水火燒溺人，墻屋壓填❽人。如曰「雷擊殺我」，「水火燒溺我」，「墻屋壓填我」，子路頗❾信之。今引未曾有之禍，以自誓於子路，子路安肯曉解而信之？行事：適❿有臥厭⓫不悟⓬者，謂此為天所厭邪？案諸臥厭不悟者，未皆為鄙陋也。子路入道⓭雖淺，猶知事之實。事非實，孔子以誓，子路必不解矣。

孔子稱曰：「死生有命，富貴在天。」⓮若此者，人之死生自有長短，不在操行善惡也。成事：顏淵蚤⓯死，孔子謂之「短命」。由此知短命夭死之人，未必有邪行也。子路入道雖淺，聞孔子之言，知死生之實。孔子誓以「予所鄙者，天厭之」，獨⓰不為⓱子路言：「夫子惟命未當死，天安得厭殺之乎？」若此，誓子路以「天厭之」，終不見⓲信。不見信，則孔子自解，終不解也。

《尚書》曰：「毋若丹朱敖，惟慢游是好。」⓳謂帝舜敕禹毋子⓴不肖子㉑也。重天命，恐禹私其子，故引丹朱以敕戒之。禹曰：「予娶㉒若時㉓，辛、壬、癸、甲㉔，開㉕呱呱而泣㉖，予弗㉗子。」陳㉘己行事，以㉙往推來，以見㉚卜㉛隱㉜，效㉝

己不敢私㉞不肖子也。不曰「天厭之」者，知俗人誓好引天也。孔子為子路所疑，不引行事效己不鄙，而云「天厭之」，是與俗人解嫌㉟，引天祝詛㊱？何以異乎？

【章旨】此章對孔子因見南子而向子路指天發誓一事提出質問。

【注釋】❶南子　衛靈公夫人，掌握衛國政權，有淫亂名聲。《史記・孔子世家》較詳細地記載了孔子見南子一事。❷厭　厭棄。一說：通「壓」。言天塌下來壓死我。❸說　同「悅」。高興。❹至誠　最誠懇地。❺可信　可以相信。❻以　而。❼解　解除。此指消除懷疑。❽填　通「鎮」。壓。❾頗　略微；有可能。❿適　恰巧；偶然。⓫厭　通「魘」。做惡夢時發出的呻吟驚叫。⓬悟　覺醒。⓭道　指孔子宣傳的「先王之道」。⓮孔子稱曰三句　見《論語・顏淵》。⓯蚤　通「早」。⓰獨　難道。⓱為　被。⓲見　被。⓳尚書曰三句　見《尚書・皋陶謨》。丹朱，相傳是堯的兒子。因為品行不好，堯未讓他繼承王位。敖，通「傲」。傲慢；狂妄。慢游，懶惰；放蕩遊樂。⓴毋子　不要溺愛。子，養育；愛護。在這裡有溺愛的意思。《國策・秦策一》：「制海內，子元元，臣諸侯。」高誘注云：「子，愛也。」㉑不肖子　沒有才華、沒有出息的兒子。㉒娶　娶妻；結婚。㉓若時　那個時候。㉔辛壬癸甲　古人以天干紀時，辛、壬、癸、甲代表相關的四天。㉕開　人名。禹的兒子，名啟。漢景帝名啟，漢人避諱，故改禹之子啟為「開」。㉖呱呱而泣　嬰兒啼哭聲。此指嬰兒誕生。㉗弗　不。㉘陳　陳述。㉙以　用。㉚見　同「現」。顯現；出現。㉛卜　估計；推測。㉜隱　尚未發生的事情。㉝效　證明。㉞私　偏愛。〈離騷〉：「皇天無私阿兮。」王逸注云：「竊愛為私。」㉟解嫌　消除懷疑。㊱祝詛　賭咒發誓。祝，通「咒」。

【語譯】孔子去會見南子，子路很不高興。孔子發誓說：「我要是做了卑鄙的事，老天厭棄我！老天厭棄我！」南子，是衛靈公的夫人。她邀請孔子去，子路很不高興，認為孔子有淫亂行為。孔子解釋說：「我要是做了卑鄙的行為，老天厭殺我！」孔子以最真誠的態度發誓，表白自己沒有欺騙子路啊。

我請問：孔子自我解釋，怎麼能解釋清楚呢？假如世人有這種卑鄙的行為，老天曾經厭殺過他，那還可以引用來發誓。子路聽到他的誓言，也許是可以相信而消除懷疑的。現在並未曾有過被天厭棄的人，說「天厭棄我」，子路能相信嗎？已有的事例是：雷打死人，水溺死人，火燒死人，牆壁和房屋倒塌壓死人。因此，如果說「雷打死我」，「水淹死我」，「火燒死我」，「牆壁和房屋倒塌壓死我」，子路還可能相信他。而今孔子引不曾有的災禍，自己對子路發誓，子路怎麼能消除自己的懷疑而相信他？還有這樣的事例：偶然有在睡夢中死去的人，說這是被老天厭棄的嗎？考察一下各種在睡夢中死去的人，並不一定都是做了卑鄙的事的。子路對於孔子倡言的先王之道雖然領略不深，但還是能弄明白事情的真象的。如果事情不符合實際，孔子用「老天厭棄我」來發誓，子路肯定不會消除原來的懷疑的。

孔子宣稱說：「死生有命，富貴在天。」如果是這樣，那麼人的死生自有長短，並不決定於操行的好壞。已有的事例：顏淵早死，孔子說他「短命」。由此知道短命夭折而死的人，不一定有不正當的行為。子路對於孔子倡言的先王之道雖然領會不深，但聆聽孔子的教導，還是能弄明白事情的實際情況的。孔子用「我如果做了卑鄙的事，天厭棄我」來發誓，難道不會被子路反問說：「先生的命還不該死，天怎麼能厭殺您呢？」如果是這樣，用「天厭棄我」來向子路發誓，畢竟不會被人相信的。既然不被人相信，那麼孔子自我辯解，終究不能解除人們的懷疑了。

《尚書》說：「不要像丹朱那樣傲慢，只喜歡懶惰放蕩啊！」說的是帝舜告誡禹不要溺愛沒有本領、沒有出息的兒子。重天命，生怕禹偏愛自己的兒子，所以引用丹朱的事來告誡禹。禹說：「我結婚的時候，剛剛過了四天就離開了，從啟生下來起，就沒有溺愛過他。」禹陳述自己的往事，根據過去推測將來，用已經出現的現象來推斷尚未出現的事情，證明自己不敢偏愛沒有才能、沒有出息的兒子。禹不說「天厭棄我」的原因，是他知道世俗的人喜歡引用老天爺來發誓。孔子被子路懷疑，不引用已做的事例來證明自己沒有做過卑鄙的事，卻說「天厭棄我」，這與世俗的人為解除別人對自己的猜疑，引老天爺賭咒發誓，又有什麼不同呢？

孔子曰：「鳳鳥不至，河不出圖，吾已矣夫❶！」夫子自傷不王❷也。己王，致太平；太平，則鳳鳥至，河出圖矣。今不得王，故瑞應❸不至，悲心自傷，故曰「吾已矣夫」。

問曰：鳳鳥河圖審何據？如據始起❹，始起之時，鳥圖未至；如據太平，太平之帝，未必常致鳳鳥與河圖也。五帝三王皆致太平，案其瑞應，不皆鳳凰為必然之瑞。於太平，鳳凰為未必然之應，孔子，聖人也，思未必然以自傷，終不應矣。

或曰：「孔子不自傷不得王也，傷時❺無明王❻，故己不用也。鳳鳥河圖，明王之瑞❼也。瑞應不至，時無明王，明王不存，己遂不用矣。」夫致瑞應，何以致之？任賢使能，治定功成。治定功成，則瑞應至矣。瑞應至後，亦不須❽孔子。孔子所望，何其末❾也！不思其本而望其末，不相❿其主而名⓫其物⓬。治有未定，物有不至，以至而效明王，必失之矣。孝文皇帝可謂明王矣，案其本紀⓭，不見鳳鳥與河圖。使孔子在孝文之世，猶曰「吾已矣夫」？

【章旨】此章質問孔子關於鳥圖未至而「自傷不王」之歎。

【注釋】❶鳳鳥不至三句　見《論語・子罕》。鳳鳥，鳳凰。河，黃河。儒家認為鳳凰到來，黃河出圖，是「天命」，意味著天下太平或將改朝換代。已，完了。❷王　動詞。當王。❸瑞應　與天下太平相對應的吉祥的徵兆。這裡指鳳凰河圖。❹始起　初興。此指新王朝的帝王開始興起的時候。❺時　當時。❻明王　聖明的君王。❼瑞　祥瑞；吉祥之兆。❽須　通「需」。需要。❾末　與「本」相對而言。王充認為，「明王」出現是「本」，「祥瑞」的出現是「末」，不盼望出現「明王」重用自己治理太平，而希望鳳凰、河圖之類吉祥之物出現，這是本末倒置。❿相　觀看。⓫名　稱道；說。⓬物　指鳳凰、河圖一類吉祥之物。⓭本紀　此指《史記‧孝文本紀》。

【語　譯】孔子說：「鳳凰不來，河圖不出，我這一輩子算完了！」這是孔子自己為沒有當王而傷感。如果自己當王，就能使得天下太平；天下太平，鳳凰就會飛來，黃河就會出圖啊。現在不能當王，因此吉祥之物鳳凰、河圖就不會出現，自己心中感到悲傷，所以孔子說：「我這輩子算完了！」

請問：鳳凰、河圖究竟是根據什麼出現的呢？如果是根據帝王開始興起，那麼歷代帝王開始興起的時候，不一定都有鳳凰、河圖出現；如果根據太平時世的出現，那麼太平時代的帝王，不一定常招來鳳凰和河圖啊。五帝三王都曾帶來太平時代，考察他們的吉祥之物，並不都是以鳳凰作為必然的祥瑞。既然對於太平盛世來說，鳳凰並不是必然會出現的祥瑞之物，孔子是聖人，那麼他想著那些不是必然會出現的祥瑞之物而自我感傷，就終究不會得到應驗了。

有人說：「孔子不是自我感傷自己沒有能夠當王，而是感傷當時沒有聖明的君王，因此自己不能被重用啊。鳳凰、河圖，是聖明君王出現的吉祥徵兆。祥瑞的應驗沒有出現，當時就不會有聖明的君王誕生；既然沒有聖明的君王，自己就不會被重用了。」招致吉祥之物鳳凰、河圖的出現，憑什麼去招致它呢？主要在於任用賢能的人，使政治穩定，建功立業。政治穩定，建功立業，吉祥的徵兆就會到來。吉祥徵兆到來以後，也並不需要孔子。可見孔子盼望祥瑞之物的出現，這是何等的本末倒置啊！不寄希望於聖明君王的出現這個「本」，而盼望鳳凰、河圖這種祥瑞之物這個「末」，不觀察當時的君主是否英明，而只說那些吉祥之物的鳳凰、河圖是否出現。即使出現了聖明的君主，由於政治尚未穩定，鳳凰、河圖之類吉祥之物也可能不會到來，因此，以鳳凰、河圖是否出現來驗證聖明的君王是否出現，一定不會成功的。漢文帝可以算是英明的君主了，考察本紀，沒有看到鳳凰和河圖的記載。假如孔子生長在漢文帝的時代，那他還會說「我這一生算完了」嗎？

子欲居九夷❶，或曰：「陋❷，如之何？」子曰：「君子居之，何陋之有❸？」孔子疾❹道不行於中國❺，恚❻恨失意，故欲之❼九夷也。或人難之曰：「夷狄之鄙陋無禮義，如之何？」孔子曰：「君子居之，何陋之有？」言以君子之道，居而教之，何為陋乎？

問之曰：孔子欲之九夷者，何起乎？起道不行於中國，故欲之九夷。夫中國且不行，安能行於夷狄？「夷狄之有君，不若諸夏❽之亡。」言夷狄之難，諸夏之易也。不能行於易，能行於難乎？且孔子云「以君子居之者，何謂陋邪」，謂修君子之道自容❾乎？謂以君子之道教之也？如修君子之道苟❿自容，中國亦可，何必之夷狄？如以君子之道教之，夷狄安可教乎？禹入裸國⓫，裸入衣出⓬，衣服之制不通於夷狄也。禹不能教裸國衣服，孔子何能使九夷為君子？或⓭孔子實不欲往，患道不行，動⓮發此言。或人難之，孔子知其陋，然而猶曰「何陋之有」者，欲遂⓯已然⓰，距⓱或人之諫⓲也。

實不欲往，志⓳動發言，是偽言也。「君子於言，無所苟矣⓴。」如知其陋，苟欲自遂，此子路對孔子以子羔也。子路使子羔為費宰，子曰：「賊㉑夫人㉒之子。」子路曰：「有社稷焉，有民人焉，何必讀書，然後為學？」子曰：「是故惡夫佞者！」㉓子路知其不可，苟對自遂，孔子惡之，比夫佞者。孔子亦知其不可，苟應或人。孔子、子路，皆以佞也。

【章　旨】此章質問孔子「欲居九夷」之起因。

【注　釋】❶九夷　據《後漢書·東夷列傳》，為風夷，陽夷，玄夷，赤夷，白夷，于夷，方夷，黃夷，畎夷。而《論語·子罕》疏云：「東有九夷：一玄菟，二樂浪，三高驪，四滿飾，五鳧臾，六索家，七東屠，八倭人，九天鄙。」又《爾雅·釋地》云：「九夷，八狄，七戎，六蠻，謂之四海。」此泛指古代東南沿海一帶少數民族居住的地區。❷陋　粗野。指文化落後。❸何陋之有　有何鄙陋。見《論語·子罕》。是孔子周遊列國不遇後說的牢騷語，被王充抓住予以批評。❹疾　痛恨。❺中國　指當時我國華夏族居住的中原地區。❻恚　怨恨。❼之　至；到。❽諸夏　泛指古代居住在中原地區的華夏各族。❾自容　自己能夠容身。❿苟　苟且；馬馬虎虎。⓫裸國　人人赤身露體的國家或地區。⓬裸入衣出　《戰國策·趙策》：「禹祖入裸國。」《呂氏春秋·貴因》：「禹之裸國，裸入衣出，因也。」《淮南子·道應》亦云：「禹之裸國，解衣而入，衣帶而出，因之也。」裸，為南方之國。衣，作動詞用。穿衣。⓭或　或許；也許。⓮動　激動。⓯遂　順心；堅持。⓰已然　已經說過的話。⓱距　通「拒」。拒絕。⓲諫　規勸。⓳志　心情；懷抱。⓴君子於言二句　見《論語·子路》。㉑賊　害。㉒夫人　別人。夫，那。㉓子曰二句　見《論語·先進》。佞，花言巧語；強詞奪理。

【語　譯】孔子想遷居到九夷去，有人說：「那個地方粗野落後，怎麼好住？」孔子說：「君子去居住，就沒有什麼粗野落後的了。」孔子痛恨先王之道不能在中原地區實行，心懷怨恨，不得志，因此想遷居到九夷去。有人責難他說：「夷狄居住地區粗野沒有禮義，你怎麼到那裡去居住？」孔子說：「君子去那裡居住，就沒有什麼粗野落後的了。」這是說用君子的道德情操，居住在那裡而教化他們，怎麼還會粗野落後呢？

請問這個問題：孔子想遷居到九夷地帶去，是怎麼引起的呢？這是由於孔子提倡的先王之道在中原地區不能實行而引起的，所以想搬到九夷那種邊遠地區去住。那麼，先王之道在中原地區尚且不能實行，又怎麼能在粗野落後的夷狄居住地區推行呢？孔子自己不是說過：「夷狄有君主，還不如華夏族沒有君主。」這是說夷狄難於治理，華夏容易治理啊。先王之道不能在容易治理的地區實行，還能在難以治理的邊遠地區推行嗎？況且孔子說「如果君子去那裡居住，怎麼還會粗野落後」這句話，是說到九夷地區去按君子的道德情操進行修養使自己能夠容身呢？還是說用君子的道德情操去教化那裡的老百姓呢？如果是按君子的道德情操修養自己能夠馬馬虎虎容身的話，中原地區也可以這樣，為什麼一定要到夷狄地區去？如果用君子的道德情操去教化那裡的老百姓，夷狄怎麼可以教化呢？禹到裸國，也不得不脫了衣服進去，出來後再穿上衣服，穿衣服的制度在夷狄行不通。禹不能教化裸國的臣民穿衣服，孔子又怎麼能使九夷變成君子？或許孔子實際上並不想遷往九夷地區去住，而是害怕自己提倡的先王之道不能實行，一時衝動說出這樣的話來。或許有人責難他，孔子知道九夷地區粗野落後，但是還要說「有什麼粗野落後」這句話，是為了堅持自己已經說過的話，拒絕別人對他的勸告。

實際上不想去，一時心情激動說出來的話，是假話。孔子訓斥子路時說：「君子說話，從來不能馬虎啊。」如果明知九夷地區粗野落後，還要勉強堅持自己已經說過的話，這就與子路回答孔子關於子羔一事說話的態度一樣了。子路派遣子羔去擔任費縣的長官，孔子說：「那簡直是害人子弟。」子路說：「費縣有政府機關，有老百姓，可以學習政事，為什麼一定要讀書，然後才算學習？」孔子說：「因此我最討厭強詞奪理的人！」子路知道子羔不可能勝任費宰的官職，還要強詞奪理地堅持自己以前的做法，孔子討厭他，所以把他比作為強詞奪理的人。孔子也明知自己不可能遷居到九夷地區去，還要勉強回答別人的責難。這樣看來，孔子、子路，都成了強詞奪理的人啊。

孔子曰：「賜不受命而貨殖焉，億則屢中。」❶何謂「不受命」乎？說❷曰：「不受當富之命，自以術❸知❹，數❺億中時也。」

夫人富貴在天命乎？在人知❻也？如在天命，知術求之不能得；如在人，孔子何為言「死生有命，富貴在天」？夫謂富不受命而自以知術得之，貴亦可不受命而自以努力求之。世無不受貴命❼而自得貴，亦知無不受富命而自得富者。成事：孔子不得富貴矣，周流❽應聘❾，行說❿諸侯，智窮策⓫困，還⓬定⓭《詩》、《書》，望絕無冀，稱「已矣夫」。自知無貴命，周流無補益也。孔子知己不受貴命，周流求之不能得，而謂賜不受富命而以術知得富，言行相違，未曉其故。

或曰：「欲攻子貢之短也，子貢不好道德而徒好貨殖，故攻其短，欲令窮⓮服⓯而更其行節⓰。」夫攻子貢之短，可言「賜不好道德而貨殖焉」，何必立⓱「不受命」，與前言「富貴在天」相違反也？

【章　旨】此章質問孔子所謂端木賜「不受命而貨殖」之論。

【注　釋】❶孔子曰三句　見《論語·先進》。貨殖，經商；作生意。億，通「臆」。臆測；推測。❷說　解說。❸術　方法。此指經商本領。❹知　通「智」。智慧。❺數　屢次。❻人知　人的智慧。❼貴命　指「祿命」。見本書之〈命祿篇〉、〈命義篇〉。❽周流　周遊列國。❾應聘　接受聘用。❿行說　到處遊說。⓫策　計策。⓬還　回來。指孔子返回魯國。⓭定　刪定。⓮窮　詞窮；無話可說。⓯服　信服。⓰行節　行為節操。⓱立　建立；提出。

【語　譯】孔子說：「端木賜沒有承受上天賜給他發財的命而去經商，臆測市場行情，就往往猜中了。」什麼叫做「不受命」呢？有人解釋說：「沒有承受應當發財致富的命，自己憑著做買賣的本領和智慧，屢次看準了物價漲落的時機。」

人的富貴在於天命呢，還是在於人的才智呢？如果人的富貴在於天命，那麼靠人的才智和本領去追求它就不能得到；如果在於人，孔子為什麼說「死生有命，富貴在天」？說富沒有承受上天賜給的發財的命而自己憑著才智和本領可以獲得它，那麼尊貴的地位也可以不承受天命而自己依靠努力追求到它了。世上既然沒有不承受貴命而自己努力得到尊貴地位的，也就知道沒有不承受富命而自己發財致富的。已有的事例如：孔子沒有得到富貴，周遊列國，希望接受聘用，到處遊說諸侯，智慧用盡，計策用完，最後返回魯國刪定《詩》、《書》，希望徹底破滅了，所以說「我這一生算完了」。自知沒有承受貴命，周遊列國也不會有補益的。孔子知道自己沒有承受上天賜的尊貴之命，周遊列國去追求它而沒有能夠得到，卻說端木賜沒有承受上天賜的發財致富的命，而靠經商本領和才智得到富足，言語與行為相違背，不曉得這是什麼緣故。

有人說：「孔子想攻擊子貢的短處，子貢不喜歡道德文章而只愛好經商，因此孔子攻擊他的短處，是想要讓他心服口服而改變他的行為和節操。」如果攻擊子貢的短處，孔子可以說「端木賜不喜歡道德文章而去做生意」，為什麼一定要提出「不受命」的說法，同前面所說的「富貴在天」相違背呢？

顏淵死，子曰：「噫❶！天喪予❷！」此言人將起，天與❸之輔❹；人將廢❺，天奪其佑❻。孔子有四友❼，欲因而起。顏淵早夭，故曰「天喪予」。

問曰：顏淵之死，孔子不王，天奪之邪？不幸短命自為死也？如短命不幸，不得不死，孔子雖王❽，猶不得生❾。輔之於人，猶杖❿之扶疾⓫也。人有病，須杖而行；如斬杖本得短，可謂天使病人不得行乎？如能起行，杖短，能使之長乎？夫顏淵之短命，猶杖之短度⑫也。

且孔子言「天喪予」者，以顏淵賢也。案賢者在世，未必為輔也。夫賢者未必為輔，猶聖人未必受命也。為帝有不聖，為輔有不賢。何則？祿命、骨法⑬，與才異也。由此言之，顏淵生未必為輔，其死未必有喪⑭，孔子云「天喪予」，何據見哉？

且天不使孔子王者，本意如何？本稟性命之時不使之王邪？將⑮使之王復⑯中悔之也？如本不使之王，顏淵死，何喪？如本使之王，復中悔之，此王無骨法，便宜⑰自⑱在天也。且本何善所見而使之王？後何惡所聞中悔不命？天神論議，誤不諦⑲也。

【章　旨】此章就顏淵死，孔子謂「天喪予」之慟提出質疑。

【注　釋】❶噫　感歎詞。❷天喪予　老天爺要我的命。見《論語・先進》。❸與　動詞。給予。❹輔　輔佐。❺廢　廢棄；垮臺；沒落。❻佑　保護；輔助。❼四友　指顏淵、子貢、子張、子路四位得意門徒。見《尚書大傳・西伯戡黎》。❽雖王　即使當王。❾生　生存；活著。❿杖　拐杖。⓫疾　病人。⓬短度　尺寸不足。⓭骨法　骨相。⓮喪　損失。⓯將　還是。⓰復　又。⓱便宜　方便；隨意處置。⓲自　本來。⓳諦　仔細；清楚。

【語　譯】顏淵死了，孔子悲歎說：「唉！老天爺要我的命啊！」這是說當一個人將要崛起時，老天爺就會賜給他得力的輔佐；當一個人快要沒落時，老天爺就會奪去他的輔佐。孔子有四個得意門徒即顏淵、子貢、子張、子路，想借助他們的力量崛起於世，幹一番大事業。然而顏淵早死，所以他說「老天爺要我的命」。

請問：顏淵的死，是因為孔子命中注定不能稱王而老天爺要奪去顏淵的命呢，還是顏淵不幸短命而自己死去的呢？如果是不幸短命，顏淵就不能不死，孔子即使稱了王，顏淵還是不能活得長久。輔佐的人對於君王來說，如同拐杖能夠支撐病人一樣。人有病，就必須依靠拐杖才能行走，如果拐杖本來就砍得很短，可以說老天爺故意使病人不能行走嗎？如果病人能站起來行走，拐杖短了，還能使它變長嗎？顏淵的短命，正如同拐杖的尺寸不足一樣。

再說，孔子說「老天爺要我的命」，是因為顏淵有賢才吧。考察有才能的人在世時，不一定都成為君王的輔佐。有才能的人不一定成為君王的輔佐，就像聖人未必受命當帝王一樣。當帝王的人有的並不是聖賢，作君王輔佐的人也有不是有才能的人。為什麼？因為一個人的富貴貧賤、死生壽夭，與才能高低、品德優劣並不相同。由此說來，顏淵在生未必能做君王的輔佐，他的死對別人也不一定有損失，孔子說「老天爺要我的命」，根據又是什麼呢？

況且老天爺不讓孔子為王，它的本意是什麼呢？是在他最初承受生命和祿命的時候老天爺就決定不讓他當王呢？還是老天爺原本就要他當王而中途又後悔了呢？如果老天爺本來就不讓孔子當王，那麼顏淵死了，對孔子又有什麼損失？如果本來要讓孔子當王，中途又後悔這樣做，這就是說當不當王與骨相沒有關係，只是本來就由老天爺隨便處置而已。再說老天爺原先是看到孔子的什麼長處而想讓他當王的呢？後來又看到他有什麼短處而中途反悔不授命他當王的呢？這樣看來，孔子關於老天爺很神靈的議論，顯然是錯誤的，不清楚的了。

孔子之❶衛，遇舊❷館人❸之喪❹，入而哭之。出，使子貢脫❺驂❻而賻❼之。子貢曰：「於門人之喪，未有所脫驂，脫驂於舊館，毋乃❽已❾重乎？」孔子曰：

「予鄉者⑩入而哭之，遇一哀而出涕⑪。予惡夫涕之無從也，小子⑫行之。」孔子脫驂以賻舊館者，惡情不副⑬禮也。副情而行禮，情起而恩動⑭，禮情相應，君子行之。

顏淵死，子哭之慟⑮。門人曰：「子慟矣。」「吾非斯人之慟而誰為⑯？」夫慟，哀之至也。哭顏淵慟者，殊⑰之眾徒，哀痛之甚也。死有棺無椁⑱，顏路⑲請車以為⑳之椁，孔子不予，為大夫不可以徒行㉑也。弔舊館，脫驂以賻，惡涕無從；哭顏淵慟，請車不與，使慟無副。豈涕與慟殊，馬與車異邪？於㉒彼㉓則禮情相副，於此㉔則恩義不稱㉕，未曉孔子為禮之意。

孔子曰：「鯉也死，有棺無椁，吾不徒行以為之椁。」㉖鯉之恩深於顏淵，鯉死無椁，大夫之儀不可徒行也。鯉，子也；顏淵，他姓㉗也。子死且不禮㉘，況其禮他姓之人乎？

曰：「是蓋孔子實恩之效也。」副情於舊，不稱恩於子，豈以㉙前為士㉚，後為大夫㉛哉？如前為士，士乘二馬；如為大夫，大夫乘三馬。大夫不可去車徒行，何不截賣兩馬㉜以為椁，乘其一乎？為士時乘二馬，截一以賻舊館，今亦何不截其二以副恩，乘一以解不徒行乎？不脫馬以賻舊館，未必亂制㉝，葬子有棺無椁，廢禮㉞傷法。孔子重賻舊人之恩，輕廢葬子之禮，此禮得於他人，制失於親子也。然則孔子不粥㉟車以為鯉椁，何以解於貪官好仕恐無車？而云「君子殺身以成仁」㊱，何難退位以成禮？

【章　旨】此章對孔子在治喪問題上「重賻舊人之恩，輕廢葬子之禮」提出質疑，指出孔子亦有「廢禮傷法」之失。

【注　釋】❶之　到。❷舊　指先前認識的。❸館人　賓館中的辦事人員。❹喪　喪事。❺脫　解下來。❻驂　古時一車有三匹馬來拉。此指旁邊的馬。《詩・鄭風・大叔于田》：「兩驂如舞。」鄭玄箋：「在旁曰驂。」❼賻　以財物助人辦喪事。❽毋乃　豈不是。❾已　甚；過分。❿鄉者　從前；剛才。鄉，同「向」。⓫涕　眼淚。⓬小子　孔子對學生的賤稱。見《禮記・檀弓上》。⓭不副　不符合；不相稱。⓮恩動　禮物隨即到來。⓯慟　悲痛。⓰誰為　為誰。⓱殊　區別。⓲椁　棺外的套棺。⓳顏路　顏淵之父。⓴為　謂；認為。㉑徒行　步行。㉒於　對於。㉓彼　指舊館人死。㉔此　指顏淵死。㉕稱　相稱；相適應。㉖孔子曰四句　見《論語・先進》。鯉，孔鯉，孔子之子。㉗他姓　異姓。指親族以外的人。㉘禮　作動詞用。按禮的規定辦事。㉙以　因為。㉚士　奴隸主貴族中等級最低的。㉛大夫　比士高一等級。㉜截賣兩馬　指從三匹馬中拿出兩匹馬去賣。截，割。㉝亂制　違反禮制。㉞廢禮　破壞禮法。㉟粥　同「鬻」。賣。㊱君子殺身以成仁　見《論語・衛靈公》。

【語　譯】孔子到衛國，碰上以前相識的賓館服務人員辦喪事，就進入靈堂去哭了一頓。出來時，又讓子貢把旁邊駕車用的馬解下來送給館人辦喪事。子貢說：「在門人辦喪事時，從來沒有卸下驂馬當禮物，先生卸下驂馬送給從前認識的賓館辦事人員，豈不是禮太重了嗎？」孔子說：「我剛才進去哭喪，正好心裡一陣難過而流出眼淚。我恨自己光流眼淚而沒有相應的表示，你就這樣去辦吧。」孔子卸下驂馬用來贈送給先前相識的賓館辦事人員辦喪事，是因他厭惡感情與禮物不相符合啊。配合感情的流露而贈送相應的禮物，既然動了感情就應該贈送禮物，禮物與感情相配合，這是君子這樣做的。

顏淵死了，孔子哭得非常悲痛。他的學生說：「先生非常悲痛啊！」孔子說：「我不為顏淵這樣的人悲痛，還為誰悲痛呢？」所謂「慟」，是悲哀到了極點的意思。哭顏淵時的悲痛，既然區別於哭一般的門徒，就說明哀痛之極了。顏淵死了，棺材有內棺而沒有外槨，顏路請求孔子把車賣掉，好給顏淵買外槨，孔子不給賣車買槨，認為大夫出門不可以步行啊。然而，弔唁以前相識的賓館中的辦事人員，卸下驂馬贈送給人去辦喪事，厭惡自己光流眼淚而沒有相應的禮物相送；而哭顏淵時儘管悲痛萬分，顏路請求賣車買槨卻不給予，這就使悲痛的感情與禮物很不相符了。難道在孔子看來，流眼淚與悲痛不同，馬與車有異嗎？對於以前相識的賓館辦事人員的死就要求禮物與感情相符合，而對於顏淵的死就顯得禮物與情義如此不相稱，不知孔子為禮是什麼用意。

孔子說：「孔鯉死的時候，也只有內棺沒有外槨，我不能因為兒子死了賣車買槨，而自己步行吧。」孔子對兒子孔鯉的情感自然比對顏淵要深得多，然而孔鯉死了也沒有外槨，說明大夫的禮儀不可以步行啊。孔鯉，是孔子的兒子；顏淵，是孔子親族以外的人。兒子死了尚且不按禮的規定辦事，何況孔子對親族以外的人還能按禮行事嗎？

有人說：「這大概正是孔子根據實際情況施恩的證明啊。」對舊館人之死可以配合感情而贈送禮物，而對於自己的兒子之死卻因感情而不給予相應的禮物，這難道是因為從前是士而後來成為大夫的緣故嗎？如果因為從前是士，士按規定乘兩匹馬駕的車；如果當了大夫，大夫可乘坐三匹馬駕的車。既然大夫不可以捨去車子步行，為什麼不從三匹馬中賣掉其中兩匹馬去買槨，自己乘坐其中一匹馬呢？做士時乘駕兩匹馬，能拿出其中一匹馬贈送給舊館人辦喪事，現在為什麼不可拿出其中兩匹馬去賣掉買槨來配合自己的感情，乘一匹馬拉的車子來解決大夫不可以步行的問題呢？不卸下駕車的驂馬來贈送先前相識的賓館辦事人員去辦喪事，不一定是違背了禮制；安葬自己的兒子時，只有內棺而沒有外槨，就破壞了禮法。孔子注重先前相識的館人的感情而贈送禮物給他辦喪事，卻輕視並破壞了安葬兒子的禮法，這種做法是在外人身上施行禮法，而在自己兒子身上則破壞了禮法。既然如此，那麼孔子不願賣車來替孔鯉買外槨，還能以什麼理由來為自己貪圖官位生怕沒有車坐的行為辯解呢？自己能說出「君子豁出生命來成全仁」這樣的話，為什麼要自己去放棄大夫的官位以成全禮就難以做到呢？

子貢問政，子曰：「足食，足兵，民信之矣。」曰：「必不得已而去，於斯三者何先？」曰：「去兵。」曰：「必不得已而去，於斯二者何先？」曰：「去食。自古皆有死，民無信不立。」❶信最重也。

問：使治國無食，民餓，棄禮義；禮義棄，信安所立？傳曰：「倉廩實，知禮節；衣食足，知榮辱❷。」讓，生於有餘；爭，生於不足。今言「去食」，信安得成？春秋之時，戰國❸饑餓，易❹子而食，析骸❺而炊，口饑不食❻，不暇顧恩義也。夫父子之恩，信❼矣，饑餓棄信，以子為食。孔子教子貢去食存信，如何？夫去信存食，雖不欲信，信自生矣；去食存信，雖欲為信，信不立矣。

子適❽衛，冉子❾僕❿。子曰：「庶⓫矣哉！」曰：「既庶矣，又何加焉？」曰：「富之。」曰：「既富矣，又何加焉？」曰：「教之。」語冉子先富而後教之，教子貢去食而存信。食與富何別？信與教何異？二子殊教，所尚⓬不同，孔子為國⓭，意何定哉？

【章　旨】此章對孔子關於為政要取信於民提出質疑。其實孔子言政重信也有正確一面，王充強調治國重食自然也是對的，但二人都有絕對化的偏向。

【注　釋】❶子貢問政十七句　見《論語・顏淵》。❷倉廩實四句　見《管子・牧民篇》。倉廩，糧倉。❸戰國　發生戰爭的國家。❹易　交換。❺析骸　劈開骨頭。❻不食　沒有食物吃。❼信　可靠。❽適　往；去。❾冉子　孔子的學生，姓冉，名求。❿僕　趕車。⓫庶　眾多。此指人口眾多。⓬尚　提倡；倡導。⓭為國　治理國家。

【語　譯】子貢問治理國家的方法，孔子說：「糧食充足，軍備充足，取信於民。」子貢又問：「如果迫不得已要去掉，您看這三項中先去掉哪一項？」孔子說：「去掉軍備。」子貢又問：「如果迫不得已要去掉，您看在這剩下的二項之中先去掉哪一項？」孔子說：「去掉糧食。自古以來，人都有一死，但沒有百姓的信任，國家就不能站住腳跟。」在孔子看來，治國以信為最重要。

請問：如果治理國家沒有糧食，百姓挨餓，就會拋棄禮義；禮義一旦被廢棄，信任怎麼建立起來呢？傳書說：「糧倉充實，百姓就懂得禮節；衣食充足，百姓就知道榮辱。」謙讓，產生在富裕之中；爭奪，產生在不足的情況下。現在孔子說「去掉糧食」，百姓對國家的信任怎能建立？春秋時代，發生戰爭的國家發生飢餓，百姓交換著兒子而吃，劈開死人的骨頭來燒煮東西，口飢沒有食物，來不及考慮恩情道義了。父子之間的恩情，是最可靠的了。然而因為飢餓而背棄了信義，把自己的子女當作食物來吃。孔子教導子貢去掉糧食保存信義，怎麼行呢？如果去掉信義而保存糧食，即使不希望得到百姓的信任，威信自然會樹立起來的；如果去掉糧食而保存信義，即使希望得到老百姓的信任，威信仍然建立不起來。

孔子到衛國去，冉子為他駕車。孔子說：「人真多啊！」冉子問道：「人口已經很多了，又該怎樣做呢？」孔子說：「讓他們富裕起來。」冉子又問道：「已經富裕起來了，又該怎樣做呢？」孔子說：「教育他們。」孔子要冉子讓百姓先富裕起來而後教育他們，卻教導子貢要百姓去掉糧食而保存信義。糧食充足與生活富裕有什麼區別？信義與教育有什麼不同？對兩個學生的教導如此不同，所倡導的內容如此不同，孔子治理國家的政治主張，是根據什麼確定的呢？

蘧伯玉❶使人於孔子。孔子曰：「夫子❷何為乎？」對曰：「夫子欲寡其過❸而未能也。」使者出，孔子曰：「使乎！使乎！」❹非之也。說❺《論語》者曰：「非之者，非其代人謙也。」

夫孔子之問使者曰「夫子何為」，問所治為，非問操行也。如孔子之問也，使者宜對曰「夫子為某事，治某政」，今反言「欲寡其過而未能也」，何以知其對不失指❻，孔子非之也？且❼實❽孔子何以非使者？非其代人謙之乎？其❾非乎❿對⓫失指也？所非猶有一實，不明⓬其過⓭，而徒云「使乎，使乎」，後世疑惑，不知使者所以為過。韓子曰：「書約則弟子辨。」⓮孔子之言「使乎」，何其約也！

或曰：「《春秋》之義也，為賢者諱。蘧伯玉賢，故諱其使者。」夫欲知其子，視其友；欲知其君，視其所使。伯玉不賢，故所使過也。《春秋》之義，為賢者諱，亦貶纖介之惡。今不非而諱，「貶纖介」安所施哉？使孔子為伯玉諱，宜默而已，揚言曰「使乎，使乎」，時人皆知孔子之非也。出言如此，何益於諱？

【章　旨】此章質問孔子非蘧伯玉使者之意。

【注　釋】❶蘧伯玉　人名。姓蘧，名瑗，字伯玉，春秋時衛國賢大夫，年五十而知四十九年之非。❷夫子　先生。此指蘧伯玉。❸寡其過　減少自己的過錯。即少犯錯誤。❹孔子曰三句　見《論語・憲問》。❺說　解說。❻指　通「旨」。含意。❼且　況且；再說。❽實　實在；究竟。❾其　還是。表選擇，猜測語氣。❿乎　于。⓫對　回答。⓬明　明白；清楚。⓭過　過錯。⓮韓子曰二句　見《韓非子・八說》。韓子，韓非。約，簡約。辨，通「辯」。爭辯。

【語　譯】蘧伯玉派人到孔子那裡去。孔子說：「老先生在做什麼呢？」使者回答說：「老先生希望自己少犯錯誤，但沒有能做到。」使者出去了，孔子說：「這樣的使者呀！這樣的使者呀！」這是在責備使者。解釋《論語》的人說：「孔子責備他的原因，是責備他代替主人表示謙虛啊。」

孔子詢問使者說「老先生在做什麼」，問的是政治方面的所作所為，不是問老先生操行怎麼樣。按照孔子的問話，使者應該回答說「老先生正在幹什麼事，謀什麼政」，如今反而說「希望自己少犯錯誤，但沒有能做到」，怎麼知道他的回答不是因為不符合孔子問話的原意，孔子才責備他呢？再說孔子究竟為什麼責備使者呢？是責備他代表主人表示謙虛呢？還是責備他的回答不符合問話的原意呢？孔子所責備的總還有一個實在的內容，不明白使者究竟犯了什麼過錯，而只說「這樣的使者，這樣的使者」，後世的人疑惑不解，不知道使者錯的地方。韓非說：「書寫得太簡略了，就會引起學生們的爭辯。」孔子說「這樣的使者啊」，為什麼這樣簡略啊！

有人說：「按照《春秋》的原則，就是要替賢人隱瞞缺點的。蘧伯玉是賢人，所以孔子要隱瞞他的缺點，替他的使者隱瞞小過。」要想知道那個人的兒子，就要看他交什麼朋友；要想了解他的君主，就要看他派遣的使者。因為蘧伯玉不是賢人，所以他派遣的使者必然犯錯誤。按照《春秋》的原則，替賢人隱瞞缺點錯誤，也批評哪怕是極微小的過失。現在孔子不責備使者，而隱瞞使者所犯的錯誤。那麼「要批評哪怕是極微小的過失」這一原則又怎樣去實施呢？如果孔子替蘧伯玉隱瞞缺點，應該表示沈默就行了，公開揚言「這樣的使者呀，這樣的使者呀」，當時的人也就都知道孔子是在責備他了。說出的話是這樣，對賢人避諱又有什麼益處呢？

佛肸❶召❷，子欲往。子路不說❸，曰：「昔者，由也聞諸夫子曰：『親於其身為不善者，君子不入也。』佛肸以中牟❹畔❺，子之往也，如之何？」子曰：「有是言也！不曰堅乎，磨而不磷❻；不曰白乎，涅❼而不淄❽？吾豈匏瓜也哉！焉能繫❾而不食也？」

子路引孔子往時所言以非孔子也。往前孔子出此言，欲令弟子法而行之。子路引之以諫，孔子曉之，不曰前言戲❿，若⓫非⓬而不可行，而曰「有是言」者，審有當行之也。「不曰堅乎，磨而不磷；不曰白乎，涅而不淄？」孔子言此言者，能解子路難乎？「親於其身為不善者，君子不入也。」解之⓭宜云⓮「佛肸未為不善，尚猶可入」，而曰「堅，磨而不磷；白，涅而不淄」。如孔子之言，有堅、白之行者，可以入之；「君子」之行軟而易污邪？何以獨不入也？

孔子不飲盜泉⓯之水，曾子不入勝母之閭⓰，避惡去污，不以義⓱，恥辱名⓲也。盜泉、勝母有空名，而孔、曾恥之；佛肸有惡實，而子欲往。不飲盜泉是，則欲對⑲佛肸非矣。「不義⑳而富且貴，於我如浮雲。」枉道㉑食篡畔㉒之祿，所謂「浮雲」者非也？或權時㉓欲行道㉔也？即㉕權時行道，子路難之，當云「行道」，不言「食」。有權時以行道，無權時以求食。「吾豈匏瓜也哉！焉能繫而不食？」自比以匏瓜者，言人當仕而食祿。我非匏瓜繫而不食，非㉖子路也。孔子之言，不解子路之難。子路難孔子，豈孔子不當仕也哉？當擇善國而入之也。孔子自比匏瓜，孔子欲安食也？且孔子之言，何其鄙也！何彼仕而食哉？君子不宜言也。匏瓜繫而不食，亦繫而不仕等也。距㉗子路可云：「吾豈匏瓜也哉！繫而不仕也？」今言「繫而不食」，孔子之仕，不為行道，徒求食也。人之仕也，主貪祿也，禮義之言，為行道也。猶人之娶㉘也，主為欲㉙也，禮義之言，為供親㉚也。仕而直言食，娶可直言欲乎？孔子之言，解情㉛而無依違㉜之意，不假義理之名，是則俗人，非君子也。儒者說孔子周流，應聘不濟㉝，閔㉞道不行，失孔子情矣。

公山弗擾㉟以費畔，召，子欲往。子路曰：「未如㊱也已，何必公山氏之之㊲也？」子曰：「夫召我者，而豈徒㊳哉？如用我，吾其㊴為東周㊵乎！」

為東周，欲行道也。公山、佛肸俱畔者，行道於公山，求食於佛肸，孔子之言無定趨㊶也。言無定趨，則行無常務㊷矣。周流不用，豈獨有以㊸乎？陽貨欲見之不見，呼之仕不仕，何其清也！公山、佛肸召之，欲往，何其濁也！公山不擾與陽虎俱畔，執㊹季桓子㊺，二人同惡，呼㊻召㊼禮等，獨對公山，不見陽虎，豈公山尚可，陽虎不可乎？子路難公山之召，孔子宜解以尚及佛肸未甚惡之狀也。

【章旨】此章就公山弗擾、佛肸召之欲往，向孔子提出質疑，指斥孔子好仕貪祿，「言無定趨」，「行無常務」。

【注釋】❶佛肸　人名。晉國大夫范氏的屬官。❷召　招聘。❸說　同「悅」。高興。❹中牟　春秋晉地。在今河南鶴壁西。❺畔　通「叛」。❻磷　薄。❼涅　黑色染料。此作動詞用，染黑。❽淄　通「緇」。黑色。❾繫　懸掛。❿戲　開玩笑。⓫若　或者。⓬非　錯誤。⓭解之　解釋這句話。⓮宜云　應該說。⓯盜泉　古泉名。故址在今山東泗水西北。見《說苑・說叢》。⓰曾子不入勝母之閭　見《淮南子・說山》。勝母之閭，即勝母閭。古地名，一作勝母里。⓱以義　符合禮義。⓲恥辱名　使名聲受到恥辱。⓳對　面對。指會見。⓴不義　不符合禮義。見《論語・述而》。㉑枉道　背離道義。㉒篡畔　篡權叛亂。㉓權時　權衡時宜，隨機應變。㉔行道　推行政治主張。㉕即　如果。㉖非　非難；反駁。㉗距　通「拒」。抗拒；反駁。㉘娶　結婚。㉙欲　情欲；性欲。㉚供親　供養父母。㉛解情　說明真情。㉜依違　態度不明朗，模棱兩可，含混不清。㉝不濟　不成功。㉞閔　同「憫」。擔憂。㉟公山弗擾　人名，又名公山不狃。魯國大夫季孫氏的家臣，西元前五〇二年，以費城為據點，背叛季孫氏。㊱未如　沒有地方去。如，往。㊲之之　前一個「之」，語助詞。後一個「之」，動詞。往；去。㊳徒　平白無故。㊴其　表猜測、推測語氣。㊵為東周　在東方建立一個像周朝那樣的國家。指在魯國恢復周禮。㊶定趨　一定的準則。㊷常務　固定的目標。㊸以　原因。㊹執　拘捕；扣押。㊺季桓子　季孫斯。魯國大夫，諡「桓子」。以上事分別見《左傳・定公五年》、《左傳・定公八年》。㊻呼　指陽貨召孔子去。㊼召　指公山弗擾召孔子去。

【語譯】佛肸招聘孔子為官，孔子想去應聘。子路很不高興，說：「以前，我聽到先生說過：『親身做壞事的人那裡，君子是不去的。』如今佛肸以中牟為據點叛亂，先生到那裡去，會怎麼樣呢？」孔子說：「我有過這樣的話啊！可是不是說堅硬的東西，怎麼樣去磨也不會變薄？不是說潔白的東西，怎麼樣染也不會變黑嗎？我難道是個匏瓜嗎？怎麼能光掛著而不吃食物呢？」

子路引用孔子過去所說的話來責備孔子。以前孔子說出這句話，是想叫學生效法並實行它。子路引用這句話來進諫孔子，孔子知道子路的用意，不說以前的話是開玩笑，或說那句話是錯誤的不能實行的，卻說「我說過這句話」，就是說確實有這句話，應當實行它。「不是說堅硬的東西，怎樣去磨也不會變薄？不是說潔白的東西，怎樣染也不會變黑嗎？」孔子說這樣的話，能解答子路的責難嗎？「親自做壞事的人那裡，君子是不會去的。」解答這句話應該說「佛肸沒有做壞事，還是可以去的」，卻說「堅硬的東西，怎樣磨也不會變薄；潔白的東西，怎樣染也不會變黑」。按照孔子的話，那麼有堅硬、潔白的品行的人是可以去那裡的。「君子」的操行難道是軟弱的、容易同流合汙的嗎？為什麼唯獨「君子」不可以到親身做壞事的人那裡去呢？

孔子不願飲盜泉的水，曾子不願意進入勝母里，是為了避開壞事，遠離汙穢之地，因為這兩個地名取得不符合禮義，怕被它玷汙了自己的名聲。盜泉、勝母僅有一個空名，然而孔子、曾子都以此為恥辱；佛肸有罪惡的事實，而孔子卻想去應聘。不飲盜泉水如果是對的，那麼想去會見佛肸就不對了。「不符禮義而得來的富貴，對我來說就好像浮雲一樣。」孔子過去這樣說，而現在卻要違反道義去求取篡權叛亂者施予的俸祿，那麼是所謂「富貴對我來說如同浮雲」這句話說錯了呢？還是權衡時宜，隨機應變想實現自己的政治主張呢？如果權衡時宜，隨機應變以實現自己的政治主張，那麼子路責難他時，他就應當說「為了實現自己的政治主張」，而不說「為了吃俸祿」。世上有隨機應變以推行自己的政治主張的，沒有隨機應變而去找飯吃的。孔子說：「我難道是個匏瓜！怎麼能光掛在牆上而不吃東西呢？」孔子以匏瓜自比，是說人應當做官而吃俸祿。「我不是匏瓜，光掛著而不吃東西」，這是反駁子路呀。孔子的話，並不能解答子路的責難。子路責備孔子，哪裡是說孔子不應當做官呢？是說應當選擇好的國家而去做官。孔子自比匏瓜，孔子想到哪裡去找飯吃呢？況且孔子說的話，是多麼庸俗啊！怎麼能說他自己做官是為了混碗飯吃呢？君子不應該說這樣的話。匏瓜掛著而不要吃食物，與人靠邊站而沒有做官相同啊！反駁子路可以說：「我難道像個匏瓜，光掛著而不去做官嗎？」現在說「掛著而不吃東西」，就說明孔子做官，不是為了推行自己的政治主張，僅僅是為求食而已。一個人做官，主要是為了貪圖俸祿，用合乎禮義的話來說，是為了推行自己的政治主張。這好比一個人結婚，主要是為了滿足情欲方面的需要，用合乎禮義的話來說，是為了供養父母。做官而直言求食，娶妻可以直言滿足自己的情欲嗎？孔子的話，道出了自己的真情而不考慮應該如何說得含蓄模糊一些，不借用禮義的名義，這就是庸俗的人，不是君子啊。儒生說孔子周遊列國，到處接受聘請，都未能成功，擔憂自己的政治主張不能夠實現，看來反倒不符合孔子的真情實意了。

公山弗擾以費城為據點，反叛季孫氏，招聘孔子去做官，孔子很想去應聘。子路說：「沒有地方可去就算了吧，何必到公山氏那裡去做官呢？」孔子說：「招聘我去的，難道是平白無故的嗎？如果有人重用我，我將在東方復興周王朝的事業。」

在東方復興周朝的事業，這是希望推行自己的政治主張。公山、佛肸都是叛逆者，到公山那裡去推行自己的政治主張，向佛肸去求食，說明孔子說話沒有一定的準則。說話沒有一定的準則，那麼行動就沒有固定的目標了。孔子周遊列國而不被各國重用，難道不正是有原因的嗎？陽貨想會見孔子，孔子不願接見；叫他出來做官，他又不願做官，顯得多麼清高啊！公山、佛肸招聘他去做官，他卻打算去應聘，思想又是多麼卑鄙啊！公山弗擾與陽虎都背叛並且拘禁了季桓子，二人犯有同樣的罪惡，陽貨叫孔子來，公山叫孔子去，禮儀相同，孔子惟獨願意會見公山，不願會見陽虎，難道是公山還可以相處，陽虎不可以相處嗎？子路責備孔子去應公山的招聘，孔子應該用公山弗擾還比得上佛肸、還不算太壞這樣的話來為自己辯解。

# 卷一〇

## 非韓篇第二十九

【題　解】本篇旨在批判韓非，故篇名之曰「非韓」。韓非非儒，主張「明法尚功」，強調「耕戰」，將儒生比之於「一蠹」。王充認為，法度固然重要，而禮義是治國綱紀，「國之所以存者，禮義也」。民無禮義，傾國危主」，儒者主張以禮義治國。故名為「非韓」，實則闡述自己的政治主張，提出「治國之道，所養有二：一曰養德，二曰養力」，而重在「順民之意」，認為「韓子之術不養德」是一種不足。

韓子之術❶，明法❷尚❸功。賢，無益於國不加賞；不肖，無害於治❹不施罰。責❺功重賞，任❻刑用誅❼。故其論儒也，謂之「不耕而食」，比之於一蠹❽。論有益與無益也，比之於鹿、馬❾。馬之似鹿者千金，天下有千金之馬，無千金之鹿，鹿無益，馬有用也。儒者猶鹿，有用之吏猶馬也。

【章　旨】此章指明韓非的政治主張在於「明法尚功」。

【注釋】❶術　方法；思想。此指政治主張。❷明法　使法令家喻戶曉，嚴格按法令辦事。❸尚　崇尚；推崇。❹治　國家秩序。❺責　索取；責求。❻任　使用。❼誅　懲罰。❽蠹　蛀蟲。《韓非子・五蠹》以不事耕戰的儒家為「五蠹」之首。❾論有益與無益二句　見《韓非子・外儲說右上》。如耳遊說衛國君主衛嗣公，嗣公很高興，但不重用如耳為相，認為馬如鹿就能價值千金，因為馬可以為人所用，而鹿則不值錢，因為牠不能為人所用。如耳雖有很高才能，但不會誠心誠意地替自己出力。

【語譯】韓非的政治主張，就是嚴明法紀，使法令家喻戶曉，嚴格按法令辦事，推崇建功立業。賢人，如果對國家沒有益處，也不會增加獎賞；不賢的人，如果對國家的政治秩序的穩定沒有損害，就不用施行懲罰。講求功績又注重獎賞，使用刑法懲罰犯罪的人。因此他評論儒生，就稱他們「不事耕種而消耗糧食」，把他們比喻為蛀蟲。在評論儒家有益還是無益時，就用鹿、馬作比喻加以說明。像鹿的馬就能價值千金，天下就有千金的馬，而沒有千金的鹿，因為鹿對人沒有益處，而馬還是有用的。儒生如同鹿，有用的官吏如同馬一樣啊！

夫韓子知以鹿、馬喻，不知以冠❶、履❷譬❸。使❹韓子不冠❺，徒履❻而朝，吾將聽其言也。加冠於首而立於朝，受無益之服❼，增無益之仕❽，言與服相違，行與術相反，吾是以❾非❿其言而不用其法也。煩勞人體，無益於人身，莫過跪拜。使韓子逢人不拜，見君父不謁⓫，未必有賊⓬於身體也。然須拜謁以尊親者，禮義至重⓭，不可失⓮也。故禮義在身，身未必肥；而禮義去⓯身，身未必瘠⓰而化⓱衰。以⓲謂有益，禮義不如飲食。使韓子賜食君父之前，不拜而用⓳，肯為之乎？夫拜謁，禮義之效⑳，非益身之實也；然而韓子終不失者，不廢禮義以苟㉑益也。夫儒生，禮義也；耕戰，飲食也。貴耕戰而賤儒生，是棄禮義求飲食也。使禮義廢，綱紀㉒敗，上下㉓亂而陰陽㉔繆㉕，水旱失時，五穀不登㉖，萬民饑死，農不得耕，士不得戰也。

【章旨】此章批評韓非「廢禮義」而「賤儒生」之論。

【注釋】❶冠　帽子。❷履　鞋子。❸譬　比喻。❹使　假使。❺不冠　不戴帽子。❻履　穿鞋子。❼服　服飾。此指帽子。❽仕　通「事」。指戴帽子一事。❾是以　因此。❿非　批評；指責。⓫謁　拜見；拜謁。⓬賊　害。⓭至重　最重要；至關重要。⓮失　違反。⓯去　離開。⓰瘠　瘦。⓱化　變。⓲以　根據；按照。⓳用　吃。⓴效　表現。㉑苟　苟且。㉒綱紀　法制。㉓上下　君臣等級關係。㉔陰陽　指陰氣、陽氣。㉕繆　錯亂。㉖登　豐登；豐收。

【語譯】韓非知道用鹿和馬作比喻來說明，不知道用帽子和鞋子作比喻。如果韓非不戴帽子，僅穿鞋子而上朝，我將聽從他的批評。把帽子戴在頭上而站立在朝廷上，接受了沒有用的帽子，多做了一件沒有用的事，口說不做無益的事而自己卻又戴上無益的帽子，行動與主張相違背，我因此批評他說的話而並不採用他的方法。煩勞人的身體，對人身毫無益處的，莫過於跪拜了。如果韓非逢人不跪拜，見到君父不拜謁，未必對身體有害吧。但是為了尊敬君父又必須拜謁，因為禮義至關重要，不可以違反啊。本來禮義在身，身體不一定肥胖；而禮義離開身上，身體不一定瘦削下去而變得衰弱。就有益這點來說，禮義不如飲食。如果韓非在君父面前接受賞賜給他的食物，不跪拜就吃，君父能給他吃嗎？拜謁，是禮義的表現，不是說對身體有什麼好處；但是韓非從來不肯違反拜謁這種禮節，是因為人不應該廢棄禮義而不擇手段地尋求對身體有什麼好處啊。儒生，是禮義的代表；從事耕戰，是為了飲食的需要。以耕戰為貴而以儒生為賤，這是廢棄禮義而貪求飲食的行為。如果禮義被廢棄，法紀被破壞，君臣上下的等級關係被搞亂，陰陽二氣錯亂，就會造成水旱失時，五穀不收，廣大老百姓被餓死，農民不能耕種，士兵不能打仗了。

子貢去❶告朔❷之餼羊❸，孔子曰：「賜也，爾愛其羊，我愛其禮。」❹子貢惡❺費❻羊，孔子重❼廢禮也。故以舊❽防❾為無益而去之，必有水災；以舊禮為無補而去之，必有亂患。儒者在世，禮義之舊防也，有之無益，無之有損。庠序❿之設，自古有之。重本⓫尊始⓬，故立官置吏。官不可廢，道⓭不可棄。儒生，道官之吏也，以為無益也棄之，是棄道也。夫道無成效於人，成效者須⓮道而成。然⓯足蹈路而行，所蹈之路，須不蹈者；身須手足而動，待⓰不動者⓱。故事或無益而益者須之，無效而效者待之。儒生，耕戰所須待也，棄之不存，如何也？

【章　旨】此章進一步指明儒家作為「禮義之舊防」的歷史地位。

【注　釋】❶去　取消。❷告朔　周制。每年秋末，周天子把來年的曆書頒發給諸侯，諸侯再把它藏於祖廟，每月初一殺一頭活羊親自去祖廟祭祀，表示聽政開始，叫做「告朔」。魯國自文公起，君主不再參加「告朔」祭典，而有司仍然供應祭廟用的活羊，子貢因此主張把祭廟用羊的舊禮廢掉，羊亦不必殺了。❸餼羊　祭廟用的活羊。❹孔子曰四句　事見《論語・八佾》。爾，人稱代詞，你。其，那個。❺惡　痛恨。❻費　浪費。❼重　難；不願意。❽舊　原有的。❾防　堤防。比喻維護者。❿庠序　古代學校的通稱。《漢書・儒林傳序》：「鄉里有教，夏曰校，殷曰庠，周曰序。」⓫本　立國之本。此指禮教。⓬尊始　尊重傳統。⓭道　指禮義。即孔孟之道。⓮須　等待；依靠。⓯然　如是；就這樣。⓰待　依靠。⓱不動者　指軀體。

【語 譯】子貢要取消每月初一殺羊祭廟的舊禮，孔子說：「端木賜，你愛惜那隻羊，我捨不了那個禮。」子貢痛惜浪費羊，孔子不願意廢掉禮。所以認為原有的堤防沒有用處就去掉它，一定會有水災發生；以為原有的禮制沒有補益就要廢掉它，一定會有禍亂發生。儒生活在世上，就是維護禮義的舊堤防，有儒生無益，沒有儒生就有害了。學校的設立，自古有之，重視禮教，尊重傳統，因此設置了專管教育的官吏。官吏不可廢棄，禮義也不可廢棄。儒生，是掌管禮義的官吏，認為沒有益處就廢掉它，這就是廢棄禮義啊。禮義對於人來說雖然不直接產生具體的效果，但是任何能產生具體效果的都必須依靠禮義才能成功。就像這腳踩著路行走，所走的路，卻要靠腳沒有踩著的地方才能存在；人的身體要依靠手足才能活動，但是手足又只能依靠身體軀幹才能存在和行動。所以事物有的沒有用處，但任何有用處的事物必須依靠沒有用處的才能存在；或許沒有效果，而有效果的必須依靠無效果的才能成功。儒生，是耕戰所必須依靠的，廢棄而不存在的話，又怎麼行呢？

韓子非儒，謂之無益有損。蓋謂俗儒無行操，舉措❶不重禮，以儒名而俗行，以實學而偽說❷，貪官尊榮，故不足貴。夫志潔行顯❸，不徇❹爵祿，去卿相之位若脫躧❺者，居位治職❻，功雖不立，此禮義為業者也。國之所以存者，禮義也。民無禮義，傾❼國危主。今儒者之操，重禮愛義，率❽無禮之士，激❾無義之人，人民為善，愛其主上，此亦有益也。「聞伯夷風❿者，貪夫⓫廉，懦夫⓬有立志」；「聞柳下惠風者，薄夫⓭敦⓮，鄙夫⓯寬⓰。」此上化⓱也，非人⓲所見。段干木⓳闔門⓴不出，魏文㉑敬之，表㉒式㉓其閭㉔，秦軍聞之，卒㉕不攻魏。使魏無干木，秦兵入境，境土危亡。秦，強國也，兵無不勝。兵加於魏，魏國必破，三軍兵頓，流血千里。今魏文式闔門之士，卻強秦之兵，全[26]魏國之境，濟[27]三軍[28]之眾，功莫大焉，賞莫先焉。齊有高節之士，曰狂譎、華士。二人，昆弟[29]也，義不降志，不仕[30]非其主[31]。太公封於齊，以此二子[32]解[33]沮[34]齊眾，開不為上用之路[35]，同時誅之。韓子善[36]之，以為二子無益而有損也。夫狂譎、華士，段干木之類也，太公誅之，無所卻[37]到[38]，魏文侯式之，卻強秦而全魏，功孰大者？使韓子善干木闔門高節，魏文式之是也，狂譎、華士之操，干木之節也，善太公誅之，非也。使韓子非干木之行，下[39]魏文之式，則干木以此行而有益，魏文用式之道為有功，是韓子不賞功尊有益也。

論者或曰：「魏文式段干木之閭，秦兵為之不至，非法度[40]之功。一功特然，不可常行，雖全國有益，非所貴也。」夫法度之功者，謂何等也？養三軍之士，明賞罰之命，嚴刑峻法，富國強兵，此法度也。案秦之強，肯為此乎？六國[41]之亡，皆滅於秦兵。六國之兵非不銳，士眾之力非不勁也；然而不勝，至於破亡者，強弱不敵，眾寡不同，雖明法度，其何益哉？使童子變[42]孟賁[43]之意，孟賁怒之，童子操刃與孟賁戰，童子必不勝，力不如也。孟賁怒，而童子修禮[44]盡敬[45]，孟賁不忍犯也。秦之與魏，孟賁之與童子也。魏有法度，秦必不畏，猶童子操刃，孟賁不避也。其尊士式賢者之閭，非徒童子修禮盡敬也。夫力少則修德，兵強則奮威。秦以兵強，威無不勝，卻軍[46]還眾[47]，不犯魏境者，賢[48]干木之操，高[49]魏文之禮也。夫敬賢，弱國之法度，力少之強助也。謂之非法度之功，如何？高皇帝[50]議欲廢太子[51]，呂后[52]患之[53]，即召張子房[54]而取策，子房教以敬迎四皓[55]而厚禮之。高祖見之，心消意沮，太子遂安[56]。使韓子為呂后議，進不過強諫，退不過勁力，以此自安，取誅[57]之道[58]也，豈徒易[59]哉？夫太子敬厚四皓以消[60]高帝之議，猶魏文式段干木之閭卻強秦之兵也。

【章　旨】此章以魏文表式段干木之閭而卻秦兵、太子敬厚四皓以消高帝之議為例，批評韓非之非儒，指出「國之所以存者，禮義也。民無禮義，傾國危主」。

【注　釋】[1]舉措　舉止行動。[2]偽說　錯誤的觀點或有害的主張。[3]行顯　行為光明正大。[4]徇　曲從。[5]躧　通「屣」。鞋子。[6]治職　處理政事。[7]傾　倒塌；傾覆。引申為覆滅。[8]率　引導。[9]激　鼓勵；鞭策。[10]風　風範；風格。[11]貪夫　貪得無厭的人。[12]懦夫　軟弱無能的人。[13]薄夫　輕薄的人。[14]敦　厚道。[15]鄙夫　心胸狹窄的人。[16]寬　寬宏大量。以上引文均見《孟子・萬章下》。[17]上化　最高的教化。[18]人　指平常人。[19]段干木　人名，姓段干，名木，魏國隱士。一說：姓段，名干木。[20]闔門　閉門。指隱居不仕。[21]魏文　魏文侯。魏國君主，西元前四四五至前三九六年在位。[22]表　表彰。[23]式　通「軾」。車前用以扶手的橫木。人站在車上，手扶橫木，身向前俯，以示敬意。此指敬禮。[24]閭　里巷的大門。[25]卒　終於。見《呂氏春秋・期賢》。[26]全　保全。[27]濟　救。[28]三軍　泛指軍隊。春秋時代，大國多設三軍，如晉設中軍、上軍、下軍，而以中軍之將為三軍統帥。楚設中軍、左軍、右軍。㉙昆弟　兄弟。㉚仕　當官。㉛非其主　不合自己心願。㉜二子　指狂譎、華士。㉝解　通「懈」。使之懈怠。㉞沮　敗壞；渙散。㉟路　先路；先例。㊱善　贊揚；賞識。見《韓非子・外儲說右上》。㊲卻　使之退卻。㊳到　得。㊴下　輕視；貶低。㊵法度　法制。㊶六國　指戰國時代齊、楚、燕、韓、趙、衛六個國家。㊷變　改變；違背。㊸孟賁　傳說是古代一位大力士。㊹修禮　講究禮節。修，整飭；加強。㊺盡敬　非常恭敬。㊻卻軍　使軍隊退卻。㊼還眾　撤回軍隊。㊽賢　善；稱贊。㊾高　推崇。㊿高皇帝　指漢高祖劉邦。(51)太子　指漢惠帝劉盈。為劉邦的太子。(52)呂后　劉盈之生母。(53)患之　以之為患。患，擔憂。(54)張子房　即張良。字子房。(55)四皓　指漢代初年四位八十多歲而被人尊重為德高望重的隱士：東園公，甪里先生，綺里季，夏黃公。秦末漢初隱居於商山，時稱之為「商山四皓」。《史記・留侯世家》索隱引《陳留志》云：「園公，姓庾，字宣明，居園中，因以為號。夏黃公，姓崔，名廣，字少通，齊人，隱居夏里修道，故號曰夏黃公。甪里先生河內軹人，太伯之後，姓周名術，字元道，京師號曰霸上先生，一曰甪里先生。」(56)安　地位安定。以上事見《史記・留侯世家》。(57)取誅　自取滅亡。(58)道　方法。(59)易　改變。此指丟失太子的地位。(60)消　消除。

**【語　譯】**韓非批評儒家，說它無益有害。大概是說俗儒操行不好，舉止行為不注重禮節，名為儒生而行為鄙俗，打著真才實學幌子而實際上都是虛偽、錯誤的主張，貪圖官位名利，因此並沒有什麼可貴的。志向高潔，行為光明正大，不曲從官位利祿，拋棄卿相的官位就像丟掉鞋子一樣的人，居官位而處理政事，即使未建功立業，但他們卻是以施行禮義為己任的人。國家之所以能存在，靠的就是禮義啊。老百姓沒有禮義，國家就要滅亡，君主就要遭殃。而今儒生的操行，重視並愛護禮義，引導無禮的人，激勵無義的人，人民變好了，都熱愛自己的君主，這也是有益的。孟子說：「受伯夷的崇高風尚的影響，貪婪的人會變得廉潔，軟弱無能的人會有堅定的志向」；「受柳下惠風格的感召，輕薄的人會變得厚道，心胸狹隘的人會變得寬宏大量」。這種最高的教化，不是一般人所能見到的。段干木閉門不出，魏文侯敬仰他，在他居住的里巷修飾門樓表彰他，秦軍聽到這個消息，終於沒有進攻魏國。如果魏國沒有段干木這類高尚的儒生，秦兵侵入魏國的境界，魏國就要被滅亡了。秦，是強大的國家，戰無不勝。秦兵一侵入魏國，魏國必敗，軍隊苦戰，流血千里。現在魏文侯禮遇閉門隱居之士，使強大的秦國軍隊退兵，保全了魏國的領土完整，拯救了三軍將士，論功沒有比他更大的，受賞沒有能超過他的。齊國有崇高節操的人，名叫狂譎、華士。二人是兄弟，都能堅持自己的主張而不屈從於人，不願到不合自己心意的君主那裡去做官。姜太公被封於齊國，認為這二人瓦解士氣，使齊國人心渙散，開不為君主所用的先例，同時把二人殺掉。韓非贊揚姜太公處死狂譎、華士的做法，就是認為二人對於鞏固統治地位不但沒有益處反而有損害吧。狂譎、華士，屬於段干木一類人物，姜太公殺掉他們，並沒有排除或得到什麼，而魏文侯禮遇段干木，使強大的秦兵自動退卻，因而保全了魏國的領土完整，比較功績，究竟誰大呢？如果韓非贊揚段干木閉門隱居這種高尚節操，那麼魏文侯禮遇段干木就是對的了，而狂譎、華士的操守，與段干木的節操是一樣的，韓非贊成姜太公殺掉他們，這就不對了。如果韓非否定段干木的行為，貶低魏文侯表彰段干木的做法，而段干木正是以這樣高尚的操行使國家免受秦兵蹂躪之苦，魏文侯正是依靠禮遇段干木的方法而建立了功勳的，這就說明韓非並不獎勵功績、不尊重對國家有貢獻的人。

論者也許會說：「魏文侯為段干木的里巷修飾門樓，表彰他，敬仰他，秦兵因此不侵入魏國領土，這並不是執行法制的功績。這一功績是特殊的情況，不可能經常出現，雖然在保全國家領土方面有好處，也沒有什麼可貴的地方。」法制的功績，指的是什麼呢？養三軍將士，使賞罰的命令更分明，使刑法更嚴峻，使國家富裕、軍隊強大，這就是法制。考察一下強大的秦國，它能因為你講求法制就不進攻了嗎？齊、楚、燕、韓、趙、衛六國，都是被秦兵滅亡的。六國的兵器不是不鋒利，士眾的力量不是不強勁，然而六國沒有取勝，最後破滅的原因，在於強弱不等，眾寡不同，即使法制嚴明，那又有什麼益處呢？假如童子違背大力士孟賁的意願，孟賁向童子發怒，童子拿著刀子同孟賁打起來，童子一定不會勝利，因為童子的力量不如孟賁啊。孟賁發怒，如果童子講究禮節，非常恭敬，孟賁就不忍心傷害童子了。秦國與魏國，就如同孟賁與童子一樣。魏國有法制，秦國必定不感到畏懼，好比童子手持兵器，孟賁絕不會心中害怕而逃避一樣。魏文侯尊重士大夫並為賢者的里巷修飾門樓以表彰他們，不僅是童子講究禮節，表示恭敬可比的。力量少就培養美好的品德，兵力強大就能振奮軍威。秦國因為兵力強大，軍威沒有不勝的，但是它退兵撤軍，不侵犯魏國領土，是因為贊揚段干木的節操，推崇魏文侯的禮義呀。尊敬賢能，是弱小國家的法制建設，力量微小的強有力的幫助啊。說敬賢不是法制的功績而不經常推行，怎麼行呢？漢高祖想廢掉太子劉盈，呂后為此事擔憂，立即把張子房召來商議對策，子房教劉盈恭敬地迎候商山四皓來朝廷，以最優厚的禮節接待四位德高望重的隱士。漢高祖見到太子能夠請出商山四皓，心中對太子的疑慮就消除了，太子的繼承人地位於是穩定下來了。如果韓非替呂后策劃，上策不過是極力勸阻高祖不要廢掉太子，下策不過是使用更強硬的武力威脅而已，以此來穩定自己的地位，實際上是自取滅亡的辦法，豈只是丟掉太子的地位呢？太子敬仰並厚待隱居在商山的四位老人，以此消除了漢高祖廢掉太子的計畫，如同魏文侯修飾段干木的里巷的門樓以表示敬仰而使強大的秦兵自動退卻一樣。

治國之道❶，所養❷有二：一曰養德，二曰養力。養德者，養名高之人，以示能敬賢；養力者，養氣力之士，以明能用兵。此所謂文武張設❸、德力具❹足者也。事或❺可以❻德懷❼，或可以力摧❽。外以德自立，內以力自備，慕德者不戰而服，犯德者畏兵而卻。徐偃王❾修行仁義，陸地❿朝⓫者三十二國⓬，強楚聞之，舉兵而滅之。此有德守，無力備者也。夫德不可獨任以治國，力不可直⓭任⓮以禦敵也。韓子之術不養德，偃王之操不任力，二者偏⓯駁⓰，各有不足。偃王有無力之禍，知韓子必有無德之患。

【章　旨】此章述治國之道，倡「文武張設」、「德力具足」者也，批評韓非之重力而輕德。

【注釋】❶道 方法。❷養 供養；積蓄。❸文武張設 文武兩方面都採用。張設，張羅設置。❹具 通「俱」。都；全。❺或 有的。❻以 用。❼懷 感化。❽摧 摧毀；征服。❾徐偃王 西周初徐戎的首領。統轄今淮、泗一帶。《後漢書・東夷列傳》稱其「地方五百里」，向他朝貢者「三十有六國」。❿陸地 泛指各地。⓫朝 朝貢。⓬三十二國 此依《韓非子・五蠹》所載之數。《後漢書・東夷列傳》作三十六國，不知孰是。⓭直 僅僅；獨。⓮任 任用。⓯偏 片面；偏廢。⓰駁 不純；雜亂。

【語譯】治理國家的方法，有兩種要積蓄的東西：一是養德，二是養力。所謂養德，就是要蓄養名望很高的人，用以表示君主能夠尊敬賢人；養力，就是蓄養有氣力的人，以表明君主能夠用兵。這就是人們所說的文武兩方面都用、道德武力兩方面都備足啊。有的事物可以用道德去感化，有的可以使用武力去征服。對外靠道德自立，對內靠武力自備，重視道德的國家不使用武力卻能征服人心，輕視道德的國家因害怕強大的兵力而自動退卻。徐偃王注重推行仁義，各地去朝貢者三十二國，強大的楚國聽到這個消息，就出兵把它消滅了。這說明徐偃王僅有道德方面的操守，而缺乏武力方面的防備。由此看來，道德不可以單獨用來治理國家，武力也不可以僅僅用來抵禦敵人。韓非的治國方法不注重養德，徐偃王的治國是不重視武力，二人都有偏頗，各有不足之處。從徐偃王因忽視武備而遭受亡國之禍，就可以知道韓非一定會因為不注重德治而遭受禍患的。

凡人稟性❶也，清❷濁❸貪廉，各有操行，猶草木異質❹，不可復變易❺也。狂譎、華士不仕於齊，猶段干木不仕於魏矣。性行清廉，不貪富貴，非時❻疾❼世，義不苟仕❽，雖不誅此人，此人行不可隨❾也。太公誅之，韓子是之❿，是謂人無性行⓫，草木無質⓬也。太公誅二子，使齊有二子之類，必不為二子見誅之故，不清其身⓭；使無二子之類，雖養之，終無其化⓮。堯不誅許由，唐民⓯不皆欒處⑯；武王不誅伯夷，周民不皆隱餓；魏文侯式段干木之閭，魏國不皆闔門⑰。由此言之，太公不誅二子，齊國亦不皆不仕。何則？清廉之行，人所不能為也。夫人所不能為，養使為之⑱，不能使勸⑲；人所能為，誅以禁之，不能使止。然則太公誅二子，無益於化，空⑳殺無辜㉑之民。賞無功，殺無辜，韓子所非㉒也。太公殺無辜，韓子是之，是韓子之術殺無辜也。

【章　旨】此章批評韓非肯定姜太公殺狂譎、華士二子，其實是「殺無辜」。

【注　釋】❶稟性　承受的道德屬性。王充認為人的道德屬性是人胚胎於母體時承受天施放的不同的氣而形成的，氣不同，故人性之善惡有別。參見前之〈率性篇〉和〈本性篇〉。❷清　清高。指道德高尚。❸濁　汙濁。指品行低下。❹異質　不同的質地。❺變易　改變。❻非時　批評時世。❼疾　憎恨。❽苟仕　隨隨便便地當官。苟，苟且。❾隨　追隨；效法。❿是之　以之為是。是，對；正確的。⓫性行　天生的品行。⓬質　性質；本質特徵。⓭清其身　使其身清高。⓮化　感化；教化；道德影響。⓯唐民　唐堯時代的老百姓。⓰欒處　指在樹上搭巢作窩。此比喻在山中隱居。欒，通「巢」。⓱闔門　閉門。此指隱居。⓲使為之　使人具備清廉的操行。⓳勸　勉勵。⓴空　白白地。㉑辜　罪。㉒非　反對。

【語　譯】大凡人的道德屬性都是人胚胎於母體時稟承了不同的氣而形成的，有的道德高尚，有的道德低下，有的本性貪婪，有的本性廉潔，各有操行，如同草木不同的本質特徵，不可以再改變一樣。狂譎、華士不願在齊國當官，好像段干木不願在魏國當官一樣。天生品行清高廉潔，不貪圖富貴，批評時世，憎恨社會現實，堅持自己的主張，不苟且為官，即使不殺掉這兩個人，他倆的品行也不可能效法。太公殺掉他們，韓非肯定了太公的做法，這就是說人並沒有天生的品行，如同說草木沒有自己的本質特徵一樣。太公殺掉狂譎、華士二人，如果齊國有像狂譎、華士之類的人，一定不會因為這二人被殺的緣故，不保持自己清高的節操；如果沒有狂譎、華士之類的人，即使將他們蓄養起來，他們的品行也終究不會影響到別人吧。堯沒有殺掉許由，唐堯時代的老百姓並沒有像許由那樣都到深山老林中去搭巢隱居；周武王沒有殺掉伯夷，周朝的老百姓並沒有像伯夷那樣都隱居山林、不食周粟而餓死；魏文侯在段干木的里巷修飾門樓表示對賢才的敬仰，魏國的老百姓並沒有都像段干木一樣閉門不出。由此說來，太公不殺狂譎、華士二位隱士，齊國的人也不會都像他們二兄弟那樣不去當官。為什麼？清高廉潔的品行，不是通過人的努力能具備的。既然不是通過人的努力能具備，用供養的辦法使人們具備清高廉潔的品行，並不能使人們得到勉勵從而具備的；如果人通過努力能夠具備清高廉潔的操行，即使用殺人的辦法來禁止人們具備這種品德，也不能使人們不再具備清高廉潔的操行的。既然這樣，那麼太公殺掉狂譎、華士二人，對教化並沒有益處，而是白白地殺害無罪的老百姓。獎賞無功的人，殺害無罪的人，這是韓非所反對的。太公殺掉無罪的人，而韓非卻對此加以肯定，這就說明韓非的法術是用來殺害無罪的人的法術啊。

夫執❶不仕者，未必有正罪❷也，太公誅之。如出仕未有功，太公肯賞之乎？賞須功而加，罰待罪而施。使太公不賞出仕未有功之人，則其誅不仕未有罪之民，非也，而韓子是之，失誤之言也。且不仕之民，性廉❸寡❹欲；好仕之民，性貪多利。利欲不存於心，則視爵祿猶糞土矣。廉則約省❺無極❻，貪則奢泰❼不止。奢泰不止，則其所欲不避其主❽。案❾古篡畔❿之臣，希⓫清白廉潔之人。貪，故能立功；憍⓬，故能輕生⓭。積功以取大賞，奢泰以貪⓮主位⓯。太公遺此法⓰而去⓱，故齊有陳氏⓲劫殺之患。太公之術，致⓳劫殺之法也。韓子善之⓴，是韓子之術亦危亡也。

【章旨】此章言韓非之術於國有害。

【注釋】❶執 執意；堅持。❷正罪 按法律條文規定要治的罪惡。❸廉 清廉。❹寡 少。❺約省 節儉。❻無極 沒有止境。❼奢泰 一作「奢汰」。奢侈無度。❽主 指君主的位置。❾案 考察。❿畔 通「叛」。⓫希 同「稀」。少。⓬憍 同「驕」。狂妄；驕矜。⓭輕生 不顧死活。⓮貪 貪婪地追求。⓯主位 君主之位。⓰此法 指殺不仕之民的法術。⓱去 離開。此指死去。⓲陳氏 指陳恆。又叫田成子或陳成子，陳釐子之子，春秋時代齊國的大臣。齊簡公四年（西元前四八一年），他殺死簡公，擁立齊平公，擔任相國，從此齊國由陳氏專權。參見《史記·田敬仲完世家》。⓳致 導致；誘導。⓴善之 以之為善。贊揚它的意思。

【語譯】堅持不去當官的人，不一定犯有法律明文規定的罪，姜太公殺掉了他們。如果出來當官而沒有功績，太公能獎賞他們嗎？獎賞，必須有功績才能實行；懲罰，要等到有罪過才能施及。如果太公不賞賜出來當官而沒有功績的人，那麼他殺掉不出來當官而沒有罪過的百姓，就是不對的，然而韓非卻給予肯定，就是失誤的話啊。況且不願當官的老百姓，品性廉潔少欲；而喜好當官的人本性貪婪，追求私利。人一旦心中不存有利欲，就會把官位和利祿看成好比糞土一樣了。本性廉潔，行動上就會極端節儉；本性貪婪，行動上就會奢侈無度，絲毫不會休止。一個人奢侈無度，那麼他所貪求的甚至不避開自己的君主的位置。考察古代篡權反叛的臣民，其中很少有清白廉潔的人。貪婪的人，所以能夠建立功績；驕傲狂妄的人，所以不顧死活。積功以獲取大賞賜，奢侈無度而貪求君主的位置。太公留下這種殺掉「不仕之民」的法術而死去，所以齊國有陳氏劫殺君主的禍患發生。太公的法術，是導致劫奪殘殺的法術。這樣看來，韓非贊揚劫奪殺人的做法，說明韓非的法術乃是導致國家危急與滅亡的法術啊。

周公聞太公誅二子，非而不是，然而身❶執❷贄❸以下❹白屋之士❺。白屋之士，二子之類也。周公禮之，太公誅之。二子之操❻，孰為是❼者？宋人有御❽馬者，不進❾，拔劍剄❿而棄⓫之於溝中。又駕一馬，馬又不進，又剄而棄之於溝。若是⓬者三⓭。以此威馬⓮，至矣，然非王良⓯之法也。王良登車，馬無罷⓰駑⓱；堯、舜治世，民無狂悖⓲。王良馴馬之心，堯、舜順民之意。人同性，馬殊類也。王良能調殊類之馬，太公不能率同性之士。然則周公之所下白屋，王良之馴馬也；太公之誅二子，宋人之剄馬也。舉⓳王良之法與宋人之操⓴，使韓子平㉑之，韓子必是王良㉒而非宋人㉓矣。王良全馬㉔，宋人賊馬㉕也。馬之賊㉖，則不若其全；然則民之死，不若其生。使韓子非王良，自同於宋人，賊善人㉗矣；如非宋人，宋人之術與太公同，非宋人，是太公㉘，韓子好惡無定㉙矣。

【章　旨】此章以周公與太公對比，以宋人威馬與王良馴馬為喻，批評韓非之是非不分、好惡無定。

【注　釋】❶身　親自。❷執　持；拿。❸贄　古時初次求見人時所攜帶的禮物。《左傳・莊公二十四年》：「男贄，大者玉帛，小者禽鳥，以章物也；女贄，不過榛栗棗脩，以告虔也。」❹下　指地位尊貴的人以謙恭態度對待地位低下的人。❺白屋之士　指生活貧窮、地位卑賤的人。白屋，簡陋而不加修飾的房屋。❻操　操守。❼孰為是　誰的做法正確。❽御　駕馭。❾不進　不前進。指馬兒不走。❿剄　砍殺。⓫棄　扔掉；拋棄。⓬是　這樣做。⓭三　三次。古書往往以三次表多次。事見《呂氏春秋・用民》。⓮威馬　以威嚇方式馴馬。⓯王良　人名。春秋時晉國的馴馬駕車能手。⓰罷　通「疲」。疲之無力。

⑰駑　劣馬。⑱狂悖　狂妄作亂。⑲舉　拿。⑳操　做法。㉑平　通「評」。評論。㉒是王良　以王良為是。㉓非宋人　以宋人為非。㉔全馬　保全馬的性命。指不殺馬。㉕賊馬　把馬殺害。㉖賊　被殺害。㉗賊善人　殺害好人。㉘是太公　以太公為是。㉙無定　沒有固定標準。

【語譯】周公聽說太公殺死了狂譎、華士二人，批評了太公的做法，認為這是不對的，而周公卻親自拿著見面禮物以謙恭的態度去拜訪生活貧窮、地位卑賤的人。生活貧窮、地位卑賤的人，屬於狂譎、華士二人之類，周公以禮對待他們，太公則把他們殺掉。這兩種對於狂譎、華士二人堅持不出來當官的操行的做法，誰是正確的呢？宋國有個駕馬的人，馬兒不走路了，他就拔劍砍殺了馬，把馬兒扔在水溝之中。他又駕一匹馬，等馬兒不走時，又砍殺了馬兒，把馬兒扔在溝中。像這樣做了多次。用這種威嚇手段馴馬，算是很嚴厲的了，可是這不是王良施行的方法。王良駕車，馬沒有疲沓的劣馬；堯、舜治理國家，老百姓沒有狂妄作亂的。因為王良馴服了馬兒的心，堯、舜征服了老百姓的思想。人與人本性相同，人與馬不屬於同類動物呀。王良能夠調理不同類的馬兒，太公卻不能統率同一本性的人。既然如此，那麼周公以謙恭態度去拜訪地位低下的人，與王良馴服馬兒的做法一樣；而太公殺掉狂譎、華士二人的做法，正同宋人砍死不願走路的馬兒一樣啊。拿王良的方法與宋人的做法來比較，讓韓非評論這兩種不同的做法，韓非一定會肯定王良而否定宋人了。王良保全了馬的性命，宋人殺害了馬的性命。馬被殺害，就不如保全牠的性命；這樣看來，老百姓被殺死，就不如讓他活著。如果韓非否定王良的做法，自然就與宋人同流合汙，主張治國要殘害好人了；如果否定宋人的做法，宋人馴馬的方法正與太公治國的方法相同，否定宋人，肯定太公，就說明韓非的好惡沒有固定的標準啊。

治國猶治身❶也。治一身，省❷恩德之行，多傷害之操，則交黨❸疏絕❹，恥辱至身。推治身以況❺治國，治國之道當任德❻也。韓子任刑，獨以治世，是則治身之人，任傷害也。韓子豈不知任德之為善哉？以為世衰事變，民心靡薄❼，故作法術，專意於刑也。夫世不乏於德，猶歲❽不絕❾於春也。謂世衰難以德治，可謂歲亂不可以春生乎？人君治一國，猶天地生萬物。天地不為亂歲去春❿，人君不以⓫衰世屏⓬德。孔子曰：「斯⓭民也，三代⓮所以直道⓯而行也。」

周穆王之世，可謂衰矣，任刑治政，亂而無功。甫侯⓰諫之，穆王存德，享國⓱久長，功傳於世。夫穆王之治，初亂終治，非知⓲昏於前，才妙⓳於後也，前任蚩尤⓴之刑，後用甫侯之言也。夫治人不能舍恩，治國不能廢德，治物㉑不能去春，韓子欲獨任刑用誅，如何？

【章　旨】此章以治身、治物作比，斥責韓非「任刑用誅」之術，強調「治國以德」。

【注　釋】❶治身　加強自身的道德修養。❷省　減少；缺少。❸交黨　結交親友。❹疏絕　交情疏遠；關係斷絕。❺況　比況；比方。❻任德　用德。與「任刑」相反。❼靡薄　奢侈；不厚道。❽歲　年歲。❾絕　斷絕。❿去春　不讓春天到來。⓫以　因為。⓬屏　摒棄；排除。⓭斯　這樣。⓮三代　指夏、商、周三個朝代。⓯直道　公正的道路。直，公正；正直。⓰甫侯　西周大臣。⓱享國　在位時間。見《尚書・呂刑》及《史記・周本紀》。⓲知　通「智」。⓳妙　高妙。⓴蚩尤　神話中東方九黎族首領。《尚書・呂刑》把他視為濫用酷刑的暴君，兄弟八十一人，以金屬作兵器，後與黃帝戰於涿鹿，兵敗被殺。㉑治物　培植；種植農作物。

【語　譯】治理國家好像一個人加強自身的道德修養一樣。在加強自身的品德修養方面，如果缺少對人施恩德的行為，而多有傷害人的做法，就會使自己結交的親友感情疏遠，關係斷絕，恥辱來到自己身上。推修養自身品德來比喻治理國家的道理，那麼治理國家的方法應當依靠德政。韓非主張使用刑法，專用它來治理社會秩序，這就是主張修養自身品德的人，可以使用傷害別人的手段啊。韓非難道不知道用道德來治理國家是最好的方法嗎？認為世事衰變，民心奢侈，因此必須製作法術，在刑法方面下功夫。世上不可能缺乏道德，猶如每年不可能沒有春天一樣。說世事衰敗難以實行德治，難道可以說因為年歲荒亂萬物就不可以在春天裡生長了嗎？君主治理一個國家，如同天地之生萬物一樣。天地不因為荒亂的年歲而不讓春天到來，君主並不因為衰亂時世而摒棄道德。孔子說：「正是因為有這樣可以用道德治理的百姓，所以夏、商、周三代能夠按照正道進行教化。」

周穆王的時代，可以說是衰敗的了，依靠刑法治理國家，結果徒勞無功，社會荒亂不堪。甫侯向周穆王進諫，穆王採納甫侯的建議，廢除刑法，保存德治，結果在位時間很長，功績流傳於後世。周穆王治理國家時，起初荒亂不堪，最終天下大治，並不是因為他在前期理智昏庸，在後期才華特別高妙，而是因為先前採用蚩尤的酷刑治國，而後採納甫侯的建議而以德治國啊。統治人不能捨掉恩惠，治理國家不能廢棄道德，種植農作物不能離開春天，韓非想單獨依靠刑法、採用殺人的辦法治理國家，怎麼行呢？

魯繆公❶問於子思❷曰：「吾聞龐𢷬是❸子不孝。不孝，其行奚如❹？」子思對曰：「君子尊賢以崇德，舉善以勸民。若夫❺過行❻，是細人❼之所識也。臣不知也。」子思出，子服厲伯❽見。君問龐𢷬是子，子服厲伯對以其過，皆君之所未曾聞。自是之後，君貴子思而賤子服厲伯。韓子聞之，以非繆公，以為明君❾求姦❿而誅之，子思不以姦聞，而厲伯以姦對，厲伯宜貴，子思宜賤⓫。今繆公貴子思，賤厲伯，失貴賤之宜，故非之也。

夫韓子所尚者，法度也。人為善，法度賞之；惡，法度罰之。雖不聞善惡於外，善惡有所制⑫矣。夫聞惡不可以行罰，猶聞善不可以行賞也。非人不舉姦者，非韓子之術⑬也。使韓子聞善，必將試⑭之，試之有功，乃肯賞之。夫聞善不輒加賞，虛言未必可信也。若此，聞善與不聞，無以異也。夫聞善不輒賞，則聞惡不輒罰矣。聞善必試之，聞惡必考⑮之，試有功乃加賞，考有驗⑯乃加罰。虛聞空見，實試⑰未立⑱，賞罰未加。賞罰未加，善惡未定。未定之事，須術乃立，則欲耳聞之，非也。

【章　旨】此章以韓非非穆公「貴子思，賤厲伯」為例，批評韓非欲以耳聞定善惡賞罰之術。

【注　釋】❶魯繆公　即魯穆公。戰國初期魯國君主，西元前四〇七至前三七六年左右在位。❷子思　即孔伋。孔子之孫。❸龐撊是　姓氏。即龐撊氏。❹奚如　怎麼樣。奚，疑問代詞。何。❺若夫　至於。❻過行　錯誤的行為。❼細人　指見識短淺或地位低微的人。❽子服厲伯　人名。戰國初期魯國人，孟孫氏的後裔，諡「厲伯」。❾明君　賢明的君主。❿姦　壞人壞事。此主要指壞人。⓫而厲伯以姦對三句　事見《韓非子・難三》。⓬制　處理；裁斷。⓭韓子之術　指韓非關於對言論必須經過「參證」證實才能相信的主張。⓮試　考核。⓯考　審查。⓰驗　證據。⓱實試　切實考核。⓲立　成立；確定。

【語　譯】魯穆公向子思問道：「我聽說龐撊氏的兒子不孝順父母。不孝順父母，那他的品行怎麼樣？」子思回答說：「君子尊重賢良而崇尚他的品德，薦舉好人好事來規勸百姓。至於錯誤的行為，這是見識短淺的小人所記的，我不知道。」子思退出後，子服厲伯進見。君主問龐撊氏的兒子，子服厲伯把他的過失告訴魯穆公，都是魯穆公所不曾聽說的。自此之後，魯穆公看得起子思而看不起子服厲伯。韓非子聽到這件事以後，就批評魯穆公，認為賢明的君主應當尋求邪惡姦詐的人並且殺掉他，子思不把壞人壞事稟告君主，而子服厲伯卻敢於揭發壞人壞事，厲伯應當被看重，子思應當被輕視。現在魯穆公看重子思，輕視子服厲伯，這就違反了應當看得起與看不起的原則了，因此韓非批評魯穆公。

韓非所崇尚的，是法制。人做善事，就按法制獎賞他；做惡事，就按法制懲罰他。君主即使沒有聽到皇宮外面的善事惡事，這種善事惡事由於法制的存在還是可以得到公正處理的。其實，僅僅聽到說的惡人惡事不可以立即進行懲罰，如同聽說好人好事不可以立即實行獎賞一樣。指斥別人不檢舉壞人壞事，這不是韓非的做法。如果韓非聽到好人好事，一定會去考核落實它，經過考核確實有功，才能獎賞他。聽到好人好事不立即加以獎賞，因為虛假的傳言不一定可以相信。如果這樣，聽說有好人好事與沒有聽說，是沒有什麼差異的。聽到好人好事不立即封賞，那麼聽到壞人壞事就不會立即給予懲罰了。如果聽到好人好事以後一定要考核它，那麼聽到壞人壞事以後也一定要審查它，考查確實有功才加以獎賞，審查以後確實有證據才加以處罰。虛假而空洞的聞見，經過切實考查不成立的話，就不能加以獎勵或處罰。不能加以賞罰，是因為不能確定好壞。沒有確定的事，必須有一套辦法才能確定它，那麼只想依靠耳朵聽聽就進行賞罰，顯然是不對的。

鄭子產❶晨出，過東匠❷之閭，聞婦人之哭也，撫其僕之手而聽之❸。有間，使吏執❹而問之，手❺殺其夫者也。翼❻日，其僕問曰：「夫子❼何以知之？」子產曰：「其聲不慟❽。凡人於其所親愛也，知病而憂，臨死而懼，已死而哀。今哭夫已死，不哀而懼，是以知其有姦也。」韓子聞而非之曰：「子產不亦多事乎！

姦必待耳目之所及而後知之，則鄭國之得姦寡矣。不任❾典城之吏❿，察參伍⓫之正⓬，不明度量⓭，待⓮盡聰明⓯、勞知慮而以知姦，不亦無術⓰乎？」韓子之非子產，是也；其非繆公，非也。夫婦人之不哀，猶龐撊是子不孝也。非子產持耳目以知姦，獨欲繆公須問以定邪⓱。子產不任典城之吏，而以耳聞定實，繆公亦不任吏，而以口問立誠⓲。夫耳聞口問，一實也，俱不任吏，皆不參伍。厲伯之對不可以立實，猶婦人之哭不可以定誠矣。不可定誠，使吏執而問之。不可以立實，不使吏考，獨信厲伯口，以罪⓳不考之姦⓴，如何？

【章　旨】此章以韓非非子產持耳目以知姦，反駁韓非之非魯穆公。

【注　釋】❶子產　鄭國大夫。❷東匠　街道名。相傳為子產所居。❸撫其僕之手而聽之　此指子產按住趕車人的手，要他把馬車停下來聽一聽。撫，按住。僕，趕車人。❹執　抓來。❺手　親手。❻翼　通「翌」。第二天。❼夫子　先生；您。表示尊稱。❽慟　悲痛。❾任　依靠。❿典城之吏　地方長官。典，主管；執掌。⓫參伍　參照對比。⓬正　通「政」。此指方法。⓭度量　此指制度、法度。⓮待　等待；依靠。⓯聰明　此指人的聽覺和視覺。⓰無術　沒有辦法。見《韓非子・難三》。⓱邪　邪惡；壞人。⓲立誠　確定事實真象。誠，真實。⓳罪　定罪。⓴不考之姦　沒有經過證實的姦邪情況。此指龐撊氏子不孝。

【語　譯】鄭國大夫子產早晨外出，經過東匠街一帶時，聽到一個婦女的哭聲，就按住趕車人的手，要他停住馬車而聽一聽。過了一會兒，派官吏把那正在哭的婦女抓來審問她，原來是一個親手殺死丈夫的女人。第二天，子產的趕車人問道：「先生怎麼知道她親手殺死丈夫？」子產回答說：「她的哭聲不悲痛。凡是一個人對自己相親相愛的人，知道他病了而感到憂慮，臨死時而感到恐懼，已經死了而感到悲哀。現在這個婦人為已死的丈夫而哭，哭聲並不悲哀而感到恐懼，因此知道她有姦情。」韓非聽到子產的話以後，認為說得不對，指出：「子產不也是多事嗎！如果有壞人，一定要等到自己耳聞目睹之後才知道，那麼鄭國查出來的壞人也就太少了。不依靠地方官吏，不運用參照對比的方法去考察，不明白各種法制，光靠自己盡力用耳朵去聽、用眼睛去看，費盡心計地發覺壞人，不也顯得自己沒有辦法嗎？」韓非對子產的批評是對的，而對魯穆公的責備，是不對的。那個婦人的哭聲不悲哀，如同龐撊氏的兒子不孝一樣。既然批評子產依靠耳聞目睹來發覺姦婦，卻又偏偏要求魯穆公依靠口問來確定壞人。子產不依靠地方官吏，而憑著自己的耳聞來確定事實，那麼魯穆公也可以不依靠官吏，而僅僅憑著口問來確定事實。用耳朵聽與用嘴巴問，情況是一樣的，都不依靠官吏考察，都沒有運用參照對比方法。子服厲伯的回答不可以確定實際情況，如同那個婦人的哭聲不可以斷定事實一樣。既然不可以斷定事實，就應該派官吏把人叫來審問一下具體情況。如果不可以判定事實，卻不派官吏去考查，偏信子服厲伯的話，以此確定龐撊氏的兒子不孝的罪名，怎麼行呢？

韓子曰：「子思不以過聞，繆公貴之。子服厲伯以姦聞，繆公賤之。人情皆喜貴而惡賤，故季氏❶之亂成而不上聞❷。此魯君❸之所以劫❹也。」夫魯君所以劫者，以不明法度邪？以不早聞姦也？夫法度明，雖不聞姦，姦無由生；法度不明，雖日求姦，決其源，鄣❺之以掌也。御者無銜❻，見馬且❼奔，無以制❽也。使王良持轡❾，馬無欲奔之心，御之有數❿也。今不言魯君無術，而曰「不聞姦」；不言不審法度，而曰「不通下情」。韓子之非繆公也，與術意⓫而相違矣。

龐撊是子不孝，子思不言，繆公貴之。韓子非之，以為明君求善而賞之，求姦而誅之。夫不孝之人，下愚之才也。下愚無禮，順情從⑫欲，與鳥獸同。謂之惡，可也；謂姦，非也。姦人外善內惡，色厲內荏⑬，作為操止⑭，象類⑮賢行，以取升進，容媚⑯於上⑰，安肯作不孝，著身為惡，以取棄殉⑱之咎⑲乎？龐撊是子可謂不孝，不可謂姦。韓子謂之姦，失姦之實矣。

【章　旨】此章續前，指明韓非非穆公與自己政治主張相違背矣。

【注　釋】❶季氏　即季平子。魯國大夫，後把魯昭公驅出魯國。見《左傳・昭公二十五年》。❷上聞　君主聽到。❸魯君　指魯昭公。❹劫　劫持。此指被驅逐出國。❺鄣　通「障」。阻擋；堵塞。❻銜　馬嚼子。❼且　將要。❽制　控制。❾轡　套馬的轡頭。❿數　術；方法。⓫術意　政治主張的基本點。⓬從　通「縱」。放縱。⓭色厲內荏　外表強硬而內心怯懦。⓮作為操止　行為舉止。⓯象類　摹擬；模仿。⓰容媚　討好獻媚。⓱上　指君主。⓲棄殉　拋棄；殺掉。⓳咎　災禍；禍害。

【語　譯】韓非說：「子思不把龐撊氏之子的過錯報告魯穆公，穆公反而看重他。子服厲伯把龐撊氏之子的罪過報告魯穆公，穆公反而輕視他。人的感情都喜歡講好話的人而討厭講人家壞話的人，所以季平子的叛亂發生時，君主並沒有聽到消息。這就是魯昭公之所以被驅逐出國的原因啊。」魯昭公被驅逐出國，是因為法度不明呢？還是因為沒有及早發現壞人呢？如果法度明，即使沒有發現壞人，壞事也無從發生；如果法度不明，即使天天去尋找壞人，也像決開水源，而用手掌去堵塞河水一樣。駕車馬的人沒有馬嚼子，如果看到馬兒將要奔跑，也就沒有辦法控制馬兒了。如果讓王良手持轡頭，馬兒就沒有要奔跑的想法了，駕車是有方法的。現在不說魯昭公沒有治國的方法，而說「沒有發現壞人」；不說沒有認真考察法度，而說「不了解下面的情況」。韓非批評魯穆公，與自己的政治主張的基本點是相違背的。

龐撊氏之子不孝，子思不報告，而穆公卻認為他品德高貴。韓非批評魯穆公，認為賢明的君主發現好人好事而應該獎賞他們，發現壞人壞事而應該懲罰他們。對父母不孝順的人，是低下愚蠢的人。這種人愚昧無禮，順情縱欲，與禽獸相同。說這種人可惡，是可以的；說這種人很壞，就不對了。壞人外表很善良而內心險惡，外表強硬而內心怯懦，行為舉止，模仿聖賢的行為，以求取一官半職，討好獻媚君主，怎麼肯做不孝之子，明顯表露出自己的惡劣行為，以自取被斥退和殺身這樣的禍害呢？龐撊氏之子可以說他不孝，不可以說壞人。韓非說龐撊氏的兒子壞，這就不符合實際了。

韓子曰：「布帛尋常❶，庸人不擇❷；爍❸金百鎰❹，盜跖不搏❺。」以此言之，法明，民不敢犯也。設❻明法於邦❼，有盜賊之心，不敢犯矣；不測之者，不敢發矣。姦心藏於胸中，不敢以犯罪法，明法恐❽之也。明法恐之，則不須考姦求邪於下矣。使❾法峻❿，民無姦者；使法不峻，民多為姦。而不言明王之嚴刑峻法，而云求姦而誅之。言求姦，是法不峻，民或犯之也。不專意於明法，而專心求姦，韓子之言，與法相違。

人之釋⓫溝渠也，知其必溺身，不塞溝渠而繕⓬船楫者，知水之性不可閼⓭，其勢必溺人也。臣子之性欲姦⓮君父，猶水之性溺人也。不教所以防姦，而非其不聞知，是猶不備水之具，而徒欲早知水之溺人也。溺於水，不責水而咎⓯己者，己失防備也。然則人君劫於臣，己失法也。備溺不閼水源，防劫不求臣姦，韓子所宜用教己也。水之性勝火，如裹⑯之以釜⑰，水煎而不得勝，必矣。夫君猶火也，臣猶水也，法度釜也，火不求水之姦，君亦不宜求臣之罪也。

【章　旨】此章指出韓非之言「與法相違」。

【注　釋】❶尋常　古長度單位。八尺為尋，二尋為常。《國語．周語下》韋昭注云：「五尺為墨，倍墨為丈；八尺為尋，倍尋為常。」❷擇　通「釋」。放手；放棄。❸爍　通「鑠」。精美的金屬。❹鎰　古代重量單位。二十兩（一說二十四兩）為一鎰。❺搏　奪取。以上引文見《韓非子．五蠹》。❻設　假設；假如。❼邦　國。❽恐　恐嚇；威脅。❾使　假使；如果。❿峻　嚴厲。⓫釋　放。指疏通。⓬繕　整治；修繕。⓭閼　堵塞。⓮姦　犯。⓯咎　歸罪；責怪。⓰裹　包起來。⓱釜　鍋子。

【語　譯】韓非說：「幾尺丈把長的布帛，一般人若有機會拿就不會放棄；精美貴重的百鎰之金，即使貪婪如盜跖一類人也不會去奪取。」這就是說，法度嚴明，老百姓就不敢犯罪了。假如一個國家法度嚴明，即使存有盜賊之心，也不敢犯法；有心懷叵測的人，也不敢發作。這是因為一個人的壞思想隱藏在人的心胸之中，不敢以身觸犯刑法，正是嚴明的法度威脅著人心啊。如果嚴明的法度威脅著人心，就沒有必要到下層去考查壞人壞事了。如果法令嚴厲，老百姓當中就沒有壞人；如果法令不嚴，老百姓當中就出現很多壞人。然而韓非不說賢明的君主應該使刑法嚴厲，而說要發現壞人壞事就懲罰他們。說要發現壞人壞事，這說明法令不嚴厲，老百姓當中有的已經犯罪了。要求一位君主不專心去制訂嚴明的法令，而專心去發現壞人壞事，韓非的話，本身就與自己提出的嚴明法制的觀點相違背。

人們之所以要去疏通溝渠，是知道它一旦堵塞必定會淹死人，沒有堵塞溝渠而去修造船楫的人，是知道水的本性不可以堵塞，它一堵塞勢必淹死人。臣子的本性想犯君主，就好比水的本性能淹死人一樣。不告訴君主用什麼方法去防備壞人，而批評他不了解臣子想犯君主的情況，這就好比不去準備防止被水淹死人的船楫，而只想先知道水什麼時候會淹死人。人被水淹了，不能責怪水，而只能責怪自己，是因為自己沒有防備啊。既然這樣，那麼君主被自己的臣子驅逐出國，是由於自己喪失了護身的法度的緣故。要防備被水淹死，並不需要堵住水源；君主要防備自己受到臣子的威逼劫持，也不要去了解哪個臣子會劫持自己，韓非應該用這件事來教育君主自己。水的本性能滅火，如果把水盛在鍋裡，水被煎開了，也不能滅掉火，這是必定的。君主如同火，臣子如同水，法度如同鍋子，火並沒有去了解火是不是會被水滅掉，君主也不應當去了解哪個臣子會犯劫持自己的罪行啊。

# 刺孟篇第三十

【題　解】本篇旨在批判孟子，故名之「刺孟」。王充以《孟子》一書為批判對象，抓住孟子言行不一，前後矛盾，答非所問，虛偽詭辯之處，指出孟子並非什麼「聖人」，而是一個十足的「俗儒」。

同《問孔篇》一樣，作者把批判的矛頭直指儒家的兩位聖賢。這對破除當時「獨尊儒術」的局面，是有積極意義的，但亦有偏頗之處。

孟子❶見梁惠王❷，王曰：「叟❸，不遠千里而來，將何以利吾國乎？」孟子曰：「仁義而已，何必曰利？」❹

夫利有二：有貨財之利，有安吉❺之利。惠王曰「何以利吾國」，何以知不欲安吉之利，而孟子徑❻難❼以貨財之利也？《易》曰：「利見大人❽」，「利涉大川❾」，「乾，元亨利貞❿」。《尚書》曰：「黎民⓫亦尚有利哉。」皆安吉之利也。行仁義，得安吉之利。孟子不且語問惠王「何謂利吾國」？惠王言貨財之利，乃可答若設⓬。今惠王之問未知何趣⓭，孟子徑答以貨財之利。如惠王實問貨財，孟子無以驗效也；如問安吉之利，而孟子答以貨財之利，失對上⓮之指⓯，違道理之實也。

【章　旨】此章譏刺孟子回答梁惠王之問「利」。

【注　釋】❶孟子　孟軻。字子輿，戰國時魯人。受業於子思。後被儒家奉為孔子學說的繼承人，有「亞聖」之尊。其《孟子》一書，後被列為儒家經典著作，即「六經」之一。❷梁惠王　戰國時魏國君主。西元前三六九至前三一九年在位。因西元前三六一年，魏國都城由安邑遷至大梁（今開封），故又稱魏惠王為「梁惠王」。❸叟　古代對老年男子的稱呼。❹孟子曰三句　見《孟子・梁惠王上》。❺安吉　平安吉祥。❻徑　直接；輕率。❼難　責難；指責。❽利見大人　見《周易・乾卦》。大人，貴族。❾利涉大川　見《周易・需卦》。涉，徒步過水。❿乾二句　見《周易・乾卦》。元，大。亨，順利。貞，卜問。⓫黎民　眾民；老百姓。《詩・大雅・雲漢》：「周餘黎民，靡有孑遺。」鄭玄箋：「黎，眾也。」一說：因黑髮得名。《孟子・梁惠王上》：「黎民不飢不寒。」朱熹注：「黎，黑也。黎民，黑髮之人，猶秦言黔首也。」一說：原來指九黎族之民。楊筠如《尚書覈詁》：「黎民當即九黎之民。」引文見《尚書・秦誓》。⓬設　假設；假想。⓭趣　意向。⓮上　君主。此指梁惠王。⓯指　通「旨」。意旨；意圖。

【語　譯】孟子拜見梁惠王，梁惠王說：「老先生，您不遠千里而來，將對我的國家帶來什麼利益呢？」孟子說：「講仁義就行了，為什麼一定要說利益呢？」

利益有二種：有財物方面的利益，有平安吉祥方面的利益。梁惠王說：「對我的國家帶來什麼利益」，憑什麼知道不是希望帶來平安吉祥的利益，而孟子輕率地用財物方面的利益來責難呢？《周易》說：「得此卦見大人吉利」，「得此卦過大河吉利」，「占卜得乾卦大吉大利」。《尚書》說：「老百姓也有崇尚利益的啊。」這些都是平安吉祥之利。實行仁義，就得到平安吉祥之利。孟子不姑且先問一問梁惠王「所說的『利吾國』是指什麼」？如果惠王說是指財物方面的利益，就可以像孟子所猜想的那樣回答。如果梁惠王的問話孟子還不知道是什麼意思，孟子用財物之利來回答，就顯得太輕率了。如果梁惠王確實是問財物之利，孟子並沒有根據可以證明；如果惠王問的是平安吉祥之利，孟子卻用財物之利來回答，那麼回答的問題就不符合君主的意圖，連起碼的常識也違背了。

齊王❶問時子❷：「我欲中國❸而授孟子室，養弟子以萬鍾❹，使諸大夫、國人皆有所矜❺式❻。子❼盍❽為我言之？」時子因❾陳子❿而以告孟子，孟子曰：「夫時子惡⓫知其不可也？如使⓬予欲富，辭⓭十萬而受萬，是⓮為欲富乎？」

夫孟子辭十萬，失謙讓之理也。「夫富貴者，人之所欲也，不以其道得之，不居也⓯。」故君子之於爵祿也，有所辭，有所不辭。豈以己不貪富貴之故，而以距⓰逆⓱宜當受之賜乎？

陳臻問曰：「於齊，王饋⓲兼金⓳一百鎰而不受；於宋，歸⓴七十鎰而受；於薛，歸五十鎰而受。取㉑前日之不受是㉒，則今受之非也；今日之受是，則前日之不受非也。夫子必居一於此矣。」孟子曰：「皆是也。當在宋也，予將有遠行，行者必以贐㉓，辭曰：『歸贐。』予何為不受？當在薛也，予有戒心㉔，辭曰：『聞戒，故為兵戒歸之備乎！』予何為不受？若於齊，則未有處㉕也。無處而歸之，是貨㉖之也，焉有君子而可以貨取乎？」

夫金歸，或受或不受，皆有故，非受之時己貪，當不受之時己不貪也。金有受不受之義，而室亦宜有受不受之理。今不曰「己無功」，若㉗「己致仕㉘，受室非理」，而曰「己不貪富」，引前辭十萬以況後萬。前當受十萬之多，安得辭之？

彭更㉙問曰：「後車㉚數十乘，從者數百人，以傳㉛食㉜於諸侯，不亦泰㉝乎？」孟子曰：「非其道，則一簞食而不可受於人；如其道，則舜受堯之天下，不以為泰㉞。」受堯天下，孰與十萬？舜不辭天下者，是其道也。今不曰「受十萬非其道」，而曰「己不貪富貴」，失謙讓也，安可以為戒㉟乎？

【章　旨】此章譏刺孟子所謂「不貪富貴」。

【注　釋】❶齊王　指齊宣王。❷時子　齊國大夫。❸中國　國都之中。❹鍾　古容量單位。一鍾為六石四斗。萬鍾為六萬四千石，言俸祿之多也。❺矜　敬佩。❻式　效法。❼子　您。表尊稱。❽盍　何不。❾因　通過。❿陳子　陳臻。孟子門徒。⓫惡　何；哪裡。⓬如使　假使。⓭辭　推辭；拒絕。⓮是　指示代詞。這。⓯夫富貴者四句　見《論語・里仁》。借孔子之語反駁孟子。不以其道，不用正當的手段。居，處。此指享受。⓰距　通「拒」。⓱逆　違背；反對。⓲饋　贈送禮物。⓳兼金　趙岐注云：「兼金，好金也。其價兼倍於常者，故謂之兼金。」⓴歸　通「饋」。贈送。㉑取　採取。此指承認、認為。㉒是　對；正確。㉓賮　贈送給人的路費或禮物。趙岐注云：「送行者贈賄之禮也，時人謂之賮。」㉔戒心　戒備之心。㉕處　安排。此指送禮的理由。㉖貨　用如動詞。用財物收買、賄賂。㉗若　或者。㉘致仕　辭官。㉙彭更　人名。孟子門徒。㉚後車　跟隨的車馬。㉛傳　輾轉。㉜食　供養。㉝泰　過甚。㉞非其道五句　以上事見《孟子・滕文公下》。簞，盛食物的圓形竹筐子。㉟戒　鑑戒。

【語　譯】齊宣王問時子：「我想在國都之中給孟子一座房屋，用萬鍾之粟來供養他的弟子，使各位大夫和人民都能夠敬佩和效法。您何不替我向孟子說一說？」時子通過陳子把這話轉告孟子，孟子說：「時子哪裡知道那樣做不行呢？如果我貪圖財富，拒絕十萬鍾的俸祿而來接受這一萬鍾的賜予，這是貪圖財富嗎？」

孟子拒絕十萬鍾俸祿，這是違背謙讓之理的。孔子說過：「富貴的生活地位，是人人所追求的，只是不用正當的手段得到它，就不要去享受。」因此，君子對於官位和俸祿，有所推辭，有所不推辭。難道能夠因為自己不貪圖富貴的緣故，而拒絕應當接受的賞賜嗎？

陳臻問道：「在齊國的時候，齊王贈送給您上等金一百鎰，您不接受；在宋國，宋君贈送您七十鎰，您接受了；在薛，薛君贈送您五十鎰，您也接受了。如果認為以前的不接受是正確的，那麼現在的接受便是錯誤的；如果現在的接受是正確的，那麼從前的不接受便是錯誤的。這兩個錯誤之中，先生一定佔有一個錯誤呀。」孟子說：「都是正確的啊。當在宋國時，我將有遠行，對於遠行的人是一定要贈送些財物的，告辭的時候他說：『贈送一點路費給您吧。』我為什麼不接受？當在薛的時候，我聽說路上有危險，存有戒備之心，因此他說：『聽說您有戒備之心，所以為您準備一些武器，贈送一些錢財去做好準備吧！』我為什麼不接受呢？至於在齊國，就沒有說明贈送禮物的理由。沒有理由而要贈送給我錢財，這就是用金錢財物收買我啊。哪裡有君子可以用錢財收買的呢？」

金子贈送來了，有時接受，有時不接受，都有原因，並不是接受的時候就說明自己貪財，當不接受的時候就表示自己不貪財。金子有接受和不接受的道理，而房屋也應當有接受與不接受的道理了。現在孟子不說「自己沒有功勞」，或者是「自己已經辭官，接受君主賞賜的房屋沒有道理」，而是說「自己不貪圖富貴」，並引用以前辭去十萬鍾俸祿和這次的一萬鍾賞賜作比較，以作為拒絕接受的理由。既然以前應當享受十萬鍾之多的俸祿，這次怎麼能拒絕這一萬鍾賞賜？

彭更問道：「跟隨的車輛十乘，隨從人員數百，輾轉於諸侯之間，接受他們的供養，先生這樣下去，不也太過分了嗎？」孟子說：「如果不符合禮義，即使是一竹筐食物也不可以接受人家的；如果合乎禮義，即使像舜接受了堯的天下一樣，也不認為過分。」接受堯讓給的天下，同接受十萬鍾俸祿相比，哪一個多呢？舜不拒絕接受堯的天下，是因為它符合禮義啊。現在孟子不說「接受十萬鍾俸祿不符合禮義」，而說「自己不貪圖富貴」，就違背了謙讓的準則，怎麼可以用來作為鑑戒呢？

沈同❶以其私❷問曰：「燕可伐❸與❹？」孟子曰：「可。子噲❺不得與❻人燕，子之❼不得受燕於子噲。有士於此，而子悅之，不告於王，而私與之子之爵祿，夫士也，亦無王命而私受之於子，則可乎？何以異於是？」

齊人伐燕。或問❽曰：「勸❾齊伐燕，有諸❿？」曰：「未也。沈同曰：『燕可伐與？』則應之曰：『可。』彼然而伐之。如曰：『孰可以伐之？』則應之曰：『為天吏⓫則可以伐之。』今有殺人者，或問之曰：『人可殺與？』則將應之曰：『可。』彼如曰：『孰可以殺之？』則應之曰：『為士師⓬則可以殺之。』今以燕伐燕⓭，何為勸之也？」

夫或問孟子勸王伐燕，不誠⓮是⓯乎？沈同問「燕可伐與」，此挾⓰私意⓱欲自伐之也。知其意慊⓲於是，宜曰：「燕雖可伐，須為天吏乃可以伐之。」沈同意絕⓳，則無伐燕之計矣。不知有此私意而徑應之，不省⓴其語，是不知言㉑也。公孫丑問曰：「敢問夫子惡㉒乎㉓長㉔？」孟子曰：「我知言。」又問：「何謂知言？」曰：「詖㉕辭知其所蔽㉖，淫㉗辭知其所陷，邪㉘辭知其所離，遁辭㉙知其所窮㉚。生於其心，害於其政；發於其政，害於其事。雖聖人復起㉛，必從吾言矣。」孟子，知言者也，又知言之所起之禍，其極所致之害。見彼之問，則知其措辭㉜所欲之矣；知其所之，則知其極所當害矣。

【章　旨】此章以孟子勸王伐燕之事，譏刺孟子之所謂「知言」。

【注　釋】❶沈同　人名。齊國大夫。趙岐注：「沈同，齊大臣。」❷私　私交。❸伐　討伐。❹與　同「歟」。表疑問語氣詞。❺子噲　戰國時燕國君主。西元前三二〇至前三一二年在位。❻與　給；讓給。❼子之　燕王噲之相。據《戰國策》〈燕策〉、〈齊策〉載，齊宣王五年（西元前三一五年），燕王噲讓位於相國子之，而國人不服，將軍市被、太子平進攻子之，子之殺市被和太子平，燕國大亂。孟子以其無視周天子之禮，鼓動齊宣王趁機攻打燕國，燕軍大敗，子之被剁成肉醬。❽或問　有人問。❾勸　鼓動。❿諸　兼詞。之乎。⓫天吏　奉行天命的官吏。指周天子。⓬士師　古代掌管司法的官吏。⓭以燕伐燕　以像燕國一樣無道的齊國去討伐燕國。以上事見《孟子・公孫丑下》。⓮誠　果真；的確。⓯是　這樣。⓰挾　懷著；帶著。⓱私意　私心。⓲慊　快意；樂於。⓳意絕　念頭被打消。⓴不省　不明白。㉑知言　指就言辭以察知其思想的是非得失及根源之所在。㉒惡　何；什麼。㉓乎　於。㉔長　擅長。㉕詖　通「頗」。偏頗；不公正。《說文》云：「古文以為頗字。」《四書講義》云：「若任其偏曲之見，說著一邊，遺卻一邊，是為詖辭。」㉖蔽　阻礙；壓抑。《荀子・解蔽》楊倞注：「蔽者，言不能通明，滯於一隅，如有物壅蔽之也。」㉗淫　惑亂人心。凡事當止而不止，必有所陷。故有「過分」、「失足」之意。㉘邪　離於正則為「邪」。㉙遁辭　躲躲閃閃、支吾搪塞的話。㉚窮　理屈辭窮。㉛復起　重新出現。以上事見《孟子・公孫丑上》。㉜措辭　說話。

【語　譯】沈同憑藉著他和孟子的私交問道：「燕國可以討伐嗎？」孟子說：「可以。子噲不應該把燕國讓給別人，子之不能從子噲手裡接受燕國君主之位。有這樣一位士人，你很喜歡他，不向君王報告，而私自把你的官職和俸祿讓給他，而那位士人呢，也沒有君王的命令便私下從你那裡接受了官位和俸祿，這樣做行嗎？現在子噲把王位讓給子之，和這個例子又有什麼不同呢？」

齊國人討伐燕國，有人問孟子說：「您曾經鼓動齊國討伐燕國，有這回事嗎？」孟子說：「沒有。沈同問：『燕國可以討伐嗎？』我回答他說：『可以。』他同意我的說法，就去討伐燕國。他如果問我：『誰可以去討伐燕國呢？』我就回答他說：『只有奉行天命的周天子才可以去討伐燕國。』如今有一個殺人犯，有人問道：『這個殺人犯該殺嗎？』我就回答他說：『可以殺。』他如果再問：『誰可以去殺這個殺人犯？』我就回答他說：『只有掌管司法的官吏才可以去殺他。』現在作為像燕國一樣無道的齊國去討伐燕國，我為什麼要去鼓動他呢？」

有人問孟子鼓動齊宣王討伐燕國，事實不正是這樣嗎？沈同問「燕國可以討伐嗎」，這是懷有私心想讓自己國家去討伐燕國啊。明知他樂意去做這件事，孟子應該說：「燕國雖然可以討伐，但必須是奉有天命的周天子才可以討伐它。」沈同的念頭被打消了，就沒有去討伐燕國的打算了。不知道沈同有這種私心而輕率地答應他，不明白他話中的含意，這就不是善於分析和判斷別人的言辭啊。公孫丑問道：「請問先生擅長什麼？」孟子說：「我善於知言。」又問道：「什麼叫做『知言』呢？」孟子說：「偏頗的言辭，我知道它的片面性之所在；過分的言辭，我知道它不切實際之所在；邪僻的言辭，我知道它不符禮義之所在；支吾搪塞的言辭，我知道它理屈之所在。這四種言辭，從他的思想上產生出來，就會危害於他的政治；如果在政治上實行了，就會危害他的事業。即使聖人重新出現，也一定會承認我的話是對的。」這樣看來，孟子是善於通過言辭分析和判斷一個人的思想和行動的是非得失，並且能預見人的言辭可能發生的禍害，以及它最終所導致的危害性。聽見沈同的問話，那就應該知道他的話所要達到的目的了；知道他說話要達到的目的，那就應該知道這些話最終必然會產生的危害性了。

孟子有❶云：「民舉❷安，王❸庶幾❹改諸，予❺日望❻之。」孟子所去❼之王，豈前所不朝之王❽哉？而是❾，何其前輕之疾❿，而後重之甚⓫也？如非是，前王則不去，而於後去之，是後王不肖⓬甚於前，而去，三日宿⓭，於前不甚，不朝而宿於景丑氏⑭。何孟子之操，前後不同，所以為王⑮，終始不一也？

且孟子在魯，魯平公⑯欲見之。嬖⑰人臧倉毀⑱孟子，止⑲於平公。樂正子⑳以告㉑，曰：「行，或使之；止，或㉒尼㉓之。行、止，非人所能也。予之不遇魯侯，天也！」前不遇㉔於魯，後不遇於齊，無以異也。前歸之天，今則歸之於王，孟子論稱㉕，竟㉖何定哉！夫不行於齊，王不用，則若臧倉之徒毀讒之也，此亦「止，或尼之」也。皆天命不遇，非人所能也。去，何以不徑行而留三宿乎？天命不當遇於齊，王不用其言，天豈為三日之間易命㉗使之遇乎？在魯則歸之於天，絕意無冀㉘；在齊則歸之於王，庶幾㉙有望㉚。夫如是㉛，不遇之議㉜，一在人也。

或曰：「初去㉝，未可以定天命也。冀三日之間，王復追之，天命或時在三日之間，故可也。」夫言如是，齊王初使之去者，非天命乎？如使天命在三日之間，魯平公比㉞三日，亦時棄臧倉之議，更㉟用樂正子之言，往見孟子。孟子歸之於天，何其早乎？如三日之間公見孟子，孟子奈前言何乎？

【章旨】此章譏刺孟子之不遇：「在魯則歸之於天」，「在齊則歸之於王」，謬矣。

【注釋】❶有　通「又」。❷舉　全；都。❸王　指齊宣王。❹庶幾　也許會；差不多。❺予　我。❻日望　天天盼望。引文不全，見《孟子．公孫丑下》。❼去　離開。❽前所不朝之王　指齊宣王。據《孟子．公孫丑下》載：孟子將朝王，卻又擺架子，裝病不去，齊宣王派人來探望，他躲到大夫景丑氏家中不出。❾而是　如是。❿輕之疾　極端鄙視他。指不去朝見齊宣王。輕，輕視；鄙視。疾，厲害。⓫重之甚　非常重視他。指盼望齊宣王改變態度，重用自己。重，重視。⓬不肖　不賢；不好。⓭三日宿　據《孟子・公孫丑下》載：孟子去齊，在晝住了三天，等待齊王再請他回去。⓮景丑氏　齊國大夫。⓯為王　對待王。⓰魯平公　戰國時魯國君主。⓱嬖　受寵愛。⓲毀　詆毀。⓳止　勸阻。⓴樂正子　魯平公的臣子。姓樂正，名克，曾受業於孟門。㉑以告　把臧倉詆毀孟子之事告訴他。㉒或　有人。㉓尼　阻撓。《正字通》云：「猶曳止之也。」㉔不遇　不被重用。以上事見《孟子・梁惠王下》。㉕論稱　論述。㉖竟　究竟。㉗易命　改變想法。㉘冀　希望。㉙庶幾　也許。㉚有望　有希望。㉛如是　因此；如此說來。㉜議　解釋。㉝初去　剛剛離開齊國國都。㉞比　等到。㉟更　改變；更換。

【語　譯】孟子又說：「齊王如果任用我，不但齊國的百姓享受太平，天下百姓也都享受太平了。齊王也許會改變態度吧？我每天都盼望他來呀。」孟子所離開的君主，難道是他以前裝病不願意去朝見的齊宣王嗎？如果是這個君王，為什麼孟子以前那樣極端輕視他，後來又非常重視他呢？如果不是，孟子對以前的君王不肯離開，卻離開後一個君王，這就說明後一個君王比前一個更不賢明了。然而當孟子離開後一個君王時，卻捨不得離開，在晝住了三天；對於前一個不太壞的君王，他卻躲在景丑氏家裡過夜，不願意去朝見。為什麼孟子的操行，前後這樣不同，用來對待君王的態度，始終這樣不一致呢？

何況孟子在魯國時，魯平公想召見他，只是魯平公的寵臣臧倉詆毀孟子，勸阻魯平公不要召見。樂正子把這件事告訴孟子，孟子說：「一個人要幹一件事情，就有一種力量在驅使他；不幹，也有一種力量在阻止他。幹與不幹，不是人力所能決定的。我不能得到魯侯的重用，是由於天命啊！」孟子以前在魯國沒有得到重用，後來在齊國也沒有得到重用，前後沒有什麼不同。以前歸之於天命，現在就歸之於君王，孟子的論述，究竟以什麼為標準呢！孟子的政治主張在齊國不能施行，君王不重用他，就是像臧倉之類的人誹謗他的緣故，這也是所謂「不幹，也是有一種力量在阻止他」吧。都是天命使他不被重用，不是人力所能辦到的。孟子離開齊國時，為什麼不直截了當地離開，反而要在晝停留三天三夜呢？天命使他不應當在齊國被重用，齊王不採納他的意見，老天爺難道在三天之間改變成命使他被重用嗎？在魯國時就歸之於天命，斷絕了當官的念頭，不存在任何希望；在齊國時就歸之於君王，也許會有一絲希望。這樣看來，有關不被重用的解釋，完全在於人了。

有人說：「剛剛離開時，還不可以確定天命如何。孟子希望在三天之內，齊王再派人來追他，天命也許在三天之內才可以確定，因此孟子在晝這個地方停住三夜是可以的。」如果像所說的這樣，齊王當初讓他離開國都，並不是天命嗎？假如天命在三天之內才能確定，那麼魯平公等到第三天，也許會放棄臧倉的意見，改用樂正子的意見，前去會見孟子。孟子把自己不被重用歸之於天命，怎麼這樣早呢？如果三天之內魯平公會見孟子，孟子對前面所說的話怎麼解釋呢？

孟子去齊，充虞❶塗❷問曰：「夫子若不豫❸色然。前日虞聞諸夫子曰：『君子不怨天，不尤人❹。』曰：「彼一時也，此一時也。五百年必有王者❺興，其間必有名世者❻矣。由周以來，七百有餘歲矣。以❼其數❽，則過❾矣；以其時❿考⓫之，則可矣。夫天未欲平治天下乎？如欲平治天下，當今之世，舍⓬我而⓭誰也？吾何為⓮不豫哉！」

夫孟子言「五百年有王者興」，何以⓯見乎？帝嚳王⓰者，而堯又王天下；堯傳於舜，舜又王天下；舜傳於禹，禹又王天下。四聖之王天下也，繼踵⓱而興。禹至湯且千歲，湯至周亦然，始於文王，而卒傳於武王，武王崩，成王、周公共治天下。由周至孟子之時，又七百歲而無王者。「五百歲必有王者」之驗，在何世乎？云「五百歲必有王者」，誰所言乎？論不實[18]考驗[19]，信浮淫[20]之語，不遇去齊，有不豫之色，非孟子之賢效[21]，與俗儒無殊[22]之驗[23]也。

五百年者，以為天出聖期也。又言以「天未欲平治天下」也，其意以為天欲平治天下，當以五百年之間生聖王也。如[24]孟子之言，是謂天故[25]生聖人也。然則五百歲者，天生聖人之期乎？如是其期，天何不生聖？聖王非其期故不生，孟子猶信之，孟子不知天也。

「自周已來，七百餘歲矣。以其數，則過矣；以其時考之，則可矣。」何謂數過？何謂時可乎？數則時，時則數矣。數過，過五百年也。從周到今七百餘歲，逾[26]二百歲矣。設或王者生，失時矣，又言「時可」，何謂也？云「五百年必有王者興」，又言「其間必有名世」，與「王者」同乎？異也？如同，為再言之；如異，「名世者」謂何等也？謂孔子之徒[27]、孟子之輩[28]，教授[29]後生[30]，覺悟頑愚[31]乎？已有孔子，己[32]又以[33]生矣。如謂聖臣乎，當與聖王同時。聖王出，聖臣見[34]矣。言「五百年」而已，何為言「其間」？如不謂五百年時，謂其中間乎？是謂二三百年之時也，聖臣不與五百年時聖王相得[35]。夫如是，孟子言「其間必有名世者」，竟謂誰也？「夫天未欲平治天下也。如欲治天下，舍予而誰也？」言若此者，不自謂當為王者，有王者，若㊱為王臣矣。為王者、臣，皆天也。己命不當平治天下，不「浩然㊲」安之於齊，懷恨有不豫之色，失之矣！

【章旨】此章批駁孟子「五百年必有王者興」之論以及「平治天下，當今之世，舍我而誰」之誇。

【注釋】❶充虞　人名。孟子的弟子。❷塗　同「途」。路上。❸豫　高興。❹君子不怨天二句　見《論語・憲問》。尤，責怪。❺王者　實行王道的聖君。❻名世者　指因輔佐聖君而名揚於世的賢人。❼以　按照。❽數　年數。❾過　超過。❿時　時勢。⓫考　考察。⓬舍　通「捨」。捨棄；除開。⓭而　原文作「其」。⓮何為　為什麼。⓯何以　以何；根據什麼。⓰王　用作動詞。稱王；為王。⓱繼踵　一個緊跟一個。踵，腳後跟。⓲不實　不用事實。⓳考驗　考查驗證。⓴浮淫　虛浮荒誕。㉑效　效驗；表現。㉒殊　區別。㉓驗　證明。㉔如　按照。㉕故　故意；有意識地。㉖逾　超過。㉗徒　一類人。㉘輩　一類人。㉙教授　教誨；傳授。㉚後生　年輕人。㉛覺悟頑愚　使頑愚覺悟。含啟蒙、開導之意。頑愚，思想頑固、頭腦愚笨的人。㉜己　自己。此指孟子。㉝以　通「已」。已經。㉞見　同「現」。出現。㉟相得　遇合；相逢。㊱若　則；就。㊲浩然　水勢浩大，不可阻擋之貌。比喻人的心胸寬闊博大，毫無牽掛。孟子自稱「浩然有歸志」（《孟子・公孫丑下》）、「我善養吾浩然之氣」（《孟子・公孫丑上》），故王充引以譏刺孟子。

【語譯】孟子離開齊國都城時，充虞在路上問道：「先生好像很不高興的樣子。前些日子，我聽到先生說：『君子不抱怨老天，不責怪別人。』」孟子回答說：「那時是那時的情況，現在是現在的情況呀。從歷史上來看，五百年一定有一位聖王出現，其中一定有一位命世之才出來。自周朝以來，至今七百多年了。按照它的年數，已經超過五百年了；根據時勢來考察，已到了應該出現聖王和名世者的時候了。難道老天爺不想把天下治理好嗎？如果想把天下治理好，那麼當今這個時代，除了我還有誰呢？我為什麼不高興呢？」

孟子說「五百年一定有一位聖王出現」，根據什麼看出來的呢？帝嚳為王，而堯又為王於天下；堯把王位傳給舜，舜又為王於天下；舜把王位傳給禹，禹又為王於天下。以上四位聖君在天下為王，一個緊接一個而出現。禹至湯將近千年，湯至周也是這樣，從周文王開始，而後來傳到周武王，武王死後，成王和周公共同治理天下。從周到孟子的時代，又過去了七百年而沒有聖王出現。「五百年一定有聖王出現」的證明，在什麼時代有過呢？說「五百年一定有聖王出現」，是什麼人所斷言的呢？發表議論不用事實加以驗證，相信虛浮荒誕的話語，不被重用就離開齊國，有不高興的樣子，這不是孟子賢明的表現，而恰好是他跟俗儒毫無區別的證明啊。

所謂五百年，是孟子認為天降生聖王的期限。又說如果「上天不想治理天下」，他的意思認為上天想治理天下的話，應當在五百年之間降生一位聖明的君王。按照孟子的說法，這是認為上天是有意識地降生聖人啊。既然這樣，那麼五百年就是上天降生聖人的期限嗎？如果這是聖王降生的期限，上天為什麼在這個期限內沒有降生出來呢？可見聖王的產生並不按照五百年的期限，所以沒有出現，然而孟子還是堅信這種說法，這就證明孟子並不懂得天啊。

「自周以來，七百餘年了。按照年數來說，已經超過五百年了；根據時勢來考察，已經到了應該出現聖王的時候了。」什麼叫做超過年數？什麼叫做根據時勢應該出現呢？年數就是時間，時間就是年數。年數超過，說是超過五百年了。從周到今七百餘年，已經超過二百年了。即使有聖王產生，時間也錯過了，孟子又說「已經到了應該出聖王的時間了」，這是什麼意思呢？說「五百年一定有一位聖王出現」，又說「這中間一定有命世的著名人物產生」，那麼這裡說的「名世者」與聖王是同一回事呢？還是不同呢？如果相同，這就把同一個意思重複說了一遍；如果不同，「名世者」又是指什麼人呢？是說孔子一類人、孟子一類人，教誨年輕人，開導啟迪那些愚頑之輩嗎？已經有一個孔子，自己又已經出生了。如果是指聖王的臣子，就應當與聖王同時。聖王出現，聖臣也同時出現了。說「五百年」就夠了，為什麼說「五百年之間」？如果不是說五百年時間，那麼是說這五百年中間嗎？這就是說二三百年的時間吧，那麼聖臣就不能與每隔五百年時間而出現的聖王相逢在一起了。這樣看來，孟子說「五百年之間一定有命世而生的著名人物」出現，究竟是說誰呢？「上天不想治理天下呀。如果想把天下治理好，除了我還能用誰呢？」說這樣的話，如果不是認為自己應當做聖王，那就是認為有聖王出現時，自己應當做聖臣了。當聖王的、聖臣的，孟子認為都是天命決定的。既然如此，自己命中注定不當治理天下，不是像自己所標榜的那樣「浩然有歸志」、「善養吾浩然之氣」，安心安意地住在齊國，而是心懷怨恨，臉上都流露出不高興的表情，這就違反了自己的天命觀了。

彭更問曰：「士無事而食❶，可乎？」孟子曰：「不通功易事❷，以羨❸補不足，則農有餘粟，女有餘布。子如通之，則梓匠❹、輪輿❺皆得食於子。於此有人焉，入則孝，出則悌❻，守❼先王之道，以待❽後世之學者，而不得食於子。子何尊梓匠、輪輿而輕為仁義者哉？」曰：「梓匠、輪輿，其志❾將以求食也。君子之為道也，其志亦將以求食與？」孟子曰：「子何以其志為哉？其有功❿於子，可食⓫而食之矣。且子食志乎？食功乎？」曰：「食志。」曰：「有人於此，毀瓦畫⓬墁⓭，其志將以求食也，則子食之乎？」曰：「否。」曰：「然則子非食志，食功也⓮。」

夫孟子引⓯毀瓦畫墁者，欲以詰⓰彭更之言也，知毀瓦畫墁無功而有志，彭更必不食也。雖然⓱，引毀瓦畫墁，非所以詰彭更也。何則⓲？諸⓳志欲求食⓴者，毀瓦畫墁者不在其中。不在其中，則難以詰人矣。夫人無故毀瓦畫墁，此不痴狂㉑則遨戲㉒也。痴狂人之志不求食，遨戲之人亦不求食。求食者，皆多人所共得利之事，以作此鬻賣於市，得賈㉓以㉔歸，乃得食焉。今毀瓦畫墁，無利於人，何志之有？有知之人，知其無利，固不為也；無知之人，與痴狂比㉕，固無其志。夫毀瓦畫墁，猶比㉖童子擊壤㉗於塗㉘，何以異哉？擊壤於塗者，其志亦欲求食乎？此尚童子，未有志也。巨人㉙博戲㉚，亦畫墁之類也。博戲之人，其志復求食乎？博戲者，尚有相奪㉛錢財，錢財眾多，己亦得食，或時有志。夫投石、超距㉜，亦畫墁之類也。投石、超距之人，其志有求食者乎？然則孟子之詰彭更也，未為盡之也。如彭更以孟子之言，可謂「禦人以口給㉝」矣。

【章旨】此章駁斥孟子引毀瓦畫墁以詰彭更之言。

【注釋】❶無事而食 不勞而食。食，用如動詞。吃飯。❷通功易事 交換各行業的勞動產品。通，交流；流通。易，交換。❸羨 有餘。趙岐注云：「餘也。」❹梓匠 木匠。古代多以梓製器，故名。梓人造器具，匠人造房屋。趙岐注云：「梓匠，木工也。」孫奭疏云：「梓人成其器械以利用，匠人營其宮室以安居。」❺輪輿 造車工人。輪人製造車輪，輿人製造車箱。❻悌 尊敬兄長。❼守 遵循。❽待 對待。此指教育。❾志 目的；動機。❿功 用處；功用。⓫食 通「飼」。給人吃食。⓬畫 塗抹；弄髒。⓭墁 塗飾牆壁。本義為粉刷牆壁的工具。朱熹《孟子集注》云：「墁，牆壁之飾也。」⓮然則子非食志二句 見《孟子・滕文公下》。⓯引 引用；列舉。⓰詰 反駁。⓱雖然 儘管如此。⓲何則 為什麼。⓳諸 所有的；每一個。⓴求食 謀生。㉑痴狂 痴呆；瘋狂。指傻子和瘋子。㉒遨戲 遊戲。㉓賈 同「價」。代價。㉔以 而。

㉕比 相等；相同。㉖猶比 好比；好像。㉗擊壞 古代一種遊戲。㉘塗 同「途」。道路。㉙巨人 大人；成年人。㉚博戲 即六博。古代一種棋戲。㉛相奪 相互贏錢。㉜超距 跳遠。㉝禦人以口給 專門依靠強嘴利舌來對付別人。見《論語・公治長》。禦，對付。口給，猶口辯，能言善辯。

【語　譯】彭更問孟子：「讀書人不勞而食，可以嗎？」孟子回答說：「你如果不交換各行業的產品，用多餘的來補足不夠的，那麼農民有餘糧，別人就吃不到；婦女有多餘的布疋，別人就買不到。如果能夠互通有無，木匠、車工都能從你那裡找到吃的食物了。假定這裡有一個人，在家孝順父母，出外尊敬兄長，遵循先王的禮法道義，用以教育後代學者，卻不能從你這裡得到吃的食物。你為什麼要尊重木匠、車工而輕視實行仁義的士人呢？」彭更說：「木匠、車工，他們的目的在於謀生；君子行道，他的目的也是為了謀生嗎？」孟子回答說：「你為什麼要考慮他們的目的動機呢？只要他們對你有用處，可以給他們吃的就給他們吃的吧。況且你是根據人們的動機給他們吃的呢？還是根據對你有功用而給他們吃的呢？」彭更說：「根據目的動機。」孟子說：「這裡有一個匠人，把屋瓦打碎，在粉飾好的牆壁上亂塗亂畫，他的目的動機也是為了謀生，那麼你給他吃的嗎？」彭更說：「不給。」孟子說：「既然如此，那麼你不是根據他的目的動機，而是根據他的功用來給他吃的食物了。」

孟子引用毀瓦畫墁的事例，想以此來反駁彭更的話，是知道把屋瓦打碎，在粉飾好的牆壁上亂塗亂畫是沒有功績卻有他的目的動機，彭更一定會說不給他吃的。儘管如此，引用毀瓦畫墁的事例，並不能用來作為反駁彭更的話的依據。為什麼？所有的謀生的人，毀瓦畫墁的人並不包括在其中。既然不在其中，就難以反駁別人了。一個人無緣無故地把屋瓦打碎，在粉刷好的牆壁上亂塗亂畫，這種人不是傻子、瘋子，就是遊戲人生、玩世不恭者。傻子、瘋子的目的動機不是為了謀生，遊戲玩世的人也不是為了謀生。求食謀生的人，所做的事大多是對人共同有益的事，把所做的東西拿到市場上去賣，獲得一定的代價而回家，才能獲得吃的東西。現在有人打碎屋瓦，在粉飾好的牆壁上亂塗亂畫，對人沒有利益，還有什麼謀生的目的動機呢？有知的人，知道這件事沒有益處，就一定不會去做；愚昧無知的人，同傻子、瘋子一樣，根本就談不上什麼動機了。打碎屋瓦，在粉刷好的牆壁上亂塗亂畫，好比兒童在道路上做擊壞的遊戲一樣，有什麼差別呢？在道路上做擊壞遊戲的人，他的動機也是想求食謀生嗎？這還可以說因為是兒童，所以沒有什麼目的可言。成年人博戲，也屬於在粉飾好的牆壁上亂塗亂畫一類吧。博戲的人，他們的目的也還是求食嗎？博戲的人，還有相互贏取錢財的，錢財贏多了，自己也能有吃有穿，或許是有目的了。投石、跳遠的人，也是在粉飾好的牆壁上亂塗亂畫一類啊。投石、跳遠的人，他們的目的也有求食謀生的嗎？這樣看來，孟子對彭更的反駁，並沒有把問題講透徹啊。如果彭更聽取孟子的話，可以說孟子是「專門依靠強嘴利舌來對付人」的人了。

匡章子❶曰：「陳仲子❷豈不誠廉❸士乎？居於於陵❹，三日不食，耳無聞，目無見也。井上有李，螬❺食實者過半，扶服❻往，將❼食之。三嚥，然後耳有聞，目有見也。」

孟子曰：「於齊國之士，吾必以仲子為巨擘❽焉！雖然，仲子惡能廉？充❾仲子之操，則蚓❿而後可者也。夫蚓，上食槁壤⓫，下飲黃泉⓬。仲子之所居室，伯夷之所築與？抑⓭亦盜跖之所樹⓮與⓯？是未可知也。」

曰：「是何傷⓰哉！彼身⓱織屨⓲，妻辟纑，以易⓳之⓴也。」

曰：「仲子，齊之世家㉑，兄戴㉒，蓋㉓祿萬鍾。以兄之祿為不義之祿，而不食也；以兄之室為不義之室，而弗居也。辟㉔兄離母，處于於陵。他日歸，則有饋其兄生鵝㉕者也。己頻蹙㉖曰：『惡用是鶃鶃㉗者為哉？』他日，其母殺是鵝也，與之食之。其兄自外至，曰：『是鶃鶃之肉也。』出而吐之。以母則不食，以妻則食之；以兄之室則不居，以於陵則居之。是尚能為充其類也乎？若仲子者，蚓而後充其操者也。」

夫孟子之非仲子也，不得仲子之短矣。仲子之怪㉘鵝如㉙吐之者，豈為「在母不食」乎？乃先譴鵝曰：「惡用鶃鶃者為哉？」他日，其母殺以食之，其兄曰：「是鶃鶃之肉。」仲子恥負前言，即吐而出之。而兄不告，則不吐；不吐，則是食於母也。謂之「在母則不食」，失其意矣。使仲子執㉚不食於母，鵝膳㉛至，不當食也。今既食之，知其為鵝，怪而吐之，故仲子之吐鵝也，恥食不合己志之物也，非負親親㉜之恩而欲勿母食也。

又「仲子惡能廉？充仲子之操，則蚓而後可者也。夫蚓，上食槁壤，下飲黃泉」。是謂蚓為至廉㉝也，仲子如蚓，乃為廉潔耳。今所居之宅，伯夷之所築；所食之粟，伯夷之所樹。仲子居而食之，於廉潔可也。或時食盜跖之所樹粟，居盜跖之所築室，污廉潔之行矣。用此非仲子，亦復失之。室因㉞人故㉟，粟以屨纑易之，正使盜之所樹築，己不聞知。今兄之不義，有其操矣。操見㊱於眾，昭晰[37]議論，故避於陵，不處其宅，織屨辟纑，不食其祿也。而欲使仲子處於陵之地，避若兄之宅，吐若[38]兄之祿，耳聞目見，昭晰不疑，仲子不處不食，明矣。今於陵之宅，不見築者為誰，粟，不知樹者為誰，何得成[39]室而居之，得成粟而食之？孟子非之，是為太備[40]矣。仲子所居，或時盜之所築，仲子不知而居之，謂之不充其操，唯「蚓然後可者也」。夫盜室之地中亦有蚓焉，食盜宅中之槁壤，飲盜宅中之黃泉，蚓惡能為可乎？充仲子之操，滿孟子之議，魚然後乃可。夫魚，處江海之中，食江海之土，海非盜所鑿，土非盜所聚也。

然則仲子有大非[41]，孟子非之不能得[42]也。夫仲子之去母辟兄，與妻獨處於陵，以兄之宅為不義之宅，以兄之祿為不義之祿，故不處不食，廉潔之至矣。然則其徙[43]於陵歸候[44]母也，宜自賚[45]食而行。鵝膳之進也，必與飯俱[46]。母之所為飯者，兄之祿也。母不自有私粟，以食仲子，明矣。仲子食兄祿也。伯夷不食周粟，餓死於首陽之下，豈一食周粟而以污其潔行哉？仲子之操，近不若伯夷，而孟子謂之若蚓乃可，失仲子之操所當比矣。

【章　旨】此章譏刺孟子非仲子之失。

【注　釋】❶匡章子　即匡章。齊國人，曾為齊威王之將，率兵禦秦，大敗之。《呂氏春秋》高誘注云：「匡章，孟子弟子也。」恐不可信。❷陳仲子　即陳仲。又叫田仲，齊國貴族。《淮南子．氾論》云：「季襄、陳仲子立節抗行，不入洿君之朝，不食亂世之食，遂餓而死。」高誘注云：「陳仲子，齊人，孟子弟子。」以上二說，恐不可信。❸廉　廉潔。❹於陵　古地名。在今山東鄒平東南。❺螬　蠐螬。金龜子的幼蟲。❻扶服　同「匍匐」。爬行。❼將　取；拿。❽巨擘　大拇指。趙岐注云：「大指也。」此指首屈一指的人物。❾充　擴充。❿蚓　蚯蚓。⓫槁壤　乾土。槁，枯乾。⓬黃泉　地下水。《左傳．隱公元年》杜預注云：「地中之泉，故曰黃泉。」⓭抑　選擇；還是。⓮樹　種植。⓯與　同「歟」。⓰傷　妨礙。⓱身　自己。⓲屨　麻鞋。趙岐注云：「緝績其麻曰辟，練其麻曰纑。」⓳易　交易；交換。⓴之　此指房屋和糧食。㉑世家　泛指門第高、世代為官的人家。㉒兄戴　陳仲子之兄陳戴。㉓蓋　古地名。為陳戴采邑，在今山東沂水西北。㉔辟　通「避」。迴避；躲避。㉕生鵝　活鵝。㉖頻顣　同「顰蹙」。皺眉。㉗鶃鶃　鵝叫聲。朱熹《集注》云：「鵝聲也。」以上事見《孟子．滕文公下》。㉘怪　抱怨；厭惡。㉙如　通「而」。㉚執　堅持。㉛膳　飯食。㉜親親　前一個「親」為動詞。熱愛；親愛。後一個「親」為名詞。親人；母親。㉝至廉　最廉潔。㉞因　承襲。㉟故　舊。㊱見　同「現」。表現。㊲昭晰　清楚。㊳若　如；像。㊴成　現成的。㊵備　完備；十全十美。㊶大非　大錯。㊷不能得　抓不住要害。㊸徙　遷居。㊹候　問候；探望。㊺賫　帶著東西。㊻俱　同。指飯菜一同上桌。

【語　譯】匡章子說：「陳仲子難道不是真正廉潔的人嗎？他住在於陵，幾天沒有吃東西，耳朵失去了聽覺，眼睛失去了視覺。井臺上有一個李子，已經被蠐螬吃掉一大半，他爬過去，拿來吃了它。吞了三次才嚥下去，然後耳朵才恢復了聽覺，眼睛才恢復了視覺。」

孟子說：「在齊國的士人當中，我一定會把仲子當作首屈一指的人物啊！儘管如此，仲子怎麼能稱之廉潔？要把仲子的品行推廣到各個方面，那就只有把人變成蚯蚓之後才能達到標準，蚯蚓，在地上吃乾土，在地下飲泉水，真是廉潔之至，仲子豈能和蚯蚓相比。仲子所住的房屋，是像伯夷那樣廉潔的人建築的呢？還是像盜跖那樣的人建築的呢？他所吃的糧食，是像伯夷那樣的人所種植的呢？還是像盜跖一樣的人所種植的呢？這是不可能知道的。」

匡章子說：「這又有何妨呢！他親自編草鞋，他妻子績麻紡線，用來換取房屋和糧食。」

孟子說：「仲子，是齊國世代為官的宗族大家，他的兄長陳戴，從封地蓋收取的俸祿高達萬鍾。仲子把兄長的俸祿看作不義的俸祿，而不願意吃；把兄長的房屋看成是不義的房屋，因而不願居住。他迴避兄長，離開母親，到於陵去居住。有一天回家來，正好有人送給他兄長一隻活鵝，他皺著眉頭說：『要這鶃鶃叫的東西幹什麼呢？』另一天，他母親殺了這隻鵝，兩人一同吃著鵝肉。他的兄長從外面回來，說：『這是鶃鶃叫的鵝的肉呀。』他聽了立即跑出去把嘴裡的鵝肉吐掉了。由於是母親做的食物就不吃，卻吃妻子做的食物；由於是家兄的房屋就不住，卻要跑到於陵去居住。這還能說是把自己廉潔的品行推廣到同類事物當中去嗎？像陳仲子這樣的人，只有變成蚯蚓之後才能把自己的品行擴充到各方面去啊。」

孟子非難仲子，並沒有抓住仲子的短處。仲子厭惡鵝肉而吐掉它，難道因為「由於母親做的食物而不願吃」嗎？他起初就譴責鵝說：「要這鶃鶃叫的東西幹什麼呢？」而另一天，他母親殺了鵝，他也同母親一塊兒吃鵝肉，他兄長說：「這是鶃鶃叫的鵝的肉。」仲子以違背前面所說過的話而感到恥辱，於是才立即把嘴裡的鵝肉吐了出來。如果他的兄長不告訴他，他就不會把鵝肉吐掉了；不吐掉鵝肉，這就是吃母親做的食物啊。說他「由於母親做的食物就不吃」，這是不符合他的本意的。如果仲子堅持不吃母親做的食物，那麼鵝肉飯食一擺上桌來，就不應當吃啊。而今已經吃了，知道它是鵝肉，厭惡它而吐掉它，因此仲子吐掉鵝肉，是恥於吃了不符合自己心意的食物，不是違背了母親的養育之恩而不想吃母親做的食物呀。

又「仲子怎麼能夠算作廉潔？要把仲子的品行推廣到各個方面，那就只有把人變成蚯蚓之後才能達到標準。蚯蚓，在地上吃乾土，在地下飲泉水」。這是說蚯蚓是最廉潔的，仲子如同蚯蚓一樣，因而是廉潔的。而今所居住的房屋，是像伯夷一樣的人修築的，所吃的糧食，也是像伯夷一樣的人種植的，仲子居住著這樣的房屋，吃著這樣的糧食，可以稱得上廉潔了。或許吃著盜跖一類人所種植的糧食，居住盜跖一類人所修築的房屋，就會玷汙廉潔的品行。孟子用這種觀點來非難陳仲子，也還是不正確的。房屋是繼承人家的舊建築，糧食是自己用麻鞋麻索交換來的，即使是盜跖之類的人所種植、建築的，自己並不知道，所以無損於自己廉潔的品格。現在仲子兄長的不仁不義，倒是有他自己的操行為證的。操行表現在眾人面前，大家看得清清楚，議論不休，因此仲子才躲避到於陵去，不住他兄長的住宅，自己編織麻鞋，妻子績麻紡線，不吃他兄長的俸祿。如果想使陳仲子居住在於陵那個地方，迴避如兄長那樣不義的房屋不住，吐掉像兄長那種不義的俸祿不吃，那麼只要這些東西是仲子耳聞目見的，清晰無疑的，仲子就會不住不吃，這是很明白的了。而今於陵的住宅，沒有看見修築的人是誰，糧食也沒有知道種植的人是誰，如果都不住不吃，哪能有現成的房屋給你住，哪能有現成的糧食給你吃？孟子非難仲子，這未免太求全責備了！仲子所居住的房屋，或許是強盜之類的人所修築的，仲子不知道這一情況而居住在裡面，就說他沒有把自己的操行擴展到各個方面去，認為只有「把人變成蚯蚓之後才能達到這個目標」。然而，像盜跖之類的人建築房屋的地中也有蚯蚓在那裡，吃的是盜宅中的乾土，喝的是盜宅中的地下泉水，蚯蚓怎麼能算作廉潔呢？推廣仲子的操行，以滿足孟子的意見，只有把人變成魚然後才可能達到。因為魚兒，住在江河湖海之中，吃的是江河湖海中的土壤，海洋不是盜跖之類的人所開鑿的，土也不是盜跖之類的人所聚積起來的啊。

但是，陳仲子也有大錯誤，孟子非難他卻沒有抓住其中要害。仲子離開母親，迴避兄長，同妻子單獨居住在於陵，以兄長的住宅為不義的住宅，以兄長的俸祿為不義的俸祿，因此不住不吃，可說是廉潔之至了，然而當他遷居到於陵之後回家探望母親的時候，就應該自己帶著糧食而行。鵝肉上席，一定與飯同時端上來。母親所做的飯菜，就是仲子兄長的俸祿啊，母親不可能自己有私糧拿出來給仲子吃，這是很明白的事。這樣，陳仲子吃的還是他哥哥的俸祿啊。伯夷不吃周朝的糧食，以致餓死在首陽山之下，豈肯吃一粒周朝的糧食而玷汙自己高潔的操行呢？陳仲子的操行，就近在人類當中來說，還不如伯夷，而孟子卻拋開這方面，說只有像蚯蚓一樣的人才能達到，因此在用什麼來同陳仲子的操行相比方面，孟子完全用錯了啊。

孟子曰：「莫非天命也，順受其正❶。是故❷知命者，不立乎巖牆❸之下。盡其道而死者，為正命也；桎梏而死者❹，非正命也。」

夫孟子之言，是謂人無觸值之命❺也。順操行者得正命，妄行苟為❻得非正，是天命於操行也。夫子不王，顏淵早夭，子夏失明，伯牛為癘，四者行不順與❼？何以不受正命！比干剖，子胥烹，子路葅，天下極戮❽，非徒桎梏也。必以桎梏效非命，則比干、子胥行不順也。人稟❾性❿命，或當壓、溺、兵、燒，雖或慎操修行，其何益哉！竇廣國⓫與百人俱臥積炭之下，炭崩，百人皆死，廣國獨濟⓬，命當封侯也。積炭與巖牆何以異？命不壓，雖巖崩，有廣國之命者猶將脫免。「行，或使之；止，或尼之。」命當壓，猶或使之立於牆下。孔甲⓭所入主人之子，天命當賤，雖載入宮，猶為守者⓮。不立巖牆之下，與孔甲載子入宮，同一實也⓯。

【章旨】此章批駁孟子「人無觸值之命」、「天命於操行」之說。

【注釋】❶正　指上天賦予的正命。❷是故　所以。❸巖牆　像山巖一樣高高聳立的牆壁。高牆。❹桎梏而死者　因犯罪被處死的人。桎梏，腳鐐手銬。《周禮·秋官·掌囚》：「中罪桎梏。」鄭玄注云：「在手曰梏，在足曰桎。」見《孟子·盡心上》。❺觸值之命　指注定會遭受意外事故而死的命運。王充又稱之為「所當觸值之命」或曰「遭命」。見本書〈氣壽篇〉和〈命義篇〉。❻妄行苟為　胡作非為。❼與　同「歟」。❽極戮　最殘酷的刑罰。❾稟　承受。❿性　生命。⓫竇廣國　人名。漢文帝時竇太后之弟，後封章武侯。⓬濟　得救。⓭孔甲　人名。夏朝後期君王。事見本書〈書虛篇〉。⓮守者　守門人。⓯同一實也　屬於同一個道理。

【語　譯】孟子說：「無一不是天命決定的，但應當恭順地承受上天賦予的正命。所以懂得天命的人，就不會站立在將要倒塌的高牆之下。盡心盡力地遵循天道而死的，就是正命；因犯罪被腳鐐手銬地處死的，就不是正命了。」

孟子的話，是認為人沒有遭受意外事故而死的命了。如果按照好的品行去做的人得到的是正命，胡作非為的人得到的不是正命，那麼，這就是說天命會隨著操行的好壞而變化了。孔子不能當王，顏淵早死，子夏失明，伯牛得痲瘋病，這四個人的操行難道不好嗎？為什麼沒有承受正命！比干被挖心，子胥被烹屍，子路被剁成肉醬，這是天下最殘酷的刑罰，不僅僅是腳鐐手銬呀。如果一定要用遭受刑罰而死來證明他們得到的不是正命，那麼比干、伍子胥的操行就不好了。人稟承著上天賦予的生命，本來就與人的操行無關，有的命當壓死、淹死、殺死、燒死，即使謹慎小心地修養自己的操行，於生死壽夭又有什麼益處啊！竇廣國與百人一起睡在堆集如山的木炭之下，炭倒塌了，百人都被壓死了，唯獨竇廣國得救了，這是因為他命中注定應當封侯啊。積炭與高牆有什麼區別？命中注定不當被壓死，即使山巖崩塌下來，有竇廣國的命運的人還是將會脫險，幸免一死的。「一個人要幹一件事情，就有一種力量在驅使他；不幹，也有一種力量在阻止他。」命中注定應當被壓死，那麼就好像會有一種力量驅使他站到高牆下面去被倒塌下來的高牆壓死。孔甲一次進入一個老百姓家避雨，恰巧這家人生孩子。有人說這孩子將來一定富貴，有人說一定貧賤，孔甲說：「給我做兒子，怎麼會貧賤呢？」於是就把主人家的孩子帶入宮中。後來這孩子因劈柴砍斷了腳，結果只能當個守門人。這是天命注定應當貧賤，即使被帶入宮中，還是做個守門人。人不站在高牆之下，與孔甲把孩子帶入宮中，道理是相同的。

# 卷一一

## 談天篇第三十一

【題解】本篇名為「談天」，實則兼談天地，而以談地為主。

漢儒認為：「天，氣也，故其去人不遠。人有是非，陰為德害，天輒知之，又輒應，近人之效也。」正是從這種「天人感應論」出發。本篇從批駁神話入手，直指漢儒宣揚的「天人感應論」，指出：「天，體，非氣也」，「天地，含氣之自然也」。這種自然觀，在當時把天神秘化的情況下，無疑是進步的。但由於王充沒有抓住「天有意志」這個要害，而是著重去論證「天有形體」，使問題偏向天是「體」還是「氣」之爭，反而失去了戰鬥力和針對性，未能擊中要害。應該指出，王充批判神話傳說之失實，亦反映漢人於神話學之幼稚。

儒書言：「共工❶與顓頊❷爭為天子不勝，怒而觸❸不周之山❹，使天柱❺折，地維❻絕❼。女媧❽銷煉❾五色石以補蒼天，斷鼇足以立❿四極⓫。天不足西北，故日月移焉；地不足東南，故百川注⓬焉。」此久遠之文，世間是之⓭言也。文雅之人，怪而無以非，若⓮非⓯而無以奪⓰，又恐其實然，不敢正議。以天道⓱人事論之，殆⑱虛言也。

【章　旨】此章引出敵論，以共工「怒而觸不周之山」為虛妄之言。

【注　釋】❶共工　古代神話人物。人面蛇身赤髮，身乘二龍。❷顓頊　傳說中的上古帝王。❸觸　撞。❹不周之山　傳說中的古代山名。王逸〈離騷〉注及高誘《淮南子》注，皆謂不周山在崑崙山之西北，或許即今之天山。❺天柱　古代神話中撐天的支柱。❻地維　古代神話中繫地的繩索。❼絕　斷。❽女媧　神話中的人類始祖。❾銷煉　熔煉。❿立　樹立；支撐。⓫極　邊緣。⓬注　流入。見《淮南子・天文》。⓭是之　以之為是。是，對；正確。此就是肯定的意思。⓮若　或者。⓯非　不對。⓰奪　消除；駁倒。⓱天道　自然法則。⓲殆　大概。

【語　譯】儒書說：「共工與顓頊爭當天子沒有取得勝利，憤怒地撞擊不周山，使天柱折斷，繫地四角的繩索斷絕。女媧熔煉五色石來補蒼天，砍斷海龜的足來支撐地的四邊。天的西北方殘闕了，因此日月向那裡移動；地的東南方殘闕了，因此百川向那裡流去。」這是很久以前的記載，也是為世人所肯定的說法。有學問的人，對這種說法感到奇怪卻無法指出它的錯誤，或者認為不對卻又無法駁倒它，又生怕它確實是這樣，不敢正面加以論述。根據自然的法則和人情事理來論述它，這種說法大概是虛妄之言。

與人爭為天子不勝，怒觸不周之山，使天柱折，地維絕，有力如此，天下無敵。以此之力，與三軍戰，則士卒螻蟻也，兵革毫芒也，安❶得不勝之恨❷，怒觸不周之山乎？且堅重莫如山，以萬人之力，共推小山，不能動也。如不周之山，大山也。使❸是❹天柱乎？折之固難。使非柱乎？觸不周山而使天柱折，是亦復❺

難。信❻，顓頊與之爭，舉天下之兵，悉❼海內之眾，不能當，何不勝之有？

且夫天者，氣邪？體也？如氣乎，雲煙無異，安得柱而折之？女媧以石補之，是體也。如❽審然❾，天乃玉石之類也。石之質重，千里一柱，不能勝❿也。如五嶽⓫之巔⓬不能上極天乃⓭為柱，如觸不周，上極天乎？不周為共工所折，當此之時，天毀壞也。如審毀壞，何用⓮舉之？斷鼇之足，以立四極，說⓯者曰：「鼇，古之大獸也，四足長大，故斷其足以四極。」夫不周，山也；鼇，獸也。夫天本以山為柱，共工折之，代以獸足，骨有腐朽，何能立之久？且鼇足可以柱天，體必長大，不容於天地，女媧雖聖，何能殺之？如能殺之，殺之何用？足可以柱天，則皮革如鐵石，刀、劍、矛、戟⓰不能刺之，強弩⓱利矢⓲不能勝射也。

察當今天去地甚高，古天與今無異。當共工缺⓳天之時，天非墜於地也。女媧，人也，人雖長，無及天者。夫其補天之時，何登緣⓴階據㉑而得治之？豈古之天若屋廡㉒之形，去人㉓不遠，故共工得敗㉔之，女媧得補之乎？如審然者，女媧以前，齒㉕為人者，人皇㉖最先。人皇之時，天如蓋㉗乎？

說《易》者曰：「元氣㉘未分，渾沌㉙為一。」儒書又言：「溟涬㉚濛澒㉛，氣未分之類也。及其分離，清者為天，濁者為地。」如說《易》之家、儒書之言，天地始分，形體尚小，相去近也。近則或㉜枕於不周之山，共工得折之，女媧得補之也。

含氣之類㉝，無有不長㉞。天地，含氣之自然也；從始立㉟以來，年歲甚多，則天地相去，廣狹遠近，不可復計。儒書之言，殆有所見。然其言觸不周山而折天柱，絕地維，消煉五石補蒼天，斷鼇之足以立四極，猶為虛也。何則？山難動，共工之力不能折也。豈天地始分之時，山小而人反大乎？何以能觸而折之？以五色石㊱補天，尚可謂五石若藥石㊲治病之狀。至其斷鼇之足以立四極，難論言也。從女媧以來久矣，四極之立自若鼇之足乎？

【章旨】此章逐一駁斥儒書所謂共工敗天而女媧補天之說。

【注釋】❶安　怎麼；如何。❷恨　怨恨。❸使　假如。❹是　這。此指不周山。❺復　又；還是。❻信　果真如此。❼悉　用盡；全部。❽如　如果。❾審然　確實如此。❿勝　勝任；力所能及。⓫五嶽　中國五大名山的總稱。即東嶽泰山，南嶽衡山，西嶽華山，北嶽恆山，中嶽嵩山。相傳眾神所居，歷代帝王多往祭祀。唐玄宗、宋真宗曾封五嶽為王、為帝，明太祖尊之為神。《爾雅・釋山》有兩種「五嶽」之說，後世所指亦有所不同。據今人考證，「五嶽」制度始於漢武帝，舊傳堯、舜時代早已有之，乃漢儒附會之說。漢宣帝定嵩山為中嶽、泰山為東嶽、安徽天柱山為南嶽、華山為西嶽、河北之恆山為北嶽。後又改今之湖南衡山為南嶽，山西渾源之恆山為北嶽，隋以後遂成定制。⓬巔　頂峰。⓭乃　而。⓮何用　用何；用什麼。⓯說　解說。⓰戟　古代一種似戈的兵器。⓱弩　弓之一種。⓲矢　箭。⓳缺　毀壞。⓴登緣　攀登；攀緣。㉑階據　依靠。階，憑藉。㉒廡　古代正屋周圍的小屋子。即堂周的廊屋。一曰大屋。《管子・國蓄》：「夫以室廡籍，謂之毀成。」尹知章注云：「小曰室，大曰廡，音武。」㉓去人　離人。㉔敗　毀壞。㉕齒　始。㉖人皇　神話傳說中的三皇（天皇、地皇、人皇）之一。《史記・補三皇本紀》：「人皇九頭，乘雲車，駕六羽，出谷口，兄弟九人，分長九州，各立城邑，凡一百五十世，合四萬五千六百年。」㉗蓋　車蓋。㉘元氣　指構成天地萬物的物質元素。或指陰陽二氣混沌未分的實體。㉙渾沌　清濁不分。㉚溟涬　混混沌沌之貌。㉛濛澒　模糊不清之貌。㉜或　也許。㉝含氣之類　指包括天地在內的自然萬物。㉞長　增長。㉟始立　開始產生。㊱五色石　指青、赤、黃、白、黑五種顏色的石頭。㊲藥石　治病用的藥物和砭石。泛指藥物。

**【語譯】**與人爭當天子沒有取勝，就憤怒地撞擊不周山，使天柱折斷了，繫著大地四角的繩索也斷了，有這樣大的力氣，天下無敵手。憑著這樣大的力氣，同敵方軍隊作戰，那麼敵軍的士兵就會像螻蟻一樣，兵器和盔甲就會像毫毛麥芒一樣不堪一擊，怎麼會有不勝的怨恨，憤怒地去撞倒不周山呢？況且堅實沈重沒有比得上山的，用萬人的力量，共同推移一座小山，尚且不可能推動它，何況像不周山這樣的大山啊。如果說不周山是天柱，要折斷它一定很困難。如果說不是天柱，撞不周山而使天柱折斷，這也還是難以做到的。如果真的能做到的話，顓頊與他爭當天子，拿出天下的軍隊，用盡海內的兵力，也不能抵擋得了，怎麼會有不取勝的呢？

天，是氣呢？還是實體呢？如果是氣的話，那就與雲煙沒有差異，怎麼會有支撐它的柱子而被折斷呢？女媧用五色石補天，這就說明天是實體啊。如果確實是這樣，那麼天就是玉石之類的物質實體了。石頭的質量很重，千里撐一支柱，也不能勝任。像五嶽那樣高峻的山峰都頂不著天而成為天柱，像共工所撞的不周山，上能頂著天嗎？不周山被共工折斷，當這個時候，天就被毀壞了。如果真的被毀壞的話，用什麼去支撐它呢？砍斷海龜的足，用來支撐天的四邊，解說的人說：「海龜，是古代的大獸，四足又長又大，所以砍斷牠的四足來支撐天的四個邊緣。」不周是山，海龜是獸。天本來以山作柱子，共工折斷了天柱，用獸足代替天柱，骨頭有腐朽的時候，怎麼能支撐得很久？再說海龜的四足可以用來支撐天，那麼海龜的身體一定又長又大，天地容納不了，女媧雖然是聖人，又怎麼能殺死牠？如果能殺牠，那麼又用什麼去殺牠？足可以用來支撐天，那麼牠的皮革就會像鐵石一樣堅硬，刀、劍、矛、戟都不可能刺殺牠，強弓利箭也不可能射進去的。

觀察現在的天離地面很高，古代的天與現在的天沒有差異。當共工毀壞天的時候，天並沒有墜落到地上。女媧是人，人再高，也頂不著天。她補天的時候，是登攀和依靠什麼東西能夠補天的呢？難道古代的天像屋頂的形狀，離人不遠，所以共工能夠毀壞它，女媧能夠又把它補好嗎？如果真的是這樣，女媧以前，開始作為人的，以人皇為最先。那麼，人皇時代，天離人難道像車蓋那樣近嗎？

解說《周易》的人說：「元氣沒有分開的時候，天地清濁不分，混在一起。」儒書又說：「混混沌沌，模糊不清，這是元氣還沒有分清濁時的狀態。等到元氣分離，清氣變成天，濁氣變為地。」按照解說《周易》的人和儒書的說法，天地剛分離時，形體還小，相離很近啊。天地相距既然很近，那麼天也許就枕在不周山上，共工也就能夠折斷天柱，女媧也就能夠把毀壞了的天重新補上了。

包含著元氣的天地萬物，沒有不在增長的。天地，是含氣的自然物質，從開始產生以來，年歲很多了，天地相離，廣狹遠近，不可能再進行計算了。儒家書籍的說法，大概也有自己的見地吧。然而它說共工撞不周山而使天柱折斷，使繫著地的繩索斷裂，女媧熔煉五色石來補蒼天，砍斷海龜的足來支撐天的四方邊緣，也還是虛妄的啊。為什麼？山難以動搖，共工的氣力不可能使它折斷啊。難道天地開始分離的時候，山很小而人反而比山大嗎？靠什麼能使共工一撞擊而使天柱折斷？用五色石補天，還可以說五色石像藥物能給人治病一樣。至於女媧砍斷海龜的腳用來支撐天的四邊，那就很難說了。從女媧補天以來，天的四邊像往常一樣支撐著，難道是海龜的足嗎？

鄒衍之書[1]，言天下[2]有九州[3]，〈禹貢〉之上所謂九州[4]也。〈禹貢〉九州，所謂一州也。若〈禹貢〉以上者，九焉。〈禹貢〉九州，方今天下九州也，在東南隅[5]，名曰赤縣神州[6]。復[7]更[8]有八州，每一州者，四海環之，名曰裨海[9]。

九州之外，更有瀛海⑩。此言詭異⑪，聞者驚駭，然亦不能實然否⑫，相隨觀讀，諷述⑬以談。故虛實之事，並傳⑭世間，真偽不別也。世人惑焉，是以⑮難論⑯。

【章　旨】此章提出敵論，指出鄒衍的大九州之說是詭異之言，必須「難論」之。

【注　釋】❶鄒衍之書　《漢書・藝文志》著錄《鄒子》四十九篇，《鄒子終始》五十六篇，皆已不傳。鄒衍（約西元前三〇五～前二四〇年），齊國人，戰國末期陰陽家的代表人物，提出「大九州說」，論證中國（為赤縣神州）是全世界八十一州之一，每九州為一集合體，稱「大九州」，有小海環繞，九個「大九州」另有大海環繞，而外即天地的邊緣。以其論「閎大不經」，故時人稱之「談天衍」。鄒，亦作「騶」。❷天下　此指中國。❸九州　指大九州。見《史記・孟子荀卿列傳》。❹九州　《尚書・禹貢》以兗、冀、荊、豫、揚、青、徐、梁、雍為九個州。❺隅　角落。❻赤縣神州　即中國。鄒衍創立「大九州」學說，謂「中國名曰赤縣神州，赤縣神州內自有九州」。見《史記・孟子荀卿列傳》。其簡稱亦為「赤縣」或「神州」。❼復　還。❽更　另外。❾裨海　小海。❿瀛海　大海。⓫詭異　怪異；稀奇古怪。⓬然否　對不對。⓭諷述　傳誦。⓮並傳　同時傳播。⓯是以　因此。⓰難論　責難和評論。

【語　譯】鄒衍的著作，說中國有九州，這就是《尚書・禹貢》上所說的九州。而〈禹貢〉上所說的九州，就是他所說的大九州中的一個州。像〈禹貢〉上所說的那樣的九州，世界上共有九個。〈禹貢〉上的九州，就是當今中國的九州，在世界大九州的東南角，名叫「赤縣神州」。另外還有八個州。每一州被四海環繞著，名叫小海。大九州之外，另有大海。這種說法稀奇古怪，聽說的人都感到驚駭，然而也不能證實它對不對，相互跟著觀看，傳誦而談論著。本來是虛虛實實的事情，同時傳播在人世間，真偽不別。世人都感到疑惑，因此，我要加以責難和評論。

案❶鄒子之知❷不過❸禹。禹之治洪水，以益❹為佐。禹主❺治水，益主記❻

物⑦。極⑧天之廣，窮⑨地之長，辨⑩四海之外，竟⑪四山之表⑫，三十五國⑬之地，鳥獸草木，金石水土，莫不畢載，不言復有九州。淮南王劉安召術士伍被⑭、左吳⑮之輩⑯，充滿宮殿，作道術之書⑰，論天下之事。〈地形〉之篇，道異類之物，外國之怪，列三十五國之異，不言更有九州。鄒子行地不若禹、益，聞見不過被、吳，才非聖人，事非天授，安得此言？案⑱禹之〈山經〉⑲，淮南⑳之〈地形〉㉑，以察鄒子之書，虛妄之言也。

【章旨】此章以禹之〈山經〉和淮南之〈地形〉為據，說明鄒子之說純係「虛妄之言」。

【注釋】❶案　考察。❷知　見識；知識。❸過　超過。❹益　即伯益。曾輔佐大禹治水。❺主　主持；負責。❻記　記載。❼物　萬物；各種事物。❽極　窮。❾窮　盡。❿辨　通「遍」。⓫竟　窮盡。⓬表　外。⓭三十五國　指《山海經》所記古代除中國之外的國家。今本《山海經》所記實為三十九國。⓮伍被　劉安的謀士，楚人。或言伍子胥之後，為淮南中郎，淮南王招致英雋以百數，被為冠首。⓯左吳　劉安的謀士。⓰輩　類。⓱道術之書　此指《淮南子》。道術，即方術。⓲案　根據。⓳山經　《山海經》中的篇名。⓴淮南　指淮南王劉安。㉑地形　《淮南子》中的篇名。

【語譯】考察鄒子的見識沒有超過禹。禹治理洪水，以伯益為助手。禹負責治水，伯益負責記載各種事物。窮廣大的天空，盡無邊的大地，遍及四海之外，極盡四山之外，凡三十五個國家的土地上，鳥獸草木，金石水土，沒有不被全部記載下來的，但都未說還有九州。淮南王劉安召集方術之士伍被、左吳之類，充滿著宮殿，著作道術之書《淮南子》，議論天下之事。其中〈地形〉一篇，講各種各樣不同品類的事物和外國的奇聞異事，列舉三十五個國家的奇異風物，沒有說另外有什麼九州。鄒子行通的路不如禹、伯益多，聞見沒有超過伍被、左吳，才能不如聖人，事業並不是上天授予的，怎麼能說出這樣的話？根據禹的〈山經〉和淮南王的〈地形〉，來觀察鄒子的書，都是虛妄之言啊。

太史公❶曰：「《禹本紀》❷言河❸出昆侖，其高三千五百餘里❹，日月所相辟❺隱為光明也，其上有玉泉❻、華池❼。今自張騫❽使大夏❾之後，窮河源，惡❿睹《本紀》所謂昆侖者乎？故言九州山川，《尚書》近之矣。至《禹本紀》、〈山經〉所有怪物，余不敢言也⓫。」夫弗敢言者，謂之虛也。昆侖之高，玉泉、華池，世所共聞，張騫親行無其實。案〈禹貢〉，九州山川，怪奇之物，金玉之珍，莫不悉載，不言昆侖山上有玉泉、華池。案太史公之言，〈山經〉、《禹紀》，虛妄之言。

【章旨】此章以太史公之言為據，說明〈山經〉、《禹本紀》係「虛妄之言」。

【注釋】❶太史公　此指《史記》的作者司馬遷。❷禹本紀　古書名。已佚。❸河　指黃河。❹三千五百餘里　《史記・大宛列傳》作「二千五百餘里」。❺辟　通「避」。❻玉泉　古泉名。《史記・大宛列傳》作「醴泉」。❼華池　古池水名。《史記・大宛列傳》作「瑤池」，即今之「天池」。❽張騫　（？～西元前一一四年）西漢漢中成固（今陝西城固）人，官大行，封博望侯。漢武帝時代，曾奉命兩次出使西域，親歷大宛、康居、大月氏、大夏等，元朔三年（西元前一二六年）歸漢，前後歷時十三年之久。❾大夏　中亞、西亞古國名。地處興都庫什山與阿姆河上游之間（今阿富汗北部）。❿惡　何；哪裡。⓫余不敢言也　以上引文見《史記・大宛列傳》。余，我。人稱代詞。

【語譯】太史公說：「《禹本紀》說黃河出自崑崙山，崑崙山高達三千五百餘里，是日月交相隱蔽、輪流顯露光明的地方，山上有玉泉、華池。現在自張騫出使大夏之後，探盡黃河之源，哪裡看到過《禹本紀》所說的崑崙山的情景呢？所以說到九州山川的情況，《尚書・禹貢》是比較近乎實際的。至於《禹本紀》、〈山經〉所記敘的所有珍奇怪物，我不敢說啊。」不敢說的事，就是虛假的。崑崙山之高，玉泉、華池，世人都聽說過，張騫親自去探尋，卻沒有這種實際存在。考察〈禹貢〉一篇，九州山川，怪異稀奇的事物，金玉之類珍寶，無不全部記載其中，並沒有說崑崙山上有玉泉、華池。根據太史公的話，〈山經〉、《禹本紀》的記載，純係虛妄之言。

凡事難知，是非難測。極❶為天中，方今天下在天極之南，則天極北必高多民。〈禹貢〉「東漸❷於海，西被❸於流沙❹」，此則天地之極際❺。日刺徑❻千里，今從東海之上會稽鄞❼、鄮❽，則察日之初出徑二尺，尚遠之驗也。遠則東方之地尚多，東方之地尚多，則天極之北，天地廣長，不復訾❾矣。夫如是，鄒衍之言未可非，《禹紀》、〈山經〉、《淮南・地形》未可信也。鄒衍曰：「方今天下在地東南，名赤縣神州。」天極為天中，如方今天下在地東南，視極當在西北。今正在北，方今天下在極南也。以極言之，不在東南，鄒衍之言非也。如在東南，近日所出，其光宜大。今從東海上察日，及從流沙之地視日，小大同也。相去萬里，小大不變，方今天下得地之廣，少矣。

雒陽⑩，九州之中也。從雒陽北顧⑪，極正在北。東海之上，去雒陽三千里，視極亦在北。推此以度⑫，從流沙之地視極，亦必復在北焉。東海、流沙，九州東、西之際也，相去萬里，視極猶在北者，地小居狹，未能辟⑬離極也。日南⑭之郡，去雒陽且⑮萬里。徙民還者，問之，言日中之時，所居之地未能在日南也。度之復南萬里，地在日之南。是則去雒陽二萬里，乃為日南也。

今從雒地察日之去遠近，非與極同也，極為遠也。今欲北行三萬里，未能至極下⑯也。假令⑰之至，是則名⑱為距⑲極下也。以至日南五萬里，極北亦五萬里也。極北亦五萬里，極東、西亦皆五萬里焉。東、西十萬，南、北十萬，相承⑳百萬里。鄒衍之言：「天地之間，有若天下者九。」案周時九州㉑，東西五千里，南北亦五千里。五五二十五，一州者二萬五千里。天下若此九之㉒，乘二萬五千里，二十二萬五千里㉓。如鄒衍之書，若謂之多，計度驗實，反為少焉。

【章　旨】此章從推算中國的土地面積入手，指出鄒衍之書之誤。

【注　釋】❶極　天極。指天北極。❷漸　入；到。❸被　及；至。❹流沙　指古代中國西北部沙漠地區。❺極際　最邊沿地帶；邊際。❻刺徑　直徑。❼鄞　古縣名。屬會稽郡，東漢時縣治在今浙江奉化東。❽鄮　古縣名。屬會稽郡，今浙江寧波東，鄮山之北。❾訾　估量。❿雒陽　即洛陽。東漢京都。⓫北顧　向北看。⓬度　推測。⓭辟　通「僻」。幽僻。此指幽遠。⓮日南　古郡名。西漢元鼎六年（西元前一一一年）設置，治所在西捲（今越南廣治省），東漢末為林邑國所轄。⓯且將近。⓰極下　天極之下。⓱假令　假如；如果。⓲名　叫做。⓳距　到。⓴相承　相乘。承，通「乘」。㉑周時九州　指周代時中國的土地面積。㉒九之　以之為九。㉓二十二萬五千里　九乘二千五百萬平方公里，應是二億二千五百萬平方公里。

【語　譯】大凡事情真象都難以知道，是非難以推測。天極是天的正中，現在的中國正處在天極的南面，那麼天極的北面必定更高而且有很多老百姓。〈禹貢〉上所說的「向東到達大海，向西到達沙漠地帶」，這就是天地的最邊沿了。太陽的直徑為千里，但現在從東海之上的會稽郡的鄞、鄮二縣，觀察到太陽剛剛從東海升起來時的直徑只有二尺，這就是距離還很遠的證明啊。既然距離很遠，就說明東方的那片土地還很多，就說明天極的北面，天地的廣闊無邊，更是不可估量了。因此，如果鄒衍的說法不可指責，那麼《禹本紀》、〈山經〉、《淮南子・地形》的記載就不可相信了。鄒衍說：「現在中國在地的東南，叫做赤縣神州。」天極是天的中心，如果現在中國在地的東南面，那麼觀察天極的位置應當在西北方向。現在天極正在北方，那就說明現在中國的位置在天極的南面了。根據天極的位置來看，中國不在地的東南面，所以鄒衍的說法是錯誤的。中國如果在地的東南面，離太陽升起的地方很近的話，那麼太陽如果出來時，它的光芒應該很大。而今從東海上觀察日出，及從西部沙漠地區看太陽，太陽的大小完全相同。東西相距萬里之遙，而所看到的太陽大小卻不變，可見現在中國所佔有的土地面積是很少的了。

雒陽位於中國的中心。從雒陽往北看，天極正在北方。人在東海之上，距離雒陽三千里，觀看天極也在北方。根據這點來推測，從西部沙漠地區看天極，也必定還是在北方。東海、西部沙漠，是中國東、西的邊沿，相距萬里，觀看天極還是在北方，這是因為地方很小，所佔的地理位置很狹窄，不能遠離天極的緣故啊。日南郡，距離雒陽將近萬里。遷居到那裡又返回來的老百姓，詢問他們日南郡的情況，都說中午時分，居住的日南郡也沒有位於太陽的南面。推測從日南郡再往南一萬里，那個地方也許正在太陽的南面吧。那就是說，離開雒陽二萬里，才是位於太陽南面的地方啊。

現在從雒陽地區觀察太陽距離的遠近，與在雒陽觀察天極的遠近是不同的，天極更遠了。現在想向北行走三萬里，還不能到達天極的下面。如果走到了，那就叫做到達了天極下面的地方了。從天極之下到日南之地是五萬里，那麼極下之地的北面也應該是五萬里啊。極下之地的北面也是五萬里，那麼天極之東、西也都是五萬里了。東、西相距十萬里，南、北相距十萬里，南北和東西相乘，面積應該是一百萬平方里。鄒衍的話是：「天地之間，像中國這樣大小的州有九個。」考察周代中國的面積，東西為五千里，南北相距也是五千里。五五二十五，一州的面積是二萬五千平方里。天下像中國這樣大的州有九個，九乘二萬五千平方里。像鄒衍書中那樣記載，如果認為它說得太多了，那麼按照計算的結果核實，反而它是說少了。

儒者曰：「天，氣也，故其去人不遠。人有是非，陰為德害，天輒知之，又輒應之，近人之效也。」如實論之，天，體，非氣也。人生於天，何嫌❶天無氣？猶有體在上，與人相遠。秘傳❷或言天之離天下六萬餘里。數家❸計之，三百六十五度❹一周天❺。下有周度，高有里數。如天審氣，氣如雲煙，安得里度？又以二十八宿❻效❼之，二十八宿為日月舍❽，猶地有郵亭❾為長吏❿廨⓫矣。郵亭著⓬地，亦如星舍著天也。案傳書者，天有形體，所據不虛。猶⓭此考之，則無恍惚⓮，明矣。

【章旨】此章批駁漢儒「天人感應論」。

【注釋】❶嫌　疑。❷秘傳　指緯書。❸數家　此指從事天文曆算的專家。❹三百六十五度　中國古代天文學家以為太陽圍繞著地球轉動，遂根據太陽每年環繞地球運行一周是三百六十五天多時間，而把一周天分為三百六十五等分多，每一等分就叫做一度，共計三百六十五度多一點點。❺一周天　天球的一周。❻二十八宿　中國古代天文學家為了觀測天象及日、月、五星在天空中的運行情況，便在黃道帶與赤道帶的兩側繞天一周，選擇二十八個星官作為觀測標誌，稱之為「二十八宿」，或「二十八舍」，或「二十八星」。❼效　證明。❽舍　古人以為二十八宿是日月行星運行時停留休息之地，每一星宿叫做一舍。❾郵亭　古代官吏下鄉出巡或傳送信件的人中途歇息飲食之地。或稱之驛館。❿長吏　地方官吏。⓫廨　官吏居住辦事之所。⓬著　依附。⓭猶　通「由」。⓮恍惚　恍恍惚惚，不可捉摸的狀態。

【語　譯】儒生說：「天，是氣形成的，因此它離人的距離並不遠。人有是非，暗中做了好事或壞事，天就會知道他，也就會報應他，這就是天離人不遠的證明啊。」如果按實際情況來說，天，是物質的實體，不是氣啊。既然人是稟受天施放的氣而產生的，怎麼能懷疑天上沒有氣呢？但是還有一個實體的天在它施放的氣的上面，與人相距很遠，秘傳有的說天與地相距六萬餘里。據從事天文曆算的人計算，天球運行一周為三百六十五度多，就是代表一年三百六十五天多的時間。天下有一周天的度數，天高有里數計算。如果天果真是氣，氣如同雲煙一樣，怎麼能分出度數、量出里數？如果用二十八宿來證明的話，二十八宿是日、月、行星運行中停留、歇息之地，每一星宿為一舍，好比地上有郵亭作為地方官吏下鄉巡視時辦事和居住的房舍一樣。郵亭依存在地上，也如同星舍依附在天上一樣。考察傳書所寫的，天有形體，是有所依據的，不會有虛假之處。由此考察，那麼天並不是恍恍惚惚不可捉摸的，這就很明白了。

# 說日篇第三十二

【題解】本篇名為「說日」，實則論述天體運行問題，涉及天地、日月、星辰、雲雨等等，比較集中地反映了王充的宇宙觀。

在中國天文學史上，漢代的天體學說大致有三：㈠蓋天說：認為天圓像張開的傘，地方像棋盤；或者說天像一個斗笠，地像覆著的盤子。天在上，地在下，天覆蓋著地；蓋子的頂端是北極星，日月星辰隨天蓋而運動，其東升西沈是由於遠近所致，不是沒入地下。㈡渾天說：認為天地的關係好像鳥的蛋殼包著蛋黃那樣，蛋殼和蛋黃之間充溢著氣和水，日月星辰藉以運行，日隨天轉入地下為夜，轉入地上為晝。天體的形狀渾圓如彈丸，所以叫「渾天」。張衡的「渾天儀」，就是根據這個學說製造而成的。應該說，渾天說比蓋天說進步，但皆以為天有形體，日月星辰依附著天體。㈢宣夜說：認為天沒有形體，抬眼一望，高遠沒有止境，日月星辰漂浮空中，動與靜全憑著「氣」；日月都是球狀，日蝕、月蝕皆由於球體遮掩所致。很明顯，宣夜說較前面二說，要進步得多了。王充對以上三種流行的天體學說，都進行批評。由於作者缺乏天文學方面的科學實踐，所以他的批評只能停留在感性認識和邏輯推理上，使作者的宇宙觀落後於漢代天文科學的發展的整體水平。當然，王充對於天地和天體運行的認識，在哲學意義上還是有可取之處的。此外，他認為太陽是團火、雨是地面上的雲氣升入空中聚積而成……等，還是具有一定科學性的。

儒者曰：「日朝❶見❷，出陰❸中；暮不見，入陰中。陰氣晦冥❹，故沒❺不見。」如實論之，不出入陰中。何以效之？夫夜，陰也，氣亦晦冥。或夜舉火者，光不滅焉。夜之陰，北方之陰也。朝出日，人所舉之火也。火夜舉，光不滅，日暮入，獨不見，非氣驗也。夫觀冬日之出入，朝出東南，暮入西南。東南、西南非陰，何故謂之出入陰中？且夫星小猶見，日大反滅，世儒之論，竟❻虛妄也。

【章　旨】此章批駁世儒所謂太陽「出入陰中」之說。

【注　釋】❶朝　早晨。❷見　同「現」。出現。❸陰　指陰氣。古代天文學的「蓋天說」認為，天像斜放著的車蓋或如撐開的傘蓋在大地之上。蓋子的頂端在北極星，天體以北極為中心自東向西旋轉，太陽依附於天蓋亦隨之自東向西運轉。太陽運轉到天極以北就看不見了，叫做「日入」；自北極以北運轉回來又可以看見了，叫做「日出」。漢代陰陽五行家以北方為陰，認為北方陰氣特盛，以南方為陽，認為南方陽氣很盛，因而說日出於陰。❹晦冥　昏暗。❺沒　隱沒；沈沒。❻竟　畢竟；最終。歸根到底的意思。

【語　譯】儒生說：「太陽早晨出現，是從陰氣中出來的；黃昏時太陽不見了，是進入到陰氣中去了。陰氣昏暗，所以太陽隱沒不見了。」按照實際情況來說，太陽並不是出入陰氣之中。用什麼來證明呢？夜晚，這是陰吧，氣也昏暗。如果有人在夜晚點燃火把，火光並不因為陰氣昏暗而熄滅。夜晚的陰氣，就如同北方的陰氣一樣。早晨出現的太陽，就和人拿著的火把一樣。火把在夜晚中點燃，火光並不因為陰氣昏暗而熄滅，這就證明太陽在黃昏之後就看不見了，並不是由於陰氣昏暗的緣故啊。我們觀看冬天的太陽的出入情況，早晨從東南方向出現，夜晚進入西南面。東南、西南方向並不是陰，為什麼說太陽出於陰氣之中而又入於陰氣之中？況且星星很小還可以看見，太陽那麼大反而在夜晚消失，世上儒生的說法，歸根到底是虛妄之言啊。

儒者曰：「冬日短，夏日長，亦復❶以❷陰陽。夏時，陽氣多，陰氣少，陽氣光明，與日同耀，故日出輒❸無障蔽。冬，陰氣晦冥，掩日之光，日雖出，猶❹隱不見，故冬日日短，陰多陽少，與夏相反。」如實論之，日之長短，不以陰陽。何以驗之？復以北方之星。北方之陰，冬日之陰也。北方之陰，不蔽星光，冬日之陰，何故猶滅日明？由此言之，以陰陽說❺者，失其實矣。

實者，夏時日在東井❻，冬時日在牽牛❼。牽牛去❽極❾遠，故日道短❿；東井近極⓫，故日道長。夏北至東井，冬南至牽牛，故冬、夏節⓬短，皆謂之至⓭；春秋未至，故謂之分⓮。

或曰：「夏時陽氣盛，陽氣在南方，故舉而高；冬時陽氣衰，天抑而下。高則日道多，故日長；下則日道少，故日短也。」

曰：陽氣盛，天南方舉而日道長，月亦當復長。案夏日長之時，日出東北，而月出東南；冬日短之時，日出東南，月出東北。如夏時天舉南方，日月當俱出東北；冬時天復下，日月亦當俱出東南。由此言之，夏時天不舉南方，冬時天不抑下也。然則夏日之長也，其所出之星在北方也；冬日之短也，其所出之星在南方也。

問曰：「當夏五月⓯日長之時在東井，東井近極，故日道長。今案察五月之時，日出於寅[16]，入於戌[17]。日道長，去人遠，何以得見其出於寅入於戌乎？」日在東井之時，去人、極近。夫東井近極，若極旋轉，人常見之矣。使東井在極傍側，得無[18]夜常為晝乎？日晝行十六分[19]，人常見之，不復出入焉。

儒者或曰：「日月有九道[20]，故曰日行有近遠，晝夜有長短也。」夫復五月之時，晝十一分，夜五分；六月，晝十分，夜六分；從六月往至十一月，月減一分。此則日行月從一分道[21]也，歲日行天十二道也，豈徒九道？

【章　旨】此章批駁儒生以陰陽二氣解釋晝夜長短之論。晝夜更替是地球自轉產生的一種自然現象。由於地球是一個不發光、也不透明的球體，所以在同一個時間裡，太陽只能照亮地球表面的一半。向著太陽的一半是白天，背著太陽的一半是黑夜。地球不斷地自轉，晝夜也不斷交替。晝夜的長短，取決於晝弧和夜弧的長短。地球自轉一周，如果所經歷的晝弧長，夜弧短，則白天長，黑夜短；反之，則黑夜長，白天短。自三月二十一日（北半球春分日）至九月二十三日（秋分日），太陽直射北半球，北半球各緯度，晝弧大於夜弧，晝長大於夜長。緯度越高，白天越長，夜晚越短；北極四周，太陽整天不落，出現極晝現象；南半球反之。其中六月二十二日是北半球夏至日，這一天，北半球晝最長，夜最短，北極圈以北，全是白天；南半球則反之。自九月二十三日（秋分）至次年三月二十一日（春分），太陽直射南半球，北半球到處都是晝短夜長。緯度越高，白天越短，夜晚越長；北極四周，出現極夜現象。南半球則反之。其中十二月二十二日是北半球冬至日，這一天，北半球白天最短，夜晚最長，北極圈內，整天都是黑夜；南半球則反之。而每年三月二十一日（北半球春分）和九月二十三日（北半球秋分），太陽直射赤道，全球各地晝夜等長，各為十二小時。本章所論，與現代天文學的科學分析當然有一定距離，其中有一些揣測並不科學，但是也吸收了古代天文學的一些科學研究成果，不乏一得之見。

【注釋】❶復　又；還是。❷以　由於；因為。❸輒　就。❹猶　可以；能夠。❺說　解釋。❻日在東井　指人站在地球上看，太陽沿黃道向赤道北面移動而至東井。東井，井宿。二十八宿之一，有八顆星，今稱「雙子座」。❼牽牛　牛宿。二十八宿之一，有六顆星，今稱「摩羯座」。❽去　離開。❾極　指天北極。據張衡的渾天說，一周天為三百六十五度多，自北極到赤道為一周天的四分之一，即九十一度多。黃道與赤道斜交，黃道距離赤道最遠的兩點（即冬至點和夏至點），相距二十四度（今二十三度二十七分）。冬至點在斗宿二十一度，離極一百十五度多；夏至點在井宿二十五度，離極六十七度多。王充在此說「牽牛去極遠」，是採用當時流行的冬至點在牽牛初度之說。❿日道短　指晝短。日道，從地球上看，太陽出入的運行軌道。⓫極　頂端；頂點。⓬節　節氣。⓭至　指日至。即夏至與冬至。每年六月二十二日前後，太陽到達東井即黃道上最北的一點稱「夏至」，這一天地球的北半球白晝最長；每年十二月二十二日左右，太陽到達牽牛即黃道上最南的一點稱「冬至」，這一天北半球白晝最短。⓮分　指以「分」命名的節氣。即春分和秋分。每年三月二十一日前後，太陽沿黃道由南半天球進入北半天球到達黃道與天赤道的交叉點（春分點），稱「春分」，每年九月二十三日前後，太陽由北向南移動到達黃道與天赤道的交叉點（秋分點），稱「秋分」。⓯五月　指農曆五月。⓰寅　古人把一晝夜分為子、丑、寅、卯、辰、巳、午、未、申、酉、戌、亥等十二個時辰，每一個時辰為今之兩個小時，因此寅相當於淩晨三時到五時正。古人又以子、丑、寅、卯、辰、巳、午、未、申、酉、戌、亥按順時針方向表示方位，子為正北，午為正南，寅指向東北。故所謂太陽出於寅時與寅表示的方位正好一致。⓱戌　正好相當於今之下午七時至九時正。戌所指方位正在西北。⓲得無　豈不是。⓳十六分　王充把一晝夜分為十六等分，每年農曆二月春分，太陽每晝夜各行八分，此後每月晝行遞增一分，夜行遞減一分；至五月夏至，太陽晝行十一分，夜行僅為五分。夏至過後，太陽每月晝行減一分，夜行增一分，至八月秋分，晝夜又各行八分。⓴九道　漢人多以為日行黃道而月行九道。所謂「九道」，就是以陰陽五行說，把黃道的東、南、西、北四個方位分別命名為青道、赤道、白道、黑道，各自一分為二，加之黃道，共計九道。月行九道之說是不科學的，但能將月球運行軌道與黃道區別之，又是難能可貴的。㉑一分道　指太陽經過「一分」時刻所走的路程。日行月從一分道，是指太陽的運行每月遵循一分道這樣長的路程，即冬至後每月遞增一分道，夏至後每月遞減一分道。這是王充從四季晝夜時間長短之變來推論太陽的運行情況，很不科學。

【語　譯】儒生說：「冬天日短，夏天日長，也還是因為陰氣陽氣的緣故。夏天，陽氣多，陰氣少，陽氣光明，與太陽同耀，所以太陽出來就沒有阻障遮蔽的了。冬天，陰氣昏暗，遮掩了太陽的光輝，太陽雖然出來了，還隱藏著，使人們不能看見太陽，所以冬天日短，正是陰氣太多陽氣太少的緣故，與夏天相反。」按照實際情況來說，日之長短，並不是由於陰氣陽氣的緣故。用什麼來證明呢？還是用北方的星來證明吧。北方的陰氣，如同冬天的陰氣。北方的陰氣，並沒有掩蔽星星的光亮，冬天的陰氣，為什麼能夠使太陽的光輝泯滅呢？由此看來，用陰氣陽氣的多少來解釋日的長短，是不符合實際情況的。

實際上，夏天的太陽在東井，冬天的太陽在牽牛星座。牽牛離天北極太遠，所以晝短；東井靠近天北極，所以晝長。夏天的太陽過赤道向北移動到達東井，冬天向南移動到牽牛，所以冬、夏的節氣到了白天最短和最長的時刻，都以「至」為名，即稱之「冬至」和「夏至」；春、秋未至，所以叫做「分」，即「春分」和「秋分」。

有人說：「夏天的時候陽氣旺盛，陽氣在南方，所以天就升高了；冬天的時候陽氣衰退，天就降低了。天高，太陽運行的路程就多，所以白天就長；天低，太陽走過的路程就少，所以白天就短了。」

我說：陽氣旺盛，天南正升高，太陽走過的路程就長，那麼月亮運行的路程也應當長。考察夏天日長的時候，太陽從東北方向出來，然而月亮從東南方位出來；冬天日短的時候，太陽出自東南方，月亮卻出自東北方。如果夏天的時節天在南方升高，那麼太陽和月亮都應當出自東北方向；冬天時節天又降低了，太陽和月亮也就都應當出自東南方位。由此言之，夏天時候天並不在南方升高，冬天時節天也不會降下來。既然這樣，那麼夏季的白天所以長，是因為太陽出於在北方的東井的緣故；冬季的白天所以短，是因為太陽出於南方的牽牛的緣故啊。

有人問道：「每當夏天五月白天最長的時候，太陽在東井的方位之上，東井靠近天北極，所以太陽走過的路程長。現在考察五月的時間，太陽在寅時從寅指向的方位出來，在戌時從戌所指向的方位進入。太陽走過的路程長，離人就很遠，憑什麼能見太陽從寅指示的方位出來而從戌指示的方位進入呢？」太陽運行在東井的時候，離人和天北極很近。東井接近天北極，沿著天北極旋轉，因此人們經常可以見到東井和太陽了。太陽在東井的時候，假如東井正處在天北極的旁側，豈不是夜晚將經常變為白天了嗎？這樣，如果太陽白天運行十六等分的路程，人們就能經常見到太陽，而不再存在太陽出沒的問題了。

儒生也許會說：「日月有九道，所以說太陽運行的路程有遠近，晝夜就有長短。」還是就五月這個時候來說，白天為十一分，夜晚就是五分；六月，白天佔十分，夜晚就為六分；從六月往後到十一月，白天每月減少一分。這就是太陽的運行每月所遵循的一分道這樣長的路程，即冬至後每月遞增一分道，夏至後每月遞減一分道，那麼每年太陽行天就有十二道啊，豈只是九道呢？

或曰：「天高南方，下北方。日出高，故見；入下，故不見。天之居若倚蓋❶矣，故極在人之北，是其效也。極，其天下之中，今在人北，其若倚蓋，明矣。」

曰：既以倚蓋喻，當若蓋之形也。極星在上之北，若蓋之葆❷矣；其下之南，有若蓋之莖❸者，正何所❹乎？夫取蓋倚於地，不能運，立而樹之，然後能轉。今天運❺轉，其北際❻不著❼地者，觸礙，何以能行？由此言之，天不若倚蓋之狀，日之出入，不隨天高下，明矣。

【章旨】此章批駁「蓋天說」，但缺乏說服力。

【注釋】❶天之居若倚蓋　古代一種蓋天說認為，大地如棋盤，天像圓形的車蓋或像撐開的雨傘一樣籠罩著大地。倚，偏於一邊。此指把傘斜放著，南邊高而北面低。❷葆　羽葆。即用羽毛裝飾的車蓋。此指保斗。車蓋正中的帽頂。❸莖　此指車蓋正中支撐車蓋的桿子。如傘桿子。❹所　處所；地方。❺運　運轉。❻際　邊沿。❼著　接觸。

【語譯】有人說：「天的南方高，北方低。太陽出來的方位很高，所以人們能見到；太陽落山時的方位很低，所以看不見。天的形狀就像一個偏斜放著的車蓋，所以北極星在人的北邊，這就是天像斜放著的車蓋的證明。北極星，是天下的正中，現在人的北面，那麼天像傾斜著的車蓋，這就很明白了。」

我說：既然用斜放著的車蓋來比喻天，那麼天就應當像蓋子的形狀吧。北極星在我們上空的北面，就像蓋子正中的帽頂一樣了；北極星下面的南邊，就應當有一個像在車蓋正中支撐車蓋的桿子，那麼它正在什麼地方呢？拿車蓋斜放在地上，是不能運轉的，把它樹立起來，然後才能轉動。現在天的運轉，它的北邊並沒有接觸到地面，如果接觸地面就碰到障礙了，怎麼還能運行呢？由此說來，天不像傾斜著的車蓋的形狀，太陽的出沒不隨著天的高低而變化，這是很明白的。

或曰：「天北際❶下❷地中，日隨天而入地，地密❸鄣❹隱，故人不見。然❺天地，夫婦也，合為一體。天在地中，地與天合，天地並氣，故能生物。北方陰也，合體並氣，故居北方。」天運行於地中乎？不❻則，北方之地低下而不平也？如審運行地中，鑿地一丈，轉❼見水源，天行地中，出入水中乎？如北方低下不平，是則九川❽北注❾，不得盈滿也。

實者，天不在地中，日亦不隨天隱，天平正而地無異。然而日出上、日入下者，隨天轉運，視天若覆盆❿之狀，故視日上下然，似若出入地中矣。然則日之出，近也；其入，遠，不復見，故謂之入。運見⑪於東方，近，故謂之出。何以驗之？繫明月之珠⑫於車蓋之橑⑬，轉而旋之，明月之珠旋邪？人望不過十里，天地合矣，遠，非合也。今視日入，非入也，亦遠也。當日入西方之時，其下民亦將謂之日中。從日入之下，東望今之天下，或時亦天地合。如是，方今天下在南方也，故日出於東方，入於西方。北方之地，日出北方，入於南方。各於近者為出，遠者為入。實者不入，遠矣。臨大澤之濱，望四邊之際與天屬⑭。其實不屬，遠，若屬矣。日以遠為入，澤以遠為屬，其實一也。澤際有陸，人望不見。陸在，察之若亡⑮；日亦在，視之若入，皆遠之故也。太山之高，參天入雲，去之百里，不見埵塊⑯。夫去百里，不見太山，況日去⑰人以⑱萬里數⑲乎！太山之驗⑳，則既㉑明矣。試使一人把㉒大炬火夜行於道，平易無險㉓，去人十里，火光滅矣。非滅也，遠矣。今日西轉，不復見者，非入也。

【章　旨】此章批駁「日隨天而入地」之「渾天說」。渾天說認為，天地如球，天大地小，地在天中，如蛋殼蛋黃一樣。天地靠氣和水而浮立。天的一半覆地，一半繞於地下，日月星辰隨天運轉，行至地下則不見了。渾天說以天地為球，是說比「蓋天說」進步，但它認為大地浮於水上，而水與天相連，則尚未脫「蓋天說」之窠臼。

**【注釋】** ❶北際　北邊。❷下　落入。❸密　沒有空隙。❹鄣　通「障」。遮蔽。❺然　然則。❻不　同「否」。❼轉　旋；不久。❽九川　泛指所有的江河。九，言其多。❾注　傾注；傾瀉。❿覆盆　覆置的盆子。⓫見　同「現」。出現。⓬明月之珠　指明珠。⓭橑　通「轑」。車蓋頂上的弓形輻條。《說文解字》段玉裁注：「蓋弓曰轑，亦曰橑。橑者椽也，形狀略似也。」又云：「幅三十湊轂，亦如椽然，故亦得轑名。」⓮屬　接連。⓯亡　無。⓰堛塊　小土堆。⓱去　離開。⓲以　用。⓳數　計算。⓴驗　效驗；證明。㉑既　已經。㉒把　手拿；握。㉓平易無險　地面平坦，沒有障礙。

**【語　譯】** 有人說：「天的北邊落入地中，太陽隨著天運轉而進入地中，大地沒有空隙，把太陽遮蔽得嚴嚴實實，所以人看不見太陽。既然如此，那麼天與地，就像夫婦一樣，結合成一體。天在地中，地與天結合，天地同氣，所以能夠生長萬物。北方屬陰，天地要合體並氣，因此一起居在北方。」天是在地中運行嗎？否則，那就是因為北方的地面低下而傾斜了。如果天確實在地中運行，那麼鑿地一丈深，不久出現水源，天在地中運行，是出沒於水中嗎？如果北方地面低下傾斜，那麼所有的江河就應該向北傾瀉，而不會水滿盈地了。

實際上，天不在地中運行，太陽也不隨天隱沒，天位平正，與地面沒有差別。但是太陽出於天上，太陽入於地下，是因為太陽隨天轉動運行，看上去天好像覆蓋著的盆子的形狀，所以人們看太陽出入就像一上一下的樣子，似乎是從地中出入了。既然如此，那麼人們看見太陽從地平線上出來，是由於它離得很近的緣故；看到太陽落入地中，是因為它離得很遠的緣故，眼睛看不見了，所以稱之為入。太陽運行出現在東方，距離人們很近，所以叫做日出。怎樣來證明呢？把明月之珠繫在車蓋頂上的弓形輻條上，轉動車蓋，珠子本身轉動了嗎？人的眼睛遠望不超過十里，天地就合在一起了，這是因為距離遠的緣故，並不是天地真的合在一塊了。現在人們看太陽下山時進入地下，並不是真正進入地下，也是因為距離遠的緣故。當太陽進入西方的時候，太陽底下的老百姓也將會認為是中午。從太陽落下去的地方，向東看我們現在所處的天空之下，天地或許也結合在一起了。因此，當今我們所處的天下在南方，所以人們看到太陽從東方出來，從西方落下去。地處北方，人們就會看到太陽從北方出來，從南方落下去。各自對於太陽的距離來說，近的叫日出，遠的叫日落。實際上太陽並沒有進入地中，而是離我們遠了。站在大湖之濱，看到四面的湖水邊沿與天空相接連。其實沒有相連接，因為離我們很遠，看起來就像連接在一起了。太陽因為遠就好像進入地中，湖水因為遠就好像與天相接，它們的實際情況是相同的。湖那邊有陸地，人看不見。陸地存在，觀察不到它就好像沒有；太陽也在那邊，看不到它就好像進入地中，這都是因為離人很遠的緣故啊。泰山的高峻，參天入雲，如果在離百里之外的地方看泰山，連土堆那麼大小的形狀都看不見。人在百里之外，看不見泰山，何況太陽離人的距離要用萬里為單位來計算呢！泰山的驗證，就已經夠明白了。試讓一個人手持大火把夜晚在路上行走，感到地面平坦，沒有險阻；如果人離它十里，火光就看不見了。這不是火把熄滅了，而是因為距離太遠，所以看不見了。現在太陽向西方轉動，不再看見太陽了，這並不是太陽進入地中，而是因為距離太遠的緣故。

問曰：「天平正與地無異，今仰視天，觀日月之行，天高南方，下北方，何也？」曰：方今天下在東南之上，視天若高。日月道❶在人之南，今天下在日月道下，故觀日月之行，若高南下北❷也。何以驗之？即天高南方，南方之星亦當高。今視南方之星低下，天復低南方乎？夫視天之居，近者則高，遠則下焉。極北方之民以為高，南方為下。極東、極西，亦如此焉。皆以近者為高，遠者為下。從北塞❸下，近仰視斗、極❹，且❺在人上。匈奴之北，地之邊陲❻，北上視天，天復高北下南❼，日月之道，亦在其上。立❽太山之上，太山高❾；去❿下十里，太山下⓫。夫天之高下，猶人之察太山也。平正，四方中央，高下皆同。今望天之四邊若下者，非也，遠也。非徒⓬下，若合矣。

【章旨】此章指出「天之高下，猶人之察太山」，皆以遠近之故。

【注釋】❶日月道　日月運行的軌道。❷高南下北　以南方為高，以北方為下。❸北塞　北部邊塞。❹斗極　北斗星和北極星。❺且　將。❻邊陲　邊疆；邊沿地區。❼高北下南　以北方為高，以南方為下。❽立　站立。❾高　以為很高。❿去　離開。⓫下　以為低下。⓬非徒　不僅。

【語譯】有人問道：「天平平正正，與地沒有什麼不同，而現在抬頭看天，觀察日月的運行，天的南方很高，而北方低下，這是為什麼？」我說：當今我們的中國處在東南方這片大地之上，所以仰視天空好像很高。日月運行的軌道在人們的南面，現在我們中國正處在日月運行的軌道之下，所以觀看日月的運行時，好像感到南方高而北方低。怎麼來證明？如果天以南方為高，那麼南方的星星也應當很高。現在看到南方的星星低下，南方的天又變低了嗎？人們觀察天的地方，離天近的地方就感到天很高，離天遠的就感到很低。最北邊的人看起來以為天很高，最南邊的人看起來就變成低的了。最東邊、最西邊，也是這樣啊。都以近距離的天為高，而以遠的為低。從北部邊塞之下，就近仰視北斗星和北極星，二星將在人的頭頂之上。匈奴的北部，是地的邊沿，從北面向上看天，天又以北方為高而以南方為低，日月運行的軌道，也出現在人們頭頂之上。站立在泰山之上，覺得泰山很高大；而下山後再離開泰山十里遠，再看泰山又覺得泰山很矮小了。天的高低，如同人看泰山一樣。天是平平正正的，四方與中央，高低都相同。現在人們看到天的四邊好像很低，這不是真的比中央低，而是因為四邊比中央離人要遠的緣故，而且看上去，不僅僅低了，而且天地好像結合在一起了。

儒者或以旦❶暮❷日出入為近，日中為遠；或以日中為近，日出入為遠。其以日出入為近、日中為遠者，見日出入時大，日中時小也。察物近則大，遠則小，故日出入為近，日中為遠也。其以日出入為遠、日中時為近者，見日中時溫，日出入時寒也。夫火光近人則溫，遠人則寒，故以日中為近，日出入為遠也。二論各有所見，故是非曲直未有所定。如實論之，日中近而日出入遠。何以驗之？以植❸竿於屋下。夫屋高三丈，竿於屋棟❹之下，正而樹之，上扣棟，下抵地，是以屋棟去地三丈。如傍邪倚❺之，則竿末❻傍跌❼，不得扣棟，是為去地過三丈也。日中時，日正在天上，猶竿之正樹去地三丈也；日出入，邪在人傍，猶竿之傍跌去地過三丈也。夫如是，日中為近，出入為遠，可知明矣。試復以屋中堂而坐一人，一人行於屋上，其行中屋之時，正在坐人之上，是為屋上之人與屋下坐人相去三丈矣；如屋上之人在東危❽若❾西危上，其與屋下坐人相去過三丈矣。日中時，猶人正在屋上矣；其始出與入，猶人在東危與西危也。日中去人近，故溫；日出入遠，故寒。然則日中時日小，其出入時大者，日中光明，故小；其出入時光暗，故大。猶晝日察火，光小；夜察之，火光大也。既以火為效，又以星為驗，晝日星不見者，光耀滅之也；夜無光耀，星乃見。夫日月，星之類也。平旦❿、日入⓫，光銷⓬，故視大也。

【章　旨】此章解說旦暮與日中之時，日之大小遠近的自然現象。

【注　釋】❶旦　早晨。❷暮　傍晚。❸植　樹立。❹棟　房屋的正梁。❺邪倚　斜靠。邪，通「斜」。《漢書・司馬相如傳上》：「邪與肅慎為鄰，右以湯谷為界。」顏師古注云：「邪讀為斜，謂東北接也。」❻末　末梢。指竿子的頂端。❼跌　跌倒；倒下。❽危　屋脊。《史記・魏世家》：「痤（范痤）因上屋騎危。」裴駰集解云：「危，棟上也。」❾若　或者。❿平旦　平明；天剛拂曉。⓫日入　傍晚；黃昏。⓬鎖　微弱。

【語　譯】有的儒生認為太陽在早晨剛出來和傍晚落山的時候離人最近，中午時最遠；有的認為中午太陽最近，剛升起和落山時最遠。其中認為太陽剛出來和落山時離人近、中午離人遠的，是因為看到太陽剛出來和快落山時大，中午時太陽小的緣故。觀察物體時，離物體近就大，遠就顯得小，因此太陽剛出山與落山時覺得很大是因為距離近，中午太陽很小是因為距離遠的緣故。那種以日出日落時為遠、中午時的太陽為近的，是因為中午時氣溫高，日出日落時氣溫寒冷的緣故。火光近人就感到溫暖，遠人就感到寒冷，因此人又感到中午時太陽離人較近，而日出日落時離人較遠。以上兩種說法各有所見，所以是非曲直不可能有一個定論。按實際情況說來，中午的太陽離我們較近，而日出日落時較遠。怎麼證明呢？把一根竹竿樹立在屋下就可以證明。屋高三丈，在屋子的正梁之下，把竹竿筆直地樹立起來，上端碰著正梁，下端抵著地面，因此屋子的正梁離地面為三丈。如果把竹竿斜靠著正梁，那麼竹竿就會向一邊倒下。竹竿不能碰著正梁，這是因為它斜離地面超過三丈了。中午時，太陽正在天頂上，如同竹竿筆直地樹立著離地的距離正好三丈一樣。日出日落時，它斜著在人們的旁邊，好像竹竿向一邊倒下時正梁離地面的距離超過三丈一樣。因此，太陽正頂時為近，出來和落下時離人遠，可以知道得很明白了。試再以屋子中堂坐一個人為例證，一個人在屋頂上行走，當他行到中堂上面的屋頂的時候，也正在中堂中坐著的人的頭頂上面，這時候就可以說屋頂上的人與屋下坐著的人相距三丈了。如果屋頂上的人走到最東邊的屋脊或最西的屋脊，他和屋內坐著的人，相距就超過三丈了。太陽正中時，就好比人正在中堂上坐著的人的屋頂上；太陽剛出來與快下山時，就好比人在東頭的屋脊與西頭的屋脊之上。太陽正中時離人較近，所以氣候溫暖；太陽剛出來和快下山時離人較遠，所以氣候寒冷。這樣看來，那麼太陽正中時太陽顯得小，而它剛出來和快落下時看起來很大，是因為中午的太陽光很明亮，所以顯得較小；太陽剛出來和快落下時光線暗淡，所以看起來很大。如同白天看火，光亮小；夜晚看火，火光就很大。既已用火作了舉例說明，現在又用星星作證明吧。白天看不見星星，這是因為太陽的光輝淹沒了星光，夜晚沒有太陽的光輝，星星就出現在空中。太陽、月亮，屬於星宿的一類。天亮和傍晚時分，太陽光微弱，所以看起來太陽就顯得大了。

儒者論日旦出扶桑❶，暮入細柳❷。扶桑，東方地；細柳，西方野❸也。桑、柳，天地之際，日月常所出入之處。問曰：歲二月、八月時，日出正東，日入正西，可謂日出於扶桑，入於細柳。今夏日長之時，日出於東北，入於西北；冬日短之時，日出東南，入於西南。冬與夏，日之出入，在於四隅❹，扶桑、細柳正在何所乎？所論之言，猶❺謂春、秋，不謂設冬與夏也。如實論之，日不出於扶桑，入於細柳。何以驗之？日隨天而轉，近則見，遠則不見。當在扶桑、細柳之時，從扶桑、細柳之民，謂之日中。日中之時，從扶桑、細柳察之，或時為日出入。皆以其上者為中，旁則為旦夕❻，安❼得出於扶桑、入細柳？

【章旨】此章批駁儒生所謂「日旦出扶桑，暮入細柳」之說。

【注釋】❶扶桑　仙島名。《十洲記》云：「扶桑在碧海之中，地方萬里，上有太帝宮，太真東王父所治處。地多林木，葉皆如桑。又有椹樹，長數千丈，大二千餘圍。樹兩兩同根偶生，更相依倚，是以名為扶桑。」此指古代傳說中東方極遠之處。❷細柳　又稱之為「柳谷」、「昧谷」、「蒙谷」。古代傳說為西方日入之處。《尚書・堯典》：「分命和仲，宅西，曰昧谷。」

孔傳云：「昧，冥也，日入於谷而天下冥，故曰昧谷。」《淮南子・天文》云：「(日)至於虞淵，是謂黃昏；至於蒙谷，是謂定昏。」莊逵吉云：「蒙谷即《尚書》昧谷，蒙、昧聲相通。」❸野　原野。❹隅　角落。❺猶　還可以。❻旦夕　早晨和晚上。❼安　怎麼。

【語　譯】儒生認為太陽在早晨從扶桑出來，傍晚落入細柳。扶桑，是東方的一個地方；細柳，是西方的一片原野。扶桑、細柳，是天地的邊沿，是太陽和月亮經常升起和落下去的地方。王充責問儒生說：每年二月、八月時，太陽從正東方出來，落入正西方，可以說太陽出於扶桑而落入到細柳。現在是夏日最長的時候，太陽從東北方出來，落入到西北方；冬日最短的時候，太陽從東南方出來，落入到西南方。冬季和夏季，太陽的出入，在於天的四個旁邊角落，扶桑、細柳又正處在什麼地方呢？儒生講的這番話，春秋兩季還可以這樣說，冬天和夏天就不能這樣說了。按照實際情況來說，太陽不是從扶桑出來又落入到細柳去的。憑什麼來驗證它？太陽隨天而轉動，距離近人就看見，遠就不能看見。當太陽運行到扶桑、細柳上空的時候，從扶桑、細柳的人看來，就謂之日中。當我們居於日中的時候，從扶桑、細柳的角度看來，也許正是日出和日入的時候。人們都以太陽在自己的頭頂之上為日中，而以在兩旁為早晨和晚上，怎麼能說太陽出於扶桑、落入到細柳呢？

儒者論曰：「天左旋❶，日月之行，不繫於天，各自旋轉❷。」難之曰：使日月自行，不繫於天，日行一度❸，月行十三度，當日月出時，當進而東旋，何還始西轉？繫於天，隨天四時轉行也。其喻若蟻行於磑上❹，日月行遲，天行疾，天持❺日月轉，故日月實東行，而反西旋也❻。

【章　旨】此章反駁「日月之行，不繫於天，各自旋轉」之說，反映批評者的愚妄無知。

【注　釋】❶天左旋　指天由東向西旋轉。這是「蓋天說」與「渾天說」之見。蓋天說認為天行如推磨，渾天說認為天行像車輪轉動。❷日月之行三句　這是「宣夜說」的主要理論，認為天無邊無際，沒有形體，日月星辰沒有附在天上，而是浮升在虛空，各自憑藉「氣」而運行不止。這是漢代進步的宇宙觀，王充對它的責難，反而是錯誤的。❸日行一度　古代天文學家把一周天分為三百六十五度多，以為觀察日、月、五星運行的尺度。太陽每天運行的距離為一度，月亮每天運行十三度，最早記載於《淮南子・天文》。❹若蟻行於磑上　《晉書・天文志》記載，「蓋天說」為了說明日月之行是隨著天向相反方向運動，曾以螞蟻在磨子上行走而隨磨子向相反的方向旋轉作比喻。磑，磨子。❺持　攜帶。❻日月實東行而反西旋也　王充認為，日月實際上是由西向東運行的。這是重要的結論，但並不完全準確。太陽是一顆巨大的恆星，月球是地球的一個衛星。地球繞太陽運動，叫做公轉；地球又自己繞地軸轉動，叫做自轉。不論公轉或自轉，方向都是自西向東。月球繞地球公轉及其自轉，也都是自西向東。

【語　譯】儒生議論說：「天由東向西旋轉，日月的運行，不依附於天，各自旋轉。」王充問難儒生說：假使日月自己運行，不依附於天，太陽每天運行一度，月亮每天運行十三度，那麼當太陽和月亮出來的時候，應當進而由西向東旋轉，為什麼每天反而回過來向西旋轉呢？日月向西旋轉，是因為它們附著在天上，隨天四時轉動運行的緣故。蓋天說用螞蟻在磨子上行走而隨磨子向相反方向旋轉來作比喻，日月運行的速度很遲緩，而天運行的速度很快，天攜帶日月旋轉，所以日月實際上是由西向東運行的，因為日月運行的速度比天慢一些，看起來反而成為由東向西旋轉了。

或問：「日、月、天皆行，行度❶不同，三者舒疾❷，驗之人、物，為以何喻？」曰：天，日行一周。日行一度二千里，日晝行千里，夜行千里。騏驥❸晝日亦行千里。然則，日行舒疾，與騏驥之步相似類也。月行十三度，十度二萬里，三度六千里，月一日一夜行二萬六千里，與晨鳧❹飛相類似也。天行三百六十五度，積❺凡❻七十三萬里也。其行甚疾，無以為驗，當與陶鈞❼之運，弩矢❽之流❾相類似乎！天行已疾，去人高遠，視之若遲。蓋望遠物者，動若不動，行若不行。何以驗之？乘船江海之中，順風而驅❿，近岸則行疾，遠岸則行遲。船行實一也，或疾或遲，遠近之視使之然也。仰視天之運，不若騏驥負日⓫而馳，比⓬日暮而日在其前。何則？騏驥近而日遠也。遠則若遲，近則若疾，六萬里⓭之程，難以得運行之實也。

【章　旨】此章以騏驥、野鴨、陶鈞和弩矢比喻日、月、天運行之快慢。然而，比喻並不恰當。

【注　釋】❶行度　運行的度數。❷舒疾　慢快。❸騏驥　千里馬。❹鳧　野鴨子。❺積　數學名詞。乘積。若干個數相乘得出的結果。❻凡　共。❼陶鈞　製作陶器的轉輪。❽弩矢　弓箭。❾流　流動。此指箭的飛行。❿驅　行駛。⓫負日　指在太陽底下。負，背負。⓬比　等到。⓭六萬里　王充以為天地之間的距離為六萬里。這是主觀臆測，很不科學。

【語　譯】有人問道：「日、月、天都在運行，運行的度數不同，三者各有快慢，用人和物來驗證，拿什麼來做比喻呢？」我以為：天每日運行一周，每日運行一度就是二千里，即白天運行千里，夜晚運行千里。千里馬白天也行千里。既然這樣，太陽運行的快慢，與千里馬的步伐相類似了。月運行十三度，十度為二萬里，三度為六千里，月亮一天一夜運行二萬六千里，與早晨的野鴨子的飛行速度相類。天體每日運行三百六十五度，乘積共計七十三萬里。它的運行速度很快，沒有什麼可以用來驗證的，應當與製作陶器的轉輪的運行和弓箭的飛行速度相類似吧！天體的運行速度很快，離人高遠，所以看起來速度好像很慢。大概瞭望遠物，動看起來好像不動，行好像沒有行。怎麼來證明呢？在江海之中乘船行走時，順風行駛，靠近岸邊就感到行駛的速度很快，遠離岸邊就感到行駛的速度很慢。船行的速度是一樣的，有時顯得快，有時顯得慢，這是因為人們看的時候距離遠近不同而出現這種情形啊。仰望天上太陽的運行，似乎不如千里馬在太陽底下奔馳得快，可是等到傍晚的時候，太陽卻跑到千里馬的前面去了。這是為什麼？因為千里馬離人很近而太陽離人很遠啊。離人遠就好像速度很慢，近就好像速度很快，人與天相距六萬里的路程，也就很難得到太陽運行的真實情況了。

儒者說❶曰：「日行一度，天一日一夜行三百六十五度，天左行，日月右行，與天相迎。」日月之行也，繫著於天也。日月附❷天而行，不直❸自行也。何以言之？《易》曰：「日月星辰麗乎天，百果草木麗於土❹。」麗者，附也。附天所行，若人附地而圓行❺，其取喻若蟻行於磑上焉。

問曰：「何知不離天直自行也？」如日能直自行，當自東行，無為❻隨天而西轉也。月行與日同，亦皆附天。何以驗之？驗之以雲。雲不附天，常止於所處。使❼日不附天，亦當自止其處。由此言之，日行附天明矣。

【章　旨】此章言日月附天而行，不直自行。這是王充的錯覺，是不實之論。

【注　釋】❶說　解釋；解說。❷附　依附。❸直　徑直。❹日月星辰麗乎天二句　見《易・離・彖辭》。麗，附著。❺圓行　轉著圈子行走。❻無為　不必。❼使　假使；如果。

【語譯】儒生解釋說：「太陽運行一度，天一日一夜運行三百六十五度，天向左運行，太陽和月亮向右運行，正好與天相迎。」日月的運行，是繫著在天體之上的。日月依附著天而運行，不能徑直自己運行。為什麼這樣說？《周易》指出：「日月星辰附麗於天，百果草木附麗於土。」附麗，是附著的意思。附著天而運行，就好像人在地面上轉著圈行走一樣，它運用的比喻宛如螞蟻在磨盤上行走一樣。

有人問道：「怎麼知道日月不能離開天徑直自己運行呢？」如果太陽能夠徑直自己運行，那麼它應當自己向東運行，不必隨著天而向西轉動呀。月亮的運行與太陽相同，也都是依附著天。怎麼來證明它？用雲可以驗證。雲並沒有附著於天，所以不隨天運行，而常常停止在原來的位置上。如果太陽不附著天，也應當自己停留在原來的地方。由此說來，太陽的運行附於天是很明白的。

問曰：「日，火也。火在地不行，日在天何以為行？」曰：「附天之氣行，附地之氣不行。火附地，地不行，故火不行。」難❶曰：「附地之氣不行，水何以行？」曰：「水之行也，東流入海也。西北方高，東南方下，水性歸下，猶火性趨❷高也。」使地不高西方，則水亦不東流。難曰：「附地之氣不行，人附地何以行？」曰：人之行，求有為也。人道有為，故行求。古者質樸，鄰國接境，雞犬之聲相聞，終身不相往來焉。難曰：「附天之氣行，列星❸亦何以不行？」曰：「列星著天，天已行也，隨天而轉，是❹亦行也。」難曰：「人道有為故行，天道❺無為何行？」曰：天之行也，施氣自然，施氣則物自生，非故❻施氣❼以生物也。天不動，氣不施，氣不施，物不生，與人行異。日月五星❽之行，皆施氣焉。

【章 旨】此章通過層層問難，說明「日在天何以為行」之緣由。

【注 釋】❶難 駁難；辯難。此處假設別人提出的問難。❷趨 歸附；趨向。❸列星 眾星；群星。❹是 這。❺天道 與「人道」相對。指日月星辰等天體運行的過程。人道是指人事，為人之道或社會規範。《禮記・喪服小記》云：「親親、尊尊、長長，男女之有別，人道之大者也。」❻非故 不故意。❼施氣 散布氣。王充認為，人和萬物都是稟受自然之氣而生成的。天的運行是在自然地施放氣，天散布氣，人和萬物就自然而然地生成了。參見本書〈自然篇〉。❽五星 指水星、金星、火星、木星、土星。

【語 譯】有人問難說：「太陽，是一團火。火在地上不能運行，太陽在天上為什麼運行？」回答說：附著天的氣運行，附著地的氣不運行。火附著地，地不運行，所以火不運行。問難的人說：「附著地的氣不運行，水為什麼運行？」回答說：水的運行，是向東流入大海。西北方地勢高，東南方地勢低，水的本性就是歸向地勢低下的地方，好像火的本性就是趨向高處一樣。假使地勢不是西方高，那麼水也就不會向東流了。問難的人說：「附著地的氣不運行，那麼人附著地，為什麼行走？」回答說：人所以行走，是因為有所追求、有所作為啊。人事有為，所以到處奔走去追求。古人質樸，即使鄰國接境，雞犬之聲能互相聽到，也是終身不相往來呀。問難的人說：「附著天的氣運行，那麼眾星又為什麼不運行？」回答說：眾星依附著天，天已經運行，眾星隨天而轉動，這也是運行啊。問難的又說：「人在世上要有所作為，所以到處奔走，那麼日月星辰等這些天體並不要有所作為，為什麼運行呢？」回答說：天之所以運行，是因為自然而然地散布氣的緣故，散布氣，萬物就自然而然地產生了，並不是天故意散布氣而使萬物產生的。天不動，氣就不散布出來；氣沒有散布出來，萬物就不能產生。天的運行，與人的行走不一樣。太陽、月亮以及水星、金星、火星、木星、土星這五星的運行，都是眾星施放氣的結果啊。

儒者曰：「日中有三足烏❶，月中有兔、蟾蜍❷。」夫日者，天之火也，與地之火無以異也。地火之中無生物❸，天火之中何故有烏？火中無生物，生物入火中，燋爛而死焉，烏安得立❹？夫月者，水也。水中有生物，非兔、蟾蜍也。兔與蟾蜍久在水中，無不死者。月毀❺於天，螺蚌泊❻於淵，同氣審❼矣。所謂兔、蟾蜍者，豈反螺與蚌邪？且問儒者：烏、兔、蟾蜍，死乎？生也？如死，久在日月，燋枯腐朽；如生，日蝕時既❽，月晦❾常盡，烏、兔、蟾蜍皆何在？夫烏、兔、蟾蜍，日月氣也，若人之腹臟，萬物之心膂❿也。月尚可察也，人之察日，無不眩⓫，不能知日審⓬何氣，通⓭而⓮見其中有物名曰烏乎？審⓯日不能見烏之形，通而見其足有三乎？此已非實。且聽儒者之言，蟲物⓰非一，日中何為⓱有烏，月中何為有兔、蟾蜍？

【章　旨】此章批駁所謂「日中有三足烏，月中有兔、蟾蜍」之說。

【注　釋】❶三足烏　古代神話中的烏鴉。因三足得名。《楚辭・天問》王逸注引《淮南子》云：「堯命羿仰射十日，中其九日，日中九烏皆死，墮其羽翼。」（今本無）則擬為日之精。《淮南子・精神》云：「日中有踆烏。」高誘注：「踆，猶蹲也，即三足烏。」❷月中有兔蟾蜍　月兔蟾蜍。月精。《初學記・卷一》引《淮南子》云：「羿妻姮娥竊之奔月，托身於月，是為蟾蜍，而為月精。」劉向《五經通義》（已佚，從《太平御覽》引）云：「月中有兔與蟾蜍何？月，陰也；蟾蜍，陽也，而與兔並，明陰繫於陽也。」蟾蜍，癩蛤蟆。❸生物　自然界中有生命之物。❹安得立　怎能生存。❺毀　壞。此指月缺。

❻泊　通「薄」。消滅。❼審　明白；清晰。❽既　吃盡了。❾晦　農曆的月末。❿膂　脊梁骨。《書．君牙》：「作股肱心膂。」郭璞《爾雅圖贊．比肩獸》：「同心共膂。」⓫眩　眼花撩亂。⓬審　究竟。⓭通　通「庸」。豈；難道。⓮而　通「能」。⓯審　果真。⓰蟲物　泛指動物。⓱何為　為什麼。

【語譯】儒生說：「太陽中有三足的烏鴉，月亮中有兔子和癩蛤蟆。」太陽，是天上的火，與地上的火沒有什麼不同。地火之中沒有活著的有生命的動物，天火之中為什麼緣故有烏鴉？火中沒有活著的有生命的動物，凡是活動物一投進火中，就會被燒焦爛而死，烏鴉怎麼能夠生存呢？月亮，是水變成的。水中有生物，但不是兔子、癩蛤蟆啊。兔子與癩蛤蟆長久地泡在水中，沒有不死去的。月亮在天上有時會缺，螺蚌也消滅在深水潭中，月亮與螺蚌同屬一種氣，這是很明白的了。你們所說的月亮中的兔子、蟾蜍，難道與螺蚌相反而不與月亮同氣嗎？暫且請問儒生：烏鴉、兔子、蟾蜍，是死的呢？還是活的呢？如果是死的，長期停在太陽、月亮中，就會焦枯腐朽的；如果是活的，太陽有時因日蝕而食盡，月亮經常在月末而消失，那麼烏鴉、兔子、蟾蜍都到哪裡去了？烏鴉、兔、蟾蜍，都是太陽和月亮的氣而生成的，好比人的腹臟，萬物的心肝脊骨。月亮還可以觀察，人觀看太陽，沒有不眼花撩亂的，不能知道太陽中究竟是什麼氣，豈能看清太陽中有動物名叫三足烏呢？如果不能看見太陽中有烏鴉的形態，豈能看見烏鴉的足有三隻呢？這已經不符合實際了。姑且聽從儒生的說法，然而動物並非只有一種，太陽中為什麼只有烏鴉，月亮中為什麼只有兔子和蟾蜍呢？

儒者謂：「日蝕❶，月蝕之也。」彼見日蝕常於晦朔❷，晦朔月與日合，故得蝕之。夫春秋❸之時，日蝕多矣❹。經❺曰：「某月朔，日有蝕之。」日有蝕之者，未必月也。知月蝕之，何諱❻不言月？或說：「日蝕之變，陽弱陰強也。」人物在世，氣力勁強，乃能乘凌❼。案月晦光既，朔則如盡，微弱甚矣，安得勝日？夫日之蝕，月蝕也。日蝕謂月蝕之，月誰蝕之者？無蝕月也，月自損也。以月論日，亦知日蝕，光自損❽也。大率❾四十一二月，日一蝕；百八十日，月一蝕❿。蝕之皆有時，非時為變，及其為變，氣自然也。日時晦朔，月復為之乎？夫日當實滿，以虧為變，必謂有蝕之者，山崩地動，蝕之誰也？

或說：「日蝕者，月掩之也。日在上，月在下，障於月之形也。日月合相襲⓫，月在上，日在下者，不能掩日；日在上，月在日下，障於月，月光掩日光，故謂之蝕也。障於月也，若陰雲蔽日月不見矣。其端⓬合者，相蝕是⓭也；其合相當，如襲辟⓮者，日既是⓯也。」日月合於晦明，天之常也。日蝕，月掩日光，非也。何以驗之？使日月合，月掩日光，其初蝕崖⓰當與且復時易處⓱。假令日在東，月在西，月之行疾，東及日，掩日崖，須臾⓲過日而東，西崖初掩之處光當復，東崖未掩者當復蝕。今察日之蝕，西崖光缺，其復也，西崖光復，過掩東崖復西崖，謂之合襲相掩障，如何？

【章旨】此章論日蝕、月蝕。王充反對時賢關於「日蝕者，月掩之」和月蝕是「蔽於地」而發生的科學見解，認為是由於太陽、月亮的光亮按一定週期自身虧損而造成的，顯然是不科學的。

【注釋】❶日蝕 即日食。在朔日，月球運行到地球和太陽中間，如果月球遮蔽了太陽，便發生日蝕。日蝕有三種：全蝕，即在本影內人完全不見太陽；偏蝕，即在半影內人看見太陽的一部分；環蝕，即如果月影不能達到地面，人在月影延長線所包圍的區域內尚能見到太陽的邊緣。蝕，侵蝕。❷晦朔　農曆月終和初一。❸春秋　時代名。因魯國編年史《春秋》而得名。《春秋》編年，從魯隱公元年（西元前七二二年）迄魯哀公十四年（西元前四八一年）。但春秋起迄年說法不一，現在多以周平王元年（西元前七七〇年）至周敬王四十四年（西元前四七六年）為春秋時代。❹日蝕多矣　據史載，春秋時代發生日蝕三十七次。❺經　指《春秋》。❻諱　避諱；迴避不說。❼乘凌　欺凌；欺負。《國語・周語中》：「乘人，不義也。」韋昭注云：「乘，陵也。」❽損　減少；虧損；削弱。❾大率　大概；大約。❿月一蝕　月蝕。即月食。在望日，地球運行到月球與太陽中間，如果地影掩蔽月球，便發生月蝕。月蝕只有全蝕和偏蝕二種。日蝕只能在地球上一個狹窄地帶內看見，月蝕則半個地球同時可以看見。就整個地球來說，日蝕多於月蝕；就一個地方而言，月蝕多於日蝕。每年見蝕次數平均有四次，最少二次，都是日蝕；最多七次，日蝕五次而月蝕二次，或日蝕四次而月蝕三次。大凡日蝕、月蝕按六五八五點三二日的週期（沙羅週）重新出現，其中平均有日蝕四十三次，月蝕二十八次。王充的記載並不準確，但亦能說明日蝕、月蝕出現的週期性。⓫相襲　互相重疊。⓬端　一端；一邊。⓭是　這就是日偏蝕。⓮辟　通「璧」。⓯日既是　這就是日全蝕。⓰崖　邊際。⓱易處　交換位置。⓲須臾　片刻；一會兒。

【語譯】儒生說：「日蝕，是因為月亮侵蝕了太陽的緣故。」他們看見日蝕常在每月終或初一出現，以為月終或初一時月亮與太陽重合，所以月亮能夠侵蝕太陽。春秋時代，日蝕發生很多次。《春秋》記載：「某月初一，有日蝕出現。」太陽被侵蝕的現象，不一定是月亮造成的。既然知道是月亮侵蝕了太陽，為什麼迴避不提月亮呢？有人說：「日蝕這種變異現象，是陽氣衰弱而陰氣旺盛所造成的。」世上的人和動物，氣力強勁的才能欺負弱小的。考察月亮每到月終光源已經用光，因此每月初一也就如月終一樣用盡了，光線微弱已極，怎麼能勝過太陽呢？日蝕和月蝕是相同的。如果說日蝕是月亮侵蝕了太陽，那麼月蝕時月亮又是被誰侵蝕了呢？並沒有誰侵蝕了月亮，而是月亮自己虧損了啊。根據月蝕來推論日蝕，也就知道日蝕是太陽光自己減弱了的緣故。大概四十一、二個月，出現一次日蝕；一百八十天，月蝕出現一次。日蝕和月蝕的出現都是有一定時節的，違背一定時節就是變異，至於發生變異，也是由於氣自然造成的。日蝕的時間，總是發生在月終和月初，難道也是月亮造成的嗎？太陽應當是充實圓滿的，如果虧損了就當作災變，一定說是有什麼東西侵蝕了太陽，那麼山崩地動，侵蝕的又是誰呢？

有人說：「日蝕，是月亮掩蓋了太陽造成的。太陽在上，月亮在下，太陽被月亮的形體擋住了。如果太陽和月亮合在一起互相重疊，月亮在上，太陽在下，這種情況下月亮就不可能掩蔽太陽；如果太陽在上，月亮在下，太陽就會被月亮擋住，月亮光就掩蓋了太陽的光亮，所以叫做日蝕。太陽被月亮遮蔽，就如同陰雲把太陽和月亮遮蔽看不見了一樣。太陽和月亮一邊相合的情況，就是日偏蝕；太陽和月亮相合在一起相當於兩塊玉璧重疊一樣，就是日全蝕了。」太陽和月亮在月末和月初相合，這是天的常理。日蝕，說是月亮掩蓋了太陽光線，這就不對了。怎麼來證明它？假使太陽和月亮相合，月亮掩蓋了太陽光線，那麼開始時所遮掩的那一邊應當和將要復原時所遮掩的地方不同。假令太陽在東方，月亮在西方，月亮的運行速度很快，等到向東運行到太陽所在的地方，遮掩住太陽的邊，一會兒就超過太陽而向東運行走了，西邊開始被遮掩的地方的太陽光應當復原，東邊本來沒有掩蓋的那一邊應當繼續被蝕。現在觀察日蝕，西邊的太陽光被掩蓋了，當月亮向東移動過去遮掩住太陽東邊的時候，西邊就恢復了原來的光亮，移過來掩蓋東邊而恢復西邊，怎麼能說成是月亮和太陽相重疊遮掩呢？

儒者謂日月之體皆至圓❶。彼從下望見其形，若斗筐之狀，狀如正圓。不知望遠光氣，氣若圓矣。夫日月不圓，視若圓者，去人遠也。何以驗之？夫日者，火之精也；月者，水之精也。在地，水火不圓；在天，水火何故獨圓？日月在天猶❷五星❸，五星猶列星，列星不圓，光耀若圓，去人遠也。何以明之？春秋之時，星隕宋都❹，就而視之，石也，不圓。以星不圓，知日月五星亦不圓也。

【章　旨】此章批駁儒生所謂「日月之體皆至圓」之說。王充的批評既對又不對。說對，是因為日月並非「至圓」；說不對，是因為他與儒者一樣，都把問題的論述絕對化。現代科學證明，太陽、月亮都是一個球體。人們看到的明亮發光的太陽表面，叫做「光球」，就像圓盤一樣。月亮也大致呈球狀，故名「月球」。當然王充也有正確的一面，認為「夫日月不圓，視若圓者，去人遠也。」西元一九六九年七月，美國「阿波羅」十一號太空船首次把太空人送上月球，得知月球表面如地球一樣，有山脈、高原、平原和低地，山峰高達九千公尺，超過地球上的珠穆朗瑪峰。月面坑穴星羅棋布，直徑大於一公里的環形山（也稱「月坑」）數以千計。這說明月亮表面並非「至圓」，人們遠望之而呈圓形，證實王充的見解有其正確的一面。

【注　釋】❶至圓　最圓。至，極；非常。❷猶　如同；好像。❸五星　即水星、金星、木星、火星、土星。❹星隕宋都　見《春秋公羊傳．僖公十六年》。星，指流星。隕，隕落；墜落。宋都，春秋時代宋國都城。在今河南商丘東南。

【語　譯】儒生認為日月之體是最圓的。他們從下向上瞭望看見日月的形狀，好像斗筐的形狀，這種形狀就像一個正圓。然而，他們不懂得這是因為瞭望遠方的光氣，光氣就像圓的一樣了。日月的形狀本來不是圓形的，之所以看上去像圓的，是因為離人很遠啊。憑什麼來證明呢？太陽，是火的精氣構成的；月亮，是水的精氣變成的。在地上，水火不呈圓形；在天上，水火為什麼能變成圓的？太陽、月亮在天上如同水、火、金、木、土五星一樣，五星又如同眾星一樣。眾星不是圓形的，它們的光輝好像呈圓形，是因為離人很遠啊。怎麼來證明這種說法呢？春秋時代，一顆流星墜落在宋國都城，靠近去看，原來是塊石頭，形狀不圓。根據流星不圓這一事實，就可以推知日月五星也不是圓的。

儒者說日及工伎之家❶，皆以日為一。禹❷、益❸《山海經》言日有十，在海外東方有湯谷❹，上有扶桑❺，十日浴沐❻水中；有大木❼，九日居❽下枝，一日居上枝。《淮南書》又言，燭❾十日；堯時十日並出，萬物焦枯，堯上射十日❿，以故⓫不並⓬一日見也。世俗又名甲乙⓭為日，甲至癸凡⓮十日，日之有十，猶星之有五也。通人⓯談士⓰，歸於難知，不肯辨明。是以文二傳而不定，世兩言而無主。

誠實論之，且無十焉。何以驗之？夫日猶月也，日而有十，月有十二乎⓱？星有五，五行⓲之精⓳，金、木、水、火、土各異光色。如日有十，其氣必異。今觀日光，無有異者，察其小大，前後若一。如審氣異，光色宜殊；如誠同氣，宜合為一，無為十也。驗⓴日陽遂㉑，火從天來。日者，天火也。察火在地，一氣也；地無十火，天安得十日？然則所謂十日者，殆㉒更㉓自有他㉔物，光質㉕如日之狀，居湯谷水中，時緣據㉖扶桑，禹、益見之，則紀十日。

數家㉗度㉘日之光，數㉙日之質，刺徑㉚千里。假令日出是扶桑木上之日，扶桑木宜覆㉛萬里，乃能受㉜之。何則？一日徑千里，十日宜萬里也。天之去人六萬餘里也，仰察之，日光眩耀，火光盛明，不能堪㉝也。便㉞日出是扶桑木上之日，禹、益見之，不能知其為日也。何則？仰察一日，目猶眩耀，況察十日乎？當禹、益見之，若斗筐之狀，故名之為日。夫火如斗筐，望六萬里之形，非就㉟見即㊱察之體也。由此言之，禹、益所見，意㊲似日非日也。

天地之間，物氣相類㊳，其實非者㊴多。海外西南有珠樹㊵焉，察之是珠，然非魚中之珠㊶也。夫十日之日，猶珠樹之珠也，珠樹似珠非真珠，十日似日非實日也。淮南見《山海經》，則虛言真人㊷燭十日，妄紀堯時十日並出。且日，火也；湯谷，水也。水火相賊㊸，則十日浴於湯谷，當滅敗焉。火燃木，扶桑，木也，十日處其上，宜燋枯焉。今浴湯谷而光不滅，登扶桑而枝不燋不枯，與今日出同，不驗㊹於五行㊺，故知十日非真日也。且禹、益見十日之時，終㊻不以㊼夜，猶以晝也，則一日出，九日宜留，安得俱出十日？如平旦㊽日未出，且㊾天行有度數，日隨天轉行，安得留扶桑枝間，浴湯谷之水乎？留則失行度，行度差跌㊿，不相應矣。如行出之日與十日異，是意似日而非日也。

【章旨】此章批駁《山海經》及《淮南子》所謂十日之說。

【注釋】❶工伎之家　舊指祝、史、射、御、醫、卜及手工業者。伎，同「技」。❷禹　夏禹。❸益　伯益。曾助大禹治水。❹湯谷　日出之地。亦作「暘谷」、「陽谷」。《山海經‧海外東經》：「下有湯谷。湯谷上有扶桑，十日所浴。」郭璞注：

「谷中水熱也。」❺扶桑　神木名。❻浴沐　洗澡。❼大木　指扶桑樹。❽居　在。❾燭　照。名詞用如動詞。以上事見《淮南子・俶真》。❿堯上射十日　據《淮南子・本經》載，上射十日者，是堯的臣子后羿，堯使之射日。⓫以故　所以。⓬並　同時。⓭名甲乙　以甲乙為名字。即以甲、乙、丙、丁、戊、己、庚、辛、壬、癸作為太陽之名以紀日。⓮凡　共計。⓯通人　學識淵博、貫通古今的人。〈超奇篇〉云：「博覽古今者為通人。」⓰談士　說客；善於言辭的人。⓱月有十二乎　古人以十二地支紀月，故王充反脣相譏之。⓲五行　指金、木、水、火、土五種物質。⓳精　指精氣。⓴驗　檢驗。㉑陽遂　亦作「陽燧」，又名「夫遂」。古人向日取火的銅製凹鏡。《淮南子・天文》：「故陽燧見日，則燃而為火。」高誘注：「陽燧，金也。取金杯無緣者，熟摩令熱；日中時，以當日下，以艾承之，則燃得火也。」崔豹《古今注・雜注》：「陽燧，以銅為之，形如鏡。照物則影倒，向日則火生，以艾炷之，則得火。」㉒殆　大概。㉓更　另外。㉔他　別的。㉕光質　光的質地。㉖緣據　攀緣停留。㉗數家　此指天文曆算家。㉘度　計量。㉙數　推算。㉚刺徑　直徑。按：太陽的直徑約為二百八十萬里。㉛覆　遮蓋。㉜受　承受。㉝堪　勝任；經得起。㉞便　即便；即使。㉟就　就近；靠攏。㊱即　就。㊲意　意料；推測。㊳類　似。㊴非者　不相同的。㊵珠樹　傳說中的一種樹，葉子像珍珠。也有人認為「蓋生長珠玉之樹」（見袁珂《中國神話傳說辭典》第三一三頁）。㊶魚中之珠　指珍珠。㊷真人　仙人。即「修真得道」或「成仙」的人。始見於《莊子・天下篇》。㊸相賊　相剋。㊹驗　驗證；符合。㊺五行　指五行相生相剋的原理。即「木生火，火生土，土生金，金生水，水生木」以及「水勝火，火勝金，金勝木，木勝土，土勝水」等。㊻終　終究。㊼以　在。㊽平旦　天亮時分。㊾且　則。㊿差跌　同「蹉跌」。失足跌倒。比喻失誤。

**【語譯】**儒家說日及祝、史、射、御、醫、卜和各種手工匠人，都認為太陽就一個。夏禹、伯益《山海經》說太陽有十個，在海外東方有一個地方名叫湯谷，上有扶桑樹，十個太陽在水中洗澡，有一棵扶桑樹，九個太陽在樹的下枝上，一個太陽在上枝上。《淮南子》又說，有十個太陽照亮大地；堯時十個太陽同時出現在天上，萬物被曬得焦枯，堯向天上射十個太陽，所以十個太陽不會同時出現了。世上一般人又用甲、乙、丙、丁、戊、己、庚、辛、壬、癸作為太陽的名字來紀日，從甲到癸共計十個太陽，太陽有十個，如同星有五顆啊。博通古今的和善於辭令的說客，都把這個問題歸結為不易明白的難題，不願辨別清楚。因此一個太陽和十個太陽兩種文字記載都分別流傳下來而沒有定論，世上流傳的兩種說法，也就不知道哪種正確了。

真正按實際情況來說，並沒有十個太陽。怎麼證明？太陽好比月亮一樣，太陽如果有十個，月亮有十二個嗎？星有五顆，是由五行的精氣構成的，金、木、水、火、土五星的光色各不相同。如果太陽有十個，它們的氣肯定不同。現在觀察太陽的光色，沒有什麼不相同的地方，觀察太陽的大小，前後也好像一樣。十個太陽如果真的不屬一種氣，那麼光色應當不同；如果真的同屬一種氣，那就應該合為一個了，沒有必要有十個太陽啊。用陽燧來論證太陽，得知火從天而來。太陽，就是天火。考察在地上的火，都屬於同一種氣；地上並沒有十種不同的火，天上怎麼能有十個太陽？既然這樣，那麼所說的十個太陽，大概另外自有別的東西，光色質地如太陽的形狀，居在湯谷水中，時而攀緣停留在扶桑樹上，夏禹、伯益看見這東西，就記載成十個太陽。

天文曆算家計量太陽的光，推算太陽的質量，得知太陽的直徑達千里。假如出來的太陽是攀緣在扶桑樹上的太陽，那麼扶桑樹應當大到能遮蓋萬里的地方，才能承受那十個太陽。為什麼？因為一個太陽直徑有千里，十個太陽就應當有萬里啊。天離人六萬餘里，人們抬頭看太陽時，就有些眼光昏花，火光旺盛明亮，不能勝任了。即便出來的太陽是攀緣在扶桑樹上的太陽，夏禹、伯益如果看見它們，也不可能知道它們是太陽啊。為什麼？抬頭看一個太陽，眼睛就好像昏花，何況是觀看十個太陽呢？當夏禹、伯益見到太陽時，因為好比斗筐的形狀，所以給它取名為日。火如同斗筐，這是遠離六萬里的地球上所看到的形狀，不是靠近看到的形狀。由此說來，夏禹、伯益所見到的，據我推測，像太陽而並不是太陽啊。

天地之間，萬物氣相類似，而實際並不相同的東西是很多的。海外西南一帶有珠樹，乍看是珠，可是並非珍珠啊。十日的日，好比珠樹的珠，珠樹似珍珠而不是真正的珍珠，十日似太陽而不是實在的太陽。淮南王劉安見到《山海經》，就虛構說仙人用十個太陽照明，偽造地記載著堯時十個太陽同時出現的事實。況且太陽，是火；湯谷，是水。水火相剋，那麼十個太陽在湯谷中洗澡，就勢必熄滅了。火燃燒樹木，扶桑，是樹木，十個太陽居在樹上，就應當被燒得焦枯了。現在太陽在湯谷中洗澡而日光不熄滅，攀登在扶桑樹上而樹枝不被燒枯，與當今的日出情景完全相同，不符合五行相生相剋的道理，因此知道這十日不是真正的太陽啊。

再說夏禹、伯益見到十日的時候，畢竟不在夜晚。如果在白天，一個太陽出來了，其餘九個太陽就應當留下來不出，怎麼一同出十個太陽？如果是天亮時分太陽還沒有出來，那麼天的運行有一定的度數，太陽隨天轉動運行，怎麼能停留在扶桑樹的樹枝間，在湯谷的水中洗澡呢？太陽如果停留在扶桑樹上、湯谷水中，那就不符合運行的度數，運行的度數發生差錯，就與太陽隨天運行不相適應了。如果隨天運行而出現的太陽與那十個太陽不同，這就可以推斷那十個太陽只是類似太陽而並不是太陽了。

《春秋·莊公七年》：「夏四月辛卯❶，夜中恒星❷不見，星霣❸如雨。」《公羊傳》曰：「如雨者何？非雨也。非雨，則曷為❹謂之如雨？不修《春秋》❺曰：『雨星❻，不及地尺而復❼。』君子修之，曰：『星霣如雨』。」不修《春秋》者，未修《春秋》時《魯史記》，曰：「雨星，不及地尺而復。」君子者，孔子。孔子修之曰「星霣如雨」。孔子之意以為地有山陵樓臺，云「不及地尺」，恐失其實，更正之曰「如雨」。如雨者，為從地上而下，星亦從天霣而復，與同，故曰「如」。夫孔子雖去「不及地尺」，但言❽「如雨」，其謂霣之者，皆是星也。孔子雖不定其位，著其文，謂霣為星，與史❾同焉。

從平地望泰山之巔，鶴如烏，烏如爵❿者，泰山高遠，物之小大失其實。天之去地六萬餘里，高遠非直⓫泰山之巔也。星著⓬於天，人察之，失星之實，非直望鶴烏之類也。數[13]星之質[14]百里，體大光盛，故能垂耀[15]。人望見之，若鳳卵之狀，遠失其實也。如星霣審者，天之星霣而至地，人不知其為星也。何則？霣時小大不與在天同也。今見星霣如在天時，是非星也；非星，則氣為之也。人見鬼如死人之狀，其實氣象聚，非真死人。然則霣星之形，其實非星。孔子未正[16]霣者非星，而徒正言如雨非雨之文，蓋俱失星之實矣。

《春秋左氏傳》：「四月辛卯[17]，夜中恒星不見，夜明也；星霣如雨，與雨俱也。」其言夜明，故不見，與《易》之言「日中見斗」[18]相依類[19]也。日中見斗，幽[20]不明也；夜中星不見，夜光明也。事異義同，蓋其實也。其言與雨俱之，集[21]也。夫辛卯之夜明，故星不見；明則不雨之驗也，雨氣陰暗，安得明？明則無雨，安得與雨俱？夫如是，言與雨俱者非實。且言夜明不見，安得見星與雨俱？

又僖公[22]十六年正月戊申，霣石於宋五，《左氏傳》曰：「星也。」夫謂霣石為星，則謂霣為石矣。辛卯之夜，星霣為星，則實為石矣。辛卯之夜，星霣如是石，地有樓臺，樓臺崩壞[23]。孔子雖不合[24]言及地尺，離地必有實數，魯史[25]目見[26]，不空言者也；云「與雨俱」，雨集於地，石亦宜然。至地而樓臺不壞，非星明矣。

且左丘明謂石為星，何以審㉗之？當時石霣礐然㉘。何以從天墜也？秦時三山亡㉙，亡者不消散，有在其集下時必有㉚聲音，或時㉛夷狄之山徙集㉜於宋，宋聞石霣，則謂之星也。左丘明省㉝，則謂之星。夫星，萬物之精，與日月同。說㉞五星者，謂五行之精㉟之光也。五星、眾星同光耀，獨謂列星為石，恐失其實。實者，辛卯之夜，霣星若雨而非星也，與彼湯谷之十日，若日而非日也。

【章旨】此章批評「星霣如雨」之說。

【注釋】❶四月辛卯　據王韜《春秋朔閏表》，為夏曆四月初五日。❷恒星　此指常見的星。❸霣　通「隕」。墜落。❹曷為　什麼。曷，何；什麼。❺不修春秋　指沒有經過孔子刪改的《春秋》。即《魯史記》。❻雨星　像降雨一樣地降星。❼復回　升；返回。❽但言　只說。❾史　指《魯史記》。❿爵　通「雀」。⓫非直　不僅僅是。直，但；特。⓬著　附著。⓭數推算。⓮質　質地。⓯垂耀　向下發出光芒。⓰正　訂正。⓱四月辛卯　魯莊公七年四月初五日。⓲日中見斗　白天看見北斗星。見《易經・豐卦》。⓳依類　類似。⓴幽　昏暗。㉑集　一齊落下。㉒僖公　魯僖公。春秋時代魯國君主，西元前六五九至前六二七年在位。㉓崩壞　被砸壞。㉔合　贊同；一致。㉕魯史　魯國的史官。有「左史記言，右史記事」之分。㉖目見　親眼看見。㉗審　詳盡地知道。㉘礐然　擊石聲。㉙亡　消失。㉚有　通「又」。㉛或時　或許；也許。㉜徙集　遷徙集結。㉝省　省略文字。㉞說　解釋。㉟精　精氣。

【語譯】《春秋・莊公七年》記載：「夏季四月辛卯，夜晚中不見常見的星星，流星紛紛落下來像下雨一樣。」《公羊傳》說：「如雨是什麼意思？就是說不是雨。不是雨，那麼為什麼還說像雨？沒有經過孔子刪改的《春秋》說：『星星像雨一樣降下來，在離地面不到一尺時又回升到天上去了。』孔子修訂《春秋》，改為『流星紛紛落下來像下雨一樣』。」沒有經過修訂的《春秋》，是指沒有經過孔子修訂《春秋》時的《魯史記》，說：

「星星像雨一樣降下來，在離地面不到一尺時又回升到天上去了。」君子，是指孔子。孔子修訂《春秋》時改為「流星紛紛落下來像下雨一樣」，孔子的意思認為地上有山陵樓臺，說「在離地面不到一尺時」，恐怕不符合它的實際，於是更正為「像下雨一樣」。像下雨一樣，就是認為雨從地面上去而又從天上落下來的，流星也是從上墜落下來而又回到天上去的，與下雨的情景相同，所以說「如」。孔子雖然刪去「在離地面不到一尺時」，只說「像下雨一樣」，他認為墜落下來的，都是流星。孔子雖然沒有確定隕星距離地面的位置，但他寫下這樣的文字，說墜落的是星星，就與《魯史記》的說法相同了。

從平地瞭望泰山的頂峰，鶴好像烏鴉一樣，烏鴉好像山雀一樣，原因在於泰山高遠，物體的大小失去了它的實際面貌。天離地面大約六萬餘里，它的高遠不只是泰山的頂峰。星星附著在天上，人們看星星，已經失去了星星的實際面貌，不僅僅是我們瞭望泰山頂上鶴如烏鴉、烏鴉如山雀之類啊。推算星的質地有百里大小，體積大，光亮就旺盛，因此星星能向下發出光芒。而人們看到星星，就好像鳳凰生的蛋的形狀，這是因為距離高遠失去了它的實際面貌。如果星從天上墜落下來是真的，那麼天上的星星墜落到地上，人們也不知道它就是星星啊。為什麼呢？因為星星墜落時的大小與在天上時的星星不相同。現在看見墜落下來的星星，如同在天上時一樣大小，這就不是星星了；既然不是星星，那就是氣構成的了。人們看見鬼像死人的形狀，其實是氣聚積在一起像死人的樣子，並不是真正的死人。既然這樣，那麼墜落下來的星的形狀，其實不是真正的星星。孔子沒有訂正從天上墜落下來的不是星這個錯誤，只是訂正說星墜落下來像下雨一樣而不是下雨，這同以上的說法一樣，都是不符星的實際情況的。

《春秋左氏傳》記載：「四月辛卯，夜晚中人們常見的星看不見，是夜晚光線很明亮的緣故；流星紛紛落下來好像下雨一樣，是因為流星和雨同時降下來。」它說夜晚光線明亮，所以看不見星，與《易經．豐卦》所說「白天裡看見北斗星」相類似。白天看見北斗星，是因為日光昏暗不明的緣故；夜晚看不見星，是因為夜晚光線明亮的緣故。事情不同而意義相同，大概是符合實際情況的。《左傳》說的和雨同時降下來，就是說星星和雨一齊落下來。辛卯之夜明亮，所以星星看不見；夜空既然明亮，就是沒有下雨的證明，雨氣陰暗，怎麼能明亮？夜空既然明亮就說明沒有下雨，怎麼能和雨一同落下來？因此，說和雨一同落下來的，不符合實際情況。再說夜空很明亮，連常見的星都看不見，怎麼能看見隕星與雨一同落下來呢？

再有僖公十六年正月戊申，有五顆隕石落在宋國境內，《左氏傳》說：「這是星星。」說隕石是星星，就是認為落下來的是石頭了。辛卯的夜晚，星星墜落下來被稱為星星，實際就是石頭了。辛卯的夜晚，既然星星墜落下來如同這石頭一樣，那麼地上有房屋樓臺，樓臺就會被砸壞。孔子雖然不贊同「不及地尺而復」的說法，隕星距離地面一定有一個確實的數字，魯國的史官親眼看見，不會是憑空瞎說的；說「與雨俱」，雨落在地上，石頭也應該落在地上。落到地上而樓臺不被砸壞，那麼落下來的不是星，這是很明白的了。

況且左丘明認為隕石是星，憑什麼詳知的呢？當時石頭墜落下來碰得砰然作響。怎麼從天上墜落下來的呢？秦時有三座山不見了，不見了的並不會消散，又在它墜落的時候一定有聲響，也許是夷狄地區的山飛過來落到宋國，宋國的人聽到石頭墜落的聲音，就認為它是星星。左丘明在撰寫《左傳》時省略文字，就叫做星。星，是萬物的精氣構成的，與日月相同。解釋五星的人，認為五星是金、木、水、火、土五行的精氣的光。五星、眾星同一光輝，惟獨說列星為石頭，恐怕不符合它的實際情況。實際情況是，辛卯之夜，隕星像雨一樣落下來而並不是星星，同那湯谷中的十個太陽一樣，好像是太陽，而並不是真正的太陽啊。

儒書又曰：「雨從天下。」謂正從天墜也。如實論之，雨從地上，不從天下。見雨從上集❶，則謂從天下矣，其實地上也。然❷其出地起❸於山。何以明之？《春秋傳》❹曰：「觸❺石而出，膚寸而合❻，不崇朝❼而遍雨❽天下，惟太山❾也。」太山雨天下，小山雨一國，各以小大為近遠差❿。雨之出山，或謂雲載而行，雲散水墜，名為雨矣。夫雲則雨，雨則雲矣。初出為雲，雲繁⑪為雨。猶⑫甚而⑬泥露⑭濡污⑮衣服，若雨之狀。非雲與俱，雲載行雨也。

或曰：「《尚書》曰：『月之從星，則以風雨。』⑯《詩》曰：『月麗⑰於畢⑱，俾⑲滂沲⑳矣。』二經㉑咸㉒言，所謂為之非天，如何㉓？」夫雨從山發，月經星麗畢㉔之時，麗畢之時當雨㉕也。時不雨，月不麗，山不雲，天地上下自相應也。月麗於上，山烝㉖於下，氣㉗體㉘偶合㉙，自然道也。雲霧，雨之徵㉚也，夏則為露，冬則為霜，溫則為雨，寒則為雪。雨露凍凝者，皆由地發，不從天降也。

【章旨】此章議論雨露霜雪之形成，駁斥儒書所謂「雨從天下」之說，認為「雨露凍凝者，皆由地發，不從天降也」。這種觀點，在漢代是進步的。

【注釋】❶集　一齊落下。❷然　然而；但是。❸起　開始。❹春秋傳　指《春秋公羊傳》。❺觸　接觸。❻膚寸而合　形容雲氣密布。膚寸，亦作「扶寸」。古代長度單位，一指為寸，一膚等於四寸。比喻極小的空間。《公羊傳》何休注：「側手為膚，按指為寸。」側手，謂伸直四指，其寬度為膚；按指為寸，謂以一指的寬度為寸。❼崇朝　終朝；一個早晨。崇，通「終」。❽雨　名詞用作動詞。下雨。❾太山　泰山。見《春秋公羊傳．僖公三十一年》。❿差　差別；不同。⑪雲繁　雲盛。⑫猶　若；如果。⑬而　如；同。⑭泥露　很厚的露水。⑮濡污　沾濕。⑯尚書曰三句　見《尚書．洪範》。從，靠近。星，指箕宿、畢宿。⑰麗　附著。⑱畢　指畢宿。亦稱「天濁」，二十八宿之一，白虎七宿的第五宿，有八顆星。⑲俾　使。⑳滂沲　下大雨貌。見《詩．小雅．漸漸之石》。㉑二經　指《尚書》和《詩經》。㉒咸　全；都。㉓如何　怎麼樣。㉔麗畢　靠近畢宿。㉕當雨　正當下雨。㉖烝　通「蒸」。蒸發。㉗氣　指蒸發出來的水蒸氣。㉘體　指月亮。㉙偶合　巧合。㉚徵　徵兆。

【語譯】儒書又說：「雨是從天上降下來的。」說的意思是雨正是從天上落下來的。如按實際情況來說，雨是從地面上去的，不是由天上產生而降下來的。人們看到雨從空中落下來，就以為雨是天上降下來的，其實雨是從地面上去的。然而，雨從地面上去，是從山中開始的。怎麼來證明它呢？《春秋公羊傳》說：「雲緊貼著山石出來，山地雲氣密集，不到一個早晨，雨就可以下遍天下，只有泰山是這樣的。」泰山能使天下下雨，小山只能使一國下雨，這是由於各自以山的大小為遠近所造成的差別。雨出山，有人說是雲載著雨走，雲散了，水珠墜落，名叫雨。既然這樣，那麼雲就是雨，雨就是雲了。初出為雲，雲盛為雨。如果雲非常濃，就如同厚厚的露水沾濕衣服，同雨的形態是差不多的。這就說明並不是雲和雨在一起，而是雲載著雨行走啊。

有人說：「《尚書》說：『月亮如果靠近箕宿就會颳風，如果靠近畢宿就會下雨。』《詩經》說：『月亮靠近畢宿，就有滂沱大雨。』二部經書都這樣說，那麼說雨不是天造成的，又怎麼樣解釋呢？」因為雨從山地生發出來，正是月亮在運行中經過並靠近畢宿的時候，月亮靠近畢宿的時候，正好碰上下雨了。沒有下雨的時候，月亮也沒有靠近畢宿，山上也沒有雲生出，這是天地上下之間自然相應如此吧。月亮附著在天上，山在地上蒸發，蒸發出來的水蒸氣與月亮巧合相遇，這是自然生成之道吧。雲霧，是雨的徵兆，夏天就成為露，冬天就成為霜，氣候溫暖就成為雨，氣候寒冷就成為雪。雨露霜雪，都是由地上蒸發生成的，而不是天上降下來的。

# 答佞篇第三十三

【題解】本篇旨在回答什麼叫做「佞人」。王充認為，佞人是與賢人相對的，其主要特徵有三點：一是為身為家，權欲熏心；二是阿諛奉承，損人利己；三是陰陽兩面，巧施機關。作者採用問答形式，以自己的親身體驗，淋漓盡致地刻畫了「佞人」的醜惡面目，指出其欺騙性和危險性，同時肯定那些「為事為國」的「賢人」，表達自己「任人唯賢」的改革願望，在東漢時代思想界的「賢」「佞」之爭中，具有一定的積極意義。

或問曰：「賢者行道❶，得尊官厚祿矣，何必為佞❷，以取富貴？」曰❸：佞人知行道可以得富貴，必以佞取爵祿者，不能禁欲也；知力耕可以得穀，勉貿❹可以得貨❺，然而必盜竊，情欲❻不能禁者也。以禮進退❼也，人莫不貴❽，然而違禮者眾，尊義者希❾，心情貪欲，志慮亂溺❿也。夫佞與賢者同材，佞以情自敗⓫；偷盜與田、商⓬同知⓭，偷盜以欲自劾⓮也。

【章旨】此章指出賢人以禮進退，佞人以情欲自敗。

【注釋】❶道　此指先王之道。❷佞　以花言巧語諂媚人。❸曰　指王充的解答。❹勉貿　努力經商。❺貨　財貨；財富。❻情欲　感情；私心。❼進退　此指當官或辭官退隱。❽貴　尊重。❾希　少。❿溺　沈溺；執迷不悟。⓫自敗　自取滅亡。⓬田商　指耕種田地的人和經商的人。⓭知　通「智」。才智。⓮自劾　意指自投法網。劾，揭發罪狀。

【語譯】有人問道：「賢人實行先王之道，能獲得高官厚祿，為什麼一定要用花言巧語諂媚人，來取得富貴？」

王充的回答是：佞人知道實行先王之道可以獲得富貴，卻一定要用花言巧語諂媚人來謀取官位利祿，是因為不能克制自己貪婪的欲望；明知努力耕作可以獲得糧食，努力經商可以獲得財富，然而一定要去盜竊別人的財物，是因為不能克制自己的私心啊。按照禮的要求去當官或辭官，人們沒有一個不尊重他；然而世上違背禮的人多，尊重義的人少。這是因為人的私心貪得無厭，使得神志昏亂而又執迷不悟的緣故啊。佞人與賢人同樣是人，然而佞人由於貪心而自取滅亡；偷盜的人與農夫、商人同樣有頭腦，然而偷盜的人由於私欲熏心而自投法網。

問曰：「佞與賢者同材，材行宜鈞❶，而佞人曷為❷獨以情自敗？」曰：富貴，皆人所欲也，雖有君子之行，猶有饑渴之情。君子耐❸以禮防❹情，以義割❺欲，故得循❻道，循道則無禍。小人縱❼貪利之欲，逾❽禮犯❾義，故得苟佞，苟佞則有罪。夫賢者，君子也；佞人，小人也。君子與小人，本殊❿操異行，取舍⓫不同。

【章旨】此章指出佞人「以情自敗」之原由。

【注釋】❶鈞　通「均」。相等；相同。❷曷為　為什麼。曷，疑問代詞「何」。❸耐　通「能」。❹防　防止；抑制。❺割　斷絕；抑制。❻循　遵循。❼縱　放縱。❽逾　越過；違背。❾犯　違反；違犯。❿本殊　本來不同。⓫取舍　指行動的準則。取，追求。舍，放棄。

【語譯】有人問道：「佞人與賢人既然同樣是人，那麼他們各自的才能和操行應該相等，但是為什麼佞人偏偏因私心而自取滅亡？」王充回答說：富貴，是人人都想追求的東西，雖然具有君子的操行，也還有飢渴的感情。由於君子能夠用禮來克制自己的感情，用義來抑制自己的私欲，所以行動能夠遵循先王之道，遵循先王之道的人是沒有災禍的。小人放縱自己貪圖私利的私心，違犯禮義，所以就會採取不正當的手段來獻媚討好；用不正當的手段去獻媚討好的人就有罪過。賢人，是君子；佞人，是小人。君子與小人，本來操行就有很大差異，所以行動的準則不同。

問曰：「佞與讒❶者同道❷乎？有以異乎？」曰：讒與佞，俱小人也，同道異材，俱以嫉妒為性，而施行發動❸之異。讒以口害人，佞以事危人；讒人以直道❹不違❺，佞人依違❻匿端❼；讒人無詐慮，佞人有術數❽。故人君皆能遠讒親仁❾，莫能知賢別佞。難❿曰：「人君皆能遠讒親仁，而莫能知⓫賢別佞，然則佞人竟⓬不可知乎？」曰：佞可知，人君不能知。庸庸之君，不能知賢；不能知賢，不能知佞。唯聖賢之人，以九德⓭檢⓮其行，以事效⓯考其言。行不合於九德，言不驗於事效，人非賢則⓰佞矣。夫知佞以知賢，知賢以知佞；知佞則賢智自覺⓱，知賢則姦佞自得⓲。賢佞異行，考之一驗⓳；情心不同，觀之一實⓴。

【章　旨】此章指出如何辨別佞人與讒人，認為其區分標準有二：一是九德，二是事效，即「以九德檢其行，以事效考其言」。

【注　釋】❶讒　說壞話陷害人。❷同道　同樣；同等。猶一丘之貉。❸發動　動機。❹直道　直言；直說。❺不違　不諱；

不避；不隱瞞自己的意見。❻依違　模稜兩可。❼匿端　把動機目的隱藏起來。匿，藏。端，苗頭；端倪。此指動機、目的。❽術數　權術。指陰謀詭計。❾遠讒親仁　疏遠讒人，親近仁士。遠、親，使讒人疏遠，使仁人親近。❿難　責問。⓫知　識別；覺察。⓬竟　最終。⓭九德　即九項道德標準。見《尚書・皋陶謨》：「行有九德……寬而栗，柔而立，愿而恭，亂而敬，擾而毅，直而溫，簡而廉，剛而塞，強而義。」⓮檢　檢驗。⓯事效　政績；辦事功效。⓰則　而是。⓱自覺　自然而然地覺察出來。⓲自得　自然而然地識別出來。⓳一驗　同一個檢驗標準。即「九德」。⓴一實　同一種效果。

【語　譯】有人問道：「佞人與讒人屬於一丘之貉呢？還是有所不同呢？」王充回答說：說壞話誣害別人的人與花言巧語討好別人的人，都是小人，是同一路貨色，只是採用的手段不同而已，都以嫉妒為本質，但採用的手法和動機不一樣。讒人用嘴誣害別人，佞人以事危害別人；讒人用直言，不隱藏自己的意見，佞人模稜兩可，躲躲閃閃，把自己的真正動機隱藏起來；讒人不隱藏狡詐之心，佞人有陰謀詭計。所以國君都能疏遠公開說別人壞話的讒人而親近仁義之士，卻不能識別賢人與佞人。有人責問說：「國君都能疏遠公開說別人壞話的讒人而親近仁義之士，卻不能識別賢人與佞人，既然如此，那麼佞人難道最終不可以識別了嗎？」王充回答說：佞人是可以識別的，但國君往往不能識別。這是因為昏庸的君主不能識別賢人；既然不能識別賢人，就不可能識別佞人。只有聖賢的人，能夠根據考察一個人性情真偽的九項道德標準來檢驗他的行為，根據辦事的功效來考察他的言論。如果行為不符合九項道德標準，言論經不起辦事功效的檢驗，這樣的人就不是賢人而是佞人了。一個國君能夠識別佞人就可以識別賢人，能識別賢人也就可以識別佞人；識別佞人就能自然而然地覺察出賢能智慧之人，識別賢人也就能自然而然地識別出姦佞之輩了。賢人和佞人不同操行，但考察他們時用的是同一個標準；賢人和佞人感情思想不同，而觀察他們時要用同一種效果。

問曰：「九德之法，張設❶久矣，觀讀之者，莫不曉見，斗斛❷之量多少，權衡❸之縣❹輕重也。然而居國❺有土❻之君，曷為常有邪佞之臣與常有欺惑之患？」曰：無患斗斛過❼，所量非其穀；不患無銓❽衡，所銓非其物故也。在人君位者，皆知九德之可以檢行，事效可以知情，然而惑亂不能見者，則明不察❾之故也。人有不能行❿，行無不可檢；人有不能考，情⓫無不可知⓬。

【章　旨】此章指出君主身邊常有邪佞之臣而又常有欺惑之患的原因，在於「明不察之故」，即未以九德考察佞人。

【注　釋】❶張設　設立。❷斛　古容量單位。十斗為一斛。❸權衡　秤砣和秤桿。此泛指秤。❹縣　同「懸」。掛；稱。❺居國　在位。❻有土　擁有領地。❼過　差錯。❽銓　同「權」。衡量輕重。❾明不察　眼睛不亮。意思是注意力沒有放在佞人身上，沒有用「九德」這一標準去考察佞人的言行。❿行　為。此指考察。⓫情　思想動機。⓬知　識別。

【語　譯】有人問道：「九德的標準，設立已經很久了，觀看閱讀九德的人，沒有不能理解的，好比使用斗斛來量多少，用秤來稱輕重一樣。但是當今在位擁有領地的君主，為什麼在自己身邊常常會出現邪惡的佞臣，而也常常會有被欺騙受蒙蔽的禍害呢？」王充回答道：不怕斗斛本身會不會量得準確，問題在於所量的是不是該量的穀物；不怕沒有秤，問題在於所稱的是不是該稱的東西的緣故啊。處在君主之位的人，都知道用「九德」可以檢驗一個人的行為，用辦事的實際功效可以識別一個人的思想情感，但是經常眼睛昏亂，看不見佞人，原因就在於眼睛不亮，沒有用「九德」這個標準去考察佞人的緣故啊。只有不善於檢驗的人，沒有不可以檢驗的行為；只有不善於考察的人，沒有不可以識別的思想動機。

問曰：「行不合❶於九德，效不檢於考功❷，進近非賢，非賢則佞。夫庸庸之材，無高之知，不能及賢，賢功不效，賢行不應❸，可謂佞乎？」曰：材有不相及，行有不相追❹，功有不相襲❺，若❻知無相襲。人材相什百，取舍宜同。賢佞殊行，是是非非❼。實名俱立，而效有成敗；是非之言俱當，功有正邪。言合❽行違❾，名盛行廢❿，佞人也。

【章　旨】此章指出「言合行違，名盛行廢」，才謂之「佞人」。

【注　釋】❶合　符合。❷考功　考核官吏的功績。❸不應　不具備。應，合。❹不相追　趕不上。追，追趕。❺不相襲　比不上。❻若　或。❼是是非非　好的就是好的，壞的就是壞的。是是，以是為是。非非，以非為非。❽言合　言論符合先王之道。❾行違　行動違反先王之道。❿名盛行廢　名氣很大，操行敗壞。

【語　譯】有人問道：「品行不符合九項道德標準，辦事的功效經不起用考核官吏政績的標尺進行檢驗，這種人很接近於不賢，不是賢人就是佞人了。那些平庸之材，沒有高明的才智，趕不上賢人，沒有建立賢人應有的功績，也不具備賢人應有的操行，這種人可以叫做佞人嗎？」王充回答說：有的才能趕不上，有的操行趕不上，有的功績比不上，或者智慧比不上。人的才能高低相差十倍百倍，但是行為的準則應該是相同的。賢人和佞人的操行迥然不同，好的就是好的，壞的就是壞的。一個人的實際德行和名聲雖然都很不錯，但是他辦事的效果也會有成功有失敗；對是非的評論雖然都很恰當，但是他辦事的結果也會有好有壞。只有那些言論雖然符合先王之道而行為卻違反先王之道，名聲雖然很大而品德卻敗壞的人，才是佞人。

問曰：「行合九德則賢，不合則佞。世人操行者，可盡謂佞乎？」曰：諸❶

非❷皆惡，惡中之逆者❸，謂之無道；惡中之巧❹者，謂之佞人。聖王刑憲❺，佞在惡中；聖王賞勸❻，賢在善中。純潔之賢，善中殊高，賢中之聖也。惡中大佞，惡中之雄❼也。故曰：觀賢由善，察佞由惡。善惡定成❽，賢佞形❾矣。

【章旨】此章言以善惡辨賢佞，即「觀賢由善，察佞由惡」。

【注釋】❶諸　凡是；大凡。❷非　操行不好。❸逆者　犯上作亂的人。❹巧　偽。指善於弄虛作假的人。❺刑憲　制定刑罰和法令。❻勸　勉勵。❼雄　魁首；頭領。❽定成　斷定。❾形　顯露。

【語譯】有人問道：「如果操行符合九項道德標準就算是賢人，不符合就算作佞人，那麼只具備世上一般人的操行的人，能說都是佞人嗎？」王充回答說：凡是品行不好的人都是惡人，惡人中的犯上作亂的人，叫做胡作非為；惡人中善於弄虛作假的人，叫做佞人。聖王制定刑罰和法令，佞人被列在惡人當中；聖王賞賜和勉勵，賢人被列在善人當中。高尚純潔的賢人，是善人中最高尚的人，是賢人中的聖人啊。惡人中的大佞人，是惡人中的魁首。所以說：用善來觀察賢人，用惡來考察佞人。善惡一旦斷定，賢人和佞人就顯露了。

問曰：「聰明❶有蔽❷塞❸，推行有謬誤，今以是者❹為賢，非者❺為佞，殆不得賢之實乎？」曰：聰明蔽塞，推行謬誤，人也所歉❻也。故曰：「刑❼故❽無小❾，宥❿過⓫無大。」聖君原心省意⓬，故誅故貫⓭誤。故賊⓮加增⓯，過誤減損，一獄吏所能定也，賢者見之不疑矣。

【章　旨】此章言判定賢佞要注意動機，即原心省意，強調「刑故無小，宥過無大」。

【注　釋】❶聰明　指視聽。❷蔽　被蒙蔽；看不清。❸塞　閉塞；聽不見。❹是者　正確的。❺非者　錯誤的。❻歉　欠缺。❼刑　懲罰。❽故　故意。❾小　小罪。❿宥　寬赦。⓫過　指無心的過失。見《尚書・大禹謨》。⓬原心省意　指考查犯罪的動機。原，推究。省，考察。⓭貰　通「赦」。赦免。⓮賊　危害。此指犯法。⓯加增　加重處理。

【語　譯】有人問道：「視聽有看不清聽不見的時候，做事難免有犯錯誤的時候，現在把正確的看作賢人，把錯誤的都當作佞人，恐怕不能掌握賢與不賢的實際情況吧？」王充回答說：人的視聽有看不清聽不見的時候，做事難免有犯錯誤的時候，這是一般人的缺點。所以《尚書》說：「明知故犯，罪再小，也要從嚴懲辦；無心的過錯，錯誤再大，也可以寬恕。」聖君考查犯罪的動機，所以嚴懲故意犯罪的人，寬赦無意犯錯誤的人。故意犯法就加重處理，無意中犯罪就從輕處罰，這是一個獄吏就能夠判定的，賢人看見這種情況，自然沒有疑慮了。

問曰：「言行無功效，可謂佞乎？」曰❶：蘇秦約❷六國為從❸，強秦不敢窺兵❹於關外❺。張儀為橫❻，六國不敢同攻於關內❼。六國約從，則秦畏而六國強；三秦❽稱橫，則秦強而天下弱。功著效明，載紀竹帛❾，雖賢何以加之？太史公❿敘言眾賢，儀、秦有篇，無嫉惡之文，功鈞⓫名敵⓬，不異於賢。夫功之不可以效賢，猶名之不可實也。儀、秦，排難⓭之人也，處擾攘⓮之世，行揣摩之術⓯。當此之時，稷、契不能與之爭計⓰，禹、皋陶不能與之比效。若夫陰陽調和，風雨時適，五穀豐熟，盜賊衰息，人舉廉讓，家行道德之功，命祿貴美，術數⑰所致，非道德之所成也。太史公紀功，故高來祀⑱，記錄成則著效明驗，攬載高卓，以儀、秦功美，故列其狀⑲。由此言之，佞人亦能以權說⑳立功為效。無效，未可為佞也。

難曰：「惡中立功者謂之佞。能為功者，材高知明。思慮遠者，必傍㉑義依仁，亂㉒於大賢。故〈覺佞〉㉓之篇曰：『人主好辨㉔，佞人言利㉕；人主好文，佞人辭麗㉖。』心合意同，偶當人主，說㉗而不見其非，何以知其偽而伺㉘其姦乎？」曰：是謂庸庸之君也，材下知昏，蔽惑不見。賢聖之君，察之審明，若視俎㉙上之脯㉚，指掌中之理㉛，數局㉜上之棋㉝，摘㉞轅㉟中之馬。魚鱉匿㊱淵，捕魚者知其源；禽獸藏山，畋獵㊲者見其脈㊳。佞人異行於世，世不能見，庸庸之主，無高材之人也。

難曰：「『人君好辨，佞人言利；人主好文，佞人辭麗。』言操合同，何以覺之？」曰：文王官人法㊴曰：「推其往言以揆㊵其來行，聽其來言以省其往行，觀其陽㊶以考其陰㊷，察其內以揆其外。」是故詐善設節㊸者可知，飾偽無情㊹者可辨，質誠㊺居善㊻者可得，含中忠守節者可見也。人之舊性㊼不辨，人君好辨，佞人學求合於上也。人之故能不文，人君好文，佞人意欲稱上㊽。上奢，己麗服；上儉，己不飭㊾。今操與古殊，朝行與家別。考鄉里之跡，證朝庭之行，察共親㊿之節，明(51)事君之操，外內不相稱，名實不相副，際會(52)發見(53)，姦為(54)覺露(55)也。

【章　旨】此章回答「言行無功效」可否謂之佞人之問。

【注　釋】①曰　原本無，此根據上海人民出版社西元一九七四年直排本《論衡》補之，與北京大學歷史系《論衡注釋》本之引號亦有不同。②約　諦約結盟。③從　通「縱」。即指蘇秦的「合縱」抗秦政策。④窺兵　指採取軍事行動。⑤關外　指函谷關以東的廣大地區。⑥橫　指張儀的「連橫」政策。⑦關內　關中。指函谷關以西的關中地區。⑧三秦　秦亡以後，項羽三分秦故地關中，封秦降將章邯為雍王、司馬欣為塞王、董翳為翟王，關中地區一分為三，合稱「三秦」。此泛指秦國。⑨竹帛　古代以竹簡、繒帛為書寫。此泛指書籍史冊。⑩太史公　即司馬遷。著有《史記》，其中有〈張儀列傳〉、〈蘇秦列傳〉。⑪鈞　通「均」。⑫敵　相等。⑬排難　幫助別人排除患難，擺脫困境。⑭擾攘　紛亂；戰亂。⑮揣摩之術　此合縱、連橫的主張。揣摩，指揣度君主的心理狀態。⑯爭計　比較計謀。⑰術數　指治國方略。⑱來祀　來年；後代。祀，年。⑲狀　情況；事跡。⑳權說　權術；遊說。㉑傍　靠；借。㉒亂　混亂；混雜。㉓覺佞　篇名。不知何書篇目，也許是《論衡》的佚篇名。㉔辨　通「辯」。辯論。㉕言利　言辭鋒利。㉖辭麗　文章華美。㉗說　同「悅」。㉘伺　察覺。㉙俎　切肉的砧板。㉚脯　乾肉。㉛理　紋理；紋路。㉜局　棋盤。㉝棋　棋子。㉞摘　指點。㉟轅　車轅。㊱匿　潛藏。㊲畋獵　打獵。㊳脈　來龍去脈；行蹤。㊴文王官人法　見《大戴禮記・文王官人》。官人，選拔人才任以適當官職。㊵揆　判斷；衡量。㊶陽　指表面現象。㊷陰　指暗中的行動。㊸設飾　偽裝清高。㊹無情　不真實。㊺質誠　質樸誠實。㊻居善　為善。㊼舊性　原來的本性、性格。㊽稱上　使皇上稱心。即迎合君主。㊾飭　通「飾」。修飾；打扮。㊿共親　供養父母。共，通「供」。(51)明　弄清。(52)際會　恰好；正巧。(53)見　同「現」。(54)為　通「偽」。偽裝。(55)覺露　暴露。

【語　譯】有人問：「言論行動沒有功效，可以稱作佞人嗎？」王充回答說：蘇秦勸說六國聯合抗秦，使強盛的秦國不敢向函谷關以東地區出兵。張儀實行連橫政策，使六國不敢共同向關中地區進攻。如果六國合縱結盟，秦國就感到畏懼而六國就強大了；秦國一主張連橫，秦國就會強大而六國的勢力就削弱了。功效如此顯著，已經記載入書籍史冊之中，即使是賢人又怎麼能超過他們的呢？司馬遷在《史記》中敘述過許多賢人的事蹟，其中張儀、蘇秦也有列傳，並沒有憎恨他們的文字，功名相當，與賢人沒有不同。不能根據一個人功績的大小來證明他有沒有賢德，就像不能憑一個人的名聲來斷定他的實際品德一樣。張儀、蘇秦，都是樂於幫助別人排除患難、擺脫困境的人，身處戰亂的年代，推行「合縱」、「連橫」的政策。當時，稷、契也不能同他們比較計謀，禹、皋陶也不能同他們比較功效。至於氣候正常，風調雨順，五穀豐收，盜賊減少甚至止息，人人都廉潔謙讓，家家都推崇道德的功績，這是因為祿命尊貴美好，治國方略高明所造成的，並不是道德所造成的啊。司馬遷記載一個人的歷史功績，是為了有意識地向後代加以推崇，因此在記錄過去的成就時，就必然要突出他的效果，廣泛收集卓越的人物，因為張儀、蘇秦的功績值得贊美，所以在《史記》中記錄了他們的事跡。由此說來，佞人也能以權術遊說立功為功效；沒有功效，就不可能為佞人。

有人責問道：「惡人中立功的人叫做佞人。能夠建立功績的人，才智一定很高明。深謀遠慮的人，一定是依傍仁義，混雜在大賢之中的。因此〈覺佞〉篇說：『君主愛好辯論，佞人的言語就鋒利；君主喜愛文學，佞人的文章就追求華美。』心意相合，是因為碰巧投合了君主的心意，君主喜愛他因而就看不到他的不足，怎麼知道他是偽裝的而察覺他的姦詐呢？」王充回答說：這是說平庸的君主，才能低下，頭腦糊塗，被蒙蔽，被迷惑，看不見的緣故。賢聖的君主，卻能察看得很清楚明白，好像觀看砧板上的乾肉，指出手掌中的紋理，數出棋盤上的棋子，指點車轅中的駿馬一樣。魚鱉潛藏在深淵之中，但捕魚的人知道魚鱉的源流；飛禽野獸躲藏在深山老林之中，但打獵的人能發現牠們的來龍去脈。佞人的操行不同於世上一般的人，世人不能發現，平庸的君主也看不見，這是因為他們是沒有高超才能的人啊。

有人責問道：「『君主愛好辯論，佞人的言語就鋒利；君主喜愛文學，佞人的文章就追求華美。』這是說佞人的言辭與行動與君主的心意相投合，用什麼方法來察覺他的呢？」王充回答說：《大戴禮記．文王官人》

指出：「根據他從前說過的話來衡量他後來的行動，聽到他現在所說的話來思考他以往的行動，觀看他表面的現象而考察他暗地裡的行動，考察他內心的思想而判斷他外表的言行。」因此那種假裝善良、偽裝清高的人是可以知道的，虛偽不真實的人是可以辨清的，質樸誠實為善的人是可以得到的，滿腔忠誠、堅持節操的人是可以看見的。一個人的原來的性格沒有辨析清楚，如果君主喜愛辯論，佞人就會去學辯來求得自己更投合君主的心意。一個人的原來的才能並不會作文，因為君主喜愛文學，佞人心想迎合君主，也就學文去了。對於佞人來說，君主生活奢侈，自己就穿美麗的服飾；君主生活儉樸，自己就不去修飾打扮。現在人的操行與過去的操行不一樣，在朝廷上的行為和在家裡的行為也不一樣。因此，考察一個人在鄉里的行為，就可以證實他在朝廷上的行跡；觀察一個人供養父母的孝節，就可以弄清他事奉君主的節操。如果內外不相稱，名實不相符合，那就正好發現，姦偽就完全暴露了。

問曰：「人操行無恒❶，權❷時制宜，信者❸欺人，直者❹曲撓❺。權變❻所設，前後異操；事有所應，左右異語。儒書所載，權變非一❼。今以素❽故❾考之，毋乃❿失實乎？」曰：賢者有權⓫，佞者有權。賢者之有權，後有應⓬；佞人之有權，亦反經⓭，後有惡⓮。故賢人之權，為事為國；佞人之權，為身為家。觀其所權，賢佞可論；察其發動⓯，邪正可名。

【章　旨】此章指出賢佞之權變本質區別，在於一是「為事為國」，一是「為身為家」。

【注　釋】❶無恒　不可能固定不變。恒，永恆；不變。❷權　衡量；斟酌。❸信者　誠實的人。❹直者　正直的人。❺曲撓　不正直。❻權變　指權宜之計。❼非一　不止一種。❽素　平素。❾故　原有的。❿毋乃　只怕是；也許。⓫權　權宜之計。⑫應　反應。此指好結果。⑬反經　違反常規。⑭惡　惡果；不好的結果。⑮發動　指人的動機和目的。

【語　譯】有人問道：「人的操行不可能固定不變，衡量時勢變化，採取適當措施，誠實的人有時也會欺騙人，正直的人有時也會不正直。一個人為了實行權宜之計，前後的操行不一樣；為了適應情況的需要，對不同的人可以說不同的話。儒家書籍所記載，權宜之計不止一種。現在只用一個人平素一貫的言行來考察，只怕是不符合實際情況呢？」王充回答說：賢人有權宜之計，佞人有權宜之計。賢人的權宜之計，後來都有好的結果；佞人的權宜之計，也違反常規，後來卻帶來了惡果。所以賢人實行的權宜之計，目的是為了事業、為了國家；而佞人實行的權宜之計，目的在於為自己、為家庭。觀察他們所實行的權宜之計，就可以議論什麼是賢人和佞人了；考察他們各自的動機，就可以分辨清楚什麼叫姦邪和正直了。

問曰：「佞人好毀❶人，有諸❷？」曰：佞人不毀人。如毀人，是讒人也。

何則？佞人求利，故不毀人。苟利於己，曷為❸毀之？苟不利於己，毀之無益。以計求便❹，以數❺取利，利取便得❻，妒人共事，然後危人。其危人也非毀之，而其害人也非泊❼之。譽❽而危之，故人不知；厚❾而害之，故人不疑。是故佞人危人，人危而不怨；害人，人敗❿而不讎，隱情匿意為之功⓫也。如毀人，人亦毀之，眾不親，士不附也，安能得容世⓬取利於上？

【章　旨】此章說明「佞人不毀人」之道理，在於求利。

【注　釋】❶毀　詆毀；誹謗。❷諸　古漢語兼詞。「之於」或「之乎」的合音。❸曷為　何為；為什麼。❹便　便利；好處。❺數　術數；權術。❻利取便得　利益和好處都得到。❼泊　通「薄」。薄待。❽譽　稱贊；贊揚。❾厚　厚待。❿敗　遭受災禍。⓫功　巧妙；精善。⓬容世　在世上立足。

【語　譯】有人問道：「佞人喜歡詆毀別人，有這回事嗎？」王充回答說：佞人不會詆毀人的。如果詆毀別人，這是讒人了。為什麼呢？因為佞人追求的是私利，所以不去詆毀別人。如果對自己有利，為什麼要詆毀別人？如果對自己不利，詆毀別人也是沒有好處的。依靠計謀去求得好處，依靠權術去取得利益，利益和好處到手了，嫉妒別人同他一起當官，然後才會去危害別人。他這種危害別人，並不是要詆毀別人，而這種害人，並不是要薄待別人。用稱贊別人的方法去危害別人，所以人們不知道；用厚待別人的方法去陷害別人，所以別人並不懷疑。因此佞人危害人，人即使被危害了而不會怨恨；佞人陷害人，人們即使遭到災禍也不會有什麼仇恨，這是因為佞人善於隱藏自己的真實情意，做得非常巧妙的緣故啊。如果佞人詆毀人，別人也詆毀他，眾人對他不親，士人對他不服，他怎麼能在社會上站住腳跟，而從君主那裡得到好處呢？

問曰：「佞人不毀人於世間❶，毀人於將❷前乎？」曰：佞人以人欺將，不毀人於將。「然則佞人奈何？」曰：佞人毀人，譽之；危人，安之。毀、危奈何？假令甲❸有高行奇知❹，名聲顯聞，將恐❺人君❻召問，扶❼而勝己，欲故廢不言，常騰譽❽之。薦之者眾，將議欲用，問佞人，必對曰：「甲賢而宜召也。何則？甲意不欲留縣❾，前聞其語矣，聲❿望⓫欲入府⓬，在郡則望欲入州，志高則操⓭與人異，望遠則意不顧近。屈⓮而用之，其心不滿，不則⓯臥病；賤而命之則傷賢，不則損威。故人君所以失名損譽者，好臣⓰所當臣也。自耐⓱下⓲之，用之可也；自度⑲不能下之，用之不便。」夫用之不兩相益，舍之不兩相損。人君畏⑳其志㉑，信佞人之言，遂置㉒不用。

【章　旨】此章揭露佞人毀人危人之技倆。

【注　釋】❶世間　人世間。此指一般人面前。❷將　郡將。此指州郡長官。❸甲　泛指某人。❹知　通「智」。❺將恐　唯恐；生怕。❻人君　此指郡守之類地方長官。❼扶　扶持；提拔。❽騰譽　大力贊揚。❾縣　郡屬地方行政機構。❿聲　聲言；聲稱。⓫望　希望。⓬府　官府。此指郡署。⓭操　操守；品行。⓮屈　屈才。⓯不則　否則。不，通「否」。⓰好　喜歡把可以做部下的人任用為部下。⓱耐　通「能」。⓲下　指地位高的人把地位低的人以禮相待。此有遷就之意。⓳自度　自己估計。⓴畏　害怕。㉑志　志向。㉒置　擱置；廢棄。

【語　譯】有人問道：「佞人在一般人面前不詆毀人，在郡一級長官面前詆毀人嗎？」王充回答說：佞人利用別人去欺騙地方長官，而在郡級長官面前並不詆毀人。這個人又問道：「那麼佞人是怎樣做的呢？」王充回答說：佞人要詆毀人，總是先表面上贊揚他；要危害人，總是先表面上去安撫他。怎樣去詆毀、危害人呢？假如某人具有高尚的操行和奇特的才智，名聲很大，到處傳聞，佞人唯恐郡級長官召見詢問，把這個人提拔起來而勝過了自己，本想故意使他被貶斥，卻又不說他的壞話，反而在別人面前大力贊揚他。由於向郡守等地方長官推薦的人越來越多，郡守打算任用他時，就來詢問佞人，佞人一定回答說：「某人很賢明，應該召用他啊。為什麼呢？他本意不想留在縣裡工作，先前曾聽到他這樣說了，聲言自己希望想到郡裡去當官，但是到了郡裡他就又會希望到州府去當官，因為志向高遠的人操行就和一般人不同，目光遠大的人心就不會往近處著想的。屈才而任用他，他心裡不滿意，否則就會裝病不幹；如果把他放在低下的官職上使用，那麼就會損傷了賢人的心，否則又會損害長官的威望。因此長官之所以損失自己的名譽，就因為喜歡把可以做自己部下的人都任用為部下啊。長官如果自己估計能遷就他，任用他是可以的；自己估計不能遷就他，任用他就沒有好處。」用他，對雙方都沒有益處；不用他，對雙方也沒有什麼害處。地方長官害怕他志向太高，相信了佞人的話，於是就對這個人廢棄不用了。

問曰：「佞人直❶以高才洪知❷考正❸世人乎？將❹有師學檢❺也？」曰：佞人自有知以詐人，及其說人主，須術以動上，猶上人❻自有勇威❼人，及其戰鬥，須兵法以進眾❽。術則從橫❾，師則鬼谷❿也。傳曰：「蘇秦、張儀從橫習之鬼谷先生，掘地為坑，曰：『下，說令我泣出，則耐分人君之地。』蘇秦下，說鬼谷先生泣下沾襟⓫，張儀不若⓬。蘇秦相趙⓭，並相六國。張儀貧賤，往歸蘇秦，座之堂下⓮，食以僕妾之食⓯，數讓⓰激怒，欲令相秦。儀忿恨，遂西入秦。蘇秦使人厚送⓱。其後覺知，曰：『此在其術⓲中，吾不知也，此吾所不及蘇君者。』知深有術，權變鋒出⓳，故身尊崇榮顯，為世雄傑。深謀明術，深淺⓴不能並行，明暗㉑不能並知。

【章　旨】此章以張儀、蘇秦為例，說明佞人之術「有師學檢」。

【注　釋】❶直　特；僅僅。❷洪知　大智。知，通「智」。❸考正　觀察；揣摩。❹將　或者；還是。❺檢　法式；榜樣。❻上人　指有本領的武將。❼威　威壓。❽進眾　指揮軍隊進攻。❾從橫　即「合縱」、「連橫」之術。❿鬼谷　鬼谷子。相傳為戰國時代楚人，姓名傳說不一，隱居於鬼谷，因以自號。長於養性持身和縱橫捭闔之術。《史記》〈蘇秦列傳〉和〈張儀列傳〉載張儀、蘇秦「俱事鬼谷先生學術」。⓫襟　衣襟。⓬不若　不如；比不上。⓭相趙　即「相於趙」。在趙國作相。⓮座之堂下　蘇秦讓張儀坐在堂下，以示輕蔑，不講禮節。⓯僕妾之食　指男女奴僕吃的粗劣的飯菜。⓰讓　責備。⓱厚送　以豐厚的禮物相送。⓲術　權術；圈套。見《史記・張儀列傳》。⓳鋒出　形容權術高明得出奇。⓴深淺　指計謀的深奧和淺陋程度。㉑明暗　指權術的明顯和隱蔽程度。

【語　譯】有人問道：「佞人的權術是僅僅憑著自己高超的才能、宏大的智慧去觀察和揣摩一般人的心理得來的呢？還是有老師作為學習的榜樣呢？」王充回答說：佞人自有才智可以欺騙人，但是等到他遊說君主時，就需要一套權術來打動君主了，好像有本領的武將自有勇氣對人產生一種威壓，但等到打仗時，就必須運用兵法來指揮軍隊進攻了。蘇秦、張儀的權術就是「合縱」、「連橫」，他們的老師就是鬼谷了。傳書說：「蘇秦、張儀的合縱、連橫之術是向鬼谷子學習得來的。一次，鬼谷子挖掘地為土坑，說：『你們下到坑中去，如果你們的遊說能使我流出眼淚來，就能分享君主封賜的土地。』蘇秦下去以後，說得鬼谷子先生眼淚沾濕了衣襟，而張儀就不如蘇秦。蘇秦在趙國當相，並且做了六個國家的相。而張儀貧窮卑賤，跑到蘇秦門下。蘇秦讓張儀坐在堂下，把男女奴僕吃的粗劣的飯菜給他吃，多次責備張儀，以激起張儀發怒，想讓他到秦國去做相。後來，張儀果真發怒惱恨了，就向西進入秦國。蘇秦派人贈送厚禮送他到秦國去。這件事張儀後來才發覺知道，說：『這一次落在他的圈套之中，我不知道，這是我趕不上蘇君的。』」智謀很深有權術，玩弄權術高明而出奇，因此自己地位尊貴榮耀，成為世人稱頌的英雄豪傑。深謀明術，計謀的奧妙和淺陋不可能同時存在，權術的明顯和隱蔽是不可能同時知道的。

問曰：「佞人養名❶作高❷，有諸❸？」曰：佞人食利❹專權❺，不養名作高。

貪❻權據凡❼，則高名自立矣。稱於小人，不行於君子。何則？利義相伐❽，正邪相反。義動君子，利動小人。佞人貪利名之顯，君子不安下則身危❾。舉❿世為佞者，皆以禍眾⓫，不能養其身，安能養其名！上世⓬列傳⓭，棄宗⓮養身，違利赴名⓯，竹帛所載，伯成子高⓰委⓱國而耕，於陵子⓲辭位灌園。近世蘭陵王仲子⓳、東郡昔盧君陽⓴，寢㉑位㉒久病，不應上徵㉓，可謂養名矣。夫不以道進㉔，必不以道出身㉕；不以義止㉖，必不以義立名。佞人懷貪利之心，輕禍重身，傾死為僇㉗矣，何名之養！義廢德壞，操行隨㉘辱㉙，何云作高！

【章旨】此章指出佞人並不「養名作高」。

【注釋】❶養名　千方百計博取一個好名聲。❷作高　抬高自己。❸諸　「之乎」之合音。❹食利　貪圖私利。❺專權　壟斷大權。❻貪　通「探」。求。❼凡　要。這裡指要位。❽伐　攻擊；矛盾。❾身危　自危；自身難保。❿舉　全。⓫禍眾　禍終；沒有好下場。眾，通「終」。⓬上世　上古。⓭列傳　列敘臣民事跡。⓮宗　尊崇；尊貴。⓯赴名　追求名聲。赴，奔走；追求。⓰伯成子高　人名。傳說堯時他為諸侯，禹繼位時，棄國務農。見《莊子・天地》。⓱委　棄。⓲於陵子　即陳仲子。戰國時齊國人，隱居於陵，楚王請他為相，拒不應召，逃往外地，替人澆灌菜園子。見《史記・魯仲連鄒陽列傳》。⓳王仲子　即王良。西漢、東漢之際人。王莽專權時，他託辭有病，不肯做官。見《後漢書・王良列傳》。⓴昔盧君陽　人名。姓昔盧，又叫索盧放，漢光武帝時任諫議大夫，因病辭官，後屢徵不應。見《後漢書・獨行列傳》。㉑寢　止。引申為廢棄、放棄。㉒位　官位。㉓上徵　君主的徵召。㉔進　指當官。㉕出身　獻身。㉖止　辭官。㉗僇　通「戮」。殺害。㉘隨　從而。㉙辱　受辱；被玷汙。

【語譯】有人問道：「佞人千方百計博取好名聲，抬高自己，有這回事嗎？」王充回答說：佞人貪圖私利，壟斷大權，不會千方百計博取好名聲，抬高自己。取得了權力，佔據了要位，崇高的名聲就自然樹立起來了。

佞人的這種行為，被小人所稱贊，而君子卻不屑於這樣做。為什麼呢？因為利與義是相互矛盾的，正與邪是相反的。義能使君子動心，利只能使小人動心。佞人貪圖私利和名聲的顯赫，君子如果不能安居自己的部下，就會自身難保。全社會所有的佞人，都以災禍告終，不能保全自身，怎能博取好的名聲？上古列敘臣民事跡，拋棄尊貴的地位，而修養自身的品德，拋棄物質利益而追求好的名聲，史冊所記載的，伯成子高棄國而務農，於陵子辭去官位，逃到外地替人澆灌菜園子。近世蘭陵人王仲子、東郡昔廬君陽，放棄官位，託辭久病，不接受君主的徵召，可以說是博取好的名聲了。不按照先王之道當官，就一定不會因為先王之道而獻身；不因為義而辭官，就一定不會按照義來樹立名聲。佞人懷有貪圖財利的心，就會不顧後患，只追求自身的富貴，這樣就會丟掉生命，招致殺身之禍了，還談得上什麼博取好的名聲！義被廢棄，道德被敗壞，操行從而被玷汙，還談得上什麼要抬高自己！

問曰：「大佞易知乎？小佞易知也？」曰：「大佞易知，小佞難知。何則？大佞材高，其跡易察；小佞知下，其效❶難省❷。何以明之？成事❸：小盜難覺，大盜易知也。攻城襲邑，剽劫❹虜掠，發則事覺，道路❺皆知盜也。穿鑿❻垣❼牆，狸步❽鼠竊❾，莫知謂❿誰。」難曰：「大佞姦深，惑亂其人，如大佞易知，人君何難？《書》曰：『知人則哲⓫，惟帝難之。』虞舜大聖，驩兜⓬大佞。大聖難知大佞，大佞不憂⓭大聖，何易之有？」曰：是謂下知之，上知之。上知之，大難小易；下知之，大易小難。何則⓮？大佞材高，論說麗美⓯。因⓰麗美之說，說⓱

人主之威，人主心並不能責，知⓲或⓳不能覺。小佞材下，對鄉⓴失漏㉑，際會㉒不密㉓，人君驚悟，得知其故。大難小易也。屋漏在上，知者在下。漏大，下見之著；漏小，下見之微㉔。或曰：「雍㉕也仁而不佞㉖。」孔子曰：「焉用佞？禦人㉗以口給㉘，屢憎於人。」誤設計數㉙，煩擾農、商，損下益上，愁民㉚說㉛主。損上益下，忠臣之說也；損下益上，佞人之義也。「季氏富於周公，而求㉜也為之聚斂㉝而附益㉞之。子曰：『小子鳴鼓而攻之可也。』㉟」聚斂，季氏不知其惡，不知百姓所共非也。

【章旨】此章說明「大佞易知，小佞難知」之緣由。

【注釋】❶效　效果。此指留下的痕跡。❷省　省察；察覺。❸成事　已有的事例。❹剽劫　搶劫。❺道路　此指路上行人。泛指眾人。❻穿鑿　挖掘。❼垣　矮牆。❽狸步　像狸貓一樣行動敏捷。❾鼠竊　像老鼠偷吃東西那樣使人難以覺察。❿謂　為。⓫哲　明智。見《尚書・皋陶謨》。⓬驩兜　人名。相傳為堯的臣子。《山海經・海外南經》郭璞注：「讙兜，堯臣，有罪，自投南海而死。」一說：「驩兜」，又作「讙頭」、「讙朱」或「讙兜」，乃堯之子丹朱之異名。⓭憂　害怕。⓮何則　為什麼。⓯麗美　漂亮。⓰因　根據；憑著。⓱說　同「悅」。討好。⓲知　通「智」。才智。⓳或　有時。⓴對鄉　對答。鄉，通「向」。㉑失漏　錯誤；謬誤。㉒際會　恰巧；正好。㉓不密　不嚴密；有破綻。㉔微　不明顯。㉕雍　即冉雍。字仲弓，孔子學生。㉖不佞　不會花言巧語。㉗禦人　對付人；與人對抗。㉘口給　口才流利；善於爭辯。見《論語・公冶長》。㉙計數　計謀術數。此指建議、計策、主張。㉚愁民　勞民；憂民。㉛說　主張；觀點。㉜求　冉求。孔子學生，季康子的家臣。㉝聚斂　搜括財物。㉞附益　增加。㉟子曰二句　見《論語・先進》。

【語　譯】有人問道：「大佞人容易識別呢？還是小佞容易識別呢？」王充回答說：大佞容易識別，小佞難以識別。為什麼？因為大佞才能高超，他的行跡容易被人察覺；小佞才智低下，他留下的痕跡人們難以察覺。憑什麼來證明它呢？已有的事例：小盜難以發覺，大盜容易被人知道。襲擊城鎮，搶劫擄掠，一旦發生就被人發覺了，眾人都知道是盜賊。而挖掘矮牆，步子像狸貓那樣敏捷，像老鼠偷吃東西那樣，就不知道是誰了。有人責難道：「大佞姦詐狡猾，更加迷惑別人，如果說大佞容易知道，君主還有什麼困難？《尚書》說：『能夠識別好人壞人就算明智了，這一點連帝舜也很難做到。』虞舜是大聖人，驩兜是大佞人。大聖人很難知道大佞人，大佞人不害怕大聖人，怎麼能說容易識別呢？」王充回答說：這就是說，從下面來識別佞人和從上面來識別佞人，是兩回事。就上面來說，大佞人不容易識別，小佞人就容易識別；就下面來說，大佞人容易識別，小佞人不容易識別。為什麼？因為大佞人才能高超，講得很漂亮。憑著漂亮的言辭，討好君主的威容，君主的內心並不能責備他，君主的才智有時也不可能發覺他。小佞人才智低下，對答失錯，正好有破綻，君主驚覺醒悟，就能識破他的故技。所以大佞人難以識別，小佞人容易識別了。屋漏在上面，知道屋漏的人在下面。屋漏很大，下面的人看見的就很明顯；屋漏很小，下面的人看得就不明顯。有人對孔子說：「冉雍有仁德而不會花言巧語。」孔子說：「為什麼一定要能說會道、花言巧語呢？用狡辯來對付人，總是被人憎恨的。」錯誤提出一些主張，使農民和商人煩擾，損害下面而謀求君主的利益，使老百姓憂愁勞苦，使君主高興。損傷君主的利益而謀求下面老百姓的利益，這是忠臣的主張；損害下面老百姓的利益而謀求君主的私利，這是佞人的理論。「季康子比周公富裕，而冉求替他搜括財物，使季康子的財產日益增加。孔子說：『學生們敲起鼓去聲討他，是可以的。』」搜括財物，季康子不知道這是醜惡的行為，不知道是老百姓所共同反對的呀。

# 卷一二

## 程材篇第三十四

**【題解】**本篇評論「儒生」與「文吏」才能之高下。題為「程材」，已揭示本篇議論之主旨。程，古度量名。《說文》云：「十髮為程，十程為分，十分為寸。」因又用為度量總名。《荀子・致仕》：「程者，物之準也。」楊倞注：「程者，度量之總名也。」由此而引申為程量、計量、考核。程材，就是程量才能之高下。儒生，指研讀五經的知識分子；文吏，指熟習政務的一般官吏。王充通過衡量「儒生」和「文吏」的才能，認為各有所能，但也有差異：「儒生所學者，道也；文吏所學者，事也。」又說：「儒生治本，文吏理末，道本與事末比，定尊卑之高下，可得程矣。」由此可見王充對儒生的推崇，而對文吏的蔑視，反映了當時受壓抑的知識分子要求參與政事的強烈願望，而對東漢豪強把持仕途和官場的黑暗現實和腐敗現象，亦予以無情揭露。

論者多謂儒生不及彼❶文吏❷，見文吏利便❸而儒生陸落❹，則詆訾❺儒生以為淺短❻，稱譽文吏謂之深長。是不知儒生，亦不知文吏也。儒生、文吏，皆有材智，非文吏材高而儒生智下也，文吏更事❼，儒生不習❽也。謂文吏更事，儒生不習，可也；謂文吏深長❾，儒生淺短，知❿妄矣。

【章　旨】此章論儒生與文吏之長短。

【注　釋】❶彼　那些。❷文吏　掌管而又熟悉文書法令的官吏。❸利便　處境順利；飛黃騰達。❹陸落　沈淪下僚，懷才不遇。❺詆訾　詆毀。❻淺短　此指才智低下。❼更事　經歷豐富，有工作經驗。更，經歷。❽不習　沒有做過。指缺乏辦事經驗。❾深長　與「淺短」相對。此指才智高深。❿知　見解。

【語　譯】論者大多認為儒生不如那些文吏，看見文吏飛黃騰達，而儒生不得志，就詆毀儒生認為他們才智低下，稱贊文吏說他們才智高深。這是不了解儒生，也不了解文吏啊。儒生、文吏都有才智，並不是文吏才高而儒生智能低下，文吏有辦事經驗，而儒生沒有辦事經驗啊。說文吏有辦事經驗，儒生沒有辦事經驗，是可以的；說文吏才智高深，而儒生才智低下，這種見解是荒謬的。

世俗共短❶儒生，儒生之徒亦自相少❷。何則？並好仕學宦❸，用吏為繩❹表❺也。儒生有闕❻，俗共短之；文吏有過，俗不敢訾。歸非於儒生，付❼是❽於文吏也。夫儒生，材非下於文吏，又非所習之業非所當為❾也，然世俗共短之者，見將不好用也。將之不好用之者，事多己不能理❿，須文吏以領⓫之也。夫論⓬善謀⓭材，施⓮用⓯累⓰能，期⓱於有益。文吏理煩⓲，身役於職，職判⓳功立，將尊其能。儒生栗栗⓴，不能當劇㉑，將有煩疑，不能效力。力無益於時，則官不及其身也。

將以官課材㉒，材以官為驗㉓，是故世俗常高文吏，賤下儒生。儒生之下，文吏之高，本由不能㉔之將㉕。世俗之論，緣㉖將好惡。

【章　旨】此章指出世俗之短儒生，原因在於「緣將好惡」。

【注　釋】❶短　說人短處；瞧不起。❷自相少　自己互相瞧不起。少，輕視。❸宦　當官。❹繩　準繩。❺表　標準。❻闕　通「缺」。指缺點、過失。❼付　付予；付託。❽是　對的；正確的。❾非所當為　不應當學的；沒有用處的。❿理　處理；解決。⓫領　主持。⓬論　評論；衡量。⓭謀　求。⓮施　通「貤」。區別物之輕重先後。⓯用　才幹；能力。⓰累　按高下次序排列。⓱期　希望。⓲理煩　處理煩雜的事務。⓳職判　職別。指本職工作。⓴栗栗　通「慄慄」。戒慎恐懼貌。㉑當劇　承擔繁雜的工作。㉒課材　考核一個人的才能。㉓以官為驗　把當不當官作為有沒有才能的證明。㉔不能　無能。㉕將　地方官吏。㉖緣　遵循；沿著。

【語　譯】世俗之人都瞧不起儒生，儒生一伙人也自己互相瞧不起。這是為什麼？因為他們都嚮往著當官學習為官的本領，並且把文吏作為取法的標準。儒生有缺點，一般人都去非議他；如果文吏有過錯，一般人都不敢詆毀他。凡屬錯誤的都歸到儒生身上，凡屬正確的都賦予文吏身上。儒生的才能並不比文吏要低下，也不是他們所學習的那套本事沒有用處，然而一般人都瞧不起儒生，是因為地方長官不喜歡重用他們的緣故。地方長官之所以不喜歡用他們，是因為政事繁多自己不能處理，必須要文吏來主持這些事務工作。衡量和選拔優秀人材，區別他們的能力大小，希望對自己有好處。文吏善於處理繁雜的事務，對自己的本職工作盡心盡力，本職工作做得好，建立了功績，地方長官就會尊重他的才能。儒生辦事戒慎恐懼，不能擔當繁雜的工作，地方長官有什麼麻煩疑惑，也不能替他效勞賣力。既然儒生的能力對當時的地方長官沒有益處，所以就輪不到儒生當官了。地方長官用當官稱不稱職來考核一個人的才能，一個人才能的大小也以當不當官作為證明，因此世上一般人常看得起文吏，而輕視儒生。儒生地位的低下，文吏地位的提高，根本的緣由在於無能的地方長官。世上一般人的看法，也都是遵循著地方長官的好惡而變化的。

今世之將，材高知❶深，通達眾事，舉綱持領，事無不定。其置文吏也，備數滿員❷，足以輔己志。志在修德，務在立化，則夫文吏瓦石，儒生珠玉也。夫文吏能破堅理煩❸，不能守身❹，則亦不能輔將。儒生不習於職，長於匡救❺，將相❻傾側❼，諫難❽不懼。案世間能建蹇蹇❾之節，成三諫之義❿，令將檢⓫身自敕⓬，不敢邪曲者，率⓭多儒生。阿⓮意苟取容⓯幸，將欲放失⓰，低嘿⓱不言者，率多文吏。文吏以事⓲勝⓳，以忠負⓴；儒生以節優，以職劣。二者長短，各有所宜；世之將相，各有所取。取儒生者，必軌德立化㉑者也；取文吏者，必優事理亂者也。

【章　旨】此章論世之將相於儒生、文吏之長短則各有所取：遵循道德教化者，則取儒生；注重事功者，則取文吏。

【注　釋】❶知　通「智」。❷備數滿員　填滿名額。❸破堅理煩　破除疑難問題，處理繁瑣事務。❹守身　保持自身的節操。❺匡救　匡正扶救。此指糾正地方長官的過錯和失誤。❻相　相當於郡太守、縣令。係漢朝廷任命的地方行政長官。❼傾側　為非作歹。❽諫難　指冒著危險進行規勸。❾蹇蹇　蹇而又蹇。形容忠心耿耿、盡忠進言之貌。❿三諫之義　據《公羊傳・莊公二十四年》，春秋時代，曹國大夫曹羈規勸曹國君主，不被君主採納，連諫三次，終不得已離開曹國。儒家認為曹羈的做法符合「君臣之義」。⓫檢　檢點。⓬自敕　自我約束。敕，通「飭」。約束。⓭率　大體。⓮阿　迎合。⓯取容　取悅；

討人喜歡。⑯失 通「佚」。放縱。⑰嘿 沈默。⑱事 指處理公共事務。⑲勝 取勝；佔優勢。⑳負 違背；欠缺。㉑軌德立化 遵循道德，提倡教化。軌，遵循。

【語譯】今世的地方長官，如果材智高深，通曉各種行政事務，抓住綱領，事務就沒有不能決斷的。他安置文吏，填滿名額，就足以輔佐自己實現治理政務的意願了。如果地方長官的志向在於遵循道德，努力提倡教化，那麼文吏就會被看成像瓦石一樣，而儒生就會被看成像珍珠寶玉一樣。文吏能夠破除困難問題、處理繁瑣事務，卻不能保持自身的節操，那麼也就不可能輔佐地方長官。儒生在工作職務方面沒有學習過，但擅長於糾正地方長官的過錯，當地方長官為非作歹時，儒生能夠毫不畏懼地冒著危險去進行規勸。考察一下世上能夠建樹忠心耿耿的節操，像曹國大夫曹羈那樣成就三次進諫的君臣之義，使地方長官檢點自身、約束自己，不敢違法亂紀的人，大體上多是儒生。而迎合地方長官的意志，不擇手段地去討地方長官的歡心和寵幸，使地方長官的私欲更加放縱，而低頭沈默不敢吭聲的人，大體上多是文吏。文吏以善於處理具體事務取勝，而對地方長官缺乏一片忠心；儒生以保持自己的節操為自己的優勢，而在做好本職工作方面則比較欠缺。二者的長處和短處，都各有所宜；對於今世的地方長官來說，也各有所取。重用儒生的地方長官，一定是遵循道德和提倡教化的；而取用文吏的地方長官，一定是注重事功和重視處理繁雜事務性工作的人。

材不自能則須助，須助則待勁❶。官之立佐，為力不足也；吏之取能，為材不及也。日之照幽❷，不須燈燭；賁、育❸當敵，不待輔佐。使將相知力❹，若日之照幽，賁、育之難敵❺，則文吏之能無所用也。病作而醫用，禍起而巫使。如自能案方❻和藥❼，入室求祟❽，則醫不售❾而巫不進❿矣。橋梁之設也，足不能越溝也；車馬之用也，走不能追遠也。足能越溝，走能追遠，則橋梁不設，車馬不用矣。天地事物，人所重敬，皆力劣知極⑪，須仰⑫以給足⑬者也。今世之將相，不責己之不能，而賤儒生之不習，不原⑭文吏之所得得用⑮，而尊其材，謂之善吏。非文吏，憂不除；非文吏，患不救，是以選舉取常故⑯，案⑰吏取無害⑱。儒生無閥閱⑲，所能不能任⑳劇㉑，故陋㉒於選舉㉓，佚㉔於朝庭㉕。

【章旨】此章言文吏受到重用之原因。

【注釋】❶勁　指有能力的人。❷幽　黑暗。❸賁育　即孟賁、夏育。傳說中的古代兩名大力士。❹知力　智慧和能力。❺敵　抵擋。❻案方　開藥方。❼和藥　指配藥。❽祟　古人想像中的鬼怪或鬼怪禍害人。❾不售　沒有人請醫生。❿不進　不用。⓫知極　智慧用盡。猶言絞盡腦汁。極，窮盡。⓬仰　仰仗；依賴。⓭給足　供給充足。⓮不原　不察；不追究原因。⓯得用　得到重用。⓰常故　指按官場老一套規則辦事的人。⓱案　考核。⓲無害　漢人考核官吏常用的評語。指能按法令辦事而不出差錯。⓳閥閱　亦作「伐閱」。指功績和經歷。《史記・高祖功臣侯者年表序》：「古者人臣，功有五品：以德立宗廟定社稷者曰勳，以言曰勞，以力曰功，明其等曰伐，積日曰閱。」⓴任　勝任。㉑劇　繁重。此指事務工作而言。㉒陋　低劣。㉓選舉　挑選推薦，量才授官。㉔佚　失。㉕庭　通「廷」。

【語譯】自己沒有才能就必須要有助手，需要助手就要選擇有能力的人。當官的之所以要配備輔佐，是因為自己能力不足啊；官吏之所以要選擇有能力的屬吏，是因為自己的才幹不足啊。太陽照亮了黑暗，就不需要點燈舉燭；孟賁、夏育能夠抵擋，就不要等待輔佐。如果地方長官的智慧和能力，能夠像太陽照亮黑暗，像孟賁、夏育一樣力大無窮，難以抵擋，那麼文吏的才能就沒有用的地方了。病發作了，醫生就有人請；災禍來了，巫師就有人用了。如果自己能夠開藥方、配藥，能夠用求神弄鬼的法術來消除災禍，那麼醫生就沒人去請，巫師也沒有用處了。橋梁之所以要架設，是因為人的腳不可能跨越鴻溝啊；車馬之所以要使用，是因為人依靠跑步不可能到達遙遠的地方啊。如果腳能跨越鴻溝，跑步能到達遙遠的地方，那麼橋梁就用不著架設，車馬也就不要使用了。天地之間的一切事物，人所特別敬重的，都是因為自己的能力低劣、智慧不足，必須仰仗那些才能和智慧充足的人。現在的地方長官，不責備自己的無能，而輕視儒生的不注重具體事物的學習和訓諫，不追究文吏所以能夠得到重用的原因，而尊重文吏的才能，認為他們是最好的官吏。非文吏，則不能排除憂患，非文吏，也不能拯救危難，因此挑選推舉官吏都取用能按官場老一套方法辦事的人，考核官吏也採用能按法令辦事沒有差錯一套評語。儒生沒有功績和閱歷，所具備的能力不能勝任繁重的事務，所以在挑選推舉官吏時處於劣勢，在朝廷上沒有地位。

聰慧捷疾❶者，隨時變化，學知❷吏事，則踵❸文吏之後，未得良善之名。守古❹循❺志，案禮修義❻，輒❼為將相所不任❽，文吏所毗戲❾。不見❿任則執⓫欲息退⓬，見毗戲則意不得，臨職不勸⓭，察事不精，遂為⓮不能，斥落⓯不習。有俗材而無雅度⓰者，學知吏事，亂於文吏⓱，觀將所知⓲，適⓳時所急，轉志易⓴務，晝夜學問，無所羞恥，期於成能名文而已。其高志妙操之人，恥降意損崇，以稱媚取進，深疾㉑才能之儒㉒。洎㉓入文吏之科㉔，堅守高志，不肯下學㉕，亦時或精闇㉖不及，意疏不密，臨事不識，對向㉗謬誤，拜起不便，進退㉘失度㉙；奏記㉚言㉛事，蒙士㉜解過㉝，援引㉞古義㉟；割切將欲，直言一指㊱，觸諱犯忌；

封蒙約縛，簡繩檢署㊲，事不如法㊳；文辭卓詭㊴，辟㊵刺㊶離實，曲㊷不應㊸義。故世俗輕㊹之，文吏薄㊺之，將相賤㊻之。

【章　旨】此章指斥「有俗材而無雅度」和「聰慧捷疾」之類的儒生，說明「世俗輕之，文吏薄之，將相賤之」之因。

【注　釋】❶聰慧捷疾　聰明智慧，行動敏捷迅速。此指善於見風使舵，投機取巧。❷知　懂得；學會。❸踵　腳跟。此用如動詞，追隨。❹古　古道。指先王之道。❺循　遵循；堅持。❻案禮修義　遵守和講求禮義。❼輒　往往；總是。❽任　信任；重用。❾毗戲　卑視戲弄。毗，通「卑」。卑視。❿見　被。表被動。⓫執　堅持。⓬息退　告退；退職。⓭勸　勸勉。⓮為　謂；認為。⓯斥落　數落；指責。⓰雅度　高尚的抱負。⓱亂於文吏　此指與文吏同流合汙。亂，混亂；雜亂。⓲知　欲；愛好。⓳適　迎合。⓴易　改變。㉑疾　痛恨。㉒才能之儒　指文中所說的「有俗材而無雅度者」和「聰慧捷疾者」。㉓洎　及；等到。㉔科　類別；行列。㉕下學　此指低三下四地學習文吏那一套辦事本領。㉖精闇　熟練精通。闇，通「諳」。熟悉。㉗對向　對答。㉘進退　指進見、辭別長官。㉙失度　違反禮節。㉚奏記　指向上級陳述書面報告。㉛言　議論。㉜蒙士　蒙昧之士；迂腐愚蠢的讀書人。㉝解過　辯解過失。過，過錯。㉞援引　引證。㉟古義　典故。㊱一指　猶言一針見血。㊲簡繩檢署　指在封紮好的公文函件上繫上標籤、署上姓名，或加蓋印章。簡，竹簡；木簡。檢，標籤。署，簽名。㊳法　指規章制度。㊴卓詭　高超出奇；與眾不同。㊵辟　乖僻。㊶刺　違戾；悖理。㊷曲　迂腐。㊸應　符合。㊹輕　輕視。㊺薄　鄙薄。㊻賤　看不起。

【語　譯】儒生中一些善於見風使舵、投機取巧的人，隨著時世而變化，學會了文吏的工作，就追隨在文吏之後，但也不能得到美好的名聲。而那些遵守先王之道，堅持自己的高尚志趣，按禮義辦事的儒生，往往不被地方長官所重用，反而被文吏所卑視和戲弄。不被重用就堅持想退職，被卑視和戲弄就感到不得意，因而辦事不勤勉，觀察事情不精細，從而就被認為沒有能力，被指責為不會辦事。有一般才能而沒有高尚抱負的人，學會了文吏的辦事本領，就與文吏同流合汙了。他們察看地方長官的愛好，迎合時世的急需，轉變自己的志向，改變自己的事業，日夜學問，沒有什麼羞恥之心，只希望成為一個以擅長文書法令出名的人而已。那些具有高妙的抱負和情操的人，就認為降低自己的高尚志向，損害自己的崇高品德，去獻媚求官，是可恥的，因而深深地痛恨那種見風使舵、雖有一般才能而沒有高尚志趣的儒生。等到自己進入到文吏的行列，由於堅守自己高尚的抱負，不願意低三下四地學習文吏的那一套本領；也或許工作不熟練，考慮不細致周密，遇事不知怎麼辦；在公眾場合對答出錯誤，跪拜不便利，進見和辭別長官違背禮節；向上級陳述書面報告議論政事，為迂腐愚蠢的讀書人辯解過失，引證典故；打斷長官的欲望，直言規勸，一針見血，觸犯了長官的痛處；在封固和捆紮公文函件，在封紮好的公文函件上繫標籤署名或加印時，不按規章制度辦事；或者文辭高超出奇，與眾不同，乖僻而不符合官場的實際情況，迂腐而不符合義理。因此，世上一般人輕視他們，文吏鄙薄他們，地方長官看不起他們。

是以世俗學問者，不肯竟❶經明學，深知古今，急欲成一家章句❷。義理略具，同趨❸學史書❹，讀律諷令❺，治作情奏❻，習對向❼，滑習❽跪拜，家成室就，召署❾輒❿能。徇⓫今不顧古，趨讎⓬不存志⓭，競進⓮不案⓯禮，廢經⓰不念學。是以⓱古經廢而不修，舊學⓲暗而不明，儒者寂⓳於空室，文吏譁⓴於朝堂㉑。材能之士，隨世驅馳㉒；節操之人，守隘㉓屏㉔竄㉕。驅馳日以巧，屏竄日以拙，非材頓㉖知不及也，希㉗見闕㉘為，不狎習㉙也。蓋㉚足未嘗㉛行，堯、禹問曲折㉜；目未嘗見，孔、墨問形象㉝。

【章旨】此章分析「驅馳日以巧，屏竄日以拙」之因。

【注釋】❶竟　窮盡。❷章句　指章句之學。漢代注家以分章析句來解釋古書意義的一種著作形式。如王逸《楚辭章句》等。❸趨　追求；講究。❹史書　此指文吏所必須掌握的文史知識和文字書法技能。史，令史，漢代掌管文書的低級官吏。❺諷令　誦讀法令。諷，背誦；熟讀。❻情奏　指公文。情，通「請」。❼對向　回答。❽滑習　熟習。❾署　供職。❿輒　就；立即。⓫徇　迎合；遷就。⓬讎　售；成交。⓭志　志向。⓮競進　爭著往上爬。⓯案　根據。⓰廢經　廢棄經書。⓱是以　因此。⓲舊學　指經學。⓳寂　寂寞；冷冷清清。⓴譁　喧譁。此指得意貌。㉑朝堂　朝廷。㉒驅馳　奔走效勞。㉓隘　狹小。㉔屏　通「摒」。排斥。㉕竄　放逐。㉖頓　通「鈍」。㉗希　少。㉘闕　通「缺」。少。㉙狎習　熟習。㉚蓋　發語詞。㉛嘗　曾經。㉜曲折　指道路。㉝形象　形狀；樣子。

【語譯】因此，世上一般作學問的人，不願認真弄通經學，在深入了解古今方面下功夫，急於想成就一家的章句之學。義理稍具，就都去追求和學習當文吏所必須掌握的文史知識和文字書法技能，熟讀法令，習作公文，練習對答，把跪拜一套禮節練得很熟，在家裡訓練好了，召去當官就能勝任了。為了迎合今天的社會風氣，而不顧惜古代的先王之道，急於成交而放棄高尚的志向，爭著往上爬而不顧禮義，廢棄經書而不想學習。這樣一來，古代的經學廢棄了而沒有很好地研習，經學從而暗淡而不被發揚光大，儒生在空寂的房子裡呆著，而文吏在朝廷上得意洋洋。本來有才能的士人，卻為適應世俗的需要而奔走效勞；有高尚節操的人，卻身處狹小的天地，遭到疏遠和排斥。奔走效勞的人一天天變得精明乖巧，被排斥疏遠的人則一天天顯得笨拙愚蠢，不是因為能力差、智慧少，而是見識少、實幹少，不熟習的緣故。大凡沒有到過的地方，即使堯、禹也要打聽一下道路的情況；沒有親眼看過的東西，即使是孔子、墨子也要問一問形狀。

齊部❶世❷刺繡❸，恒女❹無不能；襄邑❺俗❻織錦❼，鈍婦無不巧。日見之，日為之，手狎❽也。使材士未嘗見，巧女未嘗為，異事❾詭手❿，暫為卒⓫睹，顯露易為者，猶憒憒⑫焉。方今論事，不謂希更⑬，而曰材不敏，不曰未嘗為，而曰知不達，失其實也。儒生材無不能敏，業無不能達，志不肯為。今俗見不習，謂之不能；睹不為，謂之不達。科⑭用累能，故文吏在前，儒生在後，是從朝廷謂之也。如從儒堂⑮訂⑯之，則儒生在上，文吏在下矣。從農論田，田夫勝；從商講賈⑰，賈人賢；今從朝廷，謂之文吏。朝廷之人也，幼為幹吏⑱，以朝廷為田畝，以刀筆⑲為耒耜⑳，以文書為農業，猶家人子弟，生長宅中，其知曲折㉑，愈㉒於賓客也。賓客暫至㉓，雖孔、墨之材，不能分別。儒生猶賓客，文吏猶子弟也。以子弟論之，則文吏曉㉔於儒生，儒生暗㉕於文吏。今世之將相，知子弟以久㉖為慧㉗，不能知文吏以狎為能，知賓客以暫為固㉘，不知儒生以希㉙為拙，感蔽暗昧，不知類㉚也。

【章旨】此章以多種比喻說明「文吏以狎為能」，而「儒生以希為拙」，為儒生辯護之。

【注釋】❶齊部　齊地。在今山東省內。❷世　世世代代。❸刺繡　中國傳統的民族工藝之一，至今已有兩三千年歷史。著名的刺繡有蘇繡、湘繡、蜀繡、廣繡，號稱「四大名繡」。❹恒女　指普通婦女。❺襄邑　古縣名。在今河南睢縣。❻俗　世俗；民間。❼織錦　像刺繡一樣的絲織品。現為蘇、杭、四川等地的特產。❽狎　此指熟悉的意思。❾異事　陌生的事。❿詭手　生手。⓫卒　通「猝」。倉猝；匆忙。⓬憒憒　糊塗、昏昧貌。⓭希更　經歷很少。⓮科　分別；區別。⓯儒堂　儒生研讀經書之地。⓰訂　評定。⓱賈　經商；做生意。⓲幹吏　漢代郡縣中負責具體事務，精明強幹的胥吏。《後漢書》

李賢注：「幹，猶主也。」⑲刀筆　寫字的工具。秦漢時的公文以筆寫在竹簡上，有誤，則用刀刮去重寫，故「刀筆」連稱。宋代的公牘稱之「刀筆」，如楊億有《內外制刀筆》，劉筠有《中山刀筆集》三卷等。⑳耒耜　古人耕地的農具。㉑曲折　此指宅院中房屋、道路之布局情況。㉒愈　超過；勝過。㉓暫至　剛剛來到。㉔曉　通曉；熟悉。㉕暗　此指生疏。㉖久　指住在庭院中的時間長久了。㉗慧　聰明。㉘固　淺陋。此指不了解情況。㉙希　少。此指對文書、法令等接觸很少。㉚類　類推；類比。

【語　譯】齊地世世代代從事刺繡工藝，普通的婦女沒有一個不能刺繡的；襄邑民間擅長織錦工藝，笨拙的婦女沒有一個不心靈手巧的。天天看，天天做，手就熟練了。假如有才能的士人沒有看見，心靈手巧的婦女不曾做過，陌生的事就會感到生手，偶爾做一下，匆忙看一眼，即使很明顯的問題也看不清，很容易的事情也做不了的人，好像糊塗昏昧的樣子。當今議論事理的人，不說經歷的少，卻說才能不敏，不說未曾做過，卻說智慧不通達，這是不符合實際的。儒生的才能沒有不敏的，事情沒有做不好的，完全是思想上不願意去做。而現在世俗一般人認為看見而不學習，叫做「不能」；看見而不去做，叫做「不達」。區別和比較能力的大小，所以文吏在前，儒生在後，這是從朝廷方面來說的。如果從通曉儒家經書的角度來說，那麼儒生在上，文吏在下了。從農業的角度來談論種田的事，農民最高明；從商業的角度來講經商的事，商人最能幹；現在從朝廷的角度來評論人才，就必然認為文吏最有才能了。朝廷的人，自幼做負責具體事務的官吏，把朝廷當作田畝，把刀筆當作耕地的農具，把文書當作農業，好像一家人中的子弟，生長在住宅之中，他們知道房屋、道路的布局情況，自然勝過賓客了。賓客剛剛來到，即使具有孔子、墨子那樣的才能，也不可能一下就區分弄清宅院內房屋、道路的分布情況。儒生如同賓客，文吏如同宅院中的子弟一樣。用子弟比賓客更熟悉宅院中的情況作比喻來評論文吏和儒生，那麼文吏在掌握文書方面就比儒生更熟悉，儒生則比文吏更生疏了。當代的地方行政長官，都知道子弟因為長久地住在宅院之中變得更聰明，卻沒有能夠懂得文吏長時間在朝廷上做事因為熟悉而變得能幹，知道賓客因為剛到而不了解情況，而不懂得儒生由於接觸文書的時間太少而有些笨拙。這是糊塗不明白，不會類比啊。

一縣佐史❶之材，任❷郡掾史❸；一郡修行❹之能，堪❺州從事❻。然而郡不召佐史，州不取修行者，巧習❼無害，文少❽德高也。五曹❾自有條品❿，簿書⓫自有故事⓬，勤力玩弄，成為巧吏，安足多⓭矣。賢明之將，程吏取材，不求習論高，存⓮志⓯不顧文也。稱良吏曰忠，忠之所以為效⓰，非簿書也。夫事可學而知，禮可習而善，忠節公行⓱不可立也。文吏、儒生皆有所志，然而儒生務⓲忠良，文吏趨⓳理事⓴。苟㉑有忠良之業㉒，疏拙於事，無損於高。

【章　旨】此章重在稱頌儒生務忠良之業。

【注　釋】❶佐史　縣級副官之類官吏。❷任　勝任的意思。❸掾史　漢代中央和地方政權中屬官之通稱。❹修行　地方低級官吏。❺堪　勝任；經受得起。❻從事　此指州一級的下屬官吏。❼巧習　靈巧熟悉。❽文少　此指處理公文的能力很低。❾五曹　原指漢成帝時代設置的尚書臺的五個分科辦事官署。西漢置尚書五人，其一為僕射，四人分為四曹；東漢尚書六人，分五曹。此泛指政府中的各個部門。❿條品　章程。⓫簿書　官署中的文書簿冊等。⓬故事　成例；舊日的典章制度。⓭多　稱贊。⓮存　重視。⓯志　志向；抱負。⓰效　效驗；作用。⓱公行　公正的操行。⓲務　勉力而為之。⓳趨　趨向；追求。⓴理事　處理事務。㉑苟　假如。㉒業　業績；表現。

【語　譯】一縣的佐史的才能，可以充當一郡的掾史；一郡的修行官的才能，能夠勝任一州的從事。然而郡不招用縣裡的佐史，州不起用郡裡的修行官，這是因為是從「巧習無害」的角度來考察官吏，認為他們道德高尚而處理公文的能力卻很低的緣故。各級政府的各個部門自有章程，官署的文書簿冊自有舊的典章制度，努力去掌握這些舊的典章制度，成為靈巧的文吏，怎麼足以稱贊呢？賢明的長官，程量官吏，選用人才，不是從是否熟習文吏的職務來評論高下，而是重視人的志向，不注重文才的。稱頌優秀的官吏叫做「忠」，忠心耿耿的實際效驗，並不表現在精通公文簿冊方面。凡事可以通過學習而懂得，禮可以通過演習而精通，但忠貞的節操和公正的操行不是容易造就的。文吏、儒生都有自己的志向，然而儒生以忠良為努力的方向，而文吏只追求處理好具體事務。如果有了忠良的業績，即使在處理具體事務方面顯得生疏、笨拙，也無損於高尚的品德。

論者以儒生不曉簿書，置之於下第❶。法令比例❷，吏斷❸決❹也。文吏治事，必問法家❺。縣官❻事務，莫大法令。必以吏職❼程高，是則法令之家宜最為上。

或曰：「固然。法令❽，漢家之經❾，吏議決焉。事定於法，誠為明矣。」曰：夫五經❿亦漢家之所立，儒生善政⓫大義⓬，皆出其中。董仲舒表⓭《春秋》之義，稽合⓮於律，無乖⓯異⓰者。然則《春秋》，漢之經，孔子制作，垂遺⓱於漢。論者徒尊法家，不高《春秋》，是暗蔽也。《春秋》、五經，義相關穿⓲，既是⓳《春秋》，不大⓴五經，是不通㉑也。五經以道㉒為務，事不如道，道行事立，無道不成。然則儒生所學者，道也；文吏所學者，事也。假使材同，當以道學。如比於文吏，洗洿㉓泥者以㉔水，燔㉕腥生者用火，水火，道也，用之者，事也，事末於道㉖。儒生治本，文吏理末，道本㉗與事末㉘比，定尊卑之高下，可得程㉙矣。

【章　旨】此章以「五經」在漢代的學術地位評價儒生，指出「儒生治本，文吏理末」，故應尊儒生而卑文吏矣。

【注　釋】❶下第　下等；劣等。❷比例　相類似的事例。在漢代，凡法令上沒有規定，而比照類似法令條文處理事務或判斷案情，經皇帝批准後具有同等法律效力者，皆謂之「比」或「比例」。❸斷　判斷案情。❹決　取決。❺法家　此指法令之家。即精通法令的人。❻縣官　古指天子。《史記・絳侯周勃世家》：「庸知其盜賣縣官器。」司馬貞索隱：「縣官，謂天子也。所以謂國家為縣官者，《夏官》王畿內縣即國都也。王者官天下，故曰縣官也。」❼吏職　文吏所從事的工作。此指精通法令，善於按法令辦事。❽法令　此指漢初蕭何所制訂的法律。❾漢家之經　指蕭何制訂的法律。漢人以蕭何所制訂的法律為經典，用當時只有儒家經書才能採用的竹簡（長二尺四寸，一般公文和書籍只能用一尺有餘）來書寫，並稱之為《律經》。❿五經　指《易》、《詩》、《書》、《禮》、《春秋》五種儒家經書。漢武帝時以五經為官學，設立五經博士，教授五經。⓫善政　完美的政治主張。⓬大義　大道理。⓭表　闡述；發揮。⓮稽合　符合。稽，同；合。⓯乖　違背；違反。⓰異　不同。⓱垂遺　指留傳到後代。⓲闕穿　貫穿。⓳是　贊揚、肯定。⓴大　推崇。㉑不通　此指不懂得類推的道理。通，通達。㉒道　原則。即先王之道。㉓洿　通「汙」。㉔以　用。㉕燔　燒；烹煮。㉖事末於道　指各種具體事務比原則（先王之道）要輕。末，細微末節。㉗道本　以道為本。㉘事末　以事為末。㉙程　衡量。

【語　譯】評論的人根據儒生不熟悉文書簿冊，把儒生放在下等之列。法令比例，是文吏斷案的依據。文吏辦事，一定要詢問精通法令的人。天子處理天下事務，以法令為最高準則。一定要以精通法令、善於依法辦事來衡量文吏的能力的高超，這就是說法令之家應該放在最上等。有人說：「本來就是這樣。蕭何制定的法律，是漢代的經典之一，文吏的議論取決於此。處理具體事務決定於法令，這實在是明白無疑了。」王充回答說：五經也是漢武帝時代設置的，儒生美好的政治主張和重大學說，都出自五經之中。董仲舒闡明《春秋》的道理，和今天的法律是相符合的，沒有相違背和不同之處。既然這樣，那麼《春秋》是漢代的經書，實際上是孔子制作，流傳到漢代的。發議論的人只推尊法令之家，而不推崇《春秋》，這是思想上的陰暗、被蒙蔽的表現。《春秋》、五經，它們的思想內容是相互貫通的，既然肯定《春秋》，卻不像尊重法令那樣尊重五經，這就是不懂得類推的道理了。五經以闡發先王之道為主要任務，具體的事務當然不比先王之道那樣重要，執行先王之道，具體事務也就辦得好了，相反，離開先王之道，事務就辦不成了。這樣看來，儒生所學習的，是先王之道；文吏所學習的，是具體事務。假如儒生和文吏的才能相同，就應該以學習先王之道為高。如果同文吏相比較，用水洗汙泥的，用火烹煮腥生的食物的，水與火，好像是先王之道一樣；用的好比是具體的事務，事務顯然輕於先王之道。儒生從根本解決問題，文吏處理的是細微末節的具體事務，以作為根本的先王之道與細微末節的具體事務相比較，確定二者的尊卑高下，是完全可以衡量清楚的。

堯以俊德[1]，致[2]黎民[3]雍[4]。孔子曰：「孝悌[5]之至[6]，通於神明[7]。」張釋之[8]曰：「秦任刀筆小吏[9]，陵遲[10]至於二世[11]，天下土崩[12]。」張湯[13]、趙禹[14]，漢之惠吏[15]，太史公[16]序累[17]，置於酷部[18]，而致[19]土崩。孰與通於神明，令人填膺[20]也！將相知經學至道[21]，而不尊經學之生，彼見經學之生能[22]不及治事之吏也。牛刀可以割雞，雞刀難以屠牛。刺繡之師，能縫帷裳[23]；納縷[24]之工，不能織錦。儒生能為文吏之事，文吏不能立儒生之學。文吏之能，誠[25]劣不及；儒生之不習，實優而不為。禹決[26]江河，不秉[27]钁鍤[28]；周公築雒[29]，不把築杖[30]。夫筆墨簿書，钁鍤築杖之類也，而欲令志大道者躬親[31]為之，是使將軍戰而大匠斲[32]也。說[33]一經之生，治一曹之事，旬月能之；典[34]一曹之吏，學一經之業，一歲不能立也。何則？吏事易知，而經學難見[35]也。儒生擿[36]經，窮竟聖意；文吏搖筆，考蹟㊲民事㊳。夫能知大聖之意，曉細民㊴之情，孰者為難？以立難㊵之材，含懷㊶章句，十萬以上，行有餘力。博學覽古今，計胸中之穎㊷，出溢十萬。文吏所知，不過辨解簿書。富累千金，孰與貲百十也？京廩㊸如丘，孰與委聚㊹如坻㊺也？世名材為名器，器大者盈㊻物多。然則儒生所懷，可謂多矣。

【章　旨】此章從經學之高深，進一步比較儒生與文吏的能力和智慧之大小。

【注　釋】❶俊德　美德。❷致　致使。❸黎民　眾民；百姓。《詩・大雅・雲漢》鄭玄箋：「黎，眾也。」❹雍　和睦。見《尚書・堯典》。❺孝悌　儒家的倫理觀念。指孝順父母，尊敬兄長。《論語・學而》朱熹注：「善事父母為孝，善事兄長為弟。」❻至　極；頂點。❼神明　上天。❽張釋之　西漢大臣。字季，南陽人。文帝時累遷公車令、中郎將，後任廷尉。景帝立，改任淮南相。❾刀筆小吏　指辦理文書的小吏。❿陵遲　斜平；迤邐漸平。引申為衰頹、每況愈下、越來越不行。⓫二世　即秦二世胡亥。⓬土崩　像土一樣崩潰。⓭張湯　西漢大臣。杜陵人，武帝時任廷尉、御史大夫等職。曾與趙禹共同編訂律令，撰有《越宮律》（見《漢律》）二十七篇。⓮趙禹　西漢大臣。斄（今陝西武功）人。武帝時歷任御史、太中大夫、廷尉等職。曾與張湯共同編訂律令，撰有《朝律》（見《漢律》）六篇。⓯惠吏　指精明強幹的官吏。惠，通「慧」。⓰太史公　即司馬遷。⓱序累　排列次序。⓲酷部　指《史記・酷吏列傳》。⓳致　招致；導致。⓴填膺　形容非常憤慨。㉑至道　最高的學說。㉒能　能力。㉓帷裳　帳幕和衣服。㉔納縷　縫補破舊衣服。㉕誠　確實。㉖決　疏通。㉗秉　拿。㉘钁鍤　挖土工具。㉙雒　雒邑。古都邑名，在今洛陽市。㉚築杖　建地基、夯土牆的工具。㉛躬親　親身。㉜斲　砍。㉝說解釋。㉞典　掌管。㉟見　了解；懂得。㊱擿　揭示；發揮。㊲考蹟　考察；研究。㊳民事　有關百姓之事。㊴細民　猶言小民、普通百姓。㊵立難　此指能弄通經學。立，完成。難，艱難之事。此指經學。㊶含懷　包藏。此指掌握。㊷穎　智慧聰明。㊸京廩　高高的糧倉。㊹委聚　積聚。㊺坻　水中的小洲或高地。㊻盈　盛；裝。

【語　譯】堯以美德，使老百姓和睦相處。孔子說：「孝順父母，尊敬兄長，達到了極點，就會感動上天的。」

張釋之說：「秦始皇任用舞文弄法的刀筆小吏，致使秦王朝衰頹，到秦二世時代，天下土崩瓦解。」張湯、趙禹，是西漢精明強幹的官吏，司馬遷寫《史記》排列次序，把二人的事蹟放在〈酷吏列傳〉之中，認為是他們致使西漢滅亡。這種執法嚴峻的官吏同使神明感動的孝子相比，究竟是誰更令人憤慨不已呢？地方長官雖然懂得經學是最高的學說，但不尊重遵循經學原則的儒生，這是因為他看見遵循經學的儒生的能力不如處理具體事務的官吏的緣故啊！牛刀可以用來殺雞，雞刀很難用來殺牛。從事刺繡的師傅，能夠縫製帳幕和衣裳；縫補破舊衣服的工匠，卻不能編織錦繡。儒生能做文吏的事，文吏卻不能建立儒生的學說。文吏的才能，確實低劣而趕不上儒生；儒生的不熟悉文書法令，實際上是處優而不願意去做的緣故。禹疏通長江大河，並不拿钁、鍤這種挖土工具；周公修築雒邑，也不拿建地基、夯土牆用的工具。筆墨公文簿冊，等於是钁鍤築杖之類，而要讓有志於先王之道的人親自去做這些具體事務，這等於是叫大將軍親自去前線打仗、要高級工匠親自去砍木頭。能解釋一部儒家經書的儒生，去治理一個部門的事務，十天一月就能完成；而掌管一個部門事務的文吏，如果去學一部經書，一年也不可能學成。為什麼？這是因為文吏的工作容易知道，而經學很難懂得透徹啊。儒生能揭示和發揮經書的含義，深刻理解聖賢的思想；文吏舞弄筆墨，也只是考察民眾的事情而已。儒生能深知大聖人的旨意，文吏通曉百姓的事情，哪個比較難？讓一位能弄通經學的人才，去掌握經書章句的詮釋，即使十萬字以上，做起來也還是綽綽有餘的。至於學識淵博、通覽古今的人，計量他們心中的智慧，那就遠遠超過能解說十萬字章句的人了。文吏所知道的，不過是辨解文書簿冊罷了。富有千金之財的人，同財產只有百十個錢的人相比，哪一個最富有呢？家裡的糧倉高高聳立好像小山的人，同糧堆矮小好比水中小洲的人家相比，哪一家最富足呢？世人把有才能的人比作為名貴的寶器，器皿大的裝食物自然要多一些。既然這樣，那麼儒生心中所包含的能力和智慧，也可以說很多了。

蓬生麻間，不扶自直；白紗入緇[1]，不染自黑。此言所習善惡，變易質性也。

儒生之性，非能皆善也，被服❷聖教❸，日夜諷咏❹，得聖人之操矣。文吏幼則筆墨，手習而行，無篇章之誦，不聞仁義之語。長大成吏，舞文巧法❺，徇私❻為己，勉赴❼權利❽。考事❾則受賂，臨民❿則采漁⓫，處右⓬則弄權，幸上⓭則賣將。一日在位，鮮冠⓮利劍⓯；一歲典職，田宅併兼。性非皆惡，所習為者違聖教也。故習善儒路⓰，歸化慕義，志操則勵變從高，明將⓱見之，顯用⓲儒生。東海相宗叔庠⓳，廣召幽隱⓴，春秋會饗㉑，設置三科㉒，以第㉓補吏㉔，一府員吏，儒生什九。陳留太守陳子瑀㉕，開廣儒路，列曹掾史，皆能教授㉖。簿書之吏，什置一二。兩將知道事之理，曉多少之量，故世稱褒㉗其名，書記㉘紀累㉙其行也。

【章　旨】此章小結全篇，刻畫文吏之醜惡嘴臉，指出為什麼要重用儒生之道理。

【注　釋】❶緇　黑色。❷被服　感受；蒙受。引申為服膺。比喻親自深刻地接受某一事物，好像衣被覆蓋在身上一樣不可分離。❸聖教　神聖的教義。指孔孟之道。❹諷咏　誦讀。❺巧法　弄法。❻徇私　營私。徇，曲從。❼勉赴　努力追求。❽權利　權力和利益。❾考事　審理案件。❿臨民　治理百姓。⓫采漁　榨取；掠奪。⓬右　右位。古人尚右，以右為尊，故右位指重要的職位。⓭上　皇上。⓮鮮冠　頭戴華麗的帽子。⓯利劍　身佩鋒利的寶劍。此形容耀武揚威之貌。⓰儒路　儒門；儒家。⓱明將　高明的地方長官。⓲顯用　猶言重用。⓳宗叔庠　人名。姓宗名均，字叔庠。東漢時任東海王國的相。⓴幽隱　指隱逸的讀書人。㉑春秋會饗　漢時規定每年三月和十月，由郡縣設酒宴以禮款待地方長輩和社會名流。饗，以酒食款待人。㉒三科　三等。㉓第　次第；名次先後。㉔補吏　補充官吏。㉕陳子瑀　人名。曾任陳留太守。㉖教授　講授；傳授。㉗稱褒　稱頌；贊揚。㉘書記　書籍。㉙紀累　記載。

【語　譯】蓬草生長在麻中間，不依靠東西扶持，自己也長得筆直；潔白的紗布放入黑色的液體之中，不染也會自然變黑。這就是說一個人所學習的對象之善與惡，也就改變了自己的本質特性。儒生的性心，不可能都是善良的，被服孔孟之道這種神聖的教義，日夜誦讀儒家經書，就獲得了聖人的操行了。文吏從小就舞弄筆墨，親手練習而行，沒有誦讀儒家經書篇章，沒有聽到儒家的仁義之語；長大成為文吏之後，舞文弄法，營私為己，拼命追求權力和利益，審理案件就接受賄賂，治理百姓就敲詐勒索，居於高位就玩弄權術，得到皇帝寵幸就出賣地方長官。一天在位，就耀武揚威；一年掌權，就大肆掠奪田地房屋。文吏的性心並非都很兇惡，這是因為他們所學所作的都是違背孔孟之道的。所以在儒家門下學習好的東西，歸於教化而仰慕仁義，他的志向操行就會由於自己努力而變得高尚。高明的地方長官看到這種情況，所以就重用儒生。東海國的相宗叔庠，就廣泛地召集隱居起來的讀書人，春秋兩季設酒宴來款待社會名流和地方上德才兼備的人，並設置三等，按名次先後授官，以補充官吏，一府官員文吏之中，儒生佔了十分之九。陳留太守陳子瑀，廣開儒門，列曹掾吏，都能講授儒家經書。文書簿冊的官吏，十個官員中只佔一、二個。這兩位地方長官都懂得先王之道與具體事務的關係，明白官員中儒生與文吏各佔多少的分量，因此世人稱贊他們的名字，書籍中記載著他們的事蹟。

# 量知篇第三十五

【題解】本篇承上篇主旨，通過反覆對比，從知識方面去衡量儒生和文吏之高下，故篇名曰「量知」。量知者，衡量知識學問之高下也。

王充認為，儒家經書代表著最高的知識學問。文吏沒有知識學問，「不曉政治」，「不能言事」，是一群「貪利祿」、「好為姦」、「侵漁徇身，不為將官顯義」的自私自利之徒；而儒生身懷節義，「奇有先王之道」，「侈有經傳之學」，「知慮光明，見是非審」，能「以道事將」的飽學之士。作者對儒生之推崇，溢於言表。

〈程材〉所論，論材能行操，未言學知❶之殊奇❷也。夫儒生之所以過文吏者，學問日多，簡練❸其性，雕琢❹其材也。故夫學者所以反❺情治❻性，盡材成德也。材盡德成，其比於文吏亦雕琢者，程量❼多矣。貧人與富人，俱賫❽錢百，並為賻❾禮死哀之家。知之者，知貧人劣❿能共⓫百，以為富人饒羨⓬有奇餘⓭也；不知之者，見錢俱百，以為財貨貧富皆若一也。文吏、儒生皆有似於此，皆為掾史，並典⓮一曹，將知之者，知文吏、儒生筆同⓯，而儒生胸中之藏⓰，尚多奇餘；不知之者，以為皆吏⓱，深淺多少同一量，失實甚矣。地性生草，山性生木。如地種葵、韭，山樹⓲棗、栗，名曰美園茂林，不復與一恒⓳地庸⓴山比㉑矣。文吏、儒生，有似於此。俱有材能，並用筆墨，而儒生奇有先王之道㉒。先王之道，非徒葵、韭、棗、栗之謂也。恒女之手，紡績㉓織經㉔，如或奇能㉕，織錦刺繡，名曰卓殊㉖，不復與恒女科㉗矣。夫儒生與文吏程材，而儒生修有㉘經傳之學，猶女工織錦刺繡之奇也。

【章　旨】此章總論儒生與文吏在學問知識上的差異，在於儒生「奇有先王之道」，「修有經傳之學」。

【注　釋】❶學知　學問知識。❷殊奇　差異；不同。❸簡練　磨練。❹雕琢　精雕細刻，精心培養。❺反　違背；違反。❻治　治理；改造。❼程量　衡量。❽賚　贈送禮物給人。❾賻　送錢助人辦理喪事。❿劣　僅；只。⓫共　通「供」。⓬饒羨　富足。⓭奇餘　多餘。奇，餘數。⓮典　管理。⓯筆同　文筆、文字水平相同。⓰藏　收存的東西。此指學問。⓱吏　此指屬吏。⓲樹　栽種；培植。⓳恒　平常。⓴庸　普通。㉑比　相同。㉒先王之道　指古代聖王的治國之道。此指孔孟之道。㉓紡績　紡紗。㉔織經　織布。經，布的縱線。㉕奇能　特殊的才能。㉖殊　卓越；與眾不同。㉗科　同類；同等。㉘修有　富有。

【語　譯】〈程材篇〉所論述的內容中，評論儒生和文吏的才能操行，沒有說明他們在學問和知識方面的差異。儒生超過文吏的地方，就在於學問一天天地增多，不斷磨練自己的善性，精心培養自己的才能。因此，學習是為了改變自己的情性，使自己的才能和品德更加完善起來。才能和品德完備了，他就同只是在公文簿冊方面也下工夫的文吏相比，要高明得多了。窮人與富人，都送給人一百錢，都是用來資助人家辦喪事的。知道情況的人，知道窮人只能供給一百錢，認為富人才是富足有多餘的錢的；不知道情況的人，看見送給人的錢都是一百，就認為窮人與富人的財產好像一樣的。文吏和儒生也有些像這種情況。都是朝廷屬官，同時又都管理政府某一部門，地方長官中了解他們的，知道文吏與儒生文字水平相同，但儒生胸中藏的學問，還是多有所餘；不了解他們的，以為都是屬吏，學問的深淺多少都是同樣的，那就太不符合事實了。土地的性能是能生長野草，山嶺的性能是能生長樹木。如果在地裡種上葵、韭，在山嶺上種植棗、栗，名叫美麗繁茂的園林，不再與一平常的土地和普通的山嶺相同了。文吏、儒生，也有些像這種情況。都有才能，都用筆墨，而儒生多有先王之道。先王之道，不僅像上面所說的葵、韭、棗、栗這類極普通的東西。普通婦女的手，能夠紡紗織布，如果有的婦女具有特殊才能，能夠織錦刺繡，被稱為卓然不同的人，那就不再與普通的婦女同類了。儒生與文吏程量才能，然而儒生富有經傳方面的學問，這就好比女工織錦刺繡一樣的奇特了。

貧人❶好濫❷而富人守節者，貧人不足而富人饒侈❸；儒生不為非而文吏好為姦者，文吏少道德而儒生多仁義也。貧人、富人，並為賓客，受賜於主人，富人不慚而貧人常愧者，富人有以效❹，貧人無以復❺也。儒生、文吏，俱以長吏❻為主人者也。儒生受長吏之祿，報長吏以❼道❽；文吏空胸❾，無仁義之學，居位食祿，終無以效，所謂尸位素餐❿者也。素者，空也，空虛無德，餐人之祿，故曰「素餐」。無道藝之業，不曉政治，默坐朝庭⓫，不能言事，與尸無異，故曰「尸位」。然則，文吏，所謂「尸位素餐」者也。居右⓬食嘉⓭，見將傾邪⓮，豈能舉記⓯陳言⓰得失乎？一則不能見是非，二則畏罰不敢直言。《禮》曰：「情欲巧⓱。」其⓲能力言⓳者，文醜不好⓴，有骨無肉，脂腴不足㉑，犯干㉒將相指㉓，遂取間郤㉔。為地㉕戰㉖者，不能立功名；貪爵祿者，不能諫於上。文吏貪爵祿，一日居位，輒欲圖利，以當資用，侵漁㉗徇身㉘，不為將官顯㉙義，雖見太山之惡㉚，安肯揚舉毛髮㉛之言！事理如此，何用㉜自解於尸位素餐乎？儒生學大義，以道㉝事㉞將，不可則止㉟，有大臣之志㊱，以經㊲勉為公正之操，敢言者也，位又疏遠，遠而近諫，《禮》謂之諂㊳，此則郡縣之府所以常廓㊴無人者也。

【章　旨】此章指斥文吏「尸位素餐」而儒生學大義反被疏遠，以致郡縣府庭「常廓無人」之現實。

【注　釋】❶貧人　貧窮的人。❷濫　胡作非為。語出《論語・衛靈公》：「小人窮斯濫矣。」❸饒侈　富足。❹效　報效；回報。❺復　報答；回報。❻長吏　此指縣以上地方行政長官。❼以　用。❽道　指先王之道。❾空胸　胸腹空乏。此指沒有學問和知識。❿尸位素餐　指空佔著官位不做事，白白地享受國家賜予的俸祿。尸，古人祭祀祖先，多以年幼者代表被祭祀的祖先，坐在被供奉的位置上面謂之「尸」；戰國之後，遂改用而為畫像或塑像。素餐，白白地吃飯。餐，動詞。吃。⓫朝庭　朝廷。庭，通「廷」。⓬居右　處於重要官位。⓭食嘉　享受美好的生活待遇。⓮傾邪　為非作歹。⓯舉記　上書。記，奏記。⓰陳言　陳述；論述。⓱情欲巧　語出《禮記・表記》。原文是：「情欲信，辭欲巧。」意思是說：情感要真誠，言詞要巧妙。⓲其　那些。⓳力言　猶言鼎力進諫。⓴文醜不好　文章醜陋不堪，寫得很差勁。㉑脂腴不足　指文筆鋒芒外露，寫得不委婉含蓄。㉒犯干　觸犯；違反。㉓指　通「旨」。意旨。㉔間郤　空隙；隔閡。此指關係疏遠。郤，通「隙」。㉕地　地位。㉖戰　爭奪。㉗侵漁　掠奪榨取他人財物。㉘徇身　徇私；滿足私欲。㉙顯　顯露；宣揚。㉚太山之惡　比喻非常大的罪惡。㉛毛髮　像毛髮一樣細小。㉜何用　用何；憑什麼。㉝以道　用先王之道。㉞事　侍奉；幫助。㉟止　息；結束。此指辭官歸隱。㊱志　志向；抱負。以上三句參見《論語・先進》：「所謂大臣者，以道事君，不可則止。」㊲經　此指《論語》。㊳諂　巴結；奉承。《禮記・表記》：「事君遠而諫，則諂也。」㊴廓　空闊。

【語　譯】窮人喜歡胡作非為而富人遵守禮節，這是因為窮人貧困而富人生活富裕的緣故；儒生不為非作歹而文吏喜歡作姦詐的行為，這是因為文吏缺少道德修養而儒生多仁義的緣故。窮人、富人，一同去做賓客，接受主人的賞賜，富人不感到慚愧而窮人常常感到受之有愧，這是因為富人有能力回報，而窮人沒有能力回報的緣故。儒生、文吏，都像賓客一樣以上級長官為自己的主人。儒生享受上級行政長官賞賜的俸祿，用先王之道幫助長官來報答；文吏胸腹空乏，沒有仁義之學，佔著官位，享受官祿，始終沒有用來報答長官的東西，這就好像「尸位素餐」一樣。素，就是空，腹中空虛，沒有仁義道德，白吃人家的俸祿，所以叫做「素餐」。沒有道德技藝之業，不通曉政治，默默地坐在朝廷上，不能處理事務，與尸沒有差別，所以叫做「尸位」。這樣看來，文吏就是所說的那種「尸位素餐」的人一樣。處在重要的官位，享受著最佳的生活待遇，看見地方長官為非作歹，哪能向地方長官上書陳述這樣下去的利害得失呢？一來不能分辨是非，二來害怕長官懲罰而不敢直言。《禮記》說：「情感要真誠，言詞要巧妙。」那些能夠鼎力相諫的儒生，上書言事，不善於言詞，文章鋒芒外露，不委婉含蓄，冒犯了地方長官的意旨，於是就遭到疏遠。為了地位而爭奪的人，不能建立自己的功名；而貪圖官職利祿的人，更不可能向上級長官進諫了。文吏貪圖官職和利祿，一旦處在官位上，就想謀取私利以供自己享用，利用職權掠奪和榨取別人的財物，來滿足自己的私欲，不替長官顯揚仁義，即使看見像泰山一樣大的罪惡，哪裡肯說出半句有關地方長官過錯的話來呢！事物的情理就是這樣，憑什麼把自己從「尸位素餐」的指責中解脫出來呢？儒生學習的是莫大的仁義，用先王之道來侍奉地方長官，不被重用就辭官歸隱，具有大臣的志向，用《論語》上的道理來勉勵自己具備公正的品行，他們是敢於直言進諫的人，但是所處的地位卻遠離地方長官。處於被疏遠的地位卻硬要接近並且勸阻地方長官，《禮記》稱這是阿諛奉承，正因為如此，所以郡縣的官府常常是空空如也，沒有容納人才。

或曰：「文吏筆札❶之能，而治定❷簿書❸，考理❹煩事❺，雖無道學❻，筋力材能盡於朝庭，此亦報上❼之效驗❽也。」曰：此有似於貧人負❾官❿重責⓫，貧無以償，則身為官作⓬，責乃畢竟⓭。夫官之作，非屋廡則牆壁也。屋廡則用斧斤，牆壁則用築⓮鍤⓯。荷⓰斤斧，把築鍤，與彼握刀持筆何以殊？苟⓱謂治文書者報上之效驗，此則治屋廡牆壁之人亦報上也。俱為官作，刀筆、斧斤、築鍤鈞⓲也。抱布貿絲⓳，交易有亡⓴，各得所願㉑。儒生抱道貿祿，文吏無所抱，何用貿易？農商殊業，所畜㉒之貨，貨不可㉓同，計其精粗，量其多少，其出溢㉔者名曰富人。富人在世，鄉里㉕願㉖之。夫先王之道，非徒農商之貨也，其㉗為㉘長吏立功致化㉙，非徒富多出溢之榮也。且儒生之業，豈徒出溢哉！其身簡練㉚，知慮㉛光明，見是非審㉜，尤㉝可奇㉞也。

【章　旨】此章通過答辯，說明儒生較之文吏，最可珍貴者，在於「知慮光明，見是非審」，可為長吏「立功致化」。

【注　釋】❶札　書簡。❷治定　辦理確定。❸簿書　文書簿冊。❹考理　考察和處理。❺煩事　煩雜的事務。❻道學　此指儒生所崇尚的先王之道。❼報上　報答地方長官。❽效驗　證明。❾負　欠。❿官　官府。⓫責　同「債」。⓬官作　指替官府服勞役。⓭畢竟　終了。指還清債務。⓮築　夯土用的工具。⓯鍤　挖土用的工具。⓰荷　扛；挑。⓱苟　如果。⓲鈞　通「均」。等；相同。⓳抱布貿絲　語出《詩・衛風・氓》：「氓之蚩蚩，抱布貿絲。」貿，交易；交換。即用布交換絲。⓴亡　通「無」。㉑願　希望。㉒畜　通「蓄」。積蓄；積儲。㉓可　當；應該。㉔溢　過頭；超出。㉕鄉里　同鄉的人。㉖願　羨慕。㉗其　此指先王之道。㉘為　幫助。㉙化　教化。㉚簡練　此指經過鍛鍊、考驗。㉛知慮　智慧和思想。此指一個人的心地。㉜審　明瞭；清楚。㉝尤　特別。㉞奇　珍奇；珍貴。

【語譯】有人說：「文吏有寫文書、章奏的本領，能夠妥當辦理各種公文，研究和處理煩雜的事務，雖然沒有學習儒生所尊崇的先王之道，但他們的精力和才能都全部貢獻給了朝廷，這也是報答地方長官的證明啊。」我認為：這種情況有點像窮人欠官府的債務一樣，因為貧窮沒有辦法償還，就親自去替官府服勞役抵債，債才能還清。官府的勞役，不是蓋房屋就是築牆。蓋房屋就用斧斤，築牆壁就用築鍤。扛斤斧，拿築鍤，與那些手持刀筆的文吏有什麼不同？如果說處理文書是報答地方長官的證明，那麼這種蓋房屋、築牆壁的人也是報答主上啊。都是替官府服役，那麼刀筆、斧斤、築鍤的作用也就相同了。用布交換絲，交換有無，各自得到自己所希望的東西。儒生用先王之道交換官祿，文吏沒有東西用來交換，用什麼來換取俸祿？農民和商人不同職業，所積儲的貨物，貨物不應該相同，就計量貨物的精粗、多少，那些遠遠超過別人的名叫富人。富人在世，同鄉的人羨慕他們。先王之道，不僅僅是農民和商人的財貨可以相比的，它能夠幫助地方長官建立功業、達到教化，不僅僅是由於財富非常多而得到的那點榮譽而已。況且儒生所從事的事業，又何止在數量上比別人豐富啊！他們親身經過鍛鍊考驗，心地光明磊落，能夠明辨是非，這是特別可貴的。

蒸❶所與眾山之材幹❷同也，伐以為蒸，熏以火，煙熱究❸浹❹，光色澤潤，焫❺之於堂，其耀浩廣，火竈之效❻加❼也。繡之未刺，錦之未織，恒絲庸帛，何以異哉？加五彩之巧❽，施針縷❾之飾❿，文章⓫炫耀⓬，黼黻⓭華蟲⓮，山龍日月。學士有文章⓯之學，猶絲帛之有五色之巧也。本質不能相過，學業積聚，超逾多矣。物實[16]無中核[17]者謂之郁，無刀斧之斲[18]者謂之樸[19]。文吏不學世之教[20]，無核也。郁樸之人，孰與程[21]哉？骨曰切，象[22]曰瑳[23]，玉曰琢[24]，石曰磨，切瑳琢磨，乃成寶器。人之學問知能成就，猶骨象玉石切瑳琢磨也。雖欲勿用，賢君其舍諸[25]？孫武[26]、闔廬[27]，世之善用兵者也，如或學其法者，戰必勝。不曉什伯之陣[28]，不知擊刺之術者，強[29]使之軍[30]，軍覆師敗，無其法[31]也。穀之始熟曰粟，舂[32]之於臼[33]，簸其粃糠，蒸之於甑[34]，爨[35]之以火，成熟為飯，乃甘可食。可食而食之，味生肌腴成也。粟未為米，米未成飯，氣腥未熟，食之傷人。夫人之不學，猶穀未成粟，米未為飯也。知心亂少，猶食腥穀，氣傷人也。學士簡練於學，成熟於師，身之有益，猶穀成飯，食之生肌腴也。銅錫未采，在眾石之間，工師鑿掘，爐橐[36]鑄鑠[37]，乃成器。未更[38]爐橐，名曰積石[39]。積石與彼路畔之瓦、山間之礫[40]，一實也。故夫穀未舂蒸曰粟，銅未鑄鑠曰積石，人未學問曰矇[41]。矇者，竹木之類也。夫竹生於山，木長於林，未知所入。截竹為筒，破以為牒[42]，加筆墨之蹟，乃成文字，大者[43]為經，小者為傳記。斷木為槧[44]，析之為板，力加刮削，乃成奏牘[45]。夫竹木，粗苴[46]之物也，雕琢刻削，乃成為器用。況人含天地之性，最為貴者乎！

【章　旨】此章以大量比喻，說明學問之重要，儒生多「學業積聚」，而文吏則「不學世之教」也。

【注　釋】❶蒸　把木材和麻稈經過加工曬乾後用來燒火照明叫做蒸。❷幹　指樹幹。❸究　窮盡；全部。❹浹　透徹。❺焫　點燃。❻效　效用。❼加　施加。❽巧　指精緻的花紋。❾縷　絲線。❿飾　裝飾。⓫文章　指花紋圖案。⓬炫耀　絢麗多彩。⓭黼黻　古代禮服上所繡的花紋。黼，黑白相次，作斧形，刃白身黑。黻，黑青相次，作弫形。《書・益稷》：「藻、火、粉、米、黼、黻，絺繡。」孔傳：「黼若斧形，黻為兩己相背。」《考工記》云：「畫繢之事……白與黑謂之黼，黑與青謂之黻。」⓮華蟲　指野雞形的圖案。⓯文章　此指文彩。寫文章的才華。⓰物實　植物的果實。⓱中核　內核。⓲斲　砍削；加工。⓳樸　未經加工的木料。⓴世之教　儒家經書所宣傳的學說和主張。㉑程　衡量；比較。㉒象　象牙。㉓瑳　通「磋」。製造象牙器物的一種方法。㉔琢　雕刻。㉕諸　「之乎」的合音。㉖孫武　人名。春秋末期齊國人，曾為吳國大將，著有《孫子兵法》。㉗闔廬　春秋時吳國君主。孫武曾以《兵法》十三篇見之。㉘什伯之陣　此指列隊擺陣。什伯，古代軍隊的一種編制，以十人為「什」，百人為「伯」。伯，通「佰」。㉙強　硬要。㉚軍　指揮軍隊。㉛其法　指孫武、闔廬的兵法。㉜舂　把穀物的殼皮搗掉。㉝臼　舂米的器具。㉞甑　蒸飯的一種瓦器。㉟爨　燒火煮食物。㊱橐　古代冶煉金屬時用來鼓風的器具。多為皮質袋狀，猶今之風箱。㊲鑠　冶煉。㊳更　經過。㊴積石　此指礦石。㊵礫　碎石。㊶矇　愚昧。㊷牒　古代書寫用的竹簡。㊸大者　指二尺四寸長的竹簡。用來寫經書。㊹槧　備書寫用的木板。㊺奏牘　寫奏章用的木簡。牘，寫字的木簡。㊻粗苴　粗糙。苴，通「粗」。

【語　譯】蒸這種東西，本來與許多山上生長的樹木是相同的，砍伐樹木把它作成蒸，用火燒，用煙火的熱量把它全部烤透徹，光色澤潤，在堂屋裡點燃它，它的光芒照耀得很廣闊，這是因為火竈的效用施加在蒸上的緣故。繡未刺，錦未織，它與平常的絲帛，又有什麼不同呢？刺上五顏六色精緻的花紋，用針和絲線繡上各種裝飾的圖案，花紋圖案絢麗多彩，繡的是斧形、己形、野雞形以及山、龍、日、月等各種圖案。學士有寫作文章的才華，好像絲帛刺上五顏六色精緻的花紋一樣。學士的本質並不超過一般人，但是學問積累以後就超過一般人很多了。植物的果實沒有內核的叫做「郁」，沒有經過刀斧砍削的木料叫做「樸」。文吏不學習儒家所宣傳的先王之道，就好像沒有內核的植物果實一樣。這種「郁樸」的人，能跟誰相比呢？製造骨器的方法叫切，製造象牙器物的方法叫磋，製造玉器的方法叫琢，製造石器的方法叫磨，切磋琢磨，才能成為寶器。人的學問知識才能的形成，就像骨、象、玉、石等寶器是經過切磋琢磨一樣。有了這種才能，自己雖然不想被任用，但是賢明的君主又怎麼願意捨棄他呢？孫武、闔廬，都是世上善於用兵的人，如果有人學習他們的兵法，打仗就必定勝利。不通曉列隊擺陣，不知道擊刺之術的人，硬要派他去指揮軍隊，軍隊必然失敗甚至覆滅，這是因為沒有掌握孫武、闔廬的兵法的緣故。穀子剛熟叫做粟，把它放入臼中去舂，用簸箕去掉它的粃糠，放在甑裡蒸，用火煮，煮熟成為飯，就變得甘美可吃了。可以吃才吃，味美適口，消化以後就能使肌肉長得豐滿。粟沒有成為米，米沒有變成飯，氣味生腥沒有成熟，吃了就會損傷人的身體。一個人如果不學習，就好像穀沒有成為粟，米沒有變成飯一樣。知識貧乏，思想混亂，就好像人吃了生腥的穀子，腥氣傷人一樣。學習的人在學問上下功夫磨練，在老師的教育下成熟起來，本身有益於社會，就好像穀變成飯，人吃了使身體長得很健康豐滿一樣。銅、錫在沒有採集時，處在眾多的石頭之間，工匠師傅開鑿挖掘出來，經過鼓風爐的冶煉和鑄造，才成為各種器具的。沒有經過鼓風爐的冶煉，就名叫礦石。礦石與那些路邊的瓦片、山間的碎石，實際都是相同的。所以穀沒有舂蒸叫做粟，銅沒有經過冶煉和鑄造叫做礦石，人沒有學問叫做愚昧。愚昧的人，就如同竹木之類一樣。竹生長在山上，樹木生長在山林之中，不知道要被用到哪裡去。把竹截斷做成竹筒，把竹破開做成竹簡，用筆墨寫上，就成文章，大的竹簡寫經書，小的竹簡寫成傳記之類。截斷木頭做成木簡，劈析木頭成為木板，用力加以刮削，就成為寫奏章用的木簡。竹木，是粗糙的東西，經過人的雕琢刻削，就能成為各種器具用品。何況人含蘊著天地的質性，更是最為珍貴的啊！

不入師門，無經傳之教，以郁樸之實，不曉禮義，立之朝庭，植笮❶樹表❷之類也，其何益哉？山野草茂，鉤鐮斬刈❸，乃成道路也。士未入道門❹，邪惡未除，猶山野草木未斬刈，不成路也。染練⑤布帛，名之曰采，貴吉之服也。無染練之治⑥，名縠麤⑦，縠麤不吉，喪人⑧服⑨之。人無道學，仕宦朝庭，其不能招致也，猶喪人服麤不能招吉也。能斲削柱梁，謂之木匠。能穿鑿穴⑩坎，謂之土匠。能雕琢文書，謂之史匠⑪。夫文吏之學，學治文書也，當與木土之匠同科，安得程於儒生哉？御史⑫之遇⑬文書，不失分銖⑭。有司⑮之陳籩豆⑯，不誤行伍⑰。其巧習者，亦先學之，人不貴者也，小賤之能，非尊大之職也。無經藝⑱之本⑲，有筆墨之末⑳，大道未足而小伎㉑過多，雖曰吾多學問，御史之知㉒，有司之惠㉓也。飯㉔黍粱㉕者饜㉖，餐糟糠者飽，雖俱曰食，為腴不同。儒生文吏，學俱稱習㉗，其於朝庭，有益不鈞。鄭子皮㉘使尹何㉙為政，子產比於未能操刀使之割也。子路使子羔為費宰，孔子曰：「賊㉚夫人之子。」皆以未學，不見大道也。醫無方術㉛，云：「吾能治病。」問之曰：「何用治病？」曰：「用心意。」病者必不信也。吏無經學，曰：「吾能治民。」問之曰：「何用治民？」曰：「以材能。」是醫無方術，以心意治病也，百姓安肯信嚮㉜，而人君任用使之乎？手中無錢，之市㉝，使貨主問曰：「錢何在？」對曰：「無錢。」貨主必不與㉞也。夫胸中不學，猶手中無錢也，欲人君任使之，百姓信嚮之，奈何㉟也！

【章　旨】此章反覆論證文吏雖有「小賤之能，非尊大之職」，不可與儒生相比較。

【注　釋】❶筦　竹製的盛箭器。《儀禮・既夕禮》云：「役器：甲、冑、干、筦。」此指竹竿。❷表　標幟；標記。古人把樹立在路邊以指示方向的木柱稱為「路表」，把樹立在宮殿外供上書用的木柱稱之「諫表」。此泛指木柱。❸刈　割。❹道門　入道之門。此指先王之道。❺練　加工過的布帛。指潔白的熟絹。❻治　加工。❼穀麤　未經煮染的粗糙的紡織品。麤，同「粗」。❽喪人　死了人。❾服　穿。❿穴　洞穴。⓫史匠　擅長寫作公文的人。⓬御史　此指掌管文書的官吏。⓭遇　對待；辦理。⓮分銖　形容細小。分，一錢的十分之一。銖，一兩的二十四分之一。⓯有司　此指負責祭祀的官吏。⓰籩豆　指籩和豆。古代的禮器。籩用竹製，盛果脯等，豆用木或銅、陶製，盛肉食等，供祭祀和宴會之用。⓱行伍　行列。⓲經藝　泛指儒家經書。藝，經。⓳本　根本；基本。⓴末　細微末節。此泛指微不足道的東西。㉑伎　通「技」。㉒知　通「智」。㉓惠　通「慧」。聰明。㉔飯　吃。㉕黍粱　泛指細糧。㉖饜　飽。㉗習　熟悉。㉘子皮　人名。鄭國的上卿。㉙尹何　人名。據《左傳・襄公三十一年》記載，子皮想讓尹何去做地方官，鄭國大夫子產說尹何還年輕，不懂事，就如同一個人還不會拿刀，就要他用刀去宰牛一樣，一定會砍傷自己的。㉚賊　害。見《論語・先進》。㉛方術　此指醫術。㉜信嚮　信賴。嚮，嚮往。㉝之市　到市場上去。之，到。㉞與　給予。㉟奈何　怎麼行呢。

【語　譯】沒有進入師門，沒有接受儒家經傳的教育，以「郁樸」之人的實在面目，不通曉禮義，而讓他在朝廷任職，就如同立一根竹竿、立一根木柱一樣，對朝廷難道有什麼益處嗎？山野的草木長得很茂盛，只有用鐮刀斬割了草木，才能成為道路。讀書人沒有熟悉先王之道以前，邪惡之念未除掉，就好比山野之中的草木沒有斬割，還不成道路一樣。染白色的布帛，叫做彩衣，這是富貴吉祥的服飾。沒有經過染色加工的白色布帛，名叫粗劣的紡織品，穿粗糙的白色布帛是不吉利的，只有死了人才穿它。一個人沒學習先王之道，就在朝廷上做官，他就不可能給朝廷帶來益處，好像死了人穿上粗布白衣不可能招來吉祥一樣。能夠砍削木頭作柱梁的人，叫做木匠；能夠穿鑿洞穴土坎的人，叫做土匠；能夠擅長寫作文書的人，叫做史匠。文吏的學問，就在於學習寫作公文書札而已，應當與木匠、土匠屬於同一科類，怎麼能同儒生相比較呢？掌管文書的官吏辦理文書，不出一點差錯。負責祭祀的官吏陳列各種祭品，不會擺錯行列。那些能熟練地完成自己本職工作的人，也是事先經過學習的，可是人們還是看不起他們，這是因為他們掌握的僅僅是低賤的本領，擔任的不是值得尊重的職務。沒有掌握儒家經書這一根本，只有耍弄筆桿這種微不足道的本領，大道不足而小技有餘，即使說我有很多學問，也不過是掌管文書的官吏的智能，主管祭祀的官吏的聰明而已。吃細糧的飽，吃粗糧的也飽，雖然都說吃，而對滋養人體所起的作用是不同的。儒生和文吏，所學到的東西都以為很熟練，但它們對於朝廷來說，所受的益處並不相同。鄭國子皮想讓尹何去做官，子產把他比作為不能持刀的小孩卻硬要讓他拿刀去宰牛。子路讓子羔去做費宰，孔子說：「這是害人子弟。」這都是因為他們沒有經過學習，沒有見先王之道的緣故。醫生並沒有醫術，卻說：「我能治病。」有人問他說：「用什麼治病？」他回答說：「用心意。」生病的人一定不會相信他。官吏並沒有學儒家的經傳之學，他卻說：「我能治理老百姓。」有人問他道：「用什麼治理老百姓？」他回答說：「用才能。」這與醫生沒有醫術，用心意治病一樣，老百姓怎麼能信賴他，君主怎麼能相信他、任用他呢？一個人手中無錢，到市場上去買東西，假使貨主問他說：「錢在哪裡？」他回答說：「沒有錢。」貨主肯定不會把東西賣給他的。一個人的心胸之中沒有學問，就好像手中沒有錢一樣，要想君主信任你、任用你，老百姓信賴你，怎麼行呢？

# 謝短篇第三十六

【題解】本篇旨在指出文吏和儒生各自之短處。

漢時，文吏與儒生相互鄙視，文吏以「曉簿書」輕視儒生，而儒生又以「自謂通大道」而蔑視文吏，雙方並無自知之明，不知彼此各有所短者。王充以求實精神，於此篇中質問和嘲笑二者之自鳴得意處，指出儒生之短，在於「知古不知今」與「知今不知古」，「坐守信師法」；文吏之短，在於不能「究窮其義，通見其意」，「知其然而不知其所以然」。儒生、文吏「皆淺略不及，偏駁不純，俱有闕遺」，其根本原因在於「閉暗不覽古今」。

〈程材〉、〈量知〉，言儒生、文吏之材不能相過❶，以❷儒生修❸大道❹，以文吏曉❺簿書❻，道勝於事，故謂儒生頗❼愈❽文吏也。此職業外相程❾相量❿也，其內各有所以為短，未實謝⓫也。夫儒生能說一經，自謂通大道以驕⓬文吏；文吏曉簿書，自謂文無害以戲⓭儒生。各持滿⓮而自藏⓯，非彼⓰而是我⓱，不知所為短，不悟⓲於己未足。《論衡》酬⓳之，將使㦧然⓴各知所乏。

【章旨】此章點明篇旨，指出文吏、儒生皆各有所短。

【注釋】❶過　超出；勝過。❷以　因為。❸修　治理；掌握。❹大道　先王之道。❺曉　通曉。❻簿書　公文簿冊。❼頗　稍微；略微。❽愈　勝過。❾程　比較。❿量　衡量。⓫謝　敘述；論述。⓬驕　傲視；瞧不起。⓭戲　嘲弄。⓮持滿　自滿；驕傲。持，懷。⑮藏　通「臧」。善；高明。⑯非彼　以彼為非。⑰是我　以我為是。是，對；正確。⑱悟　明白。⑲酬　回答。⑳⿰忄頳然　臉紅貌。此指羞愧之意。⿰忄頳，通「赩」。即「頳」。大紅色。《楚辭・大招》：「北有寒山，逴龍赩只。」王逸注云：「逴龍，山名。赩，赤色無草木貌。」

【語　譯】《程材篇》、《量知篇》，說到儒生、文吏的才能不相上下，因為儒生掌握先王之道，而文吏通曉公文簿冊，先王之道勝過了具體事務，所以說儒生稍微勝過文吏。這是在不同的職務之間互相加以比較，而對他們本職範圍之內各自所存在的短處，則並沒有如實地加以論述。儒生能解說一部儒家經書，自以為通曉先王之道而瞧不起文吏；文吏通曉公文簿冊，自以為擅長處理公文而無差錯，而嘲弄儒生。各自驕傲自滿而自以為高明，非難對方而認為自己是對的，不知什麼是短處，不明白自己還有許多不足之處。《論衡》回答他們，將使他們各自都羞愧地了解到自己的短處。

夫儒生所短，不徒❶以❷不曉簿書；文吏所劣，不徒以不通大道也。反以閉暗❸不覽古今❹，不能各自知其所業❺之事未具足❻也。二家各短，不能自知❼也。世之論者，而亦不能酬之，如何❽？

【章　旨】此章進一步指出儒生和文吏各自不通古今，且無自知之明，故須酬之。

【注　釋】❶徒　僅僅。❷以　因為。❸閉暗　眼界不開闊；閉塞不明。❹不覽古今　不通古今。❺業　從事；掌握。❻具足　完備；全面；十全十美。❼自知　有自知之明。❽如何　怎麼行呢。

【語　譯】儒生的短處，不僅僅因為不通曉文書簿冊之類；文吏的低劣之處，不僅僅因為不通曉先王之道。恰恰相反，是因為他們眼界不開闊，不通古今，不能各自明白自己所從事的工作不是十全十美的。儒生和文吏二家各有自己的短處，又不能有自知之明。世上發表議論的人，卻也不能回答他們，怎麼行呢？

夫儒生之業，五經❶也。南面❷為師，旦夕講授，章句滑習❸，義理究備❹，於五經，可也。五經之後，秦、漢之事，無不❺能知者，短也。夫知古不知今，謂之陸沈❻，然則儒生，所謂陸沈者也。五經之前，至於天地始開，帝王初立者，主❼名為誰，儒生又不知也。夫知今不知古，謂之盲瞽❽。五經比於上古，猶為今也。徒能說經，不曉上古，然則儒生，所謂盲瞽者也。

【章旨】此章總論儒生之短，指斥儒生不通古今，猶「陸沈」「盲瞽」者也。

【注釋】❶五經　指《易》、《詩》、《書》、《禮》、《春秋》五部儒家經書。五經之名，始於漢武帝時代。❷南面　面向南面而坐。這是古代表示尊貴的座位。❸滑習　爛熟；純熟。❹究備　十分完備。究，窮盡。❺無不　疑有衍文。❻陸沈　泥古而不合時宜。❼主　君主。❽盲瞽　瞎子。

【語譯】儒生的職業，是講誦五經而已。面向南面而坐，為人師表，早晚講授，經書的章句背得爛熟，義理講授得十分完備，這對於五經來說，還是算不錯的。但是五經之後，對於秦、漢的事，不能懂得，那就是儒生的短處了。一個人只知道古代的事，而不懂得當今的世事，叫做泥古而不合時宜，這樣說來，那麼儒生就可以叫做泥古而不合時宜的人了。五經之前，直到天地初開，帝王剛立時，君主名字是誰，儒生又不知道了。知今而不知古，叫做瞎子。五經同上古時代相比，還算是今了。只能解說經書，不通曉上古時代，這樣說來，那麼儒生可以叫做瞎子了。

儒生猶曰：「上古久遠，其事暗昧❶，故經不載而師不說也。」夫三王❷之事雖❸近矣，經雖不載，義所連及❹，五經之家所當共知❺，儒生所當審說❻也。夏自禹嚮國❼，幾載❽而至於殷？殷自湯幾祀❾而至於周？周自文王幾年而至於秦？桀亡夏❿而紂棄殷，滅周⓫者何王也？周猶為遠，秦則漢之所伐⓬也。夏始於禹，殷本於湯，周祖后稷⓭，秦初為人者⓮誰？秦燔五經，坑殺儒生，五經之家所共聞也。秦何起⓯而燔五經？何感⓰而坑⓱儒生？秦則前代也，漢國自儒生之家⓲也。從高祖至今朝幾世？歷⓳年訖⓴今幾載？初受何命？復㉑獲何瑞㉒？得天下難易孰與殷、周？家人子弟，學問歷幾歲，人問之曰：「居宅幾年？祖先何為？」不能知者，愚子弟也。然則，儒生不能知漢事，世之愚蔽㉓人也。溫故知新，可以為師㉔。古今不知，稱師如何？

彼人㉕問曰：「二尺四寸㉖，聖人文語㉗，朝夕講習，義類所及，故可務㉘知。漢事未載於經，名為尺藉短書㉙，比㉚於小道㉛，其能知，非儒者之貴也。」儒不能都曉古今，欲各別說其經，經事義類，乃以不知為貴也。

【章旨】此章指出儒生不知古今，無以為師。

【注　釋】❶暗昧　昏暗不明。❷三王　指夏禹、商湯和周文、武王。❸雖　通「唯」。唯獨；只有。❹連及　連貫。❺共知　都了解。❻審說　清楚地解釋。❼嚮國　通「饗國」。享國。指掌管國家政權。❽載　年。❾祀　商代以「祀」為年。❿亡夏　使夏朝滅亡。⓫滅周　使周朝滅亡。⓬伐　誅滅。⓭祖后稷　以后稷為祖。⓮為人者　治理人的人。指君主。為，治理。⓯起　起因。⓰感　感觸。⓱坑　活埋。⓲家　國家。此指朝代而言。⓳歷　經歷。⓴訖　通「迄」。到。㉑復　又。㉒瑞　祥瑞。㉓愚蔽　愚昧無知。㉔溫故知新二句　見《論語・為政》。是孔子所言。㉕彼人　那些人。指儒生。㉖二尺四寸　書寫儒家經書所規定的竹簡的尺度。此用以借代儒家經書。㉗文語　精闢的語言。文，美；善。㉘務　從事；努力。㉙尺藉短書　指經書以外的其他一般性著作和書籍。藉，通「籍」。㉚比　近。㉛小道　小道理。

【語　譯】儒生還可以說：「上古時代離現代久遠，上古之事昏暗不明，所以經書上沒有記載，老師也沒有講過呀。」在古代的事情當中，也許只有三王的事情離現在最近了，經書上雖然沒有記載，但是義理是相通的，研究五經的人都應該了解，儒生都應當清楚地加以解說。夏朝自從禹統治國家，經歷了多少年而到達殷朝？殷朝自從湯開國，經過多少年而到達周朝？周朝自文王以後又經過了多少年而到達秦朝？夏桀使夏朝滅亡，商紂丟失了商朝，那麼使周朝滅亡的是哪位君王呢？周朝如果還算遠，那麼秦朝就是漢朝所滅亡的啊。夏朝始於禹，殷朝本於湯，周朝以后稷為祖，秦朝的第一個君主是誰？秦始皇焚燒五經，坑殺儒生，這是研究五經的人都聽說的。秦朝因什麼原由而焚燒五經？為什麼感觸而活埋儒生？如果說秦朝還是前一代的話，那麼漢朝就本是儒生們生活的時代啊。自從漢高祖建國到今朝共經歷了多少代？經過的年代至今共有多少年？漢朝當初承受了什麼樣的命？又獲得怎樣的祥瑞呢？漢朝取得天下，與殷、周二朝相比較誰難誰易呢？一般人家的小孩讀了幾年書之後，有人問他說：「你家居住在這裡幾年了？你家的祖先是幹什麼的？」如果他不知道，這就是愚蠢的子弟。既然這樣，那麼儒生不知漢朝的事情，就說明儒生是世上愚昧無知的人。孔子說過，溫習舊的知識，能夠從中獲得新的知識，才可以成為老師。儒生不知古今，怎麼能稱作老師呢？

儒生反駁說：「經書，是聖人精闢的語言，朝夕講習，因為是經書的義理所涉及的，所以應當努力去弄懂。漢朝的事沒有載入經書，被稱為尺籍短書，近於小道末技之類，即使能知道，也不是儒生引以為貴的。」

儒生不能都通曉古今之事，只是想各自分別講述他們所擅長的儒家經書，可是經書的義理與古今的事理是類似的，如果說可以不了解古今的事情，這顯然是以無知為貴呀！

事不曉，不以為短，請復別問儒生，各以其經旦夕❶之所講說❷。

先問❸《易》家❹：「《易》本何所起？造作之者為誰？」彼將應曰：「伏羲❺作八卦❻，文王❼演為六十四❽，孔子作〈彖〉、〈象〉、〈繫辭〉❾。三聖重業，《易》乃❿具足⓫。」問之曰：「《易》有三家：一曰《連山》⓬，二曰《歸藏》，三曰《周易》。伏羲所作，文王所造，《連山》乎？《歸藏》也？秦燔五經，《易》何以得脫？漢興幾年而復立？宣帝之時，河內⓭女子壞⓮老屋，得《易》一篇，名為何《易》？此時《易》具足未？」

問《尚書》家曰：「今日夕所授二十九篇⓯，奇⓰有百二篇⓱，又有百篇。二十九篇何所起？百二篇何所造？秦焚諸書之時，《尚書》諸篇皆何在？漢興，始錄《尚書》者何帝？初受學者何人？」

問《禮》家曰：「前孔子時，周已制禮，殷禮，夏禮，凡⓲三王因⓳時損益⓴，篇有多少，文有增減。不知今《禮》，周乎？殷、夏也？」彼必以漢承周，將曰：

「周禮。」夫周禮六典㉑，又六轉㉒，六六三十六，三百六十，是以㉓周官三百六十㉔也。案今《禮》不見六典，無三百六十官，又不見天子，天子禮廢何時？豈秦滅之哉？宣帝時，河內女子壞老屋，得佚《禮》一篇，十六篇中，是何篇是者？高祖詔叔孫通㉕制作《儀品》㉖，十六篇何在？而復定《儀禮》？見㉗在十六篇，秦火㉘之餘也，更㉙秦之時，篇凡有幾？

問《詩》家曰：「《詩》作何帝王時也？」彼將曰：「周衰而《詩》作，蓋㉚康王㉛時也。康王德缺於房㉜，大臣刺㉝晏㉞，故《詩》㉟作也。」夫文、武之隆㊱，遺㊲在成、康，康王未衰，《詩》安得作？周非一王，何知其康王也？二王㊳之末㊴皆衰，夏、殷衰時，《詩》何不作？《尚書》曰：「詩言志，歌詠言㊵。」此時㊶已有詩也。斷取㊷周以來，而謂興㊸於周。古者采詩，詩有文也，今《詩》無書㊹，何知非秦燔五經，詩獨無餘札也？

問《春秋》家曰：「孔子作《春秋》，周何王時也？自衛反魯，然後樂正㊺，《春秋》作矣。自衛反魯，哀公時也。自衛，何君也？俟㊻孔子以何禮，而孔子反魯作《春秋》乎？孔子錄史記㊼以作《春秋》，史記本名《春秋》乎？制作以為經，乃歸㊽《春秋》也？」

【章　旨】此章逐一問難五經之家，以說明儒生並不通「五經」。

【注　釋】❶旦夕　朝夕。❷講說　講習和解說。❸問　質問。❹易家　研究、講解《周易》的儒生。❺伏羲　伏羲氏。傳說中的上古帝王。❻八卦　相傳為伏羲氏創制的。構成《周易》中的八種基本圖形，用「⚊」和「⚋」兩種符號組成，以「⚊」為陽，以「⚋」為陰。名稱是：乾（☰）、坤（☷）、震（☳）、巽（☴）、坎（☵）、離（☲）、艮（☶）、兌（☱），分別代表天、地、雷、風、水、火、山、澤八種自然現象。❼文王　周文王。❽演為六十四　傳說周文王通過排列組合，把八卦兩兩相配而成六十四組（如「乾」下「坤」上相配而為「泰」（䷊）卦），稱之為六十四卦。每卦以文字說明之，這就是《易》之正文，被後世稱之為「經」。演，推演；發展。❾彖象繫辭　即〈彖辭〉、〈象辭〉、〈繫辭〉。與〈文言〉、〈序卦〉、〈說卦〉、〈雜卦〉，相傳為孔子所作，是解釋《易》的經文的，被稱之為「傳」。❿乃　才。⓫具足　完備；完美。⓬連山　傳說與《歸藏》、《周易》一樣同為古代占卦之書。⓭河內　古郡名。在今河南省北部地區。⓮壞　破壞；拆。⓯二十九篇　指西漢今文《尚書》的篇數。保存於今通行本《尚書》之中。⓰奇　另外。⓱百二篇　指漢代流行的一百零二篇的《尚書》。與百篇本《尚書》俱已佚。⓲凡　總共。⓳因　根據。⓴損益　增減。㉑六典　指周禮規定的管理朝政的六個部門：天官治典（主管行政）、地官教典（主管農業、風俗教化）、春官禮典（主管禮儀制度）、夏官政典（主管軍事）、秋官刑典（主管刑法）、冬官事典（主管建築、手工業），每官之下，又設有六十官。典，法。㉒六轉　指用六乘六十，共計三百六十。轉，運轉。此指相乘。㉓是以　因此。㉔周官三百六十　指六官之下共分為三百六十個官職而言。㉕叔孫通　人名，漢初薛縣人。曾為秦博士，秦末先後歸屬項羽和劉邦，任博士，稱稷嗣君。漢初與儒生共立朝儀，後任太子太傅。㉖儀品　指叔孫通所擬之《漢儀》十二篇。㉗見　同「現」。㉘秦火　指秦始皇焚書。㉙更　經歷。㉚蓋　人概。㉛康王　周康王。西周末君主。㉜德缺於房　指道德品質敗壞，貪戀女色。房，內室。㉝刺　諷刺。㉞晏　晚。此指起床晚。㉟詩　此指《詩經》第一篇〈關雎〉。劉向《列女傳・仁智》認為，〈關雎〉旨在諷刺周康王。㊱隆　昌隆；隆盛。㊲遺　遺留。㊳二王　指夏禹、商湯。㊴末　末代。㊵詩言志二句　語出《尚書・堯典》。志，思想感情。詠，唱。㊶此時　指堯、舜時代。㊷斷取　截取。㊸興　產生。㊹書　指西周以前古詩的文字記載。㊺自衛反魯二句　語出《論語・子罕》。反，同「返」。㊻俟　對待。㊼史記　指魯史記。㊽歸饋；給；賦予。

【語　譯】如果不通曉古今之事，還不算短處的話，那麼請讓我用他們各自朝夕講習的儒家經書，再來分別問一問儒生吧。

首先請問講習《周易》的儒生：「《周易》創作的緣起本是什麼？創作的作者是誰？」那些儒生必定回答說：「伏羲氏制作八卦，周文王又通過排列組合，把八卦推演而成六十四卦，孔子作〈彖辭〉、〈象辭〉、〈繫辭〉解說經文。經過伏羲、周文王、孔子三位聖哲相繼努力從事這項事業，《周易》才完備。」請問講習《周易》的儒生：「《易》有三家：一叫《連山》，二叫《歸藏》，三叫《周易》。伏羲氏所創作的，周文王所製造的，是《連山》呢？還是《歸藏》、《周易》呢？秦始皇焚燒儒家五經，《易》怎麼能夠脫險？漢朝興起後，經過了多少年，而重新把《易》立為儒家經書呢？漢宣帝的時代，河內郡一婦人家拆除老屋，獲得《易》一篇，名稱為什麼叫做《易》呢？這時的《易》完備了沒有？」

請問講習《尚書》的儒生說：「現在你們朝夕講授的《尚書》為二十九篇，另外有一百零二篇的，又有一百篇的。那麼二十九篇又起源於什麼？一百零二篇又是什麼人創造的？秦始皇焚燒各種儒家經書的時候，《尚書》各篇又都在什麼地方藏起來？漢朝興起以後，開始收錄《尚書》的是什麼帝王？最初講授學習的是什麼人？」

請問講習《禮》的儒生說：「在孔子以前，周朝已經制禮，還有殷禮、夏禮，總共經歷三代，禮都根據當時的情況而有所增減，篇數有多有少，文字有增有減。不知現今你們講習的《禮》，是周禮呢？還是殷禮、夏禮呢？」那些儒生一定以為漢承襲周制，必將會說：「周禮。」周禮把朝政事務分為六個主管部門，即設天、地、春、夏、秋、冬六官，每官之下又有六十官，又用六與六十相乘，六六三十六，共三百六十，因此周官分為三百六十個官職。考察現今的《禮》，並不見有六個主管朝廷事務的部門，沒有三百六十個官職，又看不見有關天子禮儀的記載，究竟什麼時候廢掉了天子禮儀？難道是秦始皇燒毀了嗎？漢宣帝時代，河內郡一婦人家拆除老房屋，獲得早已失傳的《禮》一篇，現在流行的十六篇當中，哪一篇是後來得到的失傳的《禮》呢？漢高祖下詔書要叔孫通制作《儀品》時，十六篇又在何處？為什麼還要重新制定儀禮呢？現在的《禮》十六篇，是秦始皇燒書時剩餘下來的，經歷了秦始皇燒書時候，《禮》的篇數共有多少呢？

請問講習《詩經》的儒生：「《詩》寫作於哪個帝王時代呢？」那些儒生將會說：「西周衰落而《詩》開始創作，大概始於周康王時代吧。周康王貪戀女色，大臣諷刺他起床很晚，所以創作了《詩經》的第一篇〈關雎〉啊。」周文王、周武王時代西周的繁榮昌盛，一直延續、影響到周成王、周康王時代，周康王時代的西周王朝並沒有衰落，《詩經．關雎》怎麼能創作出來？西周並非只有一個君王，怎麼知道《詩經》的第一篇是諷刺周康王呢？夏禹、商湯二王的末代都很衰落，《詩》為什麼沒有作？《尚書》說：「詩是用來抒發思想情感的，歌是用來唱詩的。」可見堯、舜時代已經有詩。只是由於現在的《詩經》中收集的是截取西周以降的詩作，於是就說詩產生在西周時代。古代帝王派人到民間採集詩歌，每篇詩都是有文字記載的；現在的《詩經》中沒有關於古詩的文字記載，怎麼知道不是在秦始皇焚燒五經的時候，把周以前的詩全燒光了，以致今天唯獨西周以前的古詩沒有留下一篇呢？

請問講習《春秋》的儒生：「孔子作《春秋》，是在周代哪個君王時呢？孔子從衛國返回魯國，然後魯國的音樂才得到審定整理，《春秋》於是開始寫作了。孔子從衛國返回魯國，這是魯哀公時代啊。那麼，孔子從衛國動身回魯國時，那裡的君主是誰呢？衛國對待孔子用什麼禮節，從而促使孔子回魯國後要寫作《春秋》呢？孔子摘錄《魯史記》來寫作《春秋》一書，那麼《魯史記》本來名叫《春秋》呢？還是制作成儒家經書之後，才賦予《春秋》的名稱呢？」

法律之家❶，亦為儒生。問曰：「《九章》❷，誰所作也？」彼聞皋陶❸作獄❹，必將曰：「皋陶也。」詰❺曰：「皋陶，唐、虞時，唐、虞之刑五刑❻，案今律無五刑之文。」或曰：「蕭何❼也。」詰曰：「蕭何，高祖時也。孝文❽之時，齊太倉令❾淳于意❿有罪，徵⓫詣⓬長安。其女緹縈為父上書，言肉刑⓭壹施，不得改悔。文帝痛⑭其言，乃改肉刑⑮。案今《九章》象刑⑯，非肉刑也。文帝在蕭何後，知時肉刑也，蕭何所造，反具象刑也？而⑰云《九章》蕭何所造乎？」古禮三百，威儀三千⑱，刑亦正刑⑲三百，科條⑳三千，出於禮，入於刑，禮之所去，刑之所取，故其多少同一數也。今《禮經》㉑十六，蕭何律有九章，不相應，又何？五經題篇，皆以事義㉒別之，至㉓禮與律猶㉔經也，題之，禮言〈昏禮〉㉕，律言〈盜律〉㉖何？

【章旨】此章質問法律之家。

【注釋】❶法律之家　指專門從事法律研究和講解的人。❷九章　即《九章律》。漢高祖頒行的法典，由蕭何依據秦朝之法規擬訂而成，包括〈盜律〉、〈賊律〉、〈囚律〉、〈捕律〉、〈雜律〉、〈具律〉、〈戶律〉、〈興律〉、〈廄律〉，凡九章，故名。原文已失傳。此用以借代法律，指漢初推行的法律。❸皋陶　人名。相傳為堯、舜時代主管司法的官吏。❹作獄　當司法官，建立司法制度。❺詰　追問；反問。❻五刑　古代的五種刑罰。唐、虞、夏、商五刑為墨刑、劓刑、剕刑、宮刑、大辟。見於《尚書・堯典》馬融注。❼蕭何　人名。漢初大臣，沛縣人。秦時曾為沛縣吏，佐劉邦起兵，運籌帷幄，屢建功勳，被封酇侯。所作《九章律》，今佚。❽孝文　指漢文帝。❾齊太倉令　此指掌管齊國倉庫的官吏。❿淳于意　人名。⓫徵　召。此指押送。⓬詣　到。⓭肉刑　指摧殘人的肉體的刑罰。如刺面、割鼻、斷足等之類。⓮痛　被感動。⓯改肉刑　指廢除肉刑。以上事見《史記・孝文本紀》和《史記・扁鵲倉公列傳》。⓰象刑　指象徵性的刑罰。如穿沒有衣領之衣象徵此人罪該殺頭（見《白虎通・五刑》），剃光頭以示汙辱等。⓱而　通「能」。⓲古禮三百二句　古禮，指《禮》中所規定的法律條文。威儀，對禮儀的具體規定。三百、三千，俱言其多。⓳正刑　此指刑法綱目。⓴科條　指刑法細目。以上說法參見《尚書・呂刑》。㉑禮經　即《儀禮》。春秋戰國時代部分禮制之彙編，今存凡十七篇。㉒事義　指各篇之具體內容。㉓至　至於。㉔猶　如同；

同樣。漢律以二尺四寸長的竹簡書寫，故言。㉕昏禮　《儀禮》中的篇目之一。昏，通「婚」。㉖盜律　《九章律》之第一篇。

【語　譯】專門從事法律研究和講解的人，也是儒生。請問：「《九章律》，是誰所作的呢？」他們聽說皋陶當過司法官，必定將會說：「皋陶所作。」追問道：「皋陶，生活在唐堯、虞舜時代，那時的刑法分為五種刑法，考察今天的法律，並沒有五刑的規定。」有人說：「《九章律》是蕭何作的。」追問說：「蕭何，是漢高祖時人。漢文帝的時代，齊國的太倉令淳于意有罪，被徵召到長安，他的女兒緹縈替父上書，說肉刑一施，犯人的身體再不能復原，即使想改悔也不可能了。漢文帝被緹縈的話所感動，於是就廢除了肉刑。考察現在的《九章律》採用的是些象徵性的刑罰，而不是肉刑啊。漢文帝時代在蕭何之後，人們知道文帝時還有肉刑，《九章律》如果是蕭何所制定的，怎麼反而設置一些象徵性的刑罰呢？怎能說今天的《九章律》是蕭何制定的呢？」古代的禮節三百，禮儀的具體規定三千，刑法中綱目三百，細目三千，違反了禮，就要被判刑，禮所反對的，也就是刑法所要懲罰的，所以禮制和刑法的條文是相同的。今天的《禮經》十六篇，蕭何制定的漢律有九章，二者篇數不相對應，又是為什麼呢？前人給五經各篇所加上去的題目，都是根據各篇的內容來區別的，至於禮與律更與經書相同，給它各篇題寫篇名，禮叫〈昏禮〉，律叫〈盜律〉，這是為什麼呢？

夫總問儒生以古今之義，儒生不能知，別各❶以其經事問之，又不能曉，斯❷則坐❸守信師法❹，不頗❺博覽之咎❻也。

【章　旨】此章小結上文，指出儒生之過在於「守信師法，不頗博覽」。

【注　釋】❶別各　分別。❷斯　指示代詞，這。❸坐　因為。❹守信師法　墨守老師對於經書的解釋。❺頗　少；稍微。❻咎　過失；錯誤。

【語　譯】用古往今來的事義來總問儒生，儒生都不能知道，分別用他們經常講習的經書中的有關事情來問他們，還是不能通曉，這是因為儒生墨守老師對於儒家經書的解釋，而不願稍微多讀一些書的過錯啊。

文吏自謂知官事，曉簿書。問之曰：「曉知其事，當能究達[1]其義，通見[2]其意否？」文吏必將罔然[3]。問之曰：「古者封侯，各專[4]國土，今置太守[5]令長[6]，何義？古人井田[7]，民為公家耕，今量租芻[8]，何意？一歲使民居更[9]一月，何據？年二十三傅[10]，十五賦[11]，七歲頭錢[12]二十三，何緣？有臘[13]，何帝王時？門戶井竈[14]，何立？社稷[15]、先農[16]、靈星[17]，何祠[18]？歲終[19]逐[20]疫[21]，何驅？使立桃象人[22]於門戶，何旨？掛蘆索[23]於戶上，畫虎於門闌[24]，何放[25]？除[26]墻壁書畫厭火丈夫[27]，何見？步之六尺，冠之六寸，何應[28]？有尉史[29]、令史[30]，無承[31]長史[32]，何制？兩郡移書[33]曰『敢告卒人』[34]，兩縣不言，何解？郡言事二府[35]曰『敢言之』，司空[36]曰『上』，何狀[37]？賜民爵八級[38]，何法？名曰『簪褭』[39]、『上造』[40]，何謂？吏上功[41]曰伐閱[42]，名籍[43]墨狀[44]，何指[45]？七十賜王杖[46]，何起？著[47]鳩於杖末[48]，不著爵[49]，何杖？苟[50]以鳩為善，不賜鳩而賜鳩杖，而不爵[51]，何說[52]？日分六十[53]，漏[54]之盡百，鼓之致五[55]，何故？吏衣黑衣[56]，宮闕[57]赤單[58]，何慎[59]？服[60]革[61]於腰，佩刀於右，帶劍於左，何備[62]？著鉤[63]於履，冠在於首，何象？吏居城郭㊹，出乘車馬，坐治文書。起城郭，何王？造車輿，何工？生馬，何地？作書，何人？」造城郭及馬所生，難知也，遠也。造車作書，易曉也，必將應曰：「倉頡作書，奚仲㊺作車。」詰曰：「倉頡何感㊻而作書？奚仲何起㊼而作車？」又不知也。文吏所當知，然而不知，亦不博覽之過也。

【章　旨】此章問難文吏，旨在說明文吏當知而不知者，亦在於「不博覽之過」也。

【注　釋】❶究達　通曉。❷通見　透徹了解。❸罔然　發呆之貌。罔，通「惘」。❹專　獨自統治。❺太守　漢代郡級長官。❻令長　漢時萬戶以上縣的長官稱「令」，萬戶以下的稱「長」。❼井田　相傳為中國殷周時代的一種土地制度。因這種土地劃分為「井」字形狀，故名。❽量租芻　泛指實行實物地租。量，計算。此指徵收。租，田賦。芻，草。❾更　更卒。漢代成年男子從二十三歲至五十六歲之間須服兩年兵役，謂之「正卒」，每人每年在本地服役一個月，叫做「更卒」。❿傅　登記。指開始登記服役。⓫賦　指算賦。漢代的人頭稅之一種，從十五歲到五十六歲，不論男女，每人每年交納一百二十錢。因漢代把一百二十錢叫做一算，故此種人頭稅謂之算賦。高祖四年（西元前二〇三年）「初為算賦」；惠帝六年（西元前一八九年），為獎勵生育，提倡女子早婚，又規定「女子年十五以上至三十不嫁，五算」。參見《漢舊儀》。⓬頭錢　口賦。漢代人頭稅之一種，規定七歲至十四歲的兒童，每人每年交二十三錢。⓭臘　古代陰曆十二月的一種祭祀。始於周代。⓮門戶井竈　指門神、戶神、井神、竈神。⓯社稷　古代帝王、諸侯所祭的土地神和穀神。⓰先農　古代傳說中最先教民耕種的人。⓱靈星　古代以為掌管農業之神。⓲祠　祭祀。⓳歲終　年底。⓴逐　驅逐；驅趕。㉑疫　此指瘟疫之鬼。㉒桃象人　桃木假人。古人以為立之於門前，可以避邪禦凶。㉓蘆索　用蘆葦編搓的繩索。古人以為蘆索專用來縛鬼的，所以常把蘆索掛在門上。㉔門闌　門框。古人以為虎吃鬼，所以在門框上畫虎，以驅鬼禦凶。㉕放　驅逐。㉖除　修治。㉗厭火丈夫　能制服火的一種神。厭，通「壓」。勝。㉘應　相應。按陰陽五行說，秦屬水德，水屬陰，相應之數為六。㉙尉史　漢代地方掌管軍隊的官吏。㉚令史　地方政府中掌管文書的官吏。㉛承　通「丞」。指郡丞，太守的輔佐。㉜長史　官名。西漢邊郡，設長史輔佐太守管理軍事。東漢建武十四年（西元三八年）後邊郡廢丞，由長史兼丞職務，故有「丞長史」之名。㉝移書　遞交文書。㉞敢告卒人　郡守之間通信中常用的一種客套語。意思是不敢告訴本人，只敢告訴對方手下之人，以示尊重。㉟二府　指太尉府和司徒府。㊱司空　東漢時主管工程建築的最高長官。猶後代之工部尚書，與太尉、司徒並稱「三公」。㊲狀　陳述。㊳賜民爵八級　漢承秦制，爵位共分二十級，一級最低，皇帝賜封百姓者，一般不超過八級。見《漢書・百官公卿表》。㊴簪褭　二十級爵位中的第三級之名。原意為用絲帶裝飾馬。㊵上造　二十級爵位中之第二級的名稱。原意是由君主賞賜而成。㊶上功　記功。㊷伐閱　功績和閱歷。㊸籍　登記。㊹狀　文書之一體。㊺指　通「旨」。意思；意旨。㊻王杖　漢王朝賜給七十歲以上老人，上面刻有鳩狀裝飾的手杖。㊼著　置。此指刻上。㊽末　梢；頂端。㊾爵　通「雀」。古人以為「雀」象徵官爵。㊿苟　假如。(51)不爵　不刻雀。(52)說　解釋。(53)日分六十　古人計時以一天為一百刻，夏至時白天最長，佔六十刻度，故言。日，白天。(54)漏　古代利用水滴計時的一種器具。裡面裝水，刻有一百度，水滴盡就是一晝夜。中國古代有漏壺，西漢時已普遍以漏壺計時，至明代有了鐘表，方棄之不用。(55)鼓之致五　古人以一夜為五個時段，每個時段擊鼓一次，也叫「更」，五更則天明。(56)更衣黑衣　漢代官吏穿的黑色衣服。衣，穿。(57)宮闕　宮廷。(58)單　通「禪」。單衣。《禮記・玉藻》：「禪為絅。」鄭玄注云：「絅，有衣裳而無裏。」(59)慎　思；考慮。(60)服　佩帶。(61)革　皮革。此指皮腰帶。(62)備　裝備；裝束。(63)鉤　通「絇」。古時鞋頭上的裝飾品，有孔，可以穿上鞋帶。(64)城郭　城市。原指都邑四周用於防禦的城垣。一般有兩重：裡面的為「城」，外面的稱「郭」。《管子・度地》：「內為之城，城外為之郭。」(65)奚仲　傳說為車子的創造者。姓任，黃帝之後。夏代的車正（主管車子的官），居於薛，後遷於邳（今山東微山之西北一帶）。(66)感　感受。(67)起　緣起。〈感類篇〉回答了此處提問，說：「見鳥跡而知為書，見蜚蓬而知為車，奚仲感蜚蓬，而倉頡起鳥跡也。」

**【語　譯】**文吏自以為知道官府事務，通曉文書簿冊。請問文吏：「你們知道官府事務，就自然能通曉官府事務的道理、透徹地理解它的真正意思沒有？」文吏一定將被問得啞口無言，呆若木雞。請問文吏說：「古時候天子分封諸侯，讓他們各自統治一片國土，現在實行郡縣制，設置郡太守、縣令或縣長，這是什麼道理？古代實行井田制，老百姓替公家耕種，現在實行實物地租，這是什麼用意？一年讓老百姓承擔一個月的更卒，根據什麼呢？年齡從二十三歲開始登記為國家服役，十五歲到五十六歲之間每人每年要繳納一百二十錢的算賦，七歲到十四歲的兒童每人每年交二十三錢的口賦，緣由是什麼？每年十二月舉行的祭祀，是從哪個帝王開始的？門神、戶神、井神、竈神，是為了什麼而設立的？土地神和穀神、最先教民耕種的農神、掌管農業之神，為什麼要祭祀？年底各家各戶驅逐瘟疫之神，為什麼而驅逐？在門框上教人樹立桃木假人，這是什麼意圖？在門邊掛上蘆葦編織的繩索，在門框上畫虎，這是為了驅逐什麼？修治牆壁，描畫能夠制服火的神，根據什麼樣子來畫的呢？以六尺為一步，以六寸為帽高，是為了與什麼相應呢？有郡的尉史、郡的令史，而沒有邊郡那樣的丞長史，為什麼要這樣制定？兩郡互致文書時要寫上『敢告卒人』的話，而兩縣之間就不這樣說，又如何解說？郡上書報告太尉、司徒二府時說『敢言之』，對司空上書時說『上』，為什麼要這樣陳述？由於皇帝即位、改元等大事而授予普通百姓的爵位，一般不得超過八級，效法的是什麼？爵名叫『簪褭』、『上造』，是什麼意思？給有功的官吏記功叫做伐閱，把名字記載入墨筆寫的功勞簿上，用意是什麼？對七十歲以上的老人，漢王朝賜給刻有鳩的王杖，起源於什麼？在拐杖的頂端刻上鳩，而不刻上雀，為什麼要作這種拐杖？如果把鳩當作善物，不賜鳩而賜刻有鳩的拐杖，卻不賜刻雀的拐杖，這又怎麼解釋？一天計時分為一百刻，夏至時白天最長，佔六十刻；以漏壺裝水，上面刻有一百度，水漏完就算一晝夜；把一夜分為五個時辰，每個時辰擊鼓一次，叫做『更』，擊至五更就天亮了，這一切是什麼緣故？漢代的官吏身穿黑衣，宮廷中的衛士卻穿紅色的襌衣，這是出於什麼考慮？腰間佩帶皮腰帶，在右邊佩刀，在左邊帶劍，為什麼要這樣裝束？在鞋頭上著上裝飾品，在頭上戴上帽子，這象徵著什麼？官吏居住在城裡，外出乘車馬，坐在屋子裡處理各種文書。修築城郭，最先是什麼帝王？製造車子，最早是什麼工匠？出產馬兒，最早是什麼地方？創造文字，最先是什麼人？」修造城郭和馬的出產地，是難以知道的，因為時間太久遠了。製造車子，創造文字，是容易知曉的，文吏一定會回答說：「是倉頡創造了文字，奚仲製作了車子。」我反問道：「倉頡憑什麼樣的感受而創作文字？奚仲是根據什麼原理而製造車子呢？」這一問，文吏又不知道了。文吏所應當知道的，然而文吏卻不知道，這也是不肯多讀書的過錯啊。

夫儒生不覽古今，所知不過守信經文，滑習章句，解剝❶互錯，分明❷乖❸異❹。文吏不曉吏道，所能不過案獄❺考事❻，移書下記❼，對鄉❽便給❾。准❿之無一閱備⓫，皆淺略不及，偏駁⓬不純，俱有闕遺⓭，何以相言？

【章旨】此章總結全篇，指出儒生和文吏各有闕遺，沒有理由互相指責。

【注釋】❶剝 剝開；分析。❷分明 辨明；解釋清楚。❸乖 違背；矛盾。❹異 差異；不同。❺案獄 審查案件。❻考事 考察事例。❼下記 給下級發公文。❽對鄉 對答。鄉，通「向」。❾便給 指說話流利。❿准 衡量。⓫閱備 完備；完美無缺。⓬偏駁 片面；雜亂。⓭闕遺 缺失和遺漏。闕，通「缺」。

【語譯】儒生不遍覽古今書籍，所知道的東西不過是墨守儒家經書文字，熟悉章句，分析互相錯亂的文句，解釋清楚那些相互矛盾的地方罷了。文吏不通曉為官之道，他們的能力不過是審查案件考察事例，遞交文書，分發文件，回答問題，說話流利而已。衡量文吏和儒生，沒有一個是完美無缺的，知識都很淺略，不夠深入，顯得比較片面，雜亂不純。同樣都有缺點和不足，有什麼理由互相指責呢？

# 卷一三

## 效力篇第三十七

【題解】本篇主旨在於論述如何檢驗和發揮人的能力，故篇名「效力」。效者，效驗、檢驗也。

本篇承前〈程材〉、〈量知〉、〈謝短〉三篇，認為真正有能力的人，不是文吏和「說一經之儒」，因為「文吏以理事為力，而儒生以學問為力」，但不知古今；真正有能力的人，是「懷先王之道，含百家之言」，博覽古今，下筆萬言的「文儒」。文儒的才智能力，不僅「過於儒生」，也超過了千萬個「文吏」。但是，文儒卻往往懷才不遇，甚至政治上受到壓抑，因而只能「抱其盛高之力，竄於閭巷之深」。文中揭露了漢代用人制度之弊端，亦表達了王充對自己懷才不遇的憤懣之情。

〈程材〉、〈量知〉之篇，徒言知學，未言才力也。人有知學，則有力矣。文吏以理事為力，而儒生以學問為力。或問揚子雲❶曰：「力能扛❷鴻❸鼎、揭❹華旗❺，知❻德亦有之乎？」答曰：「百人矣❼。」夫知德百人者，與彼扛鴻鼎、揭華旗者為料❽敵❾也。夫壯士力多者，扛鼎揭旗；儒生力多者，博達❿疏通⓫。故博達疏通，儒生之力也；舉重拔堅，壯士之力也。〈梓材〉曰：「彊人⓬有⓭王開賢，厥⓮率⓯化民⓰。」此言賢人亦壯彊⓱於禮義，故能開賢，其率化民。化民須禮義，禮義須文章⓲。行有餘力，則以學文⓳。能學文，有力之驗也。

【章　旨】此章開門見山點明本篇論述主旨：能力。

【注　釋】❶揚子雲　揚雄，字子雲。西漢末年大學者。❷扛　舉。❸鴻　大。❹揭　拔。❺華旗　裝飾著龍、鳥等圖案的大旗。❻知　通「智」。❼百人矣　見揚雄《法言・孝至》。❽料　衡量；比較。❾敵　對等。❿博達　博覽群書；通曉古今。⓫疏通　理解透徹；融會貫通。⓬彊人　能力強的人。此指賢臣。彊，通「強」。⓭有　通「宥」。輔佐。⓮厥　其；他。⓯率　率領。⓰化民　改變人心習俗。見《尚書・梓材》。⓱壯彊　突出。⓲文章　此指經書。⓳行有餘力二句　見《論語・學而》。

【語　譯】〈程材篇〉、〈量知篇〉，只論及人的知識學問，沒有論及人的才力。人有知識學問，就有能力了。文吏以處理官府事務為能力，而儒生以學問為能力。有人問揚子雲道：「有力氣的人能夠舉大鼎、拔大旗，在智慧道德方面也有類似的人嗎？」他回答說：「這在智慧道德方面是相當於一百個人的能力了。」這就是說一個在智慧道德方面相當於一百個人的智者，與那個在力氣方面能夠舉大鼎、拔大旗的壯士是相等的。力氣大的壯士，能舉大鼎、拔大旗；能力大的儒生，能夠博覽群書，通曉古今，能夠透徹地理解群書的內容，融會貫通。因此，博覽群書，通曉古今，理解透徹，融會貫通這就是儒生的能力；舉起沈重的大鼎，拔出建立得很堅固的大旗，這就是壯士的能力。《尚書・梓材》說：「賢臣輔佐君主任用有能力的人，他能統率並對廣大老百姓施行教化。」這是說賢人在禮義方面也很突出，因此能夠任用賢能的人，率領和教化老百姓。對百姓施行教化，就必須用禮義，禮義須用經書規定下來。孔子說：「這樣躬行實踐之後，有剩餘力量，就用來學習經書。」有能力學習經書，這是有力量的證明啊。

問曰：「說❶一經之儒，可謂有力者？」曰：非有力者也。陳留龐少都❷每薦諸生❸之吏❹，常曰：「王甲某子，才能百人。」太守非其能，不答。少都更曰：「言之尚少，王甲某子，才能百萬人。」太守怒曰：「親吏❺妄言。」少都曰：「文吏不通一經一文，不調❻師一言，諸生能說百萬章句，非才知百萬人乎？」太守無以應。夫少都之言，實也，然猶未也。何則？諸生能傳❼百萬言，不能覽古今，守信師法，雖辭說❽多，終不為博。殷、周以前，頗載六經❾，儒生所不能說也。秦、漢之事，儒生不見，力劣不能覽也。周監❿二代⓫，漢監周、秦。周、秦以來，儒生不知，漢欲觀覽，儒生無力。使儒生博觀覽，則為文儒⓬。文儒者，力多於儒生，如少都之言，文儒才能千萬人矣。

【章　旨】此章指出「文儒」之力多於「儒生」。

【注　釋】❶說　解說；講解。❷龐少都　人名。❸諸生　儒生。❹之吏　去做官。之，前往。❺親吏　親近的屬吏。此指龐少都。❻調　和。指理解。❼傳　闡述經義的文字。此指解釋。❽辭說　言辭。❾六經　六部儒家經書。始見於《莊子‧天運》，即指《詩》、《書》、《禮》、《易》、《春秋》之外，另加《樂經》。後世學者，或以為《樂經》因秦焚書而亡，或以為儒家本無《樂經》，「樂」包括在《詩》、《禮》之中。據古代文獻考證，即以後說比較妥貼。❿監　通「鑑」。借鑑。⓫二代　指夏、殷二代。⓬文儒　指學識淵博，能著書立說的大儒。

【語　譯】有人問道：「能講解一部儒家經書的儒生，可以稱作有能力嗎？」回答說：不能算是有能力的人。

陳留郡龐少都每逢推薦儒生去做官，常說：「某某人，才能超過百人。」太守並不認為他所推薦的人具有超過百人的才能，所以不加理睬。龐少都又說：「說得還不夠，某某人，才能超過百萬人。」太守發怒說：「親吏胡說八道！」龐少都說：「文吏不通曉一經一文，不理解老師講授的一言一語，諸生能把經書章句解說到百萬言，不是說才能智慧超過百萬人嗎？」太守沒有話應答。龐少都的話是符合實際情況的，但還不夠全面。為什麼呢？諸生能夠把經書章句解釋到百萬言，但不能博覽古今，而是墨守老師的觀點和方法，雖然言辭很多，但始終不能說是博學。殷、周以前的事情，六經上略有記載，儒生所不能解說的。秦、漢的事情，儒生也不明白，這是由於他們能力低劣，不能博覽的緣故啊。周朝以夏、殷二代為借鑑，漢朝以周、秦為借鑑。周、秦以來的事情，儒生並不知道；漢朝想借鑑周、秦的事蹟，儒生卻表現得無能為力。假使儒生能夠博覽古今之事，這就是學識淵博，能著書立說的大儒。文儒，能力比儒生多，正如龐少都所說的那樣，文儒的才能可以超過千萬人啊。

曾子曰：「士不可以不弘毅，任重而道遠。仁以為己任，不亦重乎！死而後已，不亦遠乎！」❶由此言之，儒者所懷，獨❷已❸重矣；志所欲至，獨已遠矣；身載❹重任，至於終死，不倦不衰，力獨多矣。夫曾子載於仁，而儒生載於學，所載不同，輕重均也。夫一石之重，一人挈❺之；十石以上，二人不能舉也。世多挈一石之任，寡有舉十石之力。儒生所載，非徒十石之重也。地力盛者，草木暢茂，一畝之收，當❻中田五畝之分❼。苗田❽，人知出穀❾多者地力盛，不知出文多者才知❿茂，失事理之實矣。夫文儒之力過於儒生，況文吏乎？能舉賢薦士，世謂之多力也。然能舉賢薦士，上書白記⑪也。能上書白記者，文儒也。文儒非必諸生也，賢達用文則是矣。谷子雲⑫、唐子高⑬章奏百上，筆有餘力，極言不諱，文不折乏⑭，非夫才知之人不能為也。孔子，周世多力之人也，作《春秋》，刪五經，秘書微文⑮，無所不定。山大者雲多，泰山不崇⑯朝⑰辨⑱雨天下。夫⑲然則賢者有雲雨之知⑳，故其吐文㉑萬牒㉒以上，可謂多力矣。

【章旨】此章以曾子之言、孔子之力為證，說明文儒之多力也。

【注釋】❶曾子曰七句　見《論語・泰伯》。弘毅，廣大堅強。❷獨　唯獨。❸已　太；甚。❹載　擔負。❺挈　提。❻當　相當。❼分　成數。此指產量。❽苗田　種上莊稼的田地。苗，禾苗；莊稼。❾穀　泛指糧食。❿知　通「智」。⓫白記　奏章。給君主或長官書面報告。白，告語。⓬谷子雲　谷永，長安人。博學經書，工於筆札。建昭中為太常丞，累遷光祿大夫，多次上書漢成帝，後任大司農。⓭唐子高　即唐林。字子高，沛人。仕王莽，以諫疏著世，被封侯。⓮折乏　貧乏。折，虧；缺。⓯秘書微文　指「秘經」、「秘文」。漢代的讖緯之書，託名孔子編造。微，隱晦。⓰崇　終。⓱朝　早晨。⓲辨　通「遍」。⓳夫　發語詞。⓴知　通「智」。㉑吐文　撰寫文章。㉒萬牒　形容著述之富。牒，古代的書板。

【語譯】曾子說：「儒生心胸不可以不寬廣，意志不可以不剛毅堅強，因為他肩負的責任重大而又要經過長時間的艱苦奮鬥才能實現。以實現仁德於天下為己任，不是很重大嗎！到死時這種艱苦奮鬥才會休止，這道路不是很遙遠嗎！」由此看來，儒生所懷有的抱負，確實非常重大的了；思想上所要達到的目標，確實非常遠大的了；身上所擔負的重任，直到終老死去，也不會疲倦衰退，力量確實非常多了。曾子在仁德方面擔負著責任，而儒生在學問方面擔負著責任，所擔負的責任不同，但輕重是均衡的。一石重的東西，一個人可以把它提起，而十石重以上的東西，二個人的力量也不能提舉起來。世上相當於提一石重的責任的人很多，而有舉十石重的東西的力氣的人就很少。儒生所擔負的重任，不只是十石的重量可以相比的。地力旺盛的土地，草木長得很繁茂，一畝地的收成，相當於中等田地五畝的產量。種莊稼的田地，人們都知道糧食出產得多的田地地力旺盛，卻不知道著書立說多的人才智高超，這是不符合事理的實際情況的。文儒的能力超過一般儒生，何況那些不如儒生的文吏呢？能夠推薦賢士的人，世人說他的能力一定很多。然而能夠推薦賢明的人才，一定要上書給君主或長官打報告。能夠上書打報告的人，就是文儒啊。文儒不一定是諸生，賢明通達，能著書立說的就是文儒。谷子雲、唐子高曾經寫過許多文章和奏記，筆力有餘，毫不隱諱地說盡了自己要說的話，文筆從來不感到貧乏，若不是那種有才智的人，是不可能做到這一點的。孔子，是周代能力最多的人，他作《春秋》，刪改五經，編寫「秘經」、「秘文」，上古的書籍沒有不經過他刪定的。山越大，雲就越多，泰山上的雲形成的雨，不到一個早晨就可以下遍天下。既然如此，那麼賢人都有像泰山的雲雨那樣多的智慧，所以他撰寫的文章在萬牒以上，可以說是能力最多了。

世稱力者，常褒❶烏獲❷，然則董仲舒、揚子雲，文之烏獲也。秦武王❸與孟說❹舉鼎不任❺，絕脈而死。少文之人與董仲舒等湧❻胸中之思，必將不任，有絕脈之變。王莽之時，省❼五經章句皆為二十萬，博士弟子郭路❽夜定舊說❾，死於燭下，精思❿不任，絕脈氣滅也。顏氏之子⓫，已曾馳過⓬孔子於塗⓭矣，劣倦罷⓮極，髮白齒落。夫以庶幾⓯之材，猶有仆⓰頓⓱之禍，孔子力優，顏淵不任也。才力不相如，則其知思⓲不相及也。勉自什⓳伯⓴，鬲㉑中嘔血，失魂狂亂，遂至氣絕。書㉒五行之牘㉓，書十奏之記㉔，其才劣者，筆墨之力尤難，況乃連句結章㉕，篇至十百哉？力獨多矣！

【章　旨】此章從正反兩方面加以論證，指出才力不任則有絕脈之變。

【注　釋】❶褒　褒獎；贊揚。❷烏獲　人名。戰國時秦國的大力士，據說他力舉千鈞之重，與力士任鄙、孟說同為秦武王寵用，位尊年高。❸秦武王　秦國君主。❹孟說　秦國大力士。❺任　勝任。❻湧　噴溢。此指抒發。❼省　減少；刪定。❽郭路　人名。王莽時，為博士弟子。❾舊說　舊的說法。指五經原來的解釋。❿精思　精力和智慧。⓫顏氏之子　指孔子弟子顏淵。⓬馳過　跑步而過；超過。⓭塗　通「途」。路。⓮罷　通「疲」。⓯庶幾　差不多。⓰仆　向前跌倒。⓱頓　困頓。指精疲力竭。⓲知思　智慧。⓳什　同「十」。⓴伯　通「百」。㉑鬲　通「膈」。胸膈。㉒書　寫。㉓牘　書信；文件。㉔記　公文。㉕連句結章　連貫章句。此指寫成文章。

【語　譯】世人稱許大力士，常贊揚烏獲。那麼董仲舒、揚子雲，就是文壇上的烏獲了。秦武王與孟說比賽舉鼎，力不勝任，筋脈崩斷而死。缺乏文思的人如果要同董仲舒等人一樣抒發心中的文思，必將不能勝任，有筋脈崩斷的危險。王莽的時代，刪定五經章句，規定每一經不得超過二十萬字，博士弟子郭路連夜刪定五經原來的解釋，死在燭燈之下，這是因為精力才思不能勝任，筋脈崩斷，致使氣滅的緣故。顏淵也曾在路上超過孔子的車子，但已精疲力竭，致使頭髮變白，牙齒脫落。憑著接近於孔子的才能，卻還招致跌倒困頓的禍害，這是因為孔子的才力佔優勢，而顏淵的才力不能勝任所造成的。才力不相同，就是他們各自的智慧不相及啊。勉強去做那些超過自己的才力十倍、百倍的事情，就會嘔心瀝血，失魂狂亂，以至氣絕而死。寫出只有五行字的書信或文件，寫出十塊竹簡的公文，那些才能低劣的人，尚且還感到筆墨之力很難，更何況是要寫成文章，篇數多至十篇、百篇呢？這種能力確實是最多的啊！

江河之水，馳湧滑漏❶，席❷地長遠，無枯竭之流，本源盛矣。知江河之流遠，地中之源盛，不知萬牒之人胸中之才茂，迷惑者也。故望見驥❸足，不異於眾馬之蹄，躡❹平陸❺而馳騁❻，千里之跡❼，斯須❽可見。夫馬足人手，同一實也，稱驥之足，不薦❾文人之手，不知類也。夫能論筋力以見比類者，則能取文力❿之人立之朝庭⓫。故夫文力之人，助有力之將⓬，乃能以力為功。有力無助⓭，以力為禍⓮。何以驗之？長巨之物，強力之人乃能舉之。重任之車，強力之牛乃能挽⓯之。是⓰任車⓱上阪⓲，強牛引前，力人⓳推後，乃能升逾⓴。如牛羸㉑人罷㉒，任車退卻，還墮坑谷，有破覆之敗矣。文儒懷先王之道，含百家㉓之言，其難推引，非徒㉔任車之重也。薦致㉕之者，罷羸無力，遂㉖卻退竄㉗於巖穴㉘矣。

【章　旨】此章旨在說明「文力之人」必須得到「有力之將」的幫助和推薦，才能「以力為功」；若長官如羸牛，文儒則不被重用，「遂卻退竄於巖穴」矣。

【注　釋】❶滑漏　流水奔騰傾瀉，暢通無阻。❷席　憑藉；依仗。❸驥　千里馬。❹躡　踩；踏。❺平陸　平地。❻馳騁　飛奔。❼跡　跡象。❽斯須　立刻；一會兒。❾薦　推崇。❿文力　文才；寫文章的能力。⓫立之朝庭　指在朝廷當官。⓬將　指地方長官。⓭無助　指沒有得到「有力之將」的推薦。⓮以力為禍　使能力成為禍害，遭到排斥打擊。⓯挽　拉；牽引。⓰是　是以；因此。⓱任車　重任之車。指裝載重物的車子。⓲阪　山坡；斜坡。⓳力人　強力之人。⓴升逾　上坡；越過山坡。㉑羸　瘦弱。㉒罷　通「疲」。㉓百家　各種學術派別。㉔非徒　不僅僅。㉕薦致　推薦；引薦。㉖遂　就；於是。㉗竄　流落；伏匿。㉘巖穴　山洞。此指偏僻之地。

【語　譯】長江、黃河的水，奔騰澎湃，順著地勢，一瀉千里，從沒有枯竭，這是因為它們的本源盛大的緣故啊。知道長江、黃河的水流得長遠，是因為發源地的水源盛大，卻不懂得著述甚富的人心胸中的才華茂盛，這是糊塗人啊。因此，看見千里馬的足，與眾馬的蹄沒有什麼不同，但是一旦踏在平地上而奔馳，千里馬的跡象，立刻就可以看出來了。馬的腳與人的手，實際上是相同的，稱贊千里馬的足，而不贊揚文人的手，這是不懂得類推啊。能夠在議論筋力時而看到相類似的情況的人，就能獲取具有寫文章能力的人在朝廷上當官。因此，具有寫文章能力的人，只有得到有能力的地方長官的推薦和幫助，才能憑著自己的能力去建功立業。如果有能力而沒有人的推薦和任用，人的能力就會變成禍害，受到別人的排斥和打擊。用什麼來檢驗它呢？又長又大的東西，只有力氣很大的人才能提舉它。裝載了重物的車子，只有身強力壯的牛才能拉它。因此，如果載重的車子上坡，只有強勁的牛在前面用力拉，力大的人在後面使勁推，車子才能爬過山坡。如果拉車的牛很瘦弱，推車的人很疲乏，載重的車子就會退卻，還可能掉進深谷，有翻車摔碎的惡果。文儒身懷先王之道，能夠包含各種學術派別的學說，他們感到難以推引的，不只是裝載了重物的車子所承擔的重任。如果引薦的人疲倦瘦弱無力，就可能從山坡上滑下來，被迫流落到偏僻的地方去了。

河發❶昆侖，江起❷岷山，水力盛多，滂沛❸之流，浸❹下益盛，不得廣❺岸低地，不能通流入乎❻東海。如岸狹地仰❼，溝洫❽決泆❾，散在丘墟❿矣。文儒之知，有似於此。文章滂沛，不遭有力之將援引薦舉，亦將棄遺於衡門⓫之下，固安得升陟⓬聖主之庭，論說政事之務⓭乎？火之光也，不舉不明。有人於斯⓮，其知如京⓯，其德如山，力重不能自稱⓰，須人乃舉，而莫之助⓱，抱其盛高之力，竄於閭巷⓲之深，何時得達⓳？臯⓴、育㉑，古之多力者，身能負荷千鈞㉒，手能決角伸鉤㉓，使之自舉，不能離地。智能滿胸之人，宜在王闕㉔，須三寸之舌，一尺之筆，然後自動㉕，不能自進㉖，進之又不能自安㉗，須人能動，待人能安。道重知大，位地難適㉘也。小石附於山，山力能得持之；在沙丘之間，小石輕微，亦能自安。至於大石，沙土不覆㉙，山不能持，處危峭㉚之際，則必崩墜於坑谷之間矣。大智之重，遭小才之將，無左右沙土之助，雖在顯位㉛，將不能持，則有大石崩墜之難也。或伐薪㉜於山，輕小之木，合能束㉝之。至於大木，十圍以上，引之不能動，推之不能移，則委㉞之於山林，收所束之小木而歸。由斯㉟以㊱論，知能之大者，其猶十圍以上木也，人力不能舉薦，其猶薪者不能推引大木也。孔子周流㊲，無所留止，非聖才不明，道大難行，人不能用也。故夫孔子，山中巨木之類也。

【章　旨】此章通過比喻，說明文儒之類大才未被重用之因。

【注　釋】❶發　發源。古人以為黃河發源於崑崙山。今人溯河源為青海省巴顏喀拉山脈各姿各雅山麓的卡日曲，東流入海，全長五千四百六十四公里。❷起　起源。古人以為長江起源於四川北部的岷山。今人考察長江之源為青海省西南邊境唐古拉山脈各拉丹冬雪山上的沱沱河，東流入海，全長六千五百公里。❸滂沛　形容水勢浩大。❹浸　逐漸。❺廣　寬闊。❻乎　于。❼仰　高。❽溝洫　溝渠。此指小支流。❾泆　氾濫。❿丘墟　此指空曠荒涼之地。⓫衡門　橫一根木頭當門。此指簡陋的房屋。衡，通「橫」。⓬陟　進用。⓭政事之務　國家事務。⓮斯　指示代詞。這裡。⓯京　人工建築的高丘。《爾雅・

釋丘》：「絕高為之京。」⑯稱 舉。⑰莫之助 即「莫助之」。沒有人幫助他。⑱閭巷 街巷。⑲達 通達；飛黃騰達。⑳奡 人名。夏代寒浞之子。《論語・憲問》何晏集解：「羿，有窮國之君，篡夏后相之位。其臣寒浞殺之，因其室而生奡。奡多力，能陸行舟，為夏后少康所殺。」㉑育 夏育。傳說為戰國時代勇士，衛國人。能力舉千鈞，為田搏所殺。㉒鈞 古重量單位。一鈞三十斤。㉓決角伸鉤 使牛角斷裂，使銅鉤伸直。㉔王闕 朝廷。㉕自動 自己活動。指自己去做官。㉖自進 自己進用。亦指做官。㉗自安 使自己安穩。指使自己的官位得到穩固。㉘難適 難以得到與自己的能力相適應的官位。㉙覆 遮蓋。㉚危峭 高峻陡峭的懸巖。危，高。㉛顯位 顯赫的地位。㉜伐薪 砍柴。㉝束 捆綁。㉞委 捨棄。㉟斯 此。㊱以 而。㊲周流 周遊列國。

【語譯】黃河發源於崑崙山，長江起源於岷山，水力盛多，水勢浩大，越往下水勢越大，如果沒有寬闊的堤岸和低窪的地勢，就不可能暢通無阻地流入到東海。如果堤岸狹窄，地勢很高，水就會倒灌入小支流之中，甚至決口泛濫，流散在空曠荒涼的地方。文儒的智慧，同這種情況有點相似。文章如江河水勢浩大，卻沒有遇到有能力的地方長官的推薦提拔，也將被遺棄在民間，這樣怎能到聖明君主的朝廷上去做官，並議論國家的政治事務呢？火把，不舉不明。有的人在這個世界上，他的知識多如高丘，他的品德像山一樣崇高，能力大而不能自己稱許自己，必須有人推薦才能提拔，然而沒有人幫助他，只好懷抱自己旺盛高超的能力，流落在偏僻的地方，什麼時候能夠飛黃騰達？奡、夏育，是古代的大力士，身能承受千鈞重的東西，手能把牛角扭斷，把銅鉤拉直，可是讓他自己提舉自己，不能離開地面。滿腹智能的人，應當在朝廷上做官，但是必須先靠能說會寫的人引薦，然後自己才能到朝廷去做官，不能自己跑去當官，即使做了官，官位又不可能鞏固，靠人推薦才能到朝廷上去做官，只有等待人的推薦位置才能安穩。這是因為承受的先王之道愈多，掌握的知識愈多，更難以找到與自己的能力相適應的官位了。小石子依附在山上，山的力量能夠保持著小石子的安穩；處在沙丘之間，小石子輕微，也能感到安穩。至於大石頭，沙土不能遮蓋，山地不能保持它的安穩，處於高峻陡峭的懸巖之上，就必定會崩墜到深谷之中去啊。具有特大智慧的人，遇上才能低下的地方長官，沒有左右沙土的扶助，即使處在顯赫的地位之上，如果沒有地方長官的扶持，就有大石頭崩墜到深谷之中那樣的危難。有人在山上砍柴，輕小的木柴，就把它集合在一起捆紮起來。至於大的樹木，十圍以上的，拉它不能動，推它不能移，就捨棄在山林之中，把小樹木收集在一起捆紮起來，就揹回家去了。由此而論，知識能力大的人，他好比十圍以上的大樹木一樣，人力不能薦舉，它就好像砍柴的人不能推引大樹木一樣。孔子周遊列國，沒有一個國家留用他，並不是聖賢的才能不明顯，先王之道很大難以推行，人不能重用啊。所以孔子，就是屬於山中巨大的樹木之類的人啊。

桓公九合❶諸侯，一匡天下❷，管仲❸之力。管仲有力，桓公能舉之，可謂壯強矣。吳不能用子胥❹，楚不能用屈原❺，二子力重，兩主不能舉也。舉物不勝，委地而去，可也。時或恚❻怒，斧斲❼破敗，此則子胥、屈原所取害也。淵中之魚，遞相吞食❽，度❾口所能容，然後咽❿之，口不能受，哽咽不能下。故夫商鞅三說⓫孝公，後說者用，前二難用，後一易行也。觀管仲之〈明法〉⓬，察商鞅之〈耕戰〉⓭，固非弱劣之主所能用也。六國之時，賢才之臣，入楚楚重⓮，出齊齊輕⓯，為⓰趙趙完⓱，畔⓲魏魏傷⓳。韓用申不害⓴，行其〈三符〉㉑，兵不侵境，蓋十五年。不能用之，又不察其書，兵挫軍破，國併於秦。殷周之世，亂跡相屬㉒，亡禍比肩㉓，豈其心不欲為治乎？力弱智劣，不能納至言㉔也。是故㉕塠㉖重，一人之跡不能蹈也；磓㉗大，一人之掌不能推也。賢臣有勁彊之優，愚主有不堪㉘之劣㉙，以此相求㉚，禽魚相與㉛游也。干將㉜之刃，人不推頓㉝，苽瓠㉞不傷；筱簵㉟之箭，機㊱不動發，魯縞㊲不能穿。非無干將、筱簵之才也，無推頓發動之主，苽瓠、魯縞不穿㊳傷，焉望斬旗㊴穿革㊵之功㊶乎？故引弓之力不能引彊弩，弩力五石，引以三石，筋絕骨折，不能舉㊷也。故力不任彊引，則有變惡折脊之禍；知不能用賢，則有傷德毀名之敗。

【章　旨】此章以管仲、商鞅、申不害為例，說明賢才不被重用，完全在於君主之無能。

【注　釋】❶九合　多次召集。九，言其多。❷一匡天下　糾正天下諸侯，使之行動一致。匡，糾正。❸管仲　人名。齊桓公時為相。❹子胥　伍子胥。❺屈原　楚國大夫。自投汨羅江而死。❻恚　恨。❼斲　砍。❽遞相吞食　指大魚吃小魚。遞，依次。❾度　衡量；估計。❿咽　吃下去。⓫說　勸說。據《史記・商君列傳》載，商鞅初入秦，曾三次向秦孝公獻策。前二次談「帝王之道」，孝公未採納，第三次說「強國之術」，而被重視，任用商鞅變法。⓬明法　《管子》中的第四十六篇。⓭耕戰　《商君書》中的一篇。今本作〈農戰〉。⓮重　強大。⓯輕　衰弱。⓰為　替；幫助。⓱完　保全。⓲畔　通「叛」。背叛。⓳傷　損傷；削弱。⓴申不害　人名。戰國鄭國人，曾任韓昭侯的相。著有《申子》六篇，已佚，僅存〈大體〉一篇。㉑三符　《申子》中的一篇。已佚。㉒相屬　互相連接。㉓比肩　並肩；一個挨著一個。㉔至言　高明的見解。㉕是故　因此。㉖塠　通「碓」。舂米的設備。掘地安放石臼，上架木杠，杠端裝杵或縛石，用腳踏動木杠，使杵起落，以舂穀米。㉗磑　石磨。㉘不堪　不勝任。指不能使用賢臣。㉙劣　短處。㉚求　匹配。㉛相與　一起。㉜干將　古代人名，轉而為寶劍名。《吳越春秋・卷四》：「干將者，吳人也，與歐冶子同師，俱能為劍。越前來，獻三枚，闔閭得而寶之。以故使劍匠作為二枚，一曰干將，二曰莫邪。莫邪，干將之妻也。」㉝推頓　指磨礪。㉞苽瓠　兩種草本植物。㉟筱簵　兩種作箭桿的良竹。㊱機　弩機。古代裝在弩上的發動機關。㊲魯縞　春秋時代魯國出產的白色細絹。㊳穿　穿透。㊴旗　軍旗。㊵革　皮製盔甲。㊶功　功效；作用。㊷舉　動。

【語譯】齊桓公多次召集諸侯，糾正天下諸侯，使之行動一致，歸順周天子，這實際上是管仲的力量所致。管仲有能力，齊桓公能夠重用他，可以說這是齊國強壯的原因了。吳國不能重用伍子胥，楚國不能重用屈原，伍子胥和屈原二位先生能力很強，而兩位君主不能重用。推舉重物不能勝任，把重物丟棄在地上而離去，這是可以的。但有時忿恨發怒，用刀斧把重物砍壞，這就是伍子胥和屈原被殺害的原因。深潭中的魚類，常常是大魚吃小魚，估計嘴巴能夠容納，然後吞食進去，如果口腔不能承受，魚的口腔被食物塞住就不能咽下去。因此，商鞅曾三次勸說秦孝公，後一次勸說之所以被採用，是因為前二次勸說的內容難用，而後一次容易實行啊。觀看管仲的〈明法〉一篇，察看商鞅的〈耕戰〉一篇，它們的內容和觀點，本來就不是能力低劣的君主所能採用的。六國的時候，賢才的臣子，到達楚國楚國就強大，離開齊國齊國就衰弱，幫助趙國趙國就保全，背叛魏國魏國就削弱。韓昭侯重用申不害，推行他撰寫的〈三符〉，使別國軍隊不敢侵犯韓國領土，大概有十五年之久。後來韓國不能重用韓非，又不看他的書，結果軍隊受到挫敗，國家被秦國吞併。殷、周時代，動亂的事情接連不斷，諸侯亡國的災禍一個挨著一個，這難道是他們心裡不希望治理好國家嗎？是他們能力薄弱，才智低劣，不能採納高明的意見所造成的啊。所以碓重，一個人的腳去踏是不行的；石磨大，一個人的手去推也是不可能的。賢良的臣子有強勁的優勢，愚蠢的君主有不能使用賢臣的短處，在這種情況下，賢臣和愚主相處在一起，就好像飛禽與魚類在一塊遊玩一樣。像干將一類鋒利的寶刀，人如果不磨礪它，連莡、瓠之類也傷害不了；用筱、簵製作的良箭，如果不發動弩上的機關，就連魯縞也不能射穿。這不是沒有干將、筱、簵般的才能，而是因為沒有使用寶刀和發動良箭機關的主人，莡、瓠、魯縞都不能穿透和傷害，怎麼能指望它們有砍倒敵方軍旗和射穿敵人盔甲的功力呢？所以只有拉開一般弓的力氣就不能拉開強勁有力的弓箭，需要五石力氣才能拉開的弓弩，如果要只有三石力氣的人去拉，即使筋骨折斷，也不能拉開的。所以力量不夠而硬要去拉，就會出現惡變，造成脊骨折斷的災禍；才智達不到而硬要任用賢人，就會損傷自己的德行，出現敗壞自己名聲的惡果。

論事❶者不曰才大道重，上❷不能用，而曰不肖❸不能自達❹。自達者滯絕❺不抗❻，自衒❼者賈❽賤不讎❾。案諸為人用之物，須人用之，功力❿乃立。鑿所以入木者，槌叩之也；鍤所以能撅地者，跖⓫蹈之也。諸有鋒刃之器，所以能斷斬割削者，手能把持之也，力能推引之也。韓信⓬去⓭楚⓮入漢⓯，項羽不能安⓰，高祖能持⓱之也。能用其善，能安其身，則能量其力，能別其功矣。樊、酈⓲有攻城野戰之功，高祖行封⓳，先及蕭何⓴，則比蕭何於獵人，同樊、酈於獵犬也。夫蕭何安坐㉑，樊、酈馳走㉒，封不及馳走而先安坐者，蕭何以知為力，而樊、酈以力為功也。蕭何所以能使㉓樊、酈者，以㉔入秦收斂文書㉕也。眾將拾金，何獨掇㉖書，坐㉗知秦之形勢，是以㉘能圖㉙其利害㉚。眾將馳之者，何驅之也。故叔孫通定儀，而高祖以㉛尊；蕭何造律㉜，而漢室以寧㉝。案㉞儀、律之功，重於野戰；斬首之力，不及尊主。故夫墾草殖穀，農夫之力也；勇猛攻戰，士卒之力也；構架㉟斲削，工匠之力也；治書定簿㊱，佐史㊲之力也；論道議政，賢儒之力也。人生莫不有力，所以為力者，或尊或卑。孔子能舉北門之關㊳，不以力自章㊴，知夫筋骨之力，不如仁義之力榮也。

【章　旨】此章以韓信、蕭何為例，從正面說明「為人用之物，須人用之，功力乃立」。

【注　釋】❶論事　評論事理。❷上　指君主或上級長官。❸不肖　不賢。❹達　通達。指得到高官厚祿。❺滯絕　停滯不前。指未得到重用。❻抗　舉。指被薦舉重用。❼自衒　自我炫耀。衒，炫耀。❽賈　通「價」。❾讎　售。❿功力　能力；作用。⓫跖　腳掌。⓬韓信　西漢大將。淮陰人，初屬項羽，繼歸劉邦，被任大將，漢初封楚王，後降為淮陰侯。被呂后所殺。著有《兵法》三篇，今佚。⓭去　離開。⓮楚　指項羽。⓯漢　指劉邦。⓰安　安置；重用。⓱持　指任用。⓲樊酈　指劉邦的武將樊噲、酈商。⓳行封　論功行賞。⓴蕭何　漢初大臣。沛人，曾任沛縣吏。佐劉邦起兵，漢初封侯。據《史記・蕭相國世家》記載，漢初，劉邦論功行賞，以蕭何功大，眾臣不服，劉邦以狩獵為喻，比蕭何於獵人，而以在戰場上衝鋒陷陣的武將比為獵犬。㉑安坐　安安穩穩地坐著。㉒馳走　奔跑。指衝鋒陷陣。㉓使　差遣；指使。㉔以　因為。㉕文書　指秦王朝的政府公文、檔案、地圖之類資料。㉖掇　拾取；收集。㉗坐　因。㉘是以　因此；所以。㉙圖　謀取。㉚利害　利弊。㉛以　而。㉜律　法律。指蕭何主持制定的《九章律》。㉝寧　安寧。㉞案　考察。㉟構架　指搭蓋房屋。㊱治書定簿　處理公文。㊲佐史　郡縣一級的低級官吏。㊳舉北門之關　據《呂氏春秋・慎大覽》載，孔子能把城門洞放下的閘門舉上去，可是他卻不願讓人知道他有很大力氣。㊴自章　自我標榜誇耀。章，通「彰」。

【語　譯】議論事理的人不說才能大志向高的人不被君主或上級長官重用，而說由於才能不大不能自己取得高官厚祿。其實，想依靠自己取得高官厚祿的人，是終身得不到提拔任用的；炫耀自己的貨物好的商人，貨價再便宜也賣不出去的。考察各種為人所用的事物，必須有人用它，能力和作用才能發揮出來。鑿子之所以能進入木頭之中，是用槌子敲擊鑿子的緣故；鍤之所以能掘地，是用腳掌踩它的緣故。各種有鋒利的刀刃的器具，之所以能夠斬斷割削東西，是因為人的手能夠把持它，力能夠推引它的緣故。韓信離開楚霸王而歸入漢王，是因為項羽不能重用他，而高祖能夠掌握和任用他。能夠任用他的長處，能夠安置他的身家，就能衡量他的能力，能夠識別他的功績了。樊噲、酈商有攻城野戰的功績，高祖論功行賞時，首先冊封蕭何，就是因為他把蕭何比做獵人，而把樊噲、酈商比做獵犬啊。蕭何安安穩穩地坐在屋裡，樊噲、酈商在戰場上衝殺，論功行賞時不首先考慮那些衝鋒陷陣的人，而先賞安安穩穩地坐在屋裡指揮的人，這是因為蕭何貢獻智慧來效力，而樊噲、酈商是憑武力建立功績的。蕭何所以能指揮樊噲、酈商這些武將，是因為劉邦進入秦國都城咸陽後，蕭何收集了秦王朝的文書、檔案和地圖等。眾多將士收拾金銀財寶，蕭何獨收取書籍，因為知道當時秦國的政治、經濟、軍事等形勢，所以能夠掌握它們的利害關係。廣大將士中衝鋒陷陣的，是蕭何驅使他們的。因此叔孫通制定朝儀，而高祖的地位因而更加尊貴；蕭何主持制定法律，而漢王朝因而更加安寧。考察儀、律的功勞，比野外打仗要重大；斬殺敵人的力量，趕不上尊崇君主。所以墾荒草、種糧食，這是農夫的能力；勇猛攻戰，這是士兵的能力；砍削木頭，搭蓋房屋，這是工匠的能力；處理公文簿冊，這是郡縣低級官吏的能力；議論先王之道和時事政治，這是賢明的儒生的能力。人生來都有一定的能力，只是借以發揮能力的職業，有的尊貴有的卑賤。孔子能夠舉起北門放下來的閘門，卻不願讓人知道自己有力氣，因為他知道筋骨之力，不如仁義之力光榮啊。

# 別通篇第三十八

【題　解】本篇旨在論述如何識別「通人」。

所謂「通人」，就是知識淵博貫通古今的人。王充在〈超奇篇〉中指出：「博覽古今者為通人。」本篇論述「通人」，以財富為喻。作者認為，知識猶如財富。知識越多，財富越多。他說：「富人不如儒生，儒生不如通人。」因為「通人」的知識財富是最多的，不僅比擁有萬貫家產而不學無術的「富人」更值得尊重、敬仰，而且遠非那些只知「守信一學」，「不覽古今，論事不實」又安於愚妄的「儒生」可以比擬。

如何識別「通人」？如何使用「通人」？王充認為，問題之關鍵在於地方長官是否博通。但即使得不到地方長官的任用，都不能廢棄求學，應該好學博覽，且死不休。如果「飽食終日，無所用心」，那就如同一般的動物了。

王充這些觀點，至今尚有可取之處。

富人之宅，以一丈之地為內❶，內中所有，柙❷匱❸所羸❹，縑❺布絲綿也。貧人之宅，亦以一丈為內，內中空虛，徒❻四壁❼立，故名曰貧。夫通人猶富人，不通者猶貧人也。俱以七尺為形，通人胸中懷百家之言，不通者空腹無一牒❽之誦❾，貧人之內，徒四所❿壁立也。慕料⓫貧富不相如，則夫通與不通不相及也。世人慕富不榮通，羞貧不賤不賢，不推類⓬以況⓭之也。夫富人可慕者，貨財多則饒裕，故人慕之。夫富人不如儒生，儒生不如通人。通人積文十篋⑭以上，聖人之言，賢者之語，上自黃帝，下至秦漢，治國肥家⑮之術，刺世譏俗之言，備矣。使⑯人通明博見，其為可榮，非徒縑布絲綿也。蕭何入秦⑰，收拾文書，漢所以能制九州者，文書之力也。以文書御⑱天下，天下之富，孰與家人之財？

【章　旨】此章以財富為喻，認為「富人不如儒生，儒生不如通人」。

【注　釋】❶內　內室。此指貯藏室。❷柙　通「匣」。箱子。❸匱　同「櫃」。❹贏　通「盈」。充滿。❺縑　細絹。❻徒　徒然；僅僅；只有。❼壁　牆壁。❽牒　書寫用的木簡。❾誦　讀。❿四所　四處；四面。⓫慕料　估量。⓬推類　類推。⓭況　比較；對照。⓮篋　箱子。⓯肥家　使家道富足。肥，富足。《禮記・禮運》云：「父子篤，兄弟睦，夫婦和，家之肥也。」⓰使　如果；假使。⓱入秦　指進軍秦都咸陽。見《史記・蕭相國世家》。⓲御　駕馭；治理。

【語　譯】富人的住宅，以一丈的地方為貯藏室，室中所藏的東西，箱子和櫃子裡所裝滿的東西，都是細絹、布匹、絲綿之類。窮人的住宅，也以一丈的地方為貯藏室，但是室內空虛，只有四面牆壁立在那裡，所以名叫貧窮。通曉古今的人如同富人，不通曉古今的人如同貧窮的人。他們都具有七尺高的形體，通曉古今的人胸中懷有各種流派的各種學說，而不博通古今的人腹中空空，連一片書版也沒有讀過，就好像窮人的貯藏室一樣，四面只有牆壁立在那裡。估量到窮人的財產不如富人，那麼也就應該知道通人與不通古今的人是不相等的了。世俗之人往往羨慕富人而不以博通古今為榮，以貧窮為羞愧而不以不賢為卑賤，這是不懂得用類推的方法進行比較對照呀。富人可以令人羨慕的地方，是因為財貨多就富裕，所以人們羨慕他們。然而論財產，富人不如儒生，儒生不如通人。通人積累的知識學問有十箱子書那麼多，聖人的言論，賢人的話語，上自黃帝，下至秦、漢，治國治家的方法，譏刺世俗的言論，都具備了。如果一個人能夠通達事理，見多識廣，那麼，他值得尊崇之處，就不僅僅像富有縑布絲綿之類物質財富那樣了。蕭何隨劉邦進入秦國都城咸陽，收集秦王朝的文書、檔案和地圖，使劉邦所以能夠用來統治天下九州的，正是這一大批文書、檔案和地圖所發揮的力量啊。依靠文書、檔案和地圖來治理天下，國家的財富比起一個平常人家的財富來，到底哪一個多呢？

人目不見青黃曰盲，耳不聞宮商[1]曰聾，鼻不知香臭曰癰[2]。癰、聾與盲，不成人者也。人不博覽者，不聞古今，不見[3]事類[4]，不知然否[5]，猶目盲、耳聾、鼻癰者也。儒生不博覽，猶為閉暗，況庸人無篇章之業，不知是非，其為閉暗甚矣！此則土木之人，耳目俱足，無聞見也。涉[6]淺水者見蝦，其頗[7]深者察魚鱉，其尤甚者觀蛟龍。足行跡[8]殊，故所見之物異也。入道淺深，其猶此也。淺者則見傳記諧文[9]，深者入聖室[10]觀秘書[11]。故入道彌[12]深，所見彌大。人之游也，必欲入都[13]，都多奇觀[14]也。入都必欲見市[15]，市多異貨也。百家之言，古今行事[16]，其為奇異，非徒都邑大市也。游於都邑者心厭[17]，觀於大市者意飽[18]，況游[19]於道藝[20]之際哉！大川旱不枯者，多所疏[21]也。潢汙[22]兼日[23]不雨，泥輒[24]見[25]者，無所通[26]也。是故[27]大川相間[28]，小川相屬[29]，東流歸海，故海大也。海不通於百川，安得巨大之名？夫人含百家之言，猶海懷百川之流也，不謂之大者，是謂海小於百川也。夫海大於百川也，人皆知之，通者明於不通，莫之能別[30]也。潤下[31]作[32]

鹹，水之滋味也。東海水鹹，流廣大也；西州㉝鹽井，源泉深也。人或無井而食，或穿井不得泉，有鹽井之利乎？不與賢聖通業，望有高世之名，難哉！法令之家㉞，不見行事，議罪不可㉟審㊱。章句之生㊲，不覽古今，論事不實。

【章旨】此章以海納百川為喻，言博通古今與不學無術之別。

【注釋】❶宮商　音樂術語。中國歷代以宮、商、角、變徵、徵、羽、變宮為七聲，相當於簡譜中的1、2、3、4、5、6、7七個音階。此用以泛指聲音而已。❷癰　毒瘡。此指鼻子已失去嗅覺能力。❸見　識別。❹事類　各種事物。❺然否　對不對；是非。❻涉　淌水。❼頗　稍微。❽跡　足跡。此指所到之處。殊，不同。❾諧文　指小說之類文字詼諧的作品。❿入聖室　比喻能透徹理解經義。⓫觀秘書　指通讀宮中秘籍。比喻博通古今。⓬彌　更加。⓭都　都城；都市。⓮奇觀　奇異景象。⓯市　市場；商業區。⓰行事　古今之事。⓱心厭　心中滿足。厭，滿足。⓲飽　滿足。⓳游　此指博覽、鑽研。⓴藝　經。指儒家經書。㉑疏　指河流相通。㉒潢污　低窪積水之處。猶淺水坑。㉓兼日　連日。㉔輒　就。㉕見　同「現」。㉖無所通　沒有水源。㉗是故　因此；所以。㉘間　間隔。㉙屬　連結。㉚莫之能別　即「莫能別之」。沒有人能夠區別它。㉛潤下　向地下滲透。㉜作　為；產生。㉝西州　漢時稱涼州為西州，以其在中原之西得名。此指四川一帶。㉞法令之家　此指司法官。㉟可　能。㊱審　確實；恰當。㊲章句之生　指只懂一家章句而不能博覽古今的儒生。

【語譯】人的眼睛看不見顏色叫做盲，耳朵聽不到聲音叫做聾，鼻子嗅不到氣味叫做癰。癰、聾與盲，就不成為健全的人了。人如果不博學廣覽，不知古今，不能識別各種事物，不明辨是非，就好像眼睛瞎了、耳朵聾了、鼻子失去嗅覺的人一樣。儒生不博學廣覽，尚且變得閉目塞聽，何況那些俗人沒有讀書，不明是非，他們變得閉目塞聽就更厲害了！這就是泥人、木偶，耳目都齊備，就是看不見、聽不見。涉淺水的人只能見到蝦，那些稍能涉較深水的人可以察看到魚鱉，那些能涉更深水的人就可以觀看到蛟龍了。因為足跡所到之處不同，所以見到的東西也不一樣。掌握先王之道的深淺，就如同涉水一樣。對先王之道理解得很膚淺的人，就只能見到一些傳記小說之類的作品，理解很深刻的人就可以把握經書精義，博通古今秘籍了。因此，掌握先王之道越深刻，他的見識就越廣大。人們外出遊覽，一定想去都城看一看，因為都城之中有許多奇異的景象。而進入都城的人一定要去看看市場，因為市場上有許多奇異的貨物。各種各樣的學說，古往今來的事物，它們的珍奇怪異，不僅僅是都城中的偌大市場可比的。在都市遊覽的人心裡感到滿足，在偌大的市場上觀賞貨物的人心裡感到滿足，更何況是在儒家經書的海洋之中遨遊呢！大河遇乾旱而不乾涸，是因為有許多支流與它相通啊。淺水坑如果連日不下雨，泥巴就會出現，這是因為沒有水源啊。因此大河雖然互相隔開，但小河總是相互連結著大河的，東流歸海，所以海就廣大了。大海如果不與千百條江河相通，怎麼會有巨大的聲名？一個人能包含各家各派的學說，好像大海胸懷千百條江河之水一樣，這樣的人不稱之為學問淵博，就等於說大海比大小河流還要小啊。大海比千百條江河要廣大，這是人人都知道的；博通古今的人比不通的人要高明，卻沒有人能夠識別它。水向地下滲透就產生鹹味，這是因為水有滋味的緣故。東海的水是鹹的，這是因為河流廣大呀；西州一帶有許多鹽井，這是因為水的源泉很深遠的緣故呀。人們有的沒有鹽井而食鹽，有的鑿井而得不到鹽水，這樣，他們能享有鹽井的好處嗎？不學習聖賢的著作，希望有高出於世人的名聲，難啊！司法官們，不了解以往的判例，論罪量刑就不可能恰如其分；只懂一家章句而不能博通古今的儒生，評論事情就不會符合實際。

或❶以說一經為是❷，何須博覽。夫孔子之門，講習五經，五經皆習，庶幾❸之才也。顏淵曰：「博我以❹文。」才智高者，能為博矣。顏淵之曰「博」者，豈徒一經哉！不能博五經，又不能博眾事，守信❺一學，不好廣觀，無溫故知新❻之明❼，而有守愚❽不覽之暗❾，其謂一經是者，其宜❿也。開戶⓫內⓬日之光，日光不能照幽⓭，鑿窗啟⓮牖⓯，以助戶明也。夫一經之說，猶日明也；助以傳書，猶窗牖也。百家之言，令人曉明，非徒窗牖之開，日光之照也。是故日光照室內，道術明胸中。開戶內光，坐高堂⓰之上；眇⓱升樓臺，窺⓲四鄰之廷⓳，人之所願也。閉戶幽坐，向⓴冥㉑冥之內，穿壙穴㉒臥，造㉓黃泉之際，人之所惡也。夫閉心塞意㉔，不高瞻覽者，死人之徒㉕也哉！孝武皇帝㉖時，燕王旦㉗在明光宮㉘，欲入所臥，三戶㉙盡閉㉚，使侍者二十人開戶，戶不開。其後，旦坐㉛謀反自殺。夫戶閉，燕王旦死之狀㉜也。死者，凶事也，故以閉塞為占㉝。齊慶封不通，六國大夫會而賦詩，慶封㉞不曉，其後果有楚靈㉟之禍也。夫不開通於學者，尸尚能行者也。亡國之社㊱，屋其上㊲、柴其下㊳者，示絕於天地㊴。《春秋》薄社㊵，周以為戒。夫經藝傳書，人當覽之，猶社當通氣於天地也。故人之不通覽者，薄社之類也。是故氣不通者，強壯之人死，榮華之物枯。

【章　旨】此章譏刺「守信一學」之類儒生。

【注　釋】❶或　有的人。❷是　對；合理。❸庶幾　差不多。❹以　用。見《論語・子罕》。❺守信　恪守；墨守；死抱住不放。❻溫故知新　溫習已學過的知識，從而獲得新的理解和體會。語出《論語・為政》：「溫故而知新，可以為師矣。」何晏注：「溫，尋也。尋繹故者，又知新者，可以為人師矣。」❼明　聰明。❽守愚　安於愚昧狀態。❾暗　昏暗；糊塗。❿宜　適合；恰當。⓫戶　門。⓬內　通「納」。接納；引進。⓭幽　陰暗之處。⓮啟　開。⓯牖　窗戶。⓰高堂　高大的堂屋。⑰眇　通「杪」。高。⑱窺　察看。⑲廷　通「庭」。庭院。⑳向　面對。㉑冥　黑暗。㉒壙穴　墓穴。㉓造　到。㉔閉心塞意　閉塞視聽，思想僵化。㉕徒　類；輩。㉖孝武皇帝　即漢武帝。㉗燕王旦　漢武帝之子劉旦，封燕王。昭帝時因謀反，失敗自殺。㉘明光宮　即明光殿。㉙三戶　指明光殿的所有門窗。㉚盡閉　全部關閉。㉛坐　因。㉜狀　指徵兆。㉝占卜問；預測。此指預兆。㉞慶封　春秋時齊國大夫。見《左傳・襄公二十七年》。㉟楚靈　楚靈王。春秋時楚國君主。據《左傳・昭公四年》載，慶封後被楚靈王殺。㊱社　古代帝王或諸侯祭祀社神之所，凡享有國家權力的帝王或掌管一方的諸侯王大都立社，故後以社的存亡作為國家和權力存亡之標誌。㊲屋其上　在其上蓋屋。㊳柴其下　用柴塞在其下。㊴示絕於天地因社立於露天，以示上通於天，下通於地。所以在社上蓋屋，下面以柴堵塞住，則表示社已與天地隔絕，國家就得不到天地保佑了。㊵薄社　亦作亳社。商代社名。亳，古都名。在今河南商丘北，曾為商朝前期的都城。薄社，因商朝之亡而代表「亡國之社」。

【語　譯】有的人以為能解說一部經書就不錯了，何須博覽群經。孔子的門生，講習《詩》、《書》、《易》、《禮》、《春秋》五種經書。如果五種經書都講習了，就差不多是具備聖人才能的人了。顏淵說：「用各種文獻來豐富我的知識。」只有才能智慧高的人，才能夠做到博覽古今。顏淵說的博覽，怎麼只是能解說一種經書啊！不能博覽五經，又不能博通各種事物，死抱住一家一派的學說不放，不喜歡廣泛地觀察，沒有溫故而知新的聰明，而有安於愚昧不願博覽的糊塗思想，這樣的人認為能解說一經就不錯了，這自然是恰當的。開門引進太陽的光線，太陽光仍不能照亮陰暗的地方，於是啟開窗戶，來幫助門戶使房屋更加明亮。一部儒家經書的學說，如同太陽光的明亮一樣；用解釋經書的著作來幫助學習，就好像房屋安上窗戶一樣。各種各樣的學說，使人通曉明白各種事理，不僅僅是在房屋上開窗戶，引進太陽光的照耀啊。因此太陽光照亮室內，而先王之道即使人的心胸變得明朗。開窗戶引進太陽光，坐在高大的堂屋之上，登上樓臺的最高處，察看四鄰的庭院，這是人人所希望的。閉門幽坐，面對黑暗的深處，挖個墓穴睡在裡面，到埋葬死人的地下去，這是人人所厭惡的。一個人閉塞視聽，思想僵化，站得不高，看得不遠，這就如同死人一樣啊！漢武帝時代，燕王劉旦在明光殿時，想進入自己所住的臥室中去，結果所有門窗都關閉得很緊，指使隨從人員二十人開門，門打不開。

這以後，劉旦因犯謀反罪而自殺。門戶緊閉，是燕王劉旦死的徵兆。死，是凶事，所以以門戶關閉為燕王旦將死的預兆。春秋時齊國大夫慶封不通古今，六國大夫會宴時照例賦詩，慶封不會，別人誦一首詩來諷刺他，他也不懂，這以後慶封果然被楚靈王抓住殺了。一個人在學問方面不開通，只不過如同行屍走肉一樣。亡國的社壇，在它的上面蓋起頂子，下面用柴堵住，這就表示它已經與天地隔絕了。《春秋》上講薄社是亡國之社，周朝以它為鑑。儒家的經書和解釋經書的著作，人們應去瀏覽它，這就好像社應當通氣於天地一樣。所以人如果不通覽古今，就屬於薄社之類了。因此，大凡氣息不通，就是身體強壯的人也會死去，生長繁榮茂盛的植物也會枯萎而死的。

東海之中，可食之物，集糅❶非一，以其大也。海水精氣渥❷盛，故其生❸物也❹眾多奇異。故夫大人❺之胸懷非一，才高知大，故其於道術無所不包。學士同門，高業之生，眾共宗❻之。何則？知經指❼深，曉師言多也。夫古今之事，百家之言，其為深多也，豈徒師門高業之生哉！甘酒醴❽不酤❾飴蜜❿，未為能知味也。耕夫多殖⓫嘉⓬穀，謂之上農夫，其少者，謂之下農夫。學士之才，農夫之力，一也。能多種穀，謂之上農，能博學問，不謂之上儒，是稱⓭牛之服⓮重，不譽馬速也。譽手毀足，孰謂之慧！夫縣道不通於野，野路不達於邑，騎馬乘舟者，必不由⓯也。故血脈不通，人以甚病。夫不通者，惡事也，故其禍變致不善。是故盜賊宿於穢草⓰，邪心生於無道。無道者，無道術也。醫能治一病謂之巧，能治百病謂之良。是故良醫服⑰百病之方⑱，治百人之疾；大才懷百家之言，故能治百族之亂⑲。扁鵲⑳之眾方，孰若巧醫之一伎㉑？子貢曰：「不得其門而入，不見宗廟之美，百官㉒之富。」蓋以宗廟、百官喻孔子道也。孔子道美，故譬以宗廟；眾多非一，故喻以百官。由此言之，道達廣博者，孔子之徒也。

【章　旨】此章言道達廣博者為孔子之徒。

【注　釋】❶集糅　混雜。集，通「雜」。❷渥　濃郁。❸生　產生；構成。❹也　語氣詞。表停頓。❺大人　此指「通人」而言。❻宗　崇尚；尊崇。❼指　通「旨」。意旨。❽醴　甜酒。❾酤　和；調味。❿飴蜜　蜜糖。⓫殖　種植。⓬嘉　好。⓭稱　贊揚。⓮服　負。⓯由　經過。⓰穢草　雜草。⓱服　掌握。⓲方　藥方。⓳百族之亂　泛指各種各樣的變亂。族，家族；宗族。⓴扁鵲　人名。春秋時名醫。㉑伎　通「技」。㉒官　此指房舍。見《論語・子張》。

【語　譯】東海之中，可以吃的動植物，聚集混雜在一起，並非只有一種，因為東海廣大啊。海水的精氣濃郁旺盛，所以它產生的動植物不僅眾多而且稀奇怪異。因此，通人所掌握的知識是十分全面的，而不僅僅是某一個方面的學問，才高智大，所以他在掌握先王之道方面非常廣博，無所不包。學生在同一老師門下求學，學業很高的學生，大家都十分尊崇他。為什麼呢？因為他對經義的理解很精深，通曉老師的教誨是很多的。古往今來的事理，各家各派的學說，通人了解得又多又深刻，哪裡只是像老師門下課業較好的學生而已呢？知道甜酒甘美，不知道調和糖蜜更美，不能算是懂得滋味。農民多種植好穀子，叫做上等農民；那些種植好穀子少的，就叫做下等農民。學生的才能，農民的能力，都是同一種類型。能夠多種穀物，就可稱作上等農民；能夠博覽學問，不稱作上等儒生，這就等於稱贊牛能負重，而不知道贊揚千里馬跑得快啊。贊揚人的手而詆毀人的足，誰說他聰明！縣城的道路如果不通往鄉村，鄉村的道路如果不通到城鎮，騎馬乘船的人，一定不會經過這樣的道路。因此血脈不暢通，人們就認為病重。血脈不通，是惡事，所以它向壞的方面變化就會導致嚴重惡果。因此盜賊多藏在雜草叢中，邪惡之心往往產生在無道之中。所謂無道，就是沒有道術。醫生能醫治好一種病症叫做巧醫，能醫治各種疾病叫做良醫。所以良醫掌握了醫治百病的藥方，能治癒百人的疾病；大才包容各種各樣的學說，所以能治理各種變亂。以扁鵲能醫治百病的本領，與巧醫只能醫治一種疾病的技能相比較，哪個高明呢？子貢說：「不能從老師的大門走進去，就看不見他那宗廟的雄偉美麗，房屋的多種多樣。」大概是以宗廟的宏麗和房屋的繁富來比喻孔子的道術學說。孔子的學說很雄偉，所以用宗廟來比喻；孔子的道術豐富多彩而不是單一的，所以用各種各樣的房屋來比喻。由此說來，學問通達廣博的人，就是孔子之類的大家。

殷、周之地，極❶五千里，荒服、要服❷，勤❸能牧❹之。漢氏廓土❺，牧萬里之外，要、荒之地，褒衣博帶❻。夫德不優者不能懷遠❼，才不大者不能博見。故多聞博識❽，無頑鄙❾之訾❿；深知道術，無淺暗之毀也。人好觀圖畫者，圖上所畫，古之列人⓫也。見列人之面，孰與觀其言行？置之空壁，形容具存，人不激勸者，不見言行也。古賢之遺文，竹帛⓬之所載粲然⓭，豈徒牆壁之畫哉！空器在廚，金銀塗飾，其中無物益於饑，人不顧⓮也。肴膳⓯甘⓰醢⓱，土釜⓲之盛⓳，入者鄉⓴之。古賢文之美善可甘㉑，非徒器中之物也，讀觀有益，非徒膳食有補也。故器空無實，饑者不顧；胸虛無懷，朝廷不御㉒也。劍伎之家㉓，鬥戰必勝者，得曲城㉔、越女㉕之學也。兩敵相遭，一巧一拙，其必勝者，有術㉖之家也。孔、墨之業，賢聖之書，非徒曲城、越女之功㉗也；成人之操，益人之知，非徒戰鬥必勝之策㉘也。故劍伎之術，有必勝之名；賢聖之書，有必尊之聲。縣邑之吏，召諸治下，將相㉙問以政化㉚，曉慧㉛之吏，陳㉜所聞見，將相覺悟，得以改政㉝右㉞文。聖賢言行，竹帛所傳，練㉟人之心，聰㊱人之知㊲，非徒縣邑之吏對向㊳之語也。

【章　旨】此章論及聖賢之書的政治教化之功，在於「練人之心，聰人之知」。

【注　釋】❶極　極限；最遠。❷荒服要服　據《尚書・禹貢》載，古代以王都為中心，把王都以外的地區按遠近距離劃分為五服：甸服、侯服、綏服、要服、荒服。服，指服事君主，對君主承擔義務。荒服、要服，距離王都最遠。此指最邊遠的地區。❸勤　通「僅」。❹牧　治理；控制。❺廓土　擴張領土。❻褒衣博帶　古代儒生的裝束。猶言寬袍大帶。《漢書・雋不疑傳》顏師古注：「褒，大裾也。言著褒大之衣，廣博之帶也。」❼懷遠　安撫邊遠地區的老百姓，使其歸服於朝廷。❽博識　記得很多。識，記住。❾頑鄙　愚蠢，鄙陋無知。❿呰　斥責。⓫列人　指有名氣的人。⓬竹帛　借指古書。⓭粲然　文辭優美，明明白白。⓮顧　看；理睬。⓯肴膳　飯菜。⓰甘　甜美。⓱醢　肉醬。⓲土釜　沙鍋。⓳盛　裝。⓴鄉　通「嚮」。嚮往。㉑可甘　猶可口。適合讀者口味。㉒御　使用。㉓劍伎之家　擅長擊劍的人。㉔曲城　古地名。在今山東掖縣東北。此指曲成侯，以劍術名世。見《史記・日者列傳》。㉕越女　《吳越春秋・句踐陰謀外傳》載：「越有處女，出於南林，國人稱善……越王乃使使聘之，問以劍戟之術。……越王即加女號，號曰越女。」㉖術　技藝；本領。㉗功　功效；作用。㉘策　此指刺殺技術。㉙將相　泛指地方長官。㉚政化　政治教化。㉛曉慧　聰明。㉜陳　陳述。㉝改政　改善政事。㉞右　以右為尊。引申為重視。㉟練　染練。引申為感化。㊱聰　使人變聰明。㊲知　通「智」。智慧。㊳對向　對答。

【語　譯】殷、周的土地，最遠有五千里，荒服、要服這些最邊遠的地區，僅僅能夠控制它們，而未能以德政去影響它們。漢朝擴充疆域，能治理萬里之外，要服、荒服這樣的邊遠地區，也深受中原地區人民的風俗的影響，都身穿長袍大帶。德政不優秀的統治者不能安撫人心，使邊遠地區的人民都能歸服於朝廷；才華不廣大的人，不能獲得廣博的見識。因此多聽多記，就不會被人指責為愚昧無知；對先王之道有深刻的理解，就不會被人批評為淺薄無知。人們喜歡觀賞圖畫，圖畫上所畫的東西，都是古代有名氣的人物。觀看古代名人的畫像，怎能比得上看到書上所記載的名人的言論和行動呢？把名人的畫像掛在空白的牆壁上，名人的形態容貌都存在，但是人們並不被它所激勵和勸勉，原因是沒有見到他們的言論和行動啊。古代聖賢遺傳下來的文章，古書記載得明明白白，豈只是掛在牆壁上的圖畫啊！空洞的器皿擺在廚櫃裡，儘管用金銀塗飾著，它的裡邊如果沒有食物能夠充飢，人們也不會理睬它。美味的飯菜肉醬，如果用沙鍋裝著，看到這些食物的人也會嚮往它。古代聖賢的文章美妙已極，膾炙人口，不僅僅是器皿中的食物，閱讀文章有益處，不只是人吃了食物有補益啊。所以器皿空洞無食物，飢餓的人不屑一顧；心胸空虛沒有思想，朝廷就不會使用他。擅長擊劍的人，在戰鬥之中一定取勝的，是因學到了曲成侯和越女的劍術啊。兩敵相遇，一方靈巧一方笨拙，其中一定能取勝的，就是有本領的人。孔子、墨子的學說，賢聖的著作，不僅僅是曲成侯和越女所表現的功效；培養人的品德，增強人們的知識，不僅僅是戰鬥中必勝的刺殺技術呀。因此人有劍技的本領，就有必勝的名氣；人們讀聖賢的書籍，就有必尊的聲譽。縣城的官吏，把他們調來充當自己的部下，地方長官用政治教化來詢問，聰明的官吏，就會陳述自己在鄉下的所見所聞，使地方長官醒悟，能夠改善政事，重視文章事業。聖賢的言論和行動，為古書所傳播，能夠感化人們的思想，使人的智慧更加聰明起來，不僅僅相當於縣城的官吏所對答的話語啊。

禹、益併❶治洪水，禹主❷治水，益主記異物，海外山表❸，無遠不至，以所聞見作《山海經》④。非禹、益不能行遠，《山海》不造⑤。然則《山海》之造，見物博也。董仲舒睹⑥重常之鳥⑦，劉子政⑧曉貳負之尸⑨，皆見《山海經》，故能立二事之說。使⑩禹、益行地不遠，不能作《山海經》；董、劉不讀《山海經》，不能定⑪二疑。實沈⑫、臺台⑬，子產⑭博物，故能言之。龍見⑮絳⑯郊，蔡墨⑰曉⑱占⑲，故能禦⑳之。父兄在千里之外，且㉑死，遺㉒教戒㉓之書。子弟賢者，求索觀讀，服臆㉔不舍，重先敬長，謹慎㉕之也。不肖者輕慢佚忽㉖，無原察㉗之意。古聖先賢遺後人文字，其重非徒父兄之書也，或觀讀采取，或棄捐㉘不錄㉙，二者之相高下也，行路之人，皆能論之，況辯㉚照然否者，不能別之乎！孔子病，商瞿㉛卜期㉜日中㉝。孔子曰：「取書來，比至㉞日中何事乎？」聖人之好學也，且死不休，念在經書，不以㉟臨死之故，棄忘道藝，其為百世之聖，師法㊱祖修㊲，蓋不虛矣。自孔子以下至漢之際，有才能之稱者，非㊳有飽食終日無所用心也，不說五經則讀書傳㊴。書傳文大，難以備㊵之。卜卦占㊶射㊷凶吉，皆文、武㊸之道㊹。昔有商瞿能占爻卦㊺，末㊻有東方朔、翼少君㊼能達㊽占射覆㊾。道雖小，亦聖人之術也，曾㊿又不知。人生稟(51)五常(52)之性，好道樂學，故辨於物。今則不然，飽食快飲，慮深求臥，腹為飯坑，腸為酒囊，是則物也。倮(53)蟲三百，人為之長；

天地之性54，人為貴，貴其識知55也。今閉暗脂塞56，無所好欲，與三百倮蟲何以異，而57謂之為長而貴之乎！

【章旨】此章言天地之性，以人為貴，貴在識知，強調人應該像賢聖那樣好學，且死不休。

【注釋】❶併　共同。❷主　以……為主。此指主持、負責。❸表　外。❹山海經　古代地理著作。凡十八篇，作者未詳，相傳為伯益所作，但近世學者多以為不出於一時一人之手，其中十四篇是戰國時代的作品，〈海內經〉四篇係西漢初年作品。❺造　製作；創作；造就。❻睹　見到。此指認識。❼重常之鳥　一種怪鳥。亦作「鶤鵾鳥」。據《山海經》卷首載劉歆上《山海經》奏，說漢武帝時，有人獻一鳥，無人能識，惟東方朔據《山海經》所載，叫出牠的名字。❽劉子政　劉向。西漢經學家、目錄學家。本名更生，字子政，沛人。漢皇族楚元王劉交四世孫，治《春秋穀梁傳》。曾校閱群書，撰成《別錄》，為中國古代目錄學之祖。❾貳負之尸　漢宣帝時，有人發現山洞中有一具反縛雙手的屍體，無人能識，惟劉向根據《山海經》所載，說它是貳負之尸。貳負，據《山海經》卷首劉歆上《山海經》奏載，傳說貳負是堯的臣子，因罪被堯捆綁著雙手，戴上腳鐐，囚於疏屬山。❿使　如果。⓫定　確定；解決。⓬實沈　十二次之一。與十二辰相配為申，與二十八宿相配為觜、參二宿。此指傳說中的主管參宿的神。據《左傳・昭公元年》，實沈與其兄閼伯不和，時動干戈。堯因遷實沈於大夏，主參星，為參神；遷閼伯於商丘，主辰星，為辰神。⓭臺台　即「臺駘」。傳說中的汾水神。《左傳・昭公元年》：「昔金天氏有裔子曰昧，為玄冥師，生允格、臺駘。臺駘能業其官，宣汾、洮，障大澤，以處大原。帝用嘉之，封諸汾川。」⓮子產　人名。春秋時鄭國大夫。據《左傳・昭公元年》，子產去看望有病的晉平公，有大臣問：「據說晉平公的病是實沈、臺台作祟，請問這是什麼神？」子產回答說：「實沈是參宿神，臺台是汾水神。」⓯見　同「現」。出現。⓰絳　古都名。在今山西曲沃西北。⓱蔡墨　人名。春秋時晉國太史，精通天文曆法，善占卜。⓲曉　精通。⓳占　占卜。⓴禦　通「御」。用。此指飼養。見《左傳・昭公二十九年》。㉑且　將要。㉒遺　留下。㉓教戒　教誨勸戒。㉔服臆　猶「服膺」。謹記在心。《中庸》：「得一善，則拳拳服膺，而弗失之矣。」朱熹注：「服，猶著也；膺，胸也。奉持而著之心胸之間，言能守也。」㉕謹慎　鄭重其事。㉖輕慢佚忽　漫不經心；隨隨便便。㉗原察　體會了解。㉘棄捐　拋棄。㉙錄　取。㉚辯　通「辨」。區別。㉛商瞿人名。孔子門生。㉜期 死期。㉝日中 中午時分。㉞比至 等到。㉟以 因為。㊱師法 效法。㊲祖修 學習。㊳非 未嘗。㊴書傳 指五經以外的各種書籍。㊵備 具備；掌握。㊶占 占卜。㊷射 猜度；推測。㊸文武 指周文王、周武王。㊹道 方法。㊺占爻卦 泛指算卦。爻，易卦符號。爻分陰陽，陽爻為「—」，陰爻為「--」；每三爻合成一卦，可得八卦，兩卦相重而得六十四卦。㊻末 後代。㊼翼少君 人名。翼奉。字少君，下邳人。西漢元帝時為博士，治齊詩，好律曆陰陽之占。㊽達 通曉。㊾射覆 古代一種遊戲。將事物預先覆蓋起來，供人猜測。㊿曾 乃；卻。(51)稟 承受。(52)五常 指仁、義、禮、智、信五種道德規範。(53)倮 同「裸」。據《大戴禮記・易本命》載，倮蟲有三百六十種，而人類是其中之首。(54)性 性命；生命。(55)識知 懂得知識。(56)閉暗脂塞 此指愚昧無知。脂，凝固。(57)而 通「能」。

【語譯】大禹、伯益共同治理洪水，大禹負責治水，伯益負責記錄各種奇異事物，海外山外，沒有哪個遙遠的地方沒有到過，於是把路途所見所聞寫作成《山海經》。如果不是大禹、伯益不能走得那麼遙遠，《山海經》一書就不可能寫作出來。這樣看來，《山海經》的寫作，是看見的事物多的緣故啊。董仲舒認識重常之鳥，劉子政認得貳負的屍體，都是因為見過《山海經》，所以能夠成立以上二事的說法。如果大禹、伯益走過的地方不遠，就不可能寫作《山海經》；如果董仲舒、劉子政不讀《山海經》，就不可能解答以上兩個疑難問題。實沈、臺台，子產因為認識廣博的事物，所以能夠說：「實沈是參宿神，臺台是汾水神。」龍出現在絳郊外，蔡墨因為精通占卜，所以說龍是能飼養的。父兄在千里之外，將死，留下教誨告誡的遺書。子弟中的賢良的人，一定會尋求父兄遺書，認真閱讀，牢記在心，念念不忘，敬重先輩、長輩的教誨，鄭重其事地對待它。不肖的子弟卻漫不經心，隨隨便便，根本沒有去體會了解父兄遺囑的心思。古代聖人先賢留給後人的文字，它的重要性不僅僅像父兄留下的遺書一樣，有的人能認真閱讀並領會它的內容，有的人則拋棄在一邊不願聽取，二者之相高下，連行路的人都能評論清楚。更何況能分清是非的人，還會辨別不了嗎？孔子有病，商瞿占卜後說孔子的死期在中午時分。孔子說：「拿書來給我看，不然等到中午又有什麼事可做呢？」聖人好學，將死也不停止，心思全在經書之上，不因為臨近死亡的緣故，而忘卻拋棄先王之道，他作為百代之聖，使人效法學習，實在是名不虛傳啊。自孔子以下，到漢時，富有才能的人，從來沒有飽食終日而無所用心的，不是講述五經，就是閱讀其他各種書籍。這些書籍的內容龐大，很難全面把握。占卜問卦，推測吉凶，都是周文王、周武王曾經採用過的方法。從前有商瞿能夠算卦，後代有東方朔、翼少君能夠通曉占卜和射覆這種遊戲。這種道術雖然微小，也是聖人使用過的方法啊，現在的人卻連這一點都不懂得。人生來就承受著仁、義、禮、智、信五種倫理道德規範，愛好道術，樂於學習，所以區別於其他動物。現在則不是這樣，吃得飽，喝得痛快，稍微用點心思就想睡覺，肚腹變成了飯坑，腸胃變成了酒袋，這就成為一般的動物了。據說裸身的動物有三百多種，人類是裸蟲的首領。天地之間有生命的東西，人是最寶貴的，貴在人懂得知識。而今人閉目塞聽，愚昧無知，對於學習沒有半點愛好和追求，與其他三百多種裸蟲有什麼不同，能說人是裸身動物的首領而以之為尊貴嗎！

諸夏❶之人所以❷貴於夷狄者，以其通仁義之文，知古今之學也。如徒任❸其胸中之知❹以取衣食，經歷年月，白首❺沒齒❻，終無曉知，夷狄之次❼也。觀夫蜘蛛之經絲❽以罔❾飛蟲也，人之用詐，安能過之？任胸中之知，舞權利之詐，以取富壽之樂，無古今之學，蜘蛛之類也。含血之蟲，無餓死之患，皆能以❿知⓫求索飲食也。人不通者，亦能自供⓬，仕官為吏，亦得高官，將相長吏，猶吾大夫高子⓭也，安能別之？隨時⓮積功，以命得官，不曉古今，以位為賢，與文人⓯異術⓰，安得識別通人，俟⓱以不次⓲乎！將相長吏不得若右扶風⓳蔡伯偕、鬱林⓴太守張孟嘗、東萊㉑太守李季公之徒，心自通明，覽達古今，故其敬通人也如見大賓。燕昭為鄒衍擁彗㉒，彼獨受何性哉？東成㉓令董仲綏知為儒梟㉔，海內稱通，故其接人能別奇偉，是以鍾離㉕產公㉖以編戶之民㉗，受圭璧之敬㉘，知㉙之明也。故夫能知之也，凡㉚石生光氣；不知之也，金玉無潤色。

【章　旨】此章言如何識別通人，認為地方長官對於通人，一要了解，二要尊重。

【注　釋】❶諸夏　泛指華夏各族居住的中原地區。❷以　因為。❸任　憑藉。❹知　通「智」。聰明。❺白首　白頭。❻沒齒　終生；一輩子。❼次　行列；類。❽經絲　織網。❾罔　通「網」。網羅。此指捕捉。❿以　用。⓫知　通「智」。智慧。⓬供　供養；滿足需要。⓭高子　人名。春秋時齊國的執政大夫。據《左傳．襄公二十五年》，齊國大夫崔杼弒君，高子不敢討伐。大夫陳文子對他很不滿，到各國求兵伐崔杼，各國都不支持他。他便罵這些人與高子是一丘之貉。見《論語．公治長》。王充引以諷刺地方長官如高子一樣昏庸無能。⓮時　時勢；時運。⓯文人　有文才的人。此指通人。⓰異術　不同的原則。⓱俟　等待。⓲不次　不按次序，破格提拔。次，次序；等級。⓳右扶風　西漢政區名。在長安以西，相當於一郡。⓴鬱林　郡名。在今廣西西部地區。㉑東萊　郡名。在今山東半島東北地區。㉒擁彗　掃地。彗，掃帚。㉓東成　即東城。古縣名，在今安徽定遠東南。㉔梟　首領。㉕鍾離　古縣名。在今安徽鳳陽東北部。㉖產公　人名。事跡不詳。㉗編戶之民　指普通百姓。㉘受圭璧之敬　指受到高度敬仰和尊重。圭璧，指兩種玉製的禮器。㉙知　了解。㉚凡　普通；一般。

【語　譯】中原地區的人之所以比少數民族更為高貴，是因為他們通曉表現仁義美德的文字，懂得古往今來的學問。如果只憑藉他們自身先天具有的聰明智慧來謀取衣食，那麼經歷年月，白首終生，始終不會通曉古今知識，這就與夷狄之類野蠻民族沒有兩樣了。觀看那蜘蛛織網用來網羅飛蟲，人所採取的欺騙手段，怎麼能超過蜘蛛用結網來捕捉飛蟲呢？憑藉自己先天賦予的聰明才智，玩弄權術之類欺詐手段，來謀取富貴長命的樂趣，而沒有通曉古今的學問，這樣的人就屬於蜘蛛之類啊。含血的動物，沒有餓死的憂患，都能憑藉各自的智慧謀求到食物。不通古今的人，也能自己供養自己，當官為吏，也能求得高官，各級地方長官，如果都如同我大夫高子一樣昏庸無能，怎麼能識別那些不通古今、不學無術的人！一個人隨著時運積累功德，靠命數得一官半職，不通曉古今，靠地位高而被人當作賢人，與通人所遵循的原則迥異，怎麼能識別通人，破格提拔他們呢？地方長官不能像右扶風的蔡伯偕、鬱林太守張孟嘗、東萊太守李季公之輩一樣，心地光明磊落，博覽通曉古今，所以他們敬重通人如同會見尊貴的賓客一樣。燕昭王替鄒衍掃地，他獨自承受了什麼呢？東城令董仲綏按才智當為儒生中傑出人物，海內稱頌他通達，所以他待人能夠識別奇才偉人，因此，鍾離的產公以一個普通老百姓的身分，而能受到他高度的敬重，這是由於董仲綏對他了解得很清楚啊。所以，能夠了解它，普通石頭也能生發出耀眼的光輝；不能了解它，就是金銀珠玉也沒有溫潤的色澤。

自武帝以至今朝，數舉賢良❶，令人射策❷甲乙之科❸。若董仲舒、唐子高❹、谷子雲❺、丁伯玉❻，策既中實，文說美善，博覽膏腴❼之所生也。使❽四者經徒能摘❾，筆徒❿能記疏⓫，不見古今之書，安能建美於聖王之庭乎？孝明⓬之時，讀〈蘇武傳〉⓭，見武⓮官名曰移中監⓯，以問百官，百官莫知。夫《倉頡》之章，小學⓰之書，文字備具，至於無能對聖國⓱之問者，是皆美命⓲隨牒⓳之人多在官也。「木」旁「多」文字且不能知，其欲及⓴若㉑董仲舒之知重常，劉子政之知貳負，難哉！或曰：「通人之官，蘭臺令史㉒，職校書定字，比夫太史㉓、太祝㉔，職在文書，無典㉕民之用㉖，不可施設㉗。是以蘭臺之史，班固㉘、賈逵㉙、楊終㉚、傅毅㉛之徒，名香文美，委積㉜不紲㉝，大用於世。」曰：此不然。周世通覽之人，鄒衍之徒，孫卿㉞之輩，受時王之寵，尊顯於世。董仲舒雖無鼎足之位㉟，知㊱在公卿㊲之上。周監㊳二代㊴，漢監周、秦。然則蘭臺之官，國所監得失也。以心如丸卵㊵，為體內藏㊶；眸子㊷如豆，為身光明。令史雖微，典㊸國道藏㊹，通人所由進㊺，猶博士㊻之官，儒生所由興也。委積不紲，豈聖國微遇㊼之哉！殆㊽以書未定而職㊾未畢也。

【章旨】此章言通人之官微，於自我寬慰、解脫之中蘊含激憤之情。

【注釋】❶賢良　漢代選拔官吏的科目之一。文帝為詢訪政治得失，始詔「舉賢良方正能直言極諫者」，中選者則授予官職。武帝時復詔舉賢良或賢良文學。❷射策　漢代考試法之一。主考者提出問題，書之於竹簡。分為甲乙科。射策者隨意解答，按其難易而分優劣。射，投射之意。❸甲乙之科　漢代考試制度分甲乙丙三科，中甲科者任郎中，乙科任太子舍人，丙科任文學掌故。《漢書・儒林傳》：漢平帝時，「歲課甲科四十人為郎中，乙科二十人為太子舍人，丙科二十人補文學掌故。」❹唐子高　唐林。沛人，字子高，以明經飭行顯名。仕王莽，封侯。❺谷子雲　谷永。❻丁伯玉　人名。事蹟不詳。❼膏腴　肥美。此指內容豐富的書籍。❽使　假使。❾摘　摘錄。❿徒　僅僅；只。⓫記疏　注釋經書。⓬孝明　漢明帝。⓭蘇武傳　指《漢書・蘇武傳》。⓮武　蘇武。⓯移中監　掌管養馬的官吏。移，漢代馬房名。《漢書・昭帝紀》：「移中監蘇武前使匈奴，留單于庭十九歲乃還。」顏師古注引蘇林曰：「移，廄名也。」⓰小學　漢代稱文字學為小學，因兒童入學先學文字，故名。⓱聖國　指東漢王朝。此指漢明帝。⓲美命　好命。⓳隨牒　指沒有才能，只能憑資格，按次序升官。牒，登記官吏資格和升遷次序的名冊。⓴及　達到。㉑若　如同。㉒蘭臺令史　官名。西漢時設置，負責校勘、整理書籍，掌管文書。蘭臺，漢代宮內藏書之處。㉓太史　主管天文、曆法、歷史的官吏。㉔太祝　主管祭祀的官吏。㉕典　掌管；治理。㉖用　作用；能力。㉗施設　使用。㉘班固　東漢史學家、文學家。字孟堅，扶風安陵人。召為蘭臺令史，撰《漢書》、《白虎通義》，善作賦，有《兩都賦》等名作。㉙賈逵　東漢經學家、天文學家。字景伯，扶風平陵人。曾任侍中和左中郎將等。著作有《春秋左氏傳解詁》、《國語解詁》等，今佚。㉚楊終　字子山，成都人。明帝時為校書郎，永元中徵拜郎中卒。有《春秋外傳》十二篇。㉛傅毅　字武仲，茂陵人。東漢章帝時任蘭臺令史，拜郎中，與班固、賈逵共典校書，後在竇憲大將軍門下任司馬，早卒。㉜委積　堆積；停留。㉝絀　通「黜」。超越。此指升官。㉞孫卿　即荀況。㉟鼎足之位　泛指相當「三公」的高官位。鼎有三足，故以鼎足比喻主管朝政的三公。㊱知　知識。㊲公卿　三公九卿。泛指朝廷大臣。㊳監　通「鑑」。借鑑。㊴二代　夏代和商代。㊵丸卵　形容很小。㊶內藏　內臟。㊷眸子　眼中瞳仁。㊸典　掌管。㊹道藏　收藏的珍貴典籍圖書。㊺進　進身；當官。㊻博士　指五經博士。㊼微遇　冷遇；不重視。㊽殆　大概。表猜測語氣。㊾職　職務；任務。

【語　譯】自漢武帝而至於今朝，多次推舉賢良，讓人們通過考試，分甲乙丙三科錄取官吏。像董仲舒、唐子高、谷子雲、丁伯玉，竹簡上的考題都能準確地回答，文辭美麗，內容很好，這完全是廣泛地閱讀思想內容十分豐富的書籍所獲得的結果。假使他們四人閱讀經書只能斷章摘句，提起筆來只會替經書作注疏，沒有見過古今的各種書籍，怎麼能在聖王的朝廷寫出好文章來呢？漢明帝的時候，讀《漢書·蘇武傳》，見到蘇武的官名叫做「栘中監」，把它拿來問朝廷文武百官，廣大官吏中沒有人知道這是什麼官。《倉頡》，是文字學方面的書，各種文字都具備，至於沒有能夠回答明帝的問題，這都是因為那些憑著自己命好、靠官吏登記簿上的名次升官而沒有真才實學的人在朝廷上太多的緣故。「木」旁「多」文字尚且不能認識，他們還想達到如同董仲舒認識重常之鳥，劉子政認識貳負之尸那樣的學問，真是難啊！有人說：「通人所做的官，只是蘭臺令史，以校書定字為職責，如同太史、太祝一樣，職務僅僅在掌管文書方面，沒有治理百姓的能力，不可以使用他們來治理老百姓。所以蘭臺的史官，班固、賈逵、楊終、傅毅之類人，名聲很香，文章很美，但始終停留在原來的官位上，不能升官晉級而為當世重用。」我說：這種說法不對。周代通覽古今的人，如鄒衍之類、荀況之輩，深受當時的君主的寵幸，在社會上具有尊貴顯要的地位。董仲舒雖然沒有三公那樣的高官位，但知識仍在三公九卿之上。周代以夏、商二代為借鑑，漢王朝以周、秦為借鑑。既然這樣，那麼蘭臺令史的官職，正是國家通過掌管和了解前代書籍的官吏來借鑑前代的政治得失。心臟如丸卵一樣小，但是人體的主要內臟器官；瞳仁也如黃豆一樣小，卻能使人見到光明。蘭臺令史雖然官職微小，但是他們掌管國家的重要經典文書，通人就是由蘭臺令史進身做官的，好像五經博士的官位，是從儒生提拔上來的一樣。停留在原來的官位上，沒有升官晉級，哪裡是朝廷不重用他們啊！他們沒有升大官，大概是因為書沒有校訂好，任務還沒有完成吧。

# 超奇篇第三十九

【題解】本篇旨在論述超等奇才，故篇名之曰「超奇」。

王充把漢儒分為四個等次：「能說一經者為儒生，博覽古今者為通人，采掇傳書以上書奏記者為文人，能精思著文連結篇章者為鴻儒。」認為「儒生過俗人，通人勝儒生，文人逾通人，鴻儒超文人」，只有鴻儒等次最高，是「超而又超」，「奇而又奇」的「世之金玉」。作者以「著書表文」作為區別人才之標準，雖有其偏頗之處，但在評論古今人物之時，還是「優者為高，明者為上」，堅持實事求是的。對此，應該予以肯定。

通❶書千篇以上，萬卷以下，弘❷暢雅❸閑❹，審❺定❻文讀❼，而以❽教授為人師者，通人❾也。杼❿其義旨，損益⓫其文句，而以上書奏記⓬，或興論立說⓭，結連篇章⓮者，文人、鴻儒也。好學勤力，博聞強識⓯，世間多有；著書表文，論說古今，萬不耐⓰一。然則著書表文，博通所能用之者也。入山見木，長短無所不知；入野見草，大小無所不識。然而不能伐木以作室屋，采草以和方藥⓱者，此知草木所不能用也。夫通人覽見廣博，不能掇⓲以論說，此為匿⓳書主人。孔子所謂「誦《詩三百》，授之以政，不達⓴」者也，與彼草木不能伐采，一實也。孔子得史記㉑以作《春秋》，及其立義創意，褒貶賞誅㉒，不復因㉓史記者，眇㉔

思自出於胸中也。凡貴通者，貴其能用之也。即[25]徒[26]誦讀，讀詩諷[27]術[28]，雖千篇以上，鸚鵡能言之類也。衍[29]傳書[30]之意，出膏腴[31]之辭，非倜儻[32]之才，不能任也。夫通覽者，世間比有[33]；著文者，歷世希[34]然。近世劉子政父子、楊子雲、桓君山[35]，其猶文、武、周公併出一時也，其餘直有[36]，往往而然[37]，譬珠玉不可多得，以其珍也。故夫能說一經者為儒生，博覽古今者為通人，采掇傳書以上書奏記者為文人，能精思著文連結篇章者為鴻儒。故儒生過俗人，通人勝儒生，文人踰[38]通人，鴻儒超文人。故夫鴻儒，所謂超而又超者也。以超之奇，退與儒生相料[39]，文軒[40]之比於敝車[41]，錦繡之方[42]於縕袍[43]也，其相過遠矣。如與俗人相料，太山之巔[44]墆[45]，長狄之項跖[46]，不足以喻。故夫丘山以土石為體，其有銅鐵，山之奇也。銅鐵既奇，或出金玉。然鴻儒，世之金玉也，奇而又奇矣。奇而又奇，才相超乘[47]，皆有品差[48]。

【章　旨】此章以「著書表文」為標準，指出鴻儒乃是「超而又超」與「奇而又奇」之「世之金玉」也。

【注　釋】[1]通　通讀。[2]弘　大。[3]雅　甚。[4]閑　熟練。[5]審　審察；分析。[6]定　確定；判斷。[7]讀　句讀；斷句。[8]以　用來。[9]通人　此指死讀書而不能運用和發揮的人。與前〈別通篇〉所述者有異。[10]杼　通「抒」。發揮。[11]損益　增減；靈活引用。[12]上書奏記　指向上級官吏和皇上呈遞報告。[13]興論立說　提出獨到的見解和主張。[14]結連篇章　著書寫文章。[15]博聞強識　見識廣博，記憶力強。識，記住。[16]耐　通「能」。[17]和方藥　配方調藥。[18]掇　拾取；拿起。[19]匿藏。⑳達　通達。此指會運用。見《論語・子路篇》。㉑史記　指《魯史記》。㉒賞誅　贊賞和責備。㉓因　因襲；依照。㉔眇　通「妙」。精妙；精深。㉕即　如果。㉖徒　僅僅。㉗諷　讀。㉘術　藝；經。㉙衍　引申。㉚傳書　泛指古書。㉛膏腴　美好；豐富。㉜倜儻　特出；卓越超群。㉝比有　到處都有。㉞希　同「稀」。少。㉟桓君山　即桓譚。東漢哲學家，字君山，沛國相人。通五經，疾讖緯，官至議郎給事中。著《新論》二十九篇，早佚，現存其中〈形神〉一篇，收入《弘明集》內。㊱直有　僅有。㊲然　如此。㊳逾　超越。㊴料　核計；比較。㊵文軒　裝飾華麗的車子。㊶敝車　破車；壞車。㊷方比；比方。㊸縕袍　舊袍子。縕，新舊混合的絲棉。㊹巔　山頂。㊺埒　通「垤」。小土堆。此指山腳。㊻跖　腳掌。㊼超乘　躍上戰車。此指超越、超過。㊽品差　等級。

【語譯】通讀書籍千篇以上，萬卷以下，讀得十分流暢，很熟練，能夠分析確定章節和斷句，而用來教授為人老師的人，是通人。能發揮古書的思想內容，靈活地運用古書中的文句，而用來向上級官吏和君王呈遞書面報告，或者提出自己的獨到見解和主張，寫出系統的文章，彙編成書的人，是文人、鴻儒。好學勤奮用力，見識廣博，記憶力強，這種人世上多有；而著書撰文，評說古今，一萬人之中沒有一個。這樣看來，能夠著書立說的，就是博通古今而又能運用知識的人。人進入山林見到的都是樹木，樹木的高矮沒有不知道的；人進入原野見到的都是野草，野草的大小沒有不認識的。但是不能砍伐樹木來修造房屋，不能採集野草來配方調藥，這就說明知道這些草木而不能使用啊。通人見識廣博，不能用以論說事理，這就變為只藏書而不讀書的藏書家，就是孔子所說的那種「只能背誦《詩三百》，但讓他去處理政事，就不會運用」的人，同那些雖然認識草木卻不能採伐和運用的人，就是同一回事啊。孔子得《魯史記》而作《春秋》，等到他立義創意，褒貶賞罰古今人物事件，不再承襲《魯史記》，其精深的思想內容自然出於孔子的心胸之中了。古往今來，凡是以通曉古今為貴的人，就貴在他能運用所掌握的古今知識。如果只讀書，讀詩讀經，即使讀到千篇以上，也只是鸚鵡能學人說話之類而已。引申古書的意旨，寫出美麗而豐富的文章，不是卓越超群的人才，是不可能勝任的。通覽古今圖書的人，世上到處都有；但能著書立說的人，歷代都比較少見。近代劉子政父子、揚子雲、桓君山，他們好像周文王、周武王、周公同時出現一樣，其餘僅有，往往都是如此，譬如珍珠寶玉因為不可多得，才感到它的珍貴。所以能解說一部經書的人為儒生，博覽古今的人為通人，採取運用古書說明事理以向上級長官和皇上呈遞報告、提出書面意見的人為文人，能夠以精深的見解著書撰文立說的人為鴻儒。因此儒生超過俗人，通人勝過儒生，文人超越通人，鴻儒超過文人。因此可以說，鴻儒是超而又超的人。用這超等的奇才，退一步與儒生相比較，就好像裝飾華麗的車子同破舊的車子相比，錦繡衣服同舊棉袍子相比一樣，它們相差得太遠了。如與俗人相比較，它們的差距即使泰山的山頂和山腳、長狄的脖子和腳掌之間那樣大的差距，也不足以說明。因此一般的山嶺以土壤和石塊為體，其中若有銅礦和鐵礦，就是奇特的山。銅、鐵已經使山變得奇特了，有的山還出產金子和玉石。但比較而言，鴻儒是世上的金玉，奇而又奇了。正因為是奇而又奇，他們的才能一個勝過一個，都有高低之分。

儒生說❶名於儒門，過俗人遠也。或不能說一經，教誨後生。或帶徒聚眾，說論洞❷溢❸，稱為經明❹。或不能成牘，治一說❺。或能陳❻得失，奏便宜❼，言應❽經傳，文如星月。其高第❾若谷子雲、唐子高者，說書❿於牘奏之上，不能連結篇章。或抽列古今⓫，紀著行事⓬，若司馬子長⓭、劉子政之徒⓮，累積篇第，文以萬數，其過子雲、子高遠矣。然而因⓯成紀⓰前，無胸中之造⓱。若夫⓲陸賈、董仲舒論說世事，由意而出，不假⓳取於外，然而淺露易見，觀讀之者，猶曰傳說。陽成子長⓴作《樂經》，楊子雲作《太玄經》㉑，造於眇㉒思，極窅冥㉓之深，非庶幾㉔之才，不能成也。孔子作《春秋》，二子㉕作兩經㉖，所謂卓爾㉗蹈孔子之跡，鴻茂㉘參貳㉙聖之才者也。王公子㉚問於桓君山以揚子雲，君山對曰：「漢興以來，未有此人㉛。」君山差才㉜，可謂得高下之實矣。采玉者心羨㉝於玉，鑽龜者㉞知㉟神於龜。能差眾儒之才，累㊱其高下，賢於所累。又作《新論》，論世間事，辯照㊲然否㊳，虛妄之言，偽飾之辭，莫不證㊴定㊵。彼子長、子雲說論㊶之徒，君山為甲㊷。自君山以來，皆為鴻眇之才，故有嘉令㊸之文。筆能著文，則心能謀論㊹，文由胸中而出，心以文為表㊺。觀見其文，奇偉俶儻，可謂得論㊻也。由此言之，繁文㊼之人，人之傑也。

【章旨】此章舉例說明「繁文之人，人之傑也」，以論證其以「著書表文」為人才標準。

【注釋】❶說　通「稅」。休憩；寄託。❷洞　達；透徹。❸溢　滿；豐富。❹經明　通曉經書。❺治一說　提出一種主張、學說。❻陳　陳述。❼便宜　方便；適宜。❽應　符合。❾高第　高等。❿說書　引經據典。說，解說；引證。⓫抽列古今　從古今書籍中抽出資料排列起來。⓬行事　往事。⓭司馬子長　司馬遷。字子長，《史記》作者。⓮徒　類。⓯因承襲。⓰成紀　現成的記載。⓱造　造就；獨到之見。⓲若夫　至於。⓳假　借。⓴陽成子長　陽成衡。東漢初人，字子長，曾補《史記》，著《樂經》，俱佚。㉑太玄經　書名，十卷，揚雄撰。此書擬《易》，分八十一首，以擬八十四卦。今存。㉒眇通「妙」。㉓窅冥　深遠幽暗難見。窅，深。㉔庶幾　差不多。㉕二子　指陽成子長與揚子雲。㉖兩經　指《樂經》與《太玄經》。㉗卓爾　高超之貌。㉘鴻茂　宏大精美。㉙參貳　並列為三，並列為二。意思是相提並論。㉚王公子　不詳。一說「子」為衍文，「王公」指王莽，一說「王公子」為王莽時的大司空王邑。㉛此人　指揚子雲這樣的人才。見《太平御覽．卷四三二》引《新論》。㉜差才　區別人才等級。㉝羨　超出。《史記．司馬相如列傳》：「功羨於五帝。」司馬貞索隱：「司馬彪云：羨，溢也。」㉞鑽龜者　以龜甲占卜的人。㉟知　通「智」。智慧。㊱累　堆積。引申為按次序排列。㊲辯照　辯明。㊳然否　是非。㊴證　證實。㊵定　確定。㊶說論　立說興論。㊷甲　第一。㊸嘉令　美好的。㊹謀論　謀劃。㊺表　外表。㊻得論　精闢的論述。㊼繁文　指文章繁多。

【語譯】儒生託名在儒學之門，超過一般人已經很遠了。有的不能解說一部經書，卻在那裡教誨後生。有的帶徒聚眾，講解得很透徹，內容很豐富，稱為通曉經書。有的不能寫公文，卻提出一種主張。有的能陳述政治得失，提出適宜的建議，言符合經傳，文如星月一樣閃爍光輝。其中高等的如谷子雲、唐子高的人，在公文奏記上引經據典，卻不能寫出系統的文章彙集成書。有的從古今各種書籍中抽出資料排列起來，記載著往事，如司馬子長、劉子政之類，累積篇第，文章數以萬計，他們超過谷子雲、唐子高很遠了。但只是承襲以前現成的記載，並沒有自己獨到的見解。至於陸賈、董仲舒論說世事，自心中而出，不借取於外物，但是內容顯得淺顯，義理不深，讀他們文章的人，還只能說它為傳記。陽成子長作《樂經》，揚子雲作《太玄經》，完全是精妙的思索中創作出來的，能夠極盡深遠難見的道理，不是與聖人差不多的才華，是不能寫成的。孔子作《春秋》，陽成子長和揚子雲分別創作《樂經》和《太玄經》，都是高超地沿著孔子的足跡，而具有和孔子相提並論的宏大精美的才能的。王公子向桓譚了解揚子雲是個什麼樣的人，桓君山回答說：「自漢朝興起以來，從沒有揚子雲這樣的人才。」君山區別人才，可以說符合人才高下的實際情況了。採玉的人心地比玉還美，用龜甲占卜的人智慧比龜還神靈。能夠區別廣大儒生的才能，按次序排列他們的高下的人，一定比那些按次序排列的儒生更賢明。君山又作《新論》，論述世事，辯明是非，虛妄之言，作偽誇飾不實之辭，無不一一訂正。在陽成子長、揚子雲那些興論立說的人當中，桓君山當數第一。自君山以來，那些文人、鴻儒也都具有博大精深的才能，所以有美好的文章。筆能寫文章，心就能謀劃，文章由心胸中而出，思想以文章來表達。觀看他的文章，就知道這個人的奇偉與卓越超群，這樣的文章就可以說是精闢的論述了。由此說來，文章寫得多的人，就是人中的俊傑。

有根株❶於下，有榮❷葉於上；有實核於內，有皮殼於外。文墨辭說，士❸之榮葉、皮殼也。實誠❹在胸臆❺，文墨著竹帛，外內表裏，自相副稱。意奮❻而筆縱❼，故文見❽而實露也。人之有文也，猶禽之有毛也。毛有五色，皆生於體。苟❾有文❿無實⓫，是則五色之禽，毛妄⓬生也。選士⓭以⓮射，心平體正，執弓矢審固，然後射中。論說之出，猶弓矢之發也。論之應理，猶矢之中的⓯。夫射，以矢中效⓰巧；論，以文墨驗奇。奇巧俱發於心，其實一也。

文有深指⓱巨略⓲，君臣治術，身不得行，口不能紲⓳，表著⓴情心，以明己之必能為之也。孔子作《春秋》，以示㉑王意㉒。然則孔子之《春秋》，素王㉓之業也，諸子㉔之傳書，素相㉕之事也。觀《春秋》以見王意，讀諸子以睹相指㉖。故曰：陳平㉗割肉㉘，丞相之端㉙見㉚；孫叔敖㉛決㉜期思㉝，令尹之兆㉞著㉟。觀讀傳書之文，治道政務，非徒割肉決水之占㊱也。足不強則跡不遠，鋒不銛㊲則割不深。連結篇章，必大才智鴻懿㊳之俊也。

【章旨】此章論述「著書表文」之重要性。

【注釋】❶株　植物的莖。❷榮　花。❸士　讀書人。❹實誠　真實的情意。❺胸臆　心中。❻奮　興奮；激動。❼縱　流暢。❽見　同「現」。❾苟　如果。❿文　文彩。⓫實　真情實感。⓬妄　無故；憑空。⓭選士　選拔武士。⓮以　用。

⑮的　目標；靶子。⑯效　驗證。⑰指　通「旨」。意旨。⑱略　謀略。⑲絀　通「詘」。陳述。⑳表著　表達。㉑示　表達。㉒王意　做君主的道理。㉓素王　指具有稱王能力而沒有王位的聖人。此指孔子。素，空。㉔諸子　此指桓譚之類人。㉕素相　素丞相。指有宰相的事功而未居相位的人。㉖指　同⑰。㉗陳平　漢初大臣，封曲逆侯。惠帝、呂后、文帝時任丞相。㉘割肉　見《史記・陳丞相世家》。㉙端　苗頭。㉚見　同「現」。㉛孫叔敖　人名。戰國時楚國人，曾任楚之令尹（相）。㉜決　疏通。㉝期思　即期思陂。中國古代最早見於記載的水利灌溉工程。西元前七世紀末楚莊王時，孫叔敖所主持興建。據《淮南子・人間》：「孫叔敖決期思之水而灌雩婁之野。」故址在今河南商城及其附近，久堙。㉞兆　跡象。㉟著　顯現。㊱占　占驗；預兆。㊲銛　鋒利。㊳懿　完美。

**【語　譯】**植物有根莖在下面，才有花葉在上面；果實內部有果核，在外表就有皮殼。文章，是讀書人的花葉和皮殼。真情實意在心中，文章表達在竹簡絲帛上，應該是表裡如一，內外相符的。感情激動才能筆力流暢，所以文章一寫出來，真情也就流露出來了。人有文章，如同飛禽有羽毛一樣。羽毛有五顏六色，都生長在身體上。如果有文彩而沒有真實情感，這就是說五顏六色的飛禽，牠們的羽毛是胡亂憑空長出來的。挑選武士來射箭，心情平靜，身體端正，把弓箭握得很穩固，然後才能射中靶子。文章一寫出來，就好像弓箭射發出去一樣。論點符合正理，如同箭射中了靶子。射箭，憑箭射中靶子來驗證射手的技巧；立論，以文章來檢驗立論的人的奇妙。文章立論的奇妙與射箭技術的精巧，都是從心中抒發出來的，它們的實際情況是相同的。

文章有深遠的意旨和巨大的謀略，有君主臣子所運用的統治方法，由於作者自己沒有機會和條件去實行，口裡不能直說，為了表達思想感情，所以用文章表示自己的看法，以證明自己如果有機會和條件是一定能實現它的。孔子作《春秋》，用來表達做君主的道理。既然這樣，那麼孔子的《春秋》，就是素王的業績；桓譚一類人的傳書，就是素丞相的業績啊。讀《春秋》而見到做君主的道理，讀桓譚之類人的傳書就可以看見丞相的意旨。所以說：陳平在鄉裡替百姓分祭肉很公平，就表現出了當丞相的苗頭；孫叔敖疏通期思的河水，就顯現出當令尹的跡象。閱讀傳書上的文章，管理政府事務，不僅是分割祭肉、治理河水這一類事所顯示的預兆。腳不強健就不能走遠路，刀鋒不銳利就不能割肉。能著書撰文，一定是那些才能智慧非常高超的人當中的傑出人物。

或曰：「著書之人，博覽多聞，學問習熟，則能推類❶興文❷。文由外而興，未必實才學文相副也。且❸淺意於華❹葉之言，無根核❺之深，不見大道體要❻，故立功者希❼。安危之際，文人不與❽，無能建功之驗，徒能筆說之效也。」

曰：此不然。周世著書之人，皆權謀❾之臣，漢世直言之士，皆通覽❿之吏，豈謂文非華葉之生，根核推⓫之也？心思為謀，集札⓬為文，情見於辭，意驗於言。商鞅相⓭秦，致功於霸，作〈耕戰〉⓮之書；虞卿⓯為⓰趙，決計定說⓱行⓲，退作《虞氏春秋》⓳。《春秋》⓴之思，趙城中之議㉑；〈耕戰〉之書，秦堂上之計㉒也。陸賈消呂氏之謀㉓，與《新語》同一意；桓君山易㉔鼂錯㉕之策，與《新語》共一思。觀谷永之陳說㉖，唐林之直㉗言，劉向之切議㉘，以知㉙為本，筆墨之文，將㉚而送之，豈徒雕文飾辭，苟㉛為華葉之言哉？精誠由中㉜，故其文語感動人深。是故魯連㉝飛書㉞，燕將自殺；鄒陽上疏㉟，梁孝㊱開牢。書疏文義，奪㊲於肝心，非徒博覽者所能造，習熟者所能為也。

【章旨】此章批駁輕文之論。

【注　釋】❶推類　類推。❷興文　寫出文章。❸且　發語詞。❹華　花。❺核　通「荄」。草根。❻大道體要　此指治理國家的根本原則。大道，治國之道。體要，人體的重要部位。引申為綱要、要領。要，同「腰」。❼希　少。❽與　參與。❾權謀　隨機應變的謀略。❿通覽　博覽古今。⓫推　推動；促進。⓬札　古人用來書寫的木片。⓭相　輔佐。⓮耕戰　《商君書》之一篇。今本作〈農戰〉。⓯虞卿　一作虞慶、吳慶。戰國時人。虞氏，史失其名。善遊說，曾說趙孝成王，一見賜黃金百鎰、白璧一雙，再見封為趙上卿，故稱為「虞卿」。《漢書‧藝文志》傳其《虞氏春秋》十五篇，今佚，有清人馬國翰輯本。⓰為　幫助。⓱決計定說　提出計謀和主張。指虞卿替趙孝成王出謀劃策，實行與齊、魏聯合抗秦。⓲行　實行；採用。指孝成王採用虞氏主張。⓳退作虞氏春秋　據《史記‧平原君虞卿列傳》，虞卿後來為救友人魏齊，與魏齊去趙，困於魏國都城大梁（今開封市），乃著書立說，作《虞氏春秋》，以譏刺國家得失。⓴春秋　指《虞氏春秋》。㉑趙城中之議　指虞卿原先在趙國都城邯鄲替趙王出謀劃策。㉒秦堂上之計　指商鞅在秦國君主議政之堂向秦孝公提出的變法主張。㉓陸賈消呂氏之謀　據《史記‧酈生陸賈列傳》，惠帝之初，呂后專權，其後呂祿、呂產等起兵作亂。陸賈建議丞相陳平聯合太尉周勃護劉，消滅呂氏，迎立劉恆為漢文帝。㉔易　改變。㉕鼂錯　景帝時鼂錯任御史大夫，主張「削藩策」，以強化中央集權。桓譚則相反，主張實行分封制，故言。㉖陳說　陳述的見解。㉗直　坦率。㉘切議　懇切的意見。㉙知　見解；思想。㉚將　扶；助。㉛苟　隨便。㉜由中　發自內心。中，內心。㉝魯連　魯仲連，戰國時齊國人。《漢書‧藝文志》有《魯仲連子》十四篇，今佚，有清人馬國翰輯本。㉞飛書　據《史記‧魯仲連鄒陽列傳》，燕將佔領齊之聊城，後因被人陷害，不敢回燕，又不敢降齊，遂死守聊城。魯仲連寫信用箭射入城內，分析燕將的困難處境，指出其死守是沒有出路的。燕將看信後，以其回燕、降齊均無出路，故自殺矣。㉟鄒陽上疏　據《史記‧魯仲連鄒陽列傳》，鄒陽曾為梁孝王劉武門客，因讒被捕入獄。他作〈獄中上梁王書〉，申訴冤屈，釋放後，為梁王上客。㊱梁孝　即梁孝王。漢文帝之子劉武。㊲奪　用力衝開；迸發。

【語　譯】有人說：「著書的人，見識廣博，學問精深，就能類推寫出文章來。文章由於外界事物的觸發而寫作，實際才能學問未必與文章相符。寄膚淺的見解於漂亮的文詞之中，自然沒有深厚的根底；沒有見到治理國家的根本原則，所以建立功績的人很少。每當國家安危的緊要關頭，文人都不能參與拯救國家的鬥爭，沒有能建功的效驗，只有能用筆說話的效驗。」

　我認為實際情況不是這樣。周代著書立說的人，都是具有隨機應變的謀略的大臣，漢代能坦率說話的讀書人，都是博覽群書的官吏，怎麼能說文章的創作不是像花葉的生長那樣，由根促進推動的呢？心中思考而為謀略，集合書札而為文章，情感表現在文辭上面，思想在言語方面得到驗證。商鞅輔佐秦國，在建立霸業方面求得功名，寫作〈耕戰〉的書；虞卿幫助趙國，提出的計謀和主張被趙王採用，後來去職引退，不得志而作《虞氏春秋》。《虞氏春秋》的基本思想，就是虞卿在趙國都城邯鄲給趙王提出建議的內容；〈耕戰〉的書，就是商鞅在秦王議政堂上提出的計策。陸賈消滅呂氏勢力的計謀，與他的《新語》是同一思想；桓君山改變鼂錯削藩的策略，與他的《新語》是同一思想。觀看谷永以往給君主提出的各種建議，唐林的坦率之言，劉向的懇切意見，以思想為根本，都是借助文章把他們的思想表現出來，難道只是雕飾文辭，隨便寫出漂亮的言辭嗎？真摯的情感由內心發出來，因此它的文詞語意能深深地感動人心。所以魯仲連寫信用箭射入城中，燕將讀之而自殺；鄒陽在獄中向梁孝王上書自訴冤枉，梁孝王就把他釋放了。文章的思想內容，是從內心深處迸發出來的，不僅僅是博覽古今的人所能夠創造的，練習熟練的人所能幹的。

夫鴻儒希有，而文人比然❶，將相長吏，安❷可不貴❸？豈徒用其才力，游文❹於牒牘哉？州郡有憂，能治章上奏，解理結❺煩，使州郡無事。有如唐子高、谷子雲之吏，出身❻盡思，竭筆牘之力，煩憂適❼有不解者哉！古昔之遠，四方辟匿❽，文墨之士，難得紀錄，且❾近自以會稽❿言之。周長生⓫者，文士之雄也，在州為刺史任安⓬舉奏⓭，在郡為太守孟觀⓮上書，事解憂除，州郡無事，二將⓯以全⓰。長生之身不尊顯，非其才知少、功力薄也，二將懷俗人之節，不能貴也。使⓱遭⓲前世燕昭⓳，則長生已蒙鄒衍之寵⓴矣。長生死後，州郡遭憂，無舉奏之吏，以故㉑事結不解，徵詣㉒相屬㉓，文軌㉔不尊，筆疏不續也。豈無憂上之吏哉？乃其中文筆不足類㉕也。長生之才，非徒銳㉖於牒牘也，作《洞歷》十篇，上自黃帝，下至漢朝，鋒芒毛髮㉗之事，莫不紀載，與太史公〈表〉、〈紀〉相似類也。上通下達，故曰《洞歷》。然則長生非徒文人，所謂鴻儒者也。

前世有嚴夫子㉘，後有吳君高㉙，末有周長生。白雉㉚貢於越，暢草㉛獻於宛㉜，雍州㉝出玉，荊㉞、揚㉟生金。珍物產於四遠，幽遼㊱之地，未可言無奇人也。孔子曰：「文王既沒㊲，文不在茲㊳乎！」文王之文在孔子，孔子之文在仲舒，仲舒既死，豈在長生之徒與㊴？何言之卓殊㊵，文之美麗也！唐勒、宋玉，亦楚文人也，竹帛不紀者，屈原在其上也。會稽文才，豈徒周長生哉！所以未論列㊶者，長生尤逾出也。九州多山，而華、岱㊷為嶽㊸，四方多川，而江、河㊹為瀆㊺者，華、岱高而江、河大也。長生，州郡高大者也。同姓之伯㊻賢，舍而譽他族之孟，未為得也。長生說文辭之伯，文人之所共宗㊼，獨紀錄之，《春秋》記元㊽於魯之義也。

【章　旨】此章以周長生為例，說明地方長官必須尊重人才。

【注　釋】❶比然　比比皆是；到處都有。❷安　怎麼。❸貴　尊重。❹游文　遊於文。即舞文弄墨。❺結　綑結。此指困難的事務。❻出身　獻出其身。❼適　偶爾。❽辟匿　偏僻隱蔽。辟，通「僻」。❾且　暫且。❿會稽　郡名。今屬浙江，王充的家鄉。⓫周長生　名樹，字長生，東漢初人。著作有《洞歷》，今佚。⓬任安　人名。東漢初人。⓭舉奏　起草奏章。⓮孟觀　人名。東漢初人。⓯二將　指任安和孟觀。⓰全　保全。⓱使　如果。⓲遭　遇上。⓳燕昭　指燕昭王。⓴寵　得寵。指燕昭王親自清掃道路來迎接他。㉑以故　因此。㉒詣　到。㉓相屬　此指丞相府審查處理違法亂紀官吏的屬官「司直」。㉔文軌　為文的典範、榜樣。㉕類　比。㉖銳　精；擅長。㉗鋒芒毛髮　比喻細小輕微。㉘嚴夫子　姓莊，名忌，西漢人。東漢時，因避漢明帝劉莊之諱，故改稱他為嚴忌。㉙吳君高　吳平，字君高，東漢人。與袁康合撰《越紐錄》，即今之《越絕書》。㉚白雉　白色的野雞。㉛暢草　香草之一。㉜宛　通「鬱」。指鬱林郡。㉝雍州　州名。九州之一。《爾雅．釋地》：「河西曰雍州。」㉞荊　荊州。㉟揚　揚州。㊱幽遼　偏僻遼遠。㊲沒　死。㊳茲　此。指孔子本人。見《論語．子罕》。㊴與　同「歟」。語氣詞。㊵卓殊　卓絕；高超。㊶論列　加以論述。㊷華岱　指華山、泰山。㊸嶽　高山。㊹江河　指長江、黃河。㊺瀆　大川。《爾雅．釋水》：「江、淮、河、濟為四瀆，四瀆者，發原注海者也。」㊻伯　兄弟之長者。古代以「伯（孟）、仲、叔、季」順序來分別兄弟之長幼。㊼宗　尊崇。㊽記元　記年。

【語　譯】鴻儒少有，而文人比比皆是，地方長官，怎麼可以不尊重他們？難道僅僅用他們的才能和筆力，在公文奏章上舞文弄墨嗎？州、郡有憂患，文人能撰寫奏章上報皇上，解決處理困難煩雜的事務，使州、郡平安無事。有像唐子高、谷子雲這樣的官吏，貢獻出自己一生的全部精力和智慧，用盡自己的筆力，還有什麼偶爾解決不了的麻煩和憂慮呢！古代之遙遠，四面八方之偏僻隱蔽，舞文弄墨的讀書人，已經很難得記錄了，暫且以離自己很近的會稽郡來說吧。周長生，是文人中最傑出的人物，在州替刺史任安起草奏章，在郡上替太守孟觀上書，解決了煩雜的事務，消除了州郡的憂患，使州郡平安無事，任安和孟觀二位長官的官職也得以保全。周長生的身價並不尊貴顯赫，這不是他的才智缺少、功力單薄，而是因為這二位地方長官懷有俗人的節操，不能尊重他的緣故啊。如果遇上從前的燕昭王，周長生就已經蒙受鄒陽那樣的寵幸了。周長生死後，州、郡遭受憂患，沒有起草奏章的文吏，因此困難的事務得不到解決，二位長官被叫到丞相府去接受審查，這是因為作為典範的文章之業沒有得到尊重，像周長生那樣長於奏章的人不再有繼承者的緣故。這難道是沒有替君主憂慮的官吏嗎？不是，而是這些人的文筆遠遠不能同周長生相比啊。周長生的才能，不僅僅擅長於公文奏章，還著有《洞歷》十篇，上自黃帝，下至漢朝，連細小輕微的事，沒有不記載的，與太史公《史記》中的「表」、「紀」之類相類似。上通於古，下到達今，所以叫做《洞歷》。這樣看來，那麼周長生不僅僅是個文人，而且是我所說的「鴻儒」啊。

前世有嚴夫子，後有吳君高，末有周長生。白色的野雞由越進貢而來，暢草由鬱林郡進獻而來，雍州出產玉石，荊州、揚州出產金子。珍奇之物出產在四面邊遠、偏僻遼遠的地區，不可能說那裡沒有奇特的人才。孔子說：「周文王已經去世以後，一切文化遺產不都在我這裡嗎！」周文王時代的文化在孔子那裡，孔子時代的文化遺產就在董仲舒那裡，董仲舒已經死了，大概就在周長生這樣的人身上了吧！何等高超的言論，必然變成美麗的文章啊！唐勒、宋玉，也是楚國的文人，史書之所以沒有記載，是因為屈原在他們的上面啊。會稽郡的文才，難道只有一個周長生嗎？之所以沒有加以論述，是因為周長生特別突出的緣故。九州多山，而以華山、泰山為「嶽」，四方多河流，而以長江、黃河為「瀆」，這是因為華山、泰山最高，而長江、黃河最大的緣故。周長生，是州郡中最大的文人。同一家族中的老大很賢能，如果拋開老大而去贊揚別的家族中的老大哥，這是不對的。周長生是最擅長寫文章的老大哥，是文人所共同尊崇的，單獨記載他的生平事蹟，這跟《春秋》採用魯國自己的年號來記年，以表示尊重本國傳統的道理是相同的。

俗好❶高古❷而稱所聞，前人之業，菜果❸甘甜，後人新造，蜜酪辛❹苦。長生家在會稽，生在今世，文章雖奇，論者猶謂稚❺於前人。天稟❻元氣，人受元精❼，豈為古今者差殺❽哉！優者為高，明者為上。實事之人，見然否❾之分者，睹非，卻⑩前退置於後，見是，推今進置於古⑪，心明知昭⑫，不惑⑬於俗也。班叔皮⑭續《太史公書》⑮百篇以上，記事詳悉，義浹⑯理備，觀讀之者以為甲，而太史公乙。子男⑰孟堅⑱為尚書郎⑲，文比叔皮非徒五百里⑳也，乃夫周、召、魯、衛㉑之謂也。苟㉒可高古，而班氏父子不足紀也。

【章　旨】此章提出「優者為高，明者為上」的主張，反對頌古非今的錯誤傾向。

【注　釋】❶好　喜歡；愛好。❷高古　以古為高。高，推崇。❸菜果　菜瓜。果，果實。❹辛　辛辣。❺稚　幼稚。❻稟予；供給；給予。❼元精　元氣之精。即精氣。❽差殺　降低等級。殺，削減。❾然否　是非。❿卻　退後。⓫古　此指放到前列。⓬昭　明亮。⓭惑　迷惑。⓮班叔皮　班彪，字叔皮，扶風安陵人。東漢史學家。⓯太史公書　即《史記》。據《後漢書・班彪列傳》，班氏續撰《史記》幾十篇，其子班固在此基礎上寫成《漢書》。「百篇以上」之說有誤。⓰浹　透徹；完備。⓱子男　兒子。⓲孟堅　班固，字孟堅。著《漢書》。⓳尚書郎　官名。⓴五百里　據《周禮・大司徒》載：公，封地五百里；侯、伯、子、男，封地均為四百里以下。㉑周召魯衛　比喻大國中的大國。周、召，周天子的卿。魯、衛，周初的頭等封國。周，指周武王之弟周公旦。召，指周武王之弟召公奭。魯，周初封周公旦之子伯禽於魯。衛，周初封武王之弟康叔於衛。㉒苟　如果。

【語　譯】一般人喜歡推崇古代而傳頌道聽塗說的消息，前人的事業，哪怕是一般的菜瓜也認為是甘甜的；而後人的新創造，即使是蜜酪也認為是又辣又苦的東西。周長生的家在會稽郡，生長在今世，文章雖然奇妙，但評論的人還認為比前人幼稚。天供給人以元氣，人承受天施放的精氣才變得聰明有才智，怎麼能因為古今時代不同而貶低現代人的聰明才智呢！優秀的人物為高，賢明的人物為上。實事求是的人，能明辨是非的人，看見錯誤的東西，即使是古代的，也要降低它的地位，把它放到後面，見到正確的，即使是今天的，也要提高它的地位，把它放到前面，心明智清，不被世俗之論所迷惑。班叔皮續寫《太史公書》百篇以上，記事詳盡，義理完備透徹，讀過的人都認為屬第一，卻把太史公的原書列為第二。他的兒子班孟堅當尚書郎，文章與班叔皮的差不多，用國家大小來比喻，他們不僅是方圓五百里的大國，而且是周、召、魯、衛那樣的大國中的大國。如果只能以古為高，那麼班彪、班固父子就不值得一提了。

周有郁郁❶之文，在百世之末也。漢在百世之後，文論辭說，安得不茂！喻大以小，推民家事，以睹王廷之義。廬宅❷始成，桑麻才有，居之歷歲，子孫相續，桃李梅杏，菴❸丘蔽野。根莖眾多，則華葉繁茂。漢氏治定久矣，士廣民眾，義興事起，華葉之言，安得不繁！夫華與實俱成者也，無華生實，物希有之。山之禿也，孰其茂也？地之瀉❹也，孰其滋❺也？文章之人滋茂漢朝者，乃夫漢家熾盛❻之瑞❼也。天晏，列宿❽煥炳❾；陰雨，日月蔽匿。方今文人並出見者，乃夫漢朝明明之驗也。高祖讀陸賈之書，歎稱「萬歲」，徐樂❿、主父偃⓫上疏，徵拜郎中，方今未聞。膳⓬無苦酸之肴⓭，口所不甘味，手不舉以啖⓮人。詔書每下，文義經傳四科⓯，詔書斐然⓰，郁郁好文之明驗也。上書不實核，著書無義指，「萬歲」之聲，「徵拜」之恩，何從發哉？飾面者皆欲為好，而運目⓱者希⓲；文音⓳者皆欲為悲⓴，而驚耳者寡。陸賈之書未奏，徐樂、主父之策未聞，群諸瞽言㉑之徒，言事粗醜，文不美潤，不指所謂，文辭淫滑㉒，不被濤沙㉓之謫㉔，幸矣，焉㉕蒙徵拜為郎中之寵乎？

【章旨】此章論漢代文化之興，從中流露出作者對譁眾取寵之輩的蔑視之心。

【注釋】❶郁郁　繁盛貌。❷廬宅　住宅。《漢書・金日磾傳》顏師古注：「殿中所止曰廬。」❸菴　掩；覆蓋。❹瀉瀉土。有鹽質不能生長草木的土壤。〈書解篇〉：「地無毛則為瀉土。」❺滋　指滋長草木。❻熾盛　興盛。❼瑞　祥瑞；好徵兆。❽列宿　群星。❾煥炳　光芒四射貌。❿徐樂　人名。無終（今屬天津薊縣）人。漢武帝時與主父偃、嚴安俱上書，帝召見之，拜為郎中。⓫主父偃　人名。臨淄人。漢武帝元光年間上書言事，拜郎中，一歲四遷為中大夫。後告齊王與姊姦事，誅族。⓬膳　飯食。⓭肴　葷菜。⓮啖　給人吃食。⓯文義經傳四科　據應劭《漢官儀》載：漢章帝建初八年（西元八三年）下詔書，決定按四科選拔官吏：「一曰德行高妙，志節清白；二曰經明行修，能任博士；三曰明曉法律，足以決疑，能案章覆問，文任御史；四曰剛毅多略，遭事不惑，明足照姦，勇足決斷，才任三輔令：皆存孝悌清公之行。」此蓋為王充所本也。⓰斐然　文采貌。⓱運目　轉動眼珠。⓲希　少。⓳文音　創作樂曲。⓴悲　使人感動。㉑瞽言　瞎說。瞽，瞎眼。㉒淫滑　華而不實。㉓濤沙　泛指邊遠地區。濤，波濤洶湧之地。指沿海地區和孤島。沙，指沙漠荒無人煙之地。㉔謫　流放；發配。㉕焉　怎麼。

【語譯】周代之所以有繁榮昌盛的文化，是因為它處在百代的末尾。漢代在百代之後，文章學術，怎麼能不繁榮！以小喻大，從民間家務事來推論，也可以看出朝廷政治上的大道理。住宅剛剛建成，桑麻才有可能栽培，居住了多年，子孫繼續栽培，桃李梅杏，才可能布滿山丘和原野。植物只有根莖眾多，花葉才能繁榮茂盛。漢朝的統治安定很久了，土地廣闊，百姓眾多，禮義盛行，事業興旺，像花葉一般的文章，怎麼能不繁榮！花和果實是在一起生成的，無花而結果，這樣的東西是很少有的。光禿禿的山，怎麼會繁茂呢？不毛之地，怎麼會滋長草木呢？著名的文人學士在漢朝大量湧現出來，這就是漢朝興盛的好徵兆。天空晴朗，群星燦爛；陰雨綿綿，日月就被遮蔽了。當今文人如群星同時出現，這就是漢朝光輝燦爛的證明啊。漢高祖讀陸賈的書，贊歎不絕，群臣高呼「萬歲」，徐樂、主父偃上書言事，受到漢武帝的賞識，被任命為郎中，現在卻沒有聽說過有像陸賈、徐樂、主父偃那樣受到皇帝重視的人。準備飯食不會做又苦又酸的菜，因為自己覺得不好吃，手就不會拿給別人吃。皇帝的詔書每次下來，都按文義經傳四科選拔人才，詔書富有文采，就是皇帝愛好促使文化繁榮昌盛的明證。如果上書不符合實際情況，著書又沒有思想內容，群臣同呼「萬歲」的慶幸之聲，皇帝親自封賜官職的恩德，又從什麼地方發出來呢？修飾面孔的人，都希望把自己打扮得很漂亮，然而真正值得看上一眼的人卻很少；創作樂曲的人，都想使自己的樂曲能夠打動人心，但是真正值得一聽的卻很少。陸賈的書沒有上奏，徐樂、主父偃的策論沒有聽到，那些閉著眼睛瞎說的人，論述事情又粗疏又醜陋，文筆不美麗，不知道他說些什麼意思，文章華而不實，這樣的人不被皇上充軍到荒島或沙漠地帶去，就是很幸運的了，怎麼還會蒙受皇上親自封他為郎中的寵幸呢？

# 卷一四

## 狀留篇第四十

【題解】本篇著重論述賢儒長期滯留於仕途而不被重用和提拔之因。王充指出：「賢儒遲留，皆有狀故。狀故云何？學多、道重，為身累也。」狀故，緣故之意。作者把包括自己在內的「賢儒」擺在社會學的天平之上，認為滯留不進，主要在於兩個方面的緣由：一是賢儒學多道重，以道德文章自濟，因而有不拔之厄；二是世無伯樂，將相長吏一不知賢，二則妒賢，安有賢儒仕進之門？全篇字裡行間，充滿著作者懷才不遇的憤懣之情。

論賢儒❶之才，既超程❷矣。世人怪其仕宦❸不進❹，官爵卑細❺。以賢才退在俗吏之後，信不怪也。夫如是而適足以見賢不肖之分，睹高下多少之實也。龜生三百歲大如錢，游於蓮葉之上。三千歲青邊緣❻，巨❼尺二寸❽。蓍❾生七十歲生一莖，七百歲生十莖。神靈之物也，故生遲留，歷歲長久，故能明審❿。實賢儒之在世也，猶靈著、神龜也。計學問之日，固⑪已盡年之半矣。銳意⑫於道⑬，遂無貪仕⑭之心。及其仕也，純特⑮方正⑯，無員⑰銳⑱之操⑲，故世人⑳遲取進難也。針錐所穿，無不暢達，使㉑針錐末方㉒，穿物無一分之深矣。賢儒方節㉓而行，無針錐之銳，固㉔安㉕能自穿，取暢達之功乎！

【章　旨】此章從賢儒重道、無圓銳之操方面來論述賢儒遲取難進之緣由。

【注　釋】❶賢儒　如前此所說的「文儒」、「通人」、「文人」、「鴻儒」之輩，本篇側重論述其道德，故稱之為「賢儒」。❷超程　超出一般的標準。此指出眾。❸仕宦　做官。❹進　進身；提拔。❺卑細　卑賤微小。❻青邊緣　指龜背殼的邊緣變成了青色。❼巨　大。❽尺二寸　指身長僅一尺二寸。❾著　著草。古人以其莖占卜，視為神物。❿明審　明白地審察。⓫固　本來；確實。⓬銳意　集中精力；一心一意。⓭道　先王之道。⓮貪仕　貪於仕宦。⓯純特　純潔已極。⓰方正　特別正直。⓱員　通「圓」。圓滑。⓲銳　尖銳；善於鑽營。⓳操　行為。⓴世人　指世上有權勢的人。㉑使　如果。㉒末方　尖端是方的。㉓方節　正直的操行。㉔固　通「故」。所以。㉕安　怎麼。

【語　譯】論及賢儒的才能，可以說已相當出眾了。但一般人都為他們做官沒有得到提拔，官職卑賤低微而感到奇怪。其實，作為賢才而退居在一般官吏之後，實際上並不奇怪。這樣恰好足以顯見賢與不肖的區別，看出才能高下多少的實際情況。龜生長三百年還只有銅錢那麼大，可以在蓮葉上遊玩；長到三千年時，龜背的邊緣變成了青色，大的身長才一尺二寸。著草生長七十年才長一莖，七百年生長十莖。因為它們是神奇靈驗之物，所以生長得特別緩慢；因為它們經歷的年代久遠，所以用來占卜非常靈驗。考查賢儒在世上的情況，就好像靈著、神龜一樣。計算他們鑽研學問的日子，確已佔了他們半輩子的時間。他們專心致志熱衷於先王之道，於是就沒有貪圖仕進的思想。等到他們做了官，又特別純潔，非常正直，而沒有圓滑、鑽營的行徑，所以世上有權勢的人不願意錄用和提拔他們。針和錐所穿的東西，沒有不暢通的。如果針和錐的尖端是方的，再去穿物就沒有一分深了。賢儒本著正直的操守去辦事，沒有針和錐那麼尖銳善於鑽營，所以怎麼能夠靠自己去鑽營，取得自己飛黃騰達的功績呢！

且驥❶一日行千里者，無所服❷也，使服任車❸，與駑馬❹同。昔驥曾以引❺鹽車矣，垂頭落汗，行不能進。伯樂❻顧之，王良❼御❽之，空身輕馳，故有千里之名。今賢儒懷古今之學，負荷禮義之重，內累❾於胸中之知，外劬❿於禮義之操，不敢妄⓫進苟⓬取，故有稽留⓭之難。無伯樂之友，不遭⓮王良之將⓯，安得馳⓰於清明之朝⓱，立千里之跡⓲乎？

【章旨】此章以千里馬喻賢儒，說明賢儒之稽留在於「無伯樂之友，不遭王良之將」。

【注釋】❶驥　好馬；千里馬。❷服　負荷。❸任車　裝載了重物的車子。❹駑馬　劣馬。❺引　拉。❻伯樂　相傳為古之善相馬的人。一指春秋時秦穆公之臣。見《淮南子・道應》。亦說孫陽，人稱孫陽伯樂。見《通志・氏族略四》。二指春秋末趙簡子之臣，即郵無卹，一作郵無正，字子良，號伯樂，亦稱王良，善御馬，又善相馬，曾教兩人到簡子廄中相馬。見《韓非子・說林下》。❼王良　見❻。❽御　駕馭。❾累　束縛。❿劬　通「拘」。此指約束。⓫妄　亂。⓬苟　苟且。⓭稽留　停滯不前。此指不能仕進。⓮遭　遇。⓯將　泛指地方長官。⓰馳　馳騁。此比喻施展才能。⓱朝　朝廷。⓲跡　跡象。

【語譯】況且一天走千里的好馬，是因為沒有什麼負荷啊，如果讓牠去拉著裝載重物的車子，也許同劣馬差不多。過去，千里馬曾用來拉過沈重的鹽車，牠低著頭，流著汗，走路不能前進。由於伯樂發現了牠，王良駕馭著牠，一身沒有負擔，輕快地奔跑，所以才有日行千里的名聲。而今賢儒心懷古今的學問，負荷著繁重的禮義，內心既受胸中具有的知識的束縛，行動上又受到禮義節操的約束，不敢違背禮義而隨隨便便去謀求官位，所以才出現在仕途上停滯不前的困難境地。沒有伯樂這樣的朋友，沒有遇上王良這樣的地方長官，怎麼能在政治清明的朝廷施展自己的才能，表現出千里馬的行跡來呢？

且夫含血氣物❶之生也，行則背在上而腹在下，其病若❷死，則背在下而腹在上。何則？背肉厚而重，腹肉薄而輕也。賢儒、俗吏，並在當世，有似於此。將明❸道行❹，則俗吏載❺賢儒，賢儒乘❻俗吏；將暗❼道廢❽，則俗吏乘賢儒，賢儒處下位，猶物遇害，腹在上而背在下也。且背法天而腹法地❾，生行得其正❿，故腹背得其位⓫。病死失其宜⓬，故腹反而在背上。非唯腹也，凡物仆僵⓭者，足又在上。賢儒不遇⓮，仆廢於世，踝足之吏⓯，皆在其上。東方朔曰：「目不在面而在於足，救昧⓰不給⓱，能何見乎？」汲黯⓲謂武帝曰：「陛下用吏如積薪矣，後來者居上⓳。」原⓴汲黯之言，察東方朔之語，獨㉑非以㉒俗吏之得地㉓，賢儒之失職哉！故夫仕宦失地，難以觀德；得地，難以察不肖。名生於高官而毀起於卑位，卑位固㉔常賢儒之所在也。遵禮蹈㉕繩㉖，修身守節，在下不汲汲㉗，故有沈滯㉘之留。沈滯在能自濟㉙，故有不拔之扼㉚。其積學於身也多，故用心也固㉛。俗吏無以自修，身雖拔進，利心搖動㉜，則有下㉝道侵漁㉞之操㉟矣。

【章　旨】此章論「賢儒」與「俗吏」之對立，重在操守之別，強調「賢儒」不急於追求功名，是因為他們「遵禮蹈繩」，以先王之道「修身守節」，而「俗吏」下道，故「利心搖動」，巧取豪奪。

【注　釋】❶含血氣物　此指動物。❷若　或。❸明　賢明。❹行　實行。❺載　馱。❻乘　騎。❼暗　昏庸。❽廢　廢棄。❾法　效法；象徵。❿生行得其正　動物活著走路時，背和腹的位置正好符合天在上、地在下的原則。⓫腹背得其位　指腹在下，背在上。⓬宜　適宜；正常。⓭仆僵　死亡。⓮遇　投合；遇合。此指受到君主或長官的器重。⓯躁足之吏　指妄進苟取的官吏。躁，急。⓰昧　不明。此指眼瞎。⓱不給　供給不上。⓲汲黯　西漢濮陽人。字長孺，武帝時先後任東海太守、主爵都尉和淮陽太守。⓳陛下用吏如積薪矣二句　見《史記・汲鄭列傳》。積薪，堆積柴火。⓴原　考察。㉑獨　豈；難道。㉒以　因為。㉓地　地位。㉔固　本來。㉕蹈　履行。㉖繩　準繩；規矩。㉗汲汲　心情急切之貌。㉘沈滯　埋沒停滯。指長期得不到重用。㉙自濟　自救。㉚扼　通「厄」。困窮；苦難。㉛固　堅定。㉜搖動　騷動；作怪。㉝下　指違背、拋棄。㉞侵漁　搜刮；敲詐。㉟操　行為。

【語　譯】何況動物生活在世上，行走時總是背在上而腹部在下，牠生病或死亡時，背就在下而腹部在上了。這是為什麼？因為背部的肉厚而重，腹部肉薄而輕的緣故。賢儒、俗吏，都生活在當世，與動物的這種情況有些相似。地方長官賢明，實行先王之道，那麼俗吏就馱著賢儒，賢儒就騎在俗吏身上；如果地方長官昏庸無能，先王之道廢棄了，俗吏就騎在賢儒身上，賢儒就處在卑下的地位，如同動物遭受殘害以後，腹部在上而背在下一樣。而且背象徵著天而腹象徵著地，活著行走時，動物的背和腹的位置符合天在上、地在下的原則，所以腹在下、背在上；動物發病或死亡時，因為違反了正常狀態，所以腹反而在背上。不僅僅是腹部在上，凡是動物死後，腳也在上面。賢儒沒有受到君主或長官的賞識重用，窮困潦倒於世，妄進苟取的官吏，都在賢儒之上。東方朔說：「眼睛如果不是長在臉上而是長在腳上，由於容易受損害，要解決眼睛的問題還不及，哪裡還能看見東西呢？」汲黯對漢武帝說：「陛下使用官吏如堆積柴火，後來居上。」考察汲黯講話的原因，考察東方朔的說法，難道不是因為俗吏能得到很高的地位，而賢儒卻失去了應得的官職嗎？因此當官沒有得到應有的地位，就難以了解他的德行；而得到應有的地位，也難以考察一個人的不肖。一個人的名聲是由於高居官位而產生，而遭受誹謗也往往是由於官職低下的緣故，這種低下的地位本來經常是賢儒所處的。遵循和履行禮義的準則，修養和保持自身的節操，處在卑下的地位而不急於向上爬，所以賢儒長期得不到重用和提拔。擺脫這種長期停滯不能仕進的困境，主要在於自己能想方設法，而賢儒不屑於這樣做，所以才處於不被提拔的困境之中。賢儒由於在自己身上積蓄了很多的學問，所以遵守禮義，不積極鑽營的意志也更堅定。俗吏沒有進行自身修養，人雖然被提拔做官，但由於貪圖私利的思想作怪，也就有違反先王之道，敲詐勒索老百姓錢財的行為。

楓桐之樹，生而速長，故其皮肌不能堅剛。樹檀❶以❷五月生葉，後❸彼春榮❹之木，其材強勁，車以為軸。殷❺之桑❻穀❼，七日大拱❽，長速大暴❾，故為變怪❿。大器晚成，寶貨難售。不崇⓫一朝⓬輒成賈⓭者，菜果之物也。是故湍瀨⓮之流，沙石轉而大石不移。何者？大石重而沙石輕也。沙石轉於大石之上，大石沒而不見。賢儒、俗吏，並在世俗，有似於此。遇暗長吏，轉移俗吏超在賢儒之上，賢儒處下，受馳走⓯之使⓰，至或巖居穴處，沒身不見。咎⓱在長吏不能知賢，而賢者道大，力劣不能拔舉之故也。

【章 旨】此章論述賢儒處下，咎在長吏不能知賢。

【注 釋】❶樹檀 檀樹。❷以 於；在。❸後 在……之後。❹榮 繁榮茂盛。❺殷 殷代。❻桑 桑樹。❼穀 楮樹。❽拱 兩手合圍的粗細。❾暴 突然；猛然。❿變怪 災變；災異。⓫崇 通「終」。⓬朝 早晨。⓭成賈 成交；做成買賣。賈，賣。⓮湍瀨　急流。⓯馳走　奔跑。⓰使　差使。⓱咎　過錯。

【語譯】楓桐之類的樹，生長的速度很快，所以它的樹皮木質不可能很堅硬剛強。檀樹在五月間生長樹葉，在那些春天就生長得很茂盛的樹木之後，所以它的木材強勁有力，可以用來做車軸。殷代的桑樹、穀樹，七天內就長成兩手合圍那麼粗大，長得非常迅速，大得非常突然，所以被殷人看成是災變，是殷朝行將滅亡的不祥徵兆。大才的人成名往往比較晚，寶貴的貨物一般難得銷售出去。不需要一個早晨就能賣出去的東西，只能是蔬菜瓜果之類貨物。所以激湍的流水經過時，沙石被沖得團團轉，而大石頭卻屹立不動。這是為什麼？因為大石頭很重而沙石較輕的緣故。沙石如果輾轉堆積在大石上面，大石就被沙石埋沒而看不見了。賢儒、俗吏，一同生活在世俗社會之中，同這種情況有些相似。如果遇上昏庸無能的地方長官，通過輾轉變動，俗吏就會超越在賢儒之上，賢儒處在低下的地位，承受跑腿的差使，甚至有的人會被迫隱居在巖洞那種偏僻的地方，埋沒自己，不再在社會上露面。過錯就在於地方長官不能了解賢儒，而賢儒志向遠大，長官能力低劣又不能提拔、推舉賢儒的緣故啊。

夫手指之❶物器也，度❷力不能舉，則不敢動。賢儒之道，非徒物器之重也。是故金鐵在地，猋風❸不能動，毛芥在其間，飛揚千里。夫賢儒所懷，其猶水中大石、在地金鐵也。其進不若俗吏速者，長吏力劣，不能用也。毛芥在鐵石間也，一口之氣，能吹毛芥，非必猋風。俗吏之易遷❹，猶毛芥之易吹也。故夫轉沙石者，湍瀨也；飛毛芥者，猋風也。恬水❺，沙石不轉；洋風❻，毛芥不動。無道理❼之將，用心暴猥❽，察吏不詳，遭❾以好❿遷，妄授官爵，猛水之轉沙石，猋風之飛毛芥也。是故毛芥因異風⓫而飛，沙石遭猛流而轉，俗吏過悖⓬將而遷。

【章　旨】此章以金鐵與毛芥作比，說明俗吏易遷之原因。

【注　釋】❶之　動詞。往。❷度　估計。❸猋風　暴風。❹遷　升遷。指升官。❺恬水　平靜的水。❻洋風　和風。洋，舒緩貌。❼道理　即「道」。指先王之道。❽暴猥　性情急躁，作風卑下。❾遭　對待。❿好　愛好。⓫異風　異常之風。指猋風。⓬悖　昏亂；胡作非為。

【語　譯】用手去拿器物，估計自己的力量不可能拿起來的話，手就不敢去動它。賢儒遵守的先王之道，不只是一件器物那麼重的分量啊。因此金鐵在地上，就是暴風也不能吹動它，如果是小毛草在金鐵之間，就被風颳起飛揚到千里之外了。賢儒心胸中所包含的東西，它好像水中的大石頭、在地上的金鐵一樣。他們升官不如俗吏那麼迅速，是因為地方長官能力低劣，不能用他們啊。小毛草夾在鐵石之間，只要吹一口氣，就能把小毛草吹起來，不一定要靠暴風。俗吏容易升遷，如同小毛草容易被吹起來一樣。所以轉走沙石的，是急流；使小毛草飛揚到千里之外的，是暴風。平靜的水，不能轉走沙石；和緩的風，不能吹動毛草。沒有遵循先王之道的地方長官，用心急躁，作風卑下，考察官吏不細緻，對待官吏只憑個人的愛好給予提拔，胡亂地授予官爵，好像洶猛的洪水轉走沙石，暴風吹著毛草到處亂飛一樣。因此可以說，毛草憑藉著暴風而飛揚，沙石遇到洶湧的流水而被轉走，俗吏遇上昏庸、胡作非為的地方長官而得到升遷。

且圓物投之於地，東西南北，無之❶不可，策杖❷叩❸動，纔微輒❹停。方物集❺地，壹投而止，及其移徙，須人動舉。賢儒，世之方物也。其難轉移者，其動須人也。鳥輕便於人，趨❻遠，人不如鳥，然而天地之性，人為貴。蝗蟲之飛，能至萬里，麒麟❼須獻，乃達闕下❽。然而蝗蟲為災，麒麟為瑞❾。麟有四足，尚❿不能自致⓫，人有兩足，安能自達！故曰：燕飛輕於鳳凰，兔走⓬疾於麒麟，蛙躍躁於靈龜，蛇騰便⓭於神龍。呂望⓮之徒，白首⓯乃顯⓰，百里奚之知⓱，明⓲於黃髮⓳，深為國謀，因為王輔，皆夫沈重⓴難進之人也。輕躁㉑早成㉒，禍害暴疾㉓。故曰：其進銳㉔者退速。陽溫陰寒㉕，歷月㉖乃㉗至；災變之氣，一朝成怪。故夫河冰結合，非一日之寒；積土成山，非斯須㉘之作。干將之劍，久在爐炭，銛㉙鋒㉚利刃，百㉛熟㉜煉厲㉝。久銷㉞乃見作留㉟，成遲故能割斷。肉暴長者曰腫，泉暴出者曰湧，酒暴熟者易酸，醯㊱暴酸者易臭。由此言之，賢儒遲留，皆有狀故㊲。狀故云何？學多、道重，為身累㊳也。

【章旨】此章點明篇旨，以博喻說明賢儒稽留仕途之狀故，在於以學多、道重為累。

【注釋】❶之 動詞。往。❷策杖 拄杖。❸叩 碰。此指阻擋。❹輒 就。❺集 落。❻趨 奔；赴。❼麒麟 獸名。象徵吉祥。❽闕下 皇宮門前。❾瑞 祥瑞；吉祥之兆。❿尚 尚且。⓫致 達到。⓬走 跑。⓭便 靈便。⓮呂望 即姜太公。⓯白首 白了頭髮。指晚年。⓰顯 地位顯貴。⓱知 通「智」。智慧。⓲明 顯；表露。⓳黃髮 指老年人。⓴沈重 指才高德重。㉑輕躁 輕浮而急於進取的人。㉒早成 很早就成就了功名。指被重用和提拔。㉓暴疾 特別快。㉔銳 通「駾」。受驚奔竄。《詩．大雅．綿》毛傳：「駾，突也。」故引申為迅速。《文選．陸機．五等論》李善注：「銳，猶疾也。」《孟子．盡心上》：「其進銳者，其退速。」㉕陽溫陰寒 古人以為春夏屬陽，氣候暖和，秋冬屬陰，氣候寒冷。此指季節更替。㉖歷月 經歷幾個月。㉗乃 才。㉘斯須 一會兒。㉙銛 銳利。㉚鋒 刀刃。㉛百 多次；反覆。㉜熟 精細。㉝厲同「礪」。磨礪。㉞銷　熔煉。㉟留　滯留；遲緩。㊱醯　醋。《禮記・內則》陸德明《釋文》：「醯，酢（醋）也。」㊲狀故　情狀和緣故。㊳累　負擔。

【語　譯】將圓形的物體投放到地上，東西南北，沒有哪一方不可能滾到，只有拄杖去阻擋它滾動，才可能稍微停住。如果是方形的物體落到地上，一投放到地上就停止了，至於它的移動，必須靠人的舉動。賢儒，與世上方形的物體一樣。他之所以難以進身，是因為他的移動必須靠別人去推舉啊。鳥兒比人輕便靈活，赴遠，人不如鳥，然而天地之間有生命的東西當中，人是最寶貴的。蝗蟲的飛翔，能到達萬里之外，麒麟必須有人進獻，才能到達皇宮門前。然而蝗蟲是災害，麒麟是吉祥的徵兆。麟有四隻腳，尚且不能自己到達宮廷，人只有兩隻腳，怎麼可能自己到達！所以說：燕子飛得比鳳凰輕快，兔子跑得比麒麟更快，青蛙跳躍比靈龜爬行要快，蛇騰比神龍要靈便。呂望之類的人，直到白了頭髮才名位顯貴，百里奚的智慧，到了老年才表露出來，為國家深謀遠慮，因此成為君主的輔佐，他們都是那種才高德重、很難被任用的人啊。輕浮而急於進身的人，比較早地得到重用和提拔，但禍害也會來得特別迅猛。所以說：那些前進迅速的人，後退也會很快。寒暑季節的更替，經歷幾個月才會到來，而災變的氣象，一個早晨就成為怪異了。所以河水結冰封凍起來，不是一天的寒冷造成的；積累土石成為山丘，不是一會兒工夫作成的。干將之類良劍，在熔爐中被炭火燒了很久，銳利的刀刃，經過了反覆而精細的磨礪。因為經過長時間的熔煉，才顯示它的形成非常遲緩；因為它的形成非常遲緩，所以能鋒快地割斷東西。肉迅速地長大的叫做腫，泉水迅速地泛出的叫做湧，酒迅速地成熟的容易變酸，醋迅速地變酸的容易腐臭。由此說來，賢儒在仕途上進身很遲緩，都有他們自己的情狀和緣故。這種情狀和緣故是什麼呢？學問之多、道術之重，成為他們自身的負擔了。

草木之生者❶濕，濕者重，死者枯。枯而輕者易舉，濕而重者難移也。然元氣所在，在生不在枯。是故車行於陸，船行於溝，其滿而重者行遲，空而輕者行疾。先王之道，載在胸腹之內，其重不徒船車之任也。任重，其取進❷疾速，難矣！竊人之物，其得非不速疾也，然而非❸其有，得之非己之力也。世人早得高官，非不有光榮也，而尸祿素餐❹之謗❺，諠譁❻甚❼矣。且賢儒之不進，將相長吏不開通❽也。農夫載穀奔❾都❿，賈人賚⓫貨赴遠，皆欲得其願也。如門郭⓬閉而不通，津⓭梁⓮絕⓯而不過，雖有勉力趨⓰時之勢⓱，奚由⓲早至以得盈利哉？長吏妒賢，不能容善⓳，不被⓴鉗㉑赭㉒之刑，幸矣！焉㉓敢望官位升舉，道理㉔之早成也？

【章　旨】此章以激憤之筆，歸結賢儒滯留仕途，主要原因在於「長吏妒賢，不能容善」，揭露「尸祿素餐」之類不合理的社會現象。

【注　釋】❶生者　與「死者」相對。活著的。❷取進　任用和提拔。❸非　非難；指責。❹尸祿素餐　形容空佔著官位不做事，白白地享受俸祿。❺謗　批評；指責。❻諠譁　聲音嘈雜。❼甚　厲害；強烈。❽不開通　此指不打開通向仕途之門。即不推薦和提拔。❾奔　奔赴。❿都　都市。⓫賚　攜帶貨物。⓬門郭　此指城門。郭，外城。古代在城的外圍加築的一道城牆。《孟子．公孫丑下》：「三里之城，七里之郭。」⓭津　渡口。⓮梁　橋梁。⓯絕　斷。⓰趨　趕。⓱勢　勁頭。⓲奚由　何從。⓳容善　容納好人。⓴被　遭受。㉑鉗　用鐵圈套頸的刑罰。㉒赭　赭衣。古代因犯所穿的赤褐色的衣服。指因犯。㉓焉　怎麼。㉔道理　即「道」。指先王之道。

【語　譯】活著的草木是濕潤的，濕潤的草木是很重的，死了的草木是乾枯的。乾枯而輕的東西容易舉起來，濕潤而重的東西就難以移動了。但是元氣所寄託的地方，在於活著的東西上面，而不在枯死的東西上面。因此，車子在陸地上行走，船隻在水溝中行駛，其中東西裝得又滿又重的車船行動遲緩，又空又輕的車船行走得快。先王之道，裝載在賢儒的胸腹之中，它的重量不只是船和車所承受的負擔啊。負擔重，他被任用和提拔又很迅速，那就太難了！盜竊別人的東西，這些東西的得來不能不算快吧，然而人們指斥這種非法的佔有，因為得到這些東西不是依靠自己的勞力啊。社會上有權勢的人很早就得到很高的官職，不是沒有一點光榮吧，然而佔著官位不做事，白白地享受俸祿的批評，社會輿論非常強烈啊。況且賢儒不被任用和提拔，是因為地方長官不去推薦和提拔他們的緣故。農夫裝載著穀物進城，商人攜帶著貨物到遠方去，都是希望能滿足自己的願望。如果城門緊閉而不打開，渡口和橋梁斷絕而不能過河，即使有努力趕時間的勁頭，又怎麼能及早趕到市場而獲得厚利呢！地方長官嫉妒賢才，不能容納好人，處在這種境地，賢儒不遭受各種刑罰，就算是幸運了！怎麼還敢奢望自己官位高升，自己所奉行的先王之道早日實現呢？

# 寒溫篇第四十一

【題解】漢儒從「天人感應論」出發，認為君主喜怒決定天氣之寒溫，喜則溫，怒則寒。本篇對此予以有力的批駁，指出「寒溫，天地節氣，非人所為」，還寒溫以自然之道，故其篇名謂之「寒溫」。

說寒溫者❶曰：人君喜則溫，怒則寒。何則？喜怒發於胸中，然後行出於外，外成賞罰。賞罰，喜怒之效❷，故寒溫渥❸盛，凋物傷人。

【章旨】此章開篇，亮出漢儒之論。

【注釋】❶說寒溫者　指以天人感應論解說君主喜怒可以決定天氣寒溫的人。說，解說。❷效　效驗；結果。❸渥　濃郁。

【語譯】以天人感應論解說君主喜怒可以決定天氣寒溫的儒生說：君主高興時天氣就溫暖，發怒時天氣就寒冷。這是為什麼呢？因為君主的喜怒從心胸中抒發出來，然後通過行為表現在外表，外表就變成賞罰。賞罰，正是君主喜怒的結果，所以天氣隨之變得極冷極熱，使草木凋枯，人受損傷。

夫寒溫之代至❶也，在數日之間，人君未必有喜怒之氣發胸中，然後渥盛於外。見外寒溫，則知胸中之氣也。當人君喜怒之時，胸中之氣未必更❷寒溫也。胸中之氣，何以異於境❸內之氣？胸中之氣，不為喜怒變，境內寒溫，何所生起？

六國之時，秦漢之際，諸侯相伐，兵革❹滿道，國有相攻之怒，將有相勝之志，夫❺有相殺之氣，當時天下未必常寒也。太平之世，唐虞之時，政得❻民安，人君常喜，弦歌鼓舞❼，比屋❽而有，當時天下未必常溫也。豈喜怒之氣為小發不為大動邪？何其不與行事❾相中得❿也？夫近水則寒，近火則溫，遠之漸微。何則？氣⓫之所加，遠近有差也。成事：火位在南⓬，水位在北，北邊則寒，南極⓭則熱。火之在爐，水之在溝，氣之在軀，其實一也。當人君喜怒之時，寒溫之氣，閨門⓮宜甚，境外宜微。今案⓯寒溫，外內均等，殆⓰非人君喜怒之所致。世儒說稱，妄處⓱之也。王者之變在天下，諸侯之變在境內，卿大夫之變在其位，庶人⓲之變在其家。夫家人之能致變，則喜怒亦能致氣。父子相怒，夫妻相督⓳，若⓴當怒反喜，縱過飾非，一室之中，宜有寒溫。由此言之，變非喜怒所生，明矣！

【章旨】此章以事實反駁寒溫生於喜怒之說。

【注釋】❶代至 交替出現。❷更 改變；變更。❸境 國境；管轄之地。❹兵革 兵器、衣甲之總稱。此指戰爭。❺夫 成年之男子。此指士兵。❻政得 與「政失」相對。政治得當。❼弦歌鼓舞 在琴、鼓等樂器伴奏下載歌載舞。此指生活快樂。❽比屋 挨家挨戶。比，並列；緊靠。❾行事 成事；已經有的事例。❿中得 一致；契合。⓫氣 此指水火散發出來的寒溫之氣。⓬火位在南 按陰陽五行之說，木、火、土、金、水與東、南、中、西、北五個方位相配屬，火屬南，水屬北，故言。⓭南極 南邊。⓮閨門 臥室之門。⓯案 考察。⓰殆 大概。⓱處 判斷。⓲庶人 老百姓。⓳督 責備；督責。

《史記・李斯列傳》司馬貞索隱：「督者，察也，察其罪，責之以刑罰也。」⑳若 或。

【語 譯】天氣寒冷與溫暖的交替出現，是在幾天之間，君主不一定有喜怒之氣從心胸中產生，然後強烈地表現在外表而引起氣候的寒溫。而是解說寒溫的人看到外界氣候的寒溫情況，這才推知君主心胸中的喜怒之氣的。當君主喜怒的時候，胸中的氣未必能改變天氣的寒溫。胸中的氣，為什麼與境內的氣候不同？胸中的氣，不因為喜怒而變化，那麼境內天氣的寒溫，又怎麼會產生變化呢？戰國時代，秦、漢之際，各國諸侯相互攻伐，到處都是戰爭的烽焰，國家之間有相互攻擊的怒氣，將相之間有相互制勝的志氣，士兵之間有相互廝殺的殺氣，但是當時的天下未必經常是寒冷的。太平之世，堯、舜時代，政治得當，百姓安樂，君主經常喜笑顏開，歡歌漫舞，家家戶戶生活愉快，但是當時的天下未必經常是溫暖的。難道喜怒之氣只為小事而發，不為大事而動嗎？為什麼與已有的事例這樣不相一致呢？靠近水就感到寒冷，靠近火就感到溫暖，離開它們的距離越遠，冷熱的感覺也就越輕微。這是為什麼？因為水火散發出來的寒溫之氣侵襲人的時候，距離的遠近是有差別的。已有的事例如：火的方位在南方，水的方位在北方，所以北邊的氣候就寒冷，南邊的氣候就炎熱。火在爐中燃燒，水在溝裡流動，氣在人體中蘊藏著，它們實際上是一致的。當君主喜怒的時候，寒溫之氣，臥室之中應該表現得更厲害，境外就應該輕微得多。現在考察天氣的寒溫情況，室內室外都相均等，這大概不是由於君主的喜怒所引起的吧。俗儒的說法，顯然是錯誤地判斷了寒溫現象。帝王的行動所引起的變化影響整個天下，諸侯的行動引起的變化影響在整個管轄區域之內，卿大夫的行動引起的變化影響在自己管轄的範圍，老百姓的行動引起的變化影響的只是在自己的家庭之中。老百姓行動的變化既然能影響一家，那麼他們的喜怒也就能引起這個家屋內氣溫的變化。父子互相生氣，夫妻互相責備，或者正在發怒又轉而喜悅，放縱過失，掩蓋錯誤，那麼整個室內就應該有寒溫的變化，可是沒有。由此說來，氣溫的變化並不是人的喜怒造成的，這是很明白的了。

或❶曰：「以類❷相招致❸也。喜者和溫，和溫❹賞賜，陽道❺施予❻，陽氣溫，故溫氣應之。怒者慍❼恚❽，慍恚誅殺，陰道肅殺❾，陰氣寒，故寒氣應之。虎嘯而谷風至，龍興而景雲❿起，同氣共類，動相招致，故曰以形逐⓫影，以龍致雨。雨應龍而來，影應形而去，天地之性，自然之道也。秋冬斷刑⓬，小獄⓭微原⓮，大辟⓯盛寒，寒隨刑至，相招審⓰矣。」夫比寒溫於風雲，齊⓱喜怒於龍虎，同氣共類，動相招致，可矣。虎嘯之時，風從谷中起；龍興之時，雲起百里內。他谷異境，無有風雲。今寒溫之變，並時皆然。百里用刑，千里皆寒，殆非其驗。齊魯接境，賞罰同時，設⓲齊賞魯罰，所致宜殊，當時可齊國溫、魯地寒乎？案⓳前世用刑者，蚩尤、亡秦⓴甚矣。蚩尤之民，湎湎㉑紛紛㉒；亡秦之路，赤衣㉓比肩㉔。當時天下未必常寒也。帝都之市，屠殺牛羊，日以百數。刑人殺牲，皆有賊㉕心，帝都之市，氣不能寒。

【章旨】此章反駁漢儒之辯，認為漢儒以刑罰、季節、氣候對應帝王之喜怒，毫無根據。

【注釋】❶或　有人。❷類　同類。❸招致　此指吸引、感應。❹和溫　溫和。❺道　此指本質特點。❻施予　施給。即指使萬物生長。❼慍　怨恨。❽恚　惱怒。❾肅殺　嚴酷蕭瑟貌。此指使萬物凋殘。❿景雲　亦作「卿雲」、「慶雲」。一種彩雲，古人以為祥瑞之氣，是太平的徵兆。《瑞應圖》云：「景雲者，太平之應也。一曰慶雲，非氣非煙，五色紛縕。」《楚辭・七諫・哀命》王逸注：「景雲，大雲有光者。」⓫逐　追隨。⓬斷刑　審理和判決罪案。⓭獄　訟事。《周禮・秋官・

大司寇》鄭玄注：「謂相告以罪名者。」引申為罪案。⓮微原　指寒氣稍微露頭。漢儒根據「天人感應說」，以為秋冬季節，陰氣充斥，故此時審理和判決罪案，最為普遍。原，源。⓯大辟　死刑。⓰審　清楚；明白。⓱齊　等同。⓲設　假設；如果。⓳案　考察。⓴亡秦　已經滅亡的秦國。此乃漢人鄙棄秦王朝的說法。㉑湎湎　沈迷於酒。此指昏亂貌。㉒紛紛　嘈雜。㉓赤衣　古代囚犯穿的赭色衣服。此指囚犯。㉔比肩　一個緊挨一個。形容犯人之多。㉕賊　殺害；殘害。

【語譯】有人說：「因為同類互相感應啊。君主歡喜的時候態度溫和，態度溫和就會給臣民以獎賞恩賜，按照陰陽感應學說，『陽』的本質特點是使萬物生長，陽氣溫和，所以溫氣和喜氣相感應而出現。發怒的時候，態度怨恨惱怒，態度怨恨惱怒就會懲罰和殺人，『陰』的本質特點是使萬物凋殘，陰氣嚴寒，所以寒氣和怒氣相感應而出現。虎嘯的時候，就會引來山谷之風，龍騰的時候，彩雲就興起了，凡同氣同類的事物，一舉一動就會互相招引，所以說以形體追隨影子，以龍招引風雨。風雨與龍相感應而來，影子與形體相感應而去，這是天地的本質特性，是自然的法則。秋冬時節審理和判決罪案，判決小的案件時，寒氣稍稍露頭，判處死刑時，天氣非常寒冷，寒冷隨著刑罰而來，同類相招，這是明白不過了。」把寒溫比作風雲，把喜怒與龍虎等同起來，同氣同類的事物，一舉一動會互相招引，這是可能的。虎嘯的時候，風從山谷之中颳起；龍騰的時候，雲從百里之內湧起。別的山谷和別的國境，沒有風雲。如今氣候寒溫的變化，在同一時候都是一樣的。在百里之內的地方施用刑罰，千里之外氣候都變得寒冷起來，恐怕沒有這種效驗吧。齊國與魯國國境相連接，賞罰同時，假使齊國在進行獎賞而魯國在進行懲罰，所產生的結果應該不同，當時難道齊國的天氣溫暖、魯地的氣候卻很寒冷嗎？考察前代施用刑罰的，蚩尤、秦王朝可算最厲害了。蚩尤統治下的民眾，人心混亂，犯罪受刑的人很多；秦朝的道路上，身穿赭色衣服的囚犯一個挨著一個。但是當時的天下，不一定經常是寒冷的。帝都的市場上，屠殺牛羊，一天數以百計。處死犯人，屠殺牲畜，都懷有殘害之心，但帝都的市場上，氣候並沒有因此而變得寒冷起來。

或曰：「人貴於物，唯人動氣。」夫用刑者動氣❶乎？用❷受刑者❸為變也？如用刑者，刑人殺禽，同一心也。如用受刑者，人禽皆物也，俱為萬物，百賤❹不能當一貴❺乎？

或曰：「唯人君動氣，眾庶❻不能。」夫氣感必須人君，世何稱❼於鄒衍？鄒衍匹夫，一人感氣，世又然❽之。刑一人而氣輒寒，生一人而氣輒❾溫乎？赦令四下，萬刑並除，當時歲月之氣不溫。往年萬戶失火，焰焱❿參天；河決千里，四望無垠⓫。火與溫氣同，水與寒氣類。失火河決之時，不寒不溫。然則寒溫之至，殆非政治所致。然而寒溫之至，遭⓬與賞罰同時，變復之家，因緣⓭名之矣。

【章　旨】此章反駁有人提出的「動氣」之說。

【注　釋】❶動氣　變動寒溫之氣。❷用　由於。❸受刑者　被處死刑的人。❹賤　此指牛羊。❺貴　此指地位尊貴的人。❻眾庶　老百姓。❼稱　贊許。❽然　如此；認為正確。❾輒　就。❿焱　火焰。⓫無垠　無邊無際。⓬遭　剛好碰上。⓭因緣　由此；根據。

【語　譯】有人說：「人比動物更尊貴，只有殺人才會變動寒溫之氣。」是由於行刑的人變動寒溫之氣呢，還是由於被處死刑的人變動了寒溫之氣呢？如果是由於用刑的人，那麼處死人與屠殺牲畜的心理狀態是一樣的，都應該引起寒溫之氣的變化。如果是由於被處死刑的人引起的，人與禽獸都是動物啊，既然都是萬物，上百隻牛羊難道還抵不上一個人嗎？

有人說：「只有君主才能變動寒溫之氣，老百姓不能。」如果感動寒溫之氣的必須是君主，那麼世人為什麼要傳揚鄒衍感動天地？鄒衍只是一個匹夫而已，一人感動寒溫之氣，世上的人又相信這個傳聞。殺一人而天氣就會變寒冷的話，那麼赦免一人而天氣就會變溫暖嗎？赦免的命令四處下達，萬種刑罰一起廢除，當時歲月的氣候並沒有變溫暖。過去的年代，萬戶失火，火焰參天；黃河決口千里，洪水四望無邊。火焰與溫暖的氣候相同，洪水與寒冷的氣候類似。發生火災、黃河決口的時代，氣候並沒有變寒也沒有變溫。既然如此，那麼寒冷與溫暖天氣的到來，恐怕並不是政治所造成的。但是寒冷與溫暖天氣的到來，剛好與君主的賞罰同時碰上，那些宣揚天人感應論，主張用祭祀祈禱來消災復原的儒生，根據這種情況就會說君主的喜怒造成天氣的寒溫變化了。

春溫夏暑，秋涼冬寒，人君無事，四時自然。夫四時非政所為，而謂寒溫獨應政治。正月❶之始，正月之後，立春❷之際，百刑皆斷，囹圄❸空虛，然而一寒一溫。當其寒也，何刑所斷？當其溫也，何賞❹所施？由此言之，寒溫，天地節氣，非人所為，明矣。

【章旨】此章小結，斷言氣候之變與政治無關。

【注釋】❶正月　陰曆一年的第一個月。❷立春　二十四節氣之一。每年陽曆二月四日前後太陽到達黃道三一五度開始。❸囹圄　監牢；牢獄。❹賞　賞賜；獎賞。此指赦免罪犯。

【語譯】春天溫暖，夏天暑熱，秋天涼爽，冬天寒冷，君主沒做什麼事，四季氣候的變化就是很自然的現象。四季氣候的變化明明不是政治形勢所造成的，偏偏認為天氣寒溫是順應政治形勢的。正月之始，正月之後，立春之際，所有的案件都已處理完畢，牢獄空虛，然而天氣仍然有時寒冷，有時溫暖。當天氣寒冷的時候，又施行哪一種刑罰呢？當天氣溫暖的時候，又赦免了什麼罪犯呢？由此看來，寒冷與溫暖，是天地節氣所決定的，不是人所造成的，這是再明白不過的了。

人有寒溫之病，非操行之所及❶也。遭風逢氣，身生寒溫。變操易行，寒溫不除。夫身近而猶不能變除其疾，國邑❷遠矣，安能調和其氣？人中於寒，飲藥行解❸，所苦稍衰❹；轉為溫疾，吞發汗之丸而應愈❺。燕有寒谷❻，不生五穀。鄒衍吹律❼，寒谷可種。燕人種黍其中，號曰「黍谷」❽。如審有之，寒溫之災，復以吹律之事調合其氣，變政易行，何能滅除？是故寒溫之疾，非藥不愈；黍谷之氣，非律不調。堯遭洪水，使禹治之。寒溫與堯之洪水，同一實也。堯不變政易行，知夫洪水非政行所致。洪水非政行所致，亦知寒溫非政治所招。

【章　旨】此章以寒溫疾病為例，說明寒溫非政治所致。

【注　釋】❶及　至；達到。❷國邑　國都和封邑。❸行解　消解。❹衰　減弱。❺應愈　隨即就治好病了。❻寒谷　寒冷的山谷。❼律　樂管名。一種竹製的定音樂器。❽黍谷　參見劉向《別錄》，《藝文類聚・卷五》引云：「鄒子在燕，燕有谷，地美而寒，不生五穀。鄒子居之，吹律而溫氣至，今名黍谷。」

【語　譯】人有時發時冷時熱的病，並不是人的操行品德所造成的。人一旦遭受風寒或中邪氣，他身上就會生寒溫疾病。如果我們改變操守和行為，也無法除去寒熱之疾。近至於自己的身體，尚且不能用改變操行品德的方法來消除自身的疾病，距離國都和封邑那麼遙遠，怎麼能夠調和自身的寒溫之氣？人被寒冷擊中，飲藥消解，所受的痛苦稍微減輕；轉而變為溫病，吞服發汗的藥丸，隨即就好了。燕地有一寒冷的山谷，從不生長五穀。鄒衍在那裡吹奏律管，使得氣候變暖，寒谷就可以種莊稼了。燕地的人在山谷中種上黍，於是號叫「黍谷」。如果確實有這種事情，那麼寒溫這種災變，也只能用吹律管的方法來調和天氣而使它恢復正常，改變政治和操行，又怎麼能消除它呢？因此，寒溫這類疾病，不用藥治就不能痊癒；黍谷的氣候，不是鄒衍吹律就不可能調和。堯遇上洪水，派遣禹去治理它。寒溫天氣與堯時的洪水，屬於同樣的情況。堯不改變政治和操行來治理洪水，這就說明洪水不是由政治和操行所造成的。洪水既然不是政治和操行所造成的，也就說明寒溫之氣的變化不是政治所招致的。

或難曰：「〈洪範〉❶庶徵❷曰：『急❸，恒❹寒若❺；舒，恒燠❻若。』若，順；燠，溫；恒，常也。人君急，則常寒順之；舒，則常溫順之。寒溫應急舒，謂之非政，如何？」夫豈謂急不寒、舒不溫哉？人君急舒而寒溫遞❼至，偶適自然，若故相應，猶卜之得兆，筮之得數也。人謂天地應❽令問❾，其實適然。夫寒溫之應急舒，猶兆數之應令問也，外若相應，其實偶然。何以驗之？夫天道自然，自然無為❿。二令⓫參偶⓬，遭適逢會，人事始作⓭，天氣⓮已有⓯，故曰道也。使⓰應政事，是有為，非自然也。

【章旨】此章回答有人問難，以自然無為之道解釋《尚書・洪範》之說。

【注釋】❶洪範 《尚書》中的一篇。❷庶徵 各種吉凶兆應。〈洪範〉所論九個問題之一。庶，眾。徵，徵兆。❸急 指君主的心情。❹恒 經常。❺若 意指順利。卜辭中常見。此指天氣順應君主之意。❻燠 溫暖。❼遞 交替。❽應 回答。❾令問 指卜筮者向天地神明提出的各種問題。❿無為 順應自然的變化，無意識、無目的地從事活動。⓫二令 指卜筮的令問。⓬參偶 指人事、氣候、兆數三者完全巧合。⓭作 產生；興起。⓮天氣 指晴、雨、寒、溫等自然現象。⓯已有 已經存在。⓰使 假使；如果。

【語譯】有人問難說：「〈洪範〉庶徵說：『君主心情急躁時，常有寒冷的天氣順應著他；君主心情舒暢時，常有溫暖的天氣順應著他。』若，就是順應的意思；燠，是溫暖之意；恒，即常。君主心情急躁時，則常有寒冷的天氣順應他；君主心情舒暢時，則常有溫暖的天氣順應他。寒溫天氣順應君主急躁或舒暢的心情，說它不是政治造成的，又怎麼行呢？」這哪裡是說君主心情急躁時天氣不會寒冷、心情舒暢時天氣不會溫暖呢？君主心情急躁與舒暢時，而寒冷與溫暖的天氣交替到來，這是自然而然的巧合，好像是寒溫故意應和君主的喜怒一樣，這如同占卜時得到「兆」，算卦時得到「數」一樣。人們說天地能回答卜筮者提出的各種問題，其實是恰好碰上的緣故。天氣的寒冷與溫暖正好應和著君主心情的急躁與舒暢，這如同卜筮得到的「兆數」應和著卜筮的人所提出的問題一樣，表面上好像是互相應和，其實是偶然碰上而已。憑什麼來驗證它呢？天道是純屬自然的，自然則是一種無意識、無目的地進行活動。卜筮時的令問，人事、氣候、兆數三者相合，是它們恰好偶然碰在一起了，人事開始產生時，晴雨寒溫等自然現象已經存在於自然界了，所以稱之為「道」啊。假使天氣的變化是應和著政治事務的，那就是說天道是有為的，而不是自然無為的了。

《易》京氏❶布❷六十四卦❸於一歲❹中，六日七分❺，一卦用事❻。卦有陰陽，氣有升降，陽升則溫，陰升則寒。由此言之，寒溫隨卦而至，不應政治也。案《易》

「無妄❼」之應，水旱之至，自有期節。百災萬變，殆同一曲。變復之家，疑且失實。何以為疑？「夫大人❽與天地合德，先天而天不違，後天而奉天時。」〈洪範〉曰：「急，恒寒若；舒，恒燠若。」如〈洪範〉之言，天氣隨人易徙❾，當「先天而天不違」耳，何故復言「後天而奉天時」乎？後者，天已寒溫於前，而人賞罰於後也。由此言之，《易》與《尚書》不合，一疑也。京氏占寒溫以陰陽升降，變復之家以刑賞喜怒，兩家乖違❿，二疑也。民間占寒溫，今日寒而明日溫，朝有繁霜⓫，夕有列光⓬，旦⓭雨氣溫，旦暘⓮氣寒。夫雨者陰，暘者陽⓯也；寒者陰，而溫者陽也。旦暘反寒，旦雨反溫，不以類相應，三疑也。三疑不定，自然之說，亦未立也。

【章旨】此章繼上文答疑，進而深化論題，對天道自然之說與《周易》、〈洪範〉之論提出三點質疑。

【注釋】❶京氏　京房（西元前七七～前三七年）。西漢人，本姓李，字君明，東郡頓丘人。曾學《易》於孟喜的門人焦延壽，以「通變」說「易」，好講災異。元帝時，立為博士。多次上疏，以災異推論時政得失，是西漢今文易學「京氏學」之開創者。著作今存《京氏易傳》三卷。清馬國翰《玉函山房輯佚書》另輯有《周易京氏章句》一卷，黃奭《漢學堂叢書》、孫堂《漢魏二十一家易注》也有輯錄。❷布　分布；分配。❸六十四卦　相傳伏羲作八卦，周文王又把它排列組合為六十四卦。《周易》中的六十四卦是：乾、坤、屯、蒙、需、訟、師、比、小畜、履、泰、否、同人、大有、謙、豫、隨、蠱、臨、觀、噬嗑、賁、剝、復、無妄、大畜、頤、大過、坎、離、咸、恆、遯、大壯、晉、明夷、家人、睽、蹇、解、損、益、夬、姤、萃、升、困、井、革、鼎、震、艮、漸、歸妹、豐、旅、巽、兌、渙、節、中孚、小過、既濟、未濟。❹歲　年。❺六日七

分　早在戰國時代，先人已知一年為三百六十五又四分之一日。京房從六十四卦中提出離、坎、震、兌四卦分主東、南、西、北四方，然後用六十卦除，每卦分得六天，餘下五又四分之一天。每天以八十分計，餘天數合得四百二十分。再用六十卦除之，每卦得七分。合計論之，前後每一卦佔有六日七分。❻用事　主事；起決定性作用。❼無妄　《周易》卦名。指出乎意料之外的災害。❽大人　此指聖王。見《易・乾卦・文言》。❾易徙　改變；變化。❿乖違　互相矛盾。⓫繁霜　厚霜。⓬列光　列星之光。即天空晴朗。⓭旦　早晨。⓮暘　天晴。⓯陽　陽氣。

**【語　譯】**《易》京房把六十四卦分配到一年之中，每一卦共得六日七分，有一卦主事。卦有陰陽之分，氣有升有降，陽氣上升時天氣就變溫暖，陰氣上升時天氣就變寒冷。由此言之，天氣的寒溫是隨卦而到來，不是應和政治的。根據《周易》「無妄」卦中列舉的各種應和的例子，水災旱災的發生，自有期限。各種各樣的自然災變，差不多都是同一個卦辭之理。那些宣揚天人感應論的儒生，我懷疑他們的說法不符合事實。根據什麼來懷疑呢？「聖君與天地的德行是一致的，在上天示意之前辦事，自然不會違反天意；在上天已經示意而自己不知的情況下辦事，也仍然是奉行天意了。」〈洪範〉說：「君主心情急躁時，常有寒冷的天氣順應著他；君主心情舒暢時，常有溫暖的天氣順應著他。」如果照〈洪範〉的說法，天氣隨著君主的喜怒心情而變化，那麼應當說「先天而天不違」而已，為什麼又要說「後天而奉天時」呢？所謂後天，是說天氣已經出現寒溫在前面，而人的賞罰則在天氣之後呀。由此說來，《周易》所說的與《尚書》不相合，這是第一個值得懷疑的。京氏根據陰氣陽氣的升降來預測天氣的寒溫，變復之家根據君主的刑賞喜怒來預測，兩家的看法是互相矛盾、抵觸的，這是第二個值得懷疑的。民間根據常識來預測天氣的寒溫，今日寒冷而明日溫暖，早晨有厚霜，傍晚天空晴朗，早晨下雨天氣溫暖，早晨天晴天氣寒冷。雨是一種陰氣，天晴是一種陽氣；寒冷天氣是陰氣上升，而溫暖的天氣是陽氣上升。早晨天晴，天氣反而寒冷；早晨下雨，天氣反而溫暖，不因為同類相應和，這是第三個值得懷疑的。這三個疑問如果不解決，天道自然無為的說法，也就不可能建立起來了。

# 譴告篇第四十二

【題　解】〈寒溫篇〉與本篇集中反映王充《論衡》關於災害的學說，是王充反對漢代「天人感應」之說的重要著作之一。

本篇承接上篇，著力批駁所謂「人君為政失道，天用災異譴告之」之論。譴告說的理論基礎，是漢儒鼓吹的天是有意志的「天神」之說。王充明確指出：「夫天道，自然也，無為。」自然界的天，是一種無意識的物質實體。災異，是一種自然現象，有它自身的規律，「風氣不和，歲生災異」，如同「人生疾病」是因為「血脈不調」一樣。作者辯證地揭露了「譴告」說的實質，主張不要「求索上天之意」，表現出對神權的否定。

論災❶異❷者，謂古之人君為政❸失道❹，天用災異譴告之也。災異非一❺，復❻以寒溫為之效❼。人君用刑非時❽則寒，施賞違節❾則溫。天神譴告人君，猶人君責怒臣下也。故楚嚴王❿曰：「天不下災異，天其忘予⓫乎！」災異為譴告，故嚴王懼而思之也。曰⓬：此疑也。

【章　旨】此章破題，提出批駁對象，即「人君為政失道，天用災異譴告之」。

【注　釋】❶災　災變。指自然災害。❷異　怪異。指異常的自然現象。❸為政　治國。❹失道　違反先王之道。❺非一　不止一種。❻復　再。❼為之效　替它作證明。❽非時　違背時令。漢儒認為，秋冬天氣寒冷，萬物凋零，春夏天氣溫暖，萬物生長，這都是天意所致。君主為政刑賞，應遵循天意，秋冬用刑，春夏行賞。❾節　節氣。❿楚嚴王　即楚莊王。東漢人為避漢明帝劉莊之諱，故稱楚莊王為「楚嚴王」。⓫予　我。見《春秋繁露・必仁且智》。⓬曰　王充說。

【語　譯】議論自然災害與怪異現象的人，認為古代的君主治國違反先王之道，天就會用自然災害和異常的自然現象來譴告他。自然災害和異常的自然現象不止一種，再用天氣寒溫的變化來替它作證明。君主用刑如果不合時令，天就用寒冷來譴告他；施行獎賞如果違背節氣，天就用溫暖來譴告他。天神譴告君主，好比君主責罵臣下一樣。所以楚莊王說：「老天爺不降災異，天恐怕是忘記我了！」災異的發生，是為了譴告君主，因此，楚莊王感到畏懼而去反思自己的所作所為。我說：這種說法是值得懷疑的。

夫國之有災異也，猶家人❶之有變怪❷也。有災異，謂天譴人君；有變怪，天復譴告家人乎？家人既明，人之身中亦將可以喻。身中病，猶天有災異也。血脈不調，人生疾病；風氣不和❸，歲❹生災異。災異謂天譴告國政，疾病天復譴告人乎？釀酒於罌❺，烹❻肉於鼎，皆欲其氣味調得❼也。時或❽鹹苦酸淡不應口者，猶❾人勺藥❿失其和也。夫政治之有災異也，猶烹釀之有惡味也。苟⓫謂災異為天譴告，是其烹釀之誤得見⓬譴告也。占⓭大以小，明物事之喻，足以審⓮天。使⓯嚴王知⓰如孔子，則其言可信。衰世⓱霸者之才，猶夫⓲變復⓳之家也，言未必信，故疑之。

【章　旨】此章以人生疾病說明歲生災異之必然性，指出楚莊王所言之不可信。

【注　釋】❶家人　民戶；百姓。❷變怪　異常現象。❸不和　失調。❹歲　年。❺罌　釀酒的罈子。小口大肚形。❻烹燒；煮。❼得　得當。❽時或　有時。❾猶　通「由」。❿勺藥　古人以勺調和五味。《漢書·司馬相如傳上》：「勺藥之和具，而後御之。」顏師古注云：「勺藥，藥草名。其根主和五藏，又辟毒氣。故合之於蘭桂以助諸食，因呼五味之和為勺藥耳。」王引之云：「勺藥之言適歷也；適歷，均調也……《周官·遂師》注曰：『歷者適歷。』疏曰：『分布稀疏得所，名為適歷也。』然則均調謂之適歷，聲轉則為勺藥……《論衡·譴告》：『時或鹹苦酸淡不應口者，由人勺藥失其和也。』」（見王念孫《讀書雜志·漢書十》）⓫苟　如果；假使。⓬見　相當於「被」。表被動。⓭占　占卜。此作「推斷」解。⓮審　知道；了解。⓯使　假使。⓰知　通「智」。⓱衰世　衰落的時世。猶亂世。⓲夫　指示代詞。那些。⓳復　使自然災害或異常現象消除而恢復原來的面貌。

【語　譯】一個國家發生自然災害或異常現象，如同老百姓家裡出現某種異常現象一樣。如果有了自然災害或異常現象，就說是天譴告君主，那麼老百姓家裡發生某種異常現象，能說是天又譴告老百姓嗎？老百姓遇到異常現象，並不表示上天的譴告，這個道理已經很明白了，人的身體也將可以用來作比喻。身體中有病，就像自然界出現災害和異常現象一樣。血脈不調，人就會生疾病；風氣失調，年歲就會發生自然災害和異常現象。如果說自然災害和異常現象是天譴告君主治國失道，那麼疾病難道又是老天爺譴告人嗎？在罈子裏釀酒，在鼎中煮肉，都想要把它的味道調和得當。有時鹹苦酸淡不適合口味，是由於人們調和五味不得當的緣故。政治方面有時出現災害或異常現象，也如同煮肉釀酒時有惡味出現一樣。如果認為自然災害和異常現象的出現是上天譴告君主，這就是說烹調釀酒失誤也要被上天譴告了。以小事推斷大事，懂得用具體的事物來作比喻，就足以了解上天了。假如楚莊王的智慧像孔子，他說的話就可以相信。他只有在沒落的時世稱霸的才能，好像那些專以卜筮消除自然災害和異常現象來恢復原狀的漢儒一樣，他們說的話不一定可信，所以我懷疑這種說法。

夫天道，自然也，無為。如譴告人，是有為，非自然也。黃老之家❶，論說天道，得其實矣。且天審❷能譴告人君，宜變異其氣以覺悟之。用刑非時，刑氣❸寒，而天宜為溫。施賞違節，賞氣❹溫，而天宜為寒。變其政而易其氣，故君得以覺悟，知是非。今乃❺隨寒從溫❻，為寒為溫，非譴告之意，欲令變更之宜。太王亶父❼以王季❽之可立❾，故易名為「歷」。歷者，適❿也。太伯⓫覺悟，之⓬吳越採藥，以避王季。使太王不易季名，而復字之「季」，太伯豈覺悟以避之哉？今刑賞失法⓭，天欲改易其政，宜為異氣，若太王之易季名。今乃重⓮為同氣⓯以譴告之，人君何時將能覺悟，以見刑賞之誤哉？

【章旨】此章以「天道自然無為」之說批駁君主刑賞失法而天用寒溫譴告之論。

【注釋】❶黃老之家　指西漢盛行的一個道家學派，因其尊黃帝和老子為始祖，故名。黃老學派主張天道自然無為，強調師法自然，提倡「無為而治」。❷審　果真；確實。❸刑氣　刑人之氣。漢儒認為刑屬陰，陰氣寒，故刑人之氣也寒。❹賞氣　獎賞人之氣。漢儒認為獎賞屬陽，陽氣溫，故獎賞人之氣亦溫。❺乃　卻。❻隨寒從溫　意即隨寒為寒，從溫為溫。❼太王亶父　即古公亶父。周文王的祖父，後被尊封為太王。❽王季　指文王父季歷。古公亶父之第三子，按嫡長子繼承制，不能繼位後，再傳位於文王。❾立　立為君主。❿適　通「嫡」。⓫太伯　古公亶父的長子。太伯看出其父為王季改名為「歷」之用意，便同弟虞仲逃至吳越，斷髮文身，改從其俗。⓬之　去；到。⓭失法　違反法度。⓮重　復；又。⓯同氣　指君主用刑不合時宜，上天則降寒氣，行賞不合時宜，上天則降溫氣。

【語譯】天道，是自然的，無為的。如果能譴告人，這是有意識、有目的地進行活動，不是聽其自然的。黃老學派論說天道，主張自然無為，得天道之實啊。況且上天果真能譴告人君的話，就應當變換天氣，從而使君主覺醒領悟這個道理。君主用刑不合時宜，刑人之氣寒冷，那麼上天就應該用溫和之氣來譴告君主。君主施賞違反時節，賞人之氣溫和，那麼上天就應該用寒冷之氣來譴告君主。上天要想改變君主的政治，就應當改變他施政時的氣候，以示譴告，所以君主方能因此覺悟，明白是非。現在上天卻隨寒為寒，從溫為溫，這根本不符合譴告的道理，也不是想讓君主改變政治的適當辦法。太王亶父認為王季可以立為君主，所以給王季改名為「歷」。歷者，適也。適，通「嫡」。太伯意識到太王要把王位傳給王季，就跑到吳越一帶去採藥，以便避開王季。假使太王不改變王季的名字，而還叫他為「季」的話，太伯怎麼會覺悟到太王的意圖而避開王季呢？而今君主的刑罰賞賜違反了法度，上天要想改變他的政治，就應當降不同的天氣，即用刑不合時宜，上天就降溫氣，行賞不合法度，上天就降寒氣，如同太王給王季改名一樣。現在卻又用相同的天氣來譴告君主：即君主用刑不合時宜，上天就降寒氣；行賞不合法度，上天就降溫氣。這樣下去，君主將到何時才能覺悟到上天的意圖，以表現出君主在施行刑賞方面的失誤呢？

鼓❶瑟❷者誤於張弦設柱❸，宮商❹易聲❺，其師知之，易其弦而復移其柱。夫天之見刑賞之誤，猶瑟師之睹弦柱之非也。不更❻變氣以悟人君❼，反增其氣以渥其惡❽，則天無心意，苟❾隨人君為誤非也。

【章旨】此章以鼓瑟者張弦設柱之誤為喻而推論之。

【注釋】❶鼓　動詞。彈奏。❷瑟　古之弦樂器之一。❸張弦設柱　上弦安柱。柱，瑟上架弦的枕木。❹宮商　古代音樂中的兩個音階。❺易聲　指走了音調。❻更　改。❼悟人君　使人君醒悟。❽渥其惡　使其惡增長。渥，增長。❾苟　胡亂。

【語　譯】彈奏琴瑟的人在上弦安柱方面有錯誤，五音走了調，他的師傅知道這一錯誤，就會改換他的琴弦，重新移動他的瑟柱。上天發現君主刑賞的失誤，如同瑟師看到徒弟上弦安柱的錯誤一樣。如果上天不改變天氣以使君主醒悟，反而增厚原來的天氣來助長君主刑賞不當的錯誤，那就說明上天是沒有心意的，只是胡亂地跟隨著君主為非作歹而已。

紂為長夜之飲❶，文王❷朝夕❸曰：「祀，茲酒❹。」齊奢❺於祀，晏子❻祭廟❼，豚❽不掩俎❾。何則？非❿疾⓫之者，宜有以⓬改易之也。子弟傲慢，父兄教以謹敬⓭；吏民橫悖⓮，長吏⓯示⓰以和順⓱。是故⓲康叔⓳、伯禽⓴失子弟之道㉑，見㉒於周公㉓，拜起㉔驕悖㉕，三㉖見三笞㉗。往見商子㉘，商子令觀橋梓之樹㉙。二子見橋梓，心感覺悟，以知父子之禮。周公可隨為驕，商子可順為慢，必須加之捶㉚杖㉛，教觀於物者，冀㉜二人之見異㉝，以㉞奇㉟自覺悟也。夫人君之失政，猶二子失道也。天不告㊱以政道㊲，令其覺悟，若二子觀見橋梓，而顧㊳隨刑賞之誤，為寒溫之報㊴，此則天與人君俱為非也。無相覺悟之感㊵，有相隨從之氣，非皇天之意，愛㊶下㊷譴告之宜㊸也。

【章　旨】此章以歷史事例論證寒溫之變並非皇天之意，亦非愛下譴告之宜。

【注　釋】❶長夜之飲　通宵達旦地飲酒作樂。❷文王　即周文王。❸朝夕　整天；天天。❹祀二句　見《尚書・酒誥》。

茲，斯；則。❺奢　奢侈。❻晏子　晏嬰。春秋時代齊國大夫，善辯，其言論見《晏子春秋》八卷。❼廟　祖廟。❽豚　小豬。❾俎　古人盛放祭品的器具。以上事參見《禮記・雜記下》。❿非　反對。⓫疾　痛恨。⓬以　用。⓭謹敬　謹慎恭敬。⓮橫悖　橫蠻不講理。⓯長吏　長官。⓰示　教導；曉諭。⓱和順　溫和恭順。⓲是故　因此；所以。⓳康叔　周武王之弟。因封於康，故稱之康叔。⓴伯禽　周公旦之子。㉑失子弟之道　違反做子弟所應遵守的禮節。㉒見　拜見。㉓周公　姬旦。康叔之兄。㉔拜起　下拜和起立。㉕驕悖　驕矜傲慢。㉖三　言多次。㉗笞　鞭笞；抽打。㉘商子　即商容。相傳為商末周初人。㉙令觀橋梓之樹　據《說苑・建本》記載，伯禽、康叔見周公，三見三笞。商子曰：「南山之陽有木名橋，北山之陰有木名梓。二子盍往觀焉？」二子往觀，見橋木高而仰，梓木卑而俯，反以告商子。商子曰：「橋者，父道也；梓者，子道也。」二子再見周公，入門而趨，登堂而跪。周公拂其首，勞而食之。橋，通「喬」。一種高大的樹木。梓，一種落葉喬木。㉚捶　通「棰」。鞭子。㉛杖　棍棒。㉜冀　希望。㉝異　不同的事物。㉞以　通過。㉟奇　異；不同。㊱告　譴告。㊲政道　正確的做法。政，通「正」。㊳顧　卻；反而。㊴報　報應；譴告。㊵感　感動；作用。㊶愛　愛護。㊷下　指君主。㊸宜　適當的做法。

【語　譯】商紂王經常通宵達旦地飲酒作樂，周文王天天說：「祭祀，才能用酒。」齊國人在祭祀方面很奢侈，晏子祭奠祖廟時，上供的豬很小，連盛放祭品的器具也蓋不住。為什麼這樣做？對於自己反對和痛恨的事物，就應當用別的事物去改換它。子弟傲慢無禮，父兄就用謹慎恭敬來教育他們；官吏民眾如果橫蠻不講理，長官就要用溫和恭順的美德去教導他們。因此，康叔、伯禽違反了子弟應當遵守的禮節，被周公召見，下拜和起立時態度顯得驕矜傲慢，多次召見，多次被鞭笞。康叔、伯禽去拜見商子，商子要他們去觀看橋樹和梓樹，並把南山之陽的高大的橋樹比做「父道」，把北山之陰的矮小的梓樹比做「子道」。他們二人觀看了橋樹和梓樹，心中受到感動，覺悟到了一個道理，因而懂得了父子應遵守的禮節。周公可以隨著他們的脾氣以驕矜橫蠻無理的態度相對待，商子也可以順著他們的態度以傲慢對待，然而一定要用鞭子、棍棒打他們，用觀看橋樹、梓樹來教育他們，是希望他們二人看到與自己的行為不一樣的事物，通過這些不同事物的啟發來使自己覺悟過來。君主的失政，如同康叔、伯禽二人違反子弟所應當遵守的禮節一樣。上天不用正確的方法去譴告君主，使他覺悟過來，像商子叫康叔、伯禽二人去觀看橋樹和梓樹一樣，卻隨應君主在刑賞方面的錯誤，以降寒氣、溫氣作為譴告，這樣做就說明上天與君主同犯錯誤了。上天沒有起到使君主覺悟的作用，反而降下隨從君主刑賞失誤的寒溫之氣，這不是皇天的意願，也不是愛護君主而進行譴告的適當做法。

凡物能相割截❶者，必異性❷者也；能相奉成❸者，必同氣❹者也。是故離❺下兌❻上曰「革」❼。革者，更❽也。火金殊氣❾，故能相革。如俱火而皆金，安能相革？

【章　旨】此章論相剋相生、相輔相成之理。

【注　釋】❶相割截　相制；相剋。❷異性　性質不同。❸相奉成　相輔相成。❹同氣　氣性相同。❺離　八卦之一。卦形為「☲」，象徵火。又為六十四卦之一，離下離上。《易・說》：「離為火、為日、為電。」❻兌　八卦之一。卦形為「☱」，象徵沼澤。又為六十四卦之一，兌下兌上。《易・兌》：「象曰：麗澤，兌。」❼革　六十四卦之一。離下兌上，卦形為「䷰」。《易・革》：「象曰：澤中有火，革。」孔穎達疏云：「火在澤中，二性相違，必相改變，故為革象也。」意思是說，「離」在下，「兌」在上，象徵著火在水中，二者性質相違，必然相剋而生變革，或是火勝水，或是水勝火，故為「革」。❽更　更改；變革。❾殊氣　氣性不同。根據陰陽五行之說，火與金氣性不同，火能剋金。

【語　譯】大凡能夠相制相剋的事物，一定是性質不同的；能夠相輔相成的事物，一定是同氣所生的。因此《周易》說「離」卦在下而「兌」卦在上叫做「革」。革，是變更的意思。火與金是兩種不同的氣，所以火與金能夠相剋。如果都是火，或者都是金，怎麼能夠互相爭鬥而產生變革？

屈原疾❶楚之臭洿❷，故稱❸香潔之辭❹；漁父❺議❻以不隨俗，故陳❼沐浴之言❽。凡相溷者❾，或❿教之熏隧⓫，或令之負豕⓬。二言之於除臭洿也，孰⓭是⓮孰非⓯？非⓰有⓱不易⓲，少有以益⓳。夫用寒溫非⓴刑賞也，能易㉑之乎？

【章　旨】此章以屈原疾楚為例，述以寒溫非刑賞之不可易。

【注　釋】❶疾　痛恨。❷臭洿　此指楚國政治之腐敗。洿，同「汙」。❸稱　稱道。❹香潔之辭　屈原在其名作〈離騷〉之中，多以香草、美人比喻美好高潔之物。故後世稱之為「香潔之辭」。❺漁父　漁翁。據《楚辭・漁父》記載，屈原被放逐時，遇一漁翁，曾勸他隨波逐流，而不要固執己見。❻議　議論。❼陳　陳述。❽沐浴之言　此指屈原回答漁翁的勸告：「吾聞之，新沐者必彈冠，新浴者必振衣。安能以身之察察，受物之汶汶者乎？寧赴湘流，葬於江魚之腹中。安能以皓皓之白，而蒙世俗之塵埃乎？」❾相溷者　看到掉進豬圈裡的人。相，看到。溷，豬圈。❿或　有人。⓫熏隧　焚香薰身。隧，通「燧」。⓬負豕　背豬。指以豬身上的臭味來掩蓋自己身上所沾上的臭味。豕，豬。⓭孰　誰。⓮是　對。⓯非　不對。⓰非　指責；批評。⓱有　通「又」。⓲易　改變。⓳益　好處。⓴非　同⓰。㉑易　改變；改弦易轍。

【語　譯】屈原痛恨楚國政治的腐敗，所以常用香草、美人比喻美好的東西；漁父勸他應該隨波逐流，所以以「新沐者必彈冠，新浴者必振衣」的話來回答。凡是看到掉進豬圈裡弄得滿身髒臭的人，有人教他們焚香薰身，有人要他們背豬，以豬身上的臭味來掩蓋自身所沾上的臭味。這兩種說法對於清除身上的汙臭來說，究竟誰對誰錯呢？批評指責而又不改變，是很少有益的。上天用降寒溫之氣的方法來譴告君主用刑非時與施賞違節，這樣能夠使君主改弦易轍嗎？

西門豹❶急❷，佩韋❸以自寬❹；董安于❺緩❻，帶弦❼以自促❽。二賢知佩帶變己之物❾，而以攻身之短❿。天至⓫明矣，人君失政，不以他⓬氣譴告變易，反隨其誤，就起其氣⓭，此則皇天用意不若二賢⓮審⓯也。

【章　旨】此章以西門豹、董安于之自我約束，反襯皇天譴告之誤。

【注　釋】❶西門豹　戰國時魏國人。❷急　性子急躁。❸韋　有韌性的皮帶。❹自寬　自我寬鬆舒緩。事見《韓非子・觀行》。❺董安于　春秋時晉國人。❻緩　性子怠慢。❼弦　弓弦。❽自促　自我促進激勵。事見《韓非子・觀行》。❾變己之物　改變自己性格的東西。❿短　缺點；短處。⓫至　最。⓬他　別的。⓭就起其氣　隨著發起君主失政時的寒溫之氣。⓮二賢　指西門豹、董安于二人。⓯審　明悉；周密。

【語　譯】西門豹性子急躁，就佩帶韌性皮帶來提醒自己要寬鬆和緩；董安于性情怠慢，就身帶弓弦以提醒自己要緊張激勵。這二位賢人知道佩帶改變自己性情的東西，而用來克服自身的缺點。上天是最英明的了，君主失政，不用別的氣去譴告他，使他改弦易轍，反而隨著君主犯的過失，依著發出君主失政時的寒溫之氣，這就說明皇天的用意還不如西門豹、董安于二位賢人周密、明悉啊。

楚莊王好獵，樊姬❶為之不食鳥獸之肉；秦繆公❷好淫樂❸，華陽后❹為之不聽鄭、衛之音❺。二姬非❻兩主，拂❼其欲而不順其行。皇天非賞罰而順其操，而❽渥❾其氣，此蓋皇天之德不若婦人賢也。

【章　旨】此章以二姬之非兩主事言皇天之德不若婦人賢。

【注　釋】❶樊姬　楚莊王之妾。王即位，好狩獵，姬諫不止，乃不食禽獸之肉。王改過，勤於政事。事見劉向《列女傳・

王妃》。❷秦繆公　即秦穆公。❸淫樂　即鄭、衛之音。與「雅樂」相對。❹華陽后　秦穆公之妃。❺鄭衛之音　春秋戰國時流行於鄭、衛二國的民間音樂。《禮記・樂記》云：「鄭、衛之音，亂世之音也。」故後也用作淫靡之音的代名詞。因同孔子提倡的雅樂大相逕庭，故受儒家斥為「亂世之音」。❻非　非難；不滿意。❼拂　逆；違背。❽而　恐為衍字。❾渥　加厚；增長。

【語　譯】楚莊王愛好狩獵，樊姬進諫不止，因此不吃鳥獸之肉；秦穆公愛好淫樂，華陽后為此不聽鄭、衛二國的民間音樂。二位姬妃不滿兩位君主的愛好，就違背君主的欲望，而不順從君主的行為。皇天譴告君主賞罰失時，卻又順應他的錯誤行為，助長君主的刑賞之氣，這就說明皇天的品德還不如樊姬、華陽后二位婦人賢明啊。

故諫❶之為言，間❷也。持善間惡，必謂之一亂❸。周繆王❹任刑❺，〈甫刑〉❻篇曰：「報虐用威❼。」威、虐皆惡也。用惡報惡，亂莫甚❽焉。今刑失賞寬，惡也。夫❾復為惡以應之，此則皇天之操與繆王同也。

【章　旨】此章以周穆王任刑為證，言皇天之操與穆王之惡同。

【注　釋】❶諫　諫諍。❷間　隔開；阻攔。❸一亂　平亂；治亂；制止其亂。一，均；整齊。❹周繆王　即周穆王。❺任刑　濫用刑罰。❻甫刑　即〈呂刑〉。《尚書》中的一篇。❼威　暴力。❽甚　厲害。❾夫　疑為「天」之誤。

【語　譯】所以諫諍這個詞，就是阻攔的意思。用善去阻攔惡，必定認為它能平定禍亂。周穆王濫用刑罰，《尚書・呂刑》篇說：「對付暴虐要用暴力。」暴力、暴虐都是惡。用惡報惡，沒有哪種禍亂比這更厲害了。現在刑罰失當、施賞無度，這就是惡。上天又用惡來順應這種惡，這就說明皇天的操守與周穆王相同啊。

故以❶善駁❷惡，以惡懼善，告人之理，勸❸厲❹為善之道❺也。舜戒❻禹曰：「毋❼若丹朱❽敖❾。」周公敕❿成王⓫曰：「毋若殷王紂。」毋者，禁之也。丹朱、殷紂至惡，故曰「毋」以禁之。夫言「毋若」，孰與⓬言「必若⓭」哉？故「毋」、「必」二辭，聖人審⓮之，況肯⓯譴非為非，順人之過以增其惡⓰哉？天人同道⓱，大人⓲與天合德⓳。聖賢以善反惡⓴，皇天以惡隨非㉑，豈道同之效㉒、合德之驗哉？

【章　旨】此章以告人之理、勸厲為善之道，斥皇天以惡隨非之過。

【注　釋】❶以　用。❷駁　駁斥。❸勸　勸勉。❹厲　通「勵」。❺道　方法。❻戒　告誡。❼毋　不要。❽丹朱　相傳為堯之子。品行惡劣。❾敖　通「傲」。狂妄傲慢。見《尚書・皐陶謨》。❿敕　告誡。⓫成王　即周成王。周武王之子。見《尚書・無逸》。⓬孰與　同誰相比較。⓭必若　一定要像。⓮審　明悉；清楚。⓯況肯　豈能。⓰增其惡　助長他的兇惡行為。⓱道　道理。⓲大人　此指聖人、賢人而言。⓳合德　德行一致。《易・乾卦・文言》：「大人者，與天地合其德。」⓴以善反惡　以善人善事為例來反對惡人惡事。㉑以惡隨非　以惡事順從君主刑賞之誤。㉒效　效驗；證明。

【語　譯】所以以善人善事為例駁斥惡人惡事，以惡人惡事為例使人畏懼而為善，這才符合告誡人的道理，才是勉勵人從善的好方法。帝舜告誡禹說：「不要像丹朱那樣狂妄傲慢。」周公告誡周成王說：「不要像殷王紂那樣荒淫無度。」「毋」，是禁止那樣做的意思。丹朱、殷紂最惡，所以說「毋」來禁止禹和成王學丹朱和商紂王。說「毋若」，比起說「必若」來，哪一個恰當呢？因此「毋」、「必」這二個詞，聖人區分得很清楚，豈能用錯誤來譴告別人的錯誤，順從別人的過失去加深他的罪惡呢？天的道理和人的道理是相同的，聖賢的德行與上天的德行也是完全一致的。聖賢以善人善事為例去反對惡人惡事，而皇天卻以惡事去順從君主的錯誤，難道這就是天人同道、聖賢與上天合德的證明嗎？

孝武皇帝❶好仙，司馬長卿❷獻〈大人賦〉❸，上❹乃僊僊❺有凌雲之氣。孝成皇帝❻好廣❼宮室，揚子雲❽上❾〈甘泉頌〉❿，妙稱神怪，若曰非人力所能為，鬼神力乃可成。皇帝不覺，為之不止。長卿之賦，如言仙無實效，子雲之頌，言奢有害，孝武豈有僊僊之氣者，孝成豈有不覺之惑哉？然即⓫天之不為他氣以譴告人君，反順人心以非⓬應之，猶二子為賦頌，令⓭兩帝惑而不悟也。

【章　旨】此章以長卿、子雲賦頌令二帝惑而不悟為例，斥天之不為他氣以譴告人君之誤。

【注　釋】❶孝武皇帝　即漢武帝。❷司馬長卿　即司馬相如。西漢著名文學家。❸大人賦　據《史記・司馬相如列傳》載，司馬相如撰〈大人賦〉呈獻漢武帝，目的在於諷刺武帝之好仙，但因談仙過多，反而助長漢武帝的好仙心理。❹上　指漢武帝。❺僊僊　形容飄然欲仙之貌。❻孝成皇帝　即漢成帝。❼廣　擴建；擴充。❽揚子雲　揚雄。西漢著名思想家、文學家。❾上　呈送。❿甘泉頌　即〈甘泉賦〉。據《漢書・揚雄傳》載，揚雄作〈甘泉頌〉極寫甘泉宮之構造神奇超妙，非人力所至，實神工鬼斧之功，以諷刺漢成帝之大興宮殿。成帝惑而不悟，反而變本加厲。⓫然即　然則。⓬非　錯誤的。⓭令　使。

【語　譯】漢武帝好仙，司馬相如作〈大人賦〉呈獻給漢武帝。漢武帝讀了就感到飄飄然欲仙一樣，有一種騰雲駕霧的氣勢。漢成帝愛好擴充宮室，揚雄呈上〈甘泉頌〉，妙稱神靈鬼怪之工，像說甘泉宮不是人力所能建造的，只有借助鬼神之力才可能成功。皇帝沒有覺察到揚雄的寫作意圖，反而繼續擴建宮殿不停止。長卿的賦，如說神仙並沒有實際效應，子雲的頌，如果說奢侈有害國家，那麼漢武帝讀之怎麼會有飄飄然欲仙的樣子，漢成帝怎麼會有意識不到揚雄的寫作意圖的疑惑呢？既然這樣，那麼上天不用別的氣來譴告君主，反而順從君主的心理用錯誤來應和他的錯誤，這就如同司馬相如、揚雄二人作賦頌，使孝武、孝成二帝感到疑惑而又不能醒悟一樣啊。

竇嬰❶、灌夫❷疾❸時為邪，相與❹日引繩❺以糾纆❻之，心疾之甚❼，安肯❽從其欲❾？太伯教吳冠帶❿，孰與隨從其俗與之俱倮⓫也？故吳之知禮義也，太伯改其俗也。蘇武入匈奴，終不左衽⓬；趙他⓭入南越，箕踞⓮椎髻⓯。漢朝稱⓰蘇武而毀⓱趙他。趙他之性，習⓲越土氣，畔⓳冠帶之制⓴。陸賈㉑說㉒之，夏服㉓雅禮㉔，風告㉕以義，趙他覺悟，運心㉖向內㉗。如陸賈復越服夷談㉘，從其亂俗，安能令之覺悟，自變㉙從漢制哉？

【章　旨】此章以前人守制改俗之事斥上天以非譴非之舉。

【注　釋】❶竇嬰　西漢大臣。竇太后之侄，封魏其侯，武帝時任丞相。後因罪被殺。❷灌夫　武帝時任太僕，後因罪被殺。據《史記·魏其武安侯列傳》：竇嬰失勢後，賓客離去，惟灌夫與之交友如故。後灌夫失勢，賓客亦皆離去。二人憎恨這種負友棄交之風，常在一起予以責罵。❸疾　憎恨。❹相與　在一起。❺繩　繩墨。引申為衡量人的標準。❻糾纆　糾正。此指責備、指責而言。纆，繩。❼甚　厲害。❽安肯　怎麼還肯。❾欲　通「慾」。心願。❿冠帶　戴帽穿衣。⓫倮　通「裸」。⓬終不左衽　指蘇武見留匈奴十九年，始終堅持不穿匈奴人的民族服裝，以示忠於漢王朝。左衽，衣襟向左開。此為當時匈奴人穿衣的風俗。⓭趙他　即趙佗。河北真定人，秦、漢之際兼併南海、桂林、象三郡，建立南越國，自立國王。漢初受封為南越王，景帝時歸漢。⓮箕踞　坐時兩足張開。形似簸箕，故言。⓯椎髻　髮髻如椎。均為當時南越人之風俗習氣。⓰稱稱頌；贊許。⑰毀　詆毀；指責。⑱習　習染。⑲畔　通「叛」。⑳制　禮儀制度。㉑陸賈　漢初謀臣。曾兩次出使南越，說服趙佗歸漢。㉒說　勸說。㉓夏服　指中原地區為代表的漢族服裝之代稱。夏是中國歷史上第一個朝代，相傳為禹之子啟所建立。㉔雅禮　即夏禮。中原地區為代表的漢族之禮儀，合乎規範。㉕風告　勸告；規勸。風，通「諷」。㉖運心　回心轉意。㉗向內　心向西漢中央政府。㉘越服夷談　穿南越人的衣服，說南越人的話。㉙自變　自行轉變。

【語譯】竇嬰、灌夫憎恨當時的風氣不正，經常在一起以衡量人的標準來責罵那些負恩棄交的人，心中憎恨得很厲害，怎麼還肯順從他們的心願呢？太伯教給吳人戴帽穿衣，與順從吳人的風俗習慣同他們一起赤身裸體相比，究竟哪個好呢？所以吳人懂得禮義，這是太伯改變了他們的風俗的結果。蘇武在匈奴十九年，始終不穿匈奴的民族服裝；趙佗進入南越，卻順從當時南越人的風俗，坐時兩足張開，形似簸箕，髮髻像椎形。漢朝上下因此稱贊蘇武，而指責趙佗。趙佗的生活習性，沾染上了南越的鄉土氣息，背叛了漢人戴帽穿衣的禮儀制度。陸賈去勸說他，穿的是漢服，行的是合乎規範的華夏禮節，用道義去規勸他，趙佗終於覺醒領悟了，回心轉意，歸附漢朝中央政府。如果陸賈也穿南越人的衣服，說南越人的話，順從南越王趙佗違背漢人風俗，那麼他怎麼能夠使趙佗覺悟，自動轉變而順從漢朝的禮儀制度呢？

三教①之相違②，文質之相反③，政失，不相反襲④也。譴告人君誤，不變其失，而襲其非。欲行譴告之教，不從如何？管⑤、蔡篡畔，周公告教之，至於再三。其所以告教之者，豈云當篡畔哉？人道善善惡惡⑥，施善以賞，加惡以罪，天道宜然⑦。刑賞失實，惡也，為惡氣以應之，惡惡之義，安所施哉？漢正⑧首匿⑨之罪，制亡⑩從⑪之法，惡其隨非，而與惡人為群黨也。如束⑫罪人以詣⑬吏，離惡人與異居⑭，首匿、亡從之法除矣。狄牙⑮之調味也，酸則沃之以水，淡則加之以鹹，水火相變易，故膳無鹹淡之失也。今刑賞失實，不為異氣以變其過，而又為寒於寒，為溫於溫，此猶憎酸而沃之以鹹，惡淡而灌之以水也。由斯⑯言之，譴告之言，疑乎？必信乎？今熯⑰薪⑱燃釜⑲，火猛則湯熱，火微則湯冷。夫政猶火，寒溫猶熱冷也。顧⑳可言人君為政賞罰失中㉑也，逆亂㉒陰陽㉓，使氣不和㉔，乃㉕言天為人君為寒為溫，以㉖譴告之乎？

【章旨】此章重申「善善惡惡」之人道，斥天道之襲其非。

【注釋】❶三教　指夏、商、周三代所實行的不同教化。儒家認為，夏代崇尚「忠」，結果是君子忠而小人野，商代崇尚「敬」，結果是君子敬而小人鬼，周代崇尚「文」，結果是君子文而小人薄。參見本書〈齊世篇〉。❷相違　不同。忠、敬、文，教化不同，故云「相違」。❸文質之相反　儒家認為周以前各朝代所提倡的禮樂制度不同，上古時代堯、舜重質樸，後代易之以禮樂：夏代尚文，殷商尚質，周代尚文。文，文彩。質，質樸；樸實。❹反襲　沿襲。反，同「返」。❺管　管叔，名鮮。周武王之弟，封於管，故稱管叔。蔡，蔡叔，名度。周武王之弟，封於蔡，故稱蔡叔。畔，通「叛」。武王去世，成王年幼，周公旦攝政。管、蔡不服，聯合武庚一起叛亂，被周公平定。見《史記．周本紀》。❻善善惡惡　贊揚好的，憎惡壞的，愛憎分明。《史記．太史公自序》：「善善惡惡，賢賢賤不肖。」❼宜然　應該如此。❽正　治罪。❾首匿　此指窩藏罪犯之主謀者。首，首犯；主謀。❿亡　通「無」。⓫從　通「縱」。指放縱罪犯。⓬束　捆綁。⓭詣　到。⓮異居　不住在一起。⓯狄牙　即易牙。春秋時齊桓公之寵臣，雍人，名巫，亦稱雍巫。善調味，相傳曾烹其子為羹以獻桓公。⓰斯　此。⓱熯　燒；烤。⓲薪　柴。⓳釜　古代的一種鍋。⓴顧　只。㉑失中　失當；不當。㉒逆亂　擾亂。㉓陰陽　陰陽之氣。㉔不和　失調。㉕乃　豈；怎麼。㉖以　用來。

【語　譯】夏、商、周三代所實行的教化不同，周以前各個朝代所提倡的禮樂制度也不同，文和質相互交替，這是由於前代政治上的過失，後代不能再沿襲的緣故。上天譴告君主的失誤，不是去糾正君主的過失，而是沿襲君主所犯的錯誤。想要推行譴告這種說教，卻不遵循相違相反的原則，怎麼能行呢？管叔、蔡叔聯合武庚叛亂，周公曾經一而再、再而三地告誡教育他們。周公用來告誡教育他們的道理，難道是說應當篡權叛亂嗎？人道是贊揚好的，憎惡壞的，作好事的加以獎賞，幹壞事的加以懲罰，天道也應當是這樣。君主刑賞不當，這就是辦了壞事，上天卻用惡氣去應和他，那麼「惡惡」的原則，又怎麼去施行呢？漢朝的法律規定懲治窩藏罪犯的主謀的罪，還制訂了不准放縱罪犯的法令，這是因為憎恨人們跟著壞人為非作歹而與壞人結為群黨的緣故。如果能捆綁罪犯送到官府去，人人遠離惡人，不同惡人住在一起，那麼懲治窩藏罪犯的主謀者、不准放縱罪犯的法律條文，就可以廢除了。狄牙的調味，酸的就把水加進去，淡的就把鹹加進去，酸與水，淡與鹹，就如同水與火一樣相互發生變化，所以膳食沒有鹹淡的失誤。現在君主刑賞不當，天不用不同的天氣來改變君主的過失，卻又在寒氣之上加寒氣，或在溫氣之上加溫氣，這就好比人們本來憎惡酸性卻又在酸中加鹹，本來厭惡淡卻又把水灌進淡味之中。由此言之，上天譴告君主的說法，是值得懷疑呢？還是必信無疑呢？而今烤乾柴火燒鍋子，火勢猛，湯就熱，火勢微小，湯就冷。政治好比這火，寒溫之氣如同這時熱時冷的湯一樣。只能說君主處理政事賞罰不當，擾亂了陰陽之氣，使得氣候失調，怎麼能說是上天因為君主有錯誤而用寒氣、溫氣來譴告他呢？

儒者之說又言：「人君失政，天為異；不改，災其人民；不改，乃災其身也。先異後災，先教後誅之義也❶。」曰：此復疑也。以❷夏樹❸物，物枯不生；以冬收穀，穀棄❹不藏❺。夫為政教，猶樹物、收穀也。顧可言政治失時，氣物為災；

乃言天為異以譴告之，不改，為災以誅伐之乎？儒者之說，俗人言也。盛夏，陽氣熾❻烈，陰氣干❼之，激射❽毄裂❾，中❿殺人物⓫。謂天罰陰過⓬，外聞若是⓭，內實不然⓮。夫謂災異為譴告誅伐，猶為⓯雷殺人罰陰過也，非謂之言⓰，不然之說也。

【章　旨】此章駁所謂「災異為譴告誅伐」之說。

【注　釋】❶人君失政八句　見《漢書・董仲舒傳》。❷以　在；於。❸樹　用作動詞。種植。❹棄　丟失；遺棄。❺藏　儲藏。❻熾　火勢旺盛。❼干　干擾；觸犯。❽激射　此指陰陽二氣互相衝擊。❾毄裂　霹靂；雷鳴。指陰陽二氣衝擊時發出的響聲。❿中　擊中。⓫人物　人和物。⓬陰過　暗中所犯的罪過。⓭若是　好像是對的。⓮不然　不是這樣；不正確。⓯為　通「謂」。說。⓰非謂之言　無道理之說。

【語　譯】儒家的學說又講：「君主施政失誤，上天就降下異常現象；如果君主不改正錯誤，上天就會把災禍降到他的老百姓頭上；再不改正，才把災禍加到君主自己身上。先降異常現象，然後再降災禍，這是符合先教育而後懲治的原則的。」我說：這種說法又值得懷疑了。在夏天裡種植穀物，穀物就會乾枯而不生長；在冬天裡收割穀物，穀物就會丟失而不可以儲藏。從事政治教化，就如同種植穀物、收割穀子一樣。只能說由於政治不合時宜，天氣和萬物就會出現災害；怎麼能說是上天用變異來譴告君主，君主不改正的話，上天就用災害來懲罰他呢？儒家的說法，是平庸之輩的見解。盛夏時節，陽氣熾烈，陰氣干擾陽氣，陰陽二氣互相衝擊，迸發出雷鳴巨響，擊中殺傷人和物。說這是上天在懲罰暗中犯了罪過的人，表面聽來好像是對的，其實不然。說災異現象的出現是上天譴告君主、懲罰犯罪，就好比說雷電擊殺人是上天懲罰暗中犯罪的人一樣，這是沒有道理的說法，是不正確的說法。

或曰：「谷子雲上書❶，陳言❷變異，明天之譴告，不改，後將復有，願貫❸械❹待時❺。後竟❻復然。即❼不為譴告，何故復有？子雲之言，故後有以示改也。」曰：夫變異自有占候❽，陰陽物氣自有始終。履❾霜以❿知堅冰必至，天之道也。子雲識微⓫，知後復然，借變復之說，以效其言，故願貫械以待時也。猶齊晏子見鉤星⓬在房、心⓭之間，則知地且⓮動也。使子雲見鉤星，則將復曰天以鉤星譴告政治，不改，將有地動之變矣。然則子雲之願貫械待時，猶子韋之願伏陛⓯下以俟⓰熒惑⓱徙處⓲，必然之驗，故譴告之言信也。予之譴告，何傷於義？損皇天之德⓳，使自然無為轉為人事⓴，故難聽㉑之也。

【章　旨】此章駁谷子雲上書「陳言變異」之論。

【注　釋】❶上書　向皇帝呈上奏章。❷陳言　陳述。❸貫　穿戴。❹械　枷鎖。❺待時　等待災異之到來。❻竟　果然。❼即　若；如果。❽占候　徵兆；跡象。❾履　踏；踩。❿以　而。⓫微　小。此指事物的苗頭。⓬鉤星　水星的別名。行星之一。⓭房心　指房宿和心宿。二十八宿之二。⓮且　將要。古人認為水星運行到房宿和心宿之間，就是地震將要發生的徵兆。參見本書〈變虛篇〉。⓯陛　宮殿的臺階。⓰俟　等待。⓱熒惑　火星的別名。行星之一。⓲徙處　離開原來的位置。⓳皇天之德　天的本性、德性。指自然無為。⓴人事　人間之事。指人類有目的、有意識的一切活動。㉑難聽　難以聽信。

【語　譯】有人說：「谷子雲向皇帝呈上奏章，陳述災變怪異現象，指明這是上天的譴告，如果不改正，以後還將陸續發生，願意戴上枷鎖等待災異的到來。後來，果然又出現了谷永所說的災異。如果災異不是上天對君主的譴告，為什麼君主不改正錯誤，它又會出現呢？谷子雲說災異是上天對君主的譴告，顯然是對的，所以後來又有災異出現，用以告誡君主改正過錯。」

我說：災異的發生自有徵兆，陰陽二種萬物生長之氣自有終始。腳踩到霜而知道堅厚的冰凍一定要出現了，這是自然規律。谷子雲能覺察到災異的苗頭，知道後來災異還會出現，企圖借變復之家的說法，來驗證他自己所說的話，所以願意身戴枷鎖等待災異的降臨。如同齊人晏子看見水星運行到房宿和心宿之間，就知道將要發生地震一樣。如果谷子雲看見水星，就又說上天用水星來譴告君主政治上的失誤，如果不改正，將會發生地震了。既然這樣，那麼谷子雲自願身戴枷鎖等待災異的降臨，也就好比子韋願意伏在宮殿臺階下等待火星移動，否則自願受重刑一樣，這是一定要驗證的，因此譴告這種說法也就被人相信了。把自然變異說成是上天的譴告，在道理上有什麼傷害呢？損傷的是皇天的德性、本性，讓自然無為轉化為人類有目的、有意識的活動，所以就令人難以聽信了。

稱天之譴告，譽❶天之聰❷察❸也，反以聰察傷損於天德。「何以知其聾也？以其聽之聰也；何以知其盲也？以其視之明也；何以知其狂也？以其言之當也❹。」夫言當、視聽聰明，而道家謂之狂而盲聾。今言天之譴告，是謂天狂而盲聾也。《易》曰：「大人與天地合其德。」故太伯曰：「天不言，殖其道於賢者之心❺。」夫大人之德，則天德也。賢者之言，則天言也。大人刺❻而賢者諫❼，是❽則天譴告也，而反歸告於災異，故疑之也。

【章　旨】此章言譴告之說有損於「天德」。

【注釋】❶譽　贊美。❷聰　聽覺靈敏。❸察　目光銳利。❹何以知其聾也六句　以，因為。當，得當；恰當。見《呂氏春秋・任教》。係申不害批評韓昭侯的六句話。❺天不言二句　出處不詳。殖，種植。❻刺　指責；批評。❼諫　規勸。❽是　指示代詞。這。

【語譯】說上天能譴告君主，是想贊美上天聽覺靈敏、目光銳利，結果反而因為說天聽覺靈敏、目光銳利而損傷了天德。《呂氏春秋・任教》載：「怎麼知道他是個聾子呢？因為他的聽覺靈敏；怎麼知道他是個瞎子呢？因為他的目光銳利；怎麼知道他是個瘋子呢？因為他的話說得很恰當。」說話得當、視聽聰明，而道家卻說他是個瘋子、瞎子、聾子。現在說上天能譴告君主，這就等於說天也是瘋子、瞎子、聾子啊！《周易》說：「聖賢的德行與天地的德行完全一致。」所以太伯說：「上天不說話，是把它的道理種植在聖賢的心坎裡。」聖賢的德性，就是上天的德性。聖賢的言論，就是上天的言論。聖人的批評，賢人的規勸，這就是上天的譴告，然而變復之家反而把災異說成是上天譴告君主，所以才懷疑這種說法。

六經❶之文，聖人之語，動❷言天者，欲化❸無道❹，懼愚者。欲言非獨吾心，亦天意也。及其言天，猶以人心，非謂上天蒼蒼❺之體也。變復之家，見誣言天，災異時至，則生譴告之言矣。驗古以今，知天以人。「受終於文祖❻。」不言受終於天，堯之心知天之意也。堯授之，天亦授之，百官臣子皆鄉❼與舜。舜之授禹，禹之傳啟❽，皆以人心效❾天意。《詩》之「眷顧」❿，〈洪範〉之「震怒」⓫，皆以人心效天之意。

【章旨】此章言自古至今皆以人心效天意，說明譴告之說實為人所捏造也。

【注釋】❶六經 指《詩》、《書》、《易》、《禮》、《樂》、《春秋》等六部儒家經書。❷動 動輒；動不動。❸化 教化。❹無道 指不遵循先王之道辦事的君主。❺蒼蒼 深藍色；青色。引申為蒼茫。❻受終於文祖 見《尚書・堯典》。終，終極；盡頭。此指堯統治時代的結束。文祖，堯的始祖。❼鄉 通「嚮」。嚮往；憧憬。❽啟 相傳為禹之子。夏朝的第二代君主。❾效 驗證；說明。❿眷顧 殷切地注視。《詩・大雅・皇矣》：「乃眷西顧。」指皇天殷切地注視著西邊的姬昌，授之以統治天下的天命。⓫震怒 發怒。《尚書・洪範》載，鯀治水不力，洪水泛濫不止，皇天為之震怒。

【語譯】六經的文章，都是聖人的言語，動輒談論天，是想教化不遵循先王之道行事的君主，使愚昧無知的人感到畏懼。他們想說這不僅是我自己的思想，也是天的意志。至於聖人所說的天，也仍然是根據人的思想和心理來描繪的，並不是指上天那蒼茫的天體本身。變復之家，看到儒家經書關於談天的胡言亂語，而災異又不時發生，於是人們就捏造出譴告的說法來了。用當今之事來驗證古代的事，用人的心理去推知天的意志。《尚書・堯典》說：「堯死後，舜繼承堯的統治」，不說受終於天，這就是說由堯的思想可推知天的意志了。堯傳位於舜，天也授命於舜，百官臣子都嚮往著舜。舜傳位給禹，禹傳位給啟，這都是用人的思想去驗證天意。《詩・大雅・皇矣》的「眷顧」，《尚書・洪範》的「震怒」，都是用人的心理來驗證天的意志。

文、武之卒❶，成王幼少，周道❷未成，周公居❸攝❹，當時豈有上天之教哉？周公推心合❺天志❻也。上天之心，在聖人之胸，及其譴告，在聖人之口。不信聖人之言，反然❼災異之氣，求索上天之意，何其❽遠哉！世❾無聖人，安所得聖人之言？賢人庶幾❿之才，亦聖人之次也。

【章　旨】此章言聖人假託上天之教，揭露譴告說之虛僞性。

【注　釋】❶卒　死。❷周道　周朝的王道。即周王朝的統治地位。❸居　處於……地位。❹攝　攝政；代替君主執政。❺合　符合。❻天志　天的意志。❼然　相信。❽何其　多麼；何等。❾世　指當今。❿庶幾　近似；差不多。

【語　譯】周文王、武王去世時，周成王還很年幼，周王朝的統治尚未鞏固，周公處於攝政地位，當時怎麼有上天的教化呢？而是周公根據自己的心意代替君主執政，認為這樣做是符合天意的。上天的心，存在於聖人的胸中，等到上天要譴告君主的時候，就表現在聖人的口頭上。不相信聖人的言語，反而相信災異之氣是上天對君主的譴告，這樣去求索上天的意志，相差多麼遙遠啊！當今之世沒有聖人，到哪裡去聽聖人的話呢？賢人的才能與聖人差不多，也就是僅次於聖人而已。

新譯人物志　吳家駒注譯
新譯張載文選　張金泉注譯
新譯近思錄　張京華注譯
新譯傳習錄　李生龍注譯
新譯呻吟語摘　鄧子勉注譯
新譯明夷待訪錄　李廣柏注譯

## 【文學類】

新譯詩經讀本　滕志賢注譯
新譯楚辭讀本　林家驪注譯
新譯楚辭讀本　傅錫壬注譯
新譯文心雕龍　羅立乾注譯
新譯六朝文絜　蔣遠橋注譯
新譯世說新語　劉正浩等注譯
新譯昭明文選　周啟成等注譯
新譯古文觀止　謝冰瑩等注譯
新譯古文辭類纂　黃　鈞等注譯
新譯樂府詩選　溫洪隆注譯
新譯古詩源　馮保善注譯
新譯千家詩　邱燮友等注譯
新譯詩品讀本　成　林等注譯
新譯花間集　朱恒夫注譯
新譯南唐詞　劉慶雲注譯

新譯絕妙好詞　聶安福注譯
新譯唐詩三百首　邱燮友注譯
新譯宋詩三百首　陶文鵬注譯
新譯宋詞三百首　汪　中注譯
新譯宋詞三百首　劉慶雲注譯
新譯元曲三百首　賴橋本等注譯
新譯明詩三百首　趙伯陶注譯
新譯清詩三百首　王英志注譯
新譯清詞三百首　陳水雲等注譯
新譯唐人絕句選　卞孝萱等注譯
新譯唐才子傳　戴揚本注譯
新譯拾遺記　石　磊注譯
新譯搜神記　黃　鈞注譯
新譯唐傳奇選　束　忱等注譯
新譯宋傳奇小說選　束　忱注譯
新譯明傳奇小說選　陳美林等注譯
新譯容齋隨筆選　朱永嘉等注譯
新譯明散文選　周明初注譯
新譯明清小品文選　鄭　婷注譯
新譯人間詞話　馬自毅注譯
新譯白香詞譜　劉慶雲注譯
新譯幽夢影　馮保善注譯
新譯菜根譚　吳家駒注譯

新譯小窗幽記　馬美信注譯
新譯圍爐夜話　馬美信注譯
新譯郁離子　吳家駒注譯
新譯歷代寓言選　黃瑞雲注譯
新譯賈長沙集　林家驪注譯
新譯揚子雲集　葉幼明注譯
新譯曹子建集　曹海東注譯
新譯建安七子詩文集　韓格平注譯
新譯阮籍詩文集　林家驪注譯
新譯嵇中散集　崔富章注譯
新譯陸機詩文集　王德華注譯
新譯陶淵明集　溫洪隆注譯
新譯江淹集　羅立乾等注譯
新譯庾信詩文選　歸　青注譯
新譯初唐四傑詩集　李福標注譯
新譯駱賓王文集　黃清泉注譯
新譯王維詩文集　陳鐵民注譯
新譯孟浩然詩集　楊　軍注譯
新譯李白詩全集　郁賢皓注譯
新譯李白文集　郁賢皓注譯
新譯杜甫詩選　張忠綱等注譯
新譯杜詩菁華　林繼中注譯
新譯高適岑參詩選　孫欽善等注譯

新譯昌黎先生文集　周啟成等注譯
新譯劉禹錫詩文選　閻琦注譯
新譯柳宗元文選　卞孝萱等注譯
新譯白居易詩文選　陶敏等注譯
新譯元稹詩文選　郭自虎注譯
新譯李賀詩集　彭國忠注譯
新譯杜牧詩文集　張松輝注譯
新譯李商隱詩選　朱恒夫等注譯
新譯范文正公選集　王興華等注譯
新譯蘇洵文選　羅立剛注譯
新譯蘇軾文選　滕志賢注譯
新譯蘇軾詞選　鄧子勉注譯
新譯蘇轍文選　朱剛注譯
新譯曾鞏文選　高克勤注譯
新譯王安石文選　沈松勤注譯
新譯唐宋八大家文選　鄧子勉注譯
新譯柳永詞集　侯孝瓊注譯
新譯李清照集　姜漢椿等注譯
新譯陸游詩文集　韓立平注譯
新譯辛棄疾詞選　聶安福注譯
新譯歸有光文選　鄔國平注譯
新譯唐順之詩文選　馬美信注譯
新譯徐渭詩文選　周群等注譯
新譯薑齋文集　平慧善注譯
新譯顧亭林文集　劉九洲注譯
新譯納蘭性德詞　馮乾注譯
新譯方苞文選　鄔國平等注譯
新譯鄭板橋集　朱崇才注譯
新譯袁枚詩文選　王英志注譯
新譯李慈銘詩文選　潘靜如注譯
新譯聊齋誌異選　任篤行等注譯
新譯閱微草堂筆記　嚴文儒注譯
新譯浮生六記　馬美信注譯
新譯弘一大師詩詞全編　徐正綸編著

## 歷史類

新譯史記　韓兆琦注譯
新譯漢書　吳榮曾等注譯
新譯後漢書　魏連科等注譯
新譯三國志　吳樹平等注譯
新譯資治通鑑　張大可等注譯
新譯史記—名篇精選　韓兆琦注譯
新譯尚書讀本　吳璵注譯
新譯尚書讀本　郭建勳注譯
新譯周禮讀本　賀友齡注譯
新譯逸周書　牛鴻恩注譯
新譯左傳讀本　郁賢皓等注譯
新譯公羊傳　雪克注譯
新譯穀梁傳　顧寶田注譯
新譯春秋穀梁傳　周何注譯
新譯戰國策　溫洪隆注譯
新譯國語讀本　易中天注譯
新譯說苑讀本　左松超注譯
新譯說苑讀本　羅少卿注譯
新譯新序讀本　葉幼明注譯
新譯吳越春秋　黃仁生注譯
新譯西京雜記　曹海東注譯
新譯列女傳　黃清泉注譯
新譯越絕書　劉建國注譯
新譯燕丹子　曹海東注譯
新譯東萊博議　李振興等注譯
新譯唐六典　朱永嘉等注譯
新譯唐摭言　姜漢椿注譯

## 宗教類

新譯金剛經　徐興無注譯
新譯高僧傳　朱恒夫等注譯
新譯碧巖集　吳平注譯
新譯百喻經　顧寶田注譯

新譯楞嚴經　賴永海等注譯
新譯梵網經　王建光注譯
新譯圓覺經　商海鋒注譯
新譯法句經　劉學軍注譯
新譯六祖壇經　李中華注譯
新譯禪林寶訓　李中華注譯
新譯維摩詰經　陳引馳等注譯
新譯經律異相　顏洽茂注譯
新譯阿彌陀經　蘇樹華注譯
新譯無量壽經　邱高興注譯
新譯無量壽經　蘇樹華注譯
新譯妙法蓮華經　張松輝注譯
新譯景德傳燈錄　顧宏義注譯
新譯大乘起信論　韓廷傑注譯
新譯釋禪波羅蜜　蘇樹華注譯
新譯八識規矩頌　倪梁康注譯
新譯永嘉大師證道歌　蔣九愚注譯
新譯華嚴經入法界品　楊維中注譯
新譯地藏菩薩本願經　李承貴注譯
新譯悟真篇　劉國樑等注譯
新譯无能子　張松輝注譯
新譯坐忘論　張松輝注譯
新譯列仙傳　張金嶺注譯

新譯抱朴子　李中華注譯
新譯神仙傳　周啟成注譯
新譯性命圭旨　傅鳳英注譯
新譯老子想爾注　顧寶田等注譯
新譯周易參同契　劉國樑注譯
新譯道門觀心經　王　卡注譯
新譯養性延命錄　曾召南注譯
新譯樂育堂語錄　戈國龍注譯
新譯沖虛至德真經　張松輝注譯
新譯長春真人西遊記　顧寶田等注譯
新譯黃庭經・陰符經　劉連朋等注譯

## 軍事類

新譯司馬法　王雲路注譯
新譯尉繚子　張金泉注譯
新譯三略讀本　傅　傑注譯
新譯六韜讀本　鄔錫非注譯
新譯吳子讀本　王雲路注譯
新譯孫子讀本　吳仁傑注譯
新譯李衛公問對　鄔錫非注譯

## 教育類

新譯爾雅讀本　陳建初等注譯

新譯顏氏家訓　李振興等注譯
新譯聰訓齋語　馮保善注譯
新譯曾文正公家書　湯孝純注譯
新譯三字經　黃沛榮注譯
新譯百家姓　馬自毅等注譯
新譯幼學瓊林　馬自毅注譯
新譯增廣賢文・千字文　馬自毅注譯
新譯格言聯璧　馬自毅注譯

## 政事類

新譯商君書　貝遠辰注譯
新譯鹽鐵論　盧烈紅注譯
新譯貞觀政要　許道勳注譯

## 地志類

新譯山海經　楊錫彭注譯
新譯水經注　陳橋驛等注譯
新譯佛國記　楊維中注譯
新譯大唐西域記　陳　飛等注譯
新譯洛陽伽藍記　劉九洲注譯
新譯徐霞客遊記　黃　珅注譯
新譯東京夢華錄　嚴文儒注譯

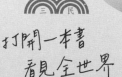

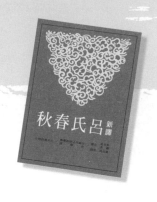